कथा-कुंज

सम्पादक

डॉ. सरस्वती भल्ला

प्रोफ़ेसर, हिन्दी-विभाग
हिमाचल प्रदेश विश्वविद्यालय,
शिमला - 171005

नवोदय सेल्स

ISBN : 81-88469-68-8

नवोदय सेल्स
21-ए, अंसारी रोड़, दरियागंज, नई दिल्ली-110002
द्वारा प्रकाशित
प्रथम संस्करण : 2009

आर. टेक ऑफसेट प्रिंटर्स, दिलशाद गार्डन
दिल्ली-110095, द्वारा मुद्रित

मूल्य : 40.00

KATHAA-KUNJ
by : Dr. Sarswati Bhalla

प्राक्कथन

प्रस्तुत कहानी-संग्रह आज के विद्यार्थियों की रुचि एवं आवश्यकता को ध्यान में रखते हुए तैयार किया गया है। लगभग सभी कहानियाँ आधुनिक विचार एवं दृष्टि को अभिव्यक्त करती हुई दिखलायी पड़ती हैं। अपने विकासक्रम में कहानी के विभिन्न आन्दोलनों एवं स्वरूप से परिचित करवाना भी इस संकलन का उद्देश्य रहा है। यह आवश्यक ही नहीं, अनिवार्य भी है कि विद्यार्थी को कहानी में विद्यमान आज जो रूप सम्बन्धी अवधारणाएँ टूटती हुई नज़र आ रही हैं, उनकी भी जानकारी रहे। आज कहानी की आवश्यकता है कि उसका अध्ययन परम्परागत तत्त्वों के आधार पर न हो कर युग की माँग के अनुरूप हो क्योंकि आधुनिक कहानी नितान्त नवीन रूप में प्रस्तुत हुई है। इन सभी बातों का ध्यान रखते हुए यह संग्रह तैयार किया गया है, साथ ही यह प्रयत्न भी रहा है कि विद्यार्थियों की साहित्यिक अभिरुचि बनी रहे।

– सरस्वती भल्ला

अनुक्रम

भूमिका		9
1. प्रेमचन्द	परीक्षा	15
2. जैनेन्द्र	पत्नी	20
3. अज्ञेय	विपथगा	27
4. अमरकान्त	बहादुर	45
5. मोहन राकेश	भिक्षु	56
6. उषा प्रियम्वदा	वापसी	64
7. रामदरश मिश्र	दिनचर्या	74

भूमिका

आदिकाल से ही कहानी कहने व सुनने की प्रवृत्ति समाज में विद्यमान रही है। 'नानी-दादी' की कहानी के साथ जिज्ञासा का विस्तार होने से कहानी के विषय भी बदलते आये। मनोरंजन के साथ-साथ बच्चों को शिक्षा देने का काम भी कहानी ही करती रही है। आदिकाल से ले कर आज तक कहानी विभिन्न परिवर्तनों व परिवर्द्धनों को पार कर विकसित हुई है और आज नितान्त नवीन रूप से कहानी हमारे सामने है जो पूर्ववर्ती रूप से बिलकुल ही भिन्न है। कहानी हमारे सामने है जो पूर्ववर्ती रूप से बिलकुल ही भिन्न है। प्रेमचन्द कहानी को (गल्प) एक ऐसी रचना मानते हैं जिसमें जीवन के किसी एक अंग या मनोभाव को प्रदर्शित करना ही लेखक का उद्देश्य रहा। यहाँ कहानी जीवन का एक खण्डचित्र है जो मानव के सम्पूर्ण जीवन की व्याख्या न कर एक घनीभूत क्षण को सामने रख देता है। अज्ञेय ने कहानी में मानसिक संघर्ष को प्रधानता दी है। यहाँ भी कहानी जीवन का खण्डचित्र ही रह जाता है। आज की कहानी का आधार वास्तव में जीवन के यथार्थ का चित्रण या मनोवैज्ञानिक सत्य बन गया है। कहानी एक बाह्य घटना है जिसमें मनोवैज्ञानिक सत्य का उद्‌घाटन हो। आकार की दृष्टि से इसका कलेवर लघु होना चाहिए परन्तु निश्चित सीमा नहीं तय की जा सकती है, इतना अवश्य है कि आकार कहीं उपन्यास का रूप ग्रहण न कर ले। आज मनोरंजन एवं ज्ञानवर्धन के लिये छोटी कहानी ही उपयुक्त है परन्तु हिन्दी में कुछ लम्बी कहानियाँ भी लिखी जा रही हैं जो लघु उपन्यास के बराबर हैं।

परम्परागत दृष्टि से कहानी के छः तत्त्व स्वीकार किये गये हैं— 1. कथानक, 2. चरित्रचित्रण, 3. कथोपकथन, 4. देशकाल व वातावरण, 5. भाषा-शैली व 6. उद्देश्य।

कथानक के विकास की अनेक अवस्थाएँ हैं। 'प्रारम्भ' पहली अवस्था है जहाँ कहानी का आरम्भ पात्रों के वैयक्तिक परिचय, कथानक की घटनाओं के साथ उसका सम्बन्ध तथा किसी पात्र के मानसिक चित्रण से होता है। कहानीकार जीवन के

विविध पक्षों से किसी एक मार्मिक पहलू का चयन कर लक्ष्य की ओर अग्रसर होता है। इसमें रोचकता का होना अनिवार्य है। दूसरी स्थिति 'आरोह' है, यहाँ पात्र की मानसिकता का विकास दिखाया जाता है। 'चरम स्थिति' में पाठक क्षणभर के लिये स्तब्ध रह जाता है। 'उपसंहार' में कहानी का पूर्ण विकास निहित है। कुछ कहानियों में यहाँ पहुँच कर सम्पूर्ण रहस्य का उद्घाटन हो जाता है। यद्यपि कथावस्तु कहानी का अनिवार्य तत्त्व है तथापि अब यहाँ कथासूत्रों का विकास आवश्यक नहीं समझा जाता। घटना-प्रधान, चरित्र-प्रधान व भाव-प्रधान कथावस्तु का आधार यही है। कहानी का आरम्भ इतना आकर्षक होना चाहिए कि पाठक कहानी को अन्त तक पढ़ने के लिये उत्सुक रहे। कहानी के 'शीर्षक' का भी अपना महत्त्व हैं। शीर्षक सार्थक होना चाहिए जो पात्र के नाम पर या मूल संवेदना के आधार पर अथवा मुख्य घटना के आधार पर होना चाहिए। कथानक का चयन जीवन की किसी भी घटना से हो सकता है। यह घटना कभी-कभी मनोस्थिति के विश्लेषण के रूप में भी रहती है। आजकल जो कहानियाँ लिखी जा रही हैं उनमें कथानक होता ही नहीं।

चरित्रचित्रण कहानी का महत्त्वपूर्ण अंग है। कहानी में पात्रों के सम्पूर्ण चरित्र पर प्रकाश डालना सम्भव नहीं हो पाता परन्तु चरित्र के उन महत्त्वपूर्ण अंशों को उभारा जाता है जिनसे उनका सम्पूर्ण चरित्र स्पष्ट हो जाता है। कहानी के पात्र यद्यपि लेखक की कल्पना होते हैं तथापि जहाँ लेखक चरित्रचित्रण करता हुआ मनोवैज्ञानिक सत्य की स्थापना करता है, वह श्रेष्ठ कहानी मानी जाती है। कहानी में चरित्रचित्रण दो प्रकार का है—प्रथम विश्लेषणात्मक जहाँ पात्र के चरित्र पर स्वयं लेखक या कहानी का कोई पात्र प्रकाश डालता है दूसरा चरित्रचित्रण कहानी में घटना, संवाद या पात्रों के कार्यों द्वारा पाठक को मिलता है।

कथोपकथन दो या दो से अधिक पात्रों का पारस्परिक संवाद है जिसके बिना कहानी प्राणहीन हो जाती है। यह पात्रों के चरित्र-विकास में सहायक है। संवादहीनता से कहानी में गतिशीलता नहीं आती। पात्रों के चरित्र को उभारना, कथावस्तु का विकास, कहानी का लक्ष्य स्पष्ट करना तथा कहानी में स्वाभाविकता आदि लाना संवाद के विभिन्न कार्य हैं। कहानी में संवाद देश, काल, पात्र व घटना के अनुकूल होते हैं। आज की कहानी में कथोपन अनिवार्य नहीं माना जाता।

कहानी में वातावरण भी सहजता व स्वाभाविकता उत्पन्न करता है। 'वातावरण' दर्शक के मन पर पड़ने वाला वह प्रभाव है जो देश, काल व व्यक्ति की अनुरूपता से उत्पन्न होता है। ऐतिहासिक कहानियों में इसकी प्रमुखता मानी जाती है। आधुनिक कहानियों में भौतिक वातावरण को महत्त्व न दे कर मानसिक वातावरण को अधिक महत्त्व मिला है जिसका सम्बन्ध मनोविज्ञान से है।

कहानी की अभिव्यक्ति का साधन व माध्यम भाषा होती हे। कहानी की भाषा में सफल चित्र अंकित करने का सामर्थ्य होना चाहिए। भाषा में सरलता व प्रभावोत्पादकता होनी चहिए। भाषा की सजीवता कहानी में गति उत्पन्न करती है। विषय के अनुरूप ही कहानी की शैली में परिवर्तन होता है। सामान्यतः पाँच प्रकार की कहानी की शैली में परिवर्तन होता है। शैलियाँ सामान्यतः पाँच प्रकार की मानी गयी हैं जिनमें कहानी लेखन हो सकता है। ये शैलियाँ हैं—1. ऐतिहासिक अथवा वर्णनात्मक, 2. आत्मचरित्र प्रणाली या शैली, 3. संवादात्मक 4. पत्रात्मक व 5. डायरी शैली। इधर हिन्दी में एक नयी शैली का विकास हो रहा है जिसके वाक्य-विन्यास पर अंग्रेज़ी का प्रभाव है।

कहानी का उद्देश्य साधारणतः मनोरंजन प्रदान करना होता है परन्तु साथ ही जीवन के विभिन्न दृष्टिकोणों की व्याख्या भी रहती है। आज की कहानी जीवन के किसी मार्मिक पहलू को प्रस्तुत करके पाठक के हृदय में संवेदना उत्पन्न कर देती है परन्तु उपदेश नहीं देती।

कहानी के तत्वों के पश्चात हिन्दी कहानी विकासक्रम का अध्ययन भी आवश्यक है। वेदों में, संस्कृत में तथा इसके उपरान्त ब्रजभाषा गद्य में कहानियाँ लिखी जाती रहीं। खड़ी बोली में लल्लूलाल, सदलमिश्र, सदासुखलाल तथा इंशा अल्ला खाँ की रचनाएँ भी कथाएँ मानी जाती हैं। यदि 'कहानी' शब्द मात्र से ही कहानी का अर्थ लिया जाय तो इंशा अल्ला खाँ की 'रानी केतकी की कहानी' हिन्दी की सर्वप्रथम कहानी मानी जा सकती है। इसका लेखन सन 1803 में हुआ। इसके पश्चात राजा शिवप्रसाद 'सितारे हिन्द' की 'राजा भोज का सपना' और भारतेन्दु हरिश्चन्द्र की 'अद्भुत-अपूर्व स्वप्न' का विवरण आता है परन्तु वस्तुतः हिन्दी कहानी का जो अर्थ वाद में मान्य हुआ, इसके अन्तर्गत ये कहानियाँ नहीं आती। हिन्दी में सर्वप्रथम कहानी लाने का श्रेय 'सरस्वती' पत्रिका को है। इसके माध्यम से हिन्दी कहानी के क्षेत्र में प्रयोग आरम्भ हुए। आरम्भिक कहानियों का विवरण इस प्रकार है—'इन्दुमती' (किशोरी लाल गोस्वामी), 'मन की चंचलता' (माधव प्रसाद मिश्र), 'गुलबहार' (किशोरी लाल गोस्वामी), 'प्लेग की चुड़ैल' (भगवान दास), 'ग्यारह वर्ष का समय' (रामचन्द्र शुक्ल), 'पण्डित और पण्डितानी' (गिरिजादत्त वाजेपयी) तथा 'दुलाई वाली' (बंगमहिला)।

जयशंकर प्रसाद का हिन्दी कथा साहित्य में आगमन वरदान सिद्ध हुआ। इनकी 'ग्राम' और 'रसिया बालम' 'इन्दु' पत्रिका में प्रकाशित हुई। इसके उपरान्त 'छाया', 'प्रतिध्वनि', 'आकाशदीप', 'आँधी', 'इन्द्रजाल', 'मधुआ', 'पुरस्कार' आदि प्रसाद की उल्लेखनीय कहानियाँ प्रकाशित हुईं। इनकी अधिकांश कहानियाँ ऐतिहासिक हैं।

राजा राधिका रमण सिंह की कहानी 'कानों में कंगना' भी लोकप्रिय हुई। इस काल के अन्य कहानीकारों के नाम हैं—ज्वालादत्त शर्मा, चतुरसेन शास्त्री, विश्वम्भर नाथ जिज्जा आदि। इन कहानियों ने हिन्दी कहानी साहित्य को एक नवीन दिशा दी। 1915 में चन्द्रधर शर्मा गुलेरी कृत 'उसने कहा था' कहानी प्रकाश में आयी जिसकी लोकप्रियता व महत्त्व आज भी बना है।

सन 1916 में प्रेमचन्द की 'पंच परमेश्वर' कहानी के साथ हिन्दी कहानी साहित्य में नवीन परम्पराओं व युग का आविर्भाव हुआ। प्रेमचन्द ने तीन सौ से अधिक कहानियाँ लिखी। 'मान सरोवर' व 'गुप्त धन' में इनकी कहानियाँ संगृहीत हैं। 'कफ़न', 'शतरंज के खिलाड़ी', 'आत्माराम' आदि इनकी मुख्य कहानियाँ है। इनकी कहानियाँ किसी मनोरंजन के लिये नहीं अपितु यथार्थ की अभिव्यक्ति का माध्यम हैं। सामाजिक समस्याओं का विश्लेषण करने वाली कहानियाँ इन्होंने लिखीं। इसके अतिरिक्त पारिवारिक, राजनीतिक, ऐतिहासिक व मनोवैज्ञानिक कहानियों की भी प्रेमचन्द ने रचना की। मुख्य सम्बन्ध मध्यवर्ग से है जिसमें अनमेल-विवाह, विधवा-विवाह, वेश्यावृत्ति, मद्यपान की समस्याएँ, पूँजीवादी शोषण, आर्थिक वैषम्य, महाजनी सभ्यता, नैतिक उत्थान आदि विभिन्न विषयों व समस्याओं को प्रेमचन्द ने अपनी कहानी का विषय बनाया है। प्रेमचन्द एक ऐसे आदर्शवाद को ले कर चले हैं जो यथार्थ प्रतीत होता है यहाँ जीवन का एक दृष्टिकोण है। प्रेमचन्द के चिन्हों पर चलने वाले अन्य उल्लेखनीय कहानीकार हैं—विश्वम्भर नाथ शर्मा कौशिक 'सुदर्शन' तथा पाण्डेय बेचन शर्मा 'उग्र'।

प्रेमचन्द के बाद हिन्दी कहानी को नवीन आयाम देने वाले 'जैनेन्द्र' प्रमुख हैं। इन्होंने कहानी को घटना के स्तर से ऊपर उठा कर उसे 'चरित्र' व मनोवैज्ञानिक धरातल पर प्रतिष्ठापित किया। इस समय एक धारा ऐसी थी जो प्रेमचन्द की परम्परा को ले कर कहानी-लेखन कर रहे थे जिनमें यशपाल, अमृतराय, मन्मथ नाथ गुप्त उल्लेखनीय हैं। इन लेखकों पर मार्क्सवाद का प्रभाव दिखायी पड़ता है। दूसरी ओर मनोवैज्ञानिक विश्लेषण में फ्रायड का प्रभाव दृष्टिगोचर है। जैनेन्द्र का आग्रह भारतीय दर्शन के प्रति भी है परन्तु अज्ञेय के पात्र कुण्ठाओं का शिकार कर अन्तदृष्टि से ग्रस्त भी हैं।

स्वतन्त्रताप्राप्ति के पश्चात देश की परिस्थितियाँ बदलीं। राजनीतिक भ्रष्टाचार, असन्तोष व अस्तित्ववादी दर्शन ने कुछ नया सोचने को विवश किया। परम्परा से हटकर नये मूल्यों को उभारने का कहानी में प्रयत्न होने लगा। नये कहानीकारों में मोहन राकेश, कमलेश्वर, निर्मल वर्मा, राजेन्द्र यादव, धर्मवीर भारती, उषा प्रियंवदा, फणीश्वरनाथ रेणु, अमरकान्त, रवीन्द्र कालिया, ममता कालिया आदि उल्लेखनीय हैं।

छठे दशक में ग्रामाँचल की कहानियों की ओर ध्यान आकृष्ट हुआ। इससे पूर्व गाँव अपने परिपार्श्व की पूर्णता में चित्रित नहीं हो पाये थे! ग्रामांचल की परम्परा से हट कर अमरकान्त व रांगेय राघव प्रेमचन्द की परम्परा पर चले थे जहाँ आधुनिकताबोध के जीवन्त आयामों को कहानी स्पर्श करती चलती है। एक ओर कहानीकारों में पुराने मूल्यों के प्रति रोमानी दृष्टि थी तो दूसरी ओर युगीन संक्रमण का तनाव। इसके परिणामस्वरूप मूल्यों की तलाश मोहन राकेश ने शुरू की।

मन्नू भण्डारी, कृष्णा सोबती, उषा प्रियंवदा, मेहरुन्निसा परवेज़ आदि कहानी लेखिकाओं ने पुरुषों से अलग अपना संसार रचा है। इन्होंने आधुनिक नारी की मनःस्थिति पारिवारिक जीवन में पति-पत्नी सम्बन्ध आदि विषयों को ले कर कहानी रचना की। इसके पश्चात निर्मल वर्मा ने पाश्चात्य परम्परा से अपने को जोड़ते हुए अपनी भूमि से कट कर कहानी-लेखन किया।

सातवें दशक में मोहभंग की स्थिति में कहानीकारों ने एक नये यथार्थ का साक्षात्कार किया। पुरानी पीढ़ी से संवादहीनता संगरहीनता की स्थिति में निर्वासन व अकेलेपन का अहसास उभर कर सामने आया। ज्ञानरंजन, दूधनाथ सिंह, गिरिराज किशोर, महेन्द्रभल्ला, ज्ञानप्रकाश तथा काशीनाथ सिंह इनमें प्रमुख हैं। काशीनाथ सिंह की कहानियों में आधुनिकता से अभ्युदिष्टता की ओर परिवर्तन है। अस्वीकार से स्वीकार की ओर यह परिवर्तन है।

इस प्रकार कहानी अपने परम्परागत तथ्यों की केंचुल को बदलती हुई तथा 'नयी कहानी', 'अकहानी', 'सचेतन कहानी', 'सक्रिय कहानी' आदि विभिन्न संज्ञाएं ग्रहण करती हुई आज भी निरन्तर परिवर्तनशील हैं परन्तु पाँचवे दशक तक कहानी का सूत्र काफ़ी हद तक निश्चित रहता था जो जैनेन्द्र व अज्ञेय की कहानियों ने बदल डाला। यहाँ आ कर छः तत्त्वों वाली कहानी एक नये भावबोध में नये तथ्य में प्रस्तुत थी। यह परिवर्तन कथानक व चरित्र का था, कथा लेखन की परम्परागत पद्धति समाप्त नहीं हुई थी परन्तु पिछले दो दशकों में रूपबन्ध सम्बन्धी पुरानी धारणाएँ एकदम टूटती हुई नज़र आती हैं।

प्रेमचन्द

हिन्दी कथा-सम्राट प्रेमचन्द का जन्म 1880 ई. में वाराणसी के 'लमही' नामक गाँव में हुआ। प्रेमचन्द का वास्तविक नाम 'धनपतराय' था और इनकी आरम्भिक कहानियाँ इसी नाम से प्रकाशित हुई। अंग्रेज़ सरकार को इनकी रचनाओं में देशद्रोह का आभास होने लगा अतएव इन्होंने पहले 'नवाबराय' और बाद में 'प्रेमचन्द' नाम से लेखन किया। बाल्यकाल में ही पिता की मृत्यु होने के कारण आर्थिक संघर्षों से गुज़रना पड़ा। मैट्रिक के पश्चात प्राइमरीस्कूल में अध्यापन किया तथा साथ ही बी.ए. की परीक्षा भी उत्तीर्ण की। शिक्षाविभाग में कार्यरत होते हुए सब-डिप्टी-इन्स्पेक्टर ऑफ स्कूल हो गये। इस प्रकार विविध प्रकार के जीवनानुभवों से गुज़रते हुए अपने व्यक्तित्व को निखारा। देश में चल रहे स्वाधीनतासंग्राम में गहन रुचि थी, जिसके कारण अंग्रेज़ी सरकार इन्हें सन्देह की दृष्टि से देखती थी। अतः 1916 ई. में नौकरी से त्यागपत्र दे दिया। साहित्यिक अभिरुचि होने से अब सारा समय लेखन-कार्य में लगने लगा।

प्रेमचन्द की पहली रचना उर्दू के 'ज़माना' पत्र में 'अनमोल रत्न' नाम से प्रकाशित हुई। इसके पश्चात प्रेमचन्द निरन्तर कहानी, उपन्यास व लेख लिखते रहे। पहले इन्होंने उर्दू में लिखना शुरु किया, फिर धीरे-धीरे हिन्दी में लिखने लगे। इनकी भाषा में हिन्दी-उर्दू व सामान्य लोगों की भाषा का सहज मिश्रण हुआ है जो अन्यत्र उपलब्ध नहीं होता। प्रेमचन्द ने नाटक, निबन्ध, जीवनी, अनुवाद, बाल-साहित्य व सम्पादन क्षेत्र में यद्यपि अभूतपूर्व योगदान दिया तथापि इनकी कीर्ति का आधार- स्तम्भ इनका कथा-साहित्य ही है। गोदान, गबन, प्रतिज्ञा, कर्मभूमि, निर्मला, सेवासदन, वरदान, रंगभूमि, कायाकल्प व प्रेमाश्रम इनके प्रमुख उपन्यास हैं। लगभग तीन सौ कहानियाँ इन्होंने लिखी जो 'मानसरोवर' (भाग एक से आठ तक) में संगृहीत हैं। इनकी अधिकांश कहानियाँ में राष्ट्रीय भावना, समाज-सुधार, पारिवारिक आदर्श व मानवतावादी दृष्टि है। 'पंच परमेश्वर', 'नमक का दरोगा', 'बड़े घर की बेटी', 'बूढ़ी काकी', 'बड़े भाई साहब', 'ईदगाह', 'नशा', 'शतरंज के खिलाड़ी', 'पूस की रात', 'ठाकुर का कुआँ', 'कफ़न' आदि प्रेमचन्द की प्रसिद्ध कहानियाँ हैं। इनकी कहानियों की यात्रा आदर्शवाद से आदर्शोन्मुख यथार्थवाद और अन्ततः पूर्ण यथार्थवाद तक पहुँचती हैं।

8 अक्टूबर, 1936 ई. को प्रेमचन्द की मृत्यु के साथ हिन्दी साहित्य के एक कथायुग की भी समाप्ति हो गयी।

परीक्षा

जब रियासत देवगढ़ के दीवान सुजान सिंह बूढ़े हुए तो उन्हें परमात्मा की याद आयी। जा कर महाराज से उन्होंने विनय की—"दीनबन्धु! दास ने श्रीमान की सेवा चालीस साल तक की, अब कुछ दिन परमात्मा की भी सेवा करने की आज्ञा चाहता हूँ। दूसरे, अब अवस्था भी ढल गयी, राज-काज सँभालने की शक्ति नहीं रह गयी, कहीं भूल-चूक हो जाये तो बुढ़ापे में दाग लगे, सारी ज़िन्दगी की नेकनामी मिट्टी में मिल जाये।"

राजा साहब अपने अनुभवशील और नीति-कुशल दीवान का बड़ा आदर करते थे। उन्होंने बहुत समझाया। लेकिन जब दीवान साहब ने न माना तो हार कर उन्होंने उनकी प्रार्थना स्वीकार कर ली। पर शर्त यह लगा दी कि रियासत के लिये नया दीवान उन्हीं को खोजना पड़ेगा।

दूसरे दिन देश के प्रसिद्ध पत्रों में यह विज्ञापन निकला—"देवगढ़ के लिये एक सुयोग्य दीवान की आवश्यकता है। जो सज्जन अपने को इसके योग्य समझें, वे वर्तमान दीवान सरदार सुजान सिंह की सेवा में उपस्थित हों। यह ज़रूरी नहीं कि वे ग्रेजुएट हों, मगर उनका हृष्ट-पुष्ट होना आवश्यक है। मन्दाग्नि के मरीज़ों को यहाँ तक आने का कष्ट उठाने की कोई ज़रूरत नहीं। एक महीने तक उम्मीदवारों के रहन-सहन, आचार-विचार की देखभाल की जायेगी; विद्या कम, परन्तु कर्तव्य का अधिक विचार किया जायेगा। जो महाशय इस परीक्षा में पूरे उतरेंगे वे ही इस उच्च पद पर सुशोभित होंगे।"

इस विज्ञापन ने सारे मुल्क में हलचल मचा दी। ऐसा ऊँचा पद और किसी प्रकार की क़ैद नहीं। केवल नसीब का खेल है। सैकड़ों आदमी अपना-अपना भाग्य परखने के लिये चल पड़े। देवगढ़ में नये-नये और रंग-बिरंगे मनुष्य दिखायी देने लगे। प्रत्येक रेलगाड़ी से उम्मीदवारों को एक मेला-सा उतरता। कोई पंजाब से चला आ रहा था, तो कोई मद्रास से। कोई एक फ़ैशन का प्रेमी था, तो कोई पुरानी सादगी पर मिटता हुआ था। पण्डितों और मौलवियों को भी अपने-अपने भाग्य की परीक्षा करने का अवसर मिला। बेचारे सनद के नाम को रोया करते थे, तो यहाँ उसकी कोई ज़रूरत नहीं थी। रंगीन तमग़े, चोग़े और नाना प्रकार के अंगरखे और कनटोप देवगढ़

में अपनी सजधज दिखाने लगे, क्योंकि सनद की क़ैद न होने पर भी सनद से पर्दा तो ढ़का रहता है।

सरदार सुजान सिंह ने इन महानुभावों के आदर-सत्कार का बड़ा अच्छा प्रबन्ध कर दिया था। लोग अपने-अपने कमरों में बैठे हुए रोज़ेदार मुसलमानों की तरह महीने के दिन गिना करते थे। हर एक मनुष्य अपने जीवन को अपनी बुद्धि के अनुसार अच्छे रूप में दिखाने की कोशिश करता था। मिस्टर 'अ' नौ बजे दिन तक सोया करते थे, आजकल वे बग़ीचे में टहलते उषा का दर्शन करते थे। मिस्टर 'ब' को हुक़्क़ा पीने की लत थी पर आजकल वे बहुत रात गये किवाड़ बन्द करके अँधेरे में सिगरेट पीते थे। मिस्टर 'स', 'द' और 'ज' से उनके घरों पर नौकरों की नाक में दम था, लेकिन ये सज्जन आजकल 'आप' और 'जनाब' के बग़ैर नौकरों से बातचीत नहीं करते थे। महाशय 'क' नास्तिक थे—हक्सले के उपासक। मगर आजकल उनकी धर्मनिष्ठा देख कर मन्दिर के पुजारी को पदच्युत हो जाने की शंका लगी रहती। मिस्टर 'ल' को किताबों से घृणा थी, परन्तु आजकल बड़े-बड़े धर्मग्रन्थ खोले पढ़ने में डूबे रहते थे। जिससे बातचीत कीजिए वह नम्रता और सदाचार का देवता ही मालूम होता था। शर्मा जी बड़ी रात से ही वेद-मन्त्र पढ़ने लगते थे, और मौलवियों को नमाज़ तिलावत के सिवा और कोई काम ही न था। लोग समझते थे कि एक महीने का झंझट है, किसी तरह काट लें, कहीं कार्य सिद्ध हो गया तो कौन पूछता है!

लेकिन मनुष्यों का वह बूढ़ा जौहरी आड़ में बैठा देख रहा था कि इन बगुलों में हंस कहाँ छिपा है?

एक दिन नये फ़ैशन वालों को सूझी कि आपस में हाकी का खेल हो जाये। यह प्रस्ताव हाकी के मँजे खिलाड़ियों ने पेश किया। यह भी तो आख़िर एक विद्या है, इसे क्यों छिपा रखें, सम्भव है, कुछ हाथों की सफ़ाई ही काम कर जाये।

चलिए, तय हो जाये, कोर्ट बन गये, खेल शुरू हो गया और गेन्द किसी दफ़्तर के अप्रेण्टिस की तरह ठोकरें खाने लगी।

रियासत देवगढ़ में यह खेल बिल्कुल निराला था। पढ़े-लिखे भलेमानुस शतरंज और ताश जैसे गम्भीर खेल खेलते थे। दौड़-कूद के खेल बच्चों के खेल समझे जाते थे।

खेल बड़े उत्साह से जारी था। धावे के लोग जब गेन्द ले कर तेज़ी से उटते तो ऐसा जान पड़ता था कि कोई लहर बढ़ती चली आती है। लेकिन दूसरी ओर के खिलाड़ी इस बढ़ती हुई लहर को इस तरह रोक लेते थे मानो लोहे की दीवार है।

सन्ध्या तक यह धूम-धाम रही। लोग पसीने में तर हो गये। ख़ून की गरमी आँख और चेहरे से झलक रही थी। हाँफ़ते-हाँफ़ते बेदम हो गये, लेकिन हार-जीत

का निर्णय न हो सका। अँधेरा हो गया था। इस मैदान से ज़रा दूर हट कर एक नाला था। उस पर कोई पुल न था। पथिकों को नाले में घुस कर आना पड़ता था। खेल अभी बन्द हुआ था और खिलाड़ी लोग बैठे दम ले रहे थे कि एक किसान अनाज से भरी हुई गाड़ी लिये उस नाले में आया। लेकिन कुछ तो नाले में कीचड़ था और कुछ उसकी चढ़ाई इतनी ऊँची थी कि गाड़ी ऊपर न चढ़ सकती थी। वह कभी बैलों को ललकारता, कभी पहिये को हाथों से ढकेलता; लेकिन बोझ अधिक था और बैल कमज़ोर। गाड़ी ऊपर को न चढ़ती, और चढ़ती भी तो कुछ दूर चढ़ कर फिर खिसक कर नीचे पहुँच जाती। किसान बार-बार ज़ोर लगाता और बार-बार झुंझला कर बैलों को मारता, लेकिन गाड़ी उभरने का नाम न लेती। बेचारा इधर-उधर निराश हो कर ताकता, मगर वहाँ कोई सहायक नज़र न आता था। गाड़ी को अकेले छोड़ कर वह कहीं जा भी न सकता था। बड़ी विपत्ति में फँसा हुआ था। इसी बीच खिलाड़ी हाथों में डण्डे लिये झूमते-झामते उधर से निकले। किसान ने उनकी तरफ़ सहमी हुई आँखों से देखा, परन्तु किसी से मदद माँगने का साहस न हुआ। खिलाड़ियों ने भी उसको देखा, मगर बन्द आँखों से। उनमें सहानुभूति का नाम न था; उनमें स्वार्थ था, मद था, मत्सर था, उदासीनता थी, वात्सल्य का नाम भी न था। लेकिन उसी समूह में एक ऐसा मनुष्य भी था, जिसके हृदय में दया थी और साहस था। आज हॉकी खेलते हुए उसके पैरों में चोट लग गयी थी। लँगड़ाता हुआ वह धीरे-धीरे चला आ रहा था। अकस्मात् उसकी निगाह गाड़ी पर पड़ी। वह ठिठक गया। उसे किसान को देखते ही सब बात ज्ञात हो गयी। हॉकी किनारे पर रख दी, कोट उतार डाला और किसान के पास जा कर बोला, "मैं तुम्हारी गाड़ी निकाल दूँ?"

किसान ने देखा कि गठे हुए बदन का एक लम्बा आदमी सामने खड़ा है। डर कर बोला, "हुज़ूर! आपसे कैसे कहूँ?" युवक ने कहा, "मालूम होता है, तुम यहाँ बड़ी देर से फँसे हुए हो। अच्छा, तुम गाड़ी पर जा कर बैलों को साधो, मैं पहिये को ढकेलता हूँ। अभी गाड़ी ऊपर जाती है।"

किसान गाड़ी पर जा कर बैठा, युवक ने पहिये को ज़ोर लगा कर खिसकाया। कीचड़ बहुत ज़्यादा था। वह घुटने तक ज़मीन में गड़ गया, लेकिन उसने हिम्मत न हारी।

उसने फिर ज़ोर लगाया, उधर किसान ने बैलों को ललकारा, बैलों को सहारा मिला, उनकी भी हिम्मत बँध गयी, उन्होंने कन्धे झुका कर एक बार ज़ोर लगाया, बस गाड़ी नाले के ऊपर थी।

किसान युवक के सामने हाथ जोड़ कर खड़ा हो गया और बोला, "महाराज!

आपने आज मुझे उबार लिया, नहीं तो सारी रात यहीं बैठना पड़ता।"

युवक ने हँस कर कहा, "अब मुझे कुछ इनाम देते हो?"

किसान ने गम्भीर भाव से कहा, "नारायण चाहेंगे तो दीवानी आपको ही मिलेगी।"

युवक ने किसान की तरफ़ ग़ौर से देखा। उसके मन में एक सन्देह हुआ—कहीं यह सुजान सिंह तो नहीं? आवाज़ मिलती है। चेहरा-मोहरा भी वही है। किसान ने भी उसकी ओर तीव्र दृष्टि से देखा। शायद वह उसके दिल के सन्देह को भाँप गया। मुस्कराकर बोला, "गहरे पानी में बैठने से ही मोती मिलता है।"

निदान महीना पूरा हुआ। चुनाव का दिन आ पहुँचा। उम्मीदवार लोग प्रातःकाल से ही अपनी क़िस्मत का फैसला सुनने के लिये उत्सुक थे। दिन काटना पहाड़ हो गया। प्रत्येक के चेहरे पर आशा और निराशा के रंग आते थे। नहीं मालूम आज किसके नसीब जागेंगे, न जाने किस पर लक्ष्मी की कृपादृष्टि होगी। सन्ध्या समय राजा साहब का दरबार सजाया गया, शहर के रईस और धनाढ्य लोग, राजा के कर्मचारी और दरबारी तथा दीवानी के उम्मीदवार, सब रंग-बिरंगे, सज-धज बनाये दरबार में आ विराजे। उम्मीदवारों के कलेजे धड़क रहे थे।

तब सरदार सुजान सिंह ने खड़े हो कर कहा,"मेरे दीवानी के उम्मीदवार महाशयो, मैंने आप लोगों को जो कुछ कष्ट दिया हो, उसके लिये क्षमा कीजिए। मुझे इस पद के लिये ऐसे पुरुष की आवश्यकता थी जिसके हृदय में दया हो और साथ-ही-साथ आत्म-बल भी। हृदय वही है, जो उदार हो, आत्म-बल वही है, जो आपत्ति का वीरता के साथ सामना करे, और इस रियासत के सौभाग्य से हमको ऐसा पुरुष मिल गया। ऐसे गुण वाले संसार में कम हैं, वे कीर्ति और मान के शिखर पर बैठे हुए हैं। उन तक हमारी पहुँच ही नहीं। मैं रियासत को पण्डित जानकीनाथ-सा दीवान पाने पर बधाई देता हूँ।"

रियासत के कर्मचारियों और रईसों ने पं. जानकीनाथ की तरफ़ देखा और उम्मीदवारों के दल की आँखें उधर उठीं, मगर उन आँखों में सत्कार था और इन आँखों में ईर्ष्या।

सरदार साहब ने फिर फ़रमाया, "आम लोगों को यह स्वीकार करने में कोई आपत्ति न होगी कि जो पुरुष स्वयं ज़ख़्मी होने पर भी एक ग़रीब किसान की भरी हुई गाड़ी को दलदल से निकाल कर नाले के ऊपर चढ़ाये, उसके हृदय में साहस, आत्म-बल और उदारता का निवास है। ऐसा आदमी ग़रीबों को कभी न सतायेगा। उसका संकल्प दृढ़ है, जो उसके चित्त को स्थिर रखेगा। वह चाहे धोखा खाये। परन्तु दया और धर्म के मार्ग से कभी न हटेगा।"

जैनेन्द्र

प्रेमचन्द के पश्चात हिन्दी कथा साहित्य को नवीन आयाम देने वाले तथा कथावस्तु को सामाजिक धरातल से समेट कर व्यक्तिगत और मनोवैज्ञानिक भूमिका पर प्रतिष्ठित करने वाले कथा-लेखक जैनेन्द्र कुमार का जन्म 1905 ई. को कौड़ियागंज, अलीगढ़ में हुआ। इन्होंने प्रेमचन्द के निकट रहने पर भी उनका अनुसरण नहीं किया, वरन अपने लिये नयी दिशा की खोज की। कहानी को 'घटना' के स्तर से उठा कर 'मनोवैज्ञानिक सत्य' पर लाने का प्रयास किया। बचपन में ही पिता का साया उठ जाने के कारण जीवन के संघर्षों का आरम्भ हो गया। आरम्भिक शिक्षा हस्तिनापुर से प्राप्त की। इन्हीं दिनों गाँधी जी का असहयोग आन्दोलन चल रहा था, जिससे प्रभावित हो कर अध्ययन को बीच में ही छोड़ कर उनके साथ सम्मिलित हो गये। औपचारिक शिक्षा अभी इण्टरमीडिएट तक ही हो पायी थी कि विभिन्न राष्ट्रीय आन्दोलनों में कूद पड़े और परिणामस्वरूप जेल भी जाना पड़ा। जेल में ही लेखन की ओर प्रेरित हुए और साहित्यसाधना में जुट गये।

जैनेन्द्र ने विभिन्न विधाओं में साहित्य की रचना की। उपन्यास, कहानी, नाटक, संस्मरण, निबन्ध आदि सभी विधाओं को लेखन का विषय बनाया। 'परख', 'सुनीता', 'त्यागपत्र', 'कल्याणी', 'सुखदा', 'जयवर्द्धन', 'मुक्तिबोध' आदि इनके महत्त्वपूर्ण उपन्यास हैं। कहानियाँ दस खण्डों में प्रकाशित हो चुकी हैं। बहुचर्चित कहानियों में 'खेल', 'एक रात', 'पत्नी', 'पाज़ेब', 'भाभी', 'तत्सत्', 'ग्रामोफ़ोन का रिकार्ड' आदि हैं। जैनेन्द्र पात्रों के मन की गहराई तक चले जाते हैं। व्यक्तिमन की शंकाओं, गुत्थियों तथा प्रश्नों का अंकन इनकी कहानी की विशिष्टता है। एक ओर जैनेन्द्र की कहानियों के पात्र अपने भीतर की अतृप्त इच्छाओं से विद्रोह करते हैं तो दूसरी ओर सामाजिक मर्यादा का भी ध्यान रखते हैं। इसीलिए मानसिक ऊहापोह उनके पात्रों में बनी रहती है। कहानियों का मुख्य विषय नारी है, ऐसी नारी जो घर व पातिव्रत्य की चारदीवारी से मुक्त होना चाहती हैं। इसके लिये वे परम्परागत शिल्प को तोड़ डालते हैं और घटना के स्थान पर संकेतों से काम लेते है, इस प्रकार जैनेन्द्र की कहानियाँ मनोविश्लेषणात्मक व व्यक्तिप्रधान हैं तथा मानवमन के अन्तर्जगत का विश्लेषण, उद्‌घाटन तथा स्पष्टीकरण ही इनकी कहानियों का उद्देश्य है।

पत्नी

शहर के एक ओर एक तिरस्कृत मकान। दूसरा तल्ला। वहाँ चौके में एक स्त्री अंगीठी सामने लिये बैठी है। अंगीठी की आग राख़ हुई जा रही है। वह जाने क्या सोच रही है। उसकी अवस्था बीस-बाईस के लगभग होगी। देह से कुछ दुबली है और सम्भ्रान्त-कुल की मालूम होती है।

एकाएक अंगीठी में राख़ होती हुई आग की ओर से स्त्री का ध्यान गया। घुटनों पर हाथ दे कर वह उठी। उठ कर वह कुछ कोयले लायी। कोयले अंगीठी में डाल कर फिर किनारे पर ऐसे बैठ गयी, मानो याद करना चाहती है कि 'अब क्या करूँ?' घर में और कोई नहीं है और समय बारह से ऊपर हो गया है।

दो प्राणी इस घर में रहते हैं, पति और पत्नी। पति सवेरे से गये लौटे नहीं और पत्नी चौके में बैठी है।

सुनन्दा सोचती है—नहीं, सोचती कहाँ है, अलस-भाव से वह तो वहाँ बैठी ही है। सोचने को है तो यही कि कोयले न बुझ जायें।...वह जाने कब आयेंगे। एक बज गया है। कुछ हो, आदमी को देह की फ़िक्र तो करनी ही चाहिए।...और सुनन्दा बैठी है। वह कुछ कर नहीं रही है। जब वह आएँगे, तब रोटी बना देगी। वह जाने कहाँ-कहाँ देर लगा देते हैं और कब तक बैठे। उससे नहीं बैठा जाता। कोयले भी लहक आये हैं और उसने झल्ला कर तवा अंगीठी पर रख दिया। नहीं, अब वह रोटी बना ही देगी। उसने ज़ोर से खीझ कर आटे की थाली सामने खींच ली और रोटी बेलने लगी।

थोड़ी देर बाद उसने ज़ीने पर पैरों की आहट सुनी। उसके मुख पर कुछ तल्लीनता आयी। क्षण-भर वह आभा उसके चेहरे पर रह कर चली गयी। वह फिर उसी भाँति काम में लग गयी।

कालिन्दीचरण (पति) आये। उनके पीछे-पीछे तीन और उनके मित्र भी आये। ये आपस में बातें करते चले आ रहे थे। और ख़ूब गर्म थे। कालिन्दीचरण मित्रों के साथ सीधे अपने कमरे में चले गये। उनमें बहस छिड़ी थी। कमरे में पहुँच कर रुकी अपने कमरे में चले गये। उनमें बहस छिड़ी थी। कमरे में पहुँच कर रुकी हुई बहस फिर छिड़ गयी। ये चारों व्यक्ति देशोद्धार के सम्बन्ध में बहुत कटिबद्ध हैं। चर्चा

उसी सिलसिले में चल रही है। भारतमाता को स्वतन्त्र कराना होगा—और नीति-अनीति, हिंसा-अहिंसा को देखने का यह समय नहीं है। मीठी बातों का परिणाम बहुत देखा। मीठी बातों से बाघ के मुँह से अपना सिर नहीं निकाला जा सकता। उस वक़्त बाघ का मारना ही एक इलाज है। आतंक! हाँ आतंक! हमें क्या आतंकवाद से डरना होगा? लोग हैं जो कहते हैं, आतंकवादी मूर्ख हैं, वे बच्चे हैं। हाँ, वे हैं बच्चे और मूर्ख। उन्हें बुज़ुर्गी और बुद्धिमानी नहीं चाहिए। हमें अभिलाषा नहीं अपने जीने की। हमें मोह नहीं बाल-बच्चों का। हमें नहीं ग़र्ज़ धन-दौलत की। तब हम मरने के लिये आज़ाद क्यों नहीं हैं? ज़ुल्म को मिटाने के लिये कुछ ज़ुल्म होगा ही। उससे वे डरें जो डरते हैं। डर हम जवानों के लिये नहीं है।

फिर वे चारों आदमी निश्चय करने लगे कि उन्हें ख़ुद क्या करना चाहिए।

इतने में कालिन्दीचरण को ध्यान आया कि न उसने खाना खाया है, न मित्रों को खाने के लिये पूछा है। उसने मित्रों से माफ़ी माँग कर छुट्टी ली और सुनन्दा की ओर चला।

सुनन्दा जहाँ थी, वहाँ है। वह रोटी बना चुकी है। अंगीठी के कोयले उलटे तवे से दबे हैं। माथे को उँगलियों पर टिका कर वह बैठी है। बैठी-बैठी सूनी-सी देख रही है। सुन रही है कि उसके पति कालिंदीचरण अपने मित्रों के साथ क्यों और क्या बातें कर रहे हैं। उसे जोश का कारण समझ में नहीं आता, उत्साह उसके लिये अपरिचित है। वह उसके लिये कुछ दूर की वस्तु है, स्पृहणीय, मनोरम और हरियाली। वह भारतमाता की स्वतन्त्रता को समझना चाहती है; पर उसको न भारतमाता समझ में आती है, न स्वतन्त्रता समझ में आती है। उसे इन लोगों की इस ज़ोरों की बात-चीत का मतलब ही समझ में नहीं आता। फिर भी, उत्साह की उसमें बड़ी भूख है। जीवन की हौंस उसमें बुझती-सी जा रही है; पर वह जीना चाहती है। उसने बहुत चाहा है कि पति उससे भी कुछ देश की बात करें। उसमें बुद्धि तो ज़रा कम है, फिर धीरे-धीरे क्या वह भी समझने नहीं लगेगी? सोचती है, कम पढ़ी हूँ, तो इसमें मेरा क़सूर क्या है? अब तो पढ़ने को मैं तैयार हूँ, लेकिन पत्नी के साथ पति का धीरज खो जाता है। ख़ैर, उसने सोचा है, उसका काम तो सेवा है। बस यह मान कर जैसे कुछ समझने की चाह ही छोड़ दी है। वह अनायास भाव से पति के साथ रहती है और कभी उनकी राह के बीच में आने की नहीं सोचती! वह एक बात जान चुकी है कि उसके पति ने अगर आराम छोड़ दिया है, घर का मकान छोड़ दिया है, जान-बूझ कर उखड़े-उखड़े और मारे-मारे जो फिरते हैं, इसमें वे कुछ भला ही सोचते होंगे। इसी बात को पकड़ कर वह आपत्ति-शून्य भाव से पति के साथ विपदा-पर-विपदा उठाती रही है। पति ने कहा भी है कि तुम मेरे साथ दुःख क्यों

उठाती हो, पर सुन कर वह चुप रह गयी है, सोचती रह गयी है कि देखो, यह कैसी बात करते हैं। वह जानती है कि जिसे 'सरकार' कहते हैं, वह सरकार उनके इस तरह के कामों से बहुत नाराज़ है। सरकार, सरकार है। उसके मन में कोई स्पष्ट भावना नहीं है कि 'सरकार' क्या होती है, पर यह जितने हाकिम लोग हैं, वे बड़े ज़बरदस्त होते हैं और उनके पास बड़ी-बड़ी ताक़तें हैं। इतनी फ़ौज, पुलिस के सिपाही तथा मजिस्ट्रेट, मुंशी और चपरासी तथा थानेदार और वायसराय, ये सब सरकार के ही अंग हैं। इन सबसे कैसे लड़ा जा सकता है? हाकिम से लड़ना ठीक बात नहीं है, पर ये उसी लड़ने में तन-मन बिसार बैठे हैं। ख़ैर, लेकिन ये सब-के-सब इतने ज़ोर से क्यों बोलते हैं? उसको यही बहुत बुरा लगता है। सीधे-सादे कपड़ों में एक ख़ुफ़िया पुलिस का आदमी हरदम उनके घर के बाहर रहता है। ये लोग इस बात को क्यों भूल जाते हैं? इतने ज़ोर से क्यों बोलते हैं?

बैठे-बैठे वह इसी तरह की बातें सोच रही है। देखो, अब दो बजेंगे। उन्हें न खाने की फ़िक्र, न मेरी फ़िक्र। मेरी तो ख़ैर कुछ नहीं, पर अपने तन का ध्यान तो रखना चाहिए। ऐसी ही बेपरवाही से तो वह बच्चा चला गया। उसका मन कितना भी इधर-उधर डोले, पर अकेली जब होती है, तब भटक-भटक कर वह मन अंत में उसी बच्चे के अभाव पर आ पहुँचता है। तब उसे बच्चे की वही-वही बातें याद आती हैं—वे बड़ी प्यारी आँखें, उँगुलियाँ और नन्हें-नन्हें होंठ याद आते हैं—अठखेलियाँ याद आती हैं। सबसे ज़्यादा उसका मरना याद आता है। ओह! यह मरना क्या है। इस मरने की तरफ़ उससे देखा नहीं जाता। यद्यपि वह जानती है की मरना सबको है—उसको मरना है, उसके पति को मरना है, पर उस तरफ़ भूल से छन-भर देखती है, तो भय से भर जाती है। यह उससे सहा नहीं जाता। बच्चे की याद उसे मथ उठती है। तब वह विह्वल हो कर आँख पोंछती है और हठात् इधर-उधर की किसी काभ की बात में अपने को उलझा लेना चाहती है। पर अकेले में, वह कुछ करे, रह-रह कर वही वह याद—वही वह मरने की बात उसके सामने ही रहती है और उसका चित्त बेबस हो जाता है।

वह उठी। अब उठ कर बरतनों को माँज डालेगी, चौका भी साफ़ करना है। ओह! ख़ाली बैठी मैं क्या सोचती रहा करती हूँ।

इतने में कालिन्दीचरण चौके में घुसे।

सुनन्दा कठोरतापूर्वक शून्य को ही देखती रही, उसने पति की ओर नहीं देखा।

कालिन्दी ने कहा, "सुनन्दा, खाने वाले हम चार हैं। खाना हो गया?"

सुनन्दा चून की थाली और चकला-बेलन, बटलोई वग़ैरह खाली बर्तन उठा कर चल दी, कुछ भी बोली नहीं।

कालिन्दी ने कहा, "सुनती हो, तीन आदमी मेरे साथ और हैं। खाना बन सके तो कहो; नहीं तो इतने में ही काम चला लेंगे।"

सुनन्दा कुछ भी नहीं बोली। उसके मन में बेहद गुस्सा उठने लगा। वह उससे क्षमाप्रार्थी-से क्यों बात कर रहे हैं। हँस कर क्यों नहीं कह देते कि कुछ और खाना बना दो। जैसे मैं ग़ैर हूँ। अच्छी बात है, तो मैं भी गुलाम नहीं हूँ कि इनके ही काम में लगी रहूँ। मैं कुछ नहीं जानती खाना-वाना। और वह चुप रही।

कालिन्दीचरण ने ज़रा जोर से कहा, "सुनन्दा!"

सुनन्दा के जी में ऐसा हुआ कि हाथ की बटलोई को ख़ूब ज़ोर से फेंक दे। किसी का गुस्सा सहने के लिये वह नहीं है। उसे तनिक भी सुध न रही कि अभी बैठे-बैठे इन्हीं अपने पति के बारे में कैसी प्रीति की और भलाई की बातें सोच रही थी। इस वक़्त भीतर-ही-भीतर गुस्से से घुट कर रह गयी।

"क्यों! बोल भी नहीं सकती?"

सुनन्दा नहीं ही बोली।

"तो अच्छी बात है। खाना कोई भी नहीं खायेगा।"

यह कह कर कालिंदी तैश में पैर पटकते हुए लौट कर चले गये।

कालिंदीचरण अपने दल में उग्र नहीं समझे जाते, किसी कदर उदार समझे जाते हैं। सदस्य अधिकतर अविवाहित हैं, कालिंदीचरण विवाहित ही नहीं है, वह एक बच्चा भी खो चुके हैं। उनकी बात का दल में आदर है। कुछ लोग़ उनके धीमेपन पर रुष्ट भी हैं। वह दल में विवेक के प्रतिनिधि हैं और उत्ताप पर अंकुश का काम करते हैं।

बहस इस बात पर थी कि कालिंदी का मत था कि हमें आतंक को छोड़ने की ओर बढ़ना चाहिए। आतंक से विवेक कुण्ठित होता है और या तो मनुष्य उससे उत्तेजित ही रहता है या उसके भय से दबा रहता है। दोनों ही स्थितियाँ श्रेष्ठ नहीं हैं। हमारा लक्ष्य बुद्धि को चारों ओर से जगाना है, उसे आतंकित करना नहीं। सरकार व्यक्ति के और राष्ट्र के विकास के ऊपर बैठ कर उसे दबाना चाहती है। हम इसी विकास के अवरोध को हटाना चाहते हैं—इसी को मुक्त करना चाहते हैं। आतंक से वह काम नहीं होगा। जो शक्ति के मद में उन्मत्त है, असली काम तो उसका मद उतारने और उसमें कर्तव्य-भावना का प्रकाश जगाने का है। हम स्वीकार करें कि उसका मद टक्कर खा कर, चोट पा कर ही उतरेगा। यह चोट देने के लिये हमें अवश्य तैयार रहना चाहिए; पर यह नोचा-नोची उपयुक्त नहीं। इससे सत्ता का कुछ बिगड़ता तो नहीं, उलटे उसे अपने औचित्य पर सन्तोष हो जाता है।

पर जब (सुनन्दा के पास से) लौट कर आया, तब देखा गया कि कालिंदी अपने

पक्ष पर दृढ़ नहीं है। वह सहमत हो सकता है कि हाँ, आतंक ज़रूरी भी है। "हाँ", उसने कहा–"यह ठीक है कि हम लोग कुछ काम शुरू कर दें।" इसके साथ ही कहा–"आप लोगों को भूख नहीं लगी है क्या? उनकी तबीयत ख़राब है, इससे यहाँ तो खाना बना नहीं। बताओं क्या किया जाये? कहीं होटल चलें?"

एक ने कहा कि कुछ बाज़ार से यहीं मँगा लेना चाहिए। दूसरे की राय हुई कि होटल ही चलना चाहिए। इसी तरह की बातों में लगे थे कि सुनन्दा ने एक बड़ी थाली में खाना परोस कर उनके बीच ला रखा। रख कर वह चुपचाप चली गयी। फिर आ कर पास ही चार गिलास पानी के रख दिये और फिर उसी भाँति चुपचाप चली गयी।

कालिंदी को जैसे किसी ने काट लिया।

तीनों मित्र चुप ही रहे। उन्हें अनुभव हो रहा था कि पति-पत्नी के बीच स्थिति में कहीं कुछ तनाव पड़ा हुआ है। अन्त में एक ने कहा–"कालिंदी, तुम तो कहते थे, खाना नहीं है?"

कालिंदी ने झेंप कर कहा–"मेरा मतलब था, काफ़ी नहीं है।"

दूसरे ने कहा–"बहुत काफ़ी है। सब चल जायेगा।"

"देखूँ, कुछ और हो तो,"–कह कर कालिंदी उठ गया।

आ कर सुनन्दा से बोला–"यह तुमसे किसने कहा था कि खाना वहाँ ले आओ? मैंने क्या कहा था?"

सुनन्दा कुछ न बोली।

"चलो, उठा कर लाओ थाली। हमें किसी को यहाँ नहीं खाना है। हम होटल जाएँगे।"

सुनन्दा नहीं बोली। कालिंदी भी कुछ देर गुम खड़ा था। तरह-तरह की बातें उसके मन और कण्ठ में आती थीं। उसे अपना अपमान मालूम हो रहा था, और अपमान उसे असह्य था।

उसने कहा–"सुनती नहीं हो कि कोई क्या कह रहा है! क्यों?"

सुनन्दा ने और मुँह फेर लिया।

"मैं पूछता हूँ कि जब मैं कह गया था, तब खाना ले जाने की क्या ज़रूरत थी?"

सुनन्दा ने मुड़ कर और अपने को दबा कर धीमे से कहा–"खाओगे नहीं? एक तो बज गया।"

कालिंदी निरस्त्र होने लगा। यह उसे बुरा मालूम हुआ। उसने मानो धमकी के साथ पूछा–"खाना और है?"

सुनन्दा ने धीमे से कहा–"अचार लेते जाओ।"

"खाना और नहीं है? अच्छा लाओ अचार।"

सुनन्दा ने अचार ला दिया और लेकर कालिंदी भी चला गया।

सुनन्दा ने अपने लिये कुछ भी बचा कर नहीं रखा था। उसे यह सूझा ही नहीं था कि उसे भी खाना है। अब कालिंदी के लौटने पर उसे जैसे मालूम हुआ कि उसने अपने लिये कुछ भी बचा कर नहीं रखा है। वह अपने से रुष्ट हुई। उसका मन कठोर हुआ; इसलिए नहीं कि उसने खाना क्यों नहीं बचाया। इस पर तो उसमें स्वाभिमान का भाव जागता था। मन कठोर यों हुआ कि वह इस तरह की बाते सोचती ही क्यों है? छिः! यह भी सोचने की बात है! और उसमें कड़वाहट भी फैली। हठात यह उसके मन को लगता है कि देखो, उन्होंने एक बार भी नहीं पूछा कि तुम क्या खाओगी! क्या मैं यह सह सकती थी कि मैं तो खाऊँ और उनके मित्र भूखे रहें, पर पूछ लेते तो क्या था! इस बात पर उसका मन टूटता-सा है। मानो उसका जो तनिक-सा मान था, वह भी कुचल गया हो। पर वह रह-रह कर अपने को स्वयं अपमानित कर लेती हुई कहती है कि छिः! छिः! सुनन्दा, तुझे ऐसी ज़रा-सी बात का अब तक ख़याल होता है! तुझे तो ख़ुश होना चाहिए कि उनके लिये एक रोज़ भूखे रहने का तुझे पुण्य मिला है। मैं क्यों उन्हें नाराज़ करती हूँ? अब से नाराज़ न करूँगी, पर वह अपने तन की भी तो सुध नहीं रखते! यह ठीक नहीं है। मैं क्या करूँ?

और वह अपने बर्तन माँजने में लग गयी। उसे सुन पड़ा कि वे लोग फिर जोर-शोर से बहस करने में लग गये हैं। बीच-बीच में हँसी के कहकहे भी उसे सुनायी दिये। 'ओ!' सहसा उसे ख़याल हुआ, 'बर्तन तो पीछे भी मल सकती हूँ, लेकिन उन्हें कुछ जरूरत हुई तो?' यह सोच, झटपट हाथ धो वह कमरे के दरवाज़े के बाहर दीवार से लग कर खड़ी हो गयी।

एक मित्र ने कहा—"अचार और है? अचार और मँगाओ यार!"

कालिन्दी ने अभ्यासवश ज़ोर से पुकारा—"अचार लाना भई, अचार।" मानो सुनन्दा कहीं बहुत दूर हो, पर वह तो बाहर लगी खड़ी ही थी। उसने चुपचाप अचार ला कर रख दिया।

जाने लगी, तो कालिन्दी ने तनिक स्निग्ध वाणी से कहा—"थोड़ा पानी भी लाना।"

और सुनन्दा ने पानी ला दिया। देकर लौटी और फिर बाहर द्वार से लग कर ओट में खड़ी हो गयी, जिससे कालिन्दी कुछ माँगे, तो जल्दी से ला दे।

अज्ञेय

प्रयोग के अन्वेषण के प्रति सदैव सजग व सशक्त कवि एवं कहानीकार अज्ञेय का जन्म 7 मार्च 1911 को उत्तरप्रदेश के देवरिया ज़िले में हुआ। इनके पिता का नाम हीरानन्द वात्स्यायन था जो पंजाबी ब्राह्मण थे। 'अज्ञेय' का पूरा नाम सच्चिदानन्द हीरानन्द वात्स्यायन 'अज्ञेय' है। अज्ञेय के पिता जी पुरातत्त्व विभाग में एक उच्च पदाधिकारी थे अतएव इन्हें विभिन्न स्थानों पर घूमने का अवसर मिलता रहा। बचपन से ही अंग्रेज़ी शासन के प्रति विद्रोह-वृत्ति पनप चुकी थी। गाँधी के अहिंसावादी आन्दोलन व क्रान्ति-चेतना ने इन्हें प्रभावित किया। बी.ए.सी. के पश्चात एम.ए अंग्रेज़ी में प्रवेश लेने के साथ ही जेल यात्रा की भी जो इनकी साहित्य यात्रा में सहायक सिद्ध हुई! जेलप्रवास में ही इनका पहला काव्य संकलन 'भग्नदूत' और उपन्यास 'शेखर एक जीवनी' रचा गया। जेल से मुक्त होने के पश्चात पत्रकारिता की ओर क़दम बढ़ाये। 'सैनिक', 'विशाल भारत', 'प्रतीक' व 'दिनमान' आदि पत्रों का सम्पादन भी किया। आकाशवाणी के परामर्शदाता रहे तथा अध्यापन के लिये विदेशों की यात्रा की। कुछ समय के लिये जोधपुर विश्वविद्यालय में भारतीय साहित्य विभाग के प्रोफ़ेसर तथा अध्यक्ष रहे।

अज्ञेय ने कवि के साथ-साथ उपन्यासकार व कहानीकार के रूप में भी प्रतिष्ठा पायी। इनके प्रसिद्ध उपन्यास 'शेखर एक जीवनी' (दो भागों में), 'नदी के द्वीप' तथा 'अपने-अपने अजनबी' हैं। इनका प्रथम कहानी-संग्रह 'त्रिपथगा' 1931 ई. में प्रकाशित हुआ। 'त्रिपथगा' कहानी में आधुनिक विश्व में होने वाले युद्ध के कारणों की खोज की गयी है और नारी का चित्रण क्रान्ति की अग्रदूत के रूप में किया गया है। 'कड़ियाँ', 'अमर वल्लरी', 'सिगनेलर', 'रेल की सीटी', 'रोज़', 'हरसिंगार' आदि इनकी प्रसिद्ध कहानियाँ हैं। इनकी कहानियों में परम्परागत मूल्यों का नकार है। एक ओर प्रेम व कर्त्तव्य, तो दूसरी ओर आदर्श व सहज वृत्तियों का संघर्ष इनकी कहानियों में दिखलायी पड़ता है। अज्ञेय ने व्यक्ति-मन की कुण्ठाओं, प्रेरणाओं व अंतद्वन्द्वों का विश्लेषण मनोवैज्ञानिक धरातल पर किया है। इनके 'चरित्र' अन्तर्मुखीन हो कर बहिर्मुखी हैं जो समाज व बाहरी पीरास्थितियों से जूझने के लिये सदैव प्रस्तुत रहते हैं, अतः अज्ञेय की कहानियाँ मनोवैज्ञनिक होने पर भी सामाजिक संघर्ष व विद्रोह के तीखेपन के युक्त हैं। अज्ञेय साहित्य अक़ादेमी पुरस्कार एवं ज्ञानपीठ पुरस्कार से सम्मानित हुए और 1988 में इनका देहावसान हो गया।

विपथगा

यह मानवी थी या दानवी, यह मैं इतने दिन सोच कर भी नहीं समझ पाया हूँ। कभी-कभी तो यह भी विश्वास नहीं होता कि उस दिन की घटना वास्तविक ही थी, स्वप्न नहीं। किन्तु फिर जब अपने सामने की दीवार पर टँगी हुई वह टूटी तलवार देखता हूँ, तो हठात् उसकी सत्यता मान लेनी पड़ती है। फिर भी अभी तक यह निर्णय नहीं कर पाया कि मानवी थी या नहीं...

उसके शरीर में लावण्य की दमक थी, मुँह पर सौन्दर्य की आभा थी, होंठों पर एक दबी हुई, विचारशील मुस्कान थी। कितु उसकी आँखें! उनमें अनुराग, विराग, क्रोध, विनय, प्रसन्नता, करुणा, व्यथा, कुछ भी नहीं था, थी केवल एक भीषण, तुषारमय, अथाह ज्वाला!

मनुष्य की आँखों में ऐसी मृतवत जड़ता के साथ ही ऐसी जलन हो सकती है, यह बात आज भी मेरे गुमान में नहीं आती। किन्तु आज एक वर्ष बीत जाने पर भी, मैं जब कभी उसका ध्यान करता हूँ, उसकी वे आँखें मेरे सामने आ जाती हैं। उसकी आकृति, उसका वर्ण, उसकी बोली, मुझे कुछ भी याद नहीं आता, केवल वे दो प्रदीप्त बिम्ब दीख पड़ते हैं...रात्रि के अन्धकार में जिधर आँख फेरता हूँ उधर ही, स्फटिक मणि की तरह, नीले आकाश में शुक्र तारे की तरह, हरित ज्योतिर्मय उसके वे विस्फारित नेत्र निर्निमेष हो कर मुझ पर अपनी दृष्टि गड़ाये रहते हैं...

मैं भावुक प्रकृति का आदमी नहीं हूँ। पुराने फ़ैशन का एकदम साधारण व्यक्ति हूँ। मेरी जीविका का आधार इसी पेरिस शहर के एक स्कूल में इतिहास के अध्यापक का पद है। मैं सिनेमा थियेटर देखने का शौकीन नहीं हूँ, न मेरा कविता में ही मन लगता है। मनोरंजन के लिये मैं कभी-कभी देश-विदेश की क्रान्तियों के इतिहास पढ़ लिया करता हूँ। एक-आध बार मैंने इस विषय पर व्याख्यान भी दिये हैं। इससे अधिक कुछ नहीं कर सकता, क्योंकि यह विदेश है। जब पढ़ने से मन उकता जाता है, तब कभी-कभी पुराने अस्त्र-शस्त्र के संग्रह में लग जाता हूँ। बड़ी मेहनत से मैंने इनका एक संग्रह किया है। जिस कटार से सम्राट पीटर ने अपनी प्रेमिकाओं की

हत्या की थी, उसकी मूठ मेरे संग्रह में है; जिस प्याले में कैथराइन ने अपने पुत्र को विष दिया था, उसका एक खण्ड; जिस गोली से एक अज्ञात स्त्री ने आर्क-एंजेल के गवर्नर को मारा था, उसका खाली कारतूस; जिस घोड़े पर सवार हो कर नेपोलियन मॉस्को से भागा था, उसकी एक नाल; और नेपोलियन की जैकट का एक बटन भी मेरे संग्रह में है। ऐसा संग्रह शायद पेरिस में दूसरा नहीं है—शायद मॉस्को में भी नहीं था...

पर जो बात मैं कहना चाहता था, उससे भटक गया। हाँ, मैं भावुक प्रकृति का नहीं हूँ। मेरी रुचि इसी संग्रह में, या कभी-कभी क्रान्ति-सम्बन्धी साहित्य तक, परिमित है, और इधर-उधर की बातें मैं नहीं जानता। फिर भी उस दिन की घटना मेरे शान्तिमय जीवन में उसी तरह उथल-पुथल मचा गयी, जिस तरह एक उद्यान में झंझावात। उस दिन से न जाने क्यों एक अज्ञात, अस्पष्ट अशान्ति ने मेरे हृदय में घर कर लिया है। जब भी मेरी दृष्टि उस टूटी हुई तलवार पर पड़ती है, एक गम्भीर किन्तु भावातिरेक से कम्पायमान ध्वनि मेरे कानों में गूँज उठती है :

"दीप बुझता है तो धुआँ उठता है। किन्तु जब हमारे विस्तृत देश के भूखे, पीड़ित अनाश्रित कृषक-कुटुम्ब सड़कों पर भटक-भटक कर हेमावृत धरती पर बैठ कर अपने भाग्य को कोसने लगते हैं, जब उनके हृदय में सुरक्षित आशा की अन्तिम दीप्ति बुझ जाती है, तब एक आह तक नहीं उठती। न जाने कब तक वह बुझी हुई राख पड़ी रहती है—पड़ी रहेगी!—किन्तु किसी दिन, सुदूरभविष्य में, किसी घोर झंझा से, उसमें फिर चिनगारी निकलेगी! उसकी ज्वाला—घोरतम, अनवरुद्ध, प्रदीप्त ज्वाला!—किधर फैलेगी, किसको भस्म करेगी, किन नगरों और प्रान्तों का मान-मर्दन करेगी—कौन जाने?"

मुझे रोमाँच हो आता है, मैं मन्त्रमुग्ध की तरह निश्चेष्ट हो कर उस दिन की घटना पर विचार करने लग जाता हूँ...

रात्रि के आठ बज रहे थे। मैं मॉस्को में अपने कमरे में बैठा लैम्प के प्रकाश में धीरे-धीरे कुछ लिख रहा था। पास में एक छोटी मेज़ पर भोजन के जूठे बर्तन पड़े थे। इधर-उधर दीवार पर टँगी या अंगीठी पर रखी हुई मेरे संग्रह की वस्तुएँ थीं।

बाहर वर्षा हो रही थी। छत पर से जो आवाज़ आ रही थी, उससे मैंने अनुमान किया कि ओले भी पड़ रहे हैं, किन्तु उस जाड़े में उठ कर देखने की सामर्थ्य मुझमें नहीं थी। कभी-कभी लैम्प के फीके प्रकाश पर खीझने के अतिरिक्त मैं बिल्कुल एकाग्र हो कर दूसरे दिन पढ़ने के लिये 'सफल क्रान्ति' पर एक छोटा-सा निबन्ध लिख रहा था।

'सफल क्रान्ति क्या है? असंख्य विफल जीवनियों का, असंख्य निष्फल प्रयत्नों

का, असंख्य विस्मृत आहुतियों का, अशान्तिपूर्ण किन्तु शान्तिजनक निष्कर्ष!'

(उन दिनों मैं मॉस्को के एक स्कूल में अध्यापक था। वहीं इतिहास पढ़ाने में और कभी-कभी क्रान्ति-विषयक लेख लिखने में तथा पढ़ने में मेरा समय बीत जाता था। क्रान्ति का अर्थ मैं समझता था या नहीं यह नहीं कह सकता। आज मैं क्रान्ति के विषय में अपनी अनभिज्ञता को ही कुछ-कुछ जान पाया हूँ!)

एकाएक किसी ने द्वार खटखटाया। मैंने बैठे ही बैठे उत्तर दिया, "आ जाओ!" और लिखने में लगा रहा। द्वार खुला और बन्द हो गया। फिर उसी अविरल जलधारा की आवाज़ आने लगी–कमरे में निःस्तब्धता छा गयी। मैंने कुछ विस्मित हो कर आँख उठायी, और उठाये ही रह गया।

बहुत मोटा-सा ओवरकोट पहने, सिर पर बड़े-बड़े बालों वाली टोपी रखे, गले में लाल रूमाल बाँधे, दरवाज़े के पास खड़ी एक स्त्री एकटक मेरी ओर देख रही थी। उसके कपड़े भीगे हुए थे, टोपी में कहीं-कहीं एक आध ओला फँस गया था। पैरों में उसने घुटने तक पहुँचने वाले बड़े-बड़े भद्दे रूसी बूट पहन रखे थे, जो कीचड़ में सने हुए थे। ऊपर टोपी और नीचे रूमाल के कारण उसके मुँह का बहुत थोड़ा भाग दिख पड़ता था। इस प्रकार आवृत होने पर भी उसके शरीर में एक लचक, और साथ ही एक खिंचाव का आभास स्पष्ट होता था, मानो कपड़ों से ढँक कर एक तने हुए धनुष की प्रत्यंचा सामने रख दी गयी हो। आँखें नहीं दीखती थीं, किन्तु उन होंठों की पतली रेखा देखने से भावना होती थी कि उसके पीछे विद्युत की चपलता के साथ ही वज्र की कठोरता दबी हुई है...

मैं क्षण-भर उसी की ओर देखता रहा, किन्तु वह कुछ बोली नहीं। मैंने ही मौन भंग किया, "कहिए, क्या आज्ञा है?" कोई उत्तर नहीं मिला। मैंने फिर पूछा, "आपका नाम जान सकता हूँ?"

उसने धीरे-धीरे कहा, मानो प्रत्येक शब्द में तौल-तौल कर रखा हो, "मैंने सुना था कि क्रान्तिकारियों से आपको सहानुभूति है। इसी आशा से आपके पास आयी हूँ।"

मै काँप गया। मेरी इस सहानुभूति की चर्चा बाहर होती है, और क्रान्तिकारियों तक को इसका ज्ञान है, फिर मुझमें और क्रान्तिकारियों में भेद क्या है? कहीं यह मॉस्को के राजनैतिक़ विभाग की जासूस तो नहीं है? मेरी नौकरी...शायद साइबेरिया की खानों में आयु-भर...पर अगर यह जासूस होती, तो ऐसी दशा में क्यों आती? ऐसे बात क्यों करती? इससे तो साफ़ सन्देह होने लगता है...जासूस होती तो विश्वास उत्पन्न करने की चेष्टा करती...पर क्या जाने, विश्वास उत्पन्न करने का शायद इसका यही ढंग हो, सँभल कर बात करनी होगी।

मैंने उपेक्षा से कहा, "आप साफ़-साफ़ कहिए, बात क्या है? मैं आपका अभिप्राय नहीं समझा।"

वह बोली, "मैं क्रान्तिकारिणी हूँ। मुझे अभी कुछ धन की आवश्यकता है। आप दे सकेंगे?"

"किस लिये?"

वह कुछ देर के लिये असमंजस में पड़ गयी, मानो सोच रही हो कि उत्तर देना चाहिए या नहीं। फिर उसने धीरे-धीरे ओवरकोट के बटन खोले और भीतर से एक तलवार—रक्तरंजित तलवार!—निकाली। इतनी देर में उसने आँख पलभर भी मुझ पर से नहीं हटायी। मुझे मालूम हो रहा था, मानो वह मेरे अन्तर्तम विचारों को भाँप रही हो। मैं भी मुग्ध हो कर देखता रहा...

वह बोली, "यह देखो! जानते हो, यह किस का रक्त है? कर्नल गोरोव्स्की का! और उसकी लोथ उसके घर के बाग़ में पड़ी हुई है!"

मैं भौचक हो कर बोला, "हैं? कब?"

"अभी एक घण्टा भी नहीं हुआ। उसी की तलवार, इन हाथों ने उसी के हृदय में भोंक दी। तुम पूछोगे, क्यों? शायद तुम्हें नहीं मालूम कि स्त्री कितना भीषण प्रतिशोध करती है!"

"तुम यहाँ क्यों आयीं?"

"मुझे धन की ज़रूरत है। मॉस्को से भागने के लिये।"

"मैं तुम्हारी सहायता नहीं कर सकता। तुम हत्यारिणी हो।"

वह एकाएक सहम-सी गयी, मानो उसे इस उत्तर की आशा न हो। फिर धीरे-धीरे एक फीकी, विषादमय हँसी हँस कर बोली, "बस, यहीं तक थी तुम्हारी सहानुभूति! इसी क्रान्तिवाद के लिये तुम व्याख्यान देते हो, यही तुम्हारे इतिहासों का निष्कर्ष है!"

"मैं क्रान्तिवादी हूँ पर हत्यारा नहीं हूँ। इस प्रकार की हत्याओं से देश को लाभ नहीं, हानि होगी। सरकार ज़्यादा दवाब डालेगी, मार्शल-लॉ जारी होगा, फाँसियाँ होंगी। हमारा क्या लाभ होगा?"

"तुम क्रान्ति को क्या समझते हो, गुड़ियों का खेल!" यह कहती हुई वह मेरी मेज़ के पास आ कर खड़ी हो गयी। मेज़ पर पड़े हुए काग़ज़ों को देख कर बोली, "यह क्या, सफल क्रान्ति! असंख्य विफल जीवनियों का... विस्मृत आहुतियाँ निष्कर्ष।"

वह ठठा कर हँसी। 'सफल क्रान्ति'! जानते हो, क्रान्ति के लिये कैसी आहुतियाँ देनी पड़ती हैं?"

मैं कुछ उत्तर न दे सका। मैं उसे वह लेख पढ़ते हुए देख कर झेंप रहा था।

वह फिर बोली, "तुम भी अपने आपको क्रान्तिवादी कहते हो, हम भी, किन्तु हमारे आदर्शों में कितना भेद है! तुम चाहते हो, स्वातन्त्र्य के नाम पर विश्व जीत कर उस पर शासन करना, और हम!—हम इसी की चेष्टा में लगे हैं कि अपने हृदय को इतने विशाल बना सकें कि विश्व उनमें समा जाय!"

मैंने किसी षड्यन्त्र में भाग नहीं लिया है—क्रान्तिवाद पर लेक्चर देने के अतिरिक्त कुछ भी नहीं क्या है, फिर भी मैं अपने सिद्धान्तों पर आक्षेप नहीं सह सका। मैंने तन कर कहा, "तुम झूठ कहती हो। मैं सच्चा साम्यवादी हूँ। मैं चाहता हूँ कि संसार में साम्य हो शासक और शासित का भेद मिट जाय। लेकिन इस प्रकार हत्या करने से यह कभी सिद्ध नहीं होगा। जिसे तुम क्रान्ति कहती हो, उसके लिये अगर यह करना पड़ता हो, तो मैं उस क्रान्ति का विरोध करूँगा, उसे रोकने का भरसक प्रयत्न करूँगा। इसके लिये अगर प्राण भी—"

"क्रान्ति का विरोध करोगे, उसे रोकोगे तुम? सूर्य उदय होता है, उसको रोकने की चेष्टा की है? समुद्र में प्रलय-लहरी उठती है, उसे रोका है? ज्वालामुखी में विस्फोट होता है; धरती काँपने लगती है, उसे रोका है? क्रान्ति सूर्य से भी अधिक दीप्तिमान, प्रलय से भी अधिक भयंकर, ज्वाला से भी अधिक उत्तप्त, भूकम्प से भी अधिक विदारक है...उसे क्या रोकोगे!"

"शायद न रोक सकूँ। लेकिन मेरा जो कर्तव्य है, वह तो पूरा करूँगा।"

"क्या कर्तव्य? लेक्चर झाड़ना?"

"देश में अपने विचारों का निदर्शन, अहिंसात्मक क्रान्ति का प्रचार।"

"अहिंसात्मक क्रान्ति! जो भूखे, नंगे, प्रपीड़ित हैं, उनको जा कर कहोगे, चुप-चाप बिना आह भरे मरते जाओ! रूस की भयंकर सर्दी में बर्फ़ के नीचे दब जाओ लेकिन इस बात का ध्यान रखना कि तुम्हारी लोथ किसी भद्रपुरुष के रास्ते में न आ जाय! रोते हुए बच्चों से कहोगे, माता की छातियों की ओर मत देखो, बाहर जा कर मिट्टी-पत्थर खा कर भूख मिटाओ! और अत्याचारी शासक तुम्हारी ओर देख कर मन-ही-मन हँसेंगे, और तुम्हारी अहिंसा की आड़ में निर्धनों का रक्त चूस कर ले जायेंगे! यही है तुम्हारी शान्तिमय क्रान्ति, जिसका तुम्हें इतना अभिमान है।"

"अगर शासक अत्याचार करेंगे, तो उनके विरुद्ध आन्दोलन करना भी तो हमारा धर्म होगा।"

"धर्म? वही धर्म, जिसे तुम एक स्कूल की नौकरी के लिये बेच खाते हो? वही धर्म, जिसके नाम पर तुम स्कूल में इतिहास पढ़ाते समय इतने झूठ बकते हो?"

मैंने क्रुद्ध हो कर कहा, "व्यक्तिगत आक्षेपों से कोई फ़ायदा नहीं है। ऐसे तो

मैं पूछ सकता हूँ, तुम्हीं ने कौन बड़ा बलिदान किया है? एक आदमी को मार कर भाग आयीं, यही न?"

मुझे उस पर बड़ा क्रोध आ रहा था। किन्तु जिस तरह वह छाती के बटन खोले हाथ में तलवार लिये, दानवी की तरह खड़ी मेरी ओर देख रही थी, उसे देख कर मेरा साहस ही नहीं पड़ा कि उसे निकाल दूँ। मैं प्रश्न पूछ कर उसकी ओर देखने लगा। मुझे आशा थी कि वह मुझ पर से दृष्टि हटा लेगी, मेरे प्रश्न का उत्तर देते घबरायेगी, क्रुद्ध होगी। किन्तु वह सब कुछ भी नहीं हुआ। वह धीरे से काग़ज़ हटा कर मेरी मेज़ के एक कोने पर बैठ गयी, और तलवार की नोक मेरी ओर करती हुई बोली, "मैंने क्या किया है, सुनोगे तुम? मैंने बलिदान कोई बड़ा नहीं किया, लेकिन देखा बहुत-कुछ है। मेरे पास बहुत समय है—अभी गोरोव्स्की का पता किसी को नहीं लगा होगा। सुनोगे तुम?"

पहले मैंने सोचा, सुन कर क्या करूँगा? अभी लेख लिखना है, कल स्कूल भी जाना होगा, और फिर पुलिस—इसे कह दूँ, चली जाये। लेकिन फिर एक अदाय कौतूहल, और आपनी हृदयहीनता पर ग्लानि-सी हुई। मैंने उठ कर अंगीठी में कोयले हिला कर आग तेज़ कर दी, एक और कुर्सी उठा कर आग के पास रख दी, और अपनी जगह बैठ कर बोला, "हाँ, सुनूँगा। आग के पास उस कुर्सी पर बैठ कर सुनाओ, सर्दी बहुत है।"

वह वहीं बैठी रही, मानो मेरी बात उसने सुनी ही न हो। केवल तलवार एक ओर रख कर, कुछ आगे की ओर झुक कर आग की ओर देखने लगी। थोड़ी देर देख कर चौंक कर बोली, "हाँ, सुनो। मैंने घर में आरामकुर्सी पर बैठ कर यन्त्रालयों में पिसते हुए श्रमजीवियों के लिये साम्यवाद पर लेख नहीं लिखे हैं। न मैंने मंच पर खड़े हो कर कृषकों को जबानी स्वातन्त्र्य-युद्ध की मरीचिका दिखलायी है। मैंने घर-बार, माता-पिता, पति तक को छोड़ कर धक्के-ही-धक्के खाये हैं। सौभाग्य बेच कर अपने विश्वास की रक्षा की है। स्वत्व बचाने के लिये पिता की हत्या की है और—और अपना स्त्री-रूप बेच कर देश के लिये भिक्षा माँगी है—और आज फिर माँगने निकली हूँ।

मेरे मुँह से अकस्मात निकल गया, "किससे?"

इस प्रश्न से मानो उसकी विचार-शृंखला टूट गयी। तलवार की ओर देखती हुई बोली, "यह फिर बताऊँगी—वह मेरे अन्तिम—मेरे एकमात्र बलिदान की कहानी है।"

विश्वास और स्वत्व की रक्षा—पिता की हत्या—मुझे कुछ भी समझ नहीं आया।

"मेरे पिता पीटर्सबर्ग में पुलिस-विभाग के सदस्य थे। मेरे पति भी वहाँ

राजनैतिक विभाग में काम करते थे। कुटुम्ब में, वंश में एक मैं ही थी जिसने क्रान्ति का आह्वान सुना...फिर भी, कितने विरोध का सामना करना पड़ा। पहले-पहले जब मैं क्रान्तिदल में आयी, तो लोग मुझ पर सन्देह करने लग गये। न जाने किस अज्ञात शत्रु ने उनसे कह दिया, इसका पिता पुलिस में है, पति राजनैतिक विभाग में, इससे विनाश के अतिरिक्त और क्या आशा हो सकती है? मैंने देखा, इतनी कामना, इतनी सदिच्छा होते हुए भी मैं अनादृता, परित्यक्ता-सी हूँ...मेरे पति को भी मेरी वृत्तियों का पता लगा। फलस्वरूप एक दिन मैं चुपचाप घर से निकल गयी—उन्हें भी नौकरी छिन जाने का डर था। उसके बाद—उसके बाद मेरी परीक्षा का प्रश्न उठा! पति को छोड़ देने पर भी मुझे सदस्य नहीं बनाया गया—परीक्षा देने को कहा गया। कितनी भयंकर थी वह!"

क्षण-भर आग की ओर देखने के बाद फिर उसने कहना शुरू किया : "मैं और चार और व्यक्ति पिस्तौल ले कर एक दिन सांयकाल को निकोलस पार्क में बैठ गये। उस दिन उधर से पीटर्सबर्ग की पुलिस दो बन्दियों को ले कर जाने वाली थी। इसी पर वार करके बन्दियों को छुड़ाने का काम हमारे सुपुर्द हुआ था। यही मेरी परीक्षा थी।

"हम रात तक वहीं बैठे रहे। नौ बजे के लगभग पुलिस के बूटों की आहट आयी। हम सावधान हो गये। किसी ने पूछा, "कौन बैठा है?" हमने उत्तर नहीं दिया, गोलियाँ दागनी शुरू कर दीं। दो मिनट के अन्दर निर्णय हो गया—हमारे तीन आदमी खेत रहे, पर हमें सफलता प्राप्त हुई। बन्दी मुक्त हो गये। हम चारों शीघ्रता से पार्क से निकल कर अलग हो गये।"

मैं बहुत ध्यान से सुन रहा था। ऐसी कहानी मैंने कभी नहीं सुनी थी—पढ़ी भी नहीं थी...मैंने व्यग्रता से पूछा, "फिर?"

"दूसरे दिन—दूसरे दिन मॉस्कों में अख़बार में पढ़ा, बन्दियों को ले कर जाने वाले अफ़सर थे—मेरे पिता!"

उस छोटे-से कमरे में फिर सन्नाटा छा गया। वर्षा अब भी हो रही थी। मैं विमनस्क-सा हो कर छत पर पड़ रही बून्दों को गिनने की चेष्टा करने लगा।

उसने पूछा, "और कुछ भी सुनोगे?"

मैंने सिर झुका कर उत्तर दिया, "मैंने तुम लोगों पर अन्याय किया है। वास्तव में तुम्हें बहुत उत्सर्ग करना पड़ता है। मैं अभी तक नहीं जान पाया था।"

"हाँ, यह स्वाभाविक है। एक अकेले व्यक्ति की व्यथा, एक आदमी का दुःख हम समझ सकते हैं। एक प्राणी को पीड़ित देख कर हमारे हृदय में सहानुभूति जगती है—एक हूक-सी उठती है...किन्तु जाति, देश, राष्ट्र! कितना विराट होता है! इसकी

व्यथा, इसके दुःख से असंख्य व्यक्ति एक साथ ही पीड़ित होते हैं—इसमें इतनी विशालता, इतनी भव्यता है कि हम यही नहीं समझ पाते कि व्यथा कहाँ हो रही है, हो भी रही है या नहीं।"

"ठीक है। तुम्हें बहुत दुःख झेलने पड़ते हैं। किन्तु इस प्रकार अकारण दुःख झेलना, चाहे कितनी ही धीरता से झेला जाये, बुद्धिमता तो नहीं है।"

"हमारे दुःख प्रसव-वेदना की तरह हैं, इसके बाद ही क्रान्ति का जन्म होगा। इसके बिना क्रान्ति की चेष्टा करना, क्रान्ति से फल-प्राप्ति की आशा करना विडम्बना-मात्र है।"

"लेकिन हर आन्दोलन किसी निर्धारित पथ पर ही चलता है, ऐसे तो नहीं बढ़ता?"

"क्रान्ति आन्दोलन नहीं है।"

"सुधार करने के लिये भी तो कोई आदर्श सामने रखना होता है?"

"क्रान्ति सुधार नहीं है।"

"न सही। परिवर्तन ही सही। लेकिन परिवर्तन का भी तो ध्येय होता है।"

"क्रान्ति परिवर्तन भी नहीं है।"

मैंने सोचा, पूछूँ, तो फिर क्रान्ति है क्या? किन्तु मैं बिना पूछे उसके मुख की ओर देखने लग गया। वह स्वयं बोली, "क्रान्ति आन्दोलन, सुधार, परिवर्तन कुछ भी नहीं है; क्रान्ति है विश्वासों का, रूढ़ियों का शासन की और विचार की प्रणालियों का घातक, विनाशकारी, भयंकर विस्फोट! इसका न आदर्श है, न ध्येय, न धुर। क्रान्ति विपथगा है, विध्वंसिनी है, विदग्धकारिणी है!"

"ये तो सब बातें हैं। कवियों वाला शब्द-विन्यास है। ऐसी क्रान्ति से हमें मिलेगा क्या?"

वह हँसने लगी। "क्रान्ति से क्या मिलेगा? कुछ नहीं। जो कुछ है, शायद वह भी भस्म हो जायेगा। पर इससे यह नहीं सिद्ध होता कि क्रान्ति का विरोध करना चाहिए। हमें इस बात का ध्यान भी नहीं करना चाहिए कि हमें क्रान्ति करके क्या मिलेगा।"

"क्यों!"

"कोढ़ का रोगी जब डाक्टर के पास जाता है, तो यही कहता है कि मेरा रोग छुड़ा दो। यह नहीं पूछता कि इस रोग को दूर करके इसके बदले मुझे क्या दोगे! क्रान्ति एक भयंकर औषध है, यह कड़वी है, पीड़ाजनक है, जलाने वाली है, किन्तु है औषध। रोग को मार अवश्य भगाती है। किन्तु इसके बाद, स्वास्थ्यप्राप्ति के लिये, जिस पथ्य की आवश्यकता है, वह इसमें खोजने पर निराशा ही होगी, इसके लिये

क्रान्ति को दोष देना मूर्खता है।"

मैं निरुत्तर हो गया। चुपचाप उसके मुख की ओर देखने लगा। थोड़ी देर बाद बोला, "एक बात पूछूँ?"

"क्या!"

"तुम्हारा नाम क्या है?"

"क्यों?"

"यों ही। कुतूहल है।"

"पिता ने जो नाम दिया था, वह उस दिन छूट गया, जिस दिन विवाह हुआ। पति ने जो नाम दिया था, उसे मैं आज भूल गयी हूँ। अब मेरा नाम मेरिया इवानोवना है।"

कुछ देर हम फिर चुप रहे। मैंने तलवार की ओर देखते हुए पूछा, "यह—यह कैसे हुआ?"

उसके उन विचित्र नील नेत्रों की सुषुप्त ज्वाला फिर जाग उठी। वह अपने हाथों की ओर देखती हुई बोली, "वह बहुत बीभत्स कहानी है।" फिर आप-ही-आप, "नहीं, रक्त नहीं लगा है।"

कुतूहल होते हुए भी मैंने आग्रह नहीं किया। इतनी देर में मैं कुछ-कुछ समझने लगा था कि इस स्त्री (या दानवी?) से अनुनय-विनय करना व्यर्थ है, इस पर उसका कुछ भी प्रभाव नहीं पड़ेगा। मैं चुपचाप इसी आशा में बैठा रहा कि शायद वह स्वयं ही कुछ कह दे। मुझे निराशा भी नहीं होना पड़ा।

वह आग की ओर देखती हुई धीरे-धीरे बोली, "तो सुनो! आज जो-कुछ मैं कह रही हूँ, वह मैंने कभी किसी से नहीं कहा। शायद अब किसी से कहूँगी भी नहीं। जब मैं तुम्हारा पता पूछ कर यहाँ आयी, तब मुझे ज़रा भी ख़याल नहीं था कि तुमसे कुछ भी बात करूँगी। केवल धन माँग कर चले जाने की इच्छा से आयी थी। अब—मेरा ख़याल बदल गया है। मुझे धन नहीं चाहिए। मैं—"

"क्यों?"

"मैं अपना काम करके मॉस्को से भाग जाना चाहती थी। किन्तु अब नहीं भागूँगी।"

"और क्या करोगी?"

"अभी एक काम बाक़ी है। एक बार और भिक्षा माँगनी है। उसके बाद—" वह एकाएक रुक गयी। फिर तलवार की धार पर तर्जनी फेरती हुई आप-ही-आप बोली, "कितनी तीक्ष्ण धार है यह!"

मैंने साहस करके पूछा, "भिक्षा की बात तुमने पहले भी कही थी, और बलिदान

की भी। मैं कुछ समझ नहीं पाया था।

"अब कहने लगी हूँ, तो सब-कुछ कहूँगी। अब लज्जा के लिये स्थान नहीं रह गया है। स्त्रीत्व तो पहले ही खो दिया था, आज मानवता भी चली गयी! और फिर—आज के बाद—सब-कुछ एक हो जायेगा। पर तुम चुपचाप सुनते जाओ, बीच में रोकना नहीं।"

मैं प्रतीक्षा में बैठा रहा। वह इस तरह निरीह हो कर कहानी कहने लगी, मानो स्वप्न में कह रही हो—मानो मशीन से ध्वनि निकल रही हो।

"तुमने माइकेल क्रोस्की का नाम सुना है?"

"वही जो पीटर्सबर्ग में पुलिस के तीन अफ़सरों को मार कर लापता हो गये थे।"

"हाँ, वही। वह हमारी संस्था के प्रधान थे।" यह कह कर उसने मेरी ओर देखा। मैं कुछ नहीं बोला, किन्तु मेरे मुख पर विस्मय का भाव उसने स्पष्ट देखा होगा। वह फिर कहने लगी, "वह कल यहीं मास्कों में गिरफ़्तार हो गये हैं।"

क्षण-भर निःस्तब्धता रही।

"पर उनको गिरफ़्तार करके ले जाने पर भी पुलिस को यह नहीं पता लगा कि वह कौन है। वह इसी सन्देह पर गिरफ़्तार किये गये थे कि शायद क्रान्तिकारी हों। मुझे इस बात की ख़बर मिली, तो मैंने निश्चय किया कि जा कर पता लगाऊँ। मैं यह साधारण गँवार स्त्री की पोशाक पहन कर पुलिस विभाग के दफ़्तर में गयी। वहाँ जा कर मैंने अपना परिचय यही दिया कि मैं उनकी बहिन हूँ, गाँव से उन्हें लेने आयी हूँ! तब तक पुलिस को उन पर कोई सन्देह नहीं हुआ था। लेकिन इधर-उधर से—पीटर्सबर्ग से भी—पूछताछ हो रही थी।

"पहले तो मैंने सोचा कि पीटर्सबर्ग से अपने साथियों को बुला भेजूँ, उनसे मिल कर उन्हें छुड़ाने का प्रयत्न करूँ। लेकिन इसके लिये समय नहीं था—न जाने कब उन्हें पीटर्सबर्ग से उत्तर आ जाय! मैं अकेली सिवाय अनुनय-विनय के कुछ नहीं कर सकती थी...उफ़! अपनी अशक्तता पर कितना क्रोध आता था! मैं दाँत पीस कर रह गयी... जब तक ऐसे समय में अपनी असमर्थता, निस्सहायता का अनुभव नहीं होता, तब तक क्रान्ति की आवश्यकता भी पूरी तरह से नहीं समझ आ सकती।"

मेरी ओर देख और मुझे ध्यान से सुनता पा कर वह बोली :

"फिर—फिर मैंने सोचा, जो कुछ मैं अकेले कर सकती हूँ, वह करना ही होगा! अगर गिड़गिड़ाने से उन्हें छुड़ा सकूँ तो यह करना होगा, चाहे बाद में मुझे फाँसी पर भी लटकना पड़े! मैंने निश्चय कर लिया—मेरी हिचकिचाहट दूर हो गयी। कल ही शाम को मैं जनरल कोल्पिन के बंगले पर गयी। उस समय वहाँ कर्नल गोरोव्स्की

भी मौजूद था। पहले तो मुझे अन्दर जाना ही नहीं मिला, दरबान ने जो कुछ मेरे पास था, तलाशी में निकाल कर रख लिया। बहुत गिड़गिड़ा कर मैं अन्दर जा पायी!

"पहले जनरल कोल्पिन ने मुझे देख कर डाँट दिया। फिर न जाने क्या सोच कर बोला, 'क्यों, क्या बात है?' मैंने अपनी गढ़ी हई कहानी कह सुनायी कि मेरा भाई निर्दोष था, पुलिस ने यों ही उसे पकड़ लिया। जनरल साहब बहुत बड़े आदमी हैं, सब कुछ उनके हाथ में है, जिसे चाहें उसे छोड़ सकते हैं...मैं उसके आगे रोयी भी, उसके पैर भी पकड़े—उसके, जिसकी मे ज़बान खींच लेती!

"वह चुपचाप सुनता रहा। जब मैं कह चुकी तब भी कुछ नहीं बोला। थोड़ी देर बाद उसने आँख से गोरोव्स्की को इशारा किया। कुछ कानाफूसी हुई। गोरोव्स्की ने मुझे कहा, 'इधर आओ, तुमसे कुछ बात करनी है।' मैं उसके साथ दूसरे कमरे में चली गयी। वहाँ जा कर वह बोला, 'देखो, अभी सब-कुछ हमारे हाथ में है, पर कल के बाद नहीं रहेगा। हमें उसे अदालत में ले जाना होगा। फिर—

"यह कह कर वह चुप हो गया। मैंने कहा, 'आप मालिक हैं, जैसा कहेंगे मैं करूँगी।' वह बोला, 'जनरल साहब तुम्हारे भाई पर दया करने को तैयार हैं— एक शर्त पर।' मैंने उत्सुक हो कर पूछा, 'क्या?' वह मेरे बहुत पास आ गया। फिर धीरे-धीरे बोला, 'मेरिया इवानोवना, तुम अपूर्व सुन्दरी हो'..."

वह बोलते-बोलते चुप हो गयी। मैंने सिर उठा कर उसकी ओर देखा, उसकी आँखे विचित्र ज्योति से चमक रही थीं। वह एकाएक मेज़ पर से उठ कर मेरे सामने खड़ी हो गयी। बोली, "जानते हो, उसकी क्या शर्त थी? जानते हो? ऐसी शर्त तुम्हें स्वप्न में भी न सूझेगी...यही एक शर्त थी, यही एकमात्र बलिदान था, जिसके लिये मैं तैयार होकर नहीं गयी थी..."

वह फिर चुप हो गयी। दोनों हाथों से अपनी कमीज़ का कालर और गले का रूमाल पकड़ कर कुछ देर मेरी ओर देखती रही। फिर एकाएक झटका दे कर कमीज़ और रूमाल फाड़ती हुई बोली, "देखो, अध्यापक! ऐसा सौन्दर्य तुमने कभी देखा है?"

उसका मुख, जो कि रूमाल और टोपी से ढका हुआ था, अब एकदम स्पष्ट दीख रहा था। उनके नीचे उसका गला और वक्ष खुला हुआ था...उसका वह अपूर्व लावण्य, यह प्रस्फुटित सौन्दर्य, अधरों पर दबी हुई विषादयुक्त मुस्कान, हेमवर्ण कण्ठ और वक्ष...ऐसा अनुपम सौन्दर्य सचमुच मैंने पहले नहीं देखा था...मेरे शरीर में बिजली दौड़ गयी—फिर मैंने दृष्टि फेर ली...

किन्तु उसकी वह आँखें—विस्फारित, निर्निमेष...उनका वह तुषारकणों की तरह शीतल प्रदीपन...उनमें विराग, क्रोध, करुणा, व्यथा की अनुपस्थिति...वह शुक्रतारे की हरित ज्योति...!

"यह है बलि! यह स्त्री का रूप है माइकेल क्रेस्की की मुक्ति का मूल्य!"

मैंने चाहा, कुछ कहूँ, चिल्लाऊँ, पर बहुत चेष्टा करने पर भी आवाज़ नहीं निकली!

उसने, उस नर-पिशाच गोरोव्स्की ने, मेरे पास आ कर कहा, 'मेरिया इबानोवना, तुम अपूर्व सुन्दरी हो—तुम्हारे लिये अपने भाई को छुड़ा लेना साधारण-सी बात है'...मुझ पर मानो बिजली गिरी। क्षण-भर मुझे इस शर्त का पूरा अभिप्राय भी न समझ आया। फिर समुद्र की लहरों की तरह मेरे हृदय में क्रोध उमड़ आया। मेरा मुख लाल हो गया। मैंने कहा, 'पापी! कुत्ते!' और तीव्र गति से बाहर निकल गयी। किन्तु पीछे उसकी हँसी और ये शब्द सुनायी पड़े—'कल शाम तक प्रतीक्षा है, उसके बाद—'

"बाहर ठण्डी हवा में आ कर मेरी सुध कुछ ठिकाने आयी। मैं शान्त हो कर सोचने लगी, मेरा कर्त्तव्य क्या है? माइकेल क्रेस्की का गौरव अधिक है या...उन्हें मर जाने दूँ? कभी नहीं! छुड़ाऊँ तो कैसे? इसी आशा में बैठी रहूँ कि शायद पुलिस को पता न लगे? प्रतारणा! कहीं वे उन्हें पहचान गये तो...! पीटर्सबर्ग से किसी को बुलाऊँ? पर उसके लिये समय कहाँ है! अकेली क्या करूँगी? वह शर्त...!

"प्रधान, हमारा कार्य, देश, राष्ट्र! इसके विरुद्ध क्या? एक स्त्री का सतीत्व...! मैंने निर्णय कर लिया। शायद मुझसे ग़लती हुई; शायद इस निर्णय के लिये संसार, मेरे अपने क्रान्तिवादी बन्धु, मेरे नाम पर थूकेंगे; शायद मुझे नरक की यातना भोगनी पड़ेगी...पर जो यातना मैंने निर्णय करने में सही है, उससे अधिक नरक में भी क्या होगा?"

वह फिर ठहर गयी। अब की बार मुझसे नहीं रहा गया। मैंने अत्यन्त व्यग्रता से पूछा, "क्या निर्णय किया है?"

"अभी यहीं से जनरल कोल्पिन के घर जाऊँगी। पर सुनो, अभी मेरी कहानी समाप्त नहीं हुई। आज छः बजे मैं कर्नल गोरोव्स्की के घर गयी। मेरे आते ही वह हँसकर बोला, 'मेरिया, तुम जितनी सुन्दर हो, उतनी ही बुद्धिमती भी हो। इज़्ज़त तो बार-बार बिगड़ कर भी बन जाती है, भाई बार-बार नहीं मिलते!' मैंने सिर झुका कर कहा, 'हाँ, आप साहब से कहला भेजें कि मुझे उनकी शर्त मंजूर है।'

"वह उस समय वर्दी उतार कर रख रहा था। बोला, 'तुम यहीं ठहरो, मैं टेलीफ़ोन पर कहे देता हूँ।' वह कोने में टेलीफ़ोन पर बात करने लगा। उसकी पीठ मेरी ओर थी। मुझे एकाएक कुछ सूझा...मैंने म्यान में से उसकी तलवार निकाल ली—दबे-पाँव जा कर उसके पीछे खड़ी हो गयी। टेलीफ़ोन पर बातचीत हो चुकी—गोरोव्स्की उसे बन्द करके घूमने को ही था कि मैंने तलवार उसकी पीठ में भोंक दी! उसने आह

तक नहीं की—अनाज की बोरी की तरह भूमि पर बैठ गया। फिर मैंने उसकी लोथ उठा कर खिड़की से बाहर डाल दी—और भाग निकली!"

मैंने पूछा, "तुम्हारे इन हाथों में इतनी शक्ति!"

वह हँस पड़ी, बोली, "मैं क्रान्तिकारिणी हूँ—यह देखो!"

उसने तलवार उठाई, एक हाथ से मूठ और दूसरे से नोक थाम कर बोली, "यह देखो!" देखते-देखते उसने उसे चपटी और से घुटने पर मारा—तलवार दो टूक हो गयी! उसने वे दोनों टुकड़े मेरी मेज़ पर रख दिये।

मैंने पूछा, "अब—अब क्या करोगी?"

"अब कोल्पिन के यहाँ जाऊँगी। क्रोस्की को छुड़ाऊँगी। उसके बाद? उसके बाद—"

उसने अपनी जेब में हाथ डाल कर एक छोटा-सा रिवाल्बर निकाला। "यह भी गोरोव्स्की के यहाँ से मिल गया।"

"पर—इसका क्या करोगी?"

"प्रयोग!" कह कर उसने उसे छिपा लिया।

इसके बाद शायद चार-पाँच मिनट फिर कोई न बोला। मैंने उसकी सारी कहानी का मन-ही-मन सिंहावलोकन किया। उसमें कितनी बीभत्सता, कितनी करुणा थी! और उसका दोष क्या था? केवल इतना ही कि वह क्रांतिकारिणी थी! एकाएक मुझे एक बात याद आ गयी। मैंने पूछा, "तुमने कहा था कि तुमने पहले भी भिक्षा माँगी थी—इसी प्रकार की। वह क्या बात थी, बताओगी?"

वह अब तक खड़ी थी, अब फिर मेज़ पर बैठ गयी। बोली, "वह पुरानी बात है। उन दिनों की, जब मैं पीटर्सबर्ग से भागी थी। अकेली नहीं, साथ में एक लड़की भी थी—तुमने पॉलिना का नाम सुना है?"

"हाँ, सुना तो है। इस समय याद नहीं आ रहा कि कहाँ।"

"वह नोव्गोरोड में पकड़ी गयी थी—वेश्याओं की गली में—और गोली से उड़ा दी गयी थी।"

"हाँ। उस दिन मैं भी नोव्गोरोड में थी—उसी घर में! हम दोनों वहाँ रहती थीं। एक वेश्या के यहाँ ही। वहीं, नित्य-प्रति रात को लोग आते थे, हमारे शरीरों को देखते थे, गन्दे संकेत करते थे, और हम बैठी सब-कुछ देखा करती थीं। वहाँ, जब चूसे हुए नीबू की तरह बीमारियों से धुले हुए वे पूँजीपति साफ़-साफ़ कपड़े पहन कर इठलाते हुए आते थे—उफ़! जिसने वह नहीं देखा, वह पूँजीवाद और साम्राज्यवाद का दूरव्यापी परिणाम नहीं समझ सकता! धन के आधिक्य से ही कितनी बुराइयाँ समाज में आ जाती हैं—इसको जानने के लिये वह देखना ज़रूरी है!

"फिर वे आसपास की कोठरियों में चले जाते थे...किसी-किसी में अँधेरा हो जाता था...फिर..."

थोड़ी देर वह चुप रही। फिर बोली, "कभी-कभी उनमें एक-आध नवयुवक भी आता था—शान्त, सुन्दर, सुडौल...उनके आने पर वह घर और उसमें रहने वाले—कितने विद्रूप, कितने बीभत्स मालूम होने लगते थे... किन्तु शायद अगर वे न आते, तो हमारी वहीं मृत्यु हो जाती—इतना ग्लानिमय दृश्य था वह!

"यही थे हमारे सहायक, हमारे सहकारी...हमें पीटर्सबर्ग से जो ऐलान बाँटने के लिये आते थे, वे हम इन्हें दे देती थीं—ये उन्हें बाँट आते थे। नोव्गोरोड में हमने अपनी संस्था की शाखा इसी तरह बनायी। फिर नोव्गोरोड से आर्कएंजेल, फिर जेरोस्लावल, फिर पीटर्सबर्ग और फिर वापस नोव्गोरोड...आर्कएंजेल में तीन गवर्नरों की हत्या हुई; जेरोस्लावल में राजकर्मचारियों के घर जला दिये गये, नोव्गोरोड में पुलिस के कई अफ़सर मारे गये। फिर—पॉलिना पकड़ी गयी, और मैं मॉस्को में आ गयी..."

"पर वह पकड़ी कैसे गयी?"

"वे मुहल्ले जिनमें रहते थे, रात ही को खुलते थे...दिन में वे वैसे ही पड़े रहते थे, जैसे विस्फोट के बाद ज्वालामुखी का फटा हुआ शिखर... पर उस दिन ज़रूरी काम था—पॉलिना मोटा-सा कोट पहन, मुँह ढँक कर बाहर निकली। उसकी जेब में कुछ पत्र थे और एक पिस्तौल, और पत्र पहुँचाने जा रही थी। इसी समय—"

घड़ी में टन! टन! ग्यारह बज गये। वह चौंक कर उठी और बो..., "बहुत देर हो गयी—अब मैं जाती हूँ।"

"कहाँ?"

"कोल्पिन के यहाँ—अन्तिम भिक्षा माँगने।"

उसने शीघ्रता से अपने कोट के बटन बन्द किये और उठ खड़ी हुई। मैं भी खड़ा हो गया।

मैंने रुक-रुक कर कहा, 'स्वातन्त्र्य-युद्ध में बहुत सिरों की बलि देनी पड़ती है।" मानो मैं अपने आपको ही समझा रहा होऊँ।

वह बोली, "ऐसे स्वातन्त्र्य-युद्ध में सिर अधिक टूटते हैं या हृदय—कौन कह सकता है?"

मैं चुप हो कर खड़ा रहा। वह कुछ हँसी, फिर बोली, "जीवन कैसा विचित्र है, जानते हो, अध्यापक? मैं आयी थी धन ले कर विलुप्त हो जाने, और चली हूँ, स्मृति स्वरूप वह बोकर—वह अशान्ति का बीज!"

जिधर उसने संकेत किया था, मैं उधर देखता ही रह गया। लैम्प और आग के

प्रकाश में लाल-लाल चमक रही थी—उस टूटी हुई तलवार की मूठ!

सहसा किवाड़ खुल कर बन्द हो गया। मेरी स्वप्न टूट गया—मैंने आँख उठा कर देखा।

वर्षा अब भी हो रही थी—ओले भी पड़ रहे थे। किन्तु वह—वह वहाँ नहीं थी। था अकेला मैं—और वह अशान्ति का बीज!

वह बीज कैसे प्रस्फुटित हुआ, यह फिर कहूँगा। अभी उस दिन की घटना पूरी कहनी है।

वह चली गयी। पर मैं फिर अपना लेख नहीं लिख सका...एक बार मैंने काग़ज़ों की ओर देखा, 'सफल क्रान्ति!' दो शब्द मेरी ओर देख कर हँस रहे थे...विस्मृत आहुतियों का शान्ति-जनक निष्कर्ष!' प्रवंचना! मैंने वे काग़ज़ फाड़ कर आग में डाल दिये। फिर भी शान्ति नहीं मिली। मैं सोचने लगा, इसके बाद वह क्या करेगी? कोल्पिन के घर में माइकेल क्रेस्की तो शायद मुक्त हो जायेंगे, किन्तु उसके बाद?

उस उद्धार के फलस्वरूप आनन्द, उल्लास, गौरव—कहाँ होंगे? वहाँ होगी व्यथा, प्रज्वलन, पशुता का ताण्डव! जहाँ स्वतन्त्रता का उद्दाम आह्वान होना चाहिए, वहाँ क्या होगा?—एक स्त्री-हृदय के टूटने की धीमी आवाज़!

मैंने जा कर लैम्प बुझा दिया। कमरे में अँधेरा छा गया। केवल कहीं-कहीं अंगीठी की आग से लाल-लाल प्रकाश पड़ने लगा, और उसमें कुर्सी की टाँगों की छाया एक विचित्र नृत्य करने लगी! मैं उसे देखते-देखते फिर सोचने लगा—इसी समय कोल्पिन के घर में न जाने क्या हो रहा होगा...मेरिया वहाँ पहुँच गयी होगी...शायद अब तक क्रेस्की मॉस्को की किसी गली में छिपने के लिये चल पड़े हों...वह क्या सोचते होंगे कि उनका उद्धार कैसे हुआ? मेरिया की बात उन्हें मालूम होगी? शायद वहाँ उनका मिलन हो जाये—किन्तु कोल्पिन क्यों न होने देगा? मेरिया के बलिदान की बात शायद कोई न जान पायेगा—किसी को भी मालूम नहीं होगा...असीम समुद्र में बहते हुए एकाएक बुझ जाने वाले दीप की तरह उसकी कथा वहीं समाप्त हो जायेगी—और मैं उसका नाम तक नहीं जान पाऊँगा! कैसी विडम्बना है यह!

घड़ी में बारह बजे। मैं चौंका : एक अत्यन्त बीभत्स दृश्य मेरी आँखों के आगे नाच गया। कोल्पिन और मेरिया...उस दृश्य के विचार को भी मैं नहीं सह सका! मैंने उठ कर किवाड़ खोल दिये और दरवाज़े के बीच में खड़ा हो कर वर्षा को देखने लगा। कभी-कभी एक-आध ओला मेरे ऊपर पड़ जाता था, किन्तु मुझे उसका ध्यान भी नहीं हुआ। मैं आँखें फाड़ कर रात्रि के अन्धकार में वर्षा की बूँदें देखने की चेष्टा कर रहा था...

पूर्व में जब धुंधला-सा प्रकाश हो गया, तब मेरा वह जाग्रत स्वप्न टूटा। तब

मुझे ज्ञान हुआ कि मेरे हाथ-पैर सर्दी से संज्ञा-शून्य हो गये हैं। मैंने मानो वर्षा से कहा, 'वहाँ जो कुछ होना था, अब तक हो चुका होगा।' फिर मैं किवाड़ बन्द कर अन्दर जा कर लेट गया और अपने ठिठुरे हुए अंगों को गर्मी पहुँचाने के लिये कम्बल लपेट कर पड़ रहा...

उस दिन की घटना यहीं समाप्त होती है; पर उसके बाद एक-दो घटनाएँ और हुईं, जिनका इससे घनिष्ठ सम्बन्ध है। वह भी यहीं कहूँगा।

इसके दूसरे दिन मैंने पढ़ा, "कल रात को जनरल कोल्पिन और कर्नल गोरोव्स्की दोनों अपने घरों में मारे गये। जनरल कोल्पिन की हत्या एक स्त्री ने रिवाल्वर से की। उनको मारने के बाद उसने उसी रिवाल्वर से आत्मघात कर लिया। कर्नल गोरोव्स्की घर में तलवार से मारे पाये गये। कहा जाता है कि उनकी अपनी तलवार और रिवाल्वर दोनों ग़ायब हैं। जिस रिवाल्वर से जनरल कोल्पिन की हत्या की गयी, उस पर गोरोव्स्की का नाम लिखा हुआ है, इससे अनुमान किया जाता है कि गोरोव्स्की और कोल्पिन की घातक यही स्त्री है। पुलिस जोरों से अनुसन्धान कर रही है, लेकिन अभी इसके रहस्य का कुछ पता नहीं लगा है।"

क्रेस्की का कहीं नाम भी नहीं था।

यह रहस्य आज भी नहीं खुला। हाँ, इसके कुछ दिन बाद मैंने सुना कि माइकेल क्रेस्की पीटर्सबर्ग के पास पुलिस से लड़ते हुए मारे गये...

वह रहस्य दबा ही रह गया शायद माइकेल क्रेस्की को स्वयं भी कभी यह नहीं ज्ञात हुआ कि वे मॉस्को से उस दिन आधी रात के समय क्यों एकाएक छोड़ दिये गये...

किन्तु अशान्ति का जो बीज मेरे हृदय में बोया था, वह नहीं दब सका। जिस दिन मैंने सुना कि माइकेल क्रेस्की मारे गये, उस दिन मेरी धमनियों में रूसी रक्त खौल उठा...क्रेस्की के कारण नहीं, किन्तु मेरिया के शब्दों की स्मृति के कारण। मैंने अपने स्कूल में एक व्याख्यान दिया, जिसमें जीवन में पहली बार विशुद्ध हृदय से मैंने क्रान्ति का समर्थन किया था...

इसके बाद मुझे रूस से निर्वासित कर दिया गया, क्योंकि क्रान्ति के पोषकों के लिये रूस में स्थान नहीं था!

आज मैं पेरिस में रहता हूँ। मॉस्कों की तरह अब भी मैं अध्यापन का काम कर रहा हूँ, किन्तु अब उसमें मेरी रुचि नहीं है। आज भी मैं क्रान्ति-विषयक पुस्तकों का अध्ययन करता हूँ, किन्तु अब पढ़ते समय मेरा ध्यान अपनी अनभिज्ञता की ओर ही रहता है। आज भी मेरा वह संग्रह उसी भाँति पड़ा है, किन्तु अब उसकी सबसे अमूल्य वस्तु है वह टूटी हुई तलवार! हाँ, अब मैंने व्याख्यान देना छोड़ दिया है—अब

एक विचित्र विषादमय अशान्ति, एक विक्षोभमय ग्लानि, मेरे हृदय में घर किये रहती है...

ज्वालामुखी से आग निकलती है और बुझ जाती है, किन्तु जमे हुए लावा के काले-काले पत्थर पड़े रह जाते हैं। आँधी आती है और चली जाती है, किन्तु वृक्षों की टूटी हुई शाखें सूखती रहती हैं। नदी में पानी चढ़ता है और उतर जाता है, किन्तु उसके प्रवाह से एकत्रित घास-फूस, लकड़ी किनारे पर सड़ती रह जाती है। वह टूटी तलवार उसके आवागमन का स्मृतिचिह्न है। जब भी इस ओर देखता हूँ, दो धधकते हुए निर्निमेष वृत्त मेरे आगे आ जाते हैं, मैं सहसा पूछ बैठता हूँ, "मेरिया इवानोव्ना, तुम मानवी थीं या दानवी, या स्वर्ग-भ्रष्टा विपथगा देवी?"

अमरकान्त

हिन्दी साहित्य जगत में 'अमरकान्त' नाम से विख्यात व प्रेमचन्द की परम्परा के सच्चे उत्तराधिकारी कथा-लेखक का जन्म उत्तर प्रदेश के बलिया ज़िले के नागरा ग्राम में सन 1925 ई. में हुआ। माता-पिता द्वारा दिया गया नाम श्रीराम वर्मा है। प्रारम्भिक शिक्षा अपने ज़िले में ही प्राप्त की। सन 1948 में इलाहाबाद विश्वविद्यालय से बी.ए. करने के बाद हिन्दी साहित्य के लिये कार्य करने का निश्चय किया अतः पत्रकार की जीवन अपनाया। 'सैनिक' साप्ताहिक में उपसम्पादक के रूप में कार्यरत रहे। इन्हीं दिनों 1949 में 'सैनिक' के एक विशेषांक में उनकी पहली कहानी 'बाबू' प्रकाशित हुई। इसके पश्चात 'इन्टरव्यू' कहानी इन्होंने प्रगतिशील लेखक संघ की बैठक में सुनायी जिसकी मुक्तकण्ठ से प्रशंसा हुई। यहीं से इनका रचनात्मक संसार शुरू हो गया। लखनऊ में कुछ समय तक साक्षरता निकेतन से जुड़ गये परन्तु पुनः इलाहाबाद वापिस आ कर दैनिक 'अमृत पत्रिका' 'भारत' व मासिक 'कहानी' पत्रिका में सम्पादकीय कार्य किया।

छात्र जीवन में स्वामी शिवानन्द की 'ब्रह्मचर्य ही जीवन है' तथा यशपाल कृत 'विप्लव' जैसी रचनाएँ पढ़ने को मिलीं जिससे इनमें गुलामी के प्रति विद्रोह की भावना उत्पन्न हुई तथा देश की स्वतन्त्रता के लिये सक्रिय योगदान का निश्चय कर डाला। प्रेमचन्द, शरदचन्द्र, रवीन्द्रनाथ टैगोर, गोर्की, जैनेन्द्र, अज्ञेय, इलाचन्द्र जोशी तथा रांगेय राघव आदि बहुत-से लेखकों के साहित्य को पढ़ डाला व उससे बहुत अधिक प्रभावित भी हुए। अमरकान्त का लेखन सही अर्थों में भारतीय है। विविध कथा-आन्दोलनों से अलग रह कर जीवन की वास्तविकता को सादगी से प्रस्तुत करते हैं। स्वतन्त्रता के पश्चात के भारतीय समाज के अन्तर्विरोधों का चित्रण तथा निम्नमध्यवर्ग की सही तस्वीर प्रस्तुत करना अमरकान्त की कहानियों का उद्देश्य है।

व्यवसाय की व्यस्तता के कारण यद्यपि बहुत अधिक समय लेखन को न दे पाये, परन्तु निश्चय ही इनका लेखन अत्यन्त महत्त्वपूर्ण है। सन 1955 में निकले 'कहानी' पत्रिका के विशेषांक में प्रकाशित अपनी कहानी 'डिप्टी कलक्टरी' से विख्यात हुए। इनके प्रसिद्ध कहानी-संग्रह हैं—'ज़िन्दगी और जोंक', 'देश के लोग', 'मौत का नगर' और 'कुहासा'। 'सूखा पत्ता', 'पराई डाल का पंछी', 'सुखजीवी', 'बीच की दीवार' और 'काले उजले दिन' अमरकान्त के महत्त्वपूर्ण उपन्यास हैं।

बहादुर

सहसा मैं काफ़ी गम्भीर हो गया था, जैसा कि उस व्यक्ति को हो जाना चाहिए, जिस पर एक भारी दायित्व आ गया हो। वह सामने खड़ा था और आँखों को बुरी तरह मटका रहा था। बारह-तेरह वर्ष की उम्र। ठिगना चकइठ शरीर, गोरा रंग और चपटा मुँह। वह सफ़ेद नेकर, आधी बाँह की ही सफ़ेद कमीज़ और भूरे रंग का पुराना जूता पहने था। उसके गले में स्काउटों की तरह एक रूमाल बँधा था। उसको घेर कर परिवार के अन्य लोग खड़े थे। निर्मला चमकती दृष्टि से कभी लड़के को देखती और कभी मुझको और कभी अपने भाई को निश्चय ही वह पंच-बराबर हो गयी थी।

उसको ले कर मेरे साले साहब आये थे। नौकर रखना कई कारणों से बहुत जरूरी हो गया था। मेरे सभी भाई और रिश्तेदार अच्छे ओहदों पर थे और उन सभी के यहाँ नौकर थे। मैं जब बहन की शादी में घर गया तो वहाँ नौकरों का सुख देखा। मेरी दोनों भाभियाँ रानी की तरह बैठ कर चारपाइयाँ तोड़ती थीं, जबकि निर्मला को सवेरे से ले कर रात तक खटना पड़ता था। मैं ईर्ष्या से जल गया। इसके बाद नौकरी पर वापस आया तो निर्मला दोनों जून 'नौकर-चाकर' की माला जपने लगी। उसकी तरह अभागिन और दुखिया स्त्री और भी कोई इस दुनिया में होगी? वे लोग दूसरे होते हैं, जिनके भाग्य में नौकर का सुख होता है।...

पहले साले साहब से असाधारण विस्तार से उसका किस्सा सुनना पड़ा। वह एक नेपाली था, जिसका गाँव नेपाल और बिहार की सीमा पर था। उसका बाप युद्ध में मारा गया था और उसकी माँ सारे परिवार का भरण-पोषण करती थी। माँ उसकी बड़ी गुस्सैल थी और उसको बहुत मारती थी। वह चाहती थी कि लड़का घर के काम-धाम में हाथ बँटाये, जबकि वह पहाड़ या जंगलों में निकल जाता और पेड़ों पर चढ़ कर चिड़ियों के घोंसलों में हाथ डाल कर उनके बच्चे पकड़ता या फल तोड़ कर खाता। कभी-कभी वह पशुओं को चराने के लिये ले जाता था। उसने एक बार उस भैंस को बहुत मारा, जिसको उसकी माँ बहुत प्यार करती थी, और इसलिए उससे वह बहुत चिढ़ता था। मार खा कर भैंस भागी-भागी उसकी माँ के पास चली गयी, जो कुछ दूरी पर एक खेत में काम कर रही थी। माँ का माथा ठनका। बेचारा बेज़ुबान जानवर

चरना छोड़ कर यहाँ क्यों आयेगा? ज़रूर लौंडे ने इसको काफ़ी मारा है। वह गुस्से से पागल हो गयी। जब लड़का आया तो माँ ने भैंस की मार का काल्पनिक अनुमान करके एक डण्डे से उसकी दुगनी पिटाई की और उसको वहीं कराहता हुआ छोड़ कर घर लौट आई। लड़के का मन माँ से फट गया और वह रातभर जंगल में छिपा रहा। जब सवेरा होने को आया तो वह घर पहुँचा और किसी तरह अन्दर चोरी-चुपके घुस गया। फिर उसने घी की हण्डिया में हाथ डाल कर माँ के रखे रुपयों में से दो रुपये निकाल लिये। अन्त में नौ-दो-ग्यारह हो गया। वहाँ से छह मील दूरी पर बस-स्टेशन था, जहाँ गोरखपुर जाने वाली बस मिलती थी।

"तुम्हारा नाम क्या है?"—मैंने पूछा

"दिलबहादुर, साहब।"

उसके स्वर में एक मीठी झनझनाहट थी। मुझे ठीक-ठीक याद नहीं कि मैंने उसको क्या हिदायतें दी थीं। शायद यह कि वह शरारतें छोड़ कर ढंग से काम करे और इस घर को अपना घर समझे। इस घर में नौकर-चाकर को बहुत प्यार और इज़्ज़त से रखा जाता है। जो सब खाते-पहनते हैं, वही नौकर-चाकर खाते-पहनते हैं। अगर वह यहाँ रह गया तो ढंग-शऊर सीख जाएगा, घर के और लड़कों की तरह पढ़-लिख जायेगा और उसकी ज़िन्दगी सुधर जायेगी। निर्मला ने उसी समय कुछ व्यावहारिक उपदेश दे डाले थे। इस मुहल्ले में बहुत तुच्छ लोग रहते हैं, वह न किसी के यहाँ जाये और न किसी का काम करे। कोई बाज़ार से कुछ लाने को कहे तो वह 'अभी आता हूँ' कह कर अन्दर खिसक जाये। उसको घर के सभी लोगों से सम्मान और तमीज़ से बोलना चाहिए, और भी बहुत-सी बातें। अन्त में निर्मला ने बहुत ही उदारतापूर्वक लड़के के नाम से 'दिल' शब्द उड़ा दिया।

परन्तु बहादुर बहुत ही हँसमुख और मेहनती निकला। उसकी वजह से कुछ दिनों तक हमारे घर में वैसा ही उत्साहपूर्ण वातावरण छाया रहा, जैसा कि प्रथम बार तोता-मैना या पिल्ला पालने पर होता है। सवेरे-सवेरे ही मुहल्ले के छोटे-छोटे लड़के घर के अन्दर आ कर खड़े हो जाते और उसको देख कर हँसते या तरह-तरह के प्रश्न करते। 'ऐ तुम लोग छिपकली को क्या कहते हो?' 'ऐ, तुमने शेर देखा है?' ऐसी ही बातें। उससे पहाड़ी गाने की फ़रमाइशें की जाती। घर के लोग भी उससे इसी प्रकार की छेड़खानियाँ करते थे। वह जितना उत्तर देता था उससे अधिक हँसता था। सबको उसके खाने और नाश्ते की बड़ी फ़िक्र रहती।

निर्मला आँगन में खड़ी हो कर पड़ोसियों को सुनाते हुए कहती थी—बहादुर, आ कर नाश्ता क्यों नहीं कर लेते? मैं दूसरी औरतों की तरह नहीं हूँ, जो नौकर-चाकर को तलती-भूनती हैं। मैं तो नौकर-चाकर को अपने बच्चों की तरह रखती हूँ। उन्होंने तो साफ़-साफ़ कह दिया है कि सौ, डेढ़-सौ महीनावारी उस पर भले ही ख़र्च हो जाये,

पर तकलीफ़ उसको ज़रा भी नहीं होनी चाहिए। एक नेकर-कमीज़ तो उसी रोज़ लाये थे...और भी कपड़े बन रहे हैं...।

धीरे-धीरे वह घर के सारे काम करने लगा। सवेरे ही उठ कर वह बाहर नीम के पेड़ से दातुन तोड़ लाता था। वह हाथ का सहारा लिये बिना, कुछ दूर तक तने पर दौड़ते हुए चढ़ जाता। मिनट भर में वह पेड़ की पुलुई पर नज़र आता। निर्मला छाती पीट कर कहती थी—अरे रीछ-बन्दर की जाति, कहीं गिर गया तो बड़ा बुरा होगा। वह घर की सफ़ाई करता, कमरों में पोंछा लगाता, अँगीठी जलाता, चाय बनाता और पिलाता। दोपहर में कपड़े धोता और बरतन मलता। वह रसोई बनाने की भी ज़िद करता, पर निर्मला स्वयं सब्ज़ी और रोटी बनाती। निर्मला को उसकी बहुत फ़िक्र रहती थी। उसकी उन दिनों तबीयत ठीक नहीं रहती थी, इसलिये वह कुछ दवा ले रही थी। बहादुर उसको कोई काम करते देख कर कहता था—माता जी, मेहनत न करो। तकलीफ़ बढ़ जायेगी। वह कोई भी काम करता होता, समय होने पर हाथ धोकर भालू की तरह दौड़ता हुआ कमरे में जाता और दवाई का डब्बा निर्मला के सामने ला कर रख देता।

जब मैं शाम को दफ़्तर से आता, तो घर के सभी लोग मेरे पास आ कर दिनभर के अपने अनुभव सुनाते थे। बाद में वह भी आता था। वह एक बार मेरी ओर देख कर सिर झुका लेता और धीरे-धीरे मुस्कराने लगता। वह किसी बहुत ही मामूली घटना की रिपोर्ट देता—बाबू जी, बहन जी की एक सहेली आयी थीं। या बाबू जी, भैया सिनेमा गया था। इसके बाद वह इस तरह हँसने लगता था, मानो बहुत ही मज़ेदार बात कह दी हो। उसकी हँसी बड़ी कोमल और मीठी थी, जैसे फूल की पँखुड़ियाँ बिखर गयी हों। मैं उससे बातचीत करना चाहता था, पर ऐसी इच्छा करते हुए भी मैं जान-बूझ कर बहुत गम्भीर हो जाता था और दूसरी ओर देखने लगता था।

निर्मला कभी-कभी उससे पूछती थी—बहादुर, तुमको माँ की याद आती है?

—नहीं।

—क्यों?

—वह मारती क्यों थी—इतना कह कर वह ख़ूब हँसता था, जैसे मार खाना ख़ुशी की बात हो।

—तब तुम अपना पैसा माँ के पास कैसे भेजने को कहते हो?

—माँ-बाप का कर्ज़ा तो जन्मभर भरा जाता है—वह और भी हँसता था।

निर्मला ने उसको एक फटी-पुरानी दरी दे दी थी। घर से वह एक चादर भी ले आया था। रात को काम-धाम करने के बाद वह भीतर के बरामदे में एक टूटी हुई बँसखट पर अपना बिस्तर बिछाता था। वह बिस्तरे पर बैठ जाता और अपनी जेब में से कपड़े की एक गोल-सी नेपाली टोपी निकाल कर पहन लेता, जो बाईं ओर

काफ़ी झुकी रहती थी। फिर एक छोटा-सा आइना निकाल कर बन्दर की तरह उसमें अपना मुँह देखता था। वह बहुत ही प्रसन्न नज़र आता था। इसके बाद कुछ और भी चीज़ें उसकी जेब से निकल कर उसके बिस्तरे पर सज जाती थीं—कुछ गोलियाँ, पुराने ताश की एक गड्डी, कुछ ख़ूबसूरत पत्थर के टुकड़े, ब्लेड, काग़ज़ की नावें। वह कुछ देर तक उनसे खेलता था। उसके बाद वह धीमे-धीमे स्वर में गुनगुनाने लगता था। उन पहाड़ी गानों का अर्थ हम समझ नहीं पाते थे, पर उनकी मीठी उदासी सारे घर में फैल जाती, जैसे कोई पहाड़ की निर्जनता से अपने किसी बिछुड़े हुए साथी को बुला रहा हो।

दिन मज़े में बीतने लगे। बरसात आ गयी थी। पानी रुकता था और बरसता था। मैं अपने को बहुत ऊँचा महसूस करने लगा था। अपने परिवार और सम्बन्धियों के बड़प्पन तथा शान-बान पर मुझे सदा गर्व रहा है। अब मैं मुहल्ले के लोगों को पहले से भी तुच्छ समझने लगा। मैं किसी से सीधे मुँह बात नहीं करता। किसी की ओर ठीक से देखता भी नहीं था। दूसरे के बच्चों को मामूली-सी शरारत पर डाँट-डपट देता। कई बार पड़ोसियों को सुना चुका था—जिसके पास कलेजा है, वही आजकल नौकर रख सकता है। घर के लोगों की तरह रहता है। निर्मला भी सारे मुहल्ले में शुभ सूचना दे आई थी—आधी तनख़ाह तो नौकर पर ही ख़र्च हो रही है, पर रुपया-पैसा कमाया किसलिए जाता है? ये तो कई बार कह चुके थे कि तुम्हारे लिये दुनिया के किसी कोने से नौकर ज़रूर लाऊँगा...वही हुआ।

निःस्संदेह बहादुर की वजह से सबको ख़ूब आराम मिल रहा था। घर ख़ूब साफ़ और चिकना रहता, कपड़े चमाचम सफ़ेद। निर्मला की तबीयत भी काफ़ी सुधर गयी। अब कोई एक तिनका भी न टसकाता था। किसी को मामूली-से-मामूली काम करना होता, तो वह बहादुर को आवाज़ देता। 'बहादुर, एक गिलास पानी', 'बहादुर, पेन्सिल नीचे गिरी है, उठाना।' इसी तरह की फ़रमाइशें। बहादुर घर में फ़िरकी की तरह नाचता रहता। सभी रात में पहले ही सो जाते थे और सवेरे आठ बजे के पहले न उठते थे।

मेरा बड़ा लड़का किशोर काफ़ी शान-शौक़त और रोब-दाब से रहने का क़ायल था और उसने बहादुर को अपने कड़े अनुशासन में रखने की आवश्यकता महसूस कर ली थी। फलतः उसने अपने सभी काम बहादुर को सौंप दिये। सवेरे उसके जूते में पॉलिश लगनी चाहिए। कॉलेज जाने के ठीक पहले साईकिल की सफ़ाई ज़रूरी थी। रोज़ ही उसके कपड़ों की धुलाई और इस्त्री होनी चाहिए। और रात में सोते समय वह नित्य बहादुर से अपने शरीर की मालिश कराता और मुक्की भी लगवाता। पर इतनी सारी फ़रमाइशों की पूर्ति में कभी-कभी कोई गड़बड़ी भी हो जाती। जब ऐसा होता, किशोर गर्जन-तर्जन करने लगता, उसको बुरी-बुरी गालियाँ देता और उस पर

हाथ छोड़ देता। मार खा कर बहादुर एक कोने में खड़ा हो जाता—चुपचाप।

—देख बे,—किशोर चेतावनी देता, मेरा काम सबसे पहले होना चाहिए। अगर एक काम भी छूटा तो मारते-मारते हुलिया टाइट कर दूँगा। रोज़ ही कोई-न-कोई ऐसी बात होने लगी, जिसकी रिपोर्ट पत्नी मुझे देती थी। मैंने किशोर को मना किया, पर वह नहीं माना तो मैंने यह सोच कर छोड़ दिया कि थोड़ा-बहुत तो यह चलता ही रहता है। फिर एक हाथ से ताली कहाँ बजती है? बहादुर भी बदमाशी करता होगा। पर एक दिन जब मैं दफ़्तर से आया तो मैंने किशोर को एक डण्डे से बहादुर की पिटाई करते हुए देखा। निर्मला कुछ दूरी पर खड़ी हो कर 'हाँ-हाँ' करती हुई मना कर रही थी।

मैंने किशोर को डाँट कर अलग किया। कारण यह था कि शाम को साईकिल की सफ़ाई करना भूल गया था। किशोर ने उसको मारा तथा गालियाँ दीं तो उसने उसका काम करने से ही इनकार कर दिया।

—तुम साईकिल साफ़ क्यों नहीं करते! —मैंने उससे कड़ाई से पूछा।

—बाबू जी, भैया ने मेरे बाप को क्यों ला कर खड़ा किया? —वह रोते हुए बोला।

मैं जानता था कि किशोर उसको और भी भद्दी गालियाँ देता था, लेकिन आज उसने 'सुअर का बच्चा' कहा था, जो उसे बरदाश्त न हुआ। निःसंदेह वह गाली उसके बाप पर पड़ती थी। मुझे कुछ हँसी आ गयी। ख़ैर, किशोर के व्यवहार को अच्छा नहीं कहा जा सकता, पर गृहस्वामी होने के कारण मुझ पर कुछ और गम्भीर दायित्व भी थे।

मैंने उसे समझाया—बहादुर, ये आदतें ठीक नहीं। तुम ठीक से काम करोगे तो तुमको कोई कुछ नहीं कहेगा। मेहनत बहुत अच्छी चीज़ है, जो उससे बचने की कोशिश करता है, वह कुछ भी नहीं कर सकता। रूठना-फूलना मुझे सख़्त नापसन्द है। तुम तो घर के लड़के की तरह हो। घर के लड़के मार नहीं खाते? हम तुमको जिस सुख-आराम से रखते हैं, वह कोई क्या रखेगा? जा कर दूसरे घरों में देखो तो पता लगे! नौकर-चाकर भरपेट भोजन के लिये तरसते रहते हैं। चलो, सब ख़त्म हुआ, अब काम-धाम करो।

वह चुपचाप सुनता रहा। फिर हाथ-मुँह धो कर काम करने लगा। जल्दी ही वह प्रसन्न भी हो गया। रात में सोते समय वह अपनी टोपी पहन कर देर तक गाता रहा।

लेकिन कुछ दिनों बाद एक और भी गड़बड़ी शुरू हुई। निर्मला बहुत पतली-पतली रोटियाँ सेंकती थी, इसलिए वह रोटी बनाने का काम कभी भी बहादुर से नहीं लेती थी। लेकिन मुहल्ले की किसी औरत ने उसे यह सिखा दिया कि परिवार के लिये रोटियाँ बनाने के बाद वह बहादुर से कहे कि वह अपनी रोटी ख़ुद बना

लिया करे, नहीं तो नौकर-चाकर की आदतें ख़राब हो जाती हैं, महीन खाने से उनकी आदत बिगड़ जाती है।

यह बात निर्मला को जँच गयी थी और रात से उसने ऐसा ही प्रयोग किया। वह अपनी रोटियाँ बना कर चौके में से उठ गयी। बहादुर का मुँह उतर गया। वह चूल्हे के पास सिर झुका कर चुपचाप खड़ा रहा।

—क्या हो गया, रे? —निर्मला ने पूछा।

वह कुछ नहीं बोला।

—चल, चुपचाप बना अपनी रोटियाँ। तू सोचता है कि मैं तुझे पतली-पतली, नरम-नरम रोटियाँ सेंक कर खिलाऊँगी? तू कोई घर का लड़का है? नौकर-चाकर तो अपना बना कर खाते ही रहते हैं। तीता तो उसको इसलिए लग रहा है कि सारे घर के लिये मैंने रोटियाँ बनायीं, इसको अलग करके इसके साथ भेद क्यों किया। वाह रे! इसके पेट में तो लम्बी दाढ़ी है। समझ जा, रोटियाँ नहीं सेंकेगा तो भूखा रहेगा।

पर बहादुर उसी तरह खड़ा रहा तो निर्मला का गुस्से से बुरा हाल हो गया। उसने लपक कर उसके माथे पर दो-चार थप्पड़ जड़ दिये—सुअर कहीं के! इसीलिए तुझे किशोर मारता है। इसी वजह से तेरी माँ भी मारती होगी। चल, बना रोटी...

—मैं नहीं बनाऊँगा...मेरी माँ भी सारे घर की रोटियाँ बना कर मुझसे रोटी सेंकवाती थी—वह रोने लगा।

—तो क्या मैं तेरी माँ हूँ कि तू मुझसे ज़िद कर रहा है? घर के लड़कों के बराबर बन रहा है? मारते-मारते मुँह रँग दूँगी।

पर उसने अपने लिये रोटी नहीं बनायी। मुझे भी बड़ा गुस्सा आया। मैंने उसको डाँटा और समझाया। पर वह नहीं माना। रातभर वह भूखा ही रहा।

पर सवेरे उठ कर वह पहले की तरह ही हँसने लगा। उसने अँगीठी जलाकर अपने लिये रोटियाँ सेंकीं। अपनी बनायी मोटी और भद्दी रोटियों को दिख कर वह खिलखिलाने लगा। फिर रात की बची हुई सब्ज़ी से उसने खाना खा लिया।

लेकिन निर्मला का भी हाथ खुल गया था। वह उससे कुछ चिढ़ भी गयी थी। अब बहादुर से कोई भी ग़लती होती तो वह उस पर हाथ चला देती। उसको मारने वाले अब घर में दो व्यक्ति हो गये थे और कभी-कभी एक ग़लती के लिये उसको दोनों मारते।

बरसात बीत गयी थी। आकाश दर्पण की तरह स्वच्छ दिखायी देता। मैंने बहादुर की माँ के पास चिट्ठी लिखी थी कि उसका लड़का मेरे पास मज़े में है और मैं उसकी तनख़ाह के पैसे उसके पास भेज दिया करूँगा, लेकिन कई महीने बाद भी उधर से कोई जवाब नहीं आया था। मैंने बहादुर से कह दिया था कि उसका पैसा यहाँ जमा

रहेगा, जब वह घर जायेगा तो लेता जायेगा।

पर अब बहादुर की भूल-ग़लतियाँ अधिक होने लगी थीं। शायद इसका कारण मारपीट और गाली-गलौज हो। मैं कभी-कभी इसको रोकना चाहता, फिर यह सोच कर चुप लगा जाता कि नौकर-चाकर तो मार खाते ही रहते हैं।

एक दिन रविवार को मेरी पत्नी के एक रिश्तेदार आये। वह बीवी-बच्चों के साथ थे। वह अपने किसी खास सम्बन्धी के यहाँ आये थे, तो यहाँ भी भेंट-मुलाक़ात करने के लिये चले आये थे। घर में बड़ी चहल-पहल मच गयी। मैं बाज़ार से रोहू मछली और देहरादूनी चावल ले आया। नाश्ता-पानी के बाद बातों की जलेबी छनने लगी। पर इसी समय पर एक घटना हो गयी।

अचानक उस रिश्तेदार की पत्नी नीचे फ़र्श पर झुक कर देखने लगी, फिर उन्होंने चारपाई के नीचे झाँक कर देखा। अन्त में कमरे के अन्दर गयी और फ़र्श पर पड़े हुए काग़ज़ों को उठा कर जाँच-पड़ताल करने लगी।

—क्या बात है? —मैंने पूछा।

रिश्तेदार की पत्नी ज़बरदस्ती मुस्करा कर मज़बूरी से सिर हिलाते हुए बोली—क्या बताएँ...? ग्यारह रुपये साड़ी के खूँट से निकाल कर यहीं चारपाई पर रखे...पर वे मिल नहीं रहे हैं...

—आपको ठीक याद है न...?

—हाँ-हाँ, ख़ूब अच्छी तरह याद है। ये रुपये मैंने खूँट में बाँधकर रखे थे। रिक्शे वाले को देने के लिये खूँट खोला ही था, फिर वे रुपये चारपाई पर रख दिये थे कि चार रुपये की मिठाई मँगा लूँगी और कुछ बच्चों के हाथ पर रख दूँगी। रास्ते में कोई ढंग की दुकान नहीं मिली थी, नहीं तो उधर से ही लाती। किसी के यहाँ ख़ाली हाथ जाने में अच्छा नहीं लगता। बताइए, अब तो मैं कहीं की न रही।

फिर मेरी ओर झुक कर धीमे स्वर में कहा—ज़रा उससे पूछिए न! वह इधर आया था। कुछ देर तक वह यहाँ खड़ा रहा, तेज़ी से बाहर चला गया था।

—अरे नहीं, वह ऐसा नहीं है,—मैंने कहा।

—यू डू नाट नो-दीज़ पीपुल आर एक्सपर्ट इन दिस आर्ट—रिश्तेदार ने कहा।

मैंने बहादुर की ओर तिरछी दृष्टि से देखा। वह सिर झुका कर आटा गूँध रहा था। उसके चेहरे पर सन्तुष्टि एवं प्रफुल्लता थी। उसने ऐसा काम तो कभी नहीं किया, बल्कि जब कभी उसने दो-चार आने इधर-उधर पड़े देखे तो उठा कर निर्मला के हाथ में दे दिये थे। पर किसी के दिल की बात कोई कैसे जान सकता है, न मालूम अचानक मुझे क्या हो गया और मैं गुस्से में आ गया।

—बहादुर! —मैंने कड़े स्वर में कहा।

—जी, बाबू जी।

—इधर आओ।

वह आ कर खड़ा हो गया।

—तुमने यहाँ से रुपये उठाये थे?

—जी नहीं, बाबू जी!—उसने निर्भय उत्तर दिया।

—ठीक-ठीक बताओ... मैं बुरा नहीं मानूँगा।

—नहीं, बाबू जी। मैं लेता, तो बता देता।

—तुम यहाँ खड़े नहीं थे?—रिश्तेदार की पत्नी ने कहा—फिर तेज़ी से बाहर चले गये। देखो भैया, सच-सच बता दो। मिठाई ख़रीदने और बच्चों को देने के लिये ये रुपये रखे थे। मैं तो बुरी फँसी। अब वापस जाने के लिये रिक्शे के भी पैसे नहीं।

—मैं तो बाहर नमक लेने गया था।

—सच-सच बता बहादुर। अगर नहीं बतायेगा तो बहुत पीटूँगा और पुलिस के सुपुर्द कर दूँगा। —मैं चिल्ला पड़ा।

—मैंने नहीं लिया, बाबू जी। —बहादुर का मुँह काला पड़ गया था।

पता नहीं मुझे क्या हो गया। मैंने सहसा उछल कर उसके गाल पर एक तमाचा जड़ दिया। मैं आशा कर रहा था कि ऐसा करने से बता देगा। तमाचा खा कर वह गिरते-गिरते बचा। उसकी आँखों से आँसू गिरने लगे।

—मैंने नहीं लिया...

इसी समय रिश्तेदार साहब ने एक अजीब हरकत की। बोले—अच्छा छोड़िए, इसको पुलिस के पास ले जाता हूँ। —इतना कह कर उन्होंने बहादुर का हाथ पकड़ लिया और उसको दरवाज़े की ओर घसीट कर ले गये। पर दरवाज़े के पास उससे धीरे से बोले—देखो, तुम मुझे बता दो... मैं कुछ नहीं करूँगा, बल्कि तुमको इनाम में दो रुपये दे दूँगा।

पर बहादुर ने इनकार कर दिया। इसके बाद रिश्तेदार साहब दो-तीन बार उसको दरवाज़े की ओर खींच कर ले गये, जैसे पुलिस को देने ही जा रहे हैं। लेकिन आगे बढ़ कर वह रुक जाते और धीमे-धीमे शब्दों में पूछताछ करने लगते।

अन्त में हारकर उन्होंने उसको छोड़ दिया और वापस आ कर चारपाई पर बैठते हुए हँस कर बोले—जाने दीजिए... यह सब घाघ होते हैं। किसी झाड़ी-वाड़ी में छिपा आया होगा या ज़मीन में गाड़ आया होगा। मैं तो इन सबों को ख़ूब जानता हूँ। भालू-बन्दर से कम थोड़े होते हैं ये। चलिये, इतना नुकसान लिखा था।

इसके बाद निर्मला ने भी उसको डराया-धमकाया और दो-चार तमाचे जड़ दिये, पर वह 'नहीं-नहीं' करता रहा।

इस घटना के बाद बहादुर काफ़ी डाँट-मार खाने लगा। घर के सभी लोग उसको कुत्ते की तरह दुरदुराया करते। किशोर तो जैसे उसकी जान के पीछे पड़ गया था।

वह उदास रहने लगा और काम में लापरवाही करने लगा।

एक दिन मैं दफ़्तर से विलम्ब से आया। निर्मला आँगन में चुपचाप सिर पर हाथ रख कर बैठी थी। अन्य लड़कों का पता नहीं था, केवल लड़की अपनी माँ के पास खड़ी थी। अँगीठी अभी नहीं जली थी। आँगन गन्दा पड़ा था। बरतन बिना मले हुए रखे थे। सारा घर जैसे काट रहा था।

—क्या बात है? —मैंने पूछा।

—बहादुर भाग गया।

—क्यों?

—पता नहीं। आज तो कुछ हुआ भी नहीं था। सवेरे से ही बड़ा प्रसन्न था। हमेशा 'माता जी, माता जी' किये रहा। दोपहर में खाना खाया। उसके बाद आँगन से सिल-बट्टा ले कर बरामदे में रखने जा रहा था कि सिल हाथ से छूट कर गिर गयी और दो टुकड़े हो गयी। शायद इसी डर से वह भाग गया कि लोग मारेंगे। पर मैं इसके लिये उसको थोड़े कुछ कहती? क्या बताऊँ, मेरी किस्मत में आराम ही नहीं...

—कुछ ले गया?

—यही तो अफसोस है। कोई भी सामान नहीं ले गया। उसके कपड़े, उसका बिस्तरा, उसके जूते—सभी छोड़ गया है। पता नहीं, उसको ख़ूब अच्छी तरह पहना-ओढ़ा कर भेजती, हाथ में उसकी तनख़ाह के रुपये रख देती। दो-चार रुपये और अधिक दे देती। पर वह तो कुछ ले नहीं गया...

—और वे ग्यारह रुपये?

—अरे वह सब झूठ है। मैं तो पहले ही जानती थी कि वे लोग बच्चों को कुछ देना नहीं चाहते, इसलिए अपनी ग़लती और लाज छिपाने के लिये प्रपंच रच रहे हैं। उन लोगों को क्या मैं जानती नहीं? कभी उनके रुपये रास्ते में गुम हो जाते हैं, कभी वे ग़लती से घर ही पर छोड़ आते हैं। मेरे कलेजे में तो कुछ हौंड़ रहा है। किशोर को भी बड़ा अफ़सोस है। उसने सारा शहर छान मारा, पर बहादुर नहीं मिला। किशोर आ कर कहने लगा-अम्माँ, एक बार भी अगर बहादुर आ जाता तो मैं उसको पकड़ लेता और कभी जाने न देता। उससे माफी माँग लेता और कभी नहीं मारता। सच, अब ऐसा नौकर कभी नहीं मिलेगा। कितना आराम दे गया है। अगर वह कुछ चुरा कर ले गया होता तो संतोष हो जाता।

निर्मला आँखों पर आँचल रख कर रोने लगी। मुझे बड़ा क्रोध आया। मैं चिल्लाना चाहता था, पर भीतर-ही-भीतर कलेजा जैसे बैठ रहा हो। मैं वहीं चारपाई पर सिर झुका कर बैठ गया। मुझे एक अजीब-सी लघुता का अनुभव हो रहा था। यदि मैं न मारता, तो शायद वह न जाता।

मैंने आँगन में नज़र दौड़ाई। "एक ओर स्टूल पर उसका बिस्तरा रखा था। अलगनी पर उसके कुछ कपड़े टँगे थे। स्टूल के नीचे वह भूरा जूता था, जो मेरे साले साहब के लड़के का था। मैं उठ कर अलगनी के पास गया और उसके नेकर की जेब में हाथ डाल कर उसका समान निकालने लगा—वही गोलियाँ, पुराने ताश की गड्डी, ख़ूबसूरत पत्थर, ब्लेड, काग़ज़ की नावें...

मोहन राकेश

अन्वेषणशील प्रयोगधर्मी कहानीकार मोहन राकेश का जन्म 8 जनवरी 1925 को अमृतसर के एक मध्यवर्गीय परिवार में हुआ। इनका मूल नाम मदनमोहन गुगलानी था। पिता वकील होते हुए भी साहित्यानुरागी थे, अतः बचपन से ही घर में साहित्यिक प्रभाव व पर्याप्त साहित्यिक वातावरण प्राप्त हुआ। अभी सोलह वर्ष के ही थे कि पिता का देहान्त हो गया और तभी से जीवन संघर्ष भी आरम्भ हो गया। आत्मनिर्भर रह कर शिक्षा प्राप्त की। अधिकांश शिक्षा लाहौर में हुई। एम.ए. पंजाब विश्वविद्यालय से की और डी.ए.वी. कॉलेज जालन्धर में अध्यापन कार्य किया। हिन्दी, संस्कृत व पाश्चात्य साहित्य का गहन अध्ययन किया। विभिन्न साहित्यिक विधाओं में रचनाएँ की। नाटक, एकांकी, उपन्यास व कथाक्षेत्र में विभिन्न प्रयोगों से हिन्दी साहित्य को समृद्ध किया।

मोहन राकेश के प्रमुख कहानी संग्रह हैं–'इन्सान के खण्डहर', 'नये बादल', 'जानवर और जानवर', 'एक और ज़िन्दगी', 'फ़ौलाद का आकाश', 'एक एक दुनिया', 'आज के साये', 'मिले-जुले चेहरे', 'क्वार्टर' तथा 'वारिस' आदि। 'अँधेरे बन्द कमरे', 'नीली रोशनी की बाहों में', 'काँपता हुआ दरिया', 'न आने वाला कल, तथा 'अन्तराल' इनके प्रसिद्ध उपन्यास हैं। नाटकों में 'आषाढ़ का एक दिन', 'लहरों के राजहंस' तथा 'आधे अधूरे' प्रसिद्ध हैं। नयी कहानी के प्रमुख कहानीकार मोहन राकेश ने अपनी कहानियों में स्वातन्त्र्योत्तर भारत के बदलते जीवन को एक नयी दृष्टि से देखा है। घूमने का शौक़ होने के कारण एक यायावर ने भ्रमण के दौरान विभिन्न अनुभवों को समेटा जिसे कहानियों में अभिव्यक्त भी किया। इनकी कहानियों की पृष्ठभूमि मध्यवर्गीय परिवार रहे हैं। इस मध्यवर्ग की अनुभूतियाँ, चेतनाएँ, घुटन और टूटन सब कुछ मोहन राकेश की कहानी का विषय हैं। इस प्रकार निश्चय ही मानवीय संवेदनाओं के नये प्रतिमान स्थापित किये हैं।

3 दिसम्बर 1972 को अचानक हृदयगति रूक जाने से मोहन राकेश का देहवसान हो गया।

भिक्षु

विदिशा से विहार पाँच कोस पर था। इसकी भी एक कहानी है। जहाँ पर विहार था, विदिशा के आस-पास सबसे रमणीय स्थान वही था। पर दस वर्ष पहले लोग उधर जाने से डरते थे। श्रुति-परम्परा ऐसी थी कि जो अभागे कभी उधर गये, लौट कर नहीं आये। बड़े-बड़े साहसी उस ओर क़दम बढ़ाते कतरा जाते थे। दस ही वर्ष पहले बौद्ध भिक्षुणी विपाला अन्यान्य भिक्षु-भिक्षुणियों के साथ विदिशा में आयी थीं। उन्होंने इसी स्थान पर विहार-निर्माण करने का निश्चय किया। भिक्षुओं और भिक्षुणियों की विपाला माँ पर असीम श्रद्धा थी। जिस दिन वे सब उधर गये, लोगों को उनमें से एक के भी जीवित वापस आने में सन्देह था। पर दूसरे ही दिन अमित और अजित दो भिक्षु नगर में भिक्षा के लिये आये हुए थे। देखनेवालों ने समझा विपाला माँ कोई देवी हैं—योगिनी। कहने वालों ने तो यहाँ तक कह डाला कि सभी सिद्धियाँ उनके वश में हैं।

विपाला माँ विहार की अधिष्ठात्री थीं। दस वर्ष से विहार के अन्दर ही रहीं। अब बूढ़ी हो चली थीं। इन दस वर्षों में विदिशा का बिहार विशेष ख्याति प्राप्त कर चुका था। विपाला माँ के प्रति श्रद्धा लिये हुए पाटलिपुत्र तथा अन्यान्य विहारों से भिक्षु-भिक्षुणियाँ वहाँ आते। कई बार बड़े-बड़े धर्माचार्यों के दर्शन करके विपाला माँ का हृदय गद-गद हो उठता।

उपासना-मन्दिर में प्रवेश करते हुए मृत्युंजय ने देखी—एक देवी-प्रतिमा बिखरे-से पत्रों को समेटती हुई। भिक्षु की आँखें अपने-आप झुक गयीं। वह शारदा विहार से आ रहा था। विहार में पहुँच स्थान आदि से निवृत्त हो वह विपाला माँ के दर्शनों को चला। पूछने पर भिक्षुओं ने उपासना-मन्दिर की ओर संकेत कर दिया। पर वह उपासना-मन्दिर की देहली पर ही रुक गया। पत्रों को बटोर कर भिक्षुणी ने प्रश्न-भरी आँखों से उसकी ओर देखा। सरल निष्कपट दृष्टि ने भिक्षु के संकोच को बहुत कुछ दूर कर दिया। मृत्युंजय ने जलद गम्भीर कण्ठ से प्रश्न किया—विपाला माँ के दर्शन कहाँ होंगे, देवि?—सिर से पाँव तक मृत्युंजय को देख कर भिक्षुणी ने पूछा—किस

विहार से, भिक्षु?

—शारदा—कह कर उसने फिर चारों ओर देखा और कहा—उपासना-मन्दिर यही है, देवि?

—हाँ, माँ अभी आ जाएँगी, बैठो।—अब भिक्षुणी ने एक आसन डाल दिया और धीरे-धीरे पीछे के पर्ण-द्वार से चली गयी।

मृत्युंजय आसन के पास आ कर खड़ा हो गया। एक उड़ती हुई दृष्टि उसने 'धम्मपद' के पत्रों पर डाली जिन्हें भिक्षुणी ने समेट दिया था।

—बैठ जाओ, भिक्षु—उसके कानों ने सुना। आँखें उठा कर विपाला माँ की सौम्य-गम्भीर मूर्ति को मृत्युंजय ने देखा। हृदय उमड़ पड़ा। दोनों हाथ जोड़ कर उसने नमस्कार किया। विपाला माँ आ कर चौकी पर बैठ गयीं। संकेत पा मृत्युंजय ने भी आसन ग्रहण किया।

—शारदा विहार से?

भिक्षु ने सिर हिला दिया।

—यहाँ रहोगे?

—यदि माँ की अनुज्ञा हो—और उसका सिर झुक गया। कुछ देर मौन रह कर विपाला माँ ने गम्भीर कण्ठ से पूछा—आज अपने लिये भिक्षाटन कर चुके?

मृत्युंजय चौंक उठा। उसे जैसे कर्त्तव्य का बोध हुआ। वह उठा और माँ को प्रणाम करते हुए बोला—जा रहा हूँ माँ।—वह चला गया।

पर्णद्वार से भिक्षुणी फिर अन्दर आ गयी। विपाला माँ ने स्नेहपूर्ण दृष्टि उस पर डालते हुए बैठने के लिये संकेत किया और पूछा—तुम्हारे मुख पर चिन्ता की रेखाएँ क्यों बनती जा रही हैं, तारा?—तारा ने बैठते हुए माँ की ओर देखा। माँ ने फिर कहा—कई दिनों से मैंने तुम्हें देखा है, तारा! भिक्षुणी के हृदय पर कैसा बोझ है?

आँखें नीची करके तारा ने उत्तर दिया—तुम तो सब जानती हो, माँ!

—इन गहरी स्पष्ट रेखाओं को तो कोई भी पढ़ सकता है, तारा!—माँ ने उसके सिर पर हाथ फेरा।

—माँ!—तारा ने एक गहरी साँस ली।

—कहो न बेटी! माँ से छिपा कर क्या रक्खोगी? माँ ने तारा का मुँह ऊपर उठाया। तारा रो पड़ी। उसका सिर माँ की छाती से जा लगा। किसी तरह अपने को सम्भाल कर धीरे से उसने कहा—मुझे किसी दूसरे विहार में भेज दो माँ, यद्यपि तुम्हारे चरणों से पृथक होना मेरे लिये मृत्यु से कम नहीं।

विपाला माँ चौंक उठीं। उन्होंने कहा—स्पष्ट कहो तारा!

कुछ रुक कर तारा ने कहा—माँ, तुम्हारे औरस पुत्र संघमित्र—जिन्होंने बचपन

से तारा को छोटी बहन की तरह प्यार किया—अपनी दृष्टि में अन्तर ला रहे हैं। उन्होंने एक-आध बार जो कुछ कहा, वह तारा के हृदय को मसल देने के लिये पर्याप्त था। कभी-कभी मैं रात्रि को अपनी कुटी के पास पैरों की आवाज़ सुनती हूँ तो सिहर उठती हूँ। मुझे उनसे डर लगता है, माँ!—तारा की आँखों में आँसू फिर छलछला आये।

विपाला माँ की आकृति गम्भीर से गम्भीरतर होती जाती थी। अन्त में उन्होंने कहा—मुझे भ्रम है तारा। संघमित्र मेरे पेट से पैदा हुआ है। उससे किसी प्रकार की दुराशा तुम्हें न होनी चाहिए। फिर भी तुम्हारे कथन को मैं निराधार नहीं कहना चाहती। संघमित्र की उचित परीक्षा हो जायेगी। तुम्हें विहार छोड़ने की आवश्यकता नहीं।

तारा सिर झुकाये बैठी रही। विपाला माँ ने 'धम्मपद' के पृष्ठों को पलटना शुरू किया।

तारा के शब्दों ने विपाला माँ की नैसर्गिक शान्ति को भंग कर दिया। संघमित्र के लिये उनके हृदय में मातृ-स्नेह या वात्सल्य ही हो, ऐसी बात नहीं। विहार के सब भिक्षुओं में संघमित्र धम्म और संघ के सिद्धान्तों में सर्वाधिक प्रवीण था। यही नहीं, उसकी वक्तृता-शक्ति—सरल भाषा में निज सिद्धान्तों को समझाने की क्षमता—अद्वितीय थी। विपाला माँ के हृदय में उसके लिये सम्मान भी था। पर उसका तारा पर स्नेह कम नहीं था और न उस पर अविश्वास करने का कोई कारण था। विपाला माँ की अपनी धारणा थी कि तारा को किसी बात से भ्रम हो गया। फिर भी संघमित्र पर दृष्टि रखना आवश्यक था। अपने हृदय के भाव को उन्होंने संघमित्र पर प्रकट न होने देने की पूर्ण चेष्टा की।

मृत्युंजय को विहार में आये कई सप्ताह हो चले थे। इतने ही समय में सब भिक्षु-भिक्षुणिओं के हृदय में उसके प्रति सहज-सौहार्द पैदा हो चला था। वह जितना ही नम्र-हँसमुख था उतना ही प्रतिभासम्पन्न और विचारवान। अभिमान तो उसमें नाममात्र को न था। तारा का अधिक समय विपाला माँ के पास ही व्यतीत होता था। भिक्षु-भिक्षुणियों में वह रहती ही कम थी। मृत्युंजय को उसने कई बार देखा, उसकी प्रशंसा भी सुनी। पर विशेषतया उसे व्यक्तिगत रूप से जानने का न तो उसे अवसर मिला न आवश्यकता ही हुई।

मृत्युंजय विपाला माँ पर अटूट आस्था रखता। उनके बाद वह सम्मान करता था, भिक्षु संघमित्र का। भिक्षुओं में चर्चा थी कि विपाला माँ के उपरान्त विहार का अधिष्ठातृत्व भिक्षु संघमित्र को ही सौंपा जायेगा। पर मृत्युंजय के विनम्र होते हुए भी भिक्षु संघमित्र न जाने क्यों उससे चिढ़ने लगा था। वह बात-बात पर उसे अल्पज्ञ

प्रमाणित कर उसकी हँसी उड़ा देना चाहता। एक दिन तो उसने कुछ ऐसे शब्द कह दिए जिनसे मृत्युंजय के आत्माभिमान को काफ़ी ठेस लगी। धम्म की परिभाषा पर विवाद था। व्यक्तिगत आक्षेप को मृत्युंजय सहन न कर सका। वह विचलित हो उठा।

बात विपाला माँ के कानों तक पहुँची। यह संघमित्र की दूसरी शिकायत थी। आज भी उन्होंने संघमित्र को कुछ नहीं कहा। पर उसकी कठिन परीक्षा का निश्चय मन ही मन कर लिया।

मृत्युंजय को जीवन में पहली बार अपमान सहन करना पड़ा था। उसने शीघ्र ही वहाँ से चल देने का निश्चय किया। विहार की कुछ चीज़ों के प्रति उसका विशेष आकर्षण हो गया था। विहार के सब जड़-चेतन उसे अपने सगे-से लगते थे। उसे डर था कि प्रत्यक्ष रूप से जाने से कई अन्य भिक्षु उसके साथ न हो लें। इस प्रकार विपाला माँ के हृदय को चोट लगने की सम्भावना थी। अतः उसने अर्द्धरात्रि को चल देने का निश्चय किया।

रात्रि को जब सब सो चुके, मृत्युंजय धीरे से उठा। मन की मन विपाला माँ को प्रणाम कर निकल पड़ा। मृत्युंजय के पैर आगे चलते थे तो हृदय पीछे खींच ले जाना चाहता, हृदय आगे बढ़ने को उत्साह देता तो पाँव रुक-रुक जाते। वह चलता तो रुकने के लिये, रुकता तो चलने के लिये। इसी असमंजस में वह कुछ ही क़दम बढ़ा था कि पत्तों की खड़खड़ाहट ने उसके पाँव बाँध दिये। इस भय से कि कोई देख न ले, वह मूर्तिवत खड़ा हो गया। उसने इधर-उधर देखा। फिर पत्तों की खड़खड़ाहट हुई। साथ ही स्त्रीकण्ठ की क्षीण अस्पष्ट-सी आवाज़ सुनाई दी। मृत्युंजय चौकन्ना हो गया। उसने ध्यान से सुना इस बार शब्द स्पष्ट थे—माँ की अस्वस्थता का बहाना करके तुमने मुझे क्यों बुलाया? तारा तुम्हारी बहन है, उसे जाने दो, संघमित्र!—स्वर तारा का ही था। मृत्युंजय को खड़ा रहना भारी हो गया। पत्रों की ओट में दो मूर्तियों को हिलते उसने देखा। उसने देखा पुरुष-मूर्ति ने तारा के दोनों हाथ पकड़ लिये। तारा के मुँह से हल्की-सी चीख़ निकली जिसमें रुदन का करुण स्वर मिश्रित था। मृत्युंजय के गम्भीर कण्ठ से निकला—ठहरो।—संघमित्र चौंक उठा। तारा के हाथ उसके हाथों से छूट गये। मृत्युंजय ने उसे देख लिया था। अतः भागने से कोई लाभ न था। मृत्युंजय की ओर उसने घूम कर देखा और दाँत पीस कर कहा—तू यहाँ!—एकदम उसने मृत्युंजय की कनपटी पर मुष्टि-प्रहार किया। मृत्युंजय ने वार बचा लिया। दोनों परस्पर गुँथ गये।

तारा ने दूर से उस मुष्टि-युद्ध को देखा। उसने यह भी देखा कि लड़ते-लड़ते दोनों गिरे, संघमित्र भी मृत्युंजय भी। वह विपाला माँ की कुटी को भाग चली।

विपाला माँ ने सब कुछ सुना। आधी रात को मृत्युंजय के निकल पड़ने के कारण का अनुमान भी बहुत कुछ उन्होंने कर लिया। वे धैर्य के साथ उठी, पर साथ ही अचेत हो कर गिर पड़ीं। तारा ने भिक्षु-भिक्षुणियों को जगा दिया। झाड़ियों से संघमित्र एवं मृत्युंजय को चिकित्सा-शाला में पहुँचाया गया। सबने इस धटना को दोनों के परस्पर मनमुटाव का ही फल समझा। संघमित्र का सिर बुरी तरह फट गया था। मृत्युंजय को गहरी चोट लगी थी। विपाला माँ की शुश्रूषा उनकी कुटी में ही होने लगी।

शारीरिक एवं मानसिक आघात से प्रातःकाल से पहले ही संघमित्र के प्राण निकल गये। मृत्युंजय अभी तक बेहोश था। विपाला माँ एक बार होश में आ, संघमित्र की मृत्यु का समाचार सुन फिर बेहोश हो गयी थीं। पर सबका ध्यान विशेष रूप से मृत्युंजय की ओर लगा था, क्योंकि उसके प्राण किसी भी समय निकल सकते थे। तारा ने उसकी शुश्रूषा अपने हाथ में ले ली थी।

सायंकाल होने तक संघमित्र का शव जलाया जा चुका था। विपाला माँ काँपते पैरों से आ, एक बार मृत्युंजय की अवस्था देख गयी थीं। वह अभी तक बिलकुल निश्चेष्ट पड़ा था। जीवन का कोई लक्षण था तो रुक-रुक कर चलता हुआ श्वास-निश्वास। तारा निरन्तर उसके पास रही। सबके कहने पर भी न उसने कुछ खाया न विश्राम किया। आधी रात को मृत्युंजय ने आँखें खोलीं। उसका सिर तारा की गोद में था। तारा ने आँखों में आँसू भर कर उसकी ओर देखा। मृत्युंजय ने फिर आँखें मूँद लीं। अब तारा ने पहली बार कुछ विश्राम करने की सोची, उसका शरीर शिथिल पड़ रहा था। वह धीरे से उठ कर चली गयी।

मृत्युंजय ने अपनी चेतना में पहली बार किसी युवती के अंग-स्पर्श का अनुभव किया था। उसके हृदय में न जाने क्यों एक भावना-सी उठी जो अन्तराल को बेध गयी। उसका शरीर दर्द कर रहा था। फिर भी बिना चाहे ही वह तारा के विषय में सोचता जा रहा था। वह चिन्तन उसे अपनी पीड़ा के लिये लेपन-सा लग रहा था। मस्तिष्क पर अधिक दबाव डालने से वह फिर बेहोश हो गया।

तारा को वहाँ से जा कर भी विश्राम नहीं मिला। विपाला माँ की दशा बिगड़ रही थी। सूचना पा, तारा सीधी उनके पास पहुँची। पर वे तो अन्तिम श्वासों पर थीं। तारा ने उनके पैरों में सिर रख दिया। विपाला माँ ने कठिनता से कहा—क्षमा करना तारा बेटी! मैंने समयानुसार तुम्हारी बातों पर ध्यान नहीं दिया, नहीं तो...और उनका गला रुँध गया। तारा माँ के पैरों में मुँह छिपाये रोती रही। कुछ ही देर बाद धर्म्मं शरण गच्छामि की ध्वनि ने जैसे उसे जगा दिया। विपाला माँ जा चुकी थीं।

विपाला माँ का अंत्येष्टि संस्कार हो जाने के अनन्तर तारा ख़ूब जी भर कर रोयी। रो चुकने पर वह उठ बैठी। उसका कर्त्तव्य उसके सामने था। वह मृत्युंजय

की ओर चली जो अभी तक बेहोश था। तारा आँखे पोंछ कर उसके पास बैठ गयी।

शोक की घड़ियाँ एकाकीपन में इतनी लम्बी हो जाती हैं, इसका तारा को अब अनुभव हुआ। इस बार मृत्युंजय दो दिन और दो रात बहोश ही रहा। तारा के लिये जैसे दो वर्ष बीत गये। आँखें भर आतीं तो वह पोंछ लेती। हृदय भारी होने लगता तो 'धम्मपद' के पृष्ठ उठा लेती। दो दिन के बाद मृत्युंजय की आँख जिस समय खुली, उसका सिर तारा की गोद में ही था। बहोशी की अवस्था में संजीवनी की जो मात्राएँ उसके अन्दर ढाली गयी थीं, उनसे उसका मुख अभी तक कड़ुआ था। तारा ने उसके सिर पर हाथ फेरना शुरू किया। मृत्युंजय को गत घटनाएँ याद आने लगीं। उसने तारा की ओर देखा। तारा की आँखें रो-रो कर लाल हो गयी थीं। चेहरा पीला पड़ गया था। पर मृत्युंजय को लगा, तारा सुन्दरी है—बहुत सुन्दरी। वह नहीं जानता था कि, ऐसे विचार उसके हृदय में क्यों उठ रहे थे। आज तक किसी स्त्री के विषय में उसने ऐसा नहीं सोचा था। आज उसका सिर तारा की गोद में था, उसके अपने ही विचार बस से बाहर होते जा रहे थे। शरीर भारी और शिथिल था। अन्दर से उसे एक धिक्कारपूर्ण-सा स्वर निकलता सुन पड़ता था—मृत्युंजय! यह रास्ता मृत्यु का है।—पर वह इस मीठे अनुभव में ही विलीन हो जाता था। मृत्युंजय ने काँपते स्वर ने कहा—तारा!

तारा का आवेग जैसे आश्वासन पा कर फूट पड़ा। आँसुओं से रुँधे कण्ठ से उसने कहा—भैया!

मृत्युंजय के शिथिल शरीर एवं शथिल हृदय को जैसे धक्का लगा। शरीर में सिर से ले कर पाँव तक झनझनाहट हुई। उसने फिर धीरे से कम्पित स्वर में कहा—नहीं तारा!

तारा ने आँसू पोंछ लिये थे। मृत्युंजय ने क्या कहा, वह नहीं समझी। उसने भोलेपन से प्रश्न किया—क्या नहीं भैया?

मृत्युंजय ने तारा की आँखों में देखा। तारा ने उन आँखों में वासना की विभीषिका को पढ़ा। ऐसे ही एक दिन उसने संघमित्र की आँखों में देखा था। वह डर गयी। वह मुँह फेर कर उठी और वहाँ से चली गयी। मृत्युंजय को लगा जैसे किसी ने उसे गहरे अतल में ढकेल दिया हो। उसकी आँखों में आँसू आ गये। वह फिर बेहोश हो गया।

मृत्युंजय में अब शिथिलता ही बाक़ी थी। इस बार जब उसकी आँख खुली, रात बहुत जा चुकी थी। तारा उसके पास नहीं थी। थोड़ी ही दूर एक भिक्षु ऊँघ रहा था। उसे तारा के वहाँ न रहने का कारण समझते देर नहीं लगी। उसका हृदय क्षोभ और ग्लानि से भर आया। उसे अपने-आपसे ही घृणा होने लगी। इन्हीं विचारों में

प्रातःकाल हो गया। वह पश्चात्ताप की आग से जल रहा था। उसका हृदय विपाला माँ के चरणों पर सिर रख कर रो देने के लिये उतावला हो उठा। इतने दिनों के बाद पहली बार वह पैरों पर खड़ा हुआ। सिर चकराने लगा। भिक्षु अभी तक सो रहा था। उसने कठिनता से मृत-संजीवनी की एक मात्रा ढाल कर पी और उपासना-मंदिर की ओर चला। उपासना-मंदिर तक उसे कोई नहीं मिला। मार्ग में दो-तीन बार उसने विश्राम किया। कठिनता से वह उपासना-मंदिर की देहली तक पहुँचा। उसका सिर चकरा रहा था तथा आँखों में अँधेरा छा रहा था। अन्दर चौकी पर विपाला माँ की अस्पष्ट-सी मूर्ति उसने देखी। बाहर से ही उसने झुक कर प्राणाम किया। माथे को देहली से छुलाते हुए उसने रुँधे स्वर में कहा—मुझे क्षमा कर दो, माँ मैंने पाप किया है।—इतना कह मृत्युंजय ने सिर उठाया। सामने विपाला माँ की चौकी पर तारा गम्भीर मुद्रा में बैठी थी। वह अब सर्व-सम्मति से मठ की अधिष्ठात्री बना दी गयी थी। मृत्युंजय के उठते ही उसने गम्भीर और सौम्य वाणी में कहा—विपाला माँ का निर्वाण हो चुका। उनकी समाधि पर फूल चढ़ा आओ, भिक्षु!

मृत्युंजय ने आँखें नहीं उठायीं, आँसू झर-झर गिर रहे थे। उसने काँपते हाथों को जोड़ कर प्रणाम किया और विपाला माँ की समाधि की ओर काँपते पैरों से चल पड़ा।

उषा प्रियम्वदा

स्वातन्त्र्योत्तर हिन्दी कहानीकारों में अपना महत्त्वपूर्ण स्थान बनाने वाली सशक्त महिला कथाकार उषा प्रियम्वदा का जन्म कानपुर के एक सम्भ्रान्त परिवार में 24 दिसम्बर, 1930 को हुआ। पिता वकील थे परन्तु असमय ही उनका देहावसान हो जाने से जीवन-संघर्ष आरम्भ हो गया। पिता की मृत्यु के पश्चात इनका पालन पोषण शिब्बनलाल सक्सेना जो इनकी बुआ के बड़े बेटे थे, उनके द्वारा हुआ। उषा प्रियम्वदा की दो और बहनें थीं। इलाहाबाद विश्वविद्यालय से सन् 1952 में अंग्रेज़ी साहित्य में एम.ए. किया। वही से 1955 में प्रेमचन्द के उपन्यासों पर पी-एच.डी. की उपाधि प्राप्त की। दिल्ली व इलाहाबाद विश्वविद्यालय में अध्यापनकार्य किया परन्तु कुछ वर्ष पश्चात अमेरिका चली गयीं और पुनः अध्ययन व अध्यापन के कार्य में व्यस्त हो गयीं। आरम्भ में इनकी कहानियाँ उषा सक्सेना के नाम से प्रकाशित हुई, परन्तु नाम के कारण कुछ भ्रम होने लगा तो उषा प्रियम्वदा के नाम से निरन्तर लेखन क्रम जारी रहा।

उषा प्रियम्वदा नाम से इनका पहला कहानी-संग्रह 'जिन्दगी और गुलाब के फूल' भारतीय ज्ञानपीठ से प्रकाशित हुआ। इसके पूर्व 'फिर वसन्त आया' नामक कहानी संग्रह केवल उषा नाम से प्रकाशित हुआ था। 'कितना बड़ा झूठ', 'एक कोई दूसरा', 'शून्य तथा अन्य रचानाएँ' तथा 'मेरी प्रिय कहानियाँ', उषा प्रियम्वदा के प्रसिद्ध कहानी-संग्रह हैं। उपन्यासों में 'पचपन खम्भे लाल दीवारें', 'रुकोगी नहीं राधिका' तथा 'शेषयात्रा' महत्त्वपूर्ण हैं। महिला कहानीकारों में उषा प्रियम्वदा का विशेष स्थान है जिन्होंने मानवीय सम्बन्धों को केन्द्र में रख कर कहानियाँ लिखीं। समाज में परिवर्तन आने से स्त्री की परम्परागत भूमिका को नये रूप में परिभाषित किया। पाश्चात्य शिक्षा के प्रभाव से तथा भौतिकवादी दृष्टि के उत्पन्न होने से परिवार टूटने लगे तथा आपस की आत्मीयता, स्नेह आदि समाप्त हो कर रह गये तथा नये व पुराने जीवनमूल्यों के टकराव से उत्पन्न होने वाले सन्त्रास व पीड़ा को उषा प्रियम्वदा अपनी कहानियों में अभिव्यक्ति करती हैं। वास्तव में अपने आस-पास के जीवन की यथार्थ समस्याओं का चित्रण इनकी कहानियों में है। स्वयं नारी होते हुए नारी-मन से अच्छी तरह परिचित हैं अतः नारी-मन की अछूती व अबूझ भावनाओं का चित्रण भी इनकी कहानियों में मिलता है।

वापसी

गजाधर बाबू ने कमरे में जमा सामान पर एक नज़र दौड़ाई—दो बक्स, डोलची, बाल्टी—"यह डिब्बा कैसा है गनेशी?" उन्होंने पूछा। गनेशी बिस्तर बाँधता हुआ, कुछ गर्व, कुछ दुःख, कुछ लज्जा से बोला, "घर वाली ने साथ को कुछ बेसन के लड्डू रख दिये हैं। कहा, बाबूजी को पसन्द थे, अब कहाँ हम ग़रीब लोग आपकी कुछ ख़ातिर कर पायेंगे!" घर जाने की ख़ुशी में भी गजाधर बाबू ने एक विषाद का अनुभव किया जैसे एक परिचित, स्नेही, आदरमय, सहज संसार से उनका नाता टूट रहा था।

"कभी-कभी हम लोगों की भी ख़बर लेते रहियेगा।" गनेशी बिस्तर में रस्सी बाँधता हुआ बोला।

"कभी कुछ ज़रूरत हो तो लिखना गनेशी। इस अगहन तक बिटिया की शादी कर दो।"

गनेशी ने अँगोछे के छोर से आँखें पोंछीं, "अब आप लोग सहारा न देंगे, तो कौन देगा! आप यहाँ रहते तो शादी में कुछ हौसला रहता।"

गजाधर बाबू चलने को तैयार बैठे थे। रेलवे क्वार्टर का वह कमरा, जिसमें उन्होंने कितने ही वर्ष बिताए थे, उनका सामान हट जाने से कुरूप और नग्न लग रहा था। आँगन में रोपे पौधे भी जान-पहचान के लोग ले गये थे, और जगह-जगह मिट्टी बिखरी हुई थी। पर पत्नी बाल-बच्चों के साथ रहने की कल्पना में यह बिछोह एक दुर्बल लहर की तरह उठ कर विलीन हो गया।

गजाधर बाबू ख़ुश थे, बहुत ख़ुश। पैंतीस साल की नौकरी के बाद वह रिटायर हो कर जा रहे थे। इन वर्षों में अधिकांश समय उन्होंने अकेले रह कर काटा था। इन अकेले क्षणों में उन्होंने इसी समय की कल्पना की थी, जब वह अपने परिवार के साथ रह सकेंगे। इसी आशा के सहारे वह अपने अभाव का बोझ ढो रहे थे। संसार की दृष्टि में उनका जीवन सफल कहा जा सकता था। उन्होंने शहर में एक मकान बनवा लिया था, बड़े लड़के अमर और लड़की कान्ति की शादियाँ कर दी थी, दो बच्चे ऊँची कक्षाओं में पढ़ रहे थे। गजाधर बाबू नौकरी के कारण प्रायः छोटे स्टेशनों

पर रहे, और उनके बच्चे और पत्नी शहर में, जिससे पढ़ाई में बाधा न हो। गजाधर बाबू स्वभाव से बहुत स्नेही व्यक्ति थे और स्नेह के आकांक्षी भी। जब परिवार साथ था, ड्यूटी से लौट कर बच्चों से हँसते-बोलते, पत्नी से कुछ मनोविनोद करते—उन सबके चले जाने से उनके जीवन में गहन सूनापन भर उठा। ख़ाली क्षणों में उनसे घर में टिका न जाता। कविप्रकृति के न होने पर भी, उन्हें पत्नी की स्नेहपूर्ण बातें याद रहतीं। दोपहर में, गरमी होने पर भी, दो बजे तक आग जलाये रहती और उनके स्टेशन से वापस आने पर गरम-गरम रोटियाँ सेंकती—उनके खा चुकने और मना करने पर भी थोड़ा-सा कुछ और थाली में परोस देती, और बड़े प्यार से आग्रह करती। जब वह, थके-हारे बाहर से आते, तो उनकी आहट पा वह रसोई के द्वार पर निकल आती, और उनकी सलज्ज आँखें मुस्करा उठतीं। गजाधर बाबू को तब हर छोटी बात भी याद आती और वह उदास हो उठते...अब कितने वर्षों बाद वह अवसर आया था जब वह फिर उसी स्नेह और आदर के मध्य रहने जा रहे थे।

टोपी उतार कर गजाधर बाबू ने चारपाई पर रख दी, जूते खोल कर नीचे खिसका दिये, अन्दर से रह-रह कर कहकहों की आवाज़ आ रही थी, इतवार का दिन था और उनके सब बच्चे इकट्ठे हो कर नाश्ता कर रहे थे। गज़ाधर बाबू के सूखे चेहरे पर स्निग्ध मुस्कान आ गयी। उसी तरह मुस्कुराते हुए, वह बिना खाँसे अन्दर चले आये। उन्होंने देखा कि नरेन्द्र कमर पर हाथ रखे शायद गत रात्रि की फिल्म में देखे गये किसी नृत्य की नकल कर रहा था, और बसन्ती हँस-हँस कर दुहरी हो रही थी। अमर की बहू को अपने तन-बदन, आँचल या घूँघट का कोई होश न था और वह उन्मुक्त रूप से हँस रही थी। गजाधर बाबू को देखते ही नरेन्द्र धप से बैठ गया और चाय का प्याला उठा कर मुँह से लगा लिया। बहू को होश आया और उसने झट से माथा ढक लिया, केवल बसन्ती का शरीर रह-रह कर हँसी दबाने के प्रयत्न में हिलता रहा।

गजाधर बाबू ने मुस्कुराते हुए उन लोगों को देखा। फिर कहा, "क्यों नरेन्द्र, क्या नकल हो रही थी?" "कुछ नही बाबूजी।" नरेन्द्र ने सिटपिटा कर कहा। गजाधर बाबू ने चाहा था कि वह भी इस मनोविनोद में भाग लेते, पर उनके आते ही जैसे सब कुण्ठित हो चुप हो गये, उससे उनके मन में थोड़ी-सी खिन्नता उपज आयी। बैठते हुए बोले, "बसन्ती, चाय मुझे भी देना। तुम्हारी अम्माँ की पूजा अभी चल रही है क्या?" बसन्ती ने माँ की कोठरी की ओर देखा, "अभी आती ही होंगी," और प्याले में उनके लिये चाय छानने लगी। बहू चुपचाप पहले ही चली गयी थी, अब नरेन्द्र भी चाय का आख़िरी घूँट पी कर उठ खड़ा हुआ, केवल बसन्ती, पिता के लिहाज़ में, चौके में बैठी माँ की राह देखने लगी। गजाधर बाबू ने एक घूँट चाय पी, फिर कहा, "बिट्टी—चाय तो फीकी है।"

"लाइये, चीनी और डाल दूँ।" बसन्ती बोली।

"रहने दो, तुम्हारी अम्माँ जब आयेंगी, तभी पी लूँगा।"

थोड़ी देर में उनकी पत्नी हाथ में अर्घ्य का लोटा लिये निकली और अशुद्ध स्तुति कहते हुए तुलसी में डाल दिया। उन्हें देखते ही बसन्ती भी उठ गयी। पत्नी ने आ कर गजाधर बाबू को देखा और कहा, "अरे, आप अकेले बैठे हैं—यह सब कहाँ गये?" गजाधर बाबू के मन में फाँस-सी कर के उठी, "अपने-अपने काम में लग गये हैं—आख़िर बच्चे ही हैं।"

पत्नी आ कर चौके में बैठ गयी—उन्होंने नाक-भौं चढ़ा कर चारों ओर जूठे बर्तनों को देखा। फिर कहा, "सारे में जूठे बर्तन पड़े हैं। इस घर में धरम-करम कुछ नहीं। पूजा करके सीधे चौके में घुसो।" फिर उन्होंने नौकर को पुकारा, जब उत्तर न मिला तो एक बार और उच्च स्वर में, फिर पति की ओर देख कर बोली, "बहू ने भेजा होगा बाज़ार।" और एक लम्बी साँस ले कर चुप हो रहीं।

गजाधर बाबू बैठ कर चाय और नाश्ते का इन्तज़ार करते रहे। उन्हें अचानक ही गनेशी की याद आ गयी। रोज़ सुबह, पैसेंजर आने से पहले वह गर्म-गर्म पूरियाँ और जलेबी बनाता था। गजाधर बाबू जब तक उठ कर तैयार होते, उनके लिये जलेबियाँ और चाय ला कर रख देता था। चाय भी कितनी बढ़िया, काँच के ग्लास में ऊपर तक भरी लबालब, पूरे ढाई चम्मच चीनी, और गाढ़ी मलाई। पैसेंजर भले ही रानीपुर लेट पहुँचे, गनेशी ने चाय पहुँचाने में कभी देर नहीं की। क्या मजाल कि कभी उससे कुछ कहना पड़े।

पत्नी का शिकायत-भरा स्वर सुन कर उनके विचारों में व्याघात पहुँचा। वह कह रही थी, सारा दिन इसी खिच-खिच में निकल जाता है। इसी गिरस्थी का धन्धा पीटते-पीटते उमर बीत गयी। कोई ज़रा हाथ भी नहीं बँटाता।

"बहू क्या किया करती हैं?" गजाधर बाबू ने पूछा।

"पड़ी रहती हैं। बसन्ती को तो फिर कहो कि कॉलेज जाना होता है।"

गजाधर बाबू ने जोश में आ कर बसन्ती को आवाज़ दी। बसन्ती भाभी के कमरे से निकली तो गजाधर बाबू ने कहा, "बसन्ती, आज से शाम का खाना बनाने की ज़िम्मेदारी तुम पर है। सुबह का भोजन तुम्हारी भाभी बनायेंगी।"

बसन्ती मुँह लटका कर बोली, "बाबूजी, पढ़ना भी तो होता है।"

गजाधर बाबू ने बड़े प्यार से समझाया, "तुम सवेरे पढ़ लिया करो। तुम्हारी माँ बूढ़ी हुई, उनके शरीर में अब वह शक्ति नहीं बची है। तुम हो, तुम्हारी भाभी हैं, दोनों को मिल कर काम में हाथ बँटाना चाहिए।"

बसन्ती चुप रह गयी। उसके जाने के बाद, उसकी माँ ने धीरे से कहा, "पढ़ने का

तो बहाना है। कभी जी नहीं लगता, लगे कैसे? शीला से ही फुरसत नहीं, बड़े-बड़े लड़के हैं उस घर में, हर वक्त वहाँ घुसा रहना, मुझे नहीं सुहाता। मना करूँ तो सुनती नहीं।"

नाश्ता कर, गजाधर बाबू बैठक में चले गये। घर छोटा था और ऐसी व्यवस्था हो चुकी थी कि उसमें गजाधर बाबू के रहने के लिये कोई स्थान न बचा था। जैसे किसी मेहमान के लिये कुछ अस्थायी प्रबन्ध कर दिया जाता है, उसी प्रकार बैठक में कुर्सियों को दीवार से सटा कर बीच में गजाधर बाबू के लिये पतली-सी चारपाई डाल दी गयी थी—गजाधर बाबू उस कमरे में पड़े-पड़े, कभी-कभी अनायास ही, इस अस्थायित्व का अनुभव करने लगते। उन्हें याद हो आती उन रेलगाड़ियों की, जो आती और थोड़ी रुक कर किसी और लक्ष्य की ओर चली जाती।

घर छोटा होने के कारण बैठक में ही अब अपना प्रबन्ध किया था। उनकी पत्नी के पास अन्दर एक छोटा कमरा अवश्य था, पर उसमें एक ओर अचारों के मर्तबान, दाल, चावल के कनस्तर और घी के डिब्बे से घिरा था—दूसरी ओर पुरानी रजाइयाँ, दरियों में लिपटी और रस्सी से बँधी रखी थीं, उसके पास एक बड़े-से टीन के बक्स में घर-भर के गरम कपड़े थे। बीच में एक अलगनी बँधी हुई थी, जिस पर प्रायः बसन्ती के कपड़े लापरवाही से पड़े रहते थे। वह भरसक उस कमरे में नहीं जाते थे। घर का दूसरा कमरा अमर और उसकी बहू के पास था तीसरा कमरा, जो सामने की ओर था, बैठक था। गजाधर बाबू के आने से पहले उसमें अमर की ससुराल से आया बेंत की तीन कुर्सियों का सेट पड़ा था, कुर्सियों पर नीली गद्दियाँ और बहू के हाथों के कढ़े कुशन थे।

जब कभी उनकी पत्नी को कोई लम्बी शिकायत करनी होती, तो अपनी चटाई बैठक में डाल पड़ जाती थी। तो वह एक दिन चटाई ले कर आ गयी। गजाधर बाबू ने घर-गृहस्थी की बातें छेड़ी, वह घर का रवैया देख रहे थे। बहुत हलके-से उन्होंने कहा कि अब हाथ में पैसा कम रहेगा, कुछ ख़र्च कम होना चाहिए।

"सभी ख़र्च तो वाजिब-वाजिब हैं, किसका पेट काटूँ? यही जोड़-गाँठ करते-करते बूढ़ी हो गयी, न मन का पहना, न ओढ़ा।"

गजाधर बाबू ने आहत, विस्मित दृष्टि से पत्नी को देखा। उनसे अपनी हैसियत छिपी न थी। उनकी पत्नी तंगी का अनुभव कर उसका उल्लेख करती, यह स्वाभाविक था, लेकिन उनमें सहानुभूति का पूर्ण अभाव गजाधर बाबू को बहुत खटका। उनसे यदि राय-बात की जाती कि प्रबन्ध कैसे हो, तो उन्हें चिन्ता कम, सन्तोष अधिक होता। लेकिन उनसे तो केवल शिकायत की जाती थी जैसे परिवार की सब परेशानियों के लिये वही ज़िम्मेदार थे।

"तुम्हें किस बात की कमी है अमर की माँ—घर में बहू है, लड़के-बच्चे हैं, सिर्फ़

रुपये से ही आदमी अमीर नहीं होता।" गजाधर बाबू ने कहा और कहने के साथ अनुभव किया, यह उनकी आन्तरिक अभिव्यक्ति थी ऐसी कि उनकी पत्नी नहीं समझ सकती। "हाँ, बड़ा सुख है न बहू से। आज रसोई करने गयी है, देखो क्या होता है," कह कर पत्नी ने आँखें मूँदीं, और सो गयी। गजाधर बाबू बैठे हुए पत्नी को देखते रह गये—यही थी क्या उनकी पत्नी जिसके हाथों के कोमल स्पर्श, जिसकी मुस्कान की याद में उन्होंने सम्पूर्ण जीवन काट दिया था?

उन्हें लगा कि वह लावण्यमयी युवती जीवन की राह में कहीं खो गयी और उसकी जगह आज जो स्त्री है, वह उनके मन और प्राणों के लिये नितान्त अपरिचिता है। गाढ़ी नींद में डूबी उनकी पत्नी का भारी-सा शरीर बहुत बेडौल और कुरूप लग रहा था, चेहरा श्रीहीन और रूखा था। गजाधर बाबू देर तक निस्संग दृष्टि से पत्नी को देखते रहे और फिर लेट कर छत की ओर ताकने लगे।

अन्दर कुछ गिरा और उनकी पत्नी हड़बड़ा कर उठ बैठीं, "लो बिल्ली ने कुछ गिरा दिया शायद," और वह अन्दर भागी, थोड़ी देर में लौट कर आई तो उनका मुँह फूला हुआ था, "देखो बहू को, चौका खुला छोड़ आई, बिल्ली ने दाल की पतीली गिरा दी। सभी तो खाने को हैं, अब क्या खिलाऊँगी?" वह साँस लेने को रुकीं और बोलीं, "एक तरकारी और चार पराँठे बनाने में सारा डिब्बा घी उँड़ेल कर रख दिया। ज़रा-सा दर्द नहीं है, कमाने वाला हाड़ तोड़े और यहाँ चीज़ें लुटें। मुझे तो मालूम था कि यह सब काम किसी के बस का नहीं है?"

गजाधर बाबू को लगा कि पत्नी कुछ और बोलेंगी तो उनके कान झनझना उठेंगे। होंठ भींच, करवट ले कर उन्होंने पत्नी की ओर पीठ कर ली।

रात का भोजन बसन्ती ने जान-बूझ कर ऐसा बनाया था कि कौर तक निगला न जा सके। गजाधर बाबू चुपचाप खा कर उठ गये, पर नरेन्द्र थाली सरका कर उठ खड़ा हुआ और बोला, "मैं ऐसा खाना नहीं खा सकता।"

बसन्ती तुनक कर बोली, "तो न खाओ, कौन तुम्हारी ख़ुशामद करता है।"

"तुमसे खाना बनाने को कहा किसने था?" नरेन्द्र चिल्लाया।

"बाबूजी ने।"

"बाबूजी को बैठे-बैठे यही सूझता है।"

बसन्ती को उठा कर माँ ने नरेन्द्र को मनाया और अपने हाथ से कुछ बना कर खिलाया। गजाधर बाबू ने बाद में पत्नी से कहा, "इतनी बड़ी लड़की हो गयी और उसे खाना बनाने तक का शऊर नहीं आया।" "अरे आता सब कुछ है, करना नहीं चाहती," पत्नी ने उत्तर दिया। अगली शाम माँ को रसोई में देख, कपड़े बदल कर बसन्ती बाहर आई तो बैठक से गजाधर बाबू ने टोक दिया, "कहाँ जा रही हो?"

"पड़ोस में, शीला के घर।" बसन्ती ने कहा।

"कोई ज़रूरत नहीं है, अन्दर जा कर पढ़ो।" गजाधर बाबू ने कड़े स्वर में कहा। कुछ देर अनिश्चित खड़ी रह कर बसन्ती अन्दर चली गयी। गजाधर बाबू शाम को रोज़ टहलने चले जाते थे, लौट कर आए तो पत्नी ने कहा, "क्या कह दिया बसन्ती से? शाम से मुँह लपेटे पड़ी है। खाना भी नहीं खाया।"

गजाधर बाबू खिन्न हो आये। पत्नी की बात का उन्होंने कुछ उत्तर नहीं दिया। उन्होंने मन में निश्चय कर लिया कि बसन्ती की शादी जल्दी ही कर देनी है। उस दिन के बाद बसन्ती पिता से बची-बची रहने लगी। जाना होता तो पिछवाड़े से जाती।

गजाधर बाबू ने दो-एक बार पत्नी से पूछा तो उत्तर मिला, "रूठी हुई है।" गजाधर बाबू को और रोष हुआ। लड़की के इतने मिजाज़, जाने को रोक दिया तो पिता से बोलेगी नहीं। फिर उनकी पत्नी ने ही सूचना दी कि अमर अलग रहने की सोच रहा है।

"क्यों?" गजाधर बाबू ने चकित हो कर पूछा।

पत्नी ने साफ़-साफ़ उत्तर नहीं दिया। अमर और उसकी बहू की शिकायतें बहुत थीं। उनका कहना था कि गजाधर बाबू हमेशा बैठक में ही पड़े रहते हैं, कोई आने-जाने वाला हो तो कहीं बैठाने की जगह नहीं। अमर को अब भी वह छोटा-सा समझते थे, और मौक़े-बेमौक़े टोक देते थे। बहू को काम करना पड़ता था और सास जब-तब फूहड़पन पर ताने देती रहती थी। "हमारे आने के पहले भी कभी ऐसी बात हुई थी?" गजाधर बाबू ने पूछा। पत्नी ने सिर हिला कर जताया कि नहीं। पहले अमर घर का मालिक बन कर रहता था—बहू को कोई रोक-टोक न थी, अमर के दोस्तों का प्रायः यहीं अड्डा जमा रहता था और अन्दर से नाश्ता-चाय तैयार हो कर जाता रहता था। बसन्ती को भी वही अच्छा लगता था।

गजाधर बाबू ने बहुत धीरे से कहा, "अमर से कहो, जल्दबाज़ी की कोई ज़रूरत नहीं है।"

अगले दिन वह सुबह घूम कर लौटे तो उन्होंने पाया कि बैठक में उनकी चारपाई नहीं है। अन्दर आ कर पूछने वाले ही थे कि उनकी दृष्टि रसोई के अन्दर बैठी पत्नी पर पड़ी। उन्होंने यह कहने को मुँह खोला कि बहू कहाँ है; पर कुछ याद कर चुप हो गये। पत्नी की कोठरी में झाँका तो अचार, रज़ाइयों और कनस्तरों के मध्य अपनी चारपाई लगी पायी। गजाधर बाबू ने कोट उतारा और कहीं टाँगने को दीवार पर नज़र दौड़ायी, फिर उसे मोड़ कर अलगनी के कुछ कपड़े खिसका कर, एक किनारे टाँग दिया। कुछ खाये बिना ही चारपाई पर लेट गये। कुछ भी हो, तन आख़िरकार बूढ़ा

ही था। सुबह-शाम कुछ दूर टहलने अवश्य चले जाते, पर आते-आते थक उठते थे। गजाधर बाबू को अपना बड़ा-सा, खुला हुआ क्वार्टर याद आ गया। निश्चिन्त जीवन, सुबह पैसेंजर ट्रेन आने पर स्टेशन की चहल-पहल, चिरपरिचित चेहरे और पटरी पर रेल के पहियों की खट-खट, जो उनके लिये मधुर संगीत की तरह था। तूफ़ान और डाक गाड़ी के इंजनों की चिंघाड़ उनकी अकेली रातों की साथी थी। सेठ रामजीमल की मिल के कुछ लोग कभी-कभी पास आ बैठते, वही उनका दायरा था, वही उनके साथी। वह जीवन अब उन्हें एक खोयी निधि-सा प्रतीत हुआ। उन्हें लगा कि वह ज़िन्दगी द्वारा ठगे गये हैं। उन्होंने जो कुछ चाहा, उसमें से उन्हें एक बूँद भी न मिली।

लेटे हुए वह घर के अन्दर से आते विविध स्वरों को सुनते रहे। बहू और सास की छोटी-सी झड़प, बालटी पर खुले नल की आवाज़, रसोई के बरतनों की खटपट और उसी में दो गौरैयों का वार्तालाप—और अचानक की उन्होंने निश्चय कर लिया कि अब घर की किसी बात में दख़ल न देंगे। यदि गृहस्वामी के लिये पूरे घर में एक चारपाई की जगह यहीं है, तो यहीं पड़े रहेंगे। अगर कहीं और डाल दी गयी, तो वहाँ चले जायेंगे। यदि बच्चों के जीवन में उनके लिये कहीं स्थान नहीं, तो अपने ही घर में परदेसी की तरह पड़े रहेंगे...और उस दिन के बाद सचमुच गजाधर बाबू कुछ नहीं बोले। नरेन्द्र माँगने आया तो बिना कारण पूछे उसे रुपये दे दिये—बसन्ती काफ़ी अँधेरा हो जाने के बाद भी पड़ोस में रही तो उन्होंने कुछ नहीं कहा—पर उन्हें सबसे बड़ा ग़म यह था कि उनकी पत्नी ने भी उनमें कुछ परिवर्तन लक्ष्य नहीं किया। वह मन-ही-मन कितना भार ढो रहे हैं इससे वह अनजान ही बनी रहीं। बल्कि उन्हें पति के घर के मामले में हस्तक्षेप न करने के कारण शान्ति ही थी। कभी-कभी कह भी उठतीं, "ठीक ही है, आप बीच में न पड़ा कीजिए, बच्चे बड़े हो गये हैं, हमारा जो कर्तव्य था, कर रहे हैं। पढ़ा रहे हैं, शादी कर देंगे।"

गजाधर बाबू ने आहत दृष्टि से पत्नी को देखा। उन्होंने अनुभव किया कि वह पत्नी व बच्चों के लिये केवल धनोपार्जन के निमित्त मात्र हैं। जिस व्यक्ति के अस्तित्व से पत्नी माँग में सिन्दूर डालने की अधिकारिणी है, समाज में उसकी प्रतिष्ठा है, उसके सामने वह दो वक़्त भोजन की थाली रख देने से सारे कर्तव्यों से छुट्टी पा जाती हैं। वह घी और चीनी के डिब्बों में इतनी रमी हुई हैं कि अब वही उनकी सम्पूर्ण दुनिया बन गयी है। गजाधर बाबू उनके जीवन के केन्द्र नहीं हो सकते, तो अब उनकी शादी के लिये भी उत्साह बुझ गया। किसी बात में हस्तक्षेप न करने के लिये निश्चय के बाद भी उनका अस्तित्व उस वातावरण का एक भाग न बन सका। उनकी उपस्थिति उस घर में ऐसी असंगत लगने लगी थी, जैसे सजी हुई बैठक में उनकी चारपाई थी। उनकी सारी ख़ुशी एक गहरी उदासीनता में डूब गयी।

इतने सब निश्चयों के बावजूद भी गजाधर बाबू एक दिन बीच में दख़ल दे बैठे। पत्नी स्वभावानुसार नौकर की शिकायत कर रही थीं, "कितना कामचोर है, बाज़ार की हर चीज़ में पैसा बचाता है, खाने बैठता है, तो खाता ही चला जाता है।" गजाधर बाबू को बराबर यह महसूस होता रहता था कि उनके घर का रहन-सहन और ख़र्च उनकी हैसियत से कहीं ज़्यादा है। पत्नी की बात सुन कर लगा कि नौकर का ख़र्च बिलकुल बेकार है; छोटा-मोटा काम है, घर में तीन मर्द हैं, कोई-न-कोई कर ही देगा; उन्होंने उसी दिन नौकर का हिसाब कर दिया। अमर दफ़्तर से आया तो नौकर को पुकारने लगा। अमर की बहू बोली, "बाबूजी ने नौकर छुड़ा दिया है।"

"क्यों?"

"कहते हैं ख़र्च बहुत है।"

यह वार्तालाप बहुत सीधा-सा था, पर जिस टोन में बहू बोली, गजाधर बाबू को खटक गया। उस दिन जी भारी होने के कारण गजाधर बाबू टहलने नहीं गये थे। आलस्य में, उठ कर बत्ती भी नहीं जलायी–इस बात से बेख़बर नरेन्द्र माँ से कहने लगा, "अम्माँ, तुम बाबूजी से कहतीं क्यों नहीं? बैठे-बिठाये कुछ नहीं तो नौकर ही छुड़ा दिया। अगर बाबूजी यह समझें कि मैं साईकिल पर गेहूँ रख आटा पिसाने जाऊँगा तो मुझसे यह नहीं होगा।" "हाँ अम्माँ",–बसन्ती का स्वर था, "मैं कॉलेज भी जाऊँ और लौट कर घर में झाड़ू भी लगाऊँ, यह मेरे बस की बात नहीं है।"

"बूढ़े आदमी हैं", अमर मुनमुनाया, "चुपचाप पड़े रहें। हर चीज़ में दख़ल क्यों देते हैं!" पत्नी ने बड़े व्यंग्य से कहा, "और कुछ नहीं सूझा तो तुम्हारी बहू को ही चौके में भेज दिया। वह गयी तो पन्द्रह दिन का राशन पाँच दिन में बना कर रख दिया।" बहू कुछ कहे, इससे पहले वह चौके में घुस गयीं। कुछ देर में अपनी कोठरी में आयीं और बिजली जलायी तो गजाधर बाबू को लेटे देख बड़ी सिटपिटायी। गजाधर बाबू की मुखमुद्रा से वह उनके भावों का अनुमान न लगा सकीं। वह चुप, आँखें बन्द किये लेटे रहे।

गजाधर बाबू चिट्ठी हाथ मे लिये अन्दर आये और पत्नी को पुकारा। वह भीगे हाथ लिये निकलीं और आँचल से पोंछती हुई पास आ खड़ी हुईं। गजाधर बाबू ने बिना किसी भूमिका के कहा, "मुझे सेठ रामजीमल की चीनी-मिल में नौकरी मिल गयी है। ख़ाली बैठे रहने से तो चार पैसे घर में आयें, वही अच्छा है। उन्होंने तो पहले ही कहा था, मैंने मना कर दिया था।" फिर कुछ रुक कर, जैसे बुझी हुई आग में एक चिनगारी चमक उठे, उन्होंने धीमे स्वर में कहा, "मैंने सोचा था कि बरसों तुम सबसे अलग रहने के बाद, अवकाश पा कर परिवार के साथ रहूँगा। ख़ैर, परसों जाना है। तुम भी चलोगी?"

"मैं?" पत्नी ने सकपका कर कहा, "मैं चलूँगी तो यहाँ का क्या होगा? इतनी बड़ी गृहस्थी, फिर सयानी लड़की..."

बात बीच में काट गजाधर बाबू ने थके, हताश स्वर में कहा, "ठीक है, तुम यहीं रहो। मैंने तो ऐसे ही कहा था।" और गहरे मौन में डूब गये।

नरेन्द्र ने बड़ी तत्परता से बिस्तर बाँधा और रिक्शा बुला लाया। गजाधर बाबू का टिन का बक्सा और पतला-सा बिस्तर उस पर रख दिया गया। नाश्ते के लिये लड्डू और मठरी की डलिया हाथ में लिये गजाधर बाबू रिक्शे पर बैठ गये। एक दृष्टि उन्होंने अपने परिवार पर डाली और फिर दूसरी ओर देखने लगे और रिक्शा चल पड़ा। उनके जाने के बाद सब अन्दर लौट आये। बहू ने अमर से पूछा, "सिनेमा ले चलिएगा न?" बसन्ती ने उछल कर कहा, "भइया, हमें भी!"

गजाधर बाबू की पत्नी सीधे चौके में चली गयीं। बची हुई मठरियों को कटोरदान में रख कर अपने कमरे में लायीं और कनस्तरों के पास रख दिया, फिर बाहर आ कर कहा, "अरे नरेन्द्र, बाबूजी की चारपाई कमरे से निकाल दे। उसमें चलने तक की जगह नहीं है।"

रामदरश मिश्र

प्रखर मानवीय सरोकार एवं प्रगतिशील चेतना के कथाकार रामदरश मिश्र का जन्म 15 अगस्त 1924 को गोरखपुर में हुआ। प्रारम्भिक शिक्षा गाँव के पास के स्कूल में हुई। 1945 में बनारस जा कर मैट्रिक की पढ़ाई की, तत्पश्चात काशी हिन्दू विश्वविद्यालय से जुड़ गये और वहीं से बी.ए., एम.ए. तथा पी.एच.डी. किया। सन् 1990 में दक्षिण परिसर दिल्ली से प्रोफ़ेसर के रूप में अवकाश ग्रहण किया। बहुआयामी व्यक्तित्व के धनी रामदरश मिश्र ने कविता, कहानी, उपन्यास, आलोचना व निबन्ध को भी अपने लेखन का क्षेत्र बनाया। नागरी प्रचारिणी सभा देवरिया, हिन्दी अकादमी दिल्ली, प्रगतिशील लेखक संघ आगरा तथा उत्तर प्रदेश हिन्दी संस्थान ने इन्हें सम्मानित किया। रामदरश मिश्र ने 1950-52 में लेखन आरम्भ किया और प्रारम्भिक रचनाएँ 'आज' और 'कहानी' में छपी। मिश्र जी के कहानी-संग्रह है—'ख़ाली घर', 'वह एक', 'दिनचर्या', 'सर्पदंश', 'बसन्त का एक दिन', 'इकसठ कहानियाँ', 'अपने लिये', 'मेरी प्रिय कहानियाँ', 'श्रेष्ठ आंचलिक कहानियाँ', 'आज का दिन भी', 'एक कहानी लगातार' तथा 'फिर कब आयेंगे'।

रामदरश मिश्र ने अपनी कहानियों में जीवन के विविध पक्षों को उजागर किया है जिससे आदर्श और यथार्थ घुल मिल गये हैं। इनकी समस्याएँ, आचार-व्यवहार व भाव-विचार सभी मनुष्यजीवन से सम्बन्धित हैं। इसी संवेदना से यह मानवतावाद की स्थापना करना चाहते हैं। शोषित-उपेक्षित वर्ग का चित्रण जो एक पीड़ाबोध उत्पन्न कर देता है—इनकी कहानियों का विषय है। शहर और गाँव दोनों ही स्थानों में अभिशप्त, अभावग्रस्त, दलित व पीड़ित इनकी कहानियों में स्थान पाते हैं। मार्क्सवादी दृष्टि से मानवीयता एवं सार्थक व्यवस्थाविरोध का स्वर भी यहाँ मिलता है। सब कुछ लेखक का भोगा हुआ प्रतीत होता है। भाषा-प्रयोग में भी विविधता दिखायी पड़ती है। 'ख़ाली घर', 'सीमा', 'सड़क', 'एक अधूरी कहानी', 'दिनचर्या', 'एक निर्णय', 'मुर्दा मैदान', 'पानी' तथा 'लड़की', इनकी कुछ प्रसिद्ध कहानियाँ है।

दिनचर्या

(1)

केंऊँ...केंऊँ...केंऊँ...! उसका बच्चा किकिया रहा था—उठो जी, उठो जी, देखो न, मुनवा आज रात से ही ऐंठ रहा है! उसकी बीवी ने झकझोर जगाया।

—उँह, सोने दो! कह कर वह करवट बदल कर फिर लेट गया।

—अरे, उँह-उँह करने से काम नहीं चलेगा, उठो! कह कर बीवी ने ज़ोर से झकझोर दिया।

उधर बारह बजे रात तक काम पर डटो और इधर पाँच बजते ही तू झकझोरने लगती है! वह गुस्से में उठा और लगा कि बीवी को मार देगा।

—हाँ...हाँ, मार ले, मार ले! मुझी पर तो वीर बनता है! बाहर से पिट कर आता है, तो गुस्सा मुझ पर उतारता है! बीवी गुस्से से चिल्लायी।

लेकिन उठते ही उसका गुस्सा शान्त हो गया। उसने ज़ोर से एक अंगड़ाई ली, देह को झटकारा और देखा कि जिस फुटपाथ पर वह सो रहा था, उस पर टहलने वालों की चहल-पहल मची हुई है। एक-से-एक मोटे पेट वाले अपनी मोटाई कम करने के लिये इस सड़क पर, सामने के सालीमार पार्क में जल्दी-जल्दी घूमते दिखायी पड़ते हैं। मोटे-मोटे मर्द और औरतें दुलकी चाल से भागते हैं, तो उनके हिलते हुए बड़े-बड़े पेटों को देख कर उसे हँसी आ जाती है। मन्दिर से लाउड स्पीकर पर कई मोटी-मोटी आवाज़ों में भजन उड़ कर बिखर रहा था।

हरे क्रिसना हरे क्रिसना क्रिसना क्रिसना हरे हरे,
हरे रामा हरे रामा रामा रामा हरे हरे!

वह इन मोटी आवाज़ों को पहचानता है। उसके पास भी बिलेक का पैसा होता, तो वह भी सुबह-सुबह उठ कर इतनी ही मोटी आवाज़ में गाता।

केंऊँ...केंऊँ...केंऊँ...!

उसने पास गुदड़ी पर पड़े बच्चे को देखा। बच्चा क्या है, हड्डियों का ढाँचा। आँखों की कीचड़ फैली हुई है। हाथ-पाँव सूख कर लकड़ी हो गये हैं। पेट निकल आया

है। पेट और पेट के निकलने में भी कितना फ़र्क होता है! बच्चे को लगातार खाँसी-बुख़ार आ रहा है।

—इसे किसी डागडर को दिखाओ ना! बीवी ने परेशान होते हुए कहा।

—किसे दिखाऊँ, मंगरी! एक-से-एक महँगे डागडर हैं। एक दिन की दवा के चार-पाँच रुपये ऐंठ लेते हैं और रोग एक दिन में ठीक हो जाये तो चलो यह भी सही, पन्द्रह-बीस दिन से कम क्या दवा करेंगे। जो कमाओ, वह डागडर को दे दो! दो बार तो चार-चार रुपये दे चुका हूँ। कोई फ़ायदा भी नहीं हुआ। दो कोस दूर हस्पताल है। वहाँ पहुँच कर लाइन लगाओ। दो-तीन बजे तक नम्बर आये और पता नहीं, दवा के नाम पर वे कौन-सा पानी दे देते हैं कि बीमारी टस-से-मस ही नहीं होती। अब बताओ, दिन भर हस्पताल में लगाओ, तो मजूरी कब होगी? और वहाँ जा कर तो अच्छी तबीयत भी ख़राब हो जाती है। मन्दिर के दवाख़ाने में दिखा दें। दवाई की दवाई रहेगी और भगवान का प्रसाद भी।

वह उठा। मंगरी उसकी गुदड़ी उठा कर उसके साथ-साथ चली। दोनों पास की एक झोंपड़ी तक आये। हाँ, यहीं वे रहते हैं। झोंपड़ी क्या है, ईंट खड़ी करके उस पर टीन का एक पतरा डाल दिया गया है। ऐसे ही दो-चार मकान और हैं, दूसरे मज़दूरों के। ये मकान बदलते रहते हैं।

(2)

उसने एक टीन का डिब्बा उठाया और मैदान होने चला गया। अब दिशा-मैदान होने की परेशानी बढ़ती जा रही है। धीरे-धीरे ख़ाली जगहों पर कोठियाँ बनती जा रही हैं। कहाँ जायें मजूर सब? कौन पूछता है मजूरों को? खुले में काम करो, खुले में सो जाओ, खुले में बेपर्द हो कर दिनचर्या

पास-पास बैठ जाओ—मर्द और औरत सभी। कहीं भी तो कुछ अपना नहीं है।

लौट कर आया, तो देखा, मंगरी चुपचाप बैठी है और लड़का केंऊँ-केंऊँ रो रहा है।

—क्यों रे, आज रोटी-वोटी नहीं बनायेगी? अभी काम पर जाना है।

—रोटी किससे बनाऊँ, तेरे सिर से? आटा-वाटा लायेगा नहीं और रोटी खाने चला आयेगा।

—अरे, तो तू मुझ पर काहे बिगड़ती है रे कुत्ती?

—जो रासन का गोहूँ मिलता है, उसे तो ला सकता है?

—उसे भी बनिया नहीं देता, तो क्या करूँ? दुकानदार तो हमारे हिस्से का गोहूँ बचा कर हमीं को बिलेक में बेचता है, वह भी हमेशा नहीं देता।

—तो तू उस बेईमान की छाती पर चढ़ कर अपने हिस्से का गोहूँ वसूलता क्यों नहीं रे?

—अब तू ही जा चढ़ उसकी छाती पर, मुझे तो नहीं चढ़ने देगा! मैं तो तेज़ बात करता हूँ तो डाँट कर भगा देता और कोई बात होती है तो सारे दुकानदार लाल बन्दर की तरह एक हो कर कों-कों-कों-कों करने लगते हैं। सरकार भी तो सबको बराबर-बराबर राशन देती है।

—अरे, बहुत-से लोग राशन का गोहूँ छोड़ देते हैं। तू क्यों नहीं ले लेता? कई मजूर तो ऐसा ही करते हैं।

—अरे, करते होंगे। चिरौरी-मिनती करके इनसे-उनसे माँगते होंगे। मुझसे तो ऐसा नहीं होगा और दुकानदार साला उन लोगों से कहता है कि आप लोगों को अपना गोहूँ लेना हो तो लीजिए, आपका गोहूँ और किसी को नहीं दूँगा। और सबका गोहूँ मार-मार कर बिलेक करता है।

—अरे, तू है ही नम्बरी घामड़। बस, बैल की तरह तुझे बोझ ढ़ोना आता है, और कुछ नहीं। देख, कल मैं मालकिन के कोटे पर थोड़ा-सा आटा लायी थी, आज रोटी बनाये दे रही हूँ। अगर तूने अब आटे का इन्तज़ाम नहीं किया, तो भूखों मरना! बैल कहीं का!

—अरे देख, कुत्तिया, तू मुझे बार-बार बैल मत कह, नहीं तो कहे दे रहा हूँ...

—नहीं तो क्या कर लेगा? तू बैल है, बैल है, बैल है! बोल है कि नहीं? मुझे अपने साथ बाँध कर तबाह कर दिया! खाना खाना होगा तो आटा ले आना, नहीं तो...

—अब देख ले तू मार खाने पर तुली है! तू ही काहे नाहीं आटा-वाटा ले आती है? दिन भर छैलों से सैन मटक्का मारती है और...

—तू मुझे छिनाल कहता है रे बैल? मैं दिन-भर बीमार बच्चे को पीठ पर लादे-लादे चार घर चौका-बरतन करती हूँ और तेरा पेट पालती हूँ, तो तू मुझे छिनाल कहता है? बोल दाढ़ाजला, ऐसी बात क्यों निकालता है?

—बरतन माँजती है सो तो ठीक है, लेकिन लोगों से सैन मटक्का भी तो मारती है, मैं देखता नहीं हूँ क्या?

—अरे अभागे, तेरी तरह मैं भी मुँह फुलाये घूमती रहूँ और ततैया की तरह काटती फिरती रहूँ, तो हो चुकी मजूरी!

—हाँ, हाँ, मैं ततैया की तरह काटता हूँ न! तो तू सबके ऊपर फूल बरसाती घूम।

दोनों में कहा-सुनी बढ़ती गयी और वह मंगरी को पकड़ कर पीटने लगा। झोंपड़ी के आस-पास राह चलतों की भीड़ इकट्ठी होने लगी। कुछ लोगों ने डाँट-डपट कर छुड़ाया। मंगरी ने हवसते हुए कहा—मर...मर कीरवना भूख से, मैं रोटी नहीं बनाऊँगी।

वह कुछ देर तक चुपचाप खड़ा रहा, फिर काम पर चला गया।

(3)

उसका काम भी क्या है, जब जो काम मिल जाये। कभी आटे की चक्की पर काम करता है, कभी कोयले के टाल पर, कभी किसी बनते मकान में काम करता है, कभी किसी ग्रोसर शॉप पर। इन दिनों वह एक टेण्ट हाउस में काम करता है। रोज़ जलसे ही जलसे तो होते हैं। इन दिनों शादियों की बहार है। शादियाँ जब नहीं होती हैं, तो देवी का रतजगा होता है। कभी किसी सेठ के लड़के की वर्षगाँठ होती है, कभी कोई त्यौहार का जलसा होता है और वह सुबह से शाम तक हाथ-लारी पर ढोता है तम्बू, कुर्सियाँ, मेज़, दरियाँ, बिजली के सामान। लारी के आगे बैल की तरह जुत जाता है और दिन भर जुता रहता है। मंगरी ठीक ही तो कहती है कि वह बैल है। बैल की तरह काम तो करता है, लेकिन खाना नहीं पाता। मंगरी ठीक कहती है कि दब्बू है, मरदई बीवी पर ही दिखाता है। राशन के लिये जाओ तो दुकानदार डाँटता है, दवा के लिये जाओ तो डागडर डाँटता है। तनख़ाह के पैसे माँगो तो मालिक डाँटता है, फुटपाथ पर सोओ तो पुलिस वाला डाँटता है, बस में जाओ तो कनडॅक्टर डाँटता है।

उसके पेट में ज़ोर से ऐंठन हुई। पेट में कुछ भी तो नहीं गया। नुक्कड़ वाली फुटपाथी चाय की दुकान पर गया। उधार चाय पी। फिर हाथ-लारी में बैल की तरह जुत गया। पैसे नहीं हैं। गोहूँ दो रुपये किलो हो गया। कहते है कि गोहूँ का अकाल पड़ा है। हाँ, सारा अकाल तो ग़रीबों के लिये ही है। वह रोज़ तो देखता है शादियों में, सैकड़ों लोगों को दावत उड़ाते हुए, खा-खा कर फेंकते हुए।

उसने एक बार चारों ओर के मकानों पर दृष्टि फेरी। इन कितने मकानों की दीवारें उसी के हाथों ने उठायी हैं। कई महीनों तक वह मकान के साथ रस-बस जाता है जब मकान बन कर तैयार हो जाता है, तब वह वहाँ से उठा कर फेंक दिया जाता है। किसी भी मौसम में दो पल के लिये भी तो उसकी छाँह में खड़ा नहीं हो सकता।

आज फिर शादी है ई ब्लाक में। वह सामान ढो-ढो कर ले जा रहा है। पेट में

ऐंठन होने लगी। वह सुस्ताने के लिये फुटपाथ पर बैठ गया। सोचने लगा, मंगरी काम पर चली गयी होगी। साली मुँहज़ोर है। वह दूसरों की देखा-देखी फैसन करना चाहती है। वह नहीं चाहती कि मैं गाँव में भाई के लिये पैसे भेजूँ। कहती है, अपना तो ख़र्चा पूरा पड़ता ही नहीं, रुपये गाँव भेजने चले हैं! मैं तो बीमार बच्चे को पीठ पर लादे हुए चौका-बरतन करती हूँ और यह बैल पूरे ख़ानदान का ठेका लिये जियेगा?

लेकिन यह भी ठीक है कि अपनी सारी कमाई में अपना ही ख़र्चा नहीं चलता। रोज़ चीज़ों के दाम बढ़ जाते हैं। मालिक मजूरी बढ़ाता ही नहीं और खुद रोज़ अपनी चीज़ों की रेट बढ़ाता रहता है। कुछ दिन पहले वह कोयले के टाल पर काम करता था, कोयले का मालिक मन पीछे डेढ़ रुपये ढुलाई लेता था और ढोने वाले मजूरों को उसमें से एक पैसा भी नहीं देता था।

केंउँ...केंउँ...केंउँ...!

अरे यह तो मुनवा की आवाज़ है। मुड़ कर देखा, मंगरी बच्चे को गोद में लिये इधर ही आ रही थी। उठ कर वह लारी में जुत गया और तेज़ी से आगे बढ़ चला।

—अरे भागता कहाँ है? ये ले ले, रोटियाँ खा ले। मुझे इतनी फ़ुरसत नहीं कि तेरे पीछे भागती फिरूँ।

उसकी इच्छा हुई कि वह मंगरी को गाली दे कर भगा दे और लारी खींचता हुआ आगे निकल जाये, लेकिन रुक गया।

मंगरी उसे पोटली थमा कर काम पर चली गयी।

एक बजे उसे छुट्टी मिली, तो उसने मालिक से रुपये माँगे।

—क्यों? मालिक ने ऐसे पूछा, जैसे उससे कोई बड़ा अपराध हो गया हो।

—रासन लाना है मालिक!

—हूँ, रासन लाना है।

दोनों में देर तक कहा-सुनी हुई, तब जा कर मालिक ने दो रुपये निकाल कर उसकी ओर फेंक दिए।

—रासन का गोहूँ अभी नहीं आया है, दूसरा गोहूँ कहो तो दे दूँ, दुकानदार ने रूखे स्वर में कहा।

—अरे, आज बीस तारीख़ हो गयी, कोई नहीं आया है। वह कुछ बहादुर बनने के अन्दाज से बोला।

—नहीं आया तो नहीं आया! दूसरा गोहूँ लेना हो तो ले, नहीं तो भाग जा!

मरे हुए मन से दो रुपये का एक किलो गोहूँ ले कर वह आगे बढ़ा, तो किसी मनचले नये मज़दूर ने पूछा—का हो कतवारू, फ़िल्म देखने नहीं चलोगे? हाई क्लास

की फ़िल्म आयी है!

—अरे, अपने भाग में ई सब कहाँ लिखा है! कह कर वह आगे बढ़ गया। वह सोचने लगा कि ई साले सब रोज़-रोज़ फ़िल्म कैसे देख लेते हैं और लाल-पीला कैसे पहन लेते हैं? अरे भाई, ई सब पंजाब हरियाना के मजूर है। नये-नये लौंडे हैं, सादी-बियाह किया नहीं है, जो कमाते हैं, उसे खुद खाते हैं और फ़िल्म देखते हैं। कुछ हेरा-फेरा भी करते होंगें।

(4)

रोटी खा कर उसे फिर अपनी लारी सँभाली और सामान ढोने लगा। टेण्ट गड़ने लगे, कुर्सियाँ सजने लगीं, दरियाँ बिछने लगीं, बिजलियाँ फिट होने लगीं। लाउड स्पीकर लग गया और शाम होते-होते भक्क से सारी बिजलियाँ जल उठीं—रंग-बिरंगी बिजलियाँ। तम्बू का घर परियों के घर की तरह लगने लगा।

फ़िल्मी गीत बजने लगे। लोग आने-जाने लगे। बारात आयी। शराब पी कर लोग नाचने लगे। खाना-पीना शुरू हो गया। रोज़ की तरह आज भी रंग-बिरंगे कपड़ों में मरद-मेहरारू, लालगेण्डा की तरह औरतें महक-पर-महक पोते हुए। ये लाल-लाल सुन्नर-सुन्नर औरतें पलेट-पर-पलेट साफ़ करती चली जाती हैं। तीन-तीन किलो से कम क्या खाती होंगी? तभी तो हाथी की तरह मोटी हैं और वह किनारे खड़ा हो कर एक दर्शक की हैसियत से रोज़ की तरह सारा दृश्य देख रहा है और रह-रह कर अपने मालिक के आदेश पर कोई सामान यहाँ से वहाँ ढो रहा है। पूरे वातावरण में पूरियों और मिठाइयों की गन्ध उड़ रही है, मगर किसी से उसका क्या वास्ता? वह तो इस सारे मेले में एक अजनबी है।

दस-ग्यारह बजे लौटने लगा, तो भूख से बेहाल हो रहा था और सोच रहा था कि मंगरी ने कुछ बनाया होगा, तो खा कर फुटपाथ पर सो रहेगा और फिर किसी शादी के लिये तम्बू-महल सजाने को सवेरे से ही लारी में बैल की तरह जुत जायेगा और फिर एक दिन और बीत जायेगा।

केंउँ...केंउँ...केंउँ...! उसे लगा कि मुनवा अभी भी रोये जा रहा है।

मलिका के विरोध और रोष का ख़तरा उठाकर कहा—अब्बाहुज़ूर, मैंने बहुत पहले ही आपसे इस बात के लिए इसरार कर रखा था। आप मेरी पेशकश पर पहले ग़ौर फ़रमाएँ।

—यह अहम फ़ौज़ी मसला है, जहाँपनाह! इन पर जज़्बातों की माहवश रोशनी में नहीं, बल्कि खुली धूप में बैठ कर ही फ़ैसले किये जा सकते हैं। यदि आप किसी की क़ाबिलियत की जानिब से मुतमइन होना चाहते हैं, तो सिपहसालारों की राय जान लें। नूरजहाँ को विश्वास था कि कोई सिपहसालार उसके विरुद्ध नहीं खड़ा होगा। उसने बहुत पहले से ही सैन्य अधिकारियों में दिलचस्पी लेना शुरू कर दिया था। आख़िरकार वह मलिका थी, बादशाह की निकटतम कृपापात्र थी, शाही मुहर उसके पास थी और राज्यादेश प्रसारित करने में उसकी भूमिका प्रभावी हुआ करती थी।

सम्राट् सोच में पड़ गया। वह भीतरी उथल-पुथल को बाहर प्रकट भी नहीं करना चाहता था। एक तरफ़ होनहार शाहज़ादा था, तो दूसरी तरफ़ मनोरथरूप बेगम। तराज़ू का तवाज़ुन थरथरा रहा था। खुर्रम ने इसे भाँप लिया। अपने पक्ष में निर्णय कराने से यदि बादशाह की स्थिति नाज़ुक होती है, तो वह ऐसा कदापि नहीं चाहेगा। वह उनकी सहर्ष सहमति चाहता था, ताकि बाद में यदि विजय का सेहरा उसके सिर पर बँधता है, तो बादशाह अपने चयन पर गर्व कर सके। बहुत शाइस्तगी से अपने भाव को इसी दिशा में रखकर बोला—अब्बाहुज़ूर, आप जैसा मुनासिब समझें, फ़ैसला करें। आपका हुक्म सर-आँखों पर।

सम्राट् ने निर्णय लेने में अधिक विलम्ब नहीं किया। उसने दृढ़तापूर्वक कहा—यह मुहिम मेरी सरपरस्ती में होगी। इस बाबत फ़ौजी कार्रवाई का फ़रमान जल्द ही जारी किया जाएगा।

यह एकदम अलग क़िस्म का फ़ैसला था। सैनिक अभियान में सम्राट् स्वयं सम्मिलित होंगे—यह जानकर खुर्रम चकित हो गया। उसके और साम्राज्ञी के बीच रास्ता निकालने की यह कोशिश थी या बादशाह के मन में कुछ और भी है-यह समझ में नहीं आ रहा था। कुछ देर तक खुर्रम दोराहे पर खड़ा रहा। फिर उसने सम्मान से सिर झुकाया। कोर्निश की और दो क़दम पीछे हटते हुए पलट कर शीघ्रता से निकल गया।

नूरजहाँ स्तब्ध थी। यह बादशाह को क्या हो गया! स्वास्थ्य ऐसा नहीं था कि वे सैनिक अभियान का नेतृत्व कर सकें। और फिर शहरयार का क्या होगा!! खुर्रम का काँटा यदि निकल ही गया है, तो इसमें उसे क्या हासिल होगा! इसी असमंजस में फँसी नूरजहाँ बोली—क्या वाक़ई आप इस फ़ैसले की बाबत संजीदा हैं?

बादशाह ने चेहरा घुमाया। उसकी तरफ़ एक ठंडी दृष्टि डाली और बेस्वाद स्वर में कहा—अपने फ़ैसले को अंजाम देने के लिए कुछ सोचना चाहता हूँ। मुझे तनहा छोड़ दो।

नूरजहाँ सकपका गयी। शादी के बाद पहली बार बादशाह ने उसे अपने से अलग करना चाहा। कुछ क्षणों के लिए ही सही। यह उसे अच्छा नहीं लगा। पर राजाज्ञा मानकर उसने सिर झुकाया और बैठक से बाहर निकल आयी।

वह अपने कक्ष में पहुँची। उसका चेहरा तमतमा रहा था। प्रकरण पर जितना विचार करती, सब कुछ उतना ही अपने विरुद्ध पाती। एकान्त की आज्ञा देकर बादशाह ने उसका अपमान किया है। आज तक ऐसा कभी नहीं हुआ। वे हमेशा उसकी लालसा की डोर से बँधे रहे हैं। उससे प्रेम की याचना भी की है—कभी पति के अधिकार से, तो कभी आशिक़ की मनुहार से। कहीं ऐसा तो नहीं है कि उनका मन मुझसे भर गया है और वे तटस्थ होते जा रहे हैं। पर नहीं, इतने जल्दी नतीज़ों तक पहुँचना ठीक नहीं है। कभी-कभी सामयिक परिस्थितियाँ और घटनाएँ इतना दबाव बना देती हैं कि आदमी को लीक से हटने के लिए विवश होना पड़ता है। उनका भरोसा मुझ पर अवश्य क़ायम है, वरना अभी तक शाही मुहर मेरे पास क्यों रखी होती!

ख़ुर्रम जब अपने महल में लौटा, जो अर्जुमंद प्रतीक्षा में थी—जिज्ञासु और उत्कंठित। आसन से नीनखेज़ मुद्रा में उठती हुई बोली—क्या हुआ? मंज़ूरी मिली!

ख़ुर्रम ठिठक-सा गया, जैसे पैर जमीन पर गड़े हों। उसका चेहरा ताम्रवर्णी हो गया था। आँखें कुछ लाल हो चली थीं। ओठों को कभी बन्द करता था, कभी खोल देता था।

उत्तर न पाकर अर्जुमंद पास आयी। उसकी बाँह पकड़ कर बोली—चलिये, बैठिये तो। यह भी कोई बात हुई कि जवाब नहीं देते। उसने बलपूर्वक ख़ुर्रम को दीवान पर बिठा दिया और कालीन पर बैठकर जूते उतारने लगी।

—आख़िर हुआ क्या? कुछ तो बताइये।

—एक अजीब सा फ़ैसला हुआ। इसकी मुझे उम्मीद नहीं थी। ख़ुर्रम मुँह लटकाये हुए बैठा था, जैसे सूर्यास्त के समय सूरजमुखी फूल।

—कैसा फ़ैसला? क्या फूफीजान के हक़ में हुआ। अर्जुमंद की जिज्ञासा उत्तर को छूने के लिए मचल रही थी।

—नहीं, वैसा तो नहीं, फिर भी अब्बाजान ने फ़ैसला किया कि वे ख़ुद ही मुहिम की सरपरस्ती करेंगे। ख़ुर्रम ने अपनी उदासी का सबब बताया।

—अयँ! अच्छा...तो?

—तो क्या! अपनी बहादुरी और जाँबाज़ी दिखाने का मौक़ा हाथ से गया न! ख़ुर्रम दीवान पर पसर गया। आँखें फ़ानूस पर टिका दीं, जिसकी काँच की सुन्दर कारसाज़ी छत की सुआपंखी सजावट को अलंकार पहना रही थी।

—पर इसमें मायूस होने की क्या बात है! हवा हमारे ख़िलाफ़ तब होती, जब शाहज़ादा शहरयार को इस मुहिम की बागडोर सौंपी जाती...आप नाराज़ न हो, तो

एक बात कहूँ।

—कहो।

—अब्बाहुज़ूर ने ठीक किया।

—क्या कहती हो? खुर्रम उसकी इस पक्षधरता पर विस्मित था।

—ठीक कहती हूँ। वे राजमहल में कोई तनाज़ो पैदा नहीं करना चाहते थे। यदि आपके हक़ में फ़ैसला हो जाता, तो फूफीजान नाराज़ हो जातीं और अग़र उनके हक़ में फ़ैसला हो जाता, तो आप नाराज़ हो जाते। यही सोचकर उन्होंने अलग रास्ता निकाला। इस बीच के रास्ते से आप दोनों नाखुश तो हुए, लेकिन आपस में रंजिश पैदा नहीं हुई। अर्जुमंद ने बादशाह के क़दम की व्याख्या की। वह स्वयं नहीं चाहती थी कि अन्तःपुर में कूटनीति का कोई नया बवंडर उठे, जो सबको अस्थिर कर दे या आपसी सम्बन्धों की समीक्षा के लिए विवश कर दे।

—यह तो बादशाह का नज़रिया हुआ। अब अपनी फूफीजान का नज़रिया बताइये। वे किस ज़ाविए से मामले को देखेंगी। खुर्रम संजीदा था।

अर्जुमंद चुप रही। खुर्रम ने ही आगे कहा—सियासत में कोई अंतिम 'हाँ' या 'न' नहीं होता। बहुत मुमकिन है, मलिका को बादशाह का फ़ैसला मनमाफ़िक़ न लगे, तो बदलवाने की कोशिश करें। तुम इन बातों को नहीं समझोगी।

—शायद धीरे-धीरे समझने लगूँ। पर मेरी तमन्ना का दायरा तो बहुत तंग है। मैं महल की शान-शौकत से बेनियाज़ हूँ। महल की बजाय वह घर मुझे ज़्यादा प्रिय है, जहाँ चैन से मैं अल्लाह की इबादत कर सकूँ और अपने आक़ा की ख़िदमत एक क़नीज़ की मानिन्द कर सकूँ। उसने खुर्रम के घुटनों पर अपना सिर टिका दिया।

खुर्रम ने अपनी दायीं हथेली उसके घुँघराले अमावसी केशों में उलझा दी। इससे उसकी उँगलियाँ तो बालों में खो गयीं, किन्तु अँगूठियों के रत्न प्रगाढ़ श्यामता के बीच कौंध-कौंध जाते थे। उसने दार्शनिक अंदाज़ में कहा—ज़िन्दगी की राह आसान नहीं है, आरजू। वह पेची दिगियों से पुरबार है।

—मैं सारी दुश्वारियों में आप के साथ रहूँगी। मैं हमेशा आपकी हमराह रहूँगी और आपके रास्ते के काँटों को अपने दामन से साफ़ करती रहूँगी। मुझे हमेशा साया के समान अपने साथ रखें, मेरे मालिक! अर्जुमंद के स्वर में कुछ थरथराहट थी।

—वातावरण भारी था। खुर्रम ने उठते हुए कहा—तुम अपने अब्बाजान को पैग़ाम भेजो कि मैं उनसे अपने निजी कमरे में मिलना चाहता हूँ। तब तक मैं कुछ ज़रूरी काम निपटा लूँ।

काम निपटा कर खुर्रम अपने महल में वापस आया। अर्जुमंद उसकी प्रतीक्षा में थी। उसके पहुँचते ही व्यग्र स्वर में बताया—अब्बाजान अभी हाल ही शहर से बाहर चले गये हैं, बादशाह के किसी काम से। लौटने में सात-आठ दिन लग जायेंगे।

अबुल हसन को लौटने में पन्द्रह दिन लगे। राजधानी पहुँचते ही संदेश मिला

कि तत्काल शाहज़ादा खुर्रम से मिलना है। आराम किये बिना ही खुर्रम के महल में आया। कमरे में प्रवेश करते ही अर्जुमंद ने हुलस कर स्वागत किया—आइये अब्बाजान। सलाम वाले क़ुम।

—वाले क़ुम सलाम। अभी लौटा हूँ। शाहज़ादे हैं न!

—हाँ। हैं न। आप बैठिये। बुलाती हूँ। अर्जुमंद ने दासी को संकेत किया।

—कैसी हो आरजू? सब ठीक है न! अबुल हसन ने तलवार को कमर के पट्टे पर ठीक किया और बैठते हुए कहा।

—अल्लाह की मेहरबानी। सब ख़ैरियत है। वे बड़ी बेसब्री से आपके इंतज़ार में हैं। शायद कोई मशविरा करना चाहते हैं। कुछ परेशान से दिख रहे हैं। अर्जुमंद व्यथित थी। उसके खुशनुमा चेहरे पर मलिनता का कुहासा छाया हुआ था।

—तुम लोग बिल्कुल फ़िक्र मत किया करो। बाहरी तौर पर मेरे आदमी सब बातों की खोज-ख़बर लेते रहते हैं। शाहज़ादा जब महलसरा में रहें, तुम ज़रूर हरदम साये के समान उनके साथ रहना। उन्हें किसी तरह की ज़ेहनी पशेमानी न हो। अबुल हसन बच्चों के प्रति एक पिता की चिन्ता व्यक्त कर रहा था।

—मैं अपनी ओर से तो उनका ख़याल रखने की कोशिश करती हूँ... लीजिये, वे आ गये।

शाहज़ादे ने प्रवेश किया। अबुल हसन ने उठकर सलाम किया। तीनों अपनी जगहों पर बैठ गये। खुर्रम ने ही पहल की—मैं बेसब्री से आपके इंतज़ार में था।

फिर उसने विस्तार से सारी बातें, जो बादशाह, मलिका और माँ से हुई थीं, कहीं। आख़िर में कहा—मेवाड़ के मुहिम की जिम्मेदारी हर हाल में मुझे मिलनी चाहिए। चाहे जैसे भी। इस बार मैं मेवाड़ को फ़तह करना चाहता हूँ और इस फ़तह का सेहरा मेरे सर पर ही बँधना चाहिए।

—आपकी ख्वाहिश ज़रूर पूरी होगी। पर इस बीच आपने क्या कुछ सोच रखा है। अबुल हसन ने खुर्रम पर दृष्टि जमा दी।

—हाँ, मैंने पता लगा लिया है। बादशाह अजमेर को सदर मुक़ाम बनाना चाहते हैं। वहाँ से वे मेवाड़ के ख़िलाफ़ कार्रवाई शुरू करेंगे। इसलिए सबसे पहले तो हमें यह कोशिश करनी होगी कि अपने लाव-लश्कर में बादशाह हमें और हमारे कुछ वफ़ादार लोगों को शामिल करें।

—ठीक। अपने कुछ सिपहसालारों और मनसबदारों को शामिल कराने की कोशिश करता हूँ, लेकिन अपने नाम के लिए तो आपको ही पहल करनी होगी। बादशाह शायद यह पसंद न करें कि मैं उनके बेटों की बाबत कोई मशविरा दूँ। अबुल हसन ने अपनी हैसियत को तौलते हुए कहा।

खुर्रम उसकी बातों को समझने की कोशिश कर रहा था।

—नये रिश्ते में बादशाह हमारे समधी ज़रूर हैं, लेकिन फिर भी ज़ाती तौर पर

मैं अपने को उनके इतना क़रीब नहीं पाता कि इस तरह की सलाह दे सकूँ। मेरी सलाह वे मानेंगे भी, इसका भी मुझे कोई इम्कान नहीं है। अबुल हसन ने स्पष्टतः अपनी असमर्थता जताई।

—ठीक है। इसका रास्ता मैं निकालूँगा। पर एक काम तो आपको करना ही होगा कि शहरयार साथ न जा सके। उसे अकबराबाद में रोक रखना होगा। चाहे जैसे बने। खुर्रम के दिमाग़ में कोई योजना थी, जिसके क्रियान्वयन की तैयारी में वह लगा था और इस काम में अबुल हसन को सबसे विश्वसनीय और सक्षम मान रहा था।

—तब तो मलिका के एतमाद में बना रहना ज़रूरी होगा। बरमला ऐसा कोई क़दम उठाना मुनासिब न होगा, जिससे आपके तईं मेरी तरफ़दारी का गुमान किसी को हो सके।

—अब यह आप जाने।

—मुझे यह सब अच्छा नहीं लग रहा है। हम तो जैसे यह मानकर ही चल रहे हैं कि फूफीजान किसी दूसरे ख़ेमे हैं, कि हमारे और उनके हितों में टकराव है। अभी से इस तरह का शकराब पालना कहाँ की दानिशमंदी है। अर्जुमंद को यह बात बुरी तरह खल रही थी कि भाई और बहन के बीच में, फूफी और भतीजी के बीच में या शाहज़ादे और मलिका के बीच कोई तनाव या दुराव रहे। उसके जीवन में अब तक ऐसी कोई विडम्बना नहीं आयी थी।

—हम तुम्हारे जज़्बात की क़द्र करते हैं, लेकिन बेटी, सियासत के अपने तक़ाज़े होते हैं, कोई मक़सद होता है। उस मक़सद तक पहुँचने के लिए कई तरह के समझौते करने पड़ते हैं और कभी ख़िलाफ़त भी। पर ज़रूरी नही कि यह हमेशा हो। रिश्ते तो बनते-बिगड़ते रहते हैं। इस तरह जज़्बाती होने से काम नहीं चलेगा। अबुल हसन ने दुनियादार बातों से उसे अवगत कराना चाहा। अर्जुमंद पर इसका कोई प्रभाव होता नहीं दिखा।

—मैं तो समझती हूँ कि फूफीजान से बेहतर ताल्लुक़ात रखने चाहिए। इनमें कोई शिकेल या बनावट न हो, क्योंकि बनावट का शीराज़ा तो आख़िरकार बिखर ही जाता है। फूफीजान हमें बेहद प्यार करती हैं। मुझे नहीं लगता कि वे कभी हमारे ख़िलाफ़ जा सकती हैं। अर्जुमंद की बातों में सलाहियत का माधुर्य था। अभी कुछ दिनों पूर्व तक कैशोर्य की जिस देहलीज के पीछे वह खड़ी थी, उस पर उत्तम आर्जव का कालीन बिछा था, जिस पर क़दम रखते, खेलते-कूदते वह पली-बढ़ी थी।

—सब्र करो, बेगम! धीरे-धीरे सब बातें तुम्हें साफ़ हो जायेंगी। दुनिया वैसी नहीं है, जैसी तुम समझ रही हो। यहाँ तो लोग काँटों पर फूलों का जाजिम बिछाकर ख़ैरमक़दम करते हैं। यहाँ मुखौटा लगाकर फ़क़ीर का किरदार अदा करते हैं और इस किरदारी में असली फ़क़ीर को भी मात करते हैं। ख़ैर इस बात को यहीं छोड़ो। खुर्रम इस बात की ओर ग़ैब से इशारा कर रहा था कि अब फूफीजान से अलग रास्ते पर

चलने का वक़्त आ गया है।

—तो मुझे इजाज़त दीजिये। अबुल हसन ने चलने की इच्छा प्रकट की और स्वीकृति पाकर निकल गया।

—जब-जब आप बेगम कहकर पुकारते हैं, मुझे बहुत अच्छा लगता है। अर्जुमंद की वाणी में अतिरिक्त मकरंदी मिठास थी

—वह पुकारना तो मेरा हक़ है। पर मैं तुम्हें असली बेगम ही देखना चाहता हूँ। खुर्रम की आवाज़ में परिहास की लहर थी।

—यह असली बेगम क्या होती है?

—बेगम यानी बे-ग़म! ऐसी बीबी, जिसे कोई ग़म न हो। खुर्रम ने शब्द की अर्थवैज्ञानिक व्याख्या की।

—ओह! शुक्रिया मेरे आक़ा! पर मैं भी चाहती हूँ कि आपके चेहरे पर कभी उदासी के बादल न छायें।

—और अग़र छा गये तो!

—मैं उन्हें फूँककर उड़ा दूँगी।

—कैसे?

—ऐसे। यह कहकर अर्जुमंद ने खुर्रम के चेहरे पर जो़र से फूँक मारी। सुवासित उछ्वास से शाहज़ादे का मुख-मंडल सुरभित हो उठा।

दोनों एक साथ हँस पड़े और देर तक हँसते रहे। हास-परिहास के मधुर वातावरण में अपने शहदीले स्वर का पुट देती हुई अर्जुमंद बोली—मुझे आपसे एक बात कहनी है। एक अच्छी ख़बर...।

अर्जुमंद नीचे कालीन पर बैठ गयी। फिर पति के अचकन की बाँहों की बटन से खेलती हुई बोली—कैसे कहूँ? वह शरमा रही थी।

—अब कह भी दो। तुम्हारी अच्छी ख़बर से मेरी फ़िक्रमंदी को, कुछ लमहों के लिए ही सही, निजात तो मिलेगी।

—आपकी...आपकी जो मूरत बाहर देख रही हूँ, उसकी छाया, उसका अक्स अपने भीतर भी महसूस कर रही हूँ। अर्जुमंद का सिर बराबर झुका हुआ था।

—अरे! यह भी कोई बात हुई। इसमें अच्छी ख़बर जैसी क्या बात है? खुर्रम के चेहरे पर हतप्रभता छा गयी।

—कितनी आसान बात है! नहीं समझे!!

—नहीं, बिल्कुल नहीं।

—उफ़्! कैसे कहूँ। कुछ बातें कहनी कितनी मुश्क़िल होती हैं! आप मुझे शायरी क्यों नहीं सिखाते? तब शायद बेहतर शेवा के साथ अपनी बात बयान कर सकूँ।

—अच्छा, अब साफ़-साफ़ कह भी दो।

—तो फिर...हाँ...हम दोनों के बीच एक और शख़्स आने की तैयारी में है...इस

ख़ूबसूरत दुनिया की सैर के लिए। अर्जुमंद का संदली मुख लज्जा की लालिमा में डूब गया।

—ओह् बाबा! मैं भी कितना बुद्धू हूँ! इतनी सी बात नहीं समझ सका। ओह्! आरज़ू! ख़ूब!! आफ़्रीं! सद् आफ़्रीं!! शाहज़ादे ने अपनी दोनों हथेलियों के बीच अर्जुमंद के चेहरे को भर लिया और उसके मस्तक को नेकनिहाद इरादे से चूम लिया।

अर्जुमंद शर्म से लाल हुई जा रही थी।

—मैं ख़ुश हुआ, आरज़ू, बहुत ख़ुश हुआ। तुमने जैसे पारिजात फूलों का गुलदस्ता भेंट कर दिया हो, जिन फूलों के बारे में कहा जाता है कि वे सिर्फ़ जन्नत में ही होते हैं।

एक सजीली मुस्कान से सजे हुए अलक्तक अधरों ने उस चार्वी के मुख की समग्र उत्फुल्लता को रेखांकित कर दिया।

—अच्छा बताओ, यह तोहफ़ा एक बेमिसाल परीलिका की शक़्ल में ही होगा न!

—मुझे क्या मालूम!

—पर मुझे मालूम है। तुम्हारा हुस्ने ख़ुदादाद एक पैमाना है, जिससे दुनिया की तमाम परीजमालों की नाप हो सकती है। यह पैमाना रहती दुनिया तक क़ायम रह सके, इसके लिए तुम्हारी जैसी एक और परीतिम्साल दोशीज़ा का जन्म लेना ज़रूरी है। इसीलिए सौगात की शक़्ल में तुमसे तुम्हारी जैसी एक परी का ख़्वाहिशमंद हूँ। ख़ुर्रम ने अर्जुमंद को बाँहों का सहारा दिया।

—और मेरी जो ख़्वाहिश है, उसका क्या होगा!

—कैसी ख़्वाहिश?

—यही कि अपने दौर में जमाने भर के जवानों को शरमा देने का अंदाज़ रखने वाला आप जैसा एक और जवाँमर्द धरती पर जन्म ले, ताकि जब कभी भी आप हमसे कहीं दूर मुक़ाम कर रहे हों, तो मुझे आपकी नज़दीकी का एहसास कराते रहे।

—अच्छा, तो तुम्हारा ख़याल कुछ इस क़िस्म का है! चलो, इसे अल्लाह की रहमत पर छोड़ें। वो जो भी देगा, उसे बख़ुशी क़ुबूल कर लेंगे।

दोनों ने एक-दूसरे को देखा और आँखों-आँखों में इस निर्णय पर सहमति प्रकट की।

ग्यारह

मेवाड़-युद्ध के लिए तैयारी प्रारम्भ कर दी गयी। सरगर्मी बढ़ती दिखाई दी। अफ़वाहों का बाज़ार गर्म हो गया। रोज़ फ़िज़ा में नये-नये शिगूफ़े छूटते थे। लोग इनका मज़ा भी लेते थे और भय भी खाते थे। जिन घरों में नवजवान लड़के थे, उनके परिवारवाले

आशंकित थे कि कहीं उन्हें पकड़कर फ़ौज में न भरती कर लिया जाय। जिन घरों में सैनिक थे, उन घरों में निराशा और चिन्ता व्याप्त थी कि अग़र कूच करने वाली फ़ौज की टुकड़ियों में उनका नाम शामिल हो गया, तो उसके बाद उनके लिए सब कुछ अनिश्चित हो जायेगा। आर्थिक मोर्चे पर लड़ते हुए ग़रीब तबक़े के लोग बेहद दुःखी थे कि भले ही सेना मोर्चे पर लड़े, उन्हें तो अपने घरों पर ही महँगाई से लड़ना पड़ेगा।

महल के अन्दर अनिश्चितता का वातावरण था। सब कुछ अस्थिर दिख रहा था। महल की दिनचर्या सीधे-सीधे सम्राट् से जुड़ी थी। यदि वे ही राजधानी को छोड़कर चले जायेंगे, तो महल और रनिवास में रिक्तता के सिवाय और बचेगा क्या! दासियों, परिचारिकाओं, तातारी बाँदियों तथा अन्य कारकुनों की जान साँसत में थी कि किसके लिए जाने क्या हुक्म ज़ारी होता है।

ऐसी अनिश्चितता के चलते एक दिन अबुल हसन बादशाह के महल में उनके निजी कक्ष में पहुँचा। शाम का समय था। बा़हर प्रकाश क्रमशः सिमटता जा रहा था। उसी अनुपात में महल की रोशनी बढ़ाई जा रही थी। फ़ानूस एक-एक करके प्रज्वलित किये जा रहे थे। सिपहसालार ने पहले ही से भेंट का समय निश्चित करवा लिया था।

मलिका निजी बैठक में अकेली थी। अबुल हसन ने अनुमति लेकर प्रवेश किया। मलिका ने अर्द्धोन्नत होकर उसका स्वागत किया।

—कहिये भाईजान, किसलिए तक़लीफ़ गवारा की? बिना किसी लाग-लपेट के मलिका ने उसके आगमन का प्रयोजन पूछा।

मलिका ने बैठने के लिए नहीं कहा था, इसलिए अबुल हसन ने पास आकर खड़े-खड़े कहा—सुना है, अजमेर जाने की तैयारियाँ पूरी हो गयी हैं। यदि मुनासिब समझें, तो बतायें कि महल से किन-किन लोगों को कूच का हुक्म दिया जा रहा है।

—तैयारियाँ तो हाँ, लगभग पूरी हो चुकी हैं। फ़ौज की किन-किन टुकड़ियों को कूच करना है, इसकी जानकारी तो आप तक पहुँच गयी होगी। मलिका ने अपनी आवाज़ में ऐसी कोई नरमी या लोच नहीं दिखाई, जिससे ऐसा आभास हो कि वह अपने बड़े भाई से बात कर रही हो। अबुल हसन ने भी यह अनुभव किया।

—हाँ, यह ख़बर तो मिल गयी, लेकिन आप लोगों में कौन यहाँ रहेगा और कौन अजमेर की कूच में शामिल होगा, इसकी फ़ेहरिस्त देखने में नहीं आयी। आसफ़ख़ाँ ने अपनी बात रखी। यह बात ज़रूर है कि अपनी जानकारी का सर्वांश उसने मलिका के सामने प्रकट नहीं किया।

बादशाह चल रहे हैं, इसलिए मुझे तो जाना ही होगा। रही शाहज़ादों की बात, तो आलमपनाह ने इस बाबत अभी तक मुझसे कोई बात नहीं की है। नूरजहाँ ने सिर्फ़ वही पत्ता खोला, जो दूसरों को भी पता था।

—कुछ मैं भी अर्ज़ करूँ। अबुल हसन ने आज्ञा चाही।

महारानी को अनुभव हुआ कि अबुल हसन को देर तक खड़ा रखना मुनासिब

नहीं होगा। बोली—आप खड़े क्यों हैं! बैठिये न! उसने सामने दीवान की ओर संकेत किया।

अबुल हसन बैठ गया। फिर मसनद पर टिकते हुए बोला—जैसा कि दिख रहा है, बादशाह जायेंगे, तो आप तो जायेंगी ही। अंगरक्षकों का सदर और निग़हबान होने के नाते आप लोगों की हिफ़ाज़त के लिए मेरा जाना ज़रूरी होगा। लेकिन और कौन-कौन जा रहे हैं, यह जानना भी हिफ़ाज़त के इंतजाम के लिए बेहद ज़रूरी होगा।

—आप अपनी मंशा बेहिचक जाहिर करें। मुझे फैसला लेने में सहूलियत होगी। नूरजहाँ उसके मंतव्य को पढ़ने की कोशिश कर रही थी।

—सवाल तो शाहज़ादों का है। शाहज़ादा ख़ुसरो से जहाँपनाह नाराज़ हैं। वे उन्हें साथ रखना शायद पसंद न करें। शाहज़ादा परवेज़ का जाना भी सहल नहीं दिख रहा है। जुनूबी हिन्दुस्तान के सियासी हालात ठीक नहीं दिख रहे हैं। ख़ानख़ाना पहले से ही हलाकान है। मुमकिन है आलमपनाह शाहज़ादा परवेज़ को दकन भेजना चाहें। रहा सवाल शाहज़ादा ख़ुर्रम का, तो... । अबुल हसन वाक्य को तोड़कर चुप हो गया। ख़ुर्रम के नाम पर वह मलिका की प्रतिक्रिया जानना चाहता था। उसने देखा कि 'ख़ुर्रम' का नाम सुनते ही मलिका ने मुख उठा लिया था और दृष्टि उसकी आँखों पर जमाये हुए वह श्रोतव्य उत्कंठा में आगे झुक आयी थीं।

—शाहज़ादा ख़ुर्रम भी जाने का इरादा रखते हैं। उनकी वालिदा रानी जगतगुसाईं इस बाबत बादशाह सलामत से मिली थीं। मलिका ने अपनी सर्वज्ञता जताने की कोशिश की।

—अच्छा! अबुल हसन ने बाह्यतः अनभिज्ञ होने का नाटक किया। उसे जानकारी मिल चुकी थी। फिर ख़ुर्रम का पक्ष रखते हुए बोला—असल में वे शर्मसार हैं कि शाहज़ादों के होते हुए भी उम्र के इस पड़ाव पर आलमपनाह को जंग के मैदान में कूदना पड़ रहा है।

—हुँ...तब!

—वे चाहते हैं कि बादशाह उन्हें अपने साथ रहने की इजाज़त दें। वे अपनी मौजूदगी से उन्हें हिफ़ाज़त देना चाहते हैं।

—क्यों, क्या मुग़ल फ़ौज इस काम के लिए नाक़ाफ़ी है! यदि एक मुकम्मल फ़ौज अपने बादशाह को महफ़ूज़ नहीं रख सकती, तो वह फ़ौज कहलाने की हक़दार नहीं। नूरजहाँ इस सन्दर्भ में बादशाह के साथ ख़ुर्रम की सम्बद्धता को पचा नहीं पा रही थीं।

—मैं अर्ज़ करूँ।...आप मामले को एक ही ज़ाविए से देख रही हैं। इसका दूसरा पहलू भी है। अबुल हसन ने बात को सँभालने की कोशिश की।

—पर मैं चाहती थी कि शाहज़ादा शहरयार को एक मौक़ा दिया जाता, तो उनकी क़ाबिलियत दुनिया के सामने आ जाती। साम्राज्ञी ने कनीज़ को शरबत लाने

का हुक्म दिया।

—आपके ख़याल से मैं इत्तिफ़ाक़ रखता हूँ। आदमी की क़ाबिलियत के कई रंग होते हैं। वह उन्हें जंग के महाज़ में भी दिखा सकता है और राजधानी में अपनी कारपर्दाज़ी से भी। शाहज़ादा शहरयार अग़र इस नाज़ुक दौर में राजधानी में रहें, तो उन्हें सरकार चलाने का मौक़ा भी मिलेगा और हुकूमत पर अपनी पकड़ बनाने में भी मदद मिलेगी, जिसका वक़्त आने पर फ़ायदा उठाया जा सकता है। अबुल हसन ने अपनी आँखें साम्राज्ञी के चेहरे पर टिका दीं। वह उनके हाव-भाव को परख रहा था।

—कनीज़ शरबत लेकर आयी। दोनों ने नक़्क़ाशीदार ज़ाक उठा लिये। शरबत की भीनी सुगन्ध कक्ष के वातावरण में फैल गयी, जैसे किसी ने गुलाब के फूलों की टोकरी कक्ष में कहीं रख दी हो।

साम्राज्ञी ने एक घूँट लिया और ज़ाक को चौकी पर रख दिया। वह विचार की मुद्रा में थी। अपने भाई की बातों को तौल रही थी।

—यह तो आप जानती हैं कि जंग का नतीज़ा ग़ैरमुअयूयन होता है। यदि जीत हुई, तो जीत का सेहरा बादशाह के सिर, और अल्लाह न करे, अग़र शिकस्त का मुँह देखना पड़े, तो लोग कहेंगे कि दो-दो शाहज़ादों के रहते हुए भी कुछ न हुआ। फिर, यदि इस बार हम नहीं जीत पाये, तो हमें लेने के देने पड़ सकते हैं। इसके पहले कभी बादशाह की सरपरस्ती में मेवाड़ के ख़िलाफ़ जंग नहीं लड़ी गयी। जिस फ़ौज का सरजंग बादशाह हो, उस फ़ौज को हर हाल में जीतना ही चाहिए, नहीं तो सल्तनत के पाए हिल जायेंगे। यह हमें अच्छी तरह समझ लेना चाहिए। मोहम्मद अबुल हसन ने आख़िरी बात ज़ोर देकर कही। साम्राज्ञी सुनकर सिहर गयी, पर उसने अपनी व्यग्रता बाहर जाहिर न होने दी।

एक मौन दोनों के बीच छाया था। अबुल हसन ने अपनी ओर से जो बातें रखी थीं, उनकी प्रतिक्रिया देखना चाहता था। साम्राज्ञी की सोच क्या है, वे कौन सा क़दम उठाना चाहेंगी, यह जान लेना आवश्यक था। पर मलिका गहरी चिन्ता में डूबी थी—क्या करें, क्या न करें की मनःस्थिति से गुजर रही थीं। वे दोनों विकल्पों को तौल रही थीं कि शहरयार को अकबराबाद ही रोक रखा जाय या अजमेर लेकर चला जाय।

साम्राज्ञी की प्रतिक्रिया न पाकर अबुल हसन ने उसके मन में खुटक पैदा करने की ग़रज़ से कहा—यदि शाहज़ादा खुर्रम किसी वज़ह से अजमेर नहीं जा सके और शाहज़ादा शहरयार भी यहीं रुक जाते हैं, तो बहुत मुमकिन है बादशाह सलामत शाहज़ादा खुर्रम को ही यहाँ की बागडोर सौंप दें। वैसे यह महज़ मेरा इम्कान है।

अबुल हसन का यह कथन मलिका की सोच को और गहरी घाटियों में ले गया, जहाँ सिर्फ़ ढलान-ही-ढलान थी। वैसे भी इस बात से वह पहले ही उद्विग्न रहा करती थी कि शहरयार को दोयम दर्जे का राजकुमार समझा जाता है। कुलीन रक्त के कुछ

सगे-सम्बन्धी उससे भीतर-ही-भीतर घृणा भी करते हैं और किसी स्तर पर कभी-कभी कोई महत्व भी नहीं देते। इसकी भनक उसे जब-तब मिलती रही है। इससे राजकुमार में हीन भावना भी विकसित होती जा रही है। इस हीन भावना को दूर करने के लिए यदि उसे कोई महत्व का पद मिल जाय, तो बात बन जायेगी। नूरजहाँ का पूरा ध्यान अब इस विकल्प पर केन्द्रित था कि क्या यह मुमकिन है कि बादशाह की ग़ैरमौजूदगी में शहरयार को यहाँ की हुकूमत के एहतिमाम का हक़ हासिल हो सकेगा।

—फिर आपने क्या सोचा है? अबुल हसन के सवाल ने मलिका का ध्यान भंग किया।

—हुँ...ठीक है। इंशा अल्ला! देखें आगे क्या होता है! किसी ठोस निष्कर्ष पर पहुँचे बिना साम्राज्ञी किसी प्रकार का सकारात्मक संकेत नहीं देना चाहती थी।

—तो फिर मुझे इजाज़त दें। मुझे फ़ौज की तैयारी का मुआयना करना है। अबुल हसन उठा, उसने अभिवादन किया और निकल गया।

एक क्षण नूरजहाँ की इच्छा हुई कि उसे रोककर किसी विकल्प पर उसका समर्थित विचार जान ले, फिर जाने क्या सोचकर उसे जाने दिया।

अबुल हसन का तीर निशाने पर लगा था। साम्राज्ञी को यह योजना सारभूत लगी। शहरयार को जंग की भट्टी में झोंकने के बजाय राजधानी के शहरपनाहों के बीच सुरक्षित रखना बेहतर लगा। यदि उसे यहाँ रोक लिया जाय और यहाँ का शासन-प्रबन्ध उसके हाथों में दे दिया जाय, तो उसका प्रभाव बढ़ सकता है। वह स्वयं अपने प्रभाव का प्रयोग कर उसे अधिक-से-अधिक अधिकार दिला देगी, ताकि उसकी स्थिति यहाँ किसी ताजदार से कम न हो। इस दौर में वह अमीरों और ओहदेदारों के बीच अपनी पैठ बना सकेगा।

दूसरे दिन शाम को सम्राट् से इस विषय पर बात करने का अवसर मिला। उसने बहुत अनुनय विनय के बाद बादशाह को इस बात के लिए राज़ी कर लिया कि उन लोगों के अजमेर से लौटने तक शहरयार को अकबराबाद का अस्थायी सूबेदार बना दिया जायेगा।

जहाँगीर कुछ सोच कर यह भी कहा—ऐसा करो। अपने भाई अबुल हसन से मशविरा करके शहरयार के लिए सलाहकारों का इंतिख़ाब कर लो।

—आपका हुक्म बसरोचश्म। नूरजहाँ ने आदेश के पालन में सिर झुका दिया। फिर बाल की लटों को ठीक किया और चुनरी को ग्रीवा और सिर पर सँवारकर रखा।

तभी दासी ने आकर सूचना दी कि शाहज़ादा खुर्रम बादशाह के हुज़ूर में आने की दरख़्वास्त कर रहे हैं। सम्राट् की आज्ञा से खुर्रम कक्ष में आया। उसने क्रमशः दोनों का अभिवादन किया और हाथ बाँधकर खड़ा हो गया।

—मुझे मालूम है तुम क्यों आये हो! हमने फ़ैसला किया है कि तुम हमारे साथ अजमेर चलोगे। बादशाह ने दीवान पर बैठते हुए कहा।

इस बात को लेकर खुर्रम को आश्चर्य नहीं हुआ, जैसे यह बात उसे पहले से ही मालूम है। उसने अदब से कहा—शुक्रिया अब्बाहुज़ूर। पर आपने क्या अकबराबाद के बारे में कुछ सोचा है! यहाँ का इंतज़ाम किसकी सियानत में रहेगा। इस जिज्ञासा के द्वारा उसने यह मंतव्य प्रकट किया, जैसे मेवाड़ से अधिक उसे राजधानी की चिन्ता है।

—तुम्हारा सवाल अपनी जगह ठीक है। हम मेवाड़ की मुहिम के पीछे राजधानी से बेपरवाह नहीं हो सकते। बादशाह ने अपनी दूरदर्शिता का परिचय देते हुए कहा।

—मैं आपसे साबिकदस्तूर इत्तिफ़ाक़ रखता हूँ। क्यों न तब तक के लिए इसे शाहज़ादा शहरयार की निग़हबानी में रख दिया जाय! इस प्रस्ताव को रखते समय खुर्रम की मुखाकृति सौम्य थी।

उसके प्रस्ताव का सम्राट् पर तो कोई असर नहीं हुआ, किन्तु नूरजहाँ के चेहरे पर चमक आ गयी। उसे खुर्रम की तरफ़ से इस प्रस्ताव की आशा नहीं थी। वह मन-ही-मन खुश हो रही थी कि सब कुछ उसकी इच्छा के अनुसार ही हो रहा है। पहली बार खुर्रम के मुख से शहरयार के लिए 'शाहज़ादा' शब्द का प्रयोग उसे अच्छा लगा।

सम्राट् ने संवाद का सूत्र हाथ में लिया—हमने यही फ़ैसला किया है। साथ ही शहरयार के सलाहकारों के इंतिख़ाब के लिए हमने मलिका और अबुल हसन को पूरा इख़्तियार अता किया है।

—बेहतर है। आपसे एक इल्तिज़ा है। मुझे अपने साथ ले जाने के लिए अपनी ज़ात और सवार में से बहादुर सिपाहियों और सरदारों का इंतिख़ाब करने की इजाज़त दी जाय।

—इसमें एतराज़ की क्या बात है! इजाज़त है। बादशाह ने हाथ उठाकर मंजूरी दी।

—शुक्रिया आलमपनाह। फिर मुझे रुख़सत का हुक्म दिया जाय। बग़ैर वक़्त ज़ाया किये मैं कूच की तैयारी को मुकम्मल करना चाहूँगा। खुर्रम ने यह कहते हुए दोनों का अभिवादन किया और कक्ष से बाहर आ गया।

बारह

सम्राट् का आदेश प्रसारित हुआ कि मेवाड़-मुहिम के लिए सैनिक मुख्यालय अजमेर में स्थापित किया जाय। अतएव अन्तःपुर सहित समस्त लाव-लश्क़र को पूरी तैयारी के साथ अजमेर पहुँचने का निर्देश दिया गया। बादशाह के अपने महल एवं महलसरा से किन-किन को और क्या-क्या ले जाना है, इसकी जिम्मेदारी नूरजहाँ पर थी। शहरयार

को राजधानी का बंदोबस्त सौंपा गया था, किन्तु उसके सलाहकारों के चुनाव में अबुल हसन की भूमिका प्रमुख रही। उसने अपने विश्वस्त सरदारों और मनसबदारों को नियुक्त किया, ताकि वे अपनी पकड़ बनाये रखें और प्रतिदिन की हर घटना की सूचना विशेष दूत के द्वारा उसे या शाहज़ादा ख़ुर्रम तक पहुँचाया करें। उसने एक दिन इन सबको गोपनीय स्थान पर एकत्र किया और उन्हें बादशाह तथा शाहज़ादा ख़ुर्रम के प्रति वैयक्तिक निष्ठा की शपथ दिलवायी। उस समय शाहज़ादा भी वहाँ उपस्थित था। बादशाह के प्रति भी वफ़ादारी की क़सम दिलाने का उद्देश्य यह था कि कहीं किसी को यह शक न हो कि ख़ुर्रम बादशाह से अलग पाया रखता है तथा यह सूचना यदि सम्राट् तक पहुँचे तो उन्हें किसी क़िस्म की भ्रान्ति न हो।

ख़ुर्रम ने अपने सभी सिपाहियों और सवारों को रवानगी का आदेश दिया। किसी को छुट्टी नहीं दी गयी। उसने अपने चुनिंदा सरदारों को अपनी सैन्य टुकड़ियों के साथ हमेशा हमक़दम बने रहने की चेतावनी दी। इनमें मीर हिसामुद्दीन, कृष्णसिंह, दिलावर ख़ाँ, सुन्दरदास, मुल्ला शाक़ुल्ला, सेफ़ ख़ाँ प्रमुख थे। इनकी निष्ठा, वीरता और साहस पर उसे अदम्य विश्वास था। वे आवश्यकता पड़ने पर उसके लिए अपने प्राण भी न्योछावर कर सकते थे।

सेना का एक बड़ा भाग कूच कर चुका था। ख़ुर्रम के दल को रनिवास के साथ जाना था। इसमें अभी देर थी, क्योंकि आगे गये सैन्य दल ने सम्राट् के पेशख़ेमा के प्रबन्ध की सूचना अभी नहीं भेजी थी। ख़ुर्रम अपने सिपाहियों को कठिन प्रशिक्षण दे रहा था। वह स्वयं भरपूर युद्धाभ्यास कर रहा था।

एक दोपहर वह युद्धाभ्यास के बाद पसीना-पसीना हुआ महल में आया। अर्जुमंद प्रतीक्षा में थी। उसकी सैनिक भूषा अस्तव्यस्त थी। चेहरा ताम्रवर्णी हो गया था। शरीर के अनेक अंगों पर घाव के निशान थे। शरीर और कपड़ों पर यत्र-तत्र रक्त के छींटे पड़े थे। उसका शरीर सर्वे चिरागाँ सा दिख रहा था। अर्जुमंद उसे देखते ही दौड़ पड़ी। उसके मुख से बेसाख़्ता निकल पड़ा—यह क्या! इतने घाव लगे हैं आज! या अल्लाह, कितना खून बह गया है! चलिये बैठिये।

शाहज़ादे को दीवान पर बिठाकर वह उसके घाव के रक्त को आँचल से पोंछती हुई बोली—यही मुझे अच्छा नहीं लगता। हथियारों से भला इतना रियाज़ किया जाता है! वह भी रोज़-रोज़! जितना खाते नहीं, उससे ज़्यादा तो निकल जाता है। अर्जुमंद की आँखों से भल-भल आँसू बहे जा रहे थे।

ख़ुर्रम ने उसी के आँचल से उसके आँसू पोंछते हुए कहा—तुम नाहक़ ही परेशान हो रही हो। आदमी हथियारों से खेलेगा, तो यह सब होगा ही। यह आज कोई नयी बात तो नहीं है! बचपन से होता आया है।

—पर इसका यह मतलब तो नहीं कि लहूलुहान हुआ जाय। अभी भी उसकी नरगसी आँखों में शबनमी तरावट झलक रही थी।

—ज़बर्दस्त जिस्मानी मशक़्क़त के साथ-साथ हथियारों का रियाज़ भी जमकर करना पड़ता है। फ़ौज के सरामद तलवारबाज़ को चुनौती देनी पड़ती है कि वह हमसे दो-दो हाथ आज़माये। उसे सख़्त ताक़ीद की जाती है कि इस बात का क़तई लिहाज़ न करे कि वह शाहज़ादे से लड़ रहा है। यदि शाहज़ादे की जान भी चली जाय, तो उसका ख़ून माफ़ है। ख़ुर्रम ने अपने युद्धाभ्यास की भयावहता का वर्णन किया।

—हाय अल्लाह! इतना जोख़िम! नहीं, मेरे मालिक, नहीं! ऐसा ख़ूनी खेल न खेलें। इसे क़तई बंद कर दें। अर्जुमंद व्याकुल हो गयी थी। उसका कलेजा जैसे मुँह को आ गया था। वह ख़ुर्रम के सीने से लिपट कर रो पड़ी।

—इतना जज़्बाती होने की ज़रूरत नहीं है। जंग के आलातों से खेलना हमारी फ़ितरत है। दिखाना पड़ता है कि हिम्मत और बहादुरी में हम किसी भी जाँबाज फ़ौजी से कम नहीं हैं। इसीलिए कटार और तलवार, बरछी और बंदूक को चलाने में महारत हासिल करनी होती है। फ़ौज के आदमी हमसे इसलिए नहीं डरते कि हम शाहज़ादे हैं, बल्कि इसलिए कि हथियार चलाने में हमें उनसे बेहतरी हासिल है। कुछ और आँसू अर्जुमंद के कपोलों पर ढुलक आये थे—उन्हें पोंछते हुए ख़ुर्रम ने आगे कहा—सल्तनत का तख़्त कहने को तो लकड़ी के पायों पर खड़ा होता है, लेकिन दरअस्ल वह जाँबाज और जंगजू सिपाहियों के मज़बूत कन्धों पर टिका होता है। मैं पहले एक सिपाही हूँ फिर और कुछ।

—आप ठीक कहते हैं, लेकिन एक बीबी का... ।

—तुम तो ख़ुद एक शेरदिल सिपहसालार की बेटी हो। ये चीज़ें तो तुम्हारे स्वभाव में होनी चाहिए। हमें बेख़ौफ़ होना चाहिए। बेख़ौफ़ी सिपाही का गहना है। तुम्हें मालूम है, हमारे बाबाहुज़ूर कितने बेख़ौफ़ थे! मुग़ले आज़म का ख़िताब उन्हें सेंत-मेंत में नहीं मिला था। तेग़ से कहीं तेज़ उनकी आँखें थीं। उन्हें पूरा यक़ीन था कि दुश्मन की फ़ौज में अकेले घुसकर वे सही सलामत लौट सकते हैं। ज़रूर उनमें कोई रूहानी जलाल रहा होगा, वरना ग्यारह-बारह बरस के सिन में मुग़ल सल्तनत का ताजदार होना, कोई आसान बात नहीं थी। मुझे पक्का यक़ीन है आरजू कि सुल्तान बनाये नहीं जाते, वे सिर्फ़ पैदा होते हैं।

—ख़ुर्रम की इस लम्बी तक़रीर के दौरान अर्जुमंद उसके चेहरे को टुकुर-टुकुर देखी रही। वह शब्दों को समझ रही थी और चेहरे को पढ़ भी रही थी।

—इस तरह क्या देख रही हो? ख़ुर्रम ने प्रश्न किया।

—आपका चेहरा पढ़ रही हूँ कि शायद उसमें मुग़ल ख़ानदान का मुस्तक़बिल मुर्तसम हो। आपको अपना ख़याल रखना चाहिए। मुग़ल रंगमंच पर आपका किरदार जाने कितना लम्बा हो!

अर्जुमंद की यह शुभेच्छा ख़ुर्रम को भली लगी। द्रवित सा बोला—तुम्हारा साथ रहा, तो मैं कोई भी किरदार ख़ूबी से निभा लूँगा।

—मैं हमेशा आपके साथ, आपका साया बनकर रहूँगी, मालिक! मुझे कभी अपने से दूर न रखें।

—हम सदा साथ रहेंगे, आरज़ू! और इसीलिए जो रनिवास बादशाह के साथ अजमेर चल रहा है, उसमें अपनी आम और ख़ास क़नीज़ों के साथ तुम्हें भी चलना होगा। तुम तैयारी कर लो।

—मेरी तैयारी हो चुकी है। जिस लमहा आपका जाना तय हुआ था, तभी से मैंने सामान बँधवाना शुरू कर दिया था। बस, आपके इशारे की देर है। ख़ुर्रम के साथ जाने की ललक उसकी आँखों में विशेष चमक बनकर छा गयी थी।

—अच्छा! बस थोड़ा इंतज़ार और। तब तक मैं बादशाह की तैयारी का जायज़ा ले लूँ। ख़ुर्रम के चेहरे पर सन्तोष का भाव था।

अगले तीन दिन गहमागहमी में बीते। ख़ुर्रम क़ाफ़ी समय महल से बाहर रहा। उसने निकटतम सरदारों और मनसबदारों के साथ कई बैठकें कीं। आसफ़ ख़ाँ को बुलाकर गुप्त मंत्रणा की और योजनाओं को अंतिम रूप दिया। कुछ ज़रूरी बातों पर सम्राट् से सहमति ली।

लाव-लवाज़िम के साथ लश्कर ने अजमेर के लिए कूच किया। सैनिक और असैनिक लोग दलों में बँटकर रवाना हुए। रनिवास और ख़ज़ाना को आख़िर में भारी सुरक्षा के बीच प्रस्थान करना था।

उधर अर्जुमंद महल में माता जगतगुसाईं से भेंट करने आयी। सास ने बहुत प्यार से उसे अपने पास बिठाया।

—रोज़ तुम्हें देखे और तुमसे बात किये बग़ैर मुझे चैन नहीं मिलता। ख़ुर्रम तो काम में इतना मशग़ूल रहता है कि उसे पास आने की फ़ुरसत ही नहीं है। एक तू ही है, जिसे देखकर मेरी आँखों को ख़ुनुकी नसीब होती है। तुम लोग अजमेर चले जाओगे, मैं यहीं पड़ी रहूँगी। पता नहीं, मेरा क्या हाल होगा। माता जगतगुसाईं की आँखें भर आयी थीं।

—कितना अच्छा होता, जो आप भी हमारे साथ ही चलतीं। आप सामने होती हैं, तो मुझे माँ की कमी महसूस नहीं होती। आपकी ममता की छाँव में मैं अपने को महफ़ूज़ पाती हूँ। अर्जुमंद भावुक हो चली थी। रनिवास में दाख़िल होते ही वह सास की सेवा में लग गयी थी और उनकी सुख-सुविधा का ध्यान रखने लगी थी।

माता जगतगुसाईं किसी विवशता का अनुभव कर इतना ही बोली—न बेटी, न। तुझे चिन्ता करने की ज़रूरत नहीं है। मैं ख़ुर्रम को जानती हूँ। वह जब प्यार करता है, तो बेतहाशा प्यार करता है। वह कभी तुझे शिकायत का अवसर नहीं देगा। तुझे अपनी छाया की तरह रखेगा। मेरी दुआएँ तुम्हारे साथ हैं। भगवान् तुझे सदैव सुखी रखें।

अर्जुमंद की आँखें डबडबा आयीं। तभी ख़ुर्रम ने कक्ष में प्रवेश किया। वह माँ

के पैरों के पास आकर बैठ गया। माता जगतगुसाईं ने उसका माथा चूमकर आशीर्वाद दिया—ईश्वर हमेशा तेरी रक्षा करे, मेरे लाल। तुम्हारा बाल बाँका भी न हो। सारी बलाएँ तुझसे दूर रहें। मेरी उम्र तुझे लग जाय। उसकी आँखों से आँसुओं की धार रुक नहीं रही थी।

—आपके इन मुबारक अल्फ़ाज़ के लिए शुक्रिया, अम्मीजान! अग़र मेवाड़ में फ़तह हासिल हुई, तो ये मुबारक अल्फ़ाज़ उसका सबब होंगे। अब मुझे और आरजू को इजाज़त दें और दुआ करें कि वहाँ से सही सलामत वापस आकर हम आपका दीदार कर सकें। दोनों ने माँ का अभिवादन किया और अपने महल की ओर चल पड़े।

दूसरे दिन शाही लश्कर कूच कर गया। अब आगे सम्राट् को महीनों परिजनों और सेना के साथ अजमेर में रहना था तथा राजपूतों से निर्णायक युद्ध करना था, इसलिए बड़ा ख़ज़ाना साथ में लिया था। रनिवास और ख़ज़ाना दोनों आसफ़ ख़ाँ के संरक्षण में थे।

प्रतिदिन पड़ाव डालता हुआ शाही लश्कर अजमेर की तरफ़ बढ़ रहा था। रोज़ शाम को लाल रंग के शामियाने में शाही दरबार लगता था। इसमें राजकाज निपटाये जाते। सम्राट् के स्वास्थ्य को देखते हुए इसकी अवधि छोटी ही रखी जाती। बादशाह अभी से ज़्यादा तनाव नहीं लेना चाहते थे। मदिरा का पैमाना और उस पैमाने में नूरजहाँ का अक्स—जहाँगीर के लिए महत्वपूर्ण थे।

इसके विपरीत खुर्रम अभियान के उद्देश्य के प्रति पूरी तरह से समर्पित था। वह गाहे गाहे अबुल हसन और अन्य सरदारों से राय लेता और महत्वपूर्ण मुद्दों पर बहस करता। यद्यपि वह कोका को नापसंद करता था, फिर भी उससे उसने मेवाड़ के चप्पे-चप्पे की जानकारी प्राप्त कर ली।

खुर्रम अपनी सेना के लिए आचरण-संहिता की रचना की। वह यह कि अजमेर में पड़ाव डालने के साथ ही फ़ौज़ के लिए अलग से कड़ी क़वायद का इंतज़ाम किया जाय। उन्हें घुटनों और कुहनी के बल घिसटकर चलने की तर्बियत दी जाय। उन्हें दिन में सिर्फ़ एक बार खाने और पीने की आदत डाली जाय। उन्हें अच्छी तरह से धनुष-बाण चलाना सिखाया जाय। परिवारवालों से उनकी ख़त-किताबत पूरी तरह बंद हो। हरएक सिपाही को मेवाड़ के चप्पे-चप्पे की जानकारी देने के लिए नक़्शा मुहैया कराया जाय। खुर्रम ने आदेशों की झड़ी लगा दी। इनके पीछे जैसे कोई पक्का इरादा वर्दी के नीचे बैठा हुआ उसे प्रेरणा दे रहा हो। उसने सिपाहियों और सिपहसालारों की सभा आयोजित की और कड़ाई से इन बातों का पालन करने की हिदायत दी।

सभा को समाप्त कर खुर्रम हरम में आया। खूबसूरत हरे रंग के शामियाने को मणि-माणिक्य जड़ित वंदनवारों से सजाया गया था। चारों तरफ़ नक़्क़ाशीदार खंभों के चित्रों से सजे कनातों का घेरा था। मशालों की तीखी रोशनी से जगमगाते वंदनवार चाँदी की लहरों का आभास दे रहे थे। कुल मिलाकर एक स्वप्नलोक का दृश्य

उपस्थित था। अन्तःपुर की पैराइश भी कम नहीं थी। उसमें रोशन फ़ानूसों से बेहतरीन आयीनाबंदी की गयी थी। पूरा अन्तःकक्ष जगमगा रहा था।

—इतनी रात गये, अब आये! कब से आपका इंतज़ार कर रही हूँ। शीघ्रता से निकट आकर अर्जुमंद ने अपना हाथ शाहज़ादे के कंधे पर रखा। फिर उसे दीवान पर बिठाती हुई बोली—आप बैठिये, मैं आपके जूतों के तस्मे खोलती हूँ। फिर वह स्फूर्ति के साथ कालीन पर बैठकर शाहज़ादे के जूते उतारने लगी।

—एक ख़ास बैठक थी। मेवाड़ के मुहिम के बारे में। शाहज़ादे ने थकान उतारने की मुद्रा में दीवान पर पसरते हुए कहा।

अर्जुमंद ने जूतों को उतारा और उन्हें अपनी सुरमई ओढ़नी के किनारों से झाड़ने लगी।

—अरे फिर वही। मैं कितनी बार कह चुका हूँ, मुझे यह पसंद नहीं। ख़ुर्रम ने झल्लाकर कहा।

—पर मुझे पसंद है। यह मुझे अच्छा लगता है। यह मेरा सुख है और अपना सुख छीनने की इजाज़त मैं किसी को नहीं देती। आपको भी नहीं। यह ख़ाकसार आपकी नापसंद को नामंजूर करती है। अर्जुमंद के स्वर में शोख़ी थी। उसकी चितवन में मधुर अवज्ञा थी।

—बहुत सी क़नीज़ें हैं। यह मामूली काम कोई कर लेगा।

—यह मामूली काम नहीं है। मेरे सरताज़ से वाबस्ता कोई भी काम मामूली नहीं होता। मुझे आपके हर काम को करने में मज़ा आता है।

—यह नादानी है।

—मुझे यह नादानी अच्छी लगती है। आपसे गुज़ारिश है कि मेरी नादानियों को माफ़ कर दिया करें। अर्जुमंद ने अपना सिर ख़ुर्रम के घुटनों पर टिका दिया।

ख़ुर्रम ने उसकी घनी, काली, घुँघराली केशराशि में अपनी उँगलियाँ उलझा दीं। फिर चुहल के साथ पूछा—अच्छा, उसका क्या हुआ?

—किसका! अर्जुमंद ने अपना सिर बिना उठाये ही जवाब दिया।

—अरे भूल गयी! उसका! मेरे अक्स का, जो आपके अंदर शक़्ल ले रहा है। शाहज़ादे ने अपने विनोद की एक तरह से व्याख्या की।

—ओह्! वो!...देखिये मैं समझ ही नहीं पायी। भला आपको भी कब क्या-क्या याद आ जाता है। अर्जुमंद ने झेंपते हुए कहा।

—भला उसे मैं कभी भूल सकता हूँ। वह मेरी सदबर्ग गुलाब-सी बीबी का शानदार तोहफ़ा है।

अर्जुमंद का चेहरा उसी गुलाब-सा खिल उठा। ख़ुशी के कुछ अश्रु-बिन्दु कपोलों पर छलक आये, मानो पंचेटिया के रक्ताभ पल्लवों पर प्रथम वर्षा की कुछ बूंदें छलक आयी हों।

—मेरा दिल एक निगारिस्तान है, जिसमें तुम्हारी न जाने कितनी अदाओं वाली तस्वीरें लगी हैं—एक-से-एक नायाब। अकेला रहता हूँ, तो मन इस निगारख़ाने में इन तस्वीरों के बीच घूमता रहता है। अब इन तस्बीरों में कुछ तस्वीरें और जुड़ जाएँगी। होने वाली संतान की कल्पना ने ख़ुर्रम के दिल में वत्सल्ता की लहरें उठा दीं।

अर्जुमंद आत्मविमुग्धता में खोई हुई थी।

—अब मुझे तुम्हारी फ़िक्र होने लगी है। लम्बा सफ़र है। सफ़र की थकान तुम्हारी जिस्मानी हालत पर भारी न पड़ जाय। ख़ुर्रम ने उसके सिर पर हाथ फेरते हुए कहा।

—आप मेरी फ़िक्र न करें। मैं अपने को सँभाल लूँगी। आप अपना ख़याल रखें। घोड़े की बजाय हाथी पर सफ़र करें, तो थकान कम होगी। अर्जुमंद के माथे पर चिन्ता की हलकी रेखाएँ दिखने लगी थीं।

—मुझे फील के हौदे पर समाधि लगाकर सफ़र करना अच्छा नहीं लगता। घुड़सवारी मुझे पसंद है। वह मुझे चुस्त रखती है और मेरी रगों मे बर्क़ को रवाँ रखती है। पर आज क्या मुझे भूखा ही रखने का इरादा है! ख़ुर्रम ने अपने पेट को थपथपाकर कहा।

—ओह नहीं, चलिये दस्तरख़ान की तरफ़। अर्जुमंद ने खड़े होकर उसका हाथ पकड़ा और उसे भोज-कक्ष की ओर ले चली।

शाही लश्कर निर्धारित पड़ावों को पार करता हुआ अजमेर की दिशा में बढ़ता रहा। लम्बी और थका देने वाली यात्रा के बाद वह अजमेर शरीफ़ की पवित्र सीमाओं में प्रविष्ट हुआ। शाही परिवार के निवास के लिए इमारतें पहले से ही नियत कर दी गयी थीं। सेना के अधिकारियों के लिए भी पदों के अनुसार निवास आवंटित कर दिये गये। सैनिकों और मुफ़्तियों के लिए तम्बुओं की व्यवस्था थी। अजमेर नगर छोटी सी राजधानी में परिणत हो गया।

सब कुछ व्यवस्थित देखकर ख़ुर्रम ने अपनी निजी सेना का कठोर सैनिक प्रशिक्षण प्रारम्भ कराया। संक्षिप्त सूचना पर सैनिको को अस्त्र-शस्त्र के संचालन के अभ्यास के लिए नियत मैदान पर फ़िलवक़्त उपस्थित होना पड़ता था। इससे सैनिकों को युद्ध के दौरान किसी भी आक्रमण या बचाव के लिए तत्काल तत्पर रहने की आदत पड़ सके। प्रशिक्षण के लिए असूर्यपश्य घने वन-प्रान्तरों, पर्वतीय इलाक़ों और बीहड़ों का चयन किया गया, ताकि कठोर परिस्थितियों में युद्ध करने का अभ्यास हो सके। भोजन का कोई समय निर्धारित नहीं था। पानी को अलबत्ता चमड़े की मश्कों में रखने की छूट दी गयी थी। अतिरिक्त वेतन और भत्तों का प्रलोभन दिया गया था। पदोन्नति की आशा बँधाई गयी। सेना की सुविधाओं के लिए सम्राट् ने अतिरिक्त राशि देना स्वीकार कर लिया था।

तेरह

शाम के पाँच बजे थे। खुर्रम बैठक के दीवान पर लेटा हुआ था। आँखें खुली हुई फ़ानूस को निहार रही थीं, बल्कि उसके पार भी कहीं देख रही थीं। निष्पलक नेत्र मन की किसी आन्तरिक विचार-यात्रा का संकेत दे रहे थे।

दबे क़दमों से अर्जुमंद ने बैठक में प्रवेश किया। वह दीवान के पास आयी और कालीन पर बैठ गयी। उसने अपने दोनों हाथ दीवान पर रख दिये। फिर अपनी दाहिनी हथेली से खुर्रम की बाँह का स्पर्श किया। खुर्रम की तन्द्रा भंग हुई।

—क्या कर रही थीं? उसने पूछा।

—क़नीज़ों को कुछ ज़रूरी हिदायतें दे रही थी।

—इनसे काम लेते-लेते तुम खुद काम में लग जाती हो। उनसे कहीं ज़्यादा काम कर लेती हो। अब तुम्हें मेहनत से बचना चाहिए। अपनी सेहत का ख़याल रखो। खुर्रम ने उसकी कलायी में सजे आभूषणों से खेलते हुए कहा।

—मैं बिल्कुल ठीक हूँ। शाही हक़ीम रोज़ हाल पूछ जाया करते हैं। मुझे कुछ नहीं हुआ है।...पर यह तो बताइये कि आप किस फ़िक्र में पड़े हैं। आपका चेहरा संजीदा दिख रहा है और पेशानी पर हलका बल पड़ा हुआ है। आख़िर बात क्या है! अर्जुमंद खुर्रम की माथे पर मेंहदी-रचित हथेली फेरने लगी।

—कुछ नहीं। यूँ ही।

—आपकी परेशानी मेरी परेशानी का सबब बन जाती है। मैं चाहती हूँ, आप हमेशा खुशदिल बने रहें।

—कोई ख़ास बात नहीं।

—कोई ख़ास बात तो ज़रूर है, वरना आप यों ही लेटने वाले नहीं। लगता है, किसी पसोपेश में हैं। अर्जुमंद ने बात को खोदते हुए कहा।

—वही मेवाड़! बादशाह का कारकुन आया था। बुलावा भेजा है। सोच रहा हूँ, किस तरह अपनी बात रखूँ। आख़िरकार खुर्रम ने अपनी फ़िक्र का शीराज़ा खोल ही दिया।

—एकदम सीधी तरह। बिना किसी लाग-लपेट के। इससे आपकी बात सीधे दिल से निकलेगी और सीधे दूसरों के दिल पर असर करेगी। आप पर कोई हावी नहीं हो सकेगा। अर्जुमंद ने सलाह देकर प्रतिक्रिया जाननी चाही।

खुर्रम की सूनी आँखें शून्य को ताक रही थीं। वह समझ गयी कि उनकी चिन्ता लगातार बनी हुई है। वह बेचैन हो उठी और आकुल अभिव्यंजन के लिए शब्दों को टटोलती हुई बोली—आप की इजाज़त हो, तो एक बात कहूँ।

—ज़रूर। खुर्रम ने उत्सुक आँखों से अर्जुमंद की तरफ़ देखा।

—आप मेवाड़ की जंग में तभी शरीक हों, जब आपको उसका सरवर सिपहसालार

बनाया जाय। अर्जुमंद ने निश्चयात्मक स्वर में कहा।

खुर्रम की आँखें आश्चर्य से फैल गयीं। थोड़ी देर बाद बोला—यह तो तय है कि बादशाह खुद जंग के लिए पेशक़दमी करेंगे। यह भी तय है कि यदि वे ऐसा करते हैं, तो मुझे लड़ाई में शामिल होने का हुक्म देंगे। जंग के मैदान में फ़ौज़ की कौन सी टुकड़ी कहाँ तैनात होगी, इसके लिए बादशाह अज़ीज़ कोका की सलाह ही मानेंगे। यह भी मुमकिन है कि मलिका और कोका मेरी ज़ाती फ़ौज़ को ग़ारत कर मुझे कमज़ोर करने की कोशिश करें। मैं यह बर्दाश्त नहीं कर सकता। खुर्रम सारी सम्भावनाओं पर विचार कर रहा था।

—अगर जंग में फ़तह हासिल हुई, तो इसका सेहरा शाहंशाह के सिर पर बँधेगा और, खुदा न करे, गर हार गये, तो इसका ठीकरा आपके सिर पर फोड़ दिया जायेगा। अर्जुमंद ने एक और सम्भावना की ओर ध्यान खींचा।

—यह भी मुमकिन है। इसलिए अपने हक़ में यही मुनासिब होगा, जो तुमने सुझाया। या तो यह जंग हमारी सरवरी में होगी, या हम इसमें शामिल नहीं होंगे और न हमारी ज़ाती फ़ौज़ ही। खुर्रम ने अपना अंतिम निर्णय दिया।

—यह अच्छी तरह समझ लीजिये कि आलमपनाह आपको जंग में शरीक होने का हुक्म ज़रूर देंगे। और अगर आपने इंकार किया, तो इसका मतलब निकलेगा...। आप एक बार और सोच लें। अर्जुमंद बेचैन हो उठी।

—सोच लिया। अब और कुछ नहीं सोचना। कुछ देर आराम करने की गरज़ से खुर्रम दीवान पर लेट गया।

रात्रिभोज के बाद खुर्रम अपने हिफ़ाज़ती दस्ते के साथ शाहंशाह के महल की तरफ़ गया।

शाही महल में अंगरक्षकों को पीछे छोड़कर अकेला ही द्वारपाल के मार्ग-दर्शन में बैठक में आया। सुसज्जित कक्ष में सम्राट् और महारानी सिंहासनों पर आसीन थे। निकट पहुँचकर खुर्रम ने दोनों का अभिवादन किया और संकेत पाकर एक छोटे से आसन पर बैठ गया। फिर उसकी दृष्टि अज़ीज़ कोका पर पड़ी, जो थोड़ी दूर पर हाथ बाँधे खड़ा था।

मेवाड़ की मुहिम की बाबत कुछ अहम फ़ैसले लेने थे। बादशाह ने चर्चा आरम्भ की।

—अज़ीज़ कोका इस मामले में बड़ा तजुर्बेकार है। इसलिए उसे बुला लिया है। जंग का ख़ाक़ा तैयार करने में मदद मिल सकती है। साम्राज्ञी ने उसकी मौजूदगी को न्यायोचित ठहराने की कोशिश की।

—इंशा अल्लाह! इस बार ज़रूर हम फ़तहयाब होंगे। जहाँ जिल्ले इलाही खुद पेशक़दमी कर रहे हों, वहाँ किसी भी शै पर नाउम्मीद होने का तो सवाल ही पैदा नहीं होता। कोका के इस चाटुकार कथन का किसी पर कोई प्रभाव नहीं पड़ा। वे सब इस

प्रकार की भाषा सुनने के आदी हो चुके थे।

—जंग के लिए तुमने कौन सी नयी तरक़ीबें सोची हैं! वे क्या है? उन्हें कैसे अमल में लाया जायेगा। कोका, बयान करो। सम्राट् ने बिना किसी भूमिका के आदेश दिया।

—आधी जंग तो सिर्फ़ एक बात से फ़तह हो गयी है कि शाहंशाह की सियानत में फ़ौज पेशक़दमी कर रही है। पूरे राजपूताने में खलबली मची हुई है। कहीं-कहीं तो यह चरचा है कि शायद इस बार बिना लड़े ही आलमपनाह कामयाब हो जायेंगे। कोका की चाटुकारिता उसका साथ नहीं छोड़ रही थी।

—तो क्या इसका यह मतलब निकाला जाय कि मेवाड़ जीता जा चुका है। अब जंग की ज़रूरत नहीं है। हमें चुपचाप बैठ जाना चाहिए। खुर्रम ने सौम्य स्वर में प्रतिक्रिया व्यक्त की।

अज़ीज़ कोका सकपका गया।

—कोका, आगे बयान हो। साम्राज्ञी ने आदेश दिया।

-सिपहसालार ख़िलज़ी ख़ाँ की निग़हबानी में हरावल दस्ता पहले बढ़े। फिर पैदल फ़ौज तलवारों और बरछों से लैस। उनके पीछे बंदूकची और तोपची। उसके दोनों बाज़ू घुड़सवारों की क़तारें। फ़ौज के हिस्से के पीछे हाथियों का दल रहेगा। शाहज़ादा खुर्रम...। कोका रुका। खुर्रम पर उड़ती सी दृष्टि डाली। फिर नज़र चुराकर बादशाह की ओर देखा और सिर झुकाकर बोला—शाहज़ादा की ज़ाती फ़ौज दो हिस्सों में तक़सीम हो। वह शाहंशाह की हिफ़ाज़त करती हुई उनके आगे और पीछे रहेगी। सिपहसालार अबुल हसन चुनिंदा लड़ाकों के साथ जिल्ले इलाही के दायें बाज़ू रहेंगे और यह ख़ाकसार जाँनिसार सिपाहियों के साथ बायें बाज़ू रहेगा। दुश्मनों पर धावा बोलकर उन्हें पस्पा करना जितना ज़रूरी है, उससे ज़्यादा ज़रूरी है आलमपनाह की हिफ़ाज़त। एक चौथाई फ़ौज अजमेर में महफ़ूज़ रखी जावे, ताकि फ़ौरी ज़रूरतों के लिए उनका इस्तेमाल हो सके।

—उम्दा! बेहतर है! तुम्हारे मंसूबे के मुताबिक़ फ़ौजी कार्रवाई करके हम फ़तह के क़रीब जल्द ही पहुँच सकेंगे। नूरजहाँ ने कोका का समर्थन करते हुए उसकी पीठ ठोकी।

सम्राट् ने कोई प्रतिक्रिया नहीं व्यक्त की। सैनिक अभियान और आक्रमण का उन्हें प्रचुर अनुभव था। कोका की इस योजना में उन्हें कोई विशेषता नज़र नहीं आयी। उन्होंने खुर्रम की तरफ़ देखा और चेहरा उठाकर राय जानने की मंशा ज़ाहिर की।

खुर्रम खड़ा हुआ। उसने उचटती निग़ाह से चारों तरफ़ देखा। फिर जैसे वातावरण को तौलता हुआ बोला—जहाँपनाह, गुस्ताख़ी माफ़ हो़। मुझे चापलूसों और जाहपरस्तों की जन्नत में रहने का शौक़ नहीं है। मैं किसी क़िस्म की खुशफ़हमी

पालना भी नहीं चाहता। मेरे पैर हक़ीक़त की जमीन पर हैं। मैं वही कहना चाहता हूँ, जिसे मेरा ज़मीर सच मानता है। यदि इसे कुछ और न समझा जाय, तो अर्ज़ करूँ। खुर्रम तनकर खड़ा हुआ था। बात ख़त्म करके उसने तनिक सिर झुकाया, स्वीकृति की प्राप्त्याशा में, जैसा कि अमूमन लोग करते हैं।

—बेख़ौफ़ अपनी बात कहो। हम एक ऐसा फ़ैसला लेने जा रहे हैं, जिसका साया मुग़ल तारीख़ पर पड़ सकता है। सम्राट् गम्भीर था। उसने नूरजहाँ पर दृष्टि डाली। फिर खुर्रम की ओर उत्कर्ण मुद्रा में देखने लगा।

—मैं इस बात से इत्तिफ़ाक़ नहीं रखता कि शाहंशाह इस जंग में शरीक़ हों। मैं नहीं चाहता कि मुग़ल ख़ानदान का जगमगाता हुआ सूरज रोशनी के लिए सितारों से दुआ माँगे। मुझे सीने पर सनाह बाँधे बग़ैर उस वक़्त का इंतज़ार है, जब कोई हथियार आप पर चले और मैं बढ़कर उसे ख़ुद झेल लूँ। इसलिए आलमपनाह, अपने होते हुए मैं आपको जंग के दहकते शोलों पर चलने नहीं दूँगा। खुर्रम के कथन में वह श्रद्धा छलक रही थी, जो किसी कर्त्तव्यनिष्ठ पुत्र के हृदय में पिता के प्रति हो सकती है।

—पर हुज़ूर फ़ौज में मुनादी हो चुकी है कि जिल्ले सुब्हानी ख़ुद ब हैसियत सरक़तार सिपहसालार इस मुहिम में शरीक़फ़र्मा होंगे। अज़ीज़ कोका ने बेचैन स्वर में कहा।

खुर्रम ने ग्रीवा घुमाई और आग्नेय नेत्रों से कोका की ओर देखा। उसकी आँखों से चिनगारियाँ फूट रही थीं।

—पर शाहज़ादे, इसका फ़ैसला तो अकबराबाद में पहले ही हो चुका था। तभी बादशाह सलामत ख़ुद इतनी ज़हमत उठाकर अजमेर तशरीफ़ लाये हैं। नूरजहाँ परेशान दिखी। उसे यह भाँपते देर नहीं लगी कि यदि सम्राट् सैनिक अभियान में सम्मिलित नहीं होते हैं, तो निश्चित ही नेतृत्व की बागडोर खुर्रम के हाथों में आ जायेगी। इसी सम्भावना को रोकने के लिए अकबराबाद में यह रास्ता निकाला गया था कि सैन्य-संचालन शाहंशाह अपने हाथ में रखें।

खुर्रम चुपचाप खड़ा बादशाह पर नज़रें जमाये था। उसे तो उनके निर्णय की प्रतीक्षा थी।

नूरजहाँ को लगा कि उसकी सारी क़वायद बेकार न हो जाय। मौक़े की नजाकत किसी गम्भीर हस्तक्षेप की माँग कर रही थी। इस बात को ध्यान में रखकर वह आगे बोली—शाही मौजूदगी में और किसी दूसरे की मौजूदगी में, फिर चाहे वह शाहज़ादे की ही क्यों न हो, बहुत फ़र्क़ होता है। आज फ़ौज में जो जोश है, जो वल्वला है, और जंग जीतने के लिए जो बेचैनी है, वह सिर्फ़ इसलिए है कि नूरे हिंद, जलीलुलक़द्र, शाहंशाहे वक़्त ख़ेशतन उनके साथ शाना बशाना शल्ताक में शिरकत करने जा रहे हैं। अब अगर बादशाह हुज़ूर अपने क़दम पीछे खींच लेते हैं, तो जाने क्या बदगुमानी पैदा हो और नतीज़ा तख़्त के लिए नुक़सानदेह साबित हो जाय।

अपनी लम्बी तक़रीर से नूरजहाँ ने ख़ुर्रम के विचारों को खंडित करने की कोशिश की।

—आपकी बात सौ फ़ीसदी सही है, मलिका-ए-आली। यह नाचीज़ रात-दिन फ़ौजियों के बीच रहता है और उनकी ख़स्लत से अच्छी तरह वाक़िफ़ है। फ़ौज के साथ शाहंशाह के होने, न होने में जमीन-आसमान का फ़र्क़ है। कोका ने तत्काल मलिका का समर्थन किया।

जहाँगीर उनके तर्कों को समझने का यत्न कर रहा था। अभी उसने अपना मंतव्य प्रकट न करके किसी का पक्ष नहीं लिया था। नूरजहाँ आश्वस्त थी। ख़ुर्रम ने कोका पर दृष्टि जमा दी। उसका चेहरा लाल हो गया था। भौंहे तन गयी थीं और आँखें अंगारों के समान सुर्ख हो गयी थीं। किसी तरह अपने को संवलित कर उसने सम्राट् की तरफ़ मुखाकृति की और धीमे स्वर में बोला—अकबराबाद में आपकी सेहत ठीक नहीं थी। अजमेर आकर, यहाँ की आबोहवा से, इंशा अल्लाह आपकी सेहत यक़ीनन बेहतर होगी। रहा लड़ाई में शरीक होने का सवाल! तो आपकी सेहत इसकी इजाज़त नहीं देती। हम चाहते हैं कि मुग़ल सल्तनत का सूरज उफ़ुक़ पर हमेशा चमकता रहे और पूरी क़ायनात को अपनी रोशनी से सरशार रखे। आपकी ज़िन्दगी हम लोगों के लिए बहुत क़ीमती है, अब्बाहुज़ूर! ख़ुर्रम ने भावुकता प्रदर्शित की। इसका सम्राट् पर अनुकूल असर पड़ा।

—तुम्हारी फ़िक्र पर मुझे फ़ख़्र है, ख़ुर्रम! सेहत भले ही पहले की तरह न रही हो, लेकिन इतनी ख़राब भी नहीं कि शमशीर का बोझ उठा न सके। फिर तुम मेरे बाज़ू बनकर रहोगे, तो दुश्मन मेरे साया को छूने से भी गुरेज़ करेगा। इसलिए जिस मक़सद से अजमेर आना हुआ है, उसे पूरा करना ही बेहतर होगा। जहाँगीर ने पहली बार अपनी राय प्रकट की।

—एकदम ठीक! यही बादशाहत का तक़ाज़ा भी है—महाज़े जंग पर जाने को हमेशा तैयार। मुझे आपकी राय जानकर बेहद ख़ुशी हुई और फ़ख़्र भी हुआ कि उम्र के इस पड़ाव पर भी बादशाह सलामत मैदाने जंग में उतरने का हौसला रखते हैं। नूरजहाँ यही चाहती थी। वह अच्छी तरह से जानती थी कि अगर ख़ुर्रम के सैनिक नेतृत्व में मेवाड़ पर विजय हुई, तो फिर उसके राजनैतिक उत्थान को रोकना कठिन होगा। शहरयार तो दूर कहीं पीछे छूट जायेगा। शहरयार के जामाता बनने पर उसे उत्तराधिकार का उपहार देने का उसका इरादा था—यह इरादा धरा-का-धरा रह जायेगा। अब उसे अनुभव हुआ कि शहरयार को पीछे अकबराबाद छोड़ कर आना वाक़ई बड़ी भूल थी।

ख़ुर्रम कुछ देर मौन रहा। वह उस युक्ति की खोज में था, जो बादशाह पर अनुकूल असर डाल सके। उसने एक बार फिर बादशाह को मनाने की चेष्टा की—आलमपनाह, आप हमेशा सेहतमंद और सलामत रहें। अल्लाताला से मैं यह दुआ करता हूँ। लेकिन अज़ीज़ कोका ने फ़ौज़ की पेशक़दमी का जो नक़्शा सामने रखा है,

उससे मेरी नाइत्तिफ़ाक़ी है।

—आख़िर तुम चाहते क्या हो? बादशाह ने व्यग्र होकर पूछा।

—यही कि आप जंग में शिरकत न करें। और यह भी अर्ज़ है कि अगर आप जंग में शामिल हुए, तो मैं शामिल न हो सकूँगा। ख़ुर्रम को अन्ततः अपनी योजना के अगले चरण का खुलासा करना पड़ा।

उसकी बात से बादशाह, मलिका और कोका तीनों एक साथ चौंक पड़े।

—यह क्या कह रहे हैं आप। जिस जंग में आलमपनाह ख़ुद शरीक हो रहे हैं, उस जंग से आप अपने को बरतरफ़ रखेंगे! यह सरासर बदअम्नी और बग़ावत है! कोका ने हस्तक्षेप किया।

—गुस्ताख़ कोका!! चीखते हुए ख़ुर्रम ने पलटकर बिजली की तरह उस पर कटार फेंकी। वह बर्क़ताज़ कटार कब म्यान से बाहर आयी, कब उठी, कब छूटी—इसका अंदाज़ भी किसी को न हुआ, और तेज़ सर्राहट के साथ वह कोका की पगड़ी को ले उड़ी।

रौद्र रूप धारण किये हुए ख़ुर्रम आगे चीखा—मैं जब आलमपनाह से मुख़ातिब हूँ, तब तूने दख़लंदाज़ी करने की हिमाकत कैसे की! याद रख तेरी गुस्ताख़ी के लिए यह सिर्फ़ चेतावनी है। मेरे अस्लाह मेरे इशारे पर चलते हैं। गर तेरी नापाक हरकत ज़ारी रही, तो मेरे ख़ंजर का एक हलका सा इशारा तुझे दोज़ख़ की सैर करा देगा।

कोका थरथर काँप रहा था। बादशाह गम्भीरता ओढ़े हुए था। नूरजहाँ का चेहरा तमतमा गया था। वह कोका को अपराधी नहीं स्वीकार कर रही थी, क्योंकि चर्चा में हरएक को अपने विचार रखने का अधिकार होता है। चर्चा के लिए कोका को उसने ही आमंत्रित किया था। अतएव वह उसका बचाव करते हुए बोली—यहाँ तो चार के बीच चर्चा हो रही है। अगर कोका ने अपने ख़याल रखे, तो ऐसी क्या गुस्ताख़ी हुई!

—यह राय नहीं दख़ल था। हुक्मरानों की मुहीत में घुसने की नापाक कोशिश! यह मेरे लिए नाक़ाबिले बर्दास्त है। मुझे ऐसे लोगों को सबक सिखाना आता है। ख़ुर्रम ने उसे हेय दृष्टि से देखा। वहाँ उसकी मौजूदगी उसे खौला रही थी।

बादशाह ने परिस्थितियों का आकलन किया। उसने उलझन को सुलझाने के उद्देश्य से सौम्य स्वर में आदेश दिया—कोका, हम तुम्हें फिर याद करेंगे।

कोका बाह्यतः सँभला हुआ दिख रहा था, किन्तु पारखी नज़रों से उसकी थरथराहट छिप नहीं सकती थी। वह स्वयं इस विभीषिका से शीघ्र ही निकल भागना चाहता था। बादशाह के आदेश को अनुकूल मानते हुए उसने तीन बार फ़र्शी कोर्निश की और फिर वह पीछे हटते हुए कक्ष से बाहर निकल गया।

उसके दृश्य से बाहर होते ही ख़ुर्रम ने बहुत शालीनता से कहा—आलमपनाह! मलिका-ए-हिन्दुस्तान! मैं आप दोनों से माफ़ी की दरख़्वास्त करता हूँ। आपकी नज़रों के सामने यह सब मुझे करना पड़ा, इसके लिए मैं बहुत शर्मिन्दा हूँ।

इसके पहले कि मलिका कोई आपत्ति जताए, जहाँगीर ने कहा—शाहज़ादे! शाही फ़ौज तुम्हारी हिस्सेदारी और ताक़त से मज़बूत होकर मेवाड़ पर फ़तह हासिल कर सकती है। बेहतर हो कि मेरी पेशक़दमी में साया के मानिंद मेरे साथ रहो।

—काश कि मैं ऐसा कर सकता! मैंने इस पर खूब ग़ौर किया है। अव्वल तो मुझे आपकी सेहत की फ़िक्र है। दूसरे, मुझे अपने पर यक़ीन है कि इस जंग में मैं ज़फरयाब हो सकता हूँ, बशर्ते आपके मुबारक हाथों का साया मेरे सर पर हो। मैं मुग़ले आज़म के ख़्वाब की ताबीर को अपने शमशीर की नोक से तारीख़ के पन्नों पर तहरीर करना चाहता हूँ। मुझे इस बात की इजाज़त दें, अब्बाहुज़ूर! 'आलमपनाह' की जगह 'अब्बाहुज़ूर' शब्द का प्रयोग करके उसने वत्सल पिता के सामने स्नेहाकांक्षी पुत्र को खड़ा करना चाहा। वह चाहता था कि बादशाह समझे कि उसका लाडला बेटा ठुनककर उनसे कुछ माँग रहा है।

इस बीच जहाँगीर ने परिस्थितियों का गुणा-भाग किया। सम्राट् के नेतृत्व में यदि अभियान असफल होता है, तो मुग़ल साम्राज्य के भविष्य को भारी ख़मियाज़ा भुगतना पड़ सकता है। सिंहासनासीन होने के बाद उपद्रवों और बग़ावतों ने उसे परेशान तो बहुत किया था, किन्तु पराजय जैसा कलंक अभी नहीं लग पाया था। दूसरे, मेवाड़-अभियान में, उनके नेतृत्व में, ख़ुर्रम का भाग न लेना एक तरह से विद्रोह ही होगा, पर इसके लिए उसे सज़ा देने या उसके विरुद्ध किसी तरह की कार्रवाई करने के लिए यह उपयुक्त समय नहीं होगा। तीसरे, मेवाड़-युद्ध में भाग न लेकर ख़ुर्रम अपनी ज़ाती सेना के साथ अकबराबाद लौटना चाहेगा। असंतुष्ट सैनिकों का राजधानी में रहना, वह भी तब, जब वहाँ ढंग से शाही फ़ौज़ मौजूद न हो और बादशाह भी न हो, कई मुश्क़िलें पैदा कर सकता है।

—ठीक है। यदि कोई शाहज़ादा सल्तनत का इतना भला सोचता है, तो क्यों न उसे एक मौक़ा देकर देखा जाय। जहाँगीर ने नूरजहाँ की तरफ़ देखा। वह उसकी प्रतिक्रिया जानना चाहता था और राय भी।

नूरजहाँ समझ गयी कि बादशाह उन हालात का शिकार हो गया है, जहाँ इच्छा-शक्ति में दृढ़ता का अभाव हो जाता है और जहाँ प्रतिपक्षी के पौनःपुनिक आग्रहों के सामने सिर झुकाने की नौबत आ जाती है।

उसने हालात की बाग अपने हाथों में लेने की आख़िरी कोशिश की—लेकिन जहाँपनाह, आप जबर्दस्त तक़लीफ़ उठाकर, इंतज़ाम का भारी ख़र्च उठाकर अजमेर तशरीफ़ लाये, क्या वह सब ज़ाया हो जायेगा! आख़िर आपको इसका सिला क्या मिलेगा!

—फ़ौज का सालारे जंग कोई भी हो, फ़तह हमेशा सुल्तान की कही जाती है। मुझे ख़ुर्रम की फ़ौलादी ताक़त का अंदाज़ है। उसके हौसले पर भरोसा है। वह ज़रूर ज़फ़रयाब हो सकता है। और किसी बाइस यह मुमकिन न हुआ, तो मैं अभी यहीं हूँ।

मैं अजमेर तब तक नहीं छोड़ूँगा, जब तक यह शाही मुहिम कामयाब नहीं हो जाती।

नूरजहाँ का मुँह उतर गया। यह एक प्रकार से उसकी पराजय थी। मेवाड़ की फ़तह या शिकस्त तो जब होगी, तब होगी, पर यहाँ तो उसकी अभी ही शिकस्त हो गयी। खुर्रम के सामने उसका सिर नीचा हो गया। उसके दिल में हूक सी उठी, बरछे की नोक की चुभन महसूस हुई। अब बादशाह की इच्छा के विरुद्ध जाना उसे कठिन लग रहा था।

फिर भी, कहीं-न-कहीं, उसकी पकड़ बनी रहे, ताकि बाद में वह अवसरानुकूल उसका उपयोग कर सके, यह सोचकर वह उच्च स्वर में बोली—फिर भी, एक शर्त तो रहेगी ही।

बादशाह और खुर्रम की आँखें हड़बड़ी में उसके चेहरे की ओर घूम गयीं। वह निश्चल स्वर में बोली—अज़ीज़ कोका को अर्सए जंग में साथ रखना और पूरी मुहिम में उसकी सलाह से चलना एक अल्ज़म शर्त होगी।

—यह मुमकिन नहीं। मुझे उस फ़ित्तीन शख़्स के नाम से भी सख़्त नफ़रत है। उसकी सोहबत तो दूर की बात! खुर्रम अपने को संयमित न रख सका।

—तब तो फ़ौज़ की सरवरी किसी भी हाल में आपको नहीं सौंपी जायेगी। आलमपनाह! आपको कोका पर कितना एतमाद है! आपने मुझसे पचासों बार उसकी तारीफ़ की और जाने कितनी बार कहा कि मेवाड़ के ख़िलाफ़ कोई भी मुहिम उसके बिना कामयाब नहीं हो सकती! मेवाड़ को लेकर इतनी ज़िल्लत हुई है, कि अब आगे किसी भी क़िस्म की ज़िल्लत हम बर्दास्त नहीं कर पायेंगे। इसलिए ज़रूरी है कि इस जंग में कोका की मौजूदगी तय की जाय।

नूरजहाँ ने बादशाह को असमंजस में डाल दिया। इसमें संदेह नहीं कि वह कोका की क़द्र करता था, पर इस नाज़ुक मौक़े पर खुर्रम के रुख़ को देखते हुए, उसकी तरफ़दारी से बचना चाहता था। दूसरी तरफ़ उसे यह भी लग रहा था कि नूरजहाँ के ठीक सामने उसका विरोध करते हुए उसने युद्ध का नेतृत्व खुर्रम को सौंपकर उसके स्वाभिमान को आहत किया है। कुछ समय तक उसके ख़याल तवाज़ुन की तलाश में भटकते रहे। अंततः उसने निष्कर्ष निकाला कि नूरजहाँ के पलड़े पर कुछ वज़न रखना ज़रूरी है। उसने समझाइश के स्वर में कहा—खुर्रम, जंग के मैदान पर दफ़अतन कई तरह की ज़रूरतों से दोचार होना पड़ता है। इसका अंदाज़ आज अभी नहीं लगाया जा सकता। बहुत मुमकिन है, किसी नाज़ुक मौक़े पर कोका तुम्हारे किसी काम आये। इसलिए उसे साथ रखने में कोई हर्ज़ नहीं मालूम होता।

यह एक प्रकार से शाहंशाह का निर्णय था। खुर्रम के चेहरे पर तमतमाहट साफ़ नज़र आ रही थी। अतिरिक्त उछ्वास से उसकी ख़ुशाम नाक कुछ और उठी हुई दिखाई दे रही थी। वह कुछ प्रतिक्रिया व्यक्त करना चाहता था और नूरजहाँ की चट्टानी सलाह पर हथौड़े का भरपूर प्रहार करना चाहता था, किन्तु उसकी तरफ़

बादशाह का रुझ़हान देख कर उसने अपने को किसी प्रकार संयमित किया।

खुर्रम की तरफ़ से कोई प्रतिक्रिया न आते देखकर नूरजहाँ का मनोबल बढ़ गया। उसने सलाह को व्यावहारिक रूप देने के उद्‌देश्य से कहा—बाक़ायदा हुक्म ज़ारी हो, जहाँपनाह, कि पूरी जंग के दौरान अज़ीज़ कोका फ़ौज के साथ रहेगा और जंग की बाबत सारे फ़ैसले उसकी सलाह से लिये जायेंगे।

सम्राट् गम्भीर रहा आया, खुर्रम की बेचैनी बढ़ गयी थी। उसका मुख-मंडल अस्तगत सूर्य के समान रक्तिम हो गया था। व्याकुल भावावेग शरीर के लिबास को तोड़कर जैसे बाहर निकल जाना चाहता था। उसे लगा कि अब संयत रहना कठिन हो रहा है। इसके पहले कि लावा वेग के साथ फूट पड़े, उसने शाहंशाह का सम्मानपूर्वक अभिवादन किया। वह दो क़दम पीछे हटा और फिर पलटकर तेज़ क़दमों से कक्ष से बाहर निकल गया।

खुर्रम जब महल में लौटा, रात आधी बीत चुकी थी। उसका आकुल भावावेग चाहकर भी संयमित नहीं हो पा रहा था। उसका ध्यान इस ओर नहीं जा रहा था कि कोई उसे सलाम कर रहा है या कोई उससे कुछ कहना चाहता है। वह सीधे अपने कक्ष में आया। उसने एक झटके में कमरपट्‌ट खोलकर उसे तलवार समेत फ़र्श पर फेंका और फिर वह धम्म से दीवान पर बैठ गया।

आवाज़ सुनकर अर्जुमंद कक्ष में आयी और उसने खुर्रम को रोष की तरंग पर सवार देखा। व्याकुल होकर पूछा—अरे, यह क्या? फिर उसने तलवार सहित कमरपट्‌टा उठाया और खुर्रम के पास आकर दरयाफ़्त किया—क्या हुआ? आप इतने बदहवास क्यों हैं?

—क्या कहूँ! वह मक्कार और पुरकार कोका! खुर्रम अभी भी आवेश में था।

—क्या किया कोका ने! खुदा के वास्ते कुछ तो बताइये। अर्जुमंद फ़र्श पर बैठकर खुर्रम के जूतों के तस्मे खोलने लगी।

—वही आपकी फूफी! बेग़म साहिबा! मलिका-ए-सल्तनत! लगा दिया न कोका को मेरे पीछे। तभी चैन पड़ी उन्हें। खुर्रम अपना सारा गुस्सा नूरजहाँ पर उतार रहा था।

—कुछ बतायेंगे भी या यूँ ही उफान में रहेंगे!

—तो सुनो। शाहंशाह ने जंग के लिए मेरी सालारी कुबूल कर ली, पर तुम्हारी फूफी कीशै पर कोका को मेरे साथ नत्थी कर दिया—सलाहकार की हैसियत से। खुर्रम ने व्यग्रता से घटना को दोहराया।

—कहिये, एक बार फिर तो कहिये। ठुनकती सी अर्जुमंद अलंकृत बाएँ कान को आमुख करती हुई बोली।

—अरे, वही, वही न! उस नाशुकरे कोका को साथ लगा दिया। खुर्रम ने कथ्य की पुनरावृत्ति की।

—नहीं,इसके पहले भी आपने कुछ कहा था।

—यही कि जंग में मेरी सालारी बादशाह ने कुबूल कर ली।

—हाँ, यही तो! यही सुनने को तो मैं कब से बेताब थी। इस शानदार खुशख़बरी से दूर हटाकर आप अपना ख़याल कहाँ मामूली बातों में लगाये हुए हैं। यह तो देखिये, कितना नायाब सिला आपको मिला है! मेवाड़ की लड़ाई के सरवर सिपहसालार! अकबराबाद से लेकर अजमेर तक, कितने दिनों तक आप इसी फ़िक्र में रहे और आज यह दिलफ़रोज़ ख़बर मिली, तो आप कहाँ की अर्ज़ां बातों में उलझ गये। अर्जुमंद का चेहरा खुशी की बहार के लिए निर्मल दर्पण बन गया था। फिर वह घुटनों के बल बैठ गयी और दुआ के लिए दोनों हाथ उठाकर बोली—या इलाही, तेरा लाख-लाख शुक्र है। तूने हमारे लिए अपनी रहमतों की बरसात कर दी, जो हमारे दामन में नहीं समा पा रही। हम नाचीज़ों की हम्दोसना क़ुबूल फ़र्मा। अर्जुमंद ने अपने दोनों हथेलियों को सिर पर लगा कर अल्लाह की इबादत की। फिर उसने खुर्रम के हाथों को अपने गुलाबदल के समान कोमल हाथों में लेकर कहा—इस ऐमन ख़बर के सामने हज़ार रंज न्योछावर!

उसकी खुशी देखकर खुर्रम के चेहरे पर मुस्कान की किरण बिखरी। इसे देखकर और ज़्यादा खुशी प्रकट करती हुई अर्जुमंद बोली—या अल्लाह! इस बेपनाह खुशी के आगे एक मामूली से काँटे को आप कितनी अहमियत दे रहे हैं! इंशा अल्लाह, अब आपका इक़बाल बुलंदी को छूकर रहेगा।

—लेकिन वह सलाहकार... । कोका की वाबस्तगी खुर्रम को रह-रहकर परेशान कर रही थी। उसे इस बात की फ़िक्र थी कि ऐन जंग के दौरान नूरजहाँ कोका के कन्धे पर बंदूक रखकर कोई ऐसी चाल न चल दे, जिससे मुहिम निरस्त करनी पड़े और सारी कोशिशों पर पानी पड़ जाय।

अर्जुमंद उमंग और उल्लास का अंशुक ओढ़े हुई थी। षड्यंत्र की कोई गन्ध उसे स्पर्श नहीं कर पा रही थी। कुछ समय बाद वह संयत होकर बोली—वह कोका सलाहकार ही तो बना है, कोई पीरो-मुर्शिद तो नहीं। अरे, सलाह तो वह तभी देगा न, जब कोई उससे सलाह माँगेगा...नहीं क्या!

खुर्रम ठठाकर हँस पड़ा। हँसते हुए कहा—मसले का हल निकालने का यह भी एक तरीक़ा हुआ। खूब! ठीक, उसे भी देखता हूँ। उस ख़न्नास को अपने जूतों की नोक पर न उछाला, तो मेरा नाम खुर्रम नहीं! फिर पत्नी के कंधों पर दोनों हाथ रखकर उसकी आँखों में झाँकते हुए कहा—तुम्हारी हौसला अफ़्ज़ाई का साया रहे, तो मुझ पर कोई मुसीबत आ ही नहीं सकती।

अपनी प्रशंसा सुनकर अर्जुमंद ने सिर झुका लिया।

चौदह

अजमेर के राजमहलों और सैन्य स्थलों में गतिविधियों का जैसे विद्युतीकरण हो गया था। हर आदमी तेज़ क़दमों से चलता-फिरता नज़र आ रहा था। घाघस पक्षी के समान सभी के पैरों में जैसे पंख लग आये हों। शाही अमले का प्रत्येक सैनिक और असैनिक सदस्य अपने को केन्द्र में समझकर व्यवहार कर रहा था।

इस स्फूर्ति का एक बड़ा कारण था। मेवाड़ पर आक्रमण का यह अभियान स्वयं शाहज़ादा खुर्रम के नेतृत्व एवं संरक्षण में हो रहा था, जिसमें वह एक सिपाही की भाँति भाग लेने जा रहा था। इसके पहले भी एक बार शाहज़ादा खुसरो के नेतृत्व में मेवाड़ के विरुद्ध अमियान हुआ था, पर तब सैनिकों में इतना उत्साह नहीं था। सब कुछ बुझा-बुझा सा लगता था। खुसरो के व्यवहार से ऐसा लगता था, जैसे उसने पहले ही हार मान ली है। पर इधर खुर्रम का उत्साह तो जैसे उसकी सैनिक वर्दी से बाहर फूट-फूट पड़ रहा था। उसे अपनी जीत पर विश्वास था। वह सेना के हर विभाग को स्वयं अपनी देखरेख में साज-सँवार रहा था।

दिन भर की व्यस्तता के बाद खुर्रम शाम को महल में लौटा। आरजू बहुत व्यग्र थी। पैर भारी होने के कारण चेहरे पर मलिनता की झीनी पर्त चढ़ गयी थी। श्वेत संदली आभा हलकी पीताभ हो चली थी। खुर्रम सामने आता दिखा। पति के सामने उसका मुख-मंडल सदैव प्रसन्न पद्म सा खिला रहता था। स्वामी के निकट आते ही मुस्कराकर आगे बढ़ी और हाथ पकड़कर निजी कक्ष में ले गयी।

—खूब इंतज़ार कराया। आपके न होने से यह हरमसरा उदासी की चादर ओढ़ लेता है। आरजू कालीन पर बैठकर उसके जूतों के तस्मे खोलने लगी।

—तैयारी का जायज़ा ले रहा था। रसदख़ाना पूरी तरह लैस हो गया है। ख़जाने की हिफ़ाज़त के लिए ख़ास जंगजूओं का इंतिख़ाब कर लिया है। नये तोपचियों की तर्बियत में कुछ क़सर है—एक-दो दिनों में मुक़म्मल हो जायेगी। आज दिन भर यही सब कुछ होता रहा। खुर्रम ने सैनिक-व्यवस्था का विस्तार से विवरण दिया।

—लेकिन यह तो बताइये कि आपकी हिफ़ाज़त के लिए ख़ास फ़ौज़ी दस्ता तैयार हुआ कि नहीं। उसकी तालीम में कोई क़सर बाक़ी नहीं होनी चाहिए। अर्जुमंद को सबसे अधिक इसी बात की चिन्ता थी।

—बादशाह और सिपहसालार हमेशा हिफ़ाज़ती दस्ते से घिरे होते हैं, चाहे यहाँ हो, चाहे जंग में। लेकिन उन्हें इसकी परवाह भी नहीं रहती। लड़ाई में तो और भी नहीं। जंग में तो एक ही जुनूँ होता है—हमला, और हमला, और हमला। निग़ाह हमेशा दुश्मन के सर पर होती है। कोई एक अपना सर भी है, अगर यह याद रहा तो फिर जंग का जुनून ही क्या! तब तो जंग जीती भी नहीं जा सकती। खुर्रम का चेहरा आत्मविश्वास से दिप-दिप दमक रहा था। शौर्य और तेज़ उसके हर शब्द को समर्थ

बना रहे थे।

—फिर भी, सल्तनत का एक परचम होता है। वह जब तक लहराता है, शिकस्त दूर रहती है। फ़ौज पूरी ताक़त से उसका बचाव करती है और यह परचम फ़ौज के सरक़तार के पास होता है। कम-अज़-कम उस परचम की दिफ़ा के लिए तो एक ख़ास हिफ़ाज़ती दस्ता आप अपने पास रख सकते हैं। करुणार्द्र स्वर में एक अन्य तर्क के द्वारा अर्जुमंद ने अपनी चिन्ता को सही ठहराने का प्रयत्न किया।

—शायद तुम ठीक कह रही हो। यहाँ इस तरह से सोचना मुनासिब लगता है, पर जंग की बात ही और है। वहाँ हालात इतनी जल्दी बदलते हैं, कि पहले से बनायी हुई सारी तरक़ीबें नेस्त हो जाती हैं। फ़ौजियों की बर्क़ताज़ कार्रवाई सब कुछ तितर-बितर कर देती है। तब केवल अल्लाह और हिम्मत का ही सहारा रहता है। हम अल्लाह की रहमत पर भरोसा रखें। तुम नाहक़ परेशान हो रही हो। वैसे भी तुम्हारी जिस्मानी हालत ठीक नहीं है। दिन पूरे होने को हैं। उलटे मुझे ही तुम्हारी फ़िक्र शबोरोज़ बनी रहेगी। कभी-कभी तो सोचता हूँ कि तुम्हारे फ़ारिग़ होने तक जंग को मुल्तवी कर दूँ, तो बेहतर हो।

—नहीं, कभी नहीं। खुदा के वास्ते ऐसा न करें। मैं बिल्कुल ठीक हूँ। इंशा अल्लाह सब ठीक हो जायेगा। आप मेरी बिल्कुल फ़िक्र न करें। हिम्मत, बहादुरी, सिपहसालारी और जंगआज़्माई का जो मौक़ा आपको मिला है, उसको किसी भी हालत में हाथ से नहीं जाने देना है। अर्जुमंद ने ललककर जिद की।

—हाँ, जाना तो पड़ेगा ही। सब कुछ अपने चाहने से तो नहीं हो जाता। खुर्रम ने हठ को एक प्रकार से स्वीकार कर लिया।

—एक इल्तिज़ा है...। कहे कि न कहे की झिझक के बीच अर्जुमंद रुक गयी।

—क्या? कहो।

—आप भी इस वाक़या से वाक़िफ़ हैं। मुग़लों की तारीख़ में यह मुर्तसम है। वह यह कि कभी मुग़ले आज़म एक अदद बेटे की लालसा लेकर ख़्वाज़ा की दरगाह तक गये थे। अकबराबाद से अजमेर तक पैदल ही। और ग़रीबनिवाज़ ने उनकी ख़्वाहिश पूरी की। हमारे लिए यह कितना आसान है कि हम अजमेर में ही हैं। अर्जुमंद का स्वर करुणार्द्र था। स्वामी की विजय के लिए जहाँ कहीं से आशीर्वाद मिल जाए, उसे क़ुबूल था।

—एकदम बजा है। मैं ख़्वाज़ा की दरगाह तक पैदल ही चलूँगा और भिखारी की तरह फ़तह की दुआ माँगूँगा। खुर्रम ने अर्जुमंद की तज्वीज़ को तत्काल स्वीकार कर लिया।

—मैं भी साथ चलती...लेकिन...।

—नहीं, अभी नहीं। पहले तुम ठीक हो लो। ज़्यादा अच्छा हो कि बाद में हम गोद में बच्चे को लेकर उनकी क़दमबोसी के लिए पहुँचें और उसके लिए तबर्रुक

माँगें। खुर्रम ने रास्ता निकाला।

—मैं आपके ख़याल से इत्तिफ़ाक़ रखती हूँ। अब चलिये। हाथ-मुँह धो लीजिये। दस्तरख़ान आपका मुंतज़िर है। अर्जुमंद उठकर दूसरे कक्ष में जाने लगी।

—सुनो। कल मुझे बहुत काम होगा। जंग की तैयारी को आख़िरी सूरत देनी है। कल सभी सिपाही और सरदार फ़ौजी वर्दी में मैदान में जमा होंगे। मुझे उनसे बात करनी है। खुर्रम को अभी से दूसरे दिन की चिन्ता सता रही थी।

—ठीक है। पर आज तो खाना लेकर आराम फ़र्माएँ। अर्जुमंद उसे इशारा कर भोजन-कक्ष की ओर चल पड़ी।

दूसरे दिन मस्जिद के सामने विशाल मैदान में फ़ौज जमा हुई। पदों की वरीयता के क्रम से फ़ौजी खड़े हुए थे। अबुल हसन, मुल्ला शाक़ुल्ला, सेफ़ ख़ाँ बारह, सरदार कृष्णसिंह, दिलावर ख़ाँ, मीर हिमासुद्दीन और सेनानायक सुन्दर दास अपने-अपने सैन्य-दल के सामने खड़े थे। पूरी फ़ौज जंग के लिए ज़रूरी हथियारों से लैस थी।

बादलों की गड़गड़ाहट से होड़ लेती घोड़ों की टापों की आवाज़ सुनाई पड़ी, जो क्रमशः काली चार की मद्धिम सतह से उठान लेती हुई पंचम के मुक़ाम पर आकर एकाएक रुकी। टापों की धड़धड़ समाप्त होते-न-होते गुबार के बादल जमीन से उठे और पूरे वातावरण में छा गये। उन बादलों के बीच बिजली की गति से आकर एक घोड़ा रुका। उस पर प्रकाशमान रत्नों से जटित ज़ीन सलमासितारों का भ्रम पैदा कर रही थी। घोड़े की पीठ पर हाथों को हलकी सी जुंबिश देकर खुर्रम रिकाब पर पैर रखे बग़ैर गति की एक ही भंगिमा में कूद पड़ा और तेज़ रौ में सीढ़ियों पर क़दम रखता हुआ मंच पर आ पहुँचा। उसके मंच पर क़दम रखते ही 'अल्लाहो अकबर,' 'अल्लाहो अकबर,' की गगनभेदी आवाज़ें उठीं।

बिना कोई समय गँवाये, बिना किसी भूमिका के खुर्रम ने फ़ौज को गम्भीर स्वर में सम्बोधित किया—बिस्मिल्लाहअब्दुर्रहमानुर्रहीम! दुनिया भर की तमाम रोशनी जिस अल्लाह के नाम से रोशन है, उस अल्लाह के फ़ज़ल से आज वह दिन आया है, कि हम अपने आक़ा के नमक का कर्ज़ अदा कर सकें। सालासाल इंतज़ार करने के बाद वह मुबारक वक़्त आता है, जब हमें दुश्मनों को पस्पा करने के लिए पेशक़दमी का मौक़ा मिलता है। एक जंगजू को जंग से ही शबाब मिलता है। खून के छीटों से ही सिपाही की वर्दी को ज़ेब मिलती है। सिपाही तब तक सिपाही है, जब तक वह मुल्क़ की आन, बान और शान के लिए अपने को क़ुर्बान कर देने का जज़्बा रखता है और याद रखो अल्लाह को कुर्बानी बहुत पसंद है। रहती दुनिया तक लोगों को यह बात याद रहेगी कि हज़रत मुहम्मद सलल्लाहो अलैहे वसल्लम ने अपने नवासे को कर्बला के लिए इसीलिए जंगराह किया था कि क़ुर्बानी की अज़ीमुश्शान मिसाल ज़माने के सामने पेश की जाये कि फिर ऐसी दूसरी मिसाल सदियों तक तारीख़ के पन्नों पर सब्त न हो सके।

खुर्रम थोड़ी देर रुका। वह अपनी तक़रीर की प्रतिक्रिया देखना चाहता था। चारों ओर अज़ीब शान्ति थी। पक्षी भी पर नहीं मार रहे थे। खुर्रम ने अपना सम्बोधन आगे बढ़ाया—बहादुरी जिस्मानी नहीं, रूहानी होती है। जिस्म को बचाकर बहादुरी नहीं दिखाई जाती। दुश्मन से लड़ते वक़्त जब यह भी ख़याल न रहे कि एक सर हमारी गर्दन पर भी है, तभी हमारी तलवार में वह ताब पैदा होती है, जो हज़रत अली की पानीदार तलवार में थी।

तभी पूरी फ़ौज़ ने चिल्लाकर कहा—अल्लाहो अकबर! अल्लाहो अकबर!!

फ़ौज के जोश को देखकर खुर्रम को विश्वास हो गया कि उसके सम्बोधन का यथोचित असर पड़ रहा है। आवेश की उसी रौ में उसने अपना बयान ज़ारी रखा—जंग एक इम्तिहान है। वे खुशनसीब होते हैं, जो महाज़े जंग में शहादत का शबाब हासिल करते हैं। जन्नत का दरवाज़ा खोलकर हूरें उनका एहतिराम करती हैं। और अगरचे फ़तहयाब हुए, तो इस आलम की सारी नियामतें उनकी क़दमबोसी के लिए बेचैन हो उठती हैं। शर्त यही है कि जंग ऐसी हो कि फिर वैसी न हो।

खुर्रम को लगा कि अब सम्बोधन को विराम देना चाहिए। उसने उपसंहार के इरादे से कहा—इस जंग को लेकर मैंने अपने इरादों को मज़बूत कर लिया है। जीत है, तो मेरी ज़िन्दगी है। इससे अलग कोई दीग़र मक़सद नहीं है। मैं खुदा को गवाह मानकर यह कौल लेता हूँ कि ज़िन्दगी में शराब का शौक कभी नहीं करूँगा। महल के सारे साग़रों और मीनाओं को तोड़ दूँगा और किसी महफ़िल में भाग नहीं लूँगा, जिसमें मयनोशी होती हो! खुर्रम की इस घोषणा से फ़ौज में उत्साह का ज्वार उमड़ आया।

—मरहबा! मरहबा!! फ़ौज़ की आवाज़ आसमान को चीर रही थी। अबुल हसन की आँखें नम हो आयी थीं। सिपाहियों ने शाहज़ादा का एक नया रूप देखा था।

—एक और ऐलान सुन लिया जाय। जब तक मेवाड़ पर फ़तह हासिल नहीं होती, फ़ौज की वापसी मंसूख़ की जाती है। और यह भी याद रखा जाय कि हर भगोड़े सिपाही की पीठ पर जो तीर लगेगा, उस पर खुर्रम का नाम लिखा होगा। इसलिए रास्ता अब एक ही बचा है। तलवार की धार पर या तो दुश्मन को दौड़ा दो, या खुद दौड़ जाओ। मजलिस बर्ख़ास्त! तेज़ आवाज़ में आदेश को पूरा करता हुआ खुर्रम उसी तेज़ी से मंच से धड़धड़ाता हुआ उतरा और अपने दुरिकाबे घोड़े पर बर्क़ताज़ अंदाज़ में चढ़ा और 'अल्लाहो अकबर', 'अल्लाहो अकबर' की गगनभेदी आवाज़ों को पीछे छोड़ता हुआ महल की तरफ़ बढ़ा।

दूसरे दिन बहुत तड़के ही वह ख़्वाज़ा साहब के पवित्र दरगाह पर हाज़िरी देने के लिए तैयार हुआ। शरीर पर साधारण वस्त्र थे। आभूषणों के नाम पर दायें हाथ की अनामिका में अर्जुमंद के द्वारा भेंट की गयी अँगूठी भर थी। पैरों में जूते भी नहीं थे। सिर पर हरे रंग की आसनी बँधी थी। अंगरक्षकों के साथ पैदल चलता हुआ वह पवित्र

दरगाह पहुँचा। अर्जुमंद चाहकर भी साथ न चल सकी। वह इतनी दूर पैदल जाने की स्थिति में नहीं थी।

दरगाह में भीतर जाकर उसने ख़्वाज़ा हुज़ूर की पाक मज़ार पर गुलाब के फूलों से सजी हरे रंग की चादर चढ़ाई। अर्जुमंद ने अपने हाथों से इस पर चाँदी और सोने के तारों से बारीक बूटेदार कढ़ाई की थी तथा पन्ना और माणिक रत्नों से सितारे जड़े थे। फिर उसने मज़ार की परिक्रमा की और सामने आकर घुटनों के बल प्रार्थना की मुद्रा में बैठ गया।

उसने दोनों हाथ दुआ के लिए उठाये और प्रार्थना की—ऐ ग़रीबनिवाज़! दोनों जहान के मालिक! अपने नूरअफ़्शाँ आस्ताने पर आये हुए इस साइल पर रहम कर। इस नाचीज़ को यह भी नहीं मालूम कि दुआ किस तरह करनी चाहिए। मैं उन अल्फ़ाज़ से नावाक़िफ़ हूँ, जो रिवायतन तेरी अज़ीम शान में कहे जाते हैं। पर इतना जानता हूँ कि तू फ़राख़दिल है और हर फैलाये गये दामन को सरशार करने के लिए तेरे ख़जाने में रहमतों के भरपूर मोती हैं। यही सबब है कि फ़रिश्ते भी तेरे दर पर मुसल्सल दस्तक दिया करते हैं। तेरी सर्वत सरहदों की मोहताज नहीं। तू गैहान के हर गोशे को फ़िरदौस की शक़्ल में तबदील कर सकता है।

खुर्रम की आँखें नम हो आयी थीं। उसका स्वर गीला हो गया था। पवित्र मज़ार पर दृष्टि जमाये हुए उसने प्रार्थना ज़ारी रखी—मैं एक बड़ी जंग की राह पर हूँ। यह मेरी ज़िन्दगी की पहली मुहिम है। इस पर मेरा मुस्तक़बिल मुनहसिर है। ऐ बेपनाह बरकतों के मालिक! शाहों के शाह! मुझ पर रहम कर और इस साइल की झोली में फ़तह का तबर्रुक डाल दे। मुझे कामरानी की सीढ़ी पर चढ़ा और वह ताक़त और तहव्वुर अता फ़र्मा, जिससे जंग में जीत आसान हो सके। खुर्रम ने अपना सिर फ़र्श से लगाया, फिर मज़ारशरीफ़ पर दृष्टि जमाकर मन-ही-मन फ़रियाद के लहज़े में कहा—मेरे मौला! इस नाचीज़ की इबादत कुबूल फ़र्मा और इसे हमेशा अपनी रहमतों के साये में जगह दे। मेरी ख़्वाहिश है कि आपके इस मुक़द्दस आस्ताने के क़रीब एक शानदार मसजिद तामीर करूँ। इस नाचीज़ बंदे को वह ताक़त अता फ़र्मा कि वह इस काम को अंजाम दे सके।

खुर्रम खड़ा हुआ। वह मज़ारशरीफ़ पर नज़र जमाये हुए क्रमशः बग़ैर पीठ दिखाये पीछे हटता गया। दरवाजे के पास पहुँचकर सिर झुकाया और पलटकर दरगाह से बाहर निकल आया। वहाँ के ख़िदमतगारों से बिदा लेकर अंगरक्षकों के घेरे में अपने महल वापस आया।

युद्ध की तैयारियाँ पूरी हो चुकी थीं। खुर्रम कूच का आदेश लेने शाहंशाह के पास पहुँचा। सम्राट् जहाँगीर ने उसकी सफलता की कामना करते हुए 'खुदा हाफ़िज़' कहा। नूरजहाँ ने आशीर्वाद के रूप में मुग़ल फ़ौज की फ़तह की अभिलाषा व्यक्त की। इसका निहितार्थ खुर्रम से छिपा न रहा। मलिका बादशाह को जता देना चाहती थी कि

यदि मेवाड़ पर विजय प्राप्त होती है, तो यह मुग़ल फ़ौज यानी बादशाह की फ़तह होगी, न कि खुर्रम की।

खुर्रम अपने महल में आया। दास-दासियों और पहरेदारों ने जयजयकार की। कुछ की आँखें डबडबा आयीं। कुछ प्रत्यक्षतः रो पड़े।

अन्तःपुर के विशेष कक्ष में बिदा लेने के लिए खुर्रम बेगम अर्जुमंद के पास आया। अर्जुमंद का मुख-मंडल सौम्य था। वह हरे रंग की ज़रदोजी वेशभूषा में रोज़ की भाँति सबसे अलग और अनोखी लग रही थी। सिर पर हरे रंग का ही कामख़ाब का वस्त्र बाँधे हुई थी। वह अभी-अभी नमाज़ पढ़कर उठी थी। उसके दाएँ हाथ में क़ुराने पाक था और बायें हाथ में तलवार, जिसकी म्यान पर हिरन की खाल चढ़ी हुई थी और जिस पर कलाबत्तू के चारखाने बने हुए थे।

खुर्रम ने अर्जुमंद के हाथों से पवित्र क़ुरान को लेकर आदर के साथ माथे से लगाकर क़रीब रखी चौकी पर रख दिया। अर्जुमंद ने मन्द स्वर में कहा—अल्लाह आप पर मेहरबान हो। आप अल्लाह की रहमतों के साये में रहें। ख़ुदा आपकी हिफ़ाज़त करे।

फिर उसने दोनों हाथों से तलवार को अर्पण की मुद्रा में रखते हुए कहा—मेरे आक़ा, आप ताक़यामत सलामत रहें। रिसालत पनाह हज़रत मुहम्मद सलल्लाहो अलैहे वसल्लम ने अज़ीमुश्शान ख़लीफ़ा हज़रत अली को बद्र के जंग को फ़तह करने के लिए एक ग़ैबी तलवार अता फ़र्माई थी, जिसे दुनिया ज़ुल्फ़िकार के नाम से जानती है। यह तलवार उसी ज़ुल्फ़िकार की मानिन्द न केवल आपकी हिफ़ाज़त करे, बल्कि तमाम दुश्मनों का काम तमाम करे। जंग के ज़ुल्मात में यह नूरफ़िशाँ तलवार आपकी राह रोशन करे और आपकी शानदार कामरानी का सबब बने। अर्जुमंद ने तलवार को बड़े अदब के साथ माथे से लगाया और खुर्रम को भेंट दी। खुर्रम ने उसी अदब से तलवार को अपने हाथों में लेकर माथे से लगाया और कमरपट्टे में यथास्थान खोंस लिया।

खुर्रम ने भरपूर आँखों से अर्जुमंद को देखा। दोनों की आँखें टकरायीं। दो दृष्टियों का सेतु बना और दोनों की भावनाओं का ज्वार इधर से उधर और उधर से इधर को उमड़ता-घुमड़ता रहा। फिर अपनी नज़र से अंतिम बिदा का संदेश देकर खुर्रम पलटा और तेज़ क़दमों से महल की सीढ़ियाँ उतरता हुआ अपने घोड़े के पास आया। एक क्रियांश में वह घोड़े की पीठ पर कूदा ही था कि घोड़ा हवा से बातें करता हुआ आगे निकल गया। हिफ़ाज़ती घुड़सवार दस्ते ने गति को मिलाने की गरज़ से एड़ लगा दी।

अर्जुमंद ठहरी हुई आँखों से गुबार को देर तक देखती रही।

पन्द्रह

योजना के अनुसार अनेक भागों में बँटी हुई फ़ौज की टुकड़ियाँ नियत स्थान के लिए रवाना हुईं। इसमें खुर्रम के बारह हज़ार घुड़सवारों की सेना भी शामिल थी। फ़ौज की हर टुकड़ी के लिए रसद और हथियारों का भंडार चल रहा था। बख़्शी फ़िदाई ख़ाँ भी साथ चल रहा था, जो यथायोग्य धन ख़र्च करने के लिए अधिकृत था।

फ़ौज मेवाड़ के उन सूबों को शीघ्रता से पार करती हुई आगे बढ़ी, जो मुग़लों की अधीनता में आ गये थे। सातवें दिन वह चित्तौड़ पहुँची और वहीं पर डेरा डाल दिया। वहाँ पहुँच कर उसे आगामी आदेश की प्रतीक्षा करनी थी।

महल के आकार का विशाल तंबू खुर्रम का सैन्य-केन्द्र था। इसी सैनिक शिविर से आगामी कार्रवाई की रूपरेखा बननी शुरू हुई। खुर्रम अपने सिपहसालारों से निरन्तर मंत्रणा करता रहा। इस मंत्रणा को गुप्त रखा जाता था और किसी भी निर्णय पर बाहर चर्चा करने पर सख़्त पाबंदी थी। इस बीच बड़ी संख्या में खोजी सिपाही यत्र-तत्र भेजे गये थे। उनका उद्देश्य था—राजपूतों के सैन्य ठिकानों का पता लगाना, शत्रु-सेना की अनुमानित संख्या, उन मार्गों की खोज जहाँ से रसद और अस्त्र-शस्त्रों की पूर्ति होती थी तथा राणा अमर सिंह और उसके परिवार का आवास स्थल। इन खोजी सिपाहियों ने चारों ओर अपना जाल बिछा दिया। कुछ झड़पें भी हुईं। दोनों तरफ़ के सिपाही मारे भी गये। मरने वालों में राजपूतों की संख्या अधिक थी। मुग़ल सिपाही चुस्त और चौकस थे। फ़ौजी तर्बियत ने उनमें कुशल योद्धा के गुण भर दिये थे। खुर्रम की व्यक्तिगत प्रेरणा ने उन्हें निष्ठावान और उद्देश्य के प्रति समर्पणशील बना दिया था।

कुछ ही दिनों में खोज के नतीज़े सामने आ गये। खोजी सिपाहियों ने ख़बर दी कि अरावली पर्वत की गहन वन्य उपत्यका में राणा अमरसिंह का केन्द्रीय ठिकाना है। उसका परिवार भी वहीं साथ में है। सेना की संख्या मुश्क़िल से कुछ हज़ारों में है। बीहड़ों और दर्रों में छोटी-छोटी संख्या में सैनिक मोर्चा लिये हुए हैं। रसद-पूर्ति की कोई सुनिश्चित व्यवस्था नहीं है। सैनिकों के समूहों को स्वयं ही अपने खाने-पीने की व्यवस्था करनी होती है। गिनती के कुछ ही बाहरी मार्गों से उनका सैन्य केन्द्र जुड़ा हुआ है, जहाँ से रसद, हथियार और नयी भरती के सिपाही आते रहते हैं। लड़ाई मैदान में नहीं होगी, बल्कि बीहड़ों, सँकरे दर्रों और घने जंगलों की पहुँच-विहीन झाड़-झंखाड़ों के बीच में होगी। ज़ाहिर है कि राजपूत छापामारशैली में लड़ेंगें। उन्होंने टीलों और उच्चतर ठिकानों पर मोर्चे बना रखे हैं।

अब शत्रु सेना का पूरा परिदृश्य खुर्रम के सामने था। उसे शत्रुओं के अतिसंख्य सैनिक मोर्चों के बरक्स अपनी सेना को छोटे-छोटे समूहों में बाँटना था। सिपाहियों की छोटी-बड़ी संख्या के अनुसार उसने उपनायकों, सेनानायकों और सिपहसालारों के अधीन दल तैयार किये और जासूसों के द्वारा बताये गये रास्तों सें उन्हें आगे बढ़ने के

लिए तैयार किया। चूँकि खुले मैदान में युद्ध नहीं होना था, इसलिए घुड़सवार सेना को सबसे पीछे रखा। गहन जंगल के मोर्चों के लिए हाथियों की सेना आगे रखी गयी और दायें-बायें पैदल सेना की पँक्तियाँ। हर पाँच सौ सिपाहियों के समूह के लिए रसद और भांडार की पृथक् व्यवस्था की गयी, जिसमें नियमित रूप से पानी, भोजन, हथियार और स्वास्थ्य-सेवा का प्रबंध था। सारी व्यवस्था शीन-क़ाफ़ दुरुस्त थी।

मंत्रणाएँ खुर्रम के शिविर में प्रायः आधी रात को रखी जाती थीं। इनमें दिलावर ख़ाँ कृष्णसिंह, सेफ़ ख़ाँ बारह, मीर हिसामुद्दीन समेत सभी प्रमुख सिपहसालार आमंत्रित होते थे। यदि किसी एक को नहीं बुलाया गया था, तो वह था मिर्ज़ा अज़ीज़ कोका। उसे इस बात की ख़बर तो थी, कि नियमित रूप से मंत्रणाएँ हो रही हैं और उसे उपेक्षित किया जा रहा है। एक-दो बार उसने खुर्रम को संदेश भी भेजा कि उसे सलाह की मज़लिस में बुलाया जाय। एक बार सैन्य-निरीक्षण के समय उसने रास्ते पर रोककर अपनी उपेक्षा की ओर उसका ध्यान दिलाया, तो खुर्रम ने 'देखेंगे' कहकर उसे टरका दिया।

जंग के मैदान में अपनी मौजूदगी को इस तरह ख़ारिज़ होते देखकर कोका तिलमिलाया हुआ था। एक शाम उसने शाही शिविर में खुर्रम से भेंट की। सलाम करके बोला—जंग की बाबत हुज़ूर का मंसूबा क्या है, अगर एतराज़ न हो, तो ज़ाहिर करें।

—इंतज़ार करो। खुलासा वक़्त के हाथों होगा। खुर्रम ने टके सा जवाब दिया।

—शाहज़ादे! फ़ौज को चित्तौड़ में पड़े एक अरसा हुआ। फ़ौज का ख़र्च बढ़ रहा है। सिपाही निकम्मे होते जा रहे हैं। उन्हें लग रहा है कि उनके सिपहसालारों के पास जंग का कोई ख़ाका नहीं है, या शायद किसी सबब से वे लड़ाई छेड़ने से कतरा रहे हैं—शायद जंग के नतीज़े से डर रहे हों। कोका ने सम्भावनाओं का भ्रम पैदा करते हुए खुर्रम पर अपना दबाव बनाने की कोशिश की।

—कोका, तुम हद से बाहर जा रहे हो। अपनी तक़रीर बंद करो और यहाँ से दफ़ा हो। विवश होकर खुर्रम को कठोर होना पड़ा। कोका के हठ को वह देर से झेल रहा था। उसकी सब्र का बाँध टूट चला था।

—पर मैं...।

—तुमने सुना नहीं, मैंने क्या कहा! यह बेअदबी तुम्हारी जान की दुश्मन न बन जाय! क्या तुम नहीं जानते कि जंग के दौरान किसी आदमी को हलाक कर उसे शहादत का क़फ़न ओढ़ाना कितना आसान होता है! खुर्रम के तेवर तीखे हो गये थे। अपनी समझ से उसने क़ाफ़ी लिहाज़ कर लिया था। अब कार्रवाई का वक़्त आ पहुँचा था।

कोका भीतर से काँप गया। इसके पहले भी अजमेर के दरबार में खुर्रम की कटार उसकी पगड़ी को उड़ाकर ले गयी थी। वृक्ष की टहनी पर लगा पका फल जैसे

हवा की झकोर से थर्रा जाता है, वैसे ही कोका विद्युतीय सिहरन की लम्बवत सिहरन से सिर से पैर तक थरथरा गया। ज़मीन पर बिखरे तेल-से साहस को सहेजते हुए कहा—आपका यह सुलूक बेहद नागवार है और शाही सलीक़े के एकदम ख़िलाफ़ है। मैं चाहूँ तो इसी वक़्त शाही फ़ौज को मुहिम से बरतरफ़ कर सकता हूँ। मुझे ऐसे हक़ूक़ हासिल हैं। मलिका-ए-हिंदुस्तान ने शाही मुहर के साथ यह परवाना दिया है कि शाही फ़ौज की तैनाती मेरी राय से की जाय। कोका ने अपने ख़रीते से एक हुक्मनामा निकाला और उसे खुर्रम की तरफ़ बढ़ाया।

खुर्रम ने झपट्टा मार कर उसे लिया और टुकड़े-टुकड़े करते हुए कोका के मुँह पर दे मारा।

जिस हुक्मनामा की नींव पर खड़ा होकर वह खुर्रम से बराबरी की टक्कर ले रहा था, उसे शरहा-शरहा होते देख वह बुरी तरह भयभीत हो गया। चेहरे पर घबराहट साफ़ झलक रही थी। आँखें फैल गयी थीं। कल्लों पर स्वेद-कण झलकने लगे थे। साहस बटोरकर बोला—यह सरासर हुक्मउदूली है। शाहंशाह के हुक्म की नाफ़र्मानी है। फ़ौजी रिवायतों का तज्ज़िया करना है। इसके अंजाम से आप बेपरवाह हैं! आपकी यह हरकत...।

इसके पहले कि कोका अपनी बात पूरी करता, खुर्रम चीख उठा—पहरेदार!!

चार पहरेदार फुर्ती से अंदर आये। उनके हाथों में नंगी तलवारें थीं।

—गिरफ़्तार कर लो इस कमीने को। डाल रखो पहरे में इसे। ख़बरदार, मेरी इजाज़त के बिना यह किसी से न मिल सके। खुर्रम ने एक ही साँस में हुक्मों की बरसात कर दी।

पहरेदार कोका को लगभग घसीटते हुए ले चले। कोका चीखता रहा—आप नहीं जानते, शाहज़ादे कि आप क्या कर रहे हैं! आपको इस सरकशी का नतीज़ा भुगतना पड़ेगा।

थोड़ी देर में खुर्रम शान्त और सामान्य हो गया। उसने संक्षेप में कोका के विरुद्ध एक प्रतिवेदन तैयार किया और दूत के माध्यम से अजमेर भेज दिया।

पत्र पाते ही नूरजहाँ बौखला गयी। वह समझ गयी कि कोका की ज़िन्दगी ख़तरे में है। वह किसी भी हालत में कोका को खोना नहीं चाहती था। उसने बादशाह को इस बात के लिए राज़ी कर लिया कि कोका को सही सलामत अजमेर भेज दिया जाय। परिणामस्वरूप महाबत ख़ाँ की अभिरक्षा में मिर्ज़ा अज़ीज़ कोका अजमेर लाया गया।

उधर अर्जुमंद की दिनचर्या ही बदल गयी थी। खुर्रम की देखभाल में रात-दिन एक कर देने वाली कदबानू में अद्भुत सौम्य आ गया था। धैर्य ने संयमित चंचलता का स्थान ले लिया था। दासियाँ खाने और पहनने के लिए जो भी ला देतीं, उनसे ही सन्तुष्ट रहती। सतीउननिसा पर विशेष दायित्व आ पड़ा था। वह अर्जुमंद की

उदासीनता और तटस्थता को दूर करने का प्रयत्न करती। उसकी उज़्लत में पारिवारिक रमणीयता बनाये रखने की कोशिश करती। इसके लिए बच्चों को उसके पास ही रखती, ताकि उनमें उसका मन बहला रहे। अर्जुमंद का अधिकांश समय नमाज़, इबादत और क़ुराने पाक के अध्ययन में जाता।

प्रायः दूसरे-तीसरे दिन विशेष संदेशवाहक आते और खुर्रम का ख़त लाकर उस तक पहुँचाते। जंग के मोर्चे से भेजे गये इन पत्रों में एक मूल बात ज़रूर लिखी होती—तुम किसी बात की फ़िक्र मत करो। अल्लाह की मेहरबानी से यहाँ सब ठीक चल रहा है। तुम अपनी सेहत का ख़याल रखना और अपने हौसले को बनाये रखना।

एक ख़त तो खुर्रम ने जैसे तमन्नाओं की महफ़िल के बीच खड़े होकर लिखा था—ख़्वाहिश रोज़ कहती है कि जंग बंद हो, तो आरजू के सामने खड़ी हो सकूँ। उसे देख सकूँ। उसे छू सकूँ। उससे बातें कर सकूँ। वाक़ई तुम एक ग़ैरसमंदर रतन हो। बल्कि तुम्हें रतन कहना भी मुनासिब न होगा। रतन का परस कितना रूखा होता है! शक़्ल का तो बस माशाअल्लाह! दिखने में कितना बेडौल! उसमें रस कहाँ? गंध तो उसकी फ़ितरत में है ही नहीं! मालूम नहीं,आख़िर लोग रतन के पीछे इतने दीवाने क्यों हैं! शाही ख़ज़ाने में मैंने एक-से-एक बढ़कर नायाब रतन देखे हैं, लेकिन सच आरज़ू, एक भी तुम्हारे मुक़ाबिल नहीं। शायद वे मुक़ाबिले से डरते हैं, इसीलिए ख़ज़ाने में जाकर मुँह छिपाये बैठे हैं।

अर्जुमंद पत्र को पढ़कर निढाल हो जाती। कितनी कोमलता है! कितनी मादकता है! कितनी क़शिश है! कितनी ताज़गी है! कितनी सरसता है! जंग की काली घटाओं के बीच जैसे माधुरी की बरसात है। जंग के नक़्शों के बीच रंगमहल के नक़्शे की याद भी झिलमिलाती रहती है—झील की तरल सतह पर लहराती महल की परछाई जैसी!

कभी चिन्ता की धुआँसी रेखाएँ भी उसके अन्तःकरण में उठने लगतीं। हमें लेकर शाहज़ादा हुज़ूर की एकाग्रता भंग न हो! अगर वे लड़ाई की तरक़ीबों में लगे हैं, तो उसी में लगे रहें। इधर की फ़िक्र छोड़ें। उसी नामावर के हाथों वह ख़त का जवाब भेजती, जिसका मज़मून अक्सर इस क़िस्म का होता—खुदा हमेशा आपको अपनी ख़ास हिफ़ाज़त में रखे। बवंडर भी आपकी जीवन-जोत को अपने घेरे में महफ़ूज़ रखें। बर्क़ आपकी शमशीर को वह ताब अता करे, कि उसके सामने दुश्मनों की आँखें ठहर न सकें। पहाड़ की बरसाती दरिया की मानिंद आपकी फ़ौज दुश्मनों से रोके न रुके। आपको कभी मौक़ों की तलाश न हो, बल्कि मौक़े खुद आपकी तलाश करें।

अपने एक ख़त में लिखा—आपकी तलवार की चमक को देखकर बर्क़ भी शरमा जाय। दुश्मन की जानिब से आने वाला हर वार अपनी दिशा भूल जाय। आपकी ज़िन्दगी और मौत का दरमियानी फ़ासला मग़रिब और मशरिक़ के तज़ाद की मानिंद हमेशा क़ायम रहे। हैबतनाक जंग के शोलों के बीच आप उसी तरह महफ़ूज़

रहें, जैसे फ़ानूस के आगोश में शमा महफ़ूज़ रहती है। बड़ी बदनसीब हूँ, जो इतनी दूर चैन से महल में बैठी हूँ, जबकि आप ग़र्द का लिबास पहने थकान से चूर होंगे। मेरी पूरी ज़िन्दगी आपकी ख़िदमत के लिए क़ुर्बान है, पर इस गर्दिशे लैलोनिहार को देखिये, कि यह मुझे एक मौक़ा देने में भी कंजूसी बरत रहा है।

एक अन्य पत्र में उसने लिखा था—जो दिन आपके बग़ैर कटे, मैं उन्हें अपनी ज़िन्दगी से ख़ारिज़ करती हूँ। वे मेरी साँसों की गिनती में नाशुमार हैं। यह कसक तक़यामत बनी रहेगी कि जिन दिनों आप पर ख़तरों के बादल मँडरा रहे थे, उन दिनों मैं मुग़लिया हरम में ऐशो इशरत की तमाम नियामतों के बीच ज़िन्दगी का लुत्फ़ उठा रही थी। यह मेरी ख़ुशनसीबी है, मेरे आक़ा, कि तलवारों की झनकारों के बीच आपको मेरे सुहाग की चूड़ियों की खनक सुनाई पड़ जाती है। आप सलामत रहें, मेरे मालिक, साल दर साल, हज़ार हज़ार साल, ताक़यामत!

एक पत्र एक नयी घटना की सूचना देने के लिए लिखा गया था—हाँ, इस बार एक ख़ुशख़बरी! यह ख़बर आपको जंग के झुलसते रेगिस्तान में फ़िरदौस जैसे चमन की सैर करा देगी। आपका एक अक्स मेरी गोद में आ गया है। इस नये मेहमान में आपके ही नूर का साया है। अब हरहमेश उसकी छवि में आपकी छवि तलाश लेती हूँ। आप यक़ीनन मेवाड़ को फ़तह करेंगे और यह उस फ़तह के लिए तोहफ़ा होगा।

उधर अर्जुमंद को प्रतीक्षा का एक-एक पल धीमे क़दमों से खिसकता महसूस हो रहा था और इधर ख़ुर्रम हर पल मेवाड़ की फ़ौज के ख़िलाफ़ मोर्चा मज़बूत करने में लगा हुआ था। उसने पहाड़ी और जंगली क्षेत्रों में पैदल सेना का जाल बिछा दिया था। जिन महत्वपूर्ण ठिकानों पर राजपूत सेना की टुकड़ियाँ तैनात थीं, वहाँ उनसे मुठभेड़ कर पीछे ढकेल दिया। पहाड़ियों और वनों में शत्रु सेना की मौजूदगी का अनुमान लगाकर तोपों के मुँह खोल दिये। इससे शत्रुओं का नुक़सान भले ही अधिक न हुआ हो,किन्तु तोप के गोलों ने चारों ओर पूरे वातावरण को थर्रा दिया और प्रलय की आग फैला दी। इससे मेवाड़ की सेना में दहशत छा गयी। वह भयाकुल होकर पीछे सिमटने लगी। आगे बढ़कर वार करने के लिए गुंजाइश कम होती जा रही थी। ऐसा लग रहा था कि वह अपने ही पिंजड़े में क़ैद होकर रह जायेगी। पृष्ठ भाग में अगम्य पर्वतश्रेणियाँ थीं और सामने तीनों ओर से मुग़ल सेना ने घेरा डाल दिया था। शिकंजा पूरी तरह से कस गया था और राजपूतों की सेना अपनी जगह कसमसाने के लिए बाध्य कर दी गयी थी।

ख़ुर्रम ने सोचा, युद्ध आख़िर युद्ध होता है। उसका नतीज़ा किसे मालूम! कुछ भी हो सकता है! हार-जीत का गणित कुछ अलग ही क़िस्म का होता है। तभी एक विचार सहसा उसके दिमाग़ में कौंधा। क्यों न एक ख़त राणा अमरसिंह को लिखा जाय और दुर्दान्त सम्भावनाओं का चित्र खींचकर उसे समर्पण के लिए मजबूर किया जाय। यदि दबाव से काम चल जाता है, तो आगे जंग की ज़रूरत ही नहीं पड़ेगी।

नतीज़ा भी अपने पक्ष में निकल आयेगा, अफ़राद भी कम हलाक होंगे और ख़र्च भी बचेगा।

खुर्रम ने एक लम्बा ख़त लिखा। उसने अपने तीन सैनिकों को निर्देश दिया कि वे सफ़ेद ध्वज के साथ बेख़ौफ़ होकर दुश्मनों के मोर्चों के बीच से राणा तक पहुँचे और उसे यह ख़त देकर आयें। उसने तत्काल जवाब लाने के लिए ज़ोर नहीं दिया, क्योंकि संधि या समर्पण के प्रस्ताव पर विचार करने में समय लगता ही है।

राणा अमरसिंह के हाथों जब पत्र पहुँचा, तो वह आश्चर्य में पड़ गया। उसे किसी पत्र की आशा नहीं थी। दूसरे राजपूत सरदार भी चकित रह गये। राणा ने जिज्ञासा की मुद्रा में पत्र पढ़ा—

जनाब राणा अमरसिंह जूदेव को आदाब! हालात से आप वाक़िफ़ हैं। जंग के ख़ौफ़नाक काले बादल मेवाड़ के आसमान में उमड़-घुमड़ रहे हैं। इस बार पूरी बरबादी के आसार हैं। अक़्लमंद वही है, जो आसार का जायज़ा लेकर सही वक़्त पर माक़ूल फ़ैसला करता है। यह फ़ैसले की घड़ी है। यह फ़ैसला आपको करना है और अभी करना है।

इसके पहले भी कई मर्तबा मुग़ल फ़ौज़ ने मेवाड़ पर चढ़ाई की थी। चित्तौड़ समेत बहुत बड़ा हिस्सा अभी भी हमारे क़ब्ज़े में है। हमें पूरी कामयाबी नहीं मिली और मेवाड़ के कुछ हिस्सों पर आपकी हुकूमत आज भी बदस्तूर क़ायम है। बिलाशक, इसका सबब आपके मरहूम अब्बाजान राना परताप थे, जो दिलावरी और खुद्दारी की मूरत थे। उनकी बहादुरी के किस्से आज भी राजपूताने से दिल्ली तक, गाँवों और शहरों में, खेतों और खलिहानों में, तराइयों और अमराइयों में कहे और सुने जाते हैं। वे दिलेरी के मज़्हर थे। उनकी जौहरेशमशीरी पर, एक सिपाही होने के नाते, हमें भी फ़ख़्र है, बल्कि हर हिन्दुस्तानी को फ़ख़्र होना चाहिए। मुग़लों को हमेशा इस बात का अफ़सोस रहेगा कि वे ऐसी लासानी शख़्सियत को अपना दोस्त न बना सके। लेकिन हम आपको अपना दोस्त बना सकते हैं। आपकी दोस्ती से मुग़ल सल्तनत की नींव और मज़बूत होगी।

यदि आपने हमारी दोस्ती क़ुबूल नहीं की, तो इसके अंजाम का अंदाज़ आप खुद लगा लें। आपके पूरे परिवार को, मय पूरी फ़ौज के साथ घेर लिया गया है। हमारे इस फ़ौजी घेरे से बाहर कोई नहीं जा सकता। शिकंजा और कसता जा रहा है। रसद की आमद रोक दी गयी है। किसी फ़ौजी इम्दाद की उम्मीद अब सिर्फ़ सपना ही है।

हमारे बीच पहले भी कई बार लड़ाइयाँ हो चुकी हैं, पर यह जंग उन सबसे अलग, सबसे हौलनाक और शोलाअंगेज़ होगा, जिसकी चिनगारियाँ आसमान में आपकी बरबादी की कहानी लिखेंगी। यह जंग ऐसा होगा, फिर कभी नहीं वैसा होगा। मेवाड़ में शायद कोई राना परताप का नामलेवा भी न बचे। इसलिए आपकी भलायी और सलामती इसी में है कि शाहंशाहे हिन्द की मातहती बाइज़्ज़त कुबूल कर लें। हम

आपको यक़ीन दिलाते हैं कि इसके एवज़ में आपको दरबार की हाज़िरी से छूट दी जायेगी, मेवाड़ से कोई महसूल नहीं लिया जायेगा और इस मुहिम के हरज़ाने की माफ़ी अता की जायेगी।

अगर आपको हमारा मसविदा मंज़ूर हो, तो तीन दिनों के भीतर अपनी मंज़ूरी के साथ अपने बेटे को बतौर जमानत शाही ख़ेमे में पेश करें। यदि इस मियाद तक कोई जवाब नहीं मिला,

तो चौथा सबेरा तोपों की गरज से शुरू होगा और घोड़ों की टापों से उड़ती हुई धूल के कारण सूरज अपनी किरनों से जमीन को छूने के लिए तरस जायेगा। अल्लाह आपको तौफ़ीक अता करे।

सालार-ए-जंग शाहज़ादा ख़ुर्रम

पत्र पढ़ते ही राणा अमरसिंह भीतर से काँप गया। उसमें अपने प्रतापी पिता जैसी दृढ़ इच्छा-शक्ति नहीं थी। वह परिणाम-सोची था। राज्य की आर्थिक विपन्नता, मुग़लों से दीर्घकालिक तनातनी, सरदारों की आपसी कलह, सैन्य क्षमता का क्षरण आदि अनेक कारणों ने उसकी वीरता, साहसिकता और सहनशीलता पर विपरीत प्रभाव डाला था और उसकी प्रतिरोध क्षमता में कमी कर दी थी। उसे स्वाभिमान का मुकुट असह्य लगने लगा था। पूर्वजों की शौर्य-गाथा विस्मृति की राह पकड़ने लगी थी। स्वातंत्र्य का मनोरथ आपदाओं के बीहड़ वनांचल में हिचिर-हिचिर कर घिसटने लगा था।

मेवाड़ अब पहले जैसा मेवाड़ नहीं रहा। उसकी शक्ति बिखर गयी थी। आक्रमण तो दूर, बचाव के लिए भी सहारा ढूँढना पड़ता था। स्वाभिमान की चादर कई जगह से फट गयी थी। मिथ्या दम्भत्व झाँकने लगा था। राजपूती शान के सूरज को कभी तो डूबना था! लगता है, वह समय आ गया है। आकाश का पश्चिमी किनारा एकदम निकट है। पश्चिमी क्षितिज इशारा कर रहा है—आख़िरी साँस लो और मेरी गोद में समा जाओ।

सरदारों के बीच विचार हुआ। विमर्श के लिए कुछ ख़ास था भी नहीं। केवल अतीत के वैभव की राख थी। उस राख के भीतर कुछ शरारे थे, लेकिन शरारे आख़िर शरारे थे और अपनी औक़ात जानते थे।

एक ने कहा—राजपूतों का जातीय स्वाभिमान अद्वितीय रहा है। लोगों ने सुना। उनके हाथ पगड़ियों तक गये। वे भार-सी लग रही थीं।

दूसरे ने कहा—राजपूती आन, बान और शान का जो आदर्श महाराणा प्रताप ने रखा था, उसे बनाये रखना आवश्यक है। उन्होंने स्मृति को कुरेदने की चेष्टा की—कौन महाराणा प्रताप!

तीसरे ने कहा—अब समय आ गया है। हमें एक बार फिर मुग़लों को पराजय

का स्वाद चखाना चाहिए। लोगों ने सुना। उनके हाथ तलवारों के क़ब्ज़ों तक गये, किन्तु तलवारें बाहर नहीं आ पायीं, क्योंकि म्यानों के भीतर ज़ंग ने उन्हें जकड़ रखा था।

अंततः निर्णय तो अमरसिंह को ही करना था। वह राजा था। राजपूतों का सरदार था। राजपूती मान-मर्यादा की बची-खुची पूँजी का संरक्षक था। उसने फ़ैसला सुनाया—अब सोचने को क्या रह गया है! इसके पहले कि मुग़ल सैनिक अपनी तलवारें उठायें, हमें उनके हाथों को थाम लेना चाहिए। हम अपने प्राण बचा लें, यही बहुत है। उनकी मित्रता से कई लाभ हैं। उनके संरक्षण में हम सदा के लिए सुरक्षित हो जायेंगे। फिर कोई मेवाड़ की तरफ़ आँख उठाकर भी न देख सकेगा। हम सुख से रह सकेंगे। अमन-चैन से जी सकेंगे। हमें और क्या चाहिए। हमें शान्ति चाहिए।

राणा रुका। वह अपने निर्णय की प्रतिक्रिया जानना चाहता था। उसने देखा, किसी के पाषाणी चेहरे पर किसी प्रकार का कोई चिह्न नहीं था। दीवार पर खिंची मूर्तियों की भाँति उनमें कहीं कोई हलचल नहीं थी। प्रतिवाद के कहीं कोई लक्षण नहीं थे।

सरदारों के सिर झुके हुए थे। कोई कुछ नहीं बोला। किसी ने किसी से आँखें नहीं मिलायीं। एक चुप्पी यहाँ से वहाँ तक छायी हुई थी। ज़मीन चुप थी। आसमान चुप था। पेड़ पर पक्षी भी चुप थे। एक पत्ता भी नहीं डोल रहा था। एक सन्नाटा सा खिंचा हुआ था। इस सन्नाटे को भेदते हुए राणा अमरसिंह ने कहा—सरदार शक्तावत, चाँदी की थाल में रत्न-जवाहिरात भर लो और उस पर मेरी तलवार रख दो। राणा ने अपनी तलवार हाथ में ली। क़ब्ज़े से नोक तक उसे भरपूर नज़रों से देखा। फिर धार पर उँगलियाँ चलाईं, मानो उसका पानी खोज रहा हो। उसकी आँखें डबडबा आयीं।

मुख से बोल नहीं निकल रहे थे। कंठ अवरुद्ध था। शब्द जैसे गले में फँसे हुए थे। किसी तरह उसने अपने को संयत किया और उसे तलवार सौंपते हुए बोला—राजकुमार कर्णसिंह को साथ लेकर जाओ और शाही ख़ेमे में अपनी हाज़िरी दर्ज कराओ।

इसके पश्चात् वह उठा, मुड़ा और तेज़ क़दमों से चलता हुआ दूर अपनी कुटी में घुस गया। प्रवेश करते ही उसकी पगड़ी बाँस की कमची में फँसकर धरती पर गिर पड़ी। उसने पगड़ी उठाई और वह धम्म से वहीं ज़मीन पर बैठ गया। एक पुरानी घटना स्मृति-पटल पर कौंध गयी। बात तब की थी, जब महाराणा प्रताप शाहंशाह अकबर की सेना से अपने को बचाते, लुकते-छिपते अरावली पर्वत-श्रेणियों में यहाँ-वहाँ निवास करते रहते थे। एक दिन उनसे मिलने के लिए वह उनकी घास-फूस की झोंपड़ी में गया। प्रवेश करते ही उसकी पगड़ी आज की ही भाँति दरवाजे की किसी कमची से उलझकर गिर पड़ी। तब उसने खीझ-भरे स्वर में झल्लाकर कहा था—यह जीवन भी कोई जीवन है। न खाने-पीने का ठिकाना है, न पहनने-ओढ़ने का। रहने के लिए झोंपड़ी भी ऐसी कि पीठ को दोहराकर भीतर घुसो। तब भी पगड़ी सिर पर सँभल

न सके!

उसकी झल्लाहट को सुनकर महाराणा प्रताप ने कहा—अरे, इतनी मामूली सी बात पर खीझ और गुस्सा! तब तो हो चुकी मेवाड़ की रक्षा। लगता है, मेरे बाद मेवाड़ की मर्यादा का सूर्य डूब जायेगा।

इस घटना की याद ने उसके अवसाद को और गाढ़ा कर दिया। वह पास पड़े बिस्तर पर लेट गया। उसका बायाँ हाथ माथे पर था। उसने आँखें बन्द कर लीं, किन्तु अन्तर्दृष्टि के सामने एक और दृश्य खिंच आया। अरावली पर्वत के जंगल में एक दोपहर वृक्ष की छाँह में बैठा था। अन्न के अभाव में महारानी ने घास की रोटियाँ बनायी थीं। प्यार से उसकी पीठ पर हाथ फेरते हुए महारानी ने उसके हाथ में रोटियाँ रख दीं। तत्क्षण उसने रोटियाँ फेंकते हुए कहा था—मुझे नहीं खाना घास की रोटियाँ! महारानी की आँखों से झर-झर आँसू गिरने लगे थे। महाराणा ने बहुत शालीनता से घास की रोटियों को उठाया और माथे से लगाते हुए कहा—मेवाड़ के सपूतों के लिए ये रोटियाँ अमृत के समान है मेरे बच्चे! फिर वे सन्तोष के साथ उन रोटियों को खाने लगे। असीम धैर्य! असीम सन्तोष!! असीम सहनशीलता!!! उफ्!

अमरसिंह के आँसू थम नहीं रहे थे। भीतर कितना जल भरा है! कब तक झरता रहेगा! कोई अक्षय सोता है क्या! महाराणा की कितनी ही भंगिमाएँ स्मृति-पटल पर एक-के-बाद एक आती रहीं। अनाहूत, अनायास कितने ही दृश्य घूम गये। उनके द्वारा कही हुई और उनके बारे में कही गयी कितनी ही बातें कानों से टकरा रही थीं। एक बात अभी-अभी कानों में गूँज गयी। किसी ने अपने साथी से कहा था—सुना हो ठाकुर, अपने महाराणा की एक झलक पाने के लिए सम्राट् अकबर भेष बदलकर चित्तौड़ आया था। भल्ल से आँसुओं का रेला उसकी आँखों से फूट पड़ा।

वह यादों से पीछा छुड़ाना चाहता है, पर यादें हैं कि बार-बार उसे कटघरे में ढकेल देती हैं। वह यादों की चौहद्दी के भीतर यहाँ-से-वहाँ छटपटाते-छटपटाते भाग रहा है। पर कहीं से कोई निजात नहीं! कोई राह नहीं! डूबा बंस कबीर का, उपजा पूत कमाल! कमाल कि अमरसिंह!! वह फफक-फफक कर रो पड़ा।

संदेश-वाहक ने लौटकर ख़ुर्रम को सूचना दी। उसका दिल बल्लियों उछलने लगा। उसे स्वप्न में भी आशा नहीं थी कि मेवाड़ इतनी जल्दी घुटने टेक देगा। उसके लिए यह किसी करिश्मा से कम नहीं था। उसने सिजदा की और ख़ुदा को हज़ारहा धन्यवाद दिया। यह एक दुर्लभ विजय थी, जो उसके जीवन को एक नया मोड़ दे सकती थी। वह जल्द-से-जल्द यह ख़ुशख़बरी अर्जुमंद तक पहुँचाना चाहता था। उसने एक ख़ास संदेश-वाहक को बुलाया, जो तेज़ घुड़सवारी के लिए प्रसिद्ध था। उसने आदेश दिया कि वह तत्काल अजमेर रवाना हो और बेगम अर्जुमंद को इस बुशारत की सूचना दे।

मुग़ल ख़ेमे में जश्न की तैयारियाँ शुरू हो गयीं। बढ़िया खाने और शराब की

व्यवस्था होने लगी। फ़ौजी तक़ल्लुफ़ से हटकर लोग ख़ुशी मनाने लगे।

तीसरे दिन शाम को विजय-पर्व का आयोजन था। ख़ुर्रम के शिविर के सामने ही एक छोटा-मोटा दरबार लगा। एक बड़ा सा कालीन बिछाया गया था। उसके एक छोर पर ज़रनिगार चाँदी का सिंहासन रखा था। ख़ुर्रम उस पर विराजमान था। सामने दोनों तरफ़ क़तारों में सरदार और सिपाही मनसब और पदों की वरीयता के क्रम में खड़े थे। मेवाड़ के समर्पण का जश्न था।

मुग़ल सैनिक लगातार नारे लगा रहे थे—मुग़ल सल्तनत पाइंदाबाद! मुग़ल सल्तनत पाइंदाबाद!! फिर दूसरा गगनभेदी नारा लगा—आलमपनाह जिंदाबाद! आलमपनाह जिंदाबाद!! फिर आकाश को चीरता हुआ तीसरा नारा सुनाई पड़ा—शाहज़ादा ख़ुर्रम मरहबा! शाहज़ादा ख़ुर्रम मरहबा!!

कुँवर कर्णसिंह चार राजपूत सरदारों के साथ मुग़ल सिपाहियों की क़तारों के बीच से होता हुआ सेनाधिपति ख़ुर्रम के सामने आकर खड़ा हो गया। उनमें से एक के हाथ में चाँदी की थाल थी, जिसमें स्वर्णमुद्राओं और जवाहिर का ढेर था। उस पर राणा की तलवार रखी थी और उसकी बग़ल में पगड़ी रखी थी, जो मोतियों की मालाओं से सजी थी और जिस पर नवरत्नों से जटित कलगी लगी थी।

कुँवर कर्णसिंह ने थाल हाथों में लेकर उसे शाहज़ादे की तरफ़ बढ़ाया। ख़ुर्रम ने उसका स्वीकृतिसूचक स्पर्श किया। तभी पास में खड़े मुग़ल सरदार ने व्यंग्य में पूछा—क्या यह राना परताप की पगड़ी है?

कर्णसिंह को इस क़िस्म के प्रश्न की उम्मीद नहीं थी। वह हतप्रभ हो गया। फिर भी सिर उठाकर बोला—राणा प्रताप की पगड़ी तो बहुत ऊपर है, जहाँ तक किसी का हाथ पहुँच ही नहीं सकता! यह तो इस नाचीज़ की पगड़ी है। राजकुमार का चेहरा अपमान से तमतमा गया था। ख़ुर्रम ने परिस्थिति का आकलन किया। उसे लगा कि यह सवाल बेहूदा और बेजा है। उसका चेहरा क्रोध से तमतमा गया। उसने उठकर दाये हाथ से एक झटके में बहुत तेज़ गति से उस प्रश्नकर्त्ता सरदार के सीने पर मुक्का मारा। उस अप्रत्याशित मार से वह सरदार लड़खड़ाते हुए पाँच गज़ दूर जाकर गिरा।

—गुस्ताख़ कहीं का! जब दो शाहज़ादे एक-दूसरे से मुख़ातिब हों, तब तूने बीच में दख़ल देने की जुर्अत कैसे की!! ख़ुर्रम ने थाल से पगड़ी उठाई और दो क़दम आगे बढ़कर राजकुमार कर्णसिंह के सिर पर रख दिया और फिर थाल से तलवार उठाकर बहुत शालीनता से उसे राजकुमार को भेंट दिया। फिर शाहज़ादे ने बहुत गर्मजोशी से कर्णसिंह को सीने से लगा लिया और कई बार स्नेह से उसकी पीठ थपथपायी।

चारों ओर आकाश को चीरता हुआ नारा उठा—शाहज़ादा ख़ुर्रम मरहबा! शाहज़ादा ख़ुर्रम मरहबा

मेवाड़ की धरती भले ही पराजित हो गयी हो, किन्तु वह वीर-प्रसू भूमि थी। उस भूमि को समुचित आदर प्रदान करने के लिए शाहज़ादा ख़ुर्रम ने उसके राजपुत्र

कुँवर कर्णसिंह को भलीभाँति सम्मानित किया। उसने उसे रत्नजटित सरोपा, वस्त्राभूषण, रत्नों और मोतियों से भरी सोने की थाली भेंट की। एक बार पुनः गगनभेदी नारे गूँज उठे—शाहज़ादा ख़ुर्रम मरहबा! शाहज़ादा ख़ुर्रम ज़िंदाबाद!!

ख़ुर्रम ने कर्णसिंह को हाथ पकड़कर अपने पार्श्व में खड़ा किया और अपनी सेना को छोटा सा सम्बोधन दिया—आज मुग़ल हुक्मरानों का एक बड़ा सपना पूरा हुआ। आज से मेवाड़ की जनता मुग़ल सल्तनत की रिआया हुई। इस रिआया की तरक़्क़ी और ख़ुशहाली के लिए पुरज़ोर कोशिश की जायेगी। कुँवर कर्णसिंह हमारी फ़ौजी सियानत में अजमेर पहुँचकर शाहंशाहे वक़्त के रूबरू पेश होंगे। सिपाहियों की तनख़्वाह में बढ़ोत्तरी और ओहदों की तरक़्क़ी के लिए माकूल सिफ़ारिश की जायेगी। अजमेर पहुँचकर सिपाहियों को क़ायदे के तहत छुट्टी दी जायेगी, ताकि वे अपने परिवार के साथ कुछ वक़्त गुज़ार सकें। अब हुक्म दिया जाता है कि फ़ौज अजमेर की जानिब कूच करे।

सेना ने वापसी की कार्रवाई शुरू कर दी। ख़ुर्रम का मन उचाट हो गया था। वह शीघ्र ही अजमेर पहुँचकर अर्जुमंद से मिलने को व्याकुल हो रहा था। उसने अपने निजी लश्कर को बहुत तेज़ यात्रा का आदेश दिया, जो अनावश्यक पड़ावों से बचता हुआ अजमेर पहुँचा।

सोलह

अपने महल में वह इतना तेज़ चल रहा था कि जब तक दासी ख़बर करती, वह अर्जुमंद के सामने पहुँच चुका था। वह गुलाबी रंग का कढ़ाईदार कुरता और रानी रंग का गरारा पहने हुए थी। गुलाबी ओढ़नी से सिर ढँका था। दाऐं हाथ में पवित्र क़ुरान था। अभी पढ़कर उठी ही थी कि शाहज़ादा सामने आ खड़ा हुआ। चेहरे पर एकाएक आकुलता और अचरज की अनूठी भाव-भंगिमाएँ एक साथ क्रीड़ा कर गयीं। कुछ क्षण ठहरकर उसने पवित्र क़ुरान को माथे से लगाया और पास की आसंदी पर रख दिया। एक बार फिर उसने कुतूहल से ख़ुर्रम को सिर से पैर तक देखा। फिर क्या कहे, क्या न कहे; क्या करे, क्या न करे की मुद्रा में उलझी हुई घुटनों के बल कालीन पर गिर सी गयी और फफकते हुए ख़ुर्रम के पैरों से लिपट गयी। उसका सिर ख़ुर्रम के घुटनों से टिका हुआ था। सिसकियों का तार लगातार चल रहा था।

ख़ुर्रम ने उसे बाँहों से पकड़कर उठाया और सीने से लगा लिया। फिर दीवान पर बिठाकर उसे संयत करने का प्रयत्न करने लगा, किन्तु सिसकियाँ थीं कि रुकने का नाम नहीं ले रही थीं।

—बस आरज़ू, बस! बहुत हुआ। अब देखो न, मैं महफ़ूज़ खड़ा हूँ ठीक तुम्हारे

सामने। एकदम महफ़ूज़। वैसा ही, जैसा कि तब, जब मैं तुम्हें छोड़कर गया था। ख़ुर्रम ने पीठ पर थपकी देकर उसे शान्त करने की कोशिश जारी रखी।

—आप पूरी तरह सलामत हैं न! या ख़ुदा! सद्‌ आफ़रीं! या अल्लाह, तू करमफ़र्मा है! तूने अपने रहमोकरम से मेरे मालिक को जंग से ब आबोताब लौटाया है। या इलाही! मैं कैसे और किस तरह तेरा शुक्रिया अदा करूँ। फिर अर्जुमंद ने अपनी हथेलियों से ख़ुर्रम की बाँहों को छुआ, सीने पर हाथ फेरा और सिर के बालों पर उँगलियाँ घुमाती हुई बोली—आप बिल्कुल ठीक हैं न! आप मुझसे कुछ छिपा तो नहीं रहे न!

—अरे कैसी बातें करती हो आरजू! मैं भला तुमसे कुछ छिपा सकता हूँ! और कोई बात भला तुमसे छिपी भी रह सकती है!

—देखिये, अगली नमाज अदा करें, तो अलग से ख़ुदा को हज़ारहा शुक्रिया अदा करें।

—ठीक है।

—दरबार के दूसरे दिन ग़रीबनिवाज के मज़ारे पाक पर जाकर चादरपोशी भी ज़रूर करें। उनकी मेहरबानी से जो कामयाबी हासिल हुई है, उसके लिए उनका बारहा शुक्रिया अदा करना न भूलें।

—ठीक है। यह भी करूँगा।

—तब मुझे भी साथ लेकर चलियेगा। पिछली बार आपके साथ न जा सकी थी। अर्जुमंद की विवशता रंजभरी मासूमियत के साथ प्रकट हो रही थी।

—अच्छा, साथ चलेंगे।

—ठीक! अब हाँ...। अर्जुमंद ने ख़ुर्रम की दोनों हथेलियों को अपनी हथेलियों के बीच रखते हुए हर्षपूरित स्वर में कहा—मुबारक हो, फलकजनाब, मुबारक हो। मेवाड़ की फ़तह हज़ार बार मुबारक हो। कामरानी के सफ़र की यह पहली मंजिल है। आपका यह सफ़र बदस्तूर जारी रहे। या इलाही! मेरी आरजू सुन और इनकी राह को अपनी बेपनाह बरकतों से आरास्ता कर! अर्जुमंद उल्लसित थी।

ख़ुर्रम ने उसका ध्यान भंग करते हुए कहा—चलो उठो। मेवाड़ की फ़तह पर जो तोहफ़ा अता करता चाहती थीं, वह तो दिखाओ!

—चलिये। अर्जुमंद हाथ पकड़कर उसे संलग्न कक्ष में ले गयी।

सुसज्जित कक्ष के बीचोबीच दो पालने रखे थे। दो दासियाँ पास में खड़ी थीं। उन्होंने अभिवादन किया और वे तुरन्त कक्ष से बाहर हो गयीं।

—सबसे पहले तो आप अपनी लाड़ली बिटिया से मिलिये। अर्जुमंद ने निकट के पालने से बालिका को गोद में उठाते हुए कहा।

बालिका नींद से जाग गयी थी। पहले अनमना सा मुँह बनाया। फिर माँ की छाती से लग गयी।

—अरी जहाँआरा, देख तो! कौन आया है! रात-दिन अब्बा हुज़ू...अब्बा हुज़ू करके आसमान सिर पर उठा लिया करती थी। देख, तेरे अब्बा हुज़ूर आ गये। उनकी गोद में जा तू। अर्जुमंद ने बिटिया को ख़ुर्रम के हाथों में थमा दिया।

ख़ुर्रम ने बच्ची को अधर में उछालकर दोनों हाथों में झेल लिया। फिर माथे को चूमकर सीने से लगा लिया। फिर उसने बेटी को दीवान पर खड़ा किया और उससे खेलने लगा। जहाँआरा उसे कुछ कुतूहल, कुछ हैरानी से देख रही थी। खुर्रम दीवान पर बैठ गया और वह जहाँआरा को चलाने की कोशिश करने लगा। नन्हीं बालिका ख़ुर्रम के गले में पड़ी मोतियों की मालाओं में उँगलियाँ फँसाकर खेलने लगी।

कुछ ही क्षणों में सतीउननिसा कक्ष में प्रविष्ट हुई। उसने बहुत शालीनता से अभिवादन किया और मेवाड़-विजय पर मुबारकवाद दी। अर्जुमंद ने जहाँआरा को अपने हाथों में लेकर उसे सौंपते हुए कहा—इसे दूसरे कमरे में ले जाकर खिलाओ। फिर जहाँआरा से सस्नेह बोली—मेरी गुड़िया, अब अपने अब्बा हुज़ूर को थोड़ा आराम करने दो। तुम सती के साथ खेलो।

सतीउननिसा जहाँआरा को लेकर चली गयी। तब अर्जुमंद ने कहा—अब मेवाड़ की फ़तह के लिए आपको एक शानदार तोहफ़ा भेंट करूँ। यह कहकर उसने दूसरे पालने में लेटे शिशु को गोद में उठा लिया, जो मखमली चादर में लिपटा हुआ था। उसने उसे ख़ुर्रम के हाथों मे सौंप दिया।

ख़ुर्रम ने उत्साह के साथ नन्हें शिशु को उसके वस्त्रों सहित उठा लिया। शिशु के चेहरे का आकार अभी उभर नहीं पाया था, और यह पता लगाना मुश्क़िल था कि वह माँ पर गया है या पिता पर। आँखें मुँदी-मुँदी सी थीं—उनींदी जैसी। बारीक ओंठ रक्त की लालिमा झलका रहे थे।

—वाक़ई क्या शानदार तोहफ़ा है! तुमने संदेश में ज़िक्र किया था कि मुझ पर गया है, पर अब इसे देखकर तो लगता है कि इसने तुम्हारे रूपरंग को चुरा लिया है। खुर्रम दुलार से शिशु को हाथों में ही झुलाने लगा। थोड़ी देर बाद बोला—मुझे इस बात का रंज है कि बेटे का जन्म हुआ और मैं तुम्हारे क़रीब नहीं था। मुझे तुम्हारे पास होना था, आरज़ू!

—मैं ख़ुद आपकी ग़ैरमौजूदगी को कितनी शिद्दत से महसूस कर रही थी। मनहूस और बुरे ख़याल मुझे हरदम घेरे रहते। पता नही, कब क्या हो। अर्जुमंद बड़े दुलार से बच्चे के माथे और बालों पर हाथ फेरने लगी।

ख़ुर्रम अभी भी बच्चे को बड़े स्नेह से देखे जा रहा था। शायद वह उसके चेहरे को पढ़ रहा था।

—बच्चे के जन्म पर अब्बाहुज़ूर और फूफीजान आयी थीं। दोनों ने बहुत ख़ुशी ज़ाहिर की। बधाइयाँ दीं, तोहफ़े भी दिये। पूरा रनिवास फ़रहमंद था। पर मेरा मन नहीं लग रहा था। मुग़ल ख़ानदान का एक नया चिराग़ पास में रोशन था, लेकिन मेरा दिल

तारीक़ियों में डूबा हुआ था, क्योंकि आप नहीं थे। अर्जुमंद के चेहरे की उदासी को आसानी से पढ़ा जा सकता था।

—बादशाहों और शाहज़ादों की जिंदगी में सब कुछ पहले से तय नहीं रहता। वहाँ वाक़यों के अचानक घट जाने की गुंजाइश हमेशा बनी रहती है। खुर्रम ने शिशु के गालों को चूमते हुए उसे पालने में लिटा दिया।

—चलिये, आप थक गये होंगे। थोड़ा आराम कर लीजिये। अर्जुमंद ने उसे शयनकक्ष की तरफ चलने का संकेत किया। उसने बच्चे को दासी को सौंपा और खुर्रम को लेकर आरामगाह की तरफ़ क़दम बढ़ाये।

रात्रि में भोजन के उपरान्त खुर्रम शैया पर लेट गया। अर्जुमंद पैर दबाने लगी।

—बस रहने दो। तुम्हारा पैर दबाना मुझे पसंद नहीं। खुर्रम ने पैर खींच लिये।

—नहीं। इस पर तो मेरा हक़ है। आपकी हर बात मानूँगी, पर यह बात नहीं।...अच्छा बताइये...कुछ जंग के बारे में बताइये। आपको बहुत तक़लीफ़ उठानी पड़ी होगी न! कोई घाव तो नहीं लगा! अर्जुमंद ने अपने आग्रह का मान बढ़ाया।

—कोई जिस्मी तक़लीफ़ तो नहीं हुई। दिमाग़ी तनाव तो रहता ही है। एक तरफ़ से चौबीस घंटे जागना ही होता है—सावधान और चौकस। खुर्रम एकदम सहज हो गया था।

—मुग़लों की तारीख़ में आपका नाम सुनहरे हर्फों में लिखा जायेगा। पूरे हिन्दुस्तान को मुग़ल सल्तनत के चत्रे ज़रनिगार के नीचे लाने की आपकी कामयाब कोशिश एक यादगार कारनामे की शक़्ल में नक़्श रहेगी। अर्जुमंद के स्वर में उस अद्वितीय कारनामे के गौरव की गूँज मुखर थी।

महल के पहरेदार ने बारह की गज़र बजाई। गज़र ने घंटे की गुंजार करती ध्वनि से मानो रात की छाती पर यही इबारत लिख दी हो।

खुर्रम दूसरे दिन सुबह-सुबह बादशाह के महल पहुँचा और उनके समक्ष मेवाड़ के अभियान और उसकी विजय का विस्तृत विवरण प्रस्तुत किया।

जहाँगीर अत्यन्त प्रसन्न हुआ। उसने तत्काल मोतियों की माला उतारी और खुर्रम को पहनाकर उसे गले से लगा लिया। नूरजहाँ बाहर नहीं निकली। सम्राट् ने उत्सव मनाने के लिए एक विशेष दरबार आयोजित करने का आदेश दिया और एक सप्ताह के बाद की तिथि नियत की।

जबर्दस्त तैयारी की धूमधाम के बाद नियत तिथि पर दरबार लगा। दरबार से सटे कक्ष में रत्नों की झालरों से सजे चिलमन के पीछे साम्राज्ञी सिंहासन पर विराजमान थी। उसकी बग़ल में दूसरे सिंहासन पर अर्जुमंद बानो बैठी हुई थी। पूरे दरबार के आमुख रत्नजटित स्वर्ण सिहासन पर सम्राट् नूरुद्दीन मोहम्मद सलीम जहाँगीर अपनी पूरी भव्यता के साथ विराजमान था। कुछ दूरी पर दायें तरफ़ एक छोटे से सिंहासन पर शाहज़ादा खुर्रम बैठा हुआ था। पदों की हैसियत के क्रम से सिपहसालार, दीवान,

बख़्शी, आदि नियत दूरी पर किनारे पँक्तिबद्ध खड़े हुए थे।

मुख्य दीवान ने 'बिस्मिल्लाहअब्दुर्रहमानुर्रहीम' कहते हुए सम्राट् की आज्ञा से दरबार के प्रारम्भ की घोषणा की।

बिना किसी भूमिका के बादशाह ने भारी भरकम स्वर में सम्बोधन दिया—अव्वल मैं उस पाक परवरदिगार का शुक्रगुज़ार हूँ, जिसने अपनी बेपनाह नियामतों से हमें नवाज़ा। फिर मैं शाहे हिज़ाज़ का ममनून हूँ, जिसने दुश्वारियों के जुल्मात में हमारी राह को रौशन रखा। मैं जवाँहिम्मत शाहज़ादा ख़ुर्रम को मुबारकबाद देता हूँ, जिसने अपनी बहादुरी और हिम्मत से मेवाड़ को फ़तह कर मुग़लों की शान में चार चाँद लगा दिये हैं।

—शाहज़ादा ख़ुर्रम जिंदाबाद! शाहज़ादा ख़ुर्रम जिंदाबाद!! दरबार नारों से गूँज उठा।

बादशाह ने अपना सम्बोधन जारी रखा—मैं सिपहसालारों, मनसबदारों और सिपाहियों को मुबारकबाद देता हूँ और उम्मीद करता हूँ कि वे सल्तनत की तरक़्क़ी, ख़ुशहाली और वुसअत के लिए अपनी पुरज़ोर कोशिश जारी रखेंगे। सप्ताह भर से शहर में मुनादी हो रही है कि मेवाड़ फ़तह कर लिया गया है। अब रिआया दिल खोलकर ख़ुशी मनाये। पिछले चौबीस घंटों से लगातार क़िले में शाही नक़्क़ारों और तूतियों की आवाज़ गूँज रही है, जो हमारी फ़तहों की फ़ेहरिस्त में एक और फ़तह जुड़ जाने का एहसास करा रही है। आज बड़ा ही मुबारक दिन है। हम फ़तह का जश्न मनाने के लिए दरबार में हाज़िर हुए हैं।

—मुबारक हो, आलमपनाह! मुबारक हो आलमपनाह!! जहाँपनाह ज़िंदाबाद! जहाँपनाह ज़िंदाबाद!! दरबार में गगनभेदी उच्चार गूँज उठा।

वातावरण के शान्त होने पर मुख्य दीवान ने सिर झुकाकर कहा—ज़िल्ले सुब्हानी की इजाज़त से दरबार की कार्रवाई आगे बढ़ाई जाती है। सिपहसालार सैफ़ुल्ला ख़ाँ मेवाड़ के राजकुमार को दरबार में पेश करें।

दरबार में खामोशी छा गयी। लोग एकटक मुख्य द्वार की ओर देखने लगे। सैफ़ुल्ला ख़ाँ चन्द सिपाहियों के घेरे में राजकुमार कर्णसिंह को लेकर भीतर आया। वे सब सधे हुए क़दमों से आगे बढ़े, बादशाह के सामने नियत दूरी पर रुके और उन्होंने फ़र्शी सलाम किया।

राजकुमार कर्ण के साथ दो राजपूत सैनिक भी थे। राजकुमार ने उच्च स्वर में निवेदन किया, ताकि पूरा दरबार सुन सके—सम्राट् की जय हो। मेरे पिता मेवाड़-नरेश राणा अमरसिंह ने हिन्दुस्तान के एकच्छत्र सम्राट् को अपना अभिवादन कहा है और उनके चिरन्तन कल्याण की कामना की है। उन्होंने मुझे आपसे निवेदन करने को कहा है कि मेवाड़ राज्य मुग़लों की सत्ता को अंगीकार करता है। उन्होंने मुझे ज़मानत के तौर पर दरबार में उपस्थित होने का आदेश दिया है।

फिर राजकुमार कर्णसिंह ने राजपूत सैनिक के हाथ से चाँदी का थाल लिया, जिस पर स्वर्णमुद्राओं और रत्नों का रास लगा था। उसने अपनी तलवार उस पर रखी और फिर वह सिर से पगड़ी उतार कर थाल पर रखने लगा।

तभी उच्च स्वर में खुर्रम ने कहा—ठहरो राजकुमार! पगड़ी तुम्हारे सर पर ही ज़ेब देती है। उसे वहीं रहने दो। हम तुम्हारे जज़्बे की क़द्र करते हैं।

राजकुमार ने पगड़ी को सिर पर सँभाल कर रखा।

तभी चिलमन के पीछे से साम्राज्ञी नूरजहाँ का स्वर सुनाई पड़ा—जहाँपनाह, यह रिवायतन ज़रूरी है कि हमारी हुकूमत को तस्लीम करने वाले राजा को अपनी पगड़ी भेंट करनी होती है। इसलिए आलमपनाह पगड़ी क़ुबूल फ़र्माएँ।

—हरगिज़ नहीं! खुर्रम अपनी जगह पर फुर्ती से खड़ा हुआ। उसका चेहरा तमतमा गया था। उसने अपनी बात को और दृढ़ता से रखा—मेवाड़ का बढ़ा हुआ हाथ दोस्ती का हाथ है। दोस्ती की नींव ज़्यादा मज़बूत होती है और निस्बत को ज़्यादा भरोसेमंद बनाती है। तामीरे मुल्क के लिए दोस्ती का सरमाया ही ज़्यादा कारफ़र्मा होता है।

—पर शाहज़ादे, आप यह न भूलें कि मेवाड़ से हमारी पुरानी दुश्मनी रही है। उसने बरसों हमें जंग में उलझाये रखा। जाने कितने जानमाल का नुक़सान हो चुका है। अब जब कि हम जफ़रयाब हुए हैं, रिवायत के मुताबिक हमें तावाने-जंग वसूल करने का पूरा हक़ है। नूरजहाँ के कथन में तीखापन था। खुर्रम ने उसे अनुभव किया।

सम्राट् ने अभी तक कोई प्रतिक्रिया नहीं व्यक्त की थी। खुर्रम को लगा कि अपना मोर्चा उसे खुद सँभालना होगा। उसने अपने पक्ष को मान्य कराने के उद्देश्य से कहा—जहाँपनाह, इसमें कोई शक नहीं कि मेवाड़ ने हमारी हुकूमत कुबूल की है, पर इसका यह मतलब भी नहीं कि उसे गुलामों का दरजा दिया जाय। मेवाड़ एक बहादुर क़ौम है। मेवाड़ के सिपाहियों को बहादुरों में शुमार किया जाता है। उनमें मादरे-वतन के लिए कुर्बान होने का जज़्बा है। मेवाड़ का नाम सुनते ही राना परताप का अक्स आँखों के सामने आ जाता है। समूचे राजपूताने में ही नहीं, शुमाली हिन्दुस्तान के सारे हलकों में राना परताप के क़िस्से बच्चों की ज़बान पर हैं। कोई ताज़्जुब नहीं, आने वाली पीढ़ियों के निसाबों में उनका किरदार सुनहरे हर्फ़ों में लिखा जाय। उन्हीं राना परताप के फ़रजंद राजा अमरसिंह अपने वालिद के समान ही बहादुर जोद्धा हैं। उनके बेटे राजकुमार कर्णसिंह मेवाड़ के वली अहद हैं और क़ाबिले एतमाद...!

खुर्रम की बात अभी पूरी भी नहीं हुई थी कि नूरजहाँ ने टोंक दिया—शाहज़ादे, यह मौक़ा शिकस्ताखुर्द लोगों की शान में क़सीदा पढ़ने का नहीं है। आलमपनाह ने अल्लाह के नाम पर यह फ़तह हासिल की है। हमारी जाँबाज फ़ौज ने मुग़लिया फ़तहों की फ़ेहरिस्त में एक नाम और जोड़ दिया है। नूरजहाँ जानबूझकर इस बात का कोई

उल्लेख नहीं कर रही थी कि इस विजय में खुर्रम का भी कहीं कोई हाथ है।

खुर्रम इससे हतप्रभ नहीं हुआ। इस बात के लिए मानसिक रूप से तैयार था। उसे मलिका से किसी बधाई या प्रोत्साहन की आशा भी नहीं थी। वह सिर्फ़ अपनी बात रखना या मनवाना चाहता था। इसी बात को दृष्टि में रखकर उसने कहा—आलीजाह! मलिका-ए-हिन्दुस्तान ने सही फ़र्माया है। आपकी रहनुमाई और रहबरी में फ़ौज ने यह मुक़ाम हासिल किया है। मैं तो सिर्फ़ इतना अर्ज़ करना चाहता हूँ कि राजपूतों से दोस्ती की निस्बत क़ायम करके हम सल्तनत की नींव को और मज़बूत कर सकते हैं। हमारे अज़ीम पूरवज इसी ख़याल के थे और उन्होंने इस ख़याल की कारफ़र्माई की थी।

दरबार में कुछ देर तक ख़ामोशी रही। सम्राट् को लगा कि प्रकरण में उसका हस्तक्षेप आवश्यक हो गया है, पर किसी का पक्ष लेना उसने उचित नहीं समझा। इसलिए नपी-तुली शैली में उसने कहा—हमें ज़ाती तौर पर खुशी हुई कि पहली बार हमारे किसी शाहज़ादे ने अपनी दानिशमंदी और बहादुरी से एक बेमिसाल कामरानी हासिल की है। इससे मुग़ल सल्तनत का रुतबा बढ़ा है और उसका नाम चारगुना रौशन हुआ है। इसलिए शाहज़ादा खुर्रम शाही इनामात के हक़दार हैं।

'शाहज़ादा खुर्रम ज़िंदाबाद!' के समूह-नारों से दरबार गूँज उठा!

बादशाह ने पारितोषिक की घोषणा की—शाहज़ादा खुर्रम को सोना, चाँदी और जवाहिरात से तौला जाय और इस दौलत को ग़रीबों में तक़सीम कर दिया जाय। शाहे तख़्त की ओर से शाहज़ादा खुर्रम को 'शाह बुलंद इक़बाल' के ख़िताब से नवाज़ा जाता है।

—आलमपनाह ज़िंदाबाद! आलमपनाह ज़िंदाबाद!! शाहज़ादा खुर्रम ज़िंदाबाद!

'शाह बुलंद इक़बाल' ज़िंदाबाद!! दरबार में देर तक इन नारों की गूँज रही।

—शाही फ़र्मान ज़ारी हो कि शाहज़ादा खुर्रम के मनसब में इज़ाफ़ा करते हुए उन्हें पन्द्रह हज़ार ज़ात और आठ हज़ार सवार का इख़्तियार मौहूब किया गया। पुरस्कारों की घोषणा से सम्राट् के हर्षातिरेक का पता चला।

खुर्रम ने निवेदन किया कि वह राजकुमार कर्णसिंह को सम्मानित करना चाहता है। बादशाह से अनुमति मिलने पर शाहज़ादा ने राजकुमार को रत्नजटित तलवार भेंट की। फिर राजसी परिधान और जवाहिरात से भरा थाल भेंट किया। साथ ही मणि-माणिक्य-टंकित ज़ीन से सज्जित शानदार अरबी घोड़ा और सुनहरे हौदे से सुसज्जित हाथी प्रदान करने की घोषणा की।

राजकुमार कर्ण इस अप्रत्याशित सम्मान से अभिभूत हो गया। उसकी आँखें भर आयीं। उसने रुँधे हुए कंठ से कहा—शाहज़ादे, आपको बार-बार नमन! आपने भरी सभा में मुझे जो सम्मान प्रदान किया है, इसके लिए मैं आपका सदैव आभारी रहूँगा। आपने भले ही मुझे अपनी बराबरी का दर्ज़ा दिया है, आप मुझे सदा अपनी सेवा में

समझियेगा।

खुर्रम की ख़ुशी उसके चेहरे से टपक रही थी। उसने राजकुमार कर्णसिंह को गले से लगा लिया।

मुग़ल दरबारों की परम्परा में पहली बार एक अनोखी घटना हुई कि किसी शख़्स ने बरख़ास्त होने से पूर्व दरबार छोड़ने की ज़ुर्रत की हो। चिलमन के पीछे नूरजहाँ सिंहासन से उठी और तेज़ क़दमों से अपने निवास की ओर चल पड़ी। बादशाह ने लक्ष्य किया।

खुर्रम ने भी लक्ष्य किया, किन्तु इस पर कोई प्रतिक्रिया व्यक्त नहीं की। उसने निवेदन किया—आलमपनाह, आपसे अर्ज़ है कि जंग में भाग लेने वाले सिपहसालारों और सिपाहियों को उनकी बहादुरी के लिए अपने मुबारक हाथों से इनामात अता फ़र्माएँ।

सम्राट् ने स्वीकृति में सिर झुकाया। उन्होंने सबसे पहले मंच से दो सीढ़ियाँ नीचे उतरकर सिपहसालार अबुल हसन को रत्नजटित तलवार, राजसी वस्त्र और जवाहिरात की थैली भेंट की और उसे 'आसफ़ख़ाँ' का ख़िताब अता करने का ऐलान किया। फिर उन्होंने क्रमशः अन्य सिपहसालारों को सम्मानित किया, जिनमें मुल्ला शाकुल्ला, दिलावर ख़ाँ, सेफ़ ख़ाँ, मीर हिसामुद्दीन, कृष्णसिंह आदि प्रमुख थे। बादशाह ने सम्बद्ध लोगों के वेतन एवं पदों में भी वृद्धि घोषित की।

पारितोषिक वितरण के उपरान्त सम्राट् तो चले गये, किन्तु लोगों ने उत्साहपूर्वक खुर्रम को घेर लिया और देर तक उसकी जयजयकार की। फिर खुर्रम ने उन सिपाहियों की सूची बनाने का आदेश दिया, जिन्होंने पुरस्कार के योग्य काम किया था। इस व्यवस्था में बहुत समय लग गया। खुर्रम जब अपने महल में पहुँचा, तो सूर्य पश्चिमी क्षितिज को स्पर्श कर रहा था।

अर्जुमंद व्यग्रता से प्रतीक्षा कर रही थी। देखते ही घुटनों के बल फ़र्श पर बैठ गयी और हर्षातिरेक से रोने लगी। खुर्रम ने उसे उठाने की कोशिश की, किन्तु वह तो जैसे ज़मीन से चिपकी हुई थी। थोड़ी देर में उसने अपने को संयत किया और आँसुओं की धार बहाते-बहाते ही धीमे स्वर में कहा—शाह बुलंद इक़बाल ज़िंदाबाद! शाह बुलंद इक़बाल ज़िंदाबाद!!...या खुदा! या इलाही!! मेरे मालिक की तक़दीर को सितारों से जगमगा दे। ऐ परिन्दे हुमा! तू जहाँ कहीं है, आसमान के जिस किसी कोने में है, तू यहाँ आ और अपने पंखों के साया से मेरे आक़ा के नसीब को चमका दे।

अर्जुमंद दुआ की मुद्रा में हाथों को उठाये थी। खुर्रम कालीन पर बैठ गया, उसने उसके आँसू पोंछे और उसके सिर पर हाथ रखकर कहा—तुम्हारी दुआओं का ही यह असर है, आरज़ू!

—अल्लाह बहुत मेहरबान है, मेरे आक़ा! और हाँ, ग़रीबनिवाज़ ख़्वाज़ा साहब की रहमतों के साया में आपको कामयाबी मिली है। हम उनके भी शुक्रगुज़ार हैं।

आपने उनकी देहलीज पर दामन फैलाया था। उन्होंने अपनी बरकतों के मुअत्तर फूलों से उस दामन को भर दिया। अर्जुमद बहुत भावुक हो गयी थी।

—यहाँ तक तो ठीक है, पर आगे की राह कुछ दुश्वार दिख रही है। खुर्रम कुछ गम्भीर हो गया था।

—आप ऐसा क्यों सोचते हैं। इंशाअल्लाह, सब कुछ माकूल होगा।

—तुमने देखा नहीं! मलिका किस तरह बीच में ही दरबार छोड़कर चली गयीं। ऐसा लगा, जैसे मेरी फ़तह से उन्हें कोई खुशी नहीं हुई। खुर्रम ने अपनी शिकायत सामने रखी।

—कभी-कभी निजी पसंद ही टकराव के कारण बन जाते हैं। मुमकिन है, उनकी सोच आपसे अलग राह पर हो। अर्जुमंद को नूरजहाँ की वह हरकत बेजा लगी थी। उसने सोच रखा था कि अवसर मिलने पर वह उनके सामने अपने शौहर का पक्ष अवश्य रखेगी।

खुर्रम का मन किसी यात्रा पर था। उसकी आँखें ज़रूर चिलमन पर थी, किन्तु दृष्टि भविष्य के सूने चित्रपट पर जाने कौन सी तस्वीरें बना-बिगाड़ रही थीं। अर्जुमंद ने इसे लक्ष्य किया। उसे संदर्भ से हटाने के उद्देश्य से बोली—जाने आप क्या सोचने लगे हैं! लाइये, वह तलवार मुझे दीजिये, जो आपको इनाम-इक्राम में मिली है। उसने शानदार तलवार को सिर से लगाया और दीवार पर नियत स्थान पर टाँग दिया। फिर उसने दोनों हाथों से उसके ताज को लिया और. वेत तुर्रे के साथ जड़े जगमगाते रत्न को चूमकर आसंदी पर रख दिया। फिर कहा—अब आप खाना खा लें और कुछ देर आराम भी कर लें।

खुर्रम ने भोजन तो कर लिया, किन्तु उसे आराम का अवसर नहीं मिला। बधाई देनेवालों का सिलसिला जो शुरू हुआ, तो ख़त्म होने का नाम ही नहीं ले रहा था। देर रात में ही उसे फुर्सत मिल सकी। शयनकक्ष में आकर बोला—आरजू, मेरे क़रीब आकर बैठो।

—ठहरिये, मैं बच्चों को लेकर आती हूँ। एक नींद लेकर अभी-अभी उठे हैं। अर्जुमंद ने दासी को बुलाकर संकेत दिया। दासी बच्चों को वहाँ छोड़कर चली गयी।

खुर्रम ने मुस्कराकर बच्चों की ओर देखा। फिर जहाँ आरा के कपोलों को थपथपाते हुए बोला कितनी प्यारी बच्ची है! जन्नत की हूर-सी। निहायत शान्त और मासूम! हम दोनों के बाद वही हमारे परिवार में सबसे बड़ी होगी। इसे अपने छोटे-छोटे भाई-बहनों की देखरेख करनी होगी। मुझे भरोसा है, यह अपने फ़र्ज़ पूरे करेगी।

—क्यों नहीं, ज़रूर! आपके बच्चे कोई मामूली थोड़े ही होंगे। हरएक में अलग रंग, रूप और खुशबू होगी। अर्जुमंद ने बेटे को गोद में ले लिया और उसका दुलार करने लगी।

—इस उम्र की तुम्हारी तस्वीर होती, तो यक़ीनन इस बच्ची से मेल खाती।

ख़ुर्रम बच्ची के नन्हें कोमल पैरों को अपनी हथेलियों में लिये हुए पुलकित दिख रहा था।

अर्जुमंद का चेहरा शर्म से लाल हो गया था। पलकें उठा, फिर तत्क्षण गिराकर बोली—मैं तो बिल्कुल मामूली हूँ। मुझमें क्या है! कुछ तो नहीं।

—तुम्हारी इसी मामूलियत में ख़सूसियत का ख़जाना पोशीदा है। मैं एक औरत में जो भी पाना और देखना चाहता हूँ, वह सब ख़ूबियों की शक्ल में तुम्हारी शख़्सियत में मौजूद है। तभी तो घूम-फिरकर, काम के बोझ को तर्क करके तुम्हारे पास लौट-लौट आता हूँ। ख़ुर्रम ने अर्जुमंद की दायीं हथेली को अपनी हथेलियों में समेट लिया, मानो अश्वत्थ के दो पल्लवों के बीच कोई बुलबुल क़ैद हो गयी हो।

—जहे क़िस्मत! मेरे मालिक! मैं तो हमेशा आपके क़रीब हूँ आपका साया बनकर। कभी मेरी क़रीबी का एहसास पाना चाहें, तो अपने साया की सिम्त नज़र कर लिया करें। उसने हलकी खिलखिलाहट के साथ तिरछी नज़र से इस ढब से देखा, जैसे उसे प्रेरित कर रही हो कि वह भी अपनी नज़र को तिरछी करे और अपने साया में उसके प्रतिबिम्ब का आभास ले।

ख़ुर्रम से कुछ करते न बना। वह उसकी श्याम बरौनियों की छाया में घूमती काली पुतलियों की मोहक भंगिमा को देखता रह गया।

पक्षियों के प्रातःकालीन कलरव में पहाड़ी झरने की कलकल का मेल करती हुई उसकी खिलखिलाहट कक्ष में किसी वन्य वातावरण का भ्रम पैदा कर रही थी। थोड़ी देर बाद अपनी गुलरेज़ हँसी को विराम देते हुए बोली—सरकार, ज़रा अपनी शीरींगुफ़्तारी को लगाम दें। आपको एक काम करना है और अभी करना है।

—कौन सा काम?

—यही, कोई नाम रखने का। आपने छोटी बच्ची का कितना ख़ूबसूरत नाम रखा था—जहाँआरा! तब मेवाड़ की झंझटें शुरू ही हुई थीं। उन झंझटों के बीच वक़्त निकाल कर आपने इस नाम का इंतख़ाब किया था—जहाँआरा! यानी कि जो दुनिया का सिंगार हो।

—वह तो उस दिन कुछ ऐसा ही सूझ गया था। ख़ुर्रम ने विनम्रता दिखाई।

—कोई नाम ऐसे ही भला कैसे सूझ सकता है! आपने इल्म हासिल किया है—वह इल्म जो ज़हानत की शै पर परवान चढ़ता है। कितने महान् और मुअज़्ज़म मुर्शिद थे आपके! कितना कुछ आपने पाया है उनसे! अर्जुमंद को इन शिक्षकों के बारे में कुछ जानकारी दादा ग़ियासबेग से मिली थी।

—हाँ, यह मेरे अज़ीम उस्तादों और मुर्शिदों की मेहरबानी है। आज मैं जो हूँ, जैसा हूँ, उन्हीं की बदौलत हूँ। सबसे पहले मैं मोहतरम जनाब ईरानी क़ासिम तबरेज़ी का शुक्रगुज़ार हूँ, जिन्होंने मुझे इल्म का अलिफ़, बे, ते सिखाया। फिर मुझ पर बड़ा कर्ज़ है अज़ीम मुर्शिद पीर हकीम अली गीलानी का। उन्होंने अपने इल्म का पूरा

सरमाया मुझ पर निछावर कर दिया। मेरी तद्रीस में उन्होंने कोई क़सर नहीं छोड़ी। इसलिए नहीं कि मैं बादशाह का बेटा था, बल्कि इसलिए कि किसी होनहार तालिबे-इल्म को तराशकर सौ टंच हीरा बनाने में उन्हें मज़ा आता था। ख़ुर्रम की आँखों में नमी झलकने लगी थी।

—ख़ुदा उन्हें अपनी रहमतों के साये में रखे और उन्हें सातवें आसमान की नियामतों से नवाज़े। यह उन्हीं की मेहनत का नतीज़ा है कि आप सबसे अलग, एकदम अलग लगते हैं। आपकी बराबरी कोई नहीं कर सकता। आपकी बराबरी सिर्फ़ आपसे ही हो सकती है। अर्जुमंद ने ख़ुर्रम की तरफ़ श्रद्धा से देखा, जिसमें आत्मीयता का पुट था।

खुर्रम चुप रहा। गम्भीर और सौम्य। अतीत में खोया हुआ—शायद अपने महान् गुरुओं की स्मृतियों की चित्रशाला में विचरण करता हुआ।

—हम बात बच्चों के बारे में कर रहे थे। उनके नाम के बारे में।...अब एक नाम और खोजिये इस नन्हें के लिए भी। तस्मिया करें इसका। अर्जुमंद ने इस चुप्पी को तोड़ते हुए कहा और बालक को ख़ुर्रम की बग़ल में लिटा दिया।

—मेरी समझ इसका नाम दारा शिकोह ठीक रहेगा। ख़ुर्रम ने नाम सुझाया।

—बहुत मुनासिब है। शूरमा का बेटा है, तो नाम भी वैसा ही है। मुझे पसंद आया। अर्जुमंद ने नामकरण का समर्थन किया। ख़ुर्रम को नींद आने लगी थी। अर्जुमंद ने इसे लक्ष्यकर कहा—अब आप आराम कीजिये। अल्लाह मुझे शकरख़्वाब में दरबार का वह नज़ारा दिखाये, जिसमें जहाँपनाह ने आपको 'शाह' का ख़िताब अता किया था। अर्जुमंद की ख़ुशी उसकी आँखों में चमक बनकर छायी हुई थी।

सत्रह

राजनीति की चौसर भी अजीब होती है। यहाँ रमल तो आज फेंके जाते हैं, किन्तु अंक का गणित बाद में फलित होता है। ख़ुर्रम के रूप में नया शक्ति-केन्द्र उभरा, तो नये समीकरण बनने लगे। निष्ठाओं की हेरा-फेरी की ख़बर से नूरजहाँ अनजान नहीं थी। पर अभी तो उसकी चिन्ता पुत्री लाडली को लेकर थी। उसने सम्राट् से बात की और निकाह के लिए शहरयार को अकबराबाद से बुलवा भी लिया।

इस बीच परिचारिका ने सूचना दी कि बेगम अर्जुमंद अपने बच्चों के साथ तशरीफ़ लायी हैं और मलिका के दीदार की ख़्वाहिशमंद हैं।

नूरजहाँ बैठक में आयी और हाथ पकड़कर बहुत प्यार से अर्जुमंद को दीवान पर बिठाया। दासियाँ दोनों बच्चों को दीवान पर लिटाकर बाहर चली गयीं।

अर्जुमंद ने बहुत अदब से दायीं हथेली को माथे से लगाकर 'सलाम वाले कुम'

कहा। नूरजहाँ ने तस्लीम कहकर जवाब दिया।

—माफ़ कीजिये, फूफीजान। बच्चे छोटे हैं, इसलिए आपको सलाम नहीं कर पा रहे हैं।

—तुम भी कमाल करती हो। यह भी कोई कहने की बात है...देखें तो, कैसे हैं तुम्हारे बच्चे। नूरजहाँ ने 'बहुत प्यारी बच्ची है' कहते हुए नन्हीं बालिका के गाल थपथपाये। फिर बच्चे को गोद में लेकर उसका मुख देखते हुए कहा—पनाह बखुदा! कितना प्यारा बच्चा है। बिल्कुल तुम पर गया है। बेटी भी तुम पर पड़ी है। सूरत से तो लगता है कि बड़ा नेकनिहाद निकलेगा।

—इनके लिए दुआ कीजिये कि नेक इंसान बन सकें और अपनी सलाहियत से इंसानियत में कुछ इज़ाफ़ा करें। अर्जुमंद ने अपने बच्चों के लिए मलिका से आशीष माँगी।

—यह क्या? तुम दूसरी बेगमों से एकदम अलहदा हो। सारी बेगमें तो यही चाहती हैं कि उनके बेटे जल्द-से-जल्द बड़े होकर तख़्ते हुकूमत पर बैठें और उनके सर पर चत्रे ज़रनिगार का साया हो। नूरजहाँ ने हरम की मानसिकता की ओर संकेत किया।

—मैं तो चाहती हूँ कि बच्चों में पहले अच्छे इंसान के गुण हों। फिर मुस्तकबिल उन्हें चाहे जहाँ ले जाय।

—शाहज़ादों का मुस्तक़बिल तो धूप-छाँव के बीच डोलता रहता है। कोई एक राजा बनता है, बाक़ी रिआया में शुमार हो जाते हैं। नूरजहाँ ने दार्शनिक अंदाज़ में कहा। उसने बच्चे को दीवान पर सावधानी से लिटा दिया।

अर्जुमंद ने अपने शाल से दोनों बच्चों के तनों को ढँक दिया। फिर बोली—एक बात पूछने की इजाज़त दें।

—तक़ल्लुफ़ की कोई बात नहीं। कहो, क्या बात है?

—आप शाहज़ादा हुज़ूर से नाराज़ तो नहीं हैं! अर्जुमंद की वाणी में झिझक का हलका सा स्पर्श था।

—ऐसा क्यों पूछ रही हो?

—आप उस दिन दरबार से बीच में उठकर चली आयीं थीं। वह एक बड़ा वाक़या था। सबने महसूस किया। अर्जुमंद अतीत की उस घटना को कुरेद कर मलिका की मनःस्थिति को समझना चाहती थी।

नूरजहाँ गम्भीर हो गयी। मुख पर तनाव के लक्षण प्रकट हो गये। ऐसा लग रहा था कि उसके भीतर भावों के बादल उमड़-घुमड़ रहे थे और वह यह तय नहीं कर पा रही थी कि किसे पहले जुबान का जामा पहनाया जाय। फिर संयत होकर बोली—कोई ख़ास बात नहीं थी।

—कोई तो बात थी। आप कोई भी काम ऐसे ही नहीं करतीं। मैंने बचपन से

देखा है, आप हमेशा हर क़दम बहुत सोच-समझकर उठाती रही हैं। अर्जुमंद प्रश्नोत्तर के सिलसिले को छोड़ना नहीं चाहती थी।

—मैं यह नहीं मानती कि मेवाड़ की फ़तह का सेहरा फ़ौज के किसी एक आदमी के सर पर बाँध दिया जाय। एक मुल्क़ जब किसी दूसरे मुल्क़ पर फ़तह हासिल करता है, तो वह दरअस्ल बादशाह की ही जीत होती है। यह ज़रूर है कि फ़ौज इसमें मददगार होती है। नूरजहाँ ने पारम्परिक आधार पर अपने पक्ष को सही प्रमाणित करने का यत्न किया।

—एक तरह से आप सही फ़र्मा रही हैं। इसीलिए बहादुर सिपाहियों को इनामात दिये गये थे। शाहज़ादा हुज़ूर को भी उनकी बहादुरी के लिए इनाम से नवाज़ा गया था।

—लेकिन वह ज़रूरत से कहीं बहुत ज़्यादा था। कोई शाहे वक़्त अपनी ज़िन्दगी में किसी दूसरे को शाह नहीं बनाता, पर मालूम नहीं किस ज़ज्बात की में रौ बहते हुए आलमपनाह ने 'शाह बुलंद इक़बाल' का ख़िताब ख़ुर्रम को अता कर दिया। इस बारे में मुझसे राय भी नहीं ली। वैसे तो दुनिया भर की बातों पर मुझसे मशविरा किया करते थे। नूरजहाँ ने अन्तर्भाव का आवरण कुछ हटाया। उसे इस बात की चिन्ता नहीं थी कि भतीजी के सामने खड़ी है। उसने वह बात भी कह दी, जो उसके शौहर ख़ुर्रम के विरुद्ध जाती थी।

अर्जुमंद कुछ हतप्रभ हो गयी। उसका मुख-मंडल म्लान पड़ गया था। गम्भीर स्वर में बोली—मेवाड़ को जीतना एक ख़्वाब था, जिसकी ताबीर हुई। शाहज़ादा हुज़ूर ने बड़ी दानिशमंदी से फ़ौज की सरवरी की और अनोखी सूझ-बूझ, जोख़िम और बहादुरी से फ़तह हासिल की। इसलिए उनका इनाम पर कुछ तो हक़ बनता है। जहाँ तक 'शाह' के ख़िताब का सवाल है, ख़ुद जहाँपनाह ने अपने वालिद अकबरे आज़म की फ़र्मानदेही में इस ख़िताब से अपनी ज़ेब बढ़ाई थी। इस रिवायत का आग़ाज़ तो तभी हो गया था। अब इसमें कोई नयी बात क्या है! अर्जुमंद ने विश्वसनीय तर्कों से ख़ुर्रम का पक्ष लिया।

नूरजहाँ चुप रही, मानो प्रत्युत्तर के लिए अपने तरकश में तीरों का आकलन कर रही हो।

नूरजहाँ कुछ जवाब दे, इसके पहले अर्जुमंद फिर बोली—आप मलिका-ए-हिन्दुस्तान हैं। हम रिआया हैं। हमारे और आपके मर्तबे में काफ़ी फ़ासला है, लेकिन हमारे रिश्ते की ज़मीन एक है। उसी ज़मीन पर खड़े होकर आपसे इल्तिजा करती हूँ कि आप हमें अपने से जुदा न समझें। आपने मुझे गोद में खिलाया है। तालीम दी है। तहज़ीब और आरास्तगी सिखाई है। मैं हर तरह से आपसे छोटी हूँ। मुझे आपसे पाने का हक़ है और पाने के लिए रूठने का हक़ है। चाहती हूँ कि आप शाहज़ादा हुज़ूर को अपने क़रीब समझें और उन्हें अपना ख़ैरसिगाल माने। वे आपके रास्ते पर आपके साथ चल रहे हैं।

अर्जुमंद उस मलाल को मिटा देना चाहती थी, जिसका अंकुरण नूरजहाँ के हृदय में होता लग रहा था।

—तुम्हें यह सब कहने की ज़रूरत क्यों पड़ रही है। मैं इसे ग़ैरमुतअल्लिक़ मानती हूँ। नूरजहाँ ने अनजान बनते हुए कहा, जैसे इस पूरे परिदृश्य में वह शामिल न हो।

—कुछ दिनों से मुझे एहसास हो रहा है, जैसे आप और शाहज़ादा हुज़ूर के बीच कोई खाई खिंचती जा रही है। यह न तो हुकूमत के लिए और न ही रिश्ते के लिए सेहतमंद है।

—हुकूमत के लिए? क्या माने? क्या इसका मतलब यह है कि गर शाहज़ादे को तवज़्ज़ो न दी गयी, तो इससे हुकूमत को नुक़सान पहुँच सकता है! नूरजहाँ की त्योरी चढ़ गयी।

—मेरा इशारा किसी और तरफ़ था। शाहज़ादों पर एतमाद किया जाय, उनकी हौसलाअफ़ज़ाई की जाय, उन्हें अपनी ज़हानत को ज़ाहिर करने का मौक़ा दिया जाय।

—कैसा मौक़ा? सरदारों और मनसबदारों को अपनी तरफ़ मिलाने का मौक़ा! हुक्कामरसी का! सिपाहियों को तरक़्क़ी का तोहफ़ा तक़सीम कर उनकी वफ़ादारी खरीदने का! शाही ख़ज़ाने को लुटाते हुए अपनी फ़ौजी ताक़त में इजाफ़ा करने का! यही मौक़ा चाहिए न ख़ुर्रम को! नूरजहाँ के भीतर द्वेष की जो तुषाग्नि सुलग रही थी, वह एकाएक भड़क उठी।

—आपको शायद कोई ग़लतफ़हमी हुई है! शाहज़ादा हुज़ूर तो हमेशा मुल्क़ की तरक़्क़ी और खुशहाली के लिए फ़िक्रमंद रहते हैं। दरअस्ल वे हुकूमत की तासीस को मज़बूत करना चाहते हैं। जो उनसे मिलने आते हैं, उनसे वे हुकूमत के तईं वफ़ादार रहने की हिदायत देते हैं। अर्जुमंद ने प्रतिवाद किया।

—हुकूमत के तईं या अपने तईं?

—हुकूमत के तईं। अर्जुमंद ने निर्भीकता से जवाब दिया। फिर रुककर बोली—वे खुद अपने को हुकूमत का एक हिस्सा ही समझते हैं। इसलिए यदि कोई उनसे वफ़ादार रहने की बात करता है, तो वह वफ़ादारी वाक़ई हुकूमत की जानिब ही होती है।

—तुम्हारी तश्रीह से मैं इत्तिफ़ाक़ नहीं रखती। तुम तो अपने ख़ाविंद की तरफ़दारी करोगी ही। शाहज़ादे को अच्छी तरह से समझ लेना चाहिए कि हुकूमत की बागडोर शाहे वक़्त के हाथ में ही ज़ेब देती है और वे उस डोर को काटने की जुर्रत न करें। नूरजहाँ की वाणी कठोर हो गयी थी। उसने अपने आशय को गुप्त नहीं रखा। वह जानती थी कि उसकी यह बात ख़ुर्रम तक पहुँचेगी। सम्भव है, उस तक पहुँचाने के लिए ही उसने यह बात कही हो।

अर्जुमंद चलने को हुई। उसने आदाब किया।

—जरा रुको। क्या एक और बच्चे की किलकारी गूँजने को है। नूरजहाँ ने जिज्ञासा की।

अर्जुमंद फूफीजान का मंतव्य समझ गयी। उसका चेहरा शर्म से लाल हो गया। उसने देह पर पड़ी चादर को कुछ ठीक किया और सिर झुका लिया।

—कितने माह और इंतज़ार कराओगी?

कहने-न-कहने की विवश लज्जा के बीच उसने मौन रहना ही बेहतर समझा।

—अच्छा, ठीक है जाओ। लेकिन लाडली बेगम के निकाह में हमारे पास ही रहना होगा। दुल्हन के लिबास और सिंगार का जिम्मा तुम्हारे सर पर रहेगा। समझीं।

—जी फूफीजान। अर्जुमंद ने दबी जबान से कहा और फिर आदाब करके चल पड़ी। दासियाँ बच्चों को लेकर पीछे-पीछे चल रही थीं।

नूरजहाँ का 'खुदा हाफ़िज़' का आशीर्वचन पीछे छूट गया था।

वाण जब छूटता है, तब लक्ष्य की दिशा में यात्रा करता ही है। अपने महल में लौटकर अर्जुमंद ने बिना किसी दुराग्रह के बहुत शालीन ढंग से नूरजहाँ की बात खुर्रम के सामने रखी, जिससे तीन संकेत निकलते थे। पहला, आपसे मिलने वालों पर निग़ाह रखी जा रही है। दूसरा, आप और मलिका के बीच खाई बननी शुरू हो गयी है। तीसरा, आपको चेतावनी दी गयी है।

—यह सब तो होना ही था। मुझे खुशी है कि वे चौकस हैं। रही बात चेतावनी की, तो लगता है कि उनका हाथ तलवार के क़ब्ज़े तक पहुँच चुका है। खुर्रम अपने आकलन में गम्भीर दिखा।

—मैंने उन्हें समझाने की बहुत कोशिश की। उनकी ग़लतफ़हमी दूर करनी चाही। हमारे और उनके बीच जो खाई बनती दिखी, उसे पाटना चाहा।

—उन्हें समझाना बेकार है। मलिका को फ़र्मानरवाई का काफ़ी तजुर्बा हो चुका है। उनकी हद यह है कि वे औरत होने के नाते मैदान में खुलकर नहीं उतर सकतीं और हालात का ज़ाती जायज़ा नहीं ले सकतीं। यह काम उनके चापलूस सलाहकार करते हैं। वे मिर्च-मसाला लगाकर हक़ीक़त का बयान करते हैं और मलिका को भरम में डाल देते हैं। परिस्थितियों पर खुर्रम की पूरी नज़र थी। अर्जुमंद न भी बताती, तो भी उसके आकलन में कोई फ़र्क़ नहीं पड़ता।

—पर आप ऐसा कोई काम नहीं करेंगे, जिससे हमारे-उनके निस्बतों पर बुरा असर पड़े। अर्जुमंद चिन्तित थी। वह अंतःपुर में शान्ति और समरसता बनाये रखना चाहती थी और चाहती थी कि गृह-कलह की चिनगारी को किसी भी तरह की हवा न लगे।

—अपनी ओर से अभी तो कुछ नहीं। पर वे चुप नहीं बैठेंगी। कुछ तो ज़रूर करेंगी। उन्हें जो चीज़ सबसे ज़्यादा खटक रही होगी, वह है मेरी मौजूदगी। वे ज़रूर किसी तदबीर की तलाश में होंगी कि कैसे मुझे कहीं दूर फेंका जा सके। खुर्रम की

निगाह दूर सितारों पर टिकी थी।

—माफ़ करें,जो मैं कहूँ कि आप इस तरह के मुग़ालते में न रहें। फूफीजान को इस वक़्त एक फ़िक्र सता रही है कि कैसे जल्द-से-जल्द लाडली बेगम की शादी हो। वह इसी सोच में डूबी रहती हैं।

—तुम्हारी फूफीजान की फ़ितरत निराली है। वह एक बार दिल में जो ठान लेती हैं, वह करके रहती हैं। यदि उन्होंने शहरयार को दामाद बनाने इरादा कर लिया है, तो वह इरादा पूरा करके रहेंगी। लेकिन इसके बाद...। आगे कहने की विवक्षा को रोककर खुर्रम तलवार के क़ब्ज़े पर हथेली फिराने लगा।

—लेकिन आगे क्या? आप बात पूरी करें न! अर्जुमंद ने उत्कंठा प्रकट की।

—आगे तो शह और मात का खेल है। वह प्यादे को अकबराबाद से यहाँ ले आयी हैं। उसे एक घर आगे भी बढ़ा दिया है। और उसे फ़र्ज़ी बनाने का इरादा भी ज़रूर रखेंगी। देखें, बिसात क्या करवट लेती है! खुर्रम ने उसके चेहरे पर आँखें गड़ा दीं।

खुर्रम उन राजपुत्रों में नहीं था, जिन्हें किसी सफलता का मद देर तक चढ़ा रहता है। वह अच्छी तरह से जानता था कि सफलता एक सीमा तक ही चमकदार बनी रहती है। फिर उसके बाद उसकी छटा क्षीण होने लगती है। ज्यों ही सफलता की चमक फीकी पड़ने लगे, दूसरी नयी सफलता के मुकुट की तरफ हाथ बढ़ाया जाय।

अब खुर्रम को दूसरे अवसर की प्रतीक्षा थी। इसके लिए वह अपने को तैयार भी कर रहा था। उसने अपनी दिनचर्या को कठोर अनुशासन में ढाल रखा था। व्यायाम, घुड़सवारी, शिकार, तैराकी, अस्त्र-शस्त्र का प्रशिक्षण और अध्ययन—ये सब बातें उसकी दिनचर्या में सम्मिलित थीं। वह नियमित रूप से सरदारों, सिपहसालारों, मनसबदारों और अमीरों से मिलता था। इससे उनका दिल जीतने में उसे सहूलियत हुई। धर्मशास्त्रों पर चर्चा करने के लिए वह इमामों और मौलवियों को समय दिया करता था। अन्तःपुर के विलासी वातावरण से उदासीन था। जहाँ तक रनिवास में उसकी रुचि का प्रश्न था, उसकी दुनिया अर्जुमंद और दोनों बच्चों जहाँआरा और नन्हें दारा शुकोह तक सीमित थी।

अठारह

अर्जुमंद ने अपने शौहर के प्रति यह मंगलकामना प्रकट की थी कि उन्हें मौक़ों की तलाश न हो बल्कि मौक़े उन्हें तलाश करें। यह मंगलकामना एक बार पुनः फलीभूत हुई। दक्षिण की हवाएँ बादशाह के लिए संकट का सन्देश लेकर आ रही थीं। सिपहसालार अब्दुर्रहीम ख़ानख़ाना ने अपने आपात् सन्देश में जो तस्वीर खींची, उससे

सम्राट् के होश उड़ गये। आदिलशाह और मलिक अंबर ने उपद्रवों की धूम मचा दी है और वे मुग़लों की सत्ता को नकार कर ख़ुदमुख़्तार बनने की फ़िराक़ में हैं।

सम्राट् जहाँगीर के पास इसके सिवाय कोई दूसरा चारा नहीं था कि जल्द-से-जल्द अतिरिक्त क़ुमुक भेजे। लिहाजा उसने शाहज़ादा ख़ुर्रम को ही प्रधान सेनापति नियुक्त कर कुमुक को दक्खन रवाना किया। साथ ही यह भी संकेत दिया कि बुरहानपुर में ख़ानख़ाना उसके सामने कोई प्रस्ताव रखे, तो उसे स्वीकार कर लिया जाय। ख़ुर्रम के पास अभी इस संकेत को समझ का बाना पहनाने का समय नहीं था। अर्जुमंद साथ नहीं जा सकी, क्योंकि उसके पैर भारी थे।

6 अक्टूबर, 1616 को ख़ुर्रम फ़ौज लेकर तूफ़ानी गति से आगे बढ़ा। रास्ते में छोटे-मोटे उपद्रवों का दमन करते हुए बुरहानपुर पहुँचा। वहाँ क़दम रखते ही सैनिक छावनी स्थापित की और योजना बनाकर बालाघाट और अहमदनगर को उत्तर दिशा से यहाँ-से-वहाँ तक घेर लिया। शत्रु सेना से टकाराव शुरू हो गया। मैदानों, तलहटियों, और पर्वतों पर छुटपुट युद्ध होते रहे। कभी छापामार शैली में और कभी खुले आम। फिर भी सफलता कोसों दूर थी। इसका एक बड़ा कारण यह था कि दक्षिण दिशा से शत्रुओं पर अपेक्षित दबाव नहीं था। वहाँ का क्षेत्राधिकार सिपहसालार ख़ानख़ाना के पास था। वही शिथिलता दिखा रहा था।

तभी एक दिन ख़ानख़ाना बुरहानपुर में शाहज़ादे के निवास पर आया। उसने प्रस्ताव रखा कि वह अपनी पोती का निकाह शाहज़ादे से करने का ख़्वाहिशमंद है। उसने सम्राट् का पत्र भी दिखाया, जिसमें इस प्रस्ताव को उनकी ओर से रज़ामंदी दी गयी थी। अचानक ख़ुर्रम का ध्यान सम्राट् के उस संकेत पर गया, जो उन्होंने दक्खन के लिए कूच करते समय दिया था। उसे कुछ अजीब सा लगा। मैदाने जंग में शादी का शामियाना। फिर यह सोचकर कि शाहंशाह की यही मंशा है और यह कि इस निकाह से उत्साहित होकर ख़ानख़ाना जंग में पूरी ताक़त झोंक देंगे, उसने स्वीकृति दे दी।

और यही हुआ। निकाह के बाद ख़ानख़ाना और उनके बेटे शाहनवाज़ ने शत्रुओं को दबिश देने में पूरी ताक़त लगा दी। उत्तर से ख़ुर्रम की सेना पहले से ही उन्हें घेरे बैठी थी। आदिलशाह और मलिक अंबर ने कुछ ही दिनों में घुटने टेक दिये और सन्धि का प्रस्ताव भेजा। ख़ुर्रम ने बहुत कड़ी शर्तों के साथ सन्धि-प्रस्ताव को स्वीकार किया।

इस प्रकार ख़ुर्रम का दक्खन-अभियान सफल रहा। विजय का डंका बजाता हुआ वह वापस चला और कुछ ही दिनों में मांडव पहुँचा। इस विजय-अभियान का स्वागत करने के लिए सम्राट् जहाँगीर स्वयं मांडवगढ़ आया। अर्जुमंद भी बच्चों के साथ वहाँ आ गयी थी। मांडू में पाँव रखते ही ख़ुर्रम सबसे पहले अर्जुमंद के निवास पर आया। बेगम हर्ष-विभोर थी। ख़ुशी के आँसू थमने का नाम नहीं ले रहे थे। उसने

नवजात शिशु को दक्खन-विजय के उपहार के रूप में ख़ुर्रम के हाथों में रख दिया और बोली—जहाँपनाह...अब्बा हुज़ूर ने इसका नाम इस्मशरीफ़ भी रख दिया है...रोशनआरा! ख़ुर्रम ख़ुशी से झूम उठा।

दूसरे दिन क़िले के सामने विशाल मैदान पर दक्खन-अभियान का विजयोत्सव मनाया गया। चारों ओर आयीनाबंदी की गयी थी। परचम लहरा रहे थे। लोग उत्साह और उल्लास से झूम रहे थे, जैसे बसन्त की फ़सल लहलहा रही हो। 'आलमपनाह जिंदाबाद', 'जहाँपनाह जिंदाबाद' के गगनभेदी नारों से वातावरण गूँज रहा था। सम्राट् ने सेना को फ़तह के लिए मुबारकबाद दी। फिर शाहज़ादा ख़ुर्रम की तारीफ़ करते हुए उसे 'शाहेजहाँ' की उपाधि प्रदान की। साथ उसका मर्तबा बढ़ा कर तीस हज़ार जात और बीस हज़ार सवार कर दिया।

कुछ ही दिनों बाद बादशाह ने गुजरात जाने का कार्यक्रम बनाया। शाहजहाँ ख़ुर्रम को भी साथ चलने का आग्रह किया। ग्रीष्म ऋतु थी। हवा के गर्म झोंकों के थपेड़े सहता हुआ शाही लश्कर गुजरात की तरफ़ बढ़ा। मौसम की बेरहमी न बादशाह सह सका, न ख़ुर्रम। दोनों बीमार पड़ गये। दोनों को स्वस्थ होने में समय लगा।

सम्राट् ने अकबराबाद चलने का इरादा किया। 2 सितम्बर, 1618 को यात्रा प्रारम्भ हुई। शाही लश्कर मालवा के रास्ते वापस चला। अर्जुमंद बेगम माँ बनने वाली थी। यात्रा की कठिनाइयों को शाहजहाँ को चिन्ता हुई। लश्कर ने दोहद में पड़ाव डाला। वहीं अर्जुमंद को पुत्र-रत्न की प्राप्ति हुई। दम्पति ने बच्चे का नाम 'औरंगज़ेब' रखा। बादशाह ने सफ़र को दृष्टि में रखते हुए एक छोटा सा उत्सव भी आयोजित किया। जब जनवरी की कड़ाके की ठंड पड़ रही थी, शाही लश्कर राजधानी के समीप पहुँचा। अकबराबाद में ताऊन का प्रकोप था। इसलिए दो माह बाद राजधानी में प्रवेश हुआ।

गुजरात से लौटे अधिक समय नहीं हुआ था कि शाहजहाँ की माँ जगतगुसाईं का निधन हो गया। वह बेटे के साथ ही रहती थी। नूरजहाँ ने बादशाह को अपने इतने क़रीब कर लिया था, कि अन्य रानियाँ उससे दूर हो गयीं थीं।

दूसरे दिन सम्राट् मातमपुर्सी के लिए ख़ुर्रम के महल में आया। उन्होंने उसकी माँ के निधन पर शोक-संवेदना प्रकट की और कुछ देर ठहर कर लौट गया। मलिका नहीं आयी थी।

बादशाह के जाने के बाद अर्जुमंद बैठक में आयी और बोली—यह भी कोई बात हुई। बादशाह मातमपुर्सी के लिए आपके पास आये।

—तो क्या हुआ? ठीक तो है।

—क्या ख़ाक ठीक है! मरहूम मोहतरमा उनकी क्या लगती थी...बीबी न! तो बीबी की मौत पर अपने महल में मातम मनाने के बजाय बेटे के पास मातम मनाने आये। जनाज़े में भी शामिल नहीं हुए। यह भी ख़ूब रही! अर्जुमंद को सब कुछ

ठीक-ठाक नहीं लग रहा था।

ख़ुर्रम से कुछ कहते नहीं बना।

—मुझे तो यह सब अजीब लगता है। बादशाहत इतनी बेलाग और संगदिल हो सकती है, मुझे मालूम नहीं था। बीबी के मरने का ग़म नहीं है, लेकिन बेटे को ग़म हो रहा है, इसलिए उसके ग़म में शरीक़ हो लिया जाय। ऐसा ही कुछ हुआ। राजमहलों में ये किस तरह के रस्मोरिवाज़ राइज़ हो रहे हैं! अर्जुमंद शान्त प्रकृति की स्त्री थी। आज के दृश्य ने उसके अंतस् को व्यथित कर दिया था।

अब ख़ुर्रम को भी लगा कि कहीं कुछ वास्तव में ग़लत हुआ। उसकी माँ के देहावसान पर दोनों एक साथ दुःखी नहीं हैं बल्कि एक दुःखी है, इसलिए दूसरा भी दुःखी है। बादशाह के व्यवहार से कुछ ऐसा ही झलक रहा था।

—पर आप ऐसा न करियेगा, हुज़ूर! मैं तो कहती हूँ आप सफवी की साहबज़ादी से भी गाहे ब गाहे मिल लिया करें। आख़िर वह आपकी पहली बीबी है। ख़ानख़ाना की पोती से भी रब्त-जब्त क़ायम रखें, जिसे आप दुलहिन बनाकर घर लाये हैं। उस बेचारी का तो कोई क़ुसूर नहीं। हरएक की ख़ुशी और उसका ग़म उसकी तक़दीर के साथ जुड़ा होता है। अर्जुमंद का चेहरा बहुत सौम्य लग रहा था। वहाँ एक अद्भुत शान्ति थी। दमकते हुए मुख पर कहीं कोई कषाय नहीं था।

ख़ुर्रम एकाग्र होकर उसकी बातें सुन रहा था। इतनी शाइस्तगी, इतनी सलाहियत कहाँ से आ गयी उसमें! मन कितना साफ़ और उजला है! कहीं कोई दाग़ नहीं। मलिनता का कहीं कोई रेशा नहीं। अर्जुमंद का प्रभा-मंडल ही कुछ ऐसा था कि ख़ुर्रम उसी में खोकर रह गया था। दूसरी पत्नियों की ओर उसका ध्यान ही नहीं जाता था। बात की दिशा बदल कर बोला—बादशाहों का रहन-सहन ही कुछ अलग क़िस्म का हो जाता है। वे हुकूमत के नशे में होते हैं और ख़ुदी को अपना मरक़ज बना लेते हैं। उन्हें अपने सुख-दुःख से ही वास्ता होता है। दूसरों की तरफ़ से बेहिस हो जाते हैं।

तभी भीतर से किसी बच्चे के रोने की आवाज़ सुनाई दी। अर्जुमंद तेज़ क़दमों से उधर निकल गयी।

मुग़ल काल के विषय में यह एक ऐतिहासिक सच है कि बादशाहों ने अपनी राजधानियों में जितने दिन व्यतीत किये, उससे कहीं बहुत ज़्यादा दिन उन्होंने अपनी यात्राओं में व्यतीत किये। जहाँगीर के पैरों में तो जैसे उन दिनों का यात्रा योग ही बना हुआ था। अकबराबाद पहुँचते-पहुँचते उसका स्वास्थ्य फिर ख़राब हो गया। हकीमों ने जलवायु-परिवर्तन की सलाह दी। लिहाजा बादशाह ने कश्मीर जाने का कार्यक्रम बनाया। अर्जुमंद के पैर भारी थे। इसलिए शाहजहाँ अकबराबाद में ही रुकना चाहता था, लेकिन शाह की नज़दीकी ही वफ़ादारी का सबसे बड़ा सबूत है—इस उक्ति को चरितार्थ करने की गरज़ से उसने बादशाह के साथ यात्रा करने का मन बनाया।

बेगम अर्जुमंद का प्रसव-काल निकट था। शाही लश्कर को हिसार में पड़ाव

डालना पड़ा। कुछ ही दिनों में नये मेहमान का आगमन हुआ। नवजात पुत्र का नाम सुल्तान उम्मीद बख़्श रखा गया। इस बार जन्मोत्सव धूमधाम के साथ मनाया गया।

यात्रा की अवधि में एक दिन दक्खन से ख़ानख़ाना का सन्देश आया। उसने लिखा था कि दक्खन के हालात पुनः ख़राब हो गये हैं। आदिलशाह और मलिक अंबर ने उपद्रव शुरू कर दिये हैं। लगता है उसके सामने ख़ुदकुशी करने के सिवाय कोई चारा नहीं रह गया है। सन्देश पढ़कर बादशाह परेशान हो गया। उसने एक शक्तिशाली सेना भेजने का संकल्प किया। इसका प्रधान सेनापति शाहजहाँ को बनाया गया। बहुत ननु नुच के बाद वह जाने को तैयार हुआ। इसके लिए उसने दो शर्तें रखीं। एक, वह शाहज़ादा ख़ुसरो को साथ लेकर जायेगा। दूसरा, उसका परिवार भी उसके साथ रहेगा। नूरजहाँ का विरोध करने के बावजूद बादशाह ने शर्तें मान लीं।

ख़ुर्रम अपने महल में आया। अर्जुमंद प्रतीक्षा में थी। ललककर पास आयी। पूछा—क्या हुआ।

—होना क्या था! यही कि मेरी सरपरस्ती में एक और मुहिम होगी। ख़ुर्रम ने जवाब दिया।

—यानी कि पिछले पाँच सालों में आपकी यह तीसरी लड़ाई होगी! अर्जुमंद के चेहरे पर हैरानी के भाव थे।

—हाँ, यह एक तरह से अच्छा ही हुआ। क़ाबिलियत दिखाने का हमें एक और मौक़ा हासिल हुआ। यह जंग अगर मैं जीत लाया तो समझो कि बादशाह जहाँगीर के बाद फ़िज़ा में शाहजहाँ का नाम ही गूँजेगा। ख़ुर्रम भविष्य का सपना देखने लगा था।

—पर इस बार आप हम लोगों को नहीं छोड़ जायेंगे। हम नहीं जायेंगे, तो आप भी नहीं जायेंगे। अर्जुमंद ने ठुनकने का अभिनय किया।

—नाराज़ मत हो। मैंने पहले ही इसकी इजाज़त ले ली है।

—संच! बहुत ख़ूब! अब मैं आपकी देखभाल ढंग से कर सकूँगी, वरना जंग के जुनून में न आपको खाने-पीने का होश रहता है और न आराम करने का। बच्चे भी यह जानकर बहुत ख़ुश होंगे कि उन्हें अपने प्यारे अब्बाजान के साथ तफ़रीह का मौक़ा मिलेगा। अर्जुमंद प्रसन्न थी।

—तुम ठीक से तैयारी कर लो। बच्चों की ज़रूरतों का ख़ास ख़याल रखना। जाने कितना वक़्त लगे। सब कुछ ग़ैरमुअय्यन है। ख़ुर्रम ने उसे सावधान किया।

—ठीक, मैं ख़याल रखूँगी। एक और बात कहनी है। बहन नसीम बानो को भी साथ ले लें, तो कैसा रहेगा! वहाँ बुरहानपुर में उनके अब्बाजान और दादाजान जनाब ख़ानख़ाना भी मिलेंगे। फिर जाने कब यह मौक़ा हासिल हो! अर्जुमंद के चेहरे पर फ़िक्र की छाया थी।

—अभी रहने दो। जंग के हालात में ज़्यादा जिम्मेदारी लेना मुनासिब न होगा। फिर कभी देखेंगे। ख़ुर्रम ने तटस्थता प्रदर्शित की। अर्जुमंद चाहकर भी दोबारा आग्रह

न कर सकी। उसने सिर झुका लिया।

खुर्रम कूच की तैयारी में लग गया। शूरता के लिए प्रसिद्ध सैनिकों का चयन किया गया। उन्हें शाहजहाँ के प्रति निष्ठा की शपथ दिलायी गयी। अस्त्र-शस्त्रों का ज़ख़ीरा गाड़ियों पर लादा गया, ताकि फ़ौज की पहली टुकड़ी के साथ उनकी भी रवानगी हो सके। पर्याप्त रसद भी साथ भेजना था। पहली खेप रवाना करने के बाद खुर्रम महल में आया, तो रात भीग चुकी थी। अर्जुमंद दस्तरख़ान पर इंतज़ार कर रही थी।

दूसरे दिन सुबह दासी ने प्रवेश कर आसफ़ ख़ाँ के आगमन की सूचना दी। अनुमति पाकर आसफ़ ख़ाँ बैठक में आया।

—तैयारी मुक़म्मल हो चुकी है। कूच का हुक्म दें, हुज़ूर। आसफ़ ख़ाँ ने फ़ौजी अंदाज़ में आदेश की याचना की।

—हमारे परिवार को ख़ास हिफ़ाज़ती दस्ते के घेरे में रखा जाय। उसके पीछे शाही ख़ज़ाना हो और उसके पीछे दस हज़ार पैदल और पाँच हज़ार घुड़सवारों की टुकड़ियाँ रखी जायें। रास्ते में जहाँ पड़ाव रहो—ये सारी फ़ौजी टुकड़ियाँ उसे अपने घेरे में लेकर मुकाम करेंगी। याद रहे कि दिफ़ा में कोई कोर-क़सर बाक़ी न रहे। किसी भी क़िस्म की कोताही नाक़ाबिले बर्दास्त होगी। खुर्रम ने प्रधान सेनापति के रूप में आदेश दिया।

—हुक्म की तामील होगी, शाहज़ादा हुजूर...और शाहज़ादा खुसरो की बाबत कोई हुक्म? आसफ़ ख़ाँ ने जिज्ञासा की।

—उन्हें एक भरोसेमंद फ़ौजी दस्ते की हिफ़ाज़त में रवाना किया जाय। सफ़र के दौरान उन्हें किसी क़िस्म की तक़लीफ़ न हो। खुर्रम ने सावधान किया।

—पर बड़े भाईजान हमारे साथ क्यों चल रहे हैं! अर्जुमंद को खुसरो की बाबत ज़्यादा कुछ जानकारी नहीं थी।

—यहाँ हालात उनके माक़ूल नहीं हैं। उन्हें अपने साथ रखना मुनासिब होगा। खुर्रम ने आसफ़ ख़ाँ की तरफ़ भेद की नज़रों से देखा। दोनों ने मुसकान की भाषा में कुछ कहा, कुछ समझा। अर्जुमंद इस भाषा से अनजान थी।

—तो ठीक है। पर उनका खाना हमारी रसोई से जायेगा।

—जैसा तुम मुनासिब समझो। खुर्रम ने मंजूरी दी। अर्जुमंद का चेहरा खिल उठा।

—और मेरे लिए क्या हुक्म है? आसफ़ ख़ाँ ने सिर उठाकर पूछा।

—आप यही रहेंगे। अब्बाहुज़ूर के पास। खुर्रम ने उससे आँखें मिलाकर कहा।

—अरे यह क्या! मैं तो समझ रहा था कि आप मुझे फ़ौज की पहली क़तार में जगह देंगे, ताकि आपके लिए रास्ता साफ़ करता चलूँ।

खुर्रम चुप रहा।

—या बेहतर हो मुझे फ़ौज की उस टुकड़ी का जिम्मा दे दें, जो आपके परिवार की हिफ़ाज़त करने के लिए तैनात होगा।

—नहीं। मेरा परिवार मेरे दामने दौलत में महफ़ूज़ रहेगा। आप यहाँ रहें। यहाँ के हालात नाज़ुक हैं। बादशाह की सेहत ठीक नहीं है। फ़ैसला लेने में वे देर लगाते हैं। इससे उनके इरादों की मज़बूती का पता नहीं चलता। मलिका अपने मुज़ाफ़ात में इज़ाफ़ा कर रही हैं। हुकूमत पर वे अपना शिकंजा कसती जा रही हैं। ज़ाहिर है, वे लाडली बेगम की शादी करके ही नहीं रुकी रहेंगी, बादशाह की नज़र में शहरयार का क़द बढ़ाने की कोशिश भी करेंगी। परवेज़ आजकल अकबराबाद की कुछ ज़्यादा ही खोजख़बर ले रहे हैं। हालात और भी करवटें लेगें। मुझे छिन-छिन की ख़बर चाहिए। इसलिए आपका यहाँ रहना ज़रूरी है। आप हर हफ़्ते एक भरोसेमंद शहसवार की मार्फ़त मुझे ख़बर भिजवाया करें। ख़ुर्रम ने समस्त सियासी परिस्थितियों का आकलन कर लिया था।

—आपको नहीं लगता कि इस वक़्त बादशाह के नज़दीक रहना ज़्यादा मुनासिब होता। आसफ़ ख़ाँ को यह विकल्प बेहतर लग रहा था।

—एक ज़ाविए से आपकी बात सही है, लेकिन दक्खन की दूसरी फ़तह हासिल कर मैं बादशाह के ज़्यादा नज़दीक आ सकता हूँ। कभी तो बादशाह को एहसास होगा कि सल्तनत का वली अहद उसे बनाना मुनासिब होगा, जो तलवार का धनी, दानिशवर और वालाहिम्मत हो और तब उनकी निगाह मेरी ओर, सिर्फ़ मेरी ओर उठेगी। ख़ुर्रम की बात से साफ़ था कि वह अपने व्यक्तित्व को साम्राज्य के उत्तराधिकारी के रूप में सँवारने का यत्न कर रहा था।

एक माह के भीतर कूच की तैयारी पूरी हो गयी। प्रस्थान की पूर्वरात्रि को सम्राट् ने ख़ुर्रम के पूरे परिवार को भोज पर आमंत्रित किया। उन्होंने यात्रा और सैनिक कार्यवाही की सफलता के लिए मंगलकामनाएँ दीं। नूरजहाँ खिंची-खिंची सी रही। औपचारिक रूप में अर्जुमंद से सामान्य बात की। एक बात ज़रूर उच्च स्वर में कही—शाहज़ादा ख़ुसरो का ख़ास ख़याल रखा जाय। यह बात किसी को सम्बोधित नहीं थी, पर ख़ुर्रम समझ गया कि उसी से कही जा रही है। बातचीत के दौरान बादशाह ने इस विषय का स्पर्श भी नहीं किया।

दूसरे दिन ख़ूब गहमागहमी रही। लश्कर की रवानगी, ख़ास कर जंग के लिए, विशेष मायने रखती थी। लगभग पूरा शहर बिदा करने के लिए इकट्ठा हो गया था। शोरगुल और गुबार के बीच लश्कर पंक्तिबद्ध चल पड़ा। साजसामान से भरी गाड़ियाँ बैलों की घंटियों की ताल पर चलने लगीं। रक्षक घुड़सवार क़ाफ़िले की दोनों तरफ़ आते-जाते गश्त कर रहे थे। ख़ुर्रम का रनिवास पालकियों में सफ़र कर रहा था। उसके आगे निजी अंगरक्षकों के बीच शाहज़ादा शानदार सफेद ऐराकी घोड़े पर सवार था। उसे देखकर लोग हाथ हिला-हिलाकर हर्षध्वनि कर रहे थे।

पाँच कोस पर पहला पड़ाव था। इसके बाद सुविधा के अनुसार अलग-अलग दूरियों पर दूसरे पड़ाव थे। फ़ौज पड़ाव-पर-पड़ाव पार करती जा रही थी। रास्ते में चम्बल नदी पड़ी। इसके किनारे भी एक पड़ाव था।

सुबह-सुबह ख़ुर्रम सैनिक पड़ाव की व्यवस्था के निरीक्षण के लिए निकलने वाला था, तभी अर्जुमंद ने कहा—एक बात मेरे मन में आयी है। आप एक बड़ी मुहिम पर निकले हैं।

—तो! तो क्या? ख़ुर्रम ने जिज्ञासा की।

—अल्लाह को क़ुर्बानी बहुत पसंद है। उसकी रजा के लिए कोई ईसार का काम करना चाहिए। इस तरह के ईसार से बहुत शबाब मिलता है। मुमकिन है, वो रहीम व क़रीम हमारी फ़तह को आसान कर दे।

—ठीक है। मुझे क्या करना चाहिए। ख़ुर्रम ने उससे ही पूछ डाला।

—क्या कहूँ! आप ही सोचिये। यह तो आपको ही करना है। अर्जुमंद की समझ में नहीं आ रहा था कि क्या सुझाव दे।

—ग़रीबों को बख़्शीशें तक़सीम करें...लेकिन यह शायद बहुत कम है। तो...तो. ..अपनी इस शमशीर की क़सम! मेरा कौल है कि आज से मैंने शराबनोशी छोड़ी। अब मैं साग़र और मीना को हाथ में भी नहीं लूँगा। या ख़ुदा, मुझ पर मेहरबानी कर कि हमेशा अपने इस कौल पर क़ायम रख सकूँ। ख़ुर्रम ने दोनों हाथ अल्लाह की इबादत में उठा लिये।

अर्जुमंद प्रसन्न हो गयी। चित्तौड़ की मुहिम में उसने यही कौल लिया था, किन्तु बाद में एक उत्सव में बादशाह ने बहुत आग्रह करके तुड़वा दिया था।

—आरज़ू! जितनी मय है, सब को चंबल के पानी में बहा दिया जाय। सोने के बने हुए जितने प्याले और सुराहियाँ हैं, जो मयनोशी के काम आते हैं, उन सबको तुड़वा दिया जाय और उन्हें आज ही ग़रीबों में तक़सीम कर दिया जाय। ख़ुर्रम ने संकल्प लिया।

—आज ही यह काम पूरा होगा। ख़ुदा आपको शबाब दे कि आप इस मुहिम में कामयाब हों। अर्जुमंद ने मंगलकामना की।

ख़ुर्रम ने मुस्करा कर उसे देखा। उसकी आँखों में आभार का भाव था कि अर्जुमंद ने उसे सही दिशा दी।

आगे वह तूफ़ान की गति से मांडवगढ़ की ओर बढ़ा। तभी पता चला कि पुराने दुश्मन मंसूर ने मांडवगढ़ को घेर रखा है और वहाँ का क़िलेदार उसके विरोध को सहने की स्थिति में नहीं था। ख़ुर्रम ने अबुल हसन और बैरम बेग़ को एक बड़ी फ़ौज के साथ वहाँ भेजा। इस फ़ौज ने मंसूर के आक्रमण को विफल कर दिया।

निष्कंटक होकर ख़ुर्रम मांडवगढ़ आया। यहाँ उसे अब्दुर्रहीम ख़ानख़ाना का संदेशवाहक मिला।

—क्या बात है? ख़ुर्रम ने बेसाख़्ता पूछा।

—फ़लकजनाब! ख़ानख़ाना मुसीबत में हैं। वे बुरहानपुर में हैं। दुश्मनों ने उन्हें बुरी तरह घेर रखा है। दुश्मन काफ़ी तादाद में हैं। उन्होंने अर्ज़ किया है कि आप उस जानिब पेशक़दमी न करें,वरना मुसीबत में पड़ सकते हैं। संदेशवाहक ने एक ही साँस में बात ख़त्म की।

—दुश्मनों की कुमुक कितनी होगी?

—यही कोई साठ हज़ार के क़रीब। जवाब मिला।

—क्या ख़ानख़ाना अपने को दुश्मनों के घेरे से निकाल पायेंगे? ख़ुर्रम को अपने सिपहसालार की फ़िक्र हुई।

—लगता तो नहीं हुज़ूर।

—तब तो दुश्मनों को ख़ुर्रम की तलवार का पहला स्वाद यहीं चखना होगा। ख़ुर्रम ने निर्णय लिया।

—लेकिन हुज़ूर...।

—ठीक है। तुम जा सकते हो। किसमें हिम्मत है, जो ख़ुर्रम की फ़ौज के सैलाब को रोक सके!

संदेशवाहक चला गया।

अगले सभी पड़ावों को पार करती हुई शाही फ़ौज अप्रैल 1621 में बुरहानपुर पहुँची और उसने अंतिम पड़ाव डाल दिया। यहीं सेना का मुख्यालय बनना था। यहीं से समस्त सैनिक कार्यवाही की जानी थी। अस्त्र-शस्त्रों और रसद की आपूर्ति यहीं से होनी थी। सेना की टुकड़ियों को यहीं से तैनाती, रवानगी और वापसी का आदेश प्राप्त करना था। ख़ुर्रम का प्रबन्ध इतना चुस्त था कि कहीं कोई भगदड़ या आपाधापी नहीं हुई और न विवाद की स्थितियाँ बन पायीं। उसे हर सैनिक की व्यक्तिगत निष्ठा प्राप्त थी।

इधर ख़ुर्रम युद्ध की तैयारी में व्यस्त था, उधर अर्जुमंद की बेचैनी बढ़ती जा रही थी। उसके दाम्पत्य की बगिया में एक कली और मुस्कराने को थी।

अहमदनगर की रक्षा के लिए शाही सेना को जूझना पड़ रहा था। यद्यपि उसके लिए एक बड़ा सैन्य दल नियुक्त था, किन्तु छापामार शैली का प्रयोग कर वार और बचाव करने वाली मलिक अंबर की सैन्य टुकड़ियाँ शाही सेना को भारी नुक़सान पहुँचा रही थीं। इसका जायज़ा लेने के लिए ख़ुर्रम को अगले मोर्चों पर पहुँच कर पाँच दिन रहना पड़ा।

उधर ख़ुर्रम की प्रतीक्षा में आशा-निराशा के बीच झूलती हुई अर्जुमंद के दिन पूरे हो गये और उसने एक सुन्दर पुत्री को जन्म दिया। प्रसूति के बाद उसकी उतावली बढ़ती गयी कि कब ख़ुर्रम लौटे और बच्ची को अपनी गोद में लेकर खिलाये।

युद्ध के मोर्चों पर विचर रहे ख़ुर्रम को पाँचवे दिन संदेश मिला। लौटने में उसे

दो दिन लगे। बहुत तत्परता से वह अर्जुमंद के कक्ष में पहुँचा। 'मुबारक आरजू' 'मुबारक आरजू' कहता हुआ उसने बच्ची को गोद में उठा लिया और उसका दुलार दर्शाने लगा।

—पहली बार ऐसा हुआ कि बहुत दिन बाद आप घर लौटे और सबसे पहले आप मुझे बरतरफ़ कर किसी और से मुख़ातिब हुए। अर्जुमंद का उलाहना माधुर्य से सराबोर था।

—भरमा गयी न! कमरे में घुसते ही मुझे बच्ची में तुम्हारा अक्स दिखायी दिया। अब तुम्ही बताओ, मैं सबसे पहले तुम्हारे क़रीब ही आया न! ख़ुर्रम अभी भी बच्ची को गोद में लिये दुलार कर रहा था।

—आपसे भला कौन जीत सकता है! खेद है कि आपको जंग के महाज़ को छोड़कर यहाँ आना पड़ा। अर्जुमंद भले ही इस अवसर पर भावनात्मक रूप से ख़ुर्रम की निकटता चाहती थी, किन्तु वह पति के कर्तव्यों के प्रति बराबर जागरूक थी।

—वो तो आना ही था। अफ़सोस है कि तुम्हें इस हालत में छोड़कर जाना पड़ा था। शाहजहाँ ने बच्ची को बिस्तर पर लिटा दिया।

—जंग के हालात कैसे हैं?

—ठीक नहीं हैं। हमारी फ़ौज दुश्मनों से बुरी तरह घिरी हुई है। यहाँ तक कि वापसी भी मुश्क़िल भी नज़र आ रही है। एक तो जेठ है। ऊपर से बाहूर की जानलेवा गरमी। सूरज की बेइंतहा तपन से फ़ौजी बिलबिला रहे हैं। शाहजहाँ के चेहरे पर चिन्ता की घनी मेघमाला थी।

—तब तो आपको तुरन्त वहाँ पहुँचना चाहिए। फ़ौज को लगना चाहिए कि उनका सरपरस्त सिपहसालार भी उन्हीं मुश्क़िलों से जूझ रहा है। अर्जुमंद ने एकात्मक सहानुभूति प्रदर्शित की।

—मोहम्मद तक़ी को फ़ौज के एक बड़े हिस्से के साथ बरार और खानदेश को हथियाने के लिए भेजा है। इंतज़ार में हूँ कि फ़तह हासिल कर लौटे, तो उसे नासिक और संगमनेर की जानिब भेज दूँ ताकि मलिक अंबर के मरक़ज़ी ठिकानों को नेस्तनाबूद किया जा सके। शाहजहाँ ज़ेहनी तौर पर अर्जुमंद के पास था, लेकिन दिमाग़ी तौर पर जंग के मार्चे पर था।

—तब तो आप फ़ौरन महाज़े जंग पर पहुँचें। मुमकिन है, मोहम्मद तक़ी फ़तह के नक़्क़ारे बजाता हुआ आपका इंतज़ार कर रहा हो।

—पर यहाँ...तुम इस हाल में...। क्या करूँ, समझ में नहीं आ रहा है। शाहजहाँ दुविधा में था।

—आप यहाँ की फ़िक्र न करें। यहाँ सब कुछ ठीक है। आप इस वक़्त वहाँ की फ़िक्र करें। वहाँ जोखिम बड़ी है। सब कुछ दाँव पर लगा है। अर्जुमंद कातर हो उठी थी।

—तब...ठीक चलता हूँ।

—अरे! अभी इसी वक़्त! कुछ नाश्ता तो करते जाइये।

—नहीं। घोड़े की पीठ पर आठ घंटे लगातार सफ़र कर आया हूँ। लौटने में भी इतना ही वक़्त लगेगा। बहुत नाजुक मौक़ा है। वहाँ कभी कुछ भी हो सकता है। मुझे फ़िलफ़ौर जाना चाहिए। शाहजहाँ ने उतावली दिखाई।

—ठीक है...सतीउननिसा!! थैली में सूखे मेवे लेकर आना। अर्जुमंद ने आवाज़ लगाई। प्रसूति के कारण स्वर धीमा था।

थोड़ी ही देर में सतीउननिसा ने मेवे की थैली शाहज़ादे को पकड़ा दी।

—अच्छा बिदा। कहता हुआ शाहजहाँ बाहर निकल पड़ा। दरवाज़े के पास पहुँचकर रुका। पीछे पलटकर मुस्कराया और दोनों पर भरपूर नज़र डालते हुए कहा—आरजू, हमारी नयी मेहमान को सुरैया कह कर पुकारना। शाहजहाँ कक्ष से बाहर निकल गया।

अर्जुमंद अजीबोग़रीब मनःस्थिति में थी। बच्ची का जन्म और शौहर की जंगराह! हँसे कि रोये!

ख़ुर्रम ने शत्रु के विरुद्ध तीन मोर्चे एक साथ खोलने की योजना बनायी। उसने समग्र सेना को तीन भागों में विभक्त कर दिया। एक भाग का नेतृत्व सराब ख़ाँ और अब्दुल्ला ख़ाँ को सौंपा। दूसरे भाग का नेतृत्व राजा भीम और विक्रमाजीत को दिया तथा तीसरे भाग में अबुल हसन को शामिल कर उसका नेतृत्व अपने हाथ में लिया।

उसने दो भागों को पूर्व और पश्चिम दिशाओं से शत्रु दल को घेरने का आदेश दिया। वह तीसरे दल की सरपरस्ती करता हुआ उत्तर से शत्रुओं पर बाज की गति से टूट पड़ा। शत्रु सेना में साठ हज़ार से अधिक सैनिक थे। ये सैनिक कहीं पहाड़ी पर, कहीं दर्रों पर, कहीं तलहटी पर, कहीं मैदानों और कछारों पर नियुक्त थे। अलग-अलग जगहों पर छुटपुट लड़ाइयाँ होती रहीं। युद्ध के शीघ्र निर्णय के कोई लक्षण नहीं थे।

उसने दुश्मनों पर दबाव बढ़ाने के लिए अपनी सेना की संख्या में वृद्धि करने का निश्चय किया और कुछ ही हफ़्तों में तीस हज़ार की संख्या में नये सैनिकों की भरती कर ली। उनकी निष्ठा के बल पर उसने शत्रुओं पर फिर भीषण आक्रमण किया। इस बार दुश्मनों की फ़ौज ख़ुर्रम के बर्क़ताज़ आक्रमण को नहीं झेल पायी और तितर बितर हो गयी। शत्रुओं का सेनापति याक़ूत ख़ाँ भाग खड़ा हुआ। मुग़ल सेना अपना मोर्चा आगे बढ़ाती हुई बालाघाट और खिरकी तक आ गयी।

अगले मोर्चों को जायज़ा लेकर ख़ुर्रम एक शाम अपने महल में लौटा, तो आसफ़ ख़ाँ का संदेशवाहक उसकी प्रतीक्षा कर रहा था। पत्र लेकर ख़ुर्रम अपने निजी बैठक में आया। अर्जुमंद उसका रास्ता ही देख रही थी।

—सब ठीक तो है न! आज आने में बहुत देर हुई। अर्जुमंद ने उसके कमरपट्टे को हाथ में लिया और दीवार पर टाँगने लगी।

—कोई ख़ास बात नहीं। आज मोर्चो की देखरेख के लिए दूर-दूर तक जाना पड़ा। ख़ुर्रम ने दीवान पर पसरते हुए कहा।

—और हाथ में यह क्या है? कोई ख़त आया है? अर्जुमंद ने पत्र को हाथ में लेकर उलट-पलट कर देखा। फिर पते पर नज़र डालकर बोली—अरे,यह तो अब्बाहुज़ूर की लिखावट लगती है।

—हाँ, उन्हीं का ख़त है। ज़रा खोलो तो। और पढ़कर भी सुनाओ। ख़ुर्रम विश्राम की मुद्रा में था।

अर्जुमंद ने लिफ़ाफ़ा खोलकर पत्र निकाला और उच्च स्वर में पढ़ने लगी—

शाहज़ादा हुज़ूर! आदाब! अर्ज़ है कि लाडली बेगम की सगाई 20 फरवरी 1621 को हो चुकी थी। शाहज़ादा शहरयार के साथ। माह अप्रैल में निकाह की रस्म भी अदा हो गयी। यह भी पता चला है कि मलिका ने शाहज़ादा ख़ुसरो को वापस बुलाने के लिए शाहंशाह पर बहुत दबाव डाला है। बहुत मुमकिन है कि इस बाबत शाही हुक्म ज़ारी हो और आपको उन्हें वापस भेजना पड़े। शायद मलिका की सोच हो कि उन्हें आगे कर शहरयार के लिए रास्ता तैयार किया जाय। आप सब की ख़ुदा ख़ैर करे। आपका फ़र्माबदार, आसफ़ ख़ाँ।

पत्र में लिखी बातों को सुनकर ख़ुर्रम उठ बैठा और कक्ष में टहलने लगा। उसके माथे पर चिन्ता की लक़ीरें खिंच आयी थीं। वह कालीन पर हलके क़दमों से टहलने लगा।

—क्या बात है? कुछ फ़िक्रमंद दिख रहे हैं! अर्जुमंद ने चिन्ता दिखायी।

ख़ुर्रम ने सुना पर जवाब नहीं दिया। वह गहरी सोच में डूबा हुआ था।

—यह तो ख़ुशी की बात है कि लाडली बेगम का निकाह हो गया। यदि यहाँ उलझे नहीं होते, तो निकाह में शामिल भी हो सकते थे। अर्जुमंद ने सहज भोलेपन से कहा।

ख़ुर्रम ने कुछ नहीं कहा। वह सुन रहा था। बल्कि सुन भी नहीं रहा था। उसका मन चिन्ता के जाल में उलझा हुआ था। जितना निकलना चाहता था, उतना ही और उलझता जाता था। कभी-कभी वह सूनी आँखों से अर्जुमंद को देख लेता था।

अर्जुमंद विचलित हो गयी। शाहज़ादे का मौन उसके लिए असह्य हो रहा था। पास आयी। हाथ को पकड़कर, झकझोर कर बोली—आख़िर बात क्या है? बताते क्यों नहीं! किस बात की फ़िक्र हो गयी?

—बड़े भाईजान की! यह एक संजीदा मसला है। तुम बहुत मासूम हो। इसे नहीं समझोगी। यह सियासी दाँव-पेंच है। मलिका खुसरो भाईजान को अपने पास रखना चाहती थीं। मैं उन्हें यहाँ ले आया। वे उन्हें वापस बुलाना चाहती हैं। मैं उन्हें वापस नहीं भेजना चाहता। ख़ुर्रम ने रहस्य पर पड़ी परतों में से एक परत उठायी।

—और इन सबके बीच में खुसरो भाईजान कहाँ हैं? वे क्या चाहते हैं।? अर्जुमंद

की सहानुभूति सहज ही ख़सुरो के साथ हो गयी थी।

—मोहरे खुद चला नहीं करते, आरजू! मोहरों को चलाया जाता है। मलिका शतरंज खेलने में माहिर है। वे जानती हैं कि किस मोहरे की क्या वकष्टत है। वे पैदल को वज़ीर बनाना चाहती हैं। ख़ुर्रम ने अभी भी अपनी बात साफ़-साफ़ नहीं कही।

—यह तो खेल में जायज़ है।

—क्या किया जाय, बहुत सी जायज़ बातें नाक़ाबिले बर्दास्त जो हो जाती हैं! तुम्हारी फूफीजान खुसरो भाईजान के कंधे पर बंदूक रखकर शिकार करना चाहती हैं। ख़ुर्रम ने रहस्य पर पड़ी एक और परत को उठाया।

—या अल्लाह! किसका?

—जाने दो। सियासत की बिसात बिछी है। लोग अपनी चाल चल रहे हैं। वे भी चल रही हैं। मैं भी चल रहा हूँ। ख़ुर्रम ने दार्शनिक अंदाज़ में बात कही।

—आप क्या करेंगे? अर्जुमंद व्याकुल हो उठी।

—अच्छा खिलाड़ी वह है, जो दुश्मन के पैदल को आठवें स्थान पर पहुँचने के पहले ही बिसात से उठा देता है। ख़ुर्रम के दिमाग़ में कोई फ़ैसला आकार ले रहा था। यह उसकी प्रतिध्वनि थी।

—कौन है पैदल? आप किसकी ओर इशारा कर रहे हैं? अर्जुमंद व्यग्र हो उठी।

—सियासत में बहुत सी बातें हैं, जिन्हें खोलकर नहीं कहा जाता, आरजू! जिन्हें जो क़यास लगाना हो, लगा ले। ख़ुर्रम ने ताश के पत्ते नहीं खोले।

—बिसात बिछी है। पर इतना तो बता दीजिये कि खेल किस बात के लिए हो रहा है? अर्जुमंद अभी भी बेचैन थी।

—यह सल्तनत की जाँनशीनी का खेल है। जो इस दौड़ में हमारे ख़िलाफ़ दौड़ रहे हैं, उन्हें इस दौड़ से बाहर करना ज़रूरी है। ख़ुर्रम दूर होती किसी दौड़ पर आँखें जमाये था।

—अच्छा, एक बात पूछूँ। अब्बाहुजूर के बाद इस सल्तनत का बादशाह कौन होगा? अर्जुमंद ने सवाल उठाया।

—उनका कोई एक बेटा।

—बादशाह अपनी जीते जी उसका इंतख़ाब कर जायेंगे?

—हरगिज नहीं करेंगे। हर आदमी, जो हुकूमत की चोटी पर बैठा है, अपनी गद्दी को नहीं छोड़ना चाहता। इससे जीते जी उसका वजूद सिफ़र हो जाता है। इसीलिए उसकी ख़्वाहिश रहती है कि जब वह तख़्तोताज़ छोड़े, तो सीधे शाही जनाजे पर बैठकर जिन्दगी का आख़िरी सफ़र पूरा करे। इस सफ़र के दौरान लोग अपनी छाती पीटें, उसके पैरों को अपने आँसुओं से भिगोयें और उसकी यादों की ख़ुशबू से अपने घर-आँगन को महकायें। ख़ुर्रम ने जमाने की एक सचाई की ओर इशारा किया।

—इसका मतलब तो यह निकला कि यदि बादशाह इंतख़ाब नहीं करते, तो बेटे

तय करेंगे कि उनमें से कौन तख़्त पर बैठेगा! अर्जुमंद ने सीधा-सादा निष्कर्ष निकाला।

—यक़ीनन।

—तब तो भाइयों के बीच तनाज़ो और कशाकशी के हालात पैदा जा जायेंगे। सब एक दूसरे के निशाने में होंगे। आपसी दूरी बढ़ जायेगी। वाहम रंजिश बढ़ेगी। पूरी फ़िज़ा ज़हरीली हो जायेगी। आपस में शमशीरें खिंच जायेंगी। अर्जुमंद उदास हो चली थी।

—हाँ,यह सब होगा और यह भी होगा कि शाहज़ादों को शमशीर के पानी से तैरकर निकलना होगा। जो दूसरे भाइयों की तलवारों को अपनी तलवार पर झेलने की ताक़त रखता है, वही शाही तख़्त का हक़दार होगा। यह एक दिलचस्प और रोमांचक खेल है। बेहतर है, कि इन बातों को यहीं छोड़ दिया जाय। ख़ुर्रम ने प्रकरण को समाप्त करने का संकेत दिया।

दूसरे दिन सुबह चर्या के अनुसार ख़ुर्रम सैनिक मुख्यालय आया। सिपहसालारों से युद्धविषयक बिन्दुओं पर चर्चा की। जंग के पुराने नक़्शों का संशोधन किया और कुछ नये नक़्शे भी बनवाये। दोपहर भोजन के उपरान्त उसने युद्ध के विभिन्न मोर्चों का दौरा किया तथा सैनिकों की स्फूर्ति, प्रशिक्षण और अनुशासन की परीक्षा ली। शाम को मुख्यालय लौटकर दिन भर के कार्यों की समीक्षा की। आगत पत्रों का अध्ययन किया। सम्राट् की ओर से कोई विशेष सूचना नहीं आयी थी। यहाँ-वहाँ फैले हुए गुप्तचर भी आ गये थे। उनसे भी विविध जानकारी प्राप्त की तथा दूसरे दिन के लिए उन्हें काम सौंपकर अपने महल वापस आया।

तब तक सूर्य अस्त हो चुका था। यत्र-तत्र लालिमा शेष थी। धूमिल अँधेरा वातावरण को घेरता जा रहा था। प्रतिदिन की भाँति अर्जुमंद ने बैठक में उसका स्वागत किया और बादाम का शर्बत पेश किया।

—क्या बात है, कुछ अनमने दिख रहे हैं। अर्जुमंद ने ख़ुर्रम के चेहरे को पढ़ते हुए कहा।

—ख़बर मिली है कि ख़ुसरो भाईजान की तबीयत ठीक नहीं है। ख़ुर्रम ने उदासी का कारण बताया।

—अरे! शाही हकीम ने उन्हें देखा! अर्जुमंद चिंतित हो उठी।

—वह तो रोज़ ही एक चक्कर लगाता है। उसी ने जाँच कर ख़बर भेजी है।

—कैसी ख़बर भेजी है?

—कहा कि दिल का दर्द है। ख़ून का दबाव काफ़ी बढ़ा हुआ है। दर्द इतनी शिद्दत से है कि भाईजान रहरहकर बदहवास हो उठते हैं। हकीम उनकी तरफ़ से बहुत फ़िक्रमंद है। ख़ुर्रम ने ख़ुसरो की तबीयत की जानकारी दी।

—कोई माकूल दवा दी?

—इलाज़ तो चल ही रहा है, लेकिन दवा कोई असर नहीं दिखा रही है। हकीम

ने कोई उम्मीद नहीं जताई। अल्लाह पर भरोसा करने को कहा है। खुर्रम ने खुसरो की नाज़ुक हालत के बारे में हकीम की राय बताई।

—आप उन्हें यहाँ ले आयें। यहाँ मेरी देखरेख में ठीक से तीमारदारी होगी।

—नहीं, वे वहीं ठीक हैं। वहाँ सब इंतज़ाम हैं। शाही हकीम को हिदायत दी गयी है कि जब तक उन्हें शिफ़ाए कामिल हासिल नहीं हो जाती, वह वहीं उनके महल में मुकाम करेगा।

—लेकिन उन्हें यहाँ लाकर हम...।

—रहने दो आरजू! कहीं कुछ उलटा-सीधा हो गया, तो मुझ पर इलज़ाम आ जायेगा। खुर्रम ने उसकी पहल को पूरी तरह ख़ारिज़ कर दिया।

शाहजहाँ ने एक तरह से ठीक ही किया कि खुसरो को उसके हाल पर छोड़ दिया। दूसरे दिन शाम को ख़बर मिली कि बड़े शाहज़ादे ने शाही हकीम के सामने ही ज़िन्दगी की आख़िरी साँस ली। अर्जुमंद बिलख उठी। शाहजहाँ ने भी मातम मनाया। उस रात दोनों ने भोजन नहीं किया।

दूसरे दिन धूमधाम से शव-यात्रा निकाली गयी और सम्पूर्ण बुरहानपुर शहर इसका गवाह बना। आख़िर शाहज़ादे का जनाज़ा था। उसे यथोचित प्रतिष्ठा दी गयी। अन्ततः आलमगंज में पूरे सैनिक सम्मान के साथ खुसरो के भौतिक अवशेष को सिपुर्दे ख़ाक किया गया।

खुसरो की मृत्यु को लेकर शहर के गुमनाम इलाक़ों में चेमेगोइयाँ हो रही थीं। किसी कोने में कोई एक अधेड़ कुबड़ा लगभग अश्रोतव्य स्वर में कह रहा था-शाहज़ादे की मौत! बीमारी से! बकवास है। अरे, शाहज़ादे भी कभी बीमार पड़ते हैं!

एक दूसरे इलाक़े में कोई पियक्कड़ सुनसान गलियों से मुख़ातिब था—काहे की बीमारी, भैया! कोई होती, तो न सुराग़ मिलता! क़ैदख़ाने में कोई चिड़िया भी पर नहीं मार सकती। पर वह पंछी उड़ गया! उड़ नहीं गया, उड़ा दिया गया!

कहीं किसी विदिशा में चौपाल पर यों चर्चा हो रही थी -

एक—क्यों हो, हट्टा-कट्टा राजकुँवर इतनी जल्दी मर गया!

दो—कहते हैं कोई रोग-सोग लगा था।

तीन—लो इसकी सुनो। अरे शाहज़ादों के बीच की बात है। कुछ भी हो सके है।

चार—ठीक कहा भइया। ताज-तखत को सवाल है। उम्मीदवार कम हो जायें, तो ज्यादा सुभीता होत है।

एक—एक सिपाही क़ैदख़ाने की देखरेख में था। वो बताता था कि बड़ा शाहज़ादा क़ैद में था। रात को जाने क्या हुआ कि सब खलास!

दो—अब ये बात छोड़ो भइया। कहीं लाल तम्बू में ख़बर पहुँच गयी, तो मुश्क़िल में पड़ गये समझो।

यहाँ तो किसी के लिए कुछ मुश्क़िल न हुआ। धमाका तो कश्मीर में हुआ, जब एलची ख़ुसरो की मृत्यु की सूचना लेकर सम्राट् के पास पहुँचा।

—क्या कहा? तू होश में तो है!! बादशाह गरजा। फिर खाँसी का तेज़ दौरा पड़ा। दमा पुराना था। उखड़ते देर नहीं लगती थी।

संदेशवाहक सकपका गया। सिर झुकाये खड़ा रहा। सूचना को दोहराने की हिम्मत नहीं पड़ी।

नूरजहाँ पर जैसे वज्रपात हुआ। वह चीख पड़ी—बबुलंद बयान हो!!

संदेशवाहक काँप गया। घिघियाते हुए उसने पुनः बीमारी से हुई ख़ुसरो की मौत की सूचना दी।

नूरजहाँ चाहती थी कि यह हौलनाक ख़बर पुनः बादशाह के कानों में पिघले हुए गर्म शीशे की तरह प्रवेश करे।

—मुआज़्ज़ला, ख़ुसरो! बरगश्ता ऐयाम!! तक़दीर ने तुझे कहाँ ले जाकर मारा! या ख़ुदा! या ख़ुदा! जहाँगीर विलाप करने लगा।

—तक़दीर उसे नहीं ले गयी जहाँपनाह! आपका फ़र्मान उसे वहाँ ले गया। मैंने लाख रोका, पर आप नहीं माने। आख़िर देख लिया आपने अपनी मेहरबानी का नतीज़ा!

सम्राट् चुप रहा। व्यथा मुख-मंडल पर मेघायित थी। क़सर इतनी थी कि आँसू थमे हुए थे।

—मैं जानती थी कि यही होना था। वह ख़ुर्रम, शाहज़ादा ख़ुसरो को फूटी आँख भी पसंद नहीं करता था। उसने अपने जासूस ख़ुसरो पर रख छोड़े थे। एक-एक बात की टोह लिया करता था कि कहीं अपने अब्बाहुज़ूर के क़रीब तो नहीं आ गया है, कहीं अब्बाहुज़ूर ने किन्हीं कमज़ोर लमहों में उसे कुछ दे तो नहीं दिया, कहीं वह मलिका के साथ कोई खिचड़ी तो नहीं पका रहा है। उसके इस टोह की भनक मुझे लग रही थी। आप माने या न माने, पर मुझे पूरा यक़ीन है कि यह...। नूरजहाँ ने जुमला अधूरा छोड़ दिया।

—यह क्या? बात पूरी करो। सम्राट् ने जिज्ञासा की।

नूरजहाँ चुप रही आयी।

—यह क्या, नूरजहाँ! बयान पूरा हो! इस बार सम्राट् की आवाज़ में तुर्शी थी।

—मुझे पूरा यक़ीन है कि यह क़त्ल का मामला है, जहाँपनाह। नूरजहाँ ने बात पूरी की।

—यह तुम कैसे यक़ीन के साथ कह सकती हो, जबकि यह वाक़या दूर दक्खन का है? बादशाह झल्ला उठा। उसकी भृकुटियाँ टेढ़ी पड़ गयीं।

—ऐसा इसलिए आलीजाह, कि आपकी जाँनशीनी के लिए मुहिम का आग़ाज़ हो चुका है। नूरजहाँ के मुख पर कुटिल मुसकान थी।

—तुम गोली पर गोली दाग़ती जा रही हो। जानती हो, यह तुम्हारा बयान नहीं, इलज़ाम है।

—यह हक़ीकत है। वरना ख़ुर्रम को क्या पड़ी थी कि जंगराह होते हुए वह ख़ुसरो का भार सिर पर ढोकर चलता। उसने इस सरबारी की मशक़्क़त यूँ ही नहीं की! वह इतना बेवक़ूफ़ नहीं है! आलीजनाब, वह एक सोची-समझी साज़िश थी। उसने ख़ुसरो को अपनी हिफ़ाज़त में नहीं, बल्कि अपनी क़ैद में लिया था और मौक़ा देखकर उसे सिज्जीन की तारीकियों में हमेशा के लिए ग़र्क़ कर दिया। और मज़ा यह कि अपने जुर्म पर परदा डालने के लिए उसने पूरे शहर में बड़ी धूमधाम से जनाज़ा निकाला। क्या ख़ूब! यह संगीन जुर्म की एक निहायत ख़ुस्रवाना नुमाइश थी। इसके लिए ब तरफ़े हुकूमत उसे किसी लक़ब से पैरास्ता किया जाये! नूरजहाँ ने सम्राट् के हृदय में ख़ुर्रम के ख़िलाफ़ दुर्भावना पैदा करने में कोई क़सर नहीं छोड़ी।

—हैफ़! ख़ुर्रम, तूने ऐसा क्यों किया? तुझे भाई से शिकायत थी, तो मुझसे कहता। वो तो तेरी हसद के लायक़ भी न था। तक़दीर ने उसे पहले ही अधमरा कर रखा था। उसे मारकर क्या हासिल हुआ होगा! सम्राट् आत्मालाप कर रहा था।

—यदि आप यह मानते हैं कि ख़ुर्रम कहीं-न-कहीं गुनहगार है, तो उसकी सज़ा मुक़र्रर होनी चाहिए। आप अदले जहाँगीर के नाम से मशहूर हैं। आपको दुनिया के सामने एक नज़ीर रखनी चाहिए। शाह की नज़र में चाहे बेटा हो या आम आदमी—दोनों बराबर हैं। नूरजहाँ बादशाह के ज़मीर को ललकार रही थी। वह आतुर थी कि जैसे भी हो, सम्राट् शाहज़ादा ख़ुर्रम के ख़िलाफ़ कुछ-न-कुछ कार्रवाई अवश्य करे।

अचानक नूरजहाँ को ख़याल आया कि संदेशवाहक खड़ा है। शायद सम्राट् से किसी आदेश या पैग़ाम की आशा कर रहा हो। उसने उन दोनों के संवाद सुन लिये थे। वह भीतर-ही-भीतर सकपका गयी। फिर हाथ हिलाकर उसे चले जाने का आदेश दिया।

एलची फ़र्शी सलाम करता हुआ पीछे हटकर निकल गया।

—तो आपने क्या फ़ैसला किया है? नूरजहाँ ने बादशाह को फिर कुरेदा।

सम्राट् ने सूनी आँखों से उसकी ओर देखा। फिर तटस्थ भाव से कहा—कोई मुक़दमा सामने नहीं है। न मुद्दई है, न गवाह है।

—मुद्दई तो जन्नतनशीं हो गया। वहाँ से तो आने से रहा। नूरजहाँ ने बादशाह की आँखों में झाँक कर कहा।

बादशाह को ख़ामोश देखकर व्यंग्यात्मक स्वर में बोली—ख़ुर्रम की दूरंदेशी की दाद देनी होगी। दूर दक्खन में जाकर क़स्दन जुर्म किया, ताकि कोई देखने, जानने, समझने, बूझने वाला मौजूद न रहे। जंग के हालात में क़त्ल, गारत जैसी बातें तो होती ही रहती हैं। कहीं कुछ भी हो सकता है। कौन किस पर इलज़ाम लगा सकता है! नूरजहाँ थोड़ी देर रुकी।

जहाँगीर सारी सचाइयों को पचा गया। प्रकरण को समाप्त करने की ग़रज से बोला—दक्खन की मुहिम अल्कतरसा हो, तो इसे भी देख लेंगे।

—नहीं, जहाँपनाह! तब कुछ नहीं हो सकेगा। इस पर अलअमान फ़ैसला करें। यह इंसाफ़ का तक़ाज़ा है। नूरजहाँ बहुत मज़बूती से अपने पक्ष पर अड़ी रहना चाहती थी। वह जानती थी कि अभी नहीं, तो फिर कभी नहीं। वह कल को आज की आँखों से देख रही थी। यदि ख़ुर्रम दक्खन की इस दूसरी मुहिम में कामयाब रहा और जब वह विजेता की हैसियत से राजधानी में क़दम रखेगा, तो किसकी हिम्मत है, जो उससे ख़ुसरो की मौत की बाबत कैफ़ियत तलब करे। जयजयकार की गूँज में उसकी सारी गुस्ताख़ियाँ डूब जायेंगी। ख़ुद बादशाह उसके एहतिराम के लिए दो क़दम आगे बढ़ेंगे। बादशाह ने कोई उत्तर नहीं दिया। आज की तारीख़ में वह इस प्रकरण को बन्द कर चुका था।

उन्नीस

उधर पत्रवाहक ने लौटकर ख़ुर्रम से भेंट की। शाहज़ादे के प्रति निठा प्रदर्शित करते हुए उसने बादशाह तथा मलिका के मध्य हुई बातचीत का वह अंश भी सुना दिया, जो उसके सम्मुख हुआ था। ख़ुर्रम की त्योरी चढ़ गयी। उसके हृदय में तूफ़ान उठ खड़ा हुआ। उसे इसका प्रमाण मिल गया कि मलिका सम्राट् को उसके विरुद्ध भड़काती रहती है। उसने ख़ुसरो की मृत्यु को षड्यंत्र समझा और वह इस मामले को न्याय की सीमाओं में घसीट कर ले जाना चाहा। इतनी दूर होने के कारण वह सम्राट् के सामने अपना पक्ष रखने में असमर्थ है। उसे यह दूरी अखर रही थी। निष्ठा निकटता की माँग करती है और वह इतनी दूर पड़ा जंग की ज्वाला में झुलस रहा है। कहीं ऐसा न हो कि लड़ाई में विजय का सेहरा बाँधकर जब वह राजधानी पहुँचे, तो उसे कुछ भी हासिल न हो। पर इस वक़्त तो कुछ नहीं हो सकता। अभी तो जो मक़सद सामने है, उसे पूरा करना होगा और फिर नये सिरे से हालात का जायज़ा लेना होगा।

उसने विभिन्न मोर्चों पर लगी अपनी सेना को तुरन्त सक्रिय किया। उसकी सेना की टुकड़ियों ने विक्रमाजीत, राजा भीम, दाराब ख़ाँ, अबुल हसन और अब्दुल्ला ख़ाँ के नेतृत्व में महत्वपूर्ण ठिकानों पर मोर्चे खोल दिये। सबसे पहले बालाघाट के गिर्द घेरे को मज़बूत कर शत्रु के निकलने का रास्ता बन्द कर दिया। फिर विद्युतीय गति से आगे बढ़ते हुए धावा बोल दिया। दुश्मनों को सँभलने का मौक़ा भी नहीं मिला। उनका सिपहसालार याक़ूत ख़ाँ परास्त होकर भाग खड़ा हुआ। ख़ुर्रम ने बर्क़ताज़ हमले से बरार और खानदेश को पददलित किया। फिर उसने नासिक और संगमनेर पर

चढ़ाई की और बासिम को अपनी सैनिक पकड़ में लिया। वह हर दिशा से मलिक अंबर और आदिलशाह की सेना को कुचलता चला गया। जंग में सारे मोर्चों पर इतनी शीघ्रता से आ-जा रहा था, जैसे एक नहीं, अनेक ख़ुर्रम हों। उसकी सूझ-बूझ,, चपलता, बहादुरी और दूरदर्शिता से उसकी सेना का मनोबल बहुत बढ़ गया था और वह पूरे उत्साह से जूझ रही थी। इसका परिणाम तत्काल सामने आया। मलिक अंबर को लगा कि जंग को आगे खींचने से उसकी जान पर आ सकती है या वह गिरफ्तार हो सकता है। उसने घुटने टेक दिये।

यह मलिक अंबर और आदिलशाह की दूसरी पराजय थी। उसने शाहज़ादे के सामने जंग रोकने का प्रस्ताव भेजा और सारी शर्तें मानने की प्रतिज्ञा की। यह दिखाने के लिए कि वह मुग़ल हुकूमत के प्रभुत्व को स्वीकार करता है, उसने तुरन्त अहमदनगर खाली कर दिया। इस प्रकार मलिक अंबर और आदिलशाह की पराजय के साथ दक्खन की मुहिम समाप्त हुई।

दक्खन की फ़तह के साथ ख़ुर्रम की कीर्ति में चार चाँद लग गये। यह उसकी लगातार तीसरी विजय थी। हर मोर्चे पर उसे सफलता मिली। इस सफलता ने पूरे हिन्दुस्तान और दक्खन में यह सिद्ध कर दिया कि सम्राट् जहाँगीर के पुत्रों में वही श्रेष्ठ और सरामद है और तख़्तोताज़ का योग्य उत्तराधिकारी भी। मुग़ले आज़म जलालुद्दीन मोहम्मद अकबर ने कभी यह विश्वास व्यक्त किया था कि उसके पौत्रों में ख़ुर्रम सबसे होनहार, शूरवीर, साहसी और गुणी है। ख़ुर्रम ने उस विश्वास को अपनी बहादुरी, सूझबूझ और साहस से प्रमाणित कर दिखाया।

विजेता सेनापति के रूप में ख़ुर्रम अपने निवास पर आया। उसका महल आज ख़ास आयीनाबंदी से जगमगा रहा था। 'अल्लाहो अकबर' की तक्वीर से आसमान गूँज रहा था। सैनिकों के क़ाफ़िले खुशी से झूमते हुए साथ थे।

जयजयकार के बीच वह अपने निजी कक्ष में आया। वहाँ अर्जुमंद कपोलों पर आँसुओं की धार के साथ उसकी प्रतीक्षा कर रही थी। बार-बार स्फुट रूप से उसके ओठों से 'या खुदा' 'या इलाही' का उच्चार हो रहा था। ख़ुर्रम को देखते ही वह घुटनों के बल बैठ गयी और अल्लाह की दुआ में दोनों हाथ उठाकर बोली—या इलाही, अपनी रहमतों का साया हमेशा हम पर रख। हम नाचीज़ बंदों को हमेशा अपनी बरहम नज़रों के साये में रखना। हमारी हर ख़ुशी, हर कामयाबी तेरी करमफ़र्माई पर मुनहसिर है। तेरी रहमतों ने ही मेरे सरताज को फ़तहयाब किया है। ऐ परवरदिगार, तेरा सदशुक्र, ऐ दोनों जहाँ के मालिक, तेरा सदशुक्र!

ख़ुर्रम उसके पास आकर खड़ा हो गया। अर्जुमंद ने अपने दामन के एक छोर से उसके पैरों का स्पर्श किया और उसे अपनी आँखों से लगा लिया। फिर खड़ी होकर रुँआसे स्वर में बोली—मुबारक हो, मेरे आक़ा, यह बेमिसाल फ़तह सौ बार मुबारक हो। बच्चे भी 'मुबारक हो अब्बाहुज़ूर, मुबारक हो' कहकर उसके पैरों से लिपट गये।

हँसते हुए ख़ुर्रम ने किसी बच्चे के गाल थपथपाये, किसी के सिर पर हाथ फेरा। फिर नन्हें औरंगज़ेब को गोद में लेकर उसका माथा चूमकर दुलार किया।

—यह फ़तह तुम्हें भी मुबारक हो, आरजू। हमारे आस्ताने में जब से तुम्हारे मुबारक क़दम पड़े हैं, हमें फ़तह-पर-फ़तह हासिल होती जा रही है। अल्लाह ने हमारे घर को यम्नो सआदत से भर दिया है। ख़ुर्रम के उल्लसित स्वर में एक अनोखी खनक थी।

—आज मैं चैन की साँस ले सकी हूँ। हमेशा मेरे दिल में खटका बना रहता था। जाने कब क्या हो, इसकी फ़िक्र जैसे मेरी साँस को तोड़-तोड़ देती थी। आरजू औरंगज़ेब को अपनी गोद में लेती हुई बोली।

—हाँ, शायद कुछ दिन हम लोग चैन से गुज़ार सकें।

—जब से ब्याह कर आयी हूँ, अपने घर-आँगन में जंग की गुबार ही उड़ती देखी है। अब हे मौला! कुछ दिन हमें अमन और सुकून से रहने दे। हम अपने नन्हें फूलों को दुलार के लिए कुछ वक़्त दे सकें। आरजू भावना में बह रही थी। गो आँसू कपोलों पर सूख गये थे, पर आर्द्रता की रेखाएँ अभी भी दिख रही थीं।

फिर अपने को संयत कर बोली—यह फ़ौजी लिबास पसीने से किस तरह तरबतर है। चलिये, इसे बदलिये और थोड़ा आराम कर लीजिये।

उसी दिन ख़ुर्रम ने अफ़ज़ल ख़ाँ को आगरा रवाना किया और उसे आदेशित किया कि वह पहले सिपहसालार आसफ़ ख़ाँ को विजय की सूचना दे और फिर उन्हें लेकर बादशाह से भेंट कर यहाँ की सारी ख़बरें सुनाये। उसका मुख्य उद्देश्य सम्राट् और साम्राज्ञी की प्रतिक्रिया जानना था। आसफ़ ख़ाँ इस प्रतिक्रिया का भलीभाँति आकलन कर उसे सूचित कर सकेगा।

क़ुदरत का खेल भी अजीब होता है। समय का चक्र आदमी को सुख-दुःख की अराओं के बीच उलझाये हुए घुमाता रहता है और उसे कभी चैन से बैठने नहीं देता। अभी शाहजहाँ दक्खन की फ़तह का सेहरा बाँधे जयजयकारों के बीच घूम ही रहा था, कि उसके बेटे उम्मीद बख़्श की तबीयत एकाएक बिगड़ गयी।

शाही हकीम को तत्काल तलब किया गया। तेज़ बुखार से बच्चे का चेहरा तमतमा गया था। बदन का ताप इतना बढ़ गया था कि अर्जुमंद अपने हाथों में जलन महसूस कर रही थी। उसने परीक्षण कर बताया सर्दी बिगड़ गयी है। फेफड़ों में बलगम जमा हो गयी है। इससे सीने में जकड़न आ गयी है। आख़िर तेज़ बुखार की शिद्दत से बच्चे ने पुतलियाँ पलट दीं। शाही हकीम के हाथ के तोते उड़ गये। जब तक वह अपनी पेटी में दवाइयाँ तलाशता, पंछी उड़ चुका था।

हरम में कोहराम मच गया। अर्जुमंद पत्थर के समान जड़ हो गयी थी। सतीउननिसा का क्रन्दन रुकने का नाम नहीं ले रहा था। कौन किसे समझाता। सभी बेहाल थे। ख़ुर्रम तक ख़बर पहुँची, जश्न छोड़कर भागता हुआ आया। बच्चे की

निष्प्राण देह सतीउननिसा की गोद में निश्चल पड़ी थी। अर्जुमंद बच्चे के सीने पर हाथ रखे निष्पंद बैठी थी। उसे कुछ भी पता नहीं कि आसपास क्या हो रहा है। ख़ुर्रम कब आया, कब क़रीब बैठा और कब उसने बच्चे को अपनी गोद में लिया, उसे कुछ भी होश नहीं था। ख़ुद ख़ुर्रम की समझ में नहीं आ रहा था कि क्या करे और क्या कहे। वह चुपचाप फ़र्श पर बैठ गया और कभी बच्चे को और कभी अर्जुमंद को देखने लगा।

—जिन चीज़ों पर हमारा इख़्तियार नहीं, उन पर रोने से क्या मिलेगा, आरजू! जाने वाला तो चला गया। जो हमारे साथ हैं, उन्हें सँभालना हमारा फ़र्ज़ है। ख़ुर्रम ने समझाने की कोशिश की, गोकि उसे ही समझाइश की ज़रूरत थी।

—जिन्हें साथ छोड़ना है, वो हमराह बनते ही क्यों हैं! अर्जुमंद ने गहरी साँस लेकर कहा। नीमहोशी में उसे पता नहीं था, वह क्या कह रही है।

—ज़िन्दगी की राह में कोई हमेशा के लिए हमसफ़र नहीं बनता, बानो। तुम अपने का सँभालो। देखो, शाहज़ादा हुज़ूर कितने परेशान हैं। सतीउननिसा जानती थी कि शाहज़ादा के नाम से अर्जुमंद अवश्य सचेत हो जायेगी।

वही हुआ। अर्जुमंद सचेत हो गयी। उसने आँखें खोलकर पति को देखा, तुरंत चुनरी का दामन सिर पर डाला और सँभल कर बैठ गयी।

—अल्लाताला सुख-दुख में तवाज़ुन बिठाना चाहता है। उसे यही मंज़ूर था। उसकी रज़ा के सामने हम सबको सर झुकाना चाहिए। उठिये, शाहज़ादा हुज़ूर, दिल को कड़ा करके नन्हें राजदुलारे को अलबिदा कीजिये। सतीउननिसा ने भर्राई आवाज़ में कहा।

एक दुःखान्त नाटिका का पटाक्षेप हो गया। विजय के हर्ष पर पानी फिर गया। आज का दिन कितना काला था! रात कितनी काली रही होगी, इसका अंदाज़ ही लगाया जा सकता है। अगले दिन उषा ने आसमान और धरती पर नये रंग बिखेरे और दुनिया का चक्र पूर्ववत् चलने लगा।

निर्देशानुसार अफ़ज़ल ख़ाँ ने आगरा पहुँचकर सबसे पहले आसफ़ ख़ाँ को विजय की सूचना दी। आसफ़ ख़ाँ ख़ुशी से गद्गद हो उठा। उसने सोने के सिक्के ज़ेब से निकाले और हवा में उछाल दिये। वह दौड़कर रनिवास में गया और अपनी पत्नी को शुभसूचना दी। उसकी आँखों से आँसुओं की धार बह निकली। उसने अल्लाह की दुआ में हाथ उठा दिये। अपने दामाद के कारनामे को सुनकर वह न कुछ बोल पा रही थी और न चुप ही रहना चाहती थी। अज़ीब भावावेश था। पूरे घर में हर्ष का ज्वार छा गया था।

आसफ़ ख़ाँ अफ़ज़ल ख़ाँ को लेकर सम्राट् जहाँगीर के निजी कक्ष में पहुँचा। बादशाह के अलावा वहाँ मलिका नूरजहाँ भी विराजमान थी। दोनों ने विधिवत अभिवादन किया। फिर आसफ़ ख़ाँ ने उत्साह और उल्लास के साथ कहा—मुबारक हो, आलमपनाह, मुबारक हो! दक्खन की फ़तह मुबारक हो! एक बार फिर से दक्खन में

आपकी फ़तह का डंका बज उठा है। मलिक अंबर और आदिलशाह की फ़ौज को शाहज़ादा शाह बुलंद इक़बाल शाहजहाँ ने पस्पा कर दिया। मुग़लों का परचम एक बार फिर से अहमदनगर में लहराने लगा है। आपको यह फ़तह मुबारक हो, आलमपनाह!

—अच्छा! तम्मतबिलख़ैर! चलो एक काम तो हुआ। जहाँगीर ने चैन की साँस ली। उसकी अलसाई प्रतिक्रिया में उत्साह की कमी झलक रही थी।

—यह फ़तह तो होनी ही थी। यह कोई करिश्मा नहीं हुआ। फ़ौज की तादाद पहले से कहीं बहुत ज़्यादा थी। उसकी तर्बियत बेहतर हुई थी। सरदारों और सिपहसालारों को सख़्त हिदायत थी कि फ़तह से कम कुछ भी मंज़ूर नहीं होगा। अगर वे बैरंग लौटते हैं, तो अपनी ख़ैर को ख़ुदा हाफ़िज़ कहकर आयें। नूरजहाँ ने विजय का सारा श्रेय फ़ौज को दिया। अपनी चेतावनी का प्रभाव जताकर अपने हाथ से अपनी पीठ ठोंकी।

आसफ़ ख़ाँ सन्न रह गया। बादशाह और मलिका विजय से पूर्णतः तटस्थ और उदासीन दिखे। किसी ने खुर्रम का नाम तक नहीं लिया। विजय की महिमा को रेखांकित करने के उद्देश्य से तथा परम्परा का निर्वाह करने की दृष्टि से आसफ़ ख़ाँ बोला—आलीजाह इजाज़त दें, तो फ़तह की ख़ुशी में नक्कारे बजवाये जायें, शहर में शाही परचम लहराये जायें और ख़ास लोगों के लिए शाही दावत का एहतिमाम किया जाय।

इसके पहले कि बादशाह कुछ कहता, नूरजहाँ बोल पड़ी—क्या ज़रूरत है! ऐसी कोई ख़ास बात नहीं हुई। शाही ख़ज़ाने का एक बड़ा हिस्सा पहले ही जंग में सर्फ़ हो गया। फिर ख़ुसरो की शहादत के सदमे से आलमपनाह अभी उबरे नहीं हैं। नूरजहाँ ने जानबूझकर ख़ुसरो का ज़िक्र उठाया और उसकी मृत्यु को शहादत क़रार देते हुए बादशाह के दिल में दर्द की लक़ीर को गहराने की कोशिश की।

—वाक़ई यह जंग हमें बहुत महँगी पड़ी। पहले ही उस काहिल और सुस्त ख़ानख़ाना ने हमारी फ़ौज को बरसों तक बेवजह उलझाये रखा। भारी ख़र्च उठाकर आधी कुमुक और भेजनी पड़ी। उसकी वापसी का ख़र्च अभी सर पर है। फ़तह के नाम पर बख़्शीश अलग बाँटनी पड़ेगी। तनख़्वाह बढ़ाने का दबाव अलग सहना पड़ेगा। तरक़्क़ी के लिए खींचतान होगी। कह लें कि हासिल तो कुछ न हुआ, काफ़ी कुछ खोना ज़रूर पड़ गया। बादशाह ने टुकड़े-टुकड़े में अपनी बात कही। इससे युद्ध-विजय को लेकर उनकी तटस्थता का अनुमान सहज ही लगाया जा सकता था।

आसफ़ ख़ाँ खिन्न हो गया। कुछ उद्विग्न और परेशान भी। वह समझ गया कि नूरजहाँ ने बादशाह को घुट्टी पिला दी है, जो असर कर गयी है। अब और ठहरना उसकी सहनशीलता से बाहर हो रहा था।

—तो मुझे इज़ाजत दें...हाँ, फ़ौज की वापसी के बारे में क्या हुक्म है?

—पसंदाज़ फ़ौज की वापसी...हाँ, थोड़ा पेशोपस है। शुमाली-मग़रबी इलाकों में

गर्द उड़ती दिख रही है...क्यों आसफ़ ख़ाँ, ईरान का सपीर जंबलबेग क्या दरबार में मुसल्सल हाज़िरी दे रहा है? बादशाह का प्रश्न उसकी किसी नयी चिन्ता का संकेत दे रहा था।

—अक्सर ओलमपनाह! कभी किसी रोज़, किसी सबब से नागा पड़ जाय, तो अलग बात है। आसफ़ ख़ाँ पर दरबारियों पर निगाह रखने का दायित्व भी था।

—कंदहार से ख़ारिजन् ख़बरें आ रही हैं कि ईरान के शाह अब्बास यकुम के इरादे ठीक नहीं हैं। कंदहार के मग़रबी इलाक़ों में उसकी फ़ौज मोर्चा बनाने की तैयारी में लगी है। आलमपनाह इसी फ़िक्र में डूबे हैं। कहीं यह ख़बर सच न हो! नूरजहाँ को सरहदों की पूरी जानकारी थी और पूरे विश्वास के साथ परिस्थितियों का आकलन करके बोल रही थी।

—ख़बर चाहे सच हो या झूठ, हमें एहतियात तो बरतना ही होगा। हम सरहदों को बेहिफ़ाज़त तो नहीं छोड़ सकते! आसफ़ ख़ाँ ने कर्तव्यनिष्ठ सिपाही की ओजस्विता प्रदर्शित की।

—यक़ीनन! हमें फ़ौजी रसानत दिखानी होगी। इसलिए दक्खन में तैनात फ़ौज को हुक्म दिया जाय कि वह सीधे कंदहार की जानिब कूच करे। नूरजहाँ ने अपनी ओर से राजाज्ञा प्रसारित की। बादशाह के मौन ने स्वीकृति की मुहर लगा दी।

—आपने फ़ौज को कूच का हुक्म दिया है। शाहज़ादा ख़ुर्रम के लिए क्या हुक्म है? आसफ़ ख़ाँ ने पूछा। सेनापति के लिए भी आदेश लेना आवश्यक था।

बादशाह इस बार भी चुप रहा। नूरजहाँ ने ही कहा—उन्हें भी फ़ौज के साथ कंदहार जाना होगा।

—अगर शाह अब्बास बेग से जंग छिड़ती है, तो मुग़ल फ़ौज किसकी सरपरस्ती में जंग में शरीक होगी? आसफ़ ख़ाँ ने युद्ध की योजना से सम्बन्धित जिज्ञासा की।

वातावरण में देर तक चुप्पी छायी रही। बादशाह यदि चुप था, तो नूरजहाँ को भी जवाब ढूँढने में वक़्त लग रहा था। वह जानती थी कि शहरयार के लिए बादशाह तैयार नहीं होंगे। परवेज़ पहले से पंजाब में मौजूद है, पर लड़ाई के दौरान मुग़लों का परचम वह अपने कमज़ोर बाजुओं में सँभाल सकेगा, इसमें शक था। नूरजहाँ को भी और सम्राट् को भी। तो फिर? फिर से ख़ुर्रम!! चिन्तन की गाड़ी फिर ख़ुर्रम तक आकर रुकी। अभी द्वितीय दक्षिण अभियान की सफलता के संदर्भ में ख़ुर्रम का नाम भी नहीं लिया गया था। यदि ख़ुर्रम को ही शुमाली मग़रबी मुहिम की सरपरस्ती दी जाती है, तो इसका सीधा मतलब यही निकलता है कि अभी-अभी दक्षिण में जो सफलता प्राप्त हुई है, उसका श्रेय ख़ुर्रम को ही जाता है। नूरजहाँ असमंजस में पड़ गयी थी कि क्या जवाब दे।

सम्राट् ने परेशानी से बचने का रास्ता निकाला—ख़ुर्रम शाहज़ादा परवेज़ की मदद के लिए पंजाब आये।

नूरजहाँ ने राहत की साँस ली।

—तो क्या अगली लड़ाई शाहज़ादा परवेज़ की सरवरी में होगी। आसफ़ ख़ाँ इस व्यवस्था से नाखुश था। वह सम्राट् से स्पष्ट आदेश चाहता था।

—अभी इस पर फ़ैसला नहीं हुआ है। वक़्त आने पर मुनासिब हुक्म ज़ारी होगा। बादशाह ने अनिश्चय की ढाल सामने की। वह अच्छी तरह से जानता था कि जंग जीतना परवेज़ के बस में नहीं है। ख़ुर्रम कभी परवेज़ के झंडे के नीचे नहीं आयेगा, युद्ध करना तो दूर की बात है। यह तो और भी नहीं चाहेगा कि अपनी बाजुओं के बल पर जीती गयी लड़ाई का श्रेय वह परवेज़ के दामन में डाल दे। ऐसा वह हरगिज़ हरगिज़ नहीं करेगा।

नूरजहाँ के मन में भी यही सब चल रहा था। कुल मिलाकर स्थिति यह बन रही थी कि ख़ुर्रम के बिना काम नहीं चल सकता था, पर ख़ुर्रम को दृश्य के केन्द्र में लाने की विवशता से जो अहं आहत हो रहा था, उस आहत अहं की पीड़ा को सहना भी कठिन हो रहा था।

आसफ़ ख़ाँ और अफ़ज़ल ख़ाँ ने फ़र्शी सलाम किया और निजी कक्ष से बाहर आ गये। जहाँगीर और नूरजहाँ एक-दूसरे से आँख नहीं मिला पाये।

निवास में आकर आसफ़ ख़ाँ ने ख़ुर्रम ने नाम पत्र लिखा और विस्तार से परिस्थितियों, बादशाह और मलिका की प्रतिक्रियाओं और सम्भावनाओं का विवरण दिया। फिर ख़त को एक विश्वस्त सैनिक के हाथों सौंपकर उसे तीव्रगामी अश्व के साथ बिदा किया।

नियत सैनिक पड़ावों पर, अश्व पर अश्व बदलता हुआ, संदेशवाहक बुरहानपुर पहुँचा। ख़ुर्रम बेचैनी से पत्र की प्रतीक्षा ही कर रहा था।

आसफ़ ख़ाँ का पत्र पढ़ते ही उसके चेहरे का रंग उतर गया। वह सन्न रह गया। उसकी विजय पर न हर्षध्वनि हुई, न नक्कारे बजे, न परचम लहराये गये, न आयीनाबंदी की गयी और न दावतें दी गयीं। बादशाह अन्यमनस्क-सा बना रहा और नूरजहाँ ने विजय का श्रेय सेना को दिया। दोनों ने ख़ुर्रम का नाम तक न लिया और लिया भी तो इस संदर्भ में कि उसे परवेज़ के झंडे तले अगली कार्रवाई में शरीक होना है।

ख़ुर्रम के क्रोध का पारा चढ़ गया। भन्नाता हुआ वह अपने शयनकक्ष में आया। शाम गहरा रही थी। अर्जुमंद नन्हें औरंगज़ेब को गोद में लेकर उसे सुलाने का उपक्रम कर रही थी।

—सुना तुमने एहसानफ़रामोशों की करामात। मुझे जंग की आग में झोंक दिया और जब मैंने अपनी और पूरे परिवार की जान पर खेल कर फ़तह हासिल की, तो मेरा नाम तक भूल गये। कह रहे हैं कि फ़ौज ने फ़तह हासिल की। फ़ौज ने! ख़ुर्रम ने नहीं! मेरी जूती!! इस पूरे मंज़र से ख़ुर्रम का निगार ग़ायब है! ख़ुर्रम कहीं भी नहीं है? मैंने

कुछ किया ही नहीं। मेरा कोई किरदार ही नहीं! ख़ुर्रम पैर लगभग पटकते हुए चल रहा था और शब्द चबा-चबाकर बोल रहा था।

—ऐसा न कहें। ऐसा सोचना भी गुनाह है। जिनके दिलों में लाक़ीस की हुकूमत है, वे ही ऐसा सोच सकते हैं। तूफ़ानी लहरों को पछाड़ते घोड़ों के जंगी बेड़े और काले बादलों की मानिंद उमड़ते-घुमड़ते हाथियों के नवाड़े से उड़ती धूल फ़लक पर एक ही नाम लिख रही है—शाह इक़बाल बुलंद शाहजहाँ! शाह इक़बाल बुलंद शाहजहाँ!! आप दिल छोटा न करें। उन्हें कोई ग़लतफ़हमी हुई है। अर्जुमंद को यह जानकर बहुत दुःख हुआ कि पूरा दक्खन, जिस फ़तह का श्रेय शाहज़ादे को दे रहा है, उसे बादशाह और मलिका ने कितनी आसानी से नकार दिया।

—उन्हें कोई ग़लतफ़हमी नहीं हुई है। मलिका का यही मक़सद है कि ख़ुर्रम को राजधानी से दूर रखो और एक-के-बाद एक पेचीदा मसले में उलझाये रखो और इस बीच उस रखैल के बच्चे शहरयार को बादशाह की नज़रों में बिठाने की कोशिश करते रहो। मैं मलिका की नस-नस से वाक़िफ़ हूँ। वह परले दरजे की फ़ित्तीन औरत है। उसने मुझे मलिक अंबर से उलझा दिया और अब शाह अब्बास से उलझाना चाहती है। शाह अब्बास कोई बिजूका नहीं है। और न ही मोम का पुतला। वह ईरान का शाहंशाह है। जंग के मैदान में उसे ललकारना, शैतान को दावत देना है और यह मक्कार औरत इस बात को अच्छी तरह जानती है। शुमाली मग़रबी इलाक़े में जाने का हुक्मनामा निकलवा कर उसने मुझे दुनिया से ही उठा देने की साज़िश रची है। वह मुझे अपने रास्ते का सबसे बड़ा काँटा समझती है। ख़ुर्रम क्रोध के उफान पर था। नूरजहाँ के प्रति उसकी द्वेषाग्नि और घृणा ज्वालामुखी की तरह फूट रही थी।

—यह आप क्या कह रहे हैं! आप मलिका को कोस रहे हैं। फूफीजान को क़ुसूरवार ठहरा रहे हैं। वे मुझे बहुत प्यार करती हैं। वे भला ऐसा काम कर सकती हैं, जिससे मेरे हितों को नुक़सान पहुँचे। पर आप कह रहे...तो...। आप शान्त हों। हालात को आप बादशाह के नज़रिये से देखें।

—क्या है बादशाह का नज़रिया? यही न कि सल्तनत की हिफ़ाज़त के लिए वे मुझे वहाँ भेजे रहे हैं! भेज रहे हैं या गुलख़न में झोंक रहे हैं। हर बार मैं जंग की एक भट्टी से निकलता हूँ और वे मुझे दूसरी भट्टी में झोंक देते हैं। ख़ुर्रम का आक्रोश अभी भी वैसा ही बना हुआ था।

—यह क्यों नहीं सोचते कि आग की भट्टी से हर बार आप बारहबानी सोना के मानिंद लकदक करते हुए निकलते हैं। हर बार आपकी शख़्सियत पर कामरानी का परतौ और ज़्यादा दमक-दमक उठता है। मरक़ज से लेकर दूर सरहदों तक हमारी सरज़मीं पर जिल्ले सुब्हानी जहाँगीर के बाद शाह इक़बाल बुलंद शाहजहाँ का जाहोजलाल ही छाया हुआ है। अर्जुमंद ने ख़ुर्रम की क्रोधाग्नि को शान्त करने की कोशिश की।

ख़ुर्रम पर इस तारीफ़ का कोई असर नहीं पड़ा। उसी रौ में बोला—मलिका तो तरद्दुद में होगी कि ख़ुर्रम नाम के इस सख़्तजान इंसान को आग की लपटें निगल क्यों नहीं रही हैं!

—नहीं, ऐसा न कहें। ख़ुदा के वास्ते ऐसी बातें ज़ुबान पर न लायें। यह हमारा इम्तिहान है। हम इसमें लगातार कामयाब होते जा रहे हैं। यह क्या कम है! ज़ुल्मात से होकर ही आबेहयात के चश्मे तक पहुँचा जा सकता है। ताज़ोतख़्त सेंतमेंत में नहीं मिलते। उनके लिए कड़े इम्तिहान से होकर गुज़रना पड़ता है। यदि यह यों ही हासिल होने लगे, जो इसमें कमाल नहीं है। कमाल तो तब है, जब क़ाबिलियत की बिना पर लोग आपको शाहंशाह तस्लीम करें। अर्जुमंद का मुख विशेष आभा से दीप्त था, जैसे सुनहरे पृष्ठ पर कुंकुम बिखरा दिया गया हो।

ख़ुर्रम का आवेश कुछ मन्द पड़ गया था, किन्तु मुख पर ताम्रवर्णी तमतमाहट क़ायम थी।

दूसरी सुबह। पूर्वी आकाश पर अभी उषा की लालिमा ठीक से बिखर भी नहीं पायी थी कि अहदियों का बख़्शी जैनुल आबदीन सम्राट् के संदेशवाहक की हैसियत से दरवाज़े पर हाज़िर हुआ। उसने द्वारपाल के द्वारा भेंट की स्वीकृति माँगी।

नाश्ते के बाद ख़ुर्रम ने उससे बैठक में भेंट की।

—जिल्लेसुब्हानी बादशाह सलामत ने एक परवाना हुज़ूर के नाम इर्साल किया है। जैनुल आबदीन ने विनम्रता से कहा और हुक्मनामा शाहज़ादे के हाथ सौंप दिया।

ख़ुर्रम एक ही साँस में पूरी इबारत पढ़ गया।

—ठीक है। तुम इंतज़ार करो। मेरा जवाब लेकर जाना। ख़ुर्रम ने आदेश दिया।

—जो हुक्म आलीजनाब! उसने फ़र्शी सलाम किया और क्रमशः पीछे हटते हुए बैठक से बाहर निकल गया।

बग़ल के कमरे में अर्जुमंद सब सुन रही थी। भीतर आकर व्यग्रता से बोली—क्या लिखा है?

—वही, जिसके बारे में सिपहसालार आसफ़ ख़ाँ ने आगाह किया था। यही कि मैं दक्खन में मौजूद फ़ौज को लेकर तोपखाने और हाथियों के नवाड़े के साथ पंजाब पहुँचूँ। मैं वह कठपुतली नहीं हूँ, जो मलिका के इशारे पर नाचूँ। उग्रता ख़ुर्रम के चेहरे पर साफ़ दिखाई दे रही थी।

—लेकिन यह शाहेवक़्त का परवाना है। हुक्म की तामील ज़रूरी है। अर्जुमंद ने चिन्ता जताई।

—ज़रूरी होगा उनके लिए, जो इसे ज़रूरी समझते हों। मेरे लिए अहम यह है कि मैं इसे ज़रूरी समझता हूँ कि नहीं। ख़ुर्रम ने एक तरह से अवज्ञा का मन बना लिया था।

—अपनी जगह आप ठीक हैं, पर बादशाह सलामत की मंशा को भी तो तर्ज़ीह

देनी होगी।

—बादशाह की मंशा...यहाँ तक तो ठीक है, लेकिन अगर यह मलिका की मंशा हुई तो? ख़ुर्रम ने शंका प्रकट की।

—आज की तारीख़ में तो यह फ़र्क़ करना मुश्क़िल होगा। अर्जुमंद ने परोक्ष रूप में मलिका के बढ़ते प्रभाव को स्वीकार किया।

—वही तो! वही तो मैं कह रहा हूँ...यह तो तय बात है कि मैं शाह अब्बास के ख़िलाफ़ किसी भी जंग में शरीक नहीं हो सकूँगा। रही बात कि इस इरादे को अमल में कैसे लाया जाय, इस बाबत सोचना होगा। ख़ुर्रम किसी विश्वसनीय क़दम की तलाश में था।

—बेहतर हो, आप सरदारों और सिपहसालारों की मजलिस बुलायें और उनकी राय जाने...फिर भी आख़िरी फ़ैसला तो आपको ही करना होगा। अर्जुमंद ने सुझाव दिया।

—ठीक है। कल सबसे बात करता हूँ। ख़ुर्रम ने तदनुसार निर्णय लिया।

दूसरे दिन ख़ुर्रम के ख़ास-ख़ास शुभेच्छुओं की बैठक हुई। अंजुमन में तरह-तरह के सुझाव आये। सभी ने अपनी निष्ठा शाहज़ादे के प्रति प्रदर्शित की। कुछ ने बादशाह के प्रति विद्रोह से बचने की सलाह दी। एक ने कहा कि कम-से-कम विद्रोह दिखना नहीं चाहिए। दूसरे ने कहा कि सम्राट् की आज्ञा का पालन विलम्बित गति से किया जाय। इसमें अनुज्ञा भी न हो और अवज्ञा भी न दिखे। एक ने भी सुझाव दिया कि अपनी ओर से कुछ माँगें रख दी जायें और कुछ बातों पर स्पष्टीकरण ले लिया जाय। इससे कुछ समय निकालने की सहूलियत हो सकेगी।

उसी रात देर तक जागते हुए ख़ुर्रम ने एक पत्र तैयार किया। यह एक तरह से अर्द्धशासकीय प्रकृति का पत्र था, जिसमें बिन्दुवार माँगों का उल्लेख था और उनकी प्रासंगिकता बतलायी गयी थी।

पत्र क्या था, एक विद्रोही का माँगपत्र लगता था। शर्तें इतनी कड़ी थीं कि भाषा का रचाव सहज ही ठेठ हो गया था। पत्र जब ख़ुर्रम ने अर्जुमंद को सुनाया, तो वह सहम गयी। बोली—अब्बाहुज़ूर को भला ऐसा ख़त लिखा जाता है!

—क्यों क्या हुआ?

—यह ख़त है कि कोई शर्तनामा! कहीं से नहीं लगता कि आपने अपने अब्बू के दिल में उतरने के लिए कोई राह बनायी है। अर्जुमंद भावना की धरातल पर खड़ी थी।

—ये सियासी बातें हैं। इन्हें ऐसे ही रखा जाता है।

—पर इससे अब्बाहुज़ूर के दिल में लगी आग और भड़क सकती है। मेरी क़सम, आप किसी भी अदावट का आग़ाज़ अपनी ओर से क़तई नहीं करेंगे। ख़त के अंदाज़ से ज़ाहिर होना चाहिए कि एक फ़र्माबदार बेटा ठुनककर अपने वालिद से

अपनी जिद मनवाने की कोशिश कर रहा है। आप मुझे इजाज़त दें, तो मैं अपनी ओर से कुछ इस्लाह कर दूँ। अर्जुमंद के स्वर में पर्याप्त मृदुलता थी।

—अच्छा भई, ऐसा ही हो। तुम्हारी कोई बात कभी मैं टाल सका हूँ। ख़ुर्रम ने अर्जुमंद के सामने हथियार डालते हुए कहा।

अर्जुमंद ने नाज़ोअंदाज़ से चेहरा कुछ यूँ बनाया, जिसमें ख़ुर्रम से अपनी बात मनवाने की ख़ुशी व्यक्त हो रही थी। फिर कहा—ख़त भेजने के पहले उनका कोई हुक्म कुबूल करके दिखा देते, तो बेहतर होता।

—यही सही। वफ़ादारी का सुबूत पाकर तुम्हारी फूफीजान इत्मीनान की साँस नहीं लेंगी, बल्कि वे तो चाहेंगी कि मैं बग़ावत कर दूँ ताकि बादशाह को मेरे ख़िलाफ़ सख़्त कार्रवाई के लिए भड़काया जा सके।

अगले दिन ख़ुर्रम ने सेना के मुख्य पदाधिकारियों की बैठक ली और उनसे कहा कि बादशाह के आदेशों का पालन किया जा रहा है, तदनुसार सेना को पंजाब ले जाने के लिए कार्रवाई की जाय। दूसरे दिन से ही तम्बू उखड़ने लगे और गाड़ियों में सामानों की लदान शुरू हो गयी। हफ़्ते भर में क़ाफ़िला बुरहानपुर से कूच कर गया और कुछ दिनों के बाद भीकनगाँव पहुँचा। ख़ुर्रम ने यहाँ अधिक दिनों तक पड़ाव करने का विचार किया।

अपने शिविर में उसने अर्जुमंद से विचार-विमर्श किया और बादशाह को पत्र लिखा, जिसमें विवशता के लिबास में शर्तों की झलक साफ़ दिख रही थी। अर्जुमंद ने शब्दावली में कुछ इस प्रकार का हेरफेर किया कि वह बेटे के द्वारा पिता के नाम लिखा गया नितान्त वैयक्तिक पत्र-सा दिखाई दे। पत्र में सम्राट् को सम्बोधित कर लिखा गया था—

अब्बाहुज़ूर को फ़र्माबदार बेटे का आदाब,

आपका हुक्म सर आँखों पर। आपके फ़र्मान की तामील में यह नाचीज़ बंदा फ़ौज को लेकर बुरहानपुर से रवाना हो गया है और इस वक़्त भीकनगाँव में पड़ाव डाले हुए है। अब बरसात सर पर है। रास्तों की मुश्क़िलों से आप वाक़िफ़ ही हैं। आप ख़ुद कई बार मुझे बरसात के महीनों में सफ़र न करने की हिदायत देते रहे हैं। मुझे इजाज़त दें कि मैं यह चौमासा मांडवगढ़ में गुज़ार सकूँ। सेहत के हिसाब से भी यह ठीक होगा। आपकी बहूबेगम और पोते-पोती यहाँ की ख़ुशनशीनी के लिए गुज़ारिश करते हैं।

दक्खन की फ़तह में फ़ौज ने जो बहादुरी दिखाई है, उसके लिए उन्हें इनामों और तरक़्क़ियों से नवाज़ना बेहतर होगा। इसके लिए मुझे इख़्तियार अता किये जायें। ये तरक़्क़ियाँ आपकी ओर से ही की जायेंगी, मैं तो सिर्फ़ आपकी नुमांइदगी करूँगा।

मेरे अब्बाहुज़ूर, इस वक़्त हाथ तंग है। फ़ौजी कार्रवाई में सारा पैसा सर्फ़ हो

चुका है। सिपाहियों की तनख़्वाह, रसद और अस्लाह वग़ैरह के लिए पैसों की कमी शिद्दत से महसूस हो रही है। और आप अच्छी तरह जानते हैं कि वगैर पैसे के घोड़ा भी नहीं हिनहिनाता। तनख़्वाह का वक़्त पर भुगतान न होने से फ़ौज में असंतोष पनप सकता है और उनकी वफ़ादारी का तवाज़ुन डगमगा सकता है। इसलिए आपसे इल्तिज़ा है कि कोई बड़ा ख़ज़ाना मुझ तक पहुँचाने का बंदोबस्त करें।

आप मुझे अपना प्यारा बेटा समझते हैं और मुझ पर पूरा यक़ीन रखते हैं। इसीलिए आपने मुझ पर एक नयी जिम्मेदारी डाली है कि मैं शाह अब्बास यकुम के ख़िलाफ़ कंदहार की हिफ़ाज़त करूँ। इस तरह के हिम्मतवराना कामों में मेरी हमेशा से दिलचस्पी रही है। आपका हुक्म मानकर मैं फ़ौज के साथ शुमाली मग़रबी इलाक़ों की तरफ़ पेशक़दमी कर रहा हूँ। वहाँ अपने पैर जमाने के लिए मुझे एक सूबे की ज़रूरत पड़ेगी। चुनाँचे आपसे गुज़ारिश है कि मुझे पंजाब का सूबा अता फ़रमाएँ। आप इत्मीनान रखें। आपके नाम और आपकी मुहर से ही वहाँ की हुकूमत की जायेगी।

एक अहम बात और अब्बाहुज़ूर! आप जानते हैं कि दक्खन की पूरी मुहिम में आपकी बहूबेगम और पोते-पोती पूरे वक़्त मेरे साथ ख़ैमा-दर-ख़ैमा भटकते रहे और उनकी हिफ़ाज़त के लिए मेरी जान हमेशा साँसत में रही। लिहाजा गुज़ारिश है कि आप रनथम्भौर का क़िला मेरे नाम अता फ़र्माएँ, ताकि परिवार को हिफ़ाज़त के साथ उसमें रख सकूँ

मैंने सारी बातें तफ़सील से आपकी ख़िदमत में रख दीं। मेहरबानी करके इन्हें कुबूल फ़र्माएँ और इनके पेशेनज़र मुआफ़िक हुक्मनामा ज़ारी करने की ज़हमत उठाएँ। आपकी मंज़ूरी मिलते ही मैं मांडवगढ़ से पंजाब होते हुए कंदहार की सिम्त कूच कर दूँगा। आपकी क़दमबोसी की इजाज़त माँगता हुआ, आपका फ़र्माबदार बेटा—खुर्रम।

—यह सिपाहियों की जुबान नहीं है। अब्बाहुज़ूर ज़रूर समझ जायेंगे कि यह जनाना कलम का जादू है। ख़त की तहरीर पर यह खुर्रम की टिप्पणी थी।

खुर्रम ने जैनुल आबदीन के हाथों ख़त को सौंपकर कहा—बादशाह सलामत से अर्ज़ करना कि हम मांडवगढ़ में मुकाम करेंगे, तब तक हमारी दरख़्वास्त पर शाही मंज़ूरी भेजने की इनायत की जाय।

जैनुल आबदीन को रवाना कर खुर्रम ने अपनी सेना को मांडवगढ़ की दिशा में प्रस्थान करने का आदेश दिया।

जैनुल आबदीन वह ख़त बादशाह के हाथों में ही सौंपना चाहता था, पर मलिका की नाकाबंदी के कारण यह सम्भव न हो सका। अंततः उसे वह ख़त मलिका को ही सौंपना पड़ा।

पत्र पढ़कर नूरजहाँ क्रोध से जल उठी। फ़ौरन बादशाह के पास आयी। पत्र को उनके पास दीवान पर फेंकती हुई फुफकारी—देखिये, अपने लाडले फ़रज़ंद की करतूत!

सम्राट् ने सिर उठाकर देखा। साम्राज्ञी का यह रौद्र रूप कई बार उसकी दृष्टि-पटल पर आ चुका था। अतः उसकी सहजता भंग नहीं हुई। उसने पत्र को पढ़ा और फिर मलिका से आँखें मिलाकर कहा—क्या है इसमें? ऐसा कुछ ख़ास तो नहीं!

—आपने ठीक से पढ़ा नहीं। इसे बाप की नज़रों से नहीं, बादशाह की नज़रों से देखिये।

—मुझे तो लगता ही नहीं कि यह ख़त ख़ुर्रम ने लिखा है। वह तो अपनी बातें हमेशा बिना किसी लाग-लपेट के ठेठ शेवा में लिखने का आदी है। जहाँगीर ने ख़त की इबारत पर फिर से एक सरसरी निगाह डाली।

—इससे कुछ फ़र्क़ नहीं पड़ता। देखना यह है कि वह चाहता क्या है! वह बहानों की बंदूक से शिकार करना चाहता है और मैं यह होने नहीं दूँगी। नूरजहाँ की आवाज़ में तुर्शी थी।

—आख़िर ऐसी कौन सी बात लिख दी है उसने? जहाँगीर ने अनजान बनते हुए कहा या शायद वह अनजान ही रहा हो।

—क्या नहीं लिखा? आप ठीक से पढ़ें तो!

—पढ़ा न! कंदहार की तरफ़ बढ़ता हुआ भीकनगाँव तक आ गया है और फिर मांडवगढ़ पहुँचकर अगला मुकाम करना चाहता है। फ़ौज की पेशक़दमी का एक तरीक़ा होता है और वह बहुत कुछ इसी क़िस्म का होता है। जहाँगीर ने ख़ुर्रम का ही पक्ष लिया।

—उसने हमें ग़लतफ़हमी का शिकार बनाया है। दिखावे के लिए वह मांडवगढ़ आ गया है। अब मांडू से आगे तभी बढ़ेगा, जब उसकी शर्तें पूरी होंगी।

—शर्तें! बादशाह के मुँह का ज़ायक़ा बिगड़ गया।

—शर्तें नहीं तो क्या! वह फ़ौज की फ़तह का मुआवज़ा माँग रहा है। वह शाही फ़ौज है। उसकी निजी फ़ौज नहीं। फ़तह हमेशा बादशाह की ही होती है। कोई इसके लिए दावा नहीं कर सकता। यह एक आयीन की तरह राइज़ है। और किसमें कहने की हिम्मत है कि मैं मुल्क की आयीन से नावाक़िफ़ था। फिर शाहज़ादों को तो और ख़बरदार रहना चाहिए कि अपने से पहले बादशाह को सामने रखें—हर मामले में, सब जगह। मलिका ने प्रशासनिक दृष्टिकोण से वस्तुस्थिति का आकलन किया।

बादशाह की मुख-मुद्रा से लगा कि वे इस तर्क पर ध्यान दे रहे हैं।

—अब पैसों की माँग पर तवज़्ज़ो दें। आपने फ़ौज को रवाना करते वक़्त इतना बड़ा ख़ज़ाना दिया था कि उससे चार साल तक भी जंग चले, तो पैसे की कमी न पड़े। पर यहाँ तो चंद माह में ही शाहज़ादे ने सारे पैसे उड़ा दिये। इतनी फ़िज़ूलख़र्ची! नूरजहाँ ने ख़त के दूसरे बिन्दु पर आपत्ति प्रकट की।

—नहीं, ख़ुर्रम फ़िज़ूलख़र्च नहीं है। वह पैसों को पत्थर पर तो लगा सकता है, लेकिन पानी में नहीं बहा सकता। जहाँगीर ने अपनी पृथक् राय ज़ाहिर की।

—मलिक अंबर और आदिलशाह से हर्जाने में भारी धन मिला है। रास्ते में आते-जाते सूबेदारों ने भी भारी तादाद में धन मुहैया कराया होगा। और अब आपसे अलग धन ऐंठना चाहता है। नूरजहाँ हर नुक्ते पर विपक्षी वकील की तरह प्रतिवाद करने को तत्पर दिखी।

—अरे नहीं। लड़ाई में वाक़ई बड़ा ख़र्च आता है। ख़ज़ाने का मुँह हमेशा खुला रखना पड़ता है। जहाँगीर युद्ध की प्राथमिकताओं से परिचित था। अनेक विग्रहों में भाग ले चुका था और व्यय को लेकर दुश्चिंता किस क़दर हावी हो जाती है, इसे कई बार भुगत चुका था।

—फिर भी ख़र्च की एक हद होती है। अभी शाह अब्बास से जंग छिड़ी भी नहीं है और अगर उसकी माँग पर हमने ख़ज़ाना ख़ाली कर दिया, तो आगे क्या होगा। ख़ुदा न ख़्वास्ता, अगर हम कंदहार को न बचा सके, तो शाह अब्बास के लिए तो हिन्दुस्तान का रास्ता खुल चुका होगा। तब उसे रोकने के लिए एक बड़ी फ़ौज और उस फ़ौज का ख़र्च उठाने के लिए बेशुमार दौलत की ज़रूरत होगी। कहाँ से आयेगा वह धन! आसमान से!!

—ज़रूर वह कंदहार की लड़ाई की तैयारी में लगा होगा। वह दक्खन की लड़ाइयों से ज़्यादा ख़ौफ़नाक और ख़र्चीली होगी। जनता पर कोई महसूल भी लगाना पड़े, तो हम पीछे नहीं रहेंगे। वह जंग आख़िर मुल्क की दिफ़ा के लिए ही तो होगी। जहाँगीर ने एक तरह से ख़ुर्रम की तरफ़दारी ही की। उसे पैसों से कहीं ज़्यादा अहमियत सल्तनत की लग रही थी।

—मैं आपसे इत्तिफ़ाक़ नहीं रखती। जनता पर महसूल का और बोझ लादना क़तई मुनासिब नहीं है। जनता पहले से ही इसके सरबार से कराह रही है। अब उसे बग़ावत के लिए मज़बूर न करें। अपने निष्कर्षों में नूरजहाँ कठोर हो आयी थी, पर वह मुट्ठी से रेत को फिसलने नहीं देना चाहती थी।

सम्राट् ने कोई उत्तर नहीं दिया। वह स्वयं भी कोई बवाल नहीं खड़ा करना चाहता था। असल में वह उम्र और हुकूमत के ऐसे दौर से गुज़र रहा था, कि कोई भी नया काम हाथ में लेने से हिचकता था, जिससे नयी उलझने पैदा हों।

—अब अगले नुक्ते पर आयें। ख़ुर्रम ने पंजाब के सूबे की माँग रखी है। आप यह सूबा परवेज़ के नाम करना चाहते हैं। वह एक तरह से तौलना चाहता है कि बाप की मोहब्बत के तराजू में किसका पलड़ा भारी है—उसका या परवेज़ का। अगर आप पंजाब का सूबे उसे दे देंगे, तो आपके और परवेज़ के बीच खाई बन जायेगी। उसकी मंशा भी यही लगती है कि बादशाह और दूसरे शाहज़ादों के बीच दरार पड़ जाय। एक चतुर खिलाड़ी की भाँति नूरजहाँ अपना दाँव चलकर रुकी। अब वह बादशाह के चेहरे पर उसकी प्रतिक्रिया को पढ़ना चाहती है।

—एक वालिद की नज़र में सब बच्चे समान मोहब्बत के हक़दार हैं। जहाँगीर

ने नीति की बात कही।

—वही तो। मैंने हमेशा आपको सभी शाहज़ादों के साथ यकसाँ प्यार करते देखा है, जैसा आप शहरयार से प्यार करते हैं। नूरजहाँ ने जानबूझकर शहरयार का नाम लिया।

बादशाह के मुँह का ज़ायक़ा बिगड़ गया, पर उसने कोई प्रतिक्रिया व्यक्त नहीं की।

—तो उसे पंजाब का सूबा नहीं देंगे न!...देना भी नहीं चाहिए। वह सूबा शुमाली मग़रबी सरहदों के क़रीब है। ख़ुर्रम वहाँ अपने पैर मज़बूती से जमाना चाहता है। बेहतर हो, उस सूबे को अगर परवेज़ को न दे रहे हों, तो उसे सीधे अपनी मातहती में रखें। नूरजहाँ ख़ुर्रम की हर माँग का सियाह पक्ष सामने रख रही थी। इसका कुछ-कुछ असर भी दिखने लगा था। बादशाह को पंजाब सूबे की माँग बेजा लग रही थी। सम्राट् का रोष उसकी मुखाकृति पर तमतमाहट के रूप में दिखने लगा था।

नूरजहाँ ने इसे स्पष्टतः लक्ष्य किया। उसका उत्साह बढ़ गया। बहुत दिनों से वह बादशाह को ख़ुर्रम के विरुद्ध भड़काने की कोशिश में लगी हुई थी। आज उसे भरपूर मौक़ा मिला और उसने इस मौक़े का भरपूर लाभ भी लिया। उसे यह लाभ दिखने भी लगा। बादशाह पर अपनी पकड़ को मज़बूत करती हुई तथा बाप-बेटे के रिश्ते के ताबूत पर एक और कील ठोंकते हुए उसने कहा—आख़िर रणथम्भौर के क़िले पर उसकी निगाह क्यों है? किसकी हिफ़ाज़त की फ़िक्र है! बीबी और बच्चों की? गर ऐसा है तो अकबराबाद के क़िले में आ जाय! अगर वहाँ भी ख़ौफ़ है, तो सीकरी के शहरपनाहों में मुँह छिपा ले। वहाँ पूरी फ़ौज उसके परिवार की हिफ़ाज़त के लिए तैनात रहेगी...पर नहीं। उसके इरादे कुछ और हैं। उसे डर किसी और से नहीं, मुझसे है, आपसे है।

—यह क्या कह रही हो! हम कोई उसके दुश्मन हैं!

—हैं नहीं, तो हो जायेंगे। बस एक छोटी सी हद पार करनी है। निहायत छोटी सी।

—क्या कहती हो? कैसी हद? बादशाह का आवेश क्रोध की सीमा का स्पर्श कर रहा था।

—बताती हूँ। ज़रा तवज़्ज़ो फ़रमायें। ख़ुर्रम ने चित्तौड़ को जीता। पहली बार दक्खन पर अपना सिक्का जमाया। फिर दूसरी बार दक्खन पर फ़तह हासिल की। इस तरह उसने आपकी नज़रों में अपना मर्तबा बढ़ाया। उसने साबित करने की कोशिश की कि सब शाहज़ादों में वही सबसे क़ाबिल है और यदि वह क़ाबिल है, तो...। नूरजहाँ ने अपनी ओढ़नी के छोर को उँगली पर लपेटते हुए उसे दाँतों से भींच लिया और बादशाह की आँखों पर अपनी दृष्टि जमा दी।

—क़ाबिल है तो?...तुम कहना क्या चाहती हो, बोलो! जहाँगीर की आवाज़ में

उतावलापन झलक रहा था।

—गुस्ताख़ी माफ़ हो। नूरजहाँ मौन हो गयी।

—मेरे सब्र का इम्तिहान न लो। बयान हो! जहाँगीर ने जैसे राजाज्ञा प्रसारित की।

—यक़ीनन उसका दावा है कि अगर वह सबसे क़ाबिल शाहज़ादा है, तो उसे सल्तनत का वलीअहद बनाया जाय। बस इतनी सी हद उसे पार करने दी जाय कि वह शाहज़ादा नहीं, बल्कि आपका वलीअहद है।

नूरजहाँ का वाक्य पूरा करते-न-करते जहाँगीर ग़रज उठा—यह क्या बकवास है! माबदौलत अभी साबिकदस्तूर ज़िंदा हैं और उनके रहते वलीअहद का सवाल उठाना भी गुनाह है।

—लेकिन आप हक़ीक़त से मुँह नहीं फेर सकते। आख़िर एक रोज़ कोई तो इस तख़्तोताज़ का वारिस होगा। नूरजहाँ ने जानबूझकर इस प्रकरण की चर्चा ज़ारी रखी। वह ख़ुर्रम के ख़िलाफ़ बादशाह के दिल में उभरे शरारों को और हवा देना चाहती थी।

—इस हक़ीक़त से किसे इंकार है! पर वलीअहद के ऐलान से जो तूफ़ान पैदा होगा, तुम्हें इसका इम्कान है! भाइयों के बीच शमशीरें खिंच जायेंगी। सरदारों और सिपहसालारों के फ़िरक़े बन जायेंगे। वफ़ादारी के सौदे होने लगेंगे। फ़ौज कई टुकड़ों में तक़सीम जायेगी। अंदरूनी कलह की दरारें सल्तनत के शवाहिक़ को ढहा देंगी। तूतिए हिन्दुस्तानम् बाबर की रूह को जवाब देने के लिए मेरे पास कुछ तो बचे! आख़िरी जुम्ला कहते-कहते जहाँगीर कुछ भावुक हो गया, जैसे दहकते अंगारों पर राख की सफ़ेद परत पड़ गयी हो।

नूरजहाँ ने इन अंगारों को और हवा देते हुए कहा—सल्तनत बिखरने न पाये, यह जिम्मेदारी आप पर है। हम हिन्दुस्तान की उन पुरानी रिवायतों के हामी नहीं हैं, जहाँ पीरी की देहलीज पर क़दम रखते ही राजा अपने बेटे को गद्दी सौंपकर जंगल में चले जाया करते थे। हमारी रिवायतें अलग क़िस्म की हैं। बादशाह जब तक जिंदा रहता है, बादशाह ही रहता है। इस सरजमीं पर हम इसी रिवायत को क़ायम रखेंगे।

—यक़ीनन! बादशाह ने इस विचार का समर्थन किया।

—और जो भी इस रिवायत के ख़िलाफ़ खड़ा होगा, हम उसका सर कुचल देंगे। अब चाहे ख़ुर्रम चंगेज़ ख़ाँ के बेशिकस्त घोड़े पर सवार होकर आये, चाहे उसके हाथ में बाबर की कलम और तलवार हो, चाहे उसकी कलायी में अजीमुश्शान मुग़ले आज़म की फ़ख़्रआमेज़ शमशीर बक़ब्ज़ हो, उसे जाँनशीनी के शकरख़्वाब से अपनी आँखों को बरतरफ़ रखना होगा। नूरजहाँ ने ख़ुर्रम की महत्वाकांक्षाओं की पनपती पत्तियों को कतरने की कोशिश की।

और उसकी कोशिश रंग भी लायी। जहाँगीर पर उसका अनुकूल प्रभाव पड़ा। उसने वस्तुस्थिति को नूरजहाँ के ख़यालों में उतर कर देखा। उसकी दृष्टि को अपनी

दृष्टि के दामन में रखकर बोला—ख़ुर्रम के ख़त का जवाब दिया जाय। उसकी सारी माँगें नामंज़ूर की जाती हैं। उसे सख़्त ताक़ीद दी जाती है कि वह पर्वाना मिलते ही पूरी फ़ौज के साथ तुरंत कंदहार की जानिब रवाना हो और परवेज़ के साथ मिल-बैठकर आगे की मुहिम का नक़्शा तैयार करे।

जहाँगीर ने इस विषय में अपना अंतिम आदेश सुना दिया, पर नूरजहाँ इतने से ही सन्तुष्ट नहीं हुई। असन्तोष को शाब्दिक परिधान देते हुए बोली—इतना काफ़ी नहीं है, जहाँपनाह। ख़ुर्रम ने हुक्मउदूली की है। नाफ़रमानी की सज़ा उसे मिलनी ही चाहिए।

—तुम्हारा कहना अपनी जगह ठीक है। लेकिन अभी उसका वक़्त नहीं आया है। कुछ इंतज़ार करें और देखें की ख़ुर्रम के क़दम अब किस जानिब उठते हैं। जहाँगीर ने अपने हाव-भाव से प्रकरण को समाप्त करने का संकेत दिया।

नूरजहाँ की चिन्ता अभी समाप्त नहीं हुई थी। चिन्ता का संकेत देती हुई बोली—अगर ख़ुर्रम फ़ौज के साथ कंदहार नहीं पहुँचा, तो क्या होगा? तब हम शाह अब्बास को मुनासिब फ़ौजी जवाब देने की हालत में नहीं होंगे।

—इसका मुझे इम्कान है। दुनिया में कोई भी चीज़ अल्ज़म नहीं है। ख़ुर्रम भी नहीं। उसके बगैर भी हमारी फ़ौज शाह अब्बास से टक्कर ले सकती है। हम ख़ुद वहाँ पहुँचकर कंदहार के नज़दीक कहीं डेरा डालेंगे, ताकि पूरी मुहिम पर निगरानी रखी जा सके। फ़िलहाल दक्खन में तैनात अफ़ग़ानों और राजपूतों, सैयूयदों और शेख़ज़ादों के नाम हुक्म ज़ारी किये जायेंगे कि वे अपनी फ़ौजों को लेकर कंदहार पहुँचें। एक एलची रवाना होगा, जो मिर्ज़ा रुस्तम ख़ाँ और ऐतक़ाद ख़ाँ तक हमारा पर्वाना लेकर जायेगा कि वे लाहौर पहुँचकर जंग का ख़ाका तैयार करें। हम परवेज़ को ख़बर करेंगे कि वह लाहौर में मुक़ाम करे और पूरी तैयारी का जायज़ा लेता रहे। वह वक़्तन फ़ वक़्तन ख़बर करता रहे और हमारे अगले हुक्म का इंतज़ार करे। सम्राट् ने एक परिपक्व सेनानी का परिचय दिया। उसने सैन्य-संचालन के समस्त सूत्र अपने हाथों में रखने का निश्चय किया और कहीं यह प्रकट नहीं होने दिया कि ख़ुर्रम के होने-न-होने का उसके काम पर कोई असर पड़ रहा है।

नूरजहाँ के पास ख़ुश होने का कारण था। उसने अपनी तर्कणा से बादशाह को ख़ुर्रम की पारी से अपनी ओर खींच लिया था। एक और बिन्दु पर सम्राट् को अपने पक्ष में झुकाने की ग़रज से बोली—शाहज़ादा परवेज़ को ख़बर होने और लाहौर पहुँचने में देर हो सकती है। इसलिए अगर आप मुनासिब समझें, तो तब तक के लिए शाहज़ादे शहरयार की तैनाती कर दें। शाहज़ादा शहरयार उतने ही क़ाबिल, बहादुर और दानिशमंद हैं। उनकी लियाक़त का इम्तिहान भी हो जायेगा।

जहाँगीर ने सिर उठाकर नूरजहाँ की ओर देखा। कुछ सोचा। फिर कहा—पहले परवेज़ का इम्तिहान ले लें। ज़रूरत पड़ने पर शहरयार को वहाँ भेज देंगे। सम्राट् के

स्वर में वह निश्चयात्मकता थी, जो प्रायः आदेश की स्वरलहरी में हुआ करती है।

नूरजहाँ ने शहरयार के प्रति सम्राट् की उदासीनता को लक्ष्य लिया था। वह फिर भी हिम्मत नहीं हारी। इधर वह जिद्दी और दुराग्रही हो चली थी। वह शतरंज की बिसात पर अपने मोहरे को एक घर आगे लेकर बढ़ी—तो ठीक है। आप शाहज़ादा शहरयार को धौलपुर की जागीर अता फ़रमाएँ।

—धौलपुर! सम्राट् ठिठका।

—हाँ धौलपुर। नूरजहाँ ने अपने प्रस्ताव पर अड़ने की भंगिमा दर्शाई।

—पर उसके लिए तो ख़ुर्रम ने पहले ही दरख़्वास्त दे रखी थी। बादशाह ने अपनी याददाश्त को कुरदते हुए कहा।

नूरजहाँ को यह बात अच्छी तरह से याद थी। हुकूमत के सारे काग़ज़ात, सारी गतिविधियाँ उसकी आँखों के सामने से गुज़रती थीं। ख़ुर्रम पर आघात करने का उसने एक मौक़ा और ढूँढ लिया। यदि वह धौलपुर की जागीर शहरयार को दिलाने में कामयाब हो जाती है, तो फिर बादशाह और शाहज़ादा ख़ुर्रम के बीच खाई और गहरी हो जायेगी। इस मक़सद को मरक़ज़ में रखकर बोली—अभी तक आपकी सोच कहीं-न-कहीं ख़ुर्रम के साथ जुड़ी है। इतना सब कुछ होने पर भी उससे आपका मोह नहीं छूटा। आख़िर आप कब तक अपने को धोखे में रखेंगे!

बादशाह चुपचाप सुनता रहा। नूरजहाँ को लगा कि वह शायद कुछ ज़्यादा ही कठोर शब्दावली का उपयोग कर बैठी है। विनम्रता से बोली—मेरा मतलब है आपको उसे सबक सिखाना ही चाहिए। तभी उसकी आँखें खुलेंगी। सबक सिखाने का यह अच्छा मौक़ा है। आप धौलपुर की जागीर शहरयार के नाम कर दीजिये।

बादशाह को सोचने में कुछ वक़्त लगा। फिर सिर झुकाकर आहिस्ते से बोला—फ़र्मान ज़ारी हो।

एक कुटिल मुसकान नूरजहाँ के ओठों पर तैर गयी।

बीस

अपनी योजना को क्रियान्वित करता हुआ ख़ुर्रम पूरे लाव-लश्कर के साथ भीकनगाँव को पीछे छोड़ता हुआ खरगोन आया और फिर पड़ाव-पर-पड़ाव पार करता हुआ बलवाड़ा आया। वहाँ कुछ दिन विश्राम करने के बाद आगे बढ़ा और उसने अगला पड़ाव पुण्यसलिला नर्मदा नदी के दक्षिण में किया। यहाँ उसे अधिक दिनों तक रुकना पड़ा, क्योंकि सेना को नदी पार कराने की व्यवस्था में काफ़ी समय लगा। इस बीच उसने सेना में कुछ नयी भरती भी कर ली और फ़ौज के जिन लोगों की निष्ठा उसे संदिग्ध लगी, उन्हें निकाल दिया। वर्षा ऋतु सिर पर थी, इसलिए उसने लश्कर को

तेज़ गति से आगे बढ़ने का आदेश दिया। आगामी पड़ावों पर कम-कम अवधि के लिए रुकते हुए वह सब चौमासा के पूर्व मांडवगढ़ आ गया। यहाँ आकर उसने अपने लश्कर का स्थायी पड़ाव डाल दिया और वह बादशाह को भेजे गये पत्र के उत्तर की प्रतीक्षा करने लगा।

मांडू के आसपास का पूरा क्षेत्र छावनी में तबदील हो गया था। चारों ओर चहल-पहल हो आयी थी। दूर-दूर तक मैदान पर शिविरों की व्यवस्था एक तरतीब के साथ की गयी थी। ऐसा लगता था कि एक नयी बस्ती बसा दी गयी हो। एक समय वीरान पड़ा यह इलाक़ा सैनिक गतिविधियों का कोलाहलपूर्ण केन्द्र बन गया था।

ख़ुर्रम ने अपने परिवार के आवास के लिए जहाज़ महल को चुना। उसकी भव्यता, अन्य महलों की तुलना से कहीं अधिक थी। शाही परिवार का निवास होने के कारण उसकी अद्वितीय ऐन्द्रजालिक सज्जा की गयी थी।

मांडू में इतिहास का रोमांस है या कहें कि रोमांस का इतिहास है। उसकी फ़िज़ा में रोमांस का जादू घुला हुआ है। यहाँ के ज़र्रे-ज़र्रे में एक मीठी, किन्तु उदास कर देने वाली दास्तान बिखरी हुई है। बरसात के दिनों में बादल शुभ्र कपासी धूम्रता का दामन थामे हलके क़दमों से ज़मीन पर उतरते हैं, दरीचों और दरवाज़ों से महलों में घुस जाते हैं, थोड़ी देर बेचैनी से उमड़ते-घुमड़ते हैं, फिर टीस उठाने वाली महल की बेचैन कहानी को दामन पकड़कर बाहर ले आते हैं और लहराते-हहराते हुए प्रकृति के प्रांगण में आबदार मोतियों की शक़्ल में बिखरा देते हैं। एक ज़माने से ऐसा होता आ रहा है। यही कारण है कि महलों के कक्ष-वक्ष में विश्राम करने वाली दास्तान वक़्त के हिलोरों में हिलती-डोलती ज़माने की दास्तान बन गयी है।

इतिहास को तो बस एक ही काम आता है-आदमी को ज़मीन के इतने नीचे दफ़्न करना कि वह कभी बाहर खुली हवा में साँस न ले सके। वह तो जनश्रुति ही है, जो ज़मीन के नीचे सोये हुए आदमी को हौले से जगाकर उठाती है और उसे गली-कूचों में, खेतों और खलिहानों में, गाँवों और शहरों में घुमाती-फिराती है। इतिहास को मारना आता है। जनश्रुति को जिलाना आता है। इतिहास ने तो बाज़बहादुर और रूपमती को कब का ही मार दिया था। वह तो जनश्रुति ही है, जिसने उन दोनों को आज भी जन-जन के ज़ेहन में ज़िंदा रखा है।

मांडवगढ़ आकर अर्जुमंद बेहद ख़ुश हुई। उसे रानी रूपमती का इतिहास अच्छी तरह याद था। ख़ुर्रम से पूछकर उसने रानी रूपमती के महल को नित्य की सैर के लिए चुना। कहते हैं कि इतिहास अपने को दोहराता है। किसी ज़माने की रूपमती और बाज़बहादुर जैसे आज अर्जुमंद और शाहजहाँ बनकर इस महल में रहने लगे थे। कभी इतिहास वर्तमान बनकर जीता है, तो बहुत रमणीक लगता है। इतिहास और कल्पना में जन्मना बैर है, किन्तु कभी ऐतिहासिकता कल्पना का जोड़ा पहनकर आती है, तो ताज़ा दुलहिन की मानिंद मस्त और मादक दिखाई देती है। महल का वह कक्ष रूपमती

को बहुत प्रिय था, जिसके दरीचे से मेकलसुता नर्मदा हीरों के हार की तरह प्रकृति का शृंगार करती हुई दिखाई देती है। अर्जुमंद को यह कक्ष और इस कक्ष से दृश्यमान प्रकृति का सुषमा-सम्भार बहुत अच्छा लगता था। एक दिन वह उसी वातायन से सटकर खड़ी हुई दूर रेवा-रेखा पर आत्मविमुग्ध सी दृष्टि जमाये खड़ी थी। जहाँआरा भी पास में चुपचाप खड़ी थी। तभी ख़ुर्रम आया और अर्जुमंद के पास खड़ा होकर प्रकृति के वैभव को देखने लगा।

—कितना ख़ूबसूरत नज़ारा है। ख़ुदा का क़रिश्मा ही कहें। उसने बहिश्त को ज़मीन की राह दिखा दी। ख़ुर्रम मुग्ध होकर प्रकृति के सौन्दर्य पर दृष्टि जमाये था।

—यक़ीनन। यहाँ आकर लगता है कि ख़ूबसूरती देखने की चीज़ होती है, इम्कान की नहीं। यहाँ की ख़ूबसूरती इम्कान की हदों से बाहर की चीज़ है। मंज़र के साथ उसका एहसास किस तरह जुड़ा होता है, यह यहीं आकर पता चलता है। अर्जुमंद तारीफ़ करते नहीं थक रही थी।

अर्जुमंद को मांडू का रहवास रास आ रहा था। हर सुबह उसके लिए ताज़गी का नया संदेश लेकर आती थी। हर रात जैसे रातरानी की महक में डूबी रहती थी। वह एक आम घरेलू स्त्री के समान अपने पति और बच्चों के बीच सन्तोष-धन को आँचल में समेटे ख़ुशग़वार वातावरण में साँस ले रही थी। शादी के बाद ऐसी ख़ुशज़ौक़ फ़िज़ा उसे पहली बार नसीब हुई थी। उसे लग रहा था, जैसे मांडू के पवन और पानी में मिश्री घुली हुई है।

श्याम-श्वेत बादल महल में घुस जाते, उसे सब तरफ़ से घेर लेते और एक अन्तर्बाह्य ख़ुनुकी से सराबोर कर देते। उसे लगता कि वह श्वेत बालहंसिनी है, जिसे अपनी गोद में उठाकर बादल आसमान की सैर करा रहे हैं। वह रोमांचित हो जाती। कभी उसे लगता कि वह परी की मानिंद आसमान में पंख पसारे उड़ रही है और अपने डैनों में पति और बच्चों को आराम से समेटे हुए है।

सुखद वातावरण के ऐसे ही दिनों में एक बार वह कक्ष के वातायन से बाहर प्रकृति के शृंगार का रसास्वादन कर रही थी, आत्मविमुग्ध,बेसुध-सी। क़ुदरत की सुमधुर रागिनी ने उसे वज्दोहाल तक पहुँचा दिया था। उसे पता ही नहीं चला, कब ख़ुर्रम पीछे आकर खड़ा हो गया था। उसे अनुभूति तब हुई, जब ख़ुर्रम ने उसकी ग्रीवा और पीठ के संधिस्थल पर हाथ रखा। वह चौंक पड़ी। उसने पलटकर देखा और लज्जा की मुखाकृत लालिमा के साथ ओढ़नी से बालों और सिर को ढँक लिया। फिर बोली—माफ़ करें। कब से खड़े हैं?

—काफ़ी देर से।

—अच्छा, क्या कर रहे थे?

—तुम्हारी नज़रों से क़ुदरत की बर्नाई को देख रहा था। ख़ुर्रम अर्जुमंद की बग़ल से जगह बनाता हुआ वातायन से सट गया था।

—कितना ख़ूबसूरत नज़ारा है! लगता है, बस देखते रहो। रुई के फाहों के समान बादल सफ़ेद हंसों की मानिंद आसमान के सरोवर में तैर रहे हैं। महल से ज़मीन की सतह बहुत दूर है। ऐसा लगता है जैसे हम सातवें आसमान में हैं और देख रहे हैं कि कुदरत ने घने झाड़ और झाड़ियों की शक़्ल में हरी कालीन बिछा रखी है। उधर देखिये सियाह बादलों से निकलती और फिर उनमें समाती सफ़ेद बगुलों की बादरफ़्तार पाँतें। और उधर देखिये, वो गहरी हरी चादर और उस पर खिंची पतली चाँदी की लक़ीर! आपका पता है। ये नदी नर्मदा हैं। हमारी तरफ़ चली आ रही हैं। अर्जुमंद ने उत्साह से ख़ुर्रम का हाथ पकड़कर उधर संकेत दिया।

—हाँ, यह नर्मदा नदी हैं। यह अमरकंटक पहाड़ से निकली हैं। इसलिए इन्हें अमरकंटक की बेटी कहा गया है। हिन्दुओं में इनकी बड़ी मानता है। उनके यहाँ इस नदी के तवाफ़ का रिवाज़ है। ख़ुर्रम ने उपलब्ध जानकारी से अर्जुमंद को अवगत कराया।

—तब तो आपको रानी रूपमती का क़िस्सा भी याद होगा!

—कौन सा क़िस्सा? ख़ुर्रम ने अनजान बनते हुए कहा।

—आपको जैसे मालूम ही नहीं! दुनिया भर की बातें आपको मालूम हैं। मुझे बुद्धू बना रहे हैं आप! अर्जुमंद ने ठुनकते हुए कहा।

—अरे सच। याद है। पर थोड़ा-थोड़ा। तुम सुनाओ न वह दास्तान। तुम्हारे मुँह से अच्छी लगेगी। ख़ुर्रम के अनुरोध में आत्मीयता थी।

—वह सब नहीं सुनाती। आपको सब मालूम है। पर इतना ज़रूर कहूँगी कि उन दोनों की मोहब्बत बहुत गहरी और रूहानी थी। इसलिए परवान चढ़ी और उसने उन दोनों को निकाह के अटूट बंधन में बाँध दिया। लेकिन निकाह के लिए बड़ी अनोखी शर्त रखी। अर्जुमंद ने क़िस्से का एक अंश सुनाया।

—अच्छा!

—रूपमती ने कहा कि नर्मदाजी एक पाक दरिया हैं। मैं रोज़ सुबह उठकर सबसे पहले उसका दीदार करना चाहती हूँ। इसलिए मांडू में अगर आप नर्मदाजी को ला सकें, तो मैं निकाह क़ुबूल करने को तैयार हूँ। इसे ही मेरा मेहर समझिये। मलिक वायज़ीद ने हामी भर दी। फिर वह निकाह और यह नर्मदा की धार।! अर्जुमंद ने प्रेम-कहानी का अहम हिस्सा सुनाया।

—ख़ूब! वायज़ीद सच्चा आशिक़ था। उसने अपना वादा पूरा किया। ख़ुर्रम के चेहरे पर प्रशंसा के भाव थे।

—निकाह के बाद दोनों ने इश्क़ से लबरेज़ ज़िन्दगी बसर की। उधर से नर्मदा की सीमीं धार इधर आ रही थी, और उससे मिलने के लिए इधर से मोसिकी की लहर उधर जा रही थी। मांडू ख़ुशनसीब था। उसने वह ज़माना देखा, जब हुस्न, इश्क़ और मोसिकी, तीनों पूरे शबाब पर थे और उस तीन तिरबेनी में यहाँ की पूरी फ़िज़ा सरशार

थी। अर्जुमंद के मुख पर स्वर्गिक उल्लास था। एक चमक थी, जो बर्क़ की तरह चेहरे की रूपीली सतह पर कौंध-कौंध जाती थी।

ख़ुर्रम आत्मविमुग्ध-सा अर्जुमंद के उमंग-वैभव को देख रहा था—एक निहायत भोली बालिका खिलौने को छाती से लगाये बसन्त की गुनगुनी धूप-सी मुस्करा रही थी।

थोड़ी देर ख़ामोशी रही। फिर व्यंग्य में जैसे हास के बीच से करुणा उभर कर आती है, उदासी की परत अर्जुमंद के मुख पर प्रकट हुई। मन्द स्वर में बोली—उस कहानी का कितना संज़ीदा अंत हुआ!

—सियासत के खेल कुछ इसी तरह के हुआ करते हैं। क़िले की मज़बूत दीवारें कब भुरभुरी होकर ढह पड़ेंगी, कोई नहीं कह सकता। सिपाही को हमेशा जागते रहना चाहिए। ख़ुर्रम ने निष्कर्ष निकाल कर रखा।

—मलिक वायज़ीद तो बहादुर था। उसे बाज़बहादुर का लक़ब हासिल था। फिर उसे जंग में शिकस्त कैसे मिली?

—वह तो मिलनी ही थी। एक तो रूपमती का शबाब और दूसरा संगीत का जादू—उस पर दोहरा नशा तारी था। ग़ाफ़िल हो गया वह फ़ौजी ज़रूरतों से। अदीबों, फ़नकारों और फ़लसफ़ादानों को अगर ताज़ पहना दिया जाय, तो सल्तनत की पाएदारी जोखिम में पड़ जाती है। कला और तलवार में तवाज़ुन बिठाना हिमाला की बुलंदी को उलटे पाँवों से नापने के समान है। एक हाथ में क़लम और दूसरे हाथ में तलवार लेकर चलना बाबर जैसे बेमिसाल और बदीउज़्ज़मा बादशाह के बस का ही काम था! मलिक वायज़ीद यहीं ग़लती कर बैठा। उसकी शमशीर का जौहर तबले की थाप और घुँघरुओं की आवाज़ से गुठला गया। और यह उस पर भारी पड़ा। अकबर के सिपहसालार आज़म ख़ाँ ने उसकी कमज़ोरी का फ़ायदा उठाया। जब कोई बादशाह रात के साथ-साथ दिन भी रंगमहल में गुज़ारने लगता है, तो उसके शहरपनाहों की बुनियाद कमज़ोर पड़ जाती है। ख़ुर्रम ने इतिहासकार की भूमिका निभाते हुए घटनाक्रम का निष्कर्ष नपे-तुले शब्दों में सामने रखा।

—आप भी तो फ़न्ने तामीर के बेताज़ बादशाह हैं। रात-दिन फ़न की बारीकियों में डूबे रहते हैं। कहीं ऐसा न हो कि आपसे रंजिश रखनेवाले लोग इसका फ़ायदा उठाने की कोशिश करें। ख़ुर्रम के स्थापत्य की लगन को देखकर अर्जुमंद चिन्ता में पड़ गयी। सन्दर्भ ने उसे विचलित कर दिया।

—इसका मुझे इम्कान था। इसीलिए अपनी तीन फ़तहों का डंका बजाकर मैंने ऐसे लोगों को ख़बरदार कर दिया है। लेकिन दिक्कत तब आती है, जब इन लोगों से सामना जंग के मैदान पर नहीं, बल्कि शतरंज़ की बिसात पर होता है। ख़ुर्रम अपनी नज़र फ़ानूस पर टिकाये था, मानो उसकी रोशनी में शतरंज़ के मोहरे और प्यादे साफ़-साफ़ दिखाई दे रहे हों।

—तब?

—उसकी भी तैयारी रखनी पड़ेगी। बिसात तो अभी भी बिछी हुई है। मैंने अपनी चाल चल दी है। अब उनकी चाल का इंतज़ार है। ख़ुर्रम ने मुस्कराते हुए कहा। पर इस मुस्कान में कुटिलता का ईषत् मेल था।

अर्जुमंद ने इसे लक्ष्य किया। गम्भीर होकर बोली—आप परेशान तो नहीं हैं!

—नहीं तो।

—नहीं...हैं। मैं आपका चेहरा पढ़ सकती हूँ। आपके चेहरे पर सुबह खिले फूलों की ताज़गी नहीं है। वहाँ शाम का सूरज पनाह लेने को बेताब है। अर्जुमंद ने ख़ुर्रम के दोनों बाजुओं को अपने किंचित् कसाव में लेकर कहा। वह अब भी पति के चेहरे को पढ़े जा रही थी।

ख़ुर्रम ने कोई जवाब नहीं दिया। शायद वह वहाँ मौजूद भी नहीं था। वह तो उस बिसात पर बैठा था, जिसके दूसरी छोर पर मलिका-ए-हिन्दुस्तान कोई किताब लेकर नई चाल खोज रही थी।

अर्जुमंद को पति की ख़ामोशी रास नहीं आयी। उसे झकझोरकर बोली—अब छोड़िये भी उन बातों को। जब तक अब्बाहुज़ूर का जवाब नहीं आता, तब तक यहाँ क़ुदरत की क़रिश्माई फ़िज़ा का मज़ा ही लेते रहें। वायज़ीद की दाद देनी होगी। उसने मांडू को ख़ूब चुना। मोहब्बत को परवान चढ़ाने के लिए इससे बेहतर जगह हो ही नहीं सकती। क़ुरदत और मोहब्बत का ऐसा अनोखा मेल बहुत कम देखने को मिलता है। मुझे तो ऐसा लगता है कि क़ुदरत की इशरत ही मोहब्बत है। जो ज़ेहनी तौर पर क़ुदरत के नज़दीक़ होते हैं, वे मोहब्बत के सरमाया से मालामाल होते हैं। वे दोनों इसी क़िस्म के आशिक़ थे। मीलों दूर से नर्मदा की धार को मांडू लाना कोई छोटी बात नहीं है।

—यक़ीनन! यह एक क़रिश्मा ही था, क्योंकि यह एक छोटा सा सूबा था और वायज़ीद के हाथ तंग थे।

—तब तो बाज़बहादुर और भी तारीफ़ के लायक़ था। अच्छा, बताइये। आप मुझसे मोहब्बत करते हैं? अर्जुमंद के ओठों पर एक चुलबुलाहट भरी मुस्कान थी।

ख़ुर्रम अकचका गया। उसने कोई उत्तर न दिया।

—बहुत सी बीबियाँ अपने शौहरों से इस तरह का सवाल पूछेंगी, तो वे हैरान हो जायेंगे। आप जवाब दीजिये न! अर्जुमंद के अनुरोध ने कुछ क़दम और नापे।

—यह भी बताना पड़ेगा।

—हाँ, बताना पड़ेगा।

—कोई ज़ोरजबर्दस्ती है! जो चीज़ आयीने की मानिंद साफ़ है, उसे क्या कहा जाय। ख़ुर्रम ने उत्तर को टालने का यत्न किया।

—अच्छा! तो इसका सबूत क्या है? अर्जुमंद तो आज जवाब के लिए जैसे अड़

ही गयी।

—सबूत? अब सबूत भी देना होगा!

—यक़ीनन। जैसे बाज़बहादुर ने नर्मदा को मांडू में लाकर दिया था। कितनी मुश्क़िल माँग थी रूपमती की! लेकिन वह भी क्या जाँबाज़ आशिक था! उस इम्तिहान में खरा उतरा। सोलह आने पाव रत्ती! कोहकन ने जैसे एक बार फिर जनम लिया और बेसुतून कोह को काटकर दरिया की दुगधीली धार झर-झर बहा दी। अर्जुमंद ने अपनी हिरनीली आँखें ख़ुर्रम के चेहरे पर जमा दीं।

—उस कहानी के किरदारों को मेरे सामने ज़िंदा करके क्यों खड़ा कर रही हो. ..समझा, कहीं तुम मेरा इम्तिहान तो नहीं ले रही हो। ख़ुर्रम ने भेद की नज़रों से उसे देखा।

—या ख़ुदा! ऐसी जुर्अत! और मैं करूँ! तौबा! तौबा!! लेकिन जब आपने तज़किरा उठा ही दिया है, तो अब बता ही दें कि आपकी नज़रों में इस नाचीज़ की हैसियत क्या है! और यदि कुछ है, तो उसके बरक्स तराजू के दूसरे पलड़े पर कुछ रखने की इनायत करें। अर्जुमंद के चितवन में चंचलता आज कुछ ज़्यादा ही छलक रही थी।

—इस तरह की जुबान का मैं आदी नहीं। मैं तो इतना ही जानता हूँ कि तुम्हारे बग़ैर मुझे जन्नत भी हराम है।

—और मेरे लिए यह ज़मीन ही जन्नत है, जिस पर मेरी ज़िन्दगी का दामन बिछा है और उस दामन पर आप पैर रखकर खड़े हैं। अर्जुमंद ने सिर पर आँचल को सँभाला।

—अगर इस जन्नत की सजावट के लिए कुछ कर सकूँ, तो मुझे बहुत ख़ुशी होगी। ख़ुर्रम ने एक प्रकार से अर्जुमंद की आकांक्षाओं के लिए तथास्तु का स्वस्तिवाचक हाथ उठा दिया।

—मांडू का यह महल रानी रूपमती और बाज़बहादुर की दास्तान की ख़ूबसूरत यादगाह है। काश अपना भी एक महल होता, जिसे मुग़लों की तारीख़ में जगह मिलती और आने वाली पीढ़ियाँ अपने निसाबों में पढ़तीं। इसलिए गुज़ारिश है, जैसे किसी ग़ज़ल की शाहबैत उस ग़ज़ल की जान होती है, उसी तरह आलम के तमाम महलों की जान कोई महल हो, वैसा पुरशौकत महल आप हमारे लिए तामीर करें। गुलिस्ताँ में गुलाब के फूलों की क़तारों के बीच गुज़रते हुए जिस एक सुर्ख़फ़ाम गुलाब के क़रीब लोग चाहत की नज़र लिये बार-बार लौटकर खड़ा होना चाहें, उस अंदाज़ का कोई एक शाहकार महल आप हमारे लिए तामीर करें। निगारिस्तान की दीवारों पर एक सफ़ में सैकड़ों तस्वीरें टँगी रहती हैं, उन तस्वीरों के बीच गुज़रते हुए जिस एक तस्वीर पर दीदावरों की निगाहें घूम-फिर कर बार-बार टिकना चाहें, उस शेवा का कोई शानदार महल आप हमारे लिए तामीर करें। अर्जुमंद की आँखों में किरनीली चमक थी। अपनी

ख़्वाहिश की आसमानी बुलंदी का अंदाज़ लगाकर वह एकाएक लजा गयी और उसने अपनी पलकें झुका लीं।

—इंशाअल्लाह, तुम्हारी ख़्वाहिश पूरी हो। कभी ताज़ मेरे सर पर आया और तख़्त पर बैठने का मौक़ा मिला, तो यक़ीनन तुम्हारी ख़्वाहिश को अंजाम दूँगा। तब मेरा एक ही काम होगा कि एक ऐसा शाहकार महल तामीर करूँ कि दुनिया की कोई इमारत उसका साया भी न छू सके। कहते हैं कि तामीर से ज़्यादा ख़ूबसूरत उसकी तस्वीर हुआ करती है, लेकिन मैं ऐसा बेमिसाल महल तामीर करूँगा कि दुनिया का कोई भी मुसव्विर अपनी तस्वीर में उसकी ख़ूबसूरती को यकसाँ नहीं उतार पायेगा। शाहजहाँ की आवाज़ में संकल्प की गमक थी। एक अजीब सा उत्साह, आत्मविश्वास को लेकर उसके कंठस्वर में आ बैठा था।

तभी एक हलकी सी चीख के साथ अर्जुमंद ने अपने दायें हाथ से छाती को भींच लिया। फिर वह एकाएक धम्म से फ़र्श पर बैठ गयी। जहाँआरा ने घबराकर माँ के सिर पर हाथ रखा और रोने लगी।

—क्यों क्या हुआ? शाहजहाँ घबरा गया। उसने बग़ल में बैठकर उसे पीठ से सहारा दिया।

—कुछ नहीं। ऐसे ही एक टीस सी उठी। या ख़ुदा! कौन जाने मेरे मुस्तक़बिल में क्या है—महल कि मक़बरा!! अर्जुमंद ने धीमे स्वर में कहा।

—क्या कहा? अब कैसा लग रहा है? शाही हकीम को तलब करूँ! ख़ुर्रम ने चिन्ता दिखाई।

—नहीं। अब ठीक हूँ। अर्जुमंद अब पूरी तरह सँभल गयी थी।

इस बीच कनीज़ सतीउननिसा ने आकर सूचना दी—धौलपुर से अपनी फ़ौज का बख़्शी हाज़िर हुआ है और शाहज़ादा हुज़ूर के दीदार का ख़्वाहिशमंद है।

—उसे बैठक ख़ास में हाज़िर किया जाय। ख़ुर्रम ने निर्देश दिया। फिर अर्जुमंद से बोला—देखें, धौलपुर की क्या ख़बर है!

—आपने धौलपुर की जागीर अता करने के लिए अब्बाहुज़ूर से दरख़्वास्त की थी। क्या उसका फ़र्मान ज़ारी हो गया है! अर्जुमंद ने जिज्ञासा की।

—शायद हो गया हो। शायद न भी हुआ हो, लेकिन मैंने फ़ौज की एक टुकड़ी भेज दी है ताकि वह अपना निजाम क़ायम कर सके। हुक्म तो देर-सबेर आ ही जायेगा। चलें, देखें बख़्शी क्या कहता है। शाहजहाँ शयनकक्ष से निकलकर बैठक में आया।

बख़्शी ने तीन बार फ़र्शी सलाम किया।

—धौलपुर की कैफ़ियत बयान हो। शाहजहाँ ने उत्सुकता दिखाई।

—हमारी फ़ौज क़ब्ज़ा लेने के इरादे से धौलपुर पहुँची। देखा कि शाहज़ादा शहरयार के आदमियों ने पहले ही उस पर अपना क़ब्ज़ा जमा रखा है। हमने क़ब्ज़े को

चुनौती दी, तो वे लोग बिफर पड़े। हमारी फ़ौज आपकी हुक्म की पाबंद थी। लिहाज़ा वह दुश्मनों पर टूट पड़ी। जबर्दस्त मारकाट के बाद धौलपुर हमारे क़ब्ज़े में आ गया। अब वहाँ शाह बुलंद इक़बाल का निजाम क़ायम हो गया है। अपनी बात कहकर बख़्शी हाथ बाँधकर खड़ा हो गया और आगामी आदेश की प्रतीक्षा करने लगा।

शाहजहाँ के चेहरे पर खुशी के कोई चिह्न प्रकट नहीं हुए। वह सोच में पड़ गया। इसी शशोपंज में उसने बख़्शी को बिदा किया।

—यह क्या हुआ! क्या शाहंशाह ने धौलपुर की जागीर शाहज़ादा शहरयार के नाम कर दी? चिलमन छोड़कर अर्जुमंद सामने आयी।

—शायद ऐसा ही हो। बादशाह ने मेरे साथ वादाख़िलाफ़ी की है। यह मलिका की दूरंदेशी चाल है। उसने एक तीर से दो निशाने साधे हैं। एक, उसने अपने दामाद को धौलपुर की जागीर दिलाकर उसका मर्तबा बढ़वा दिया। दूसरे, बादशाह और मेरे बीच खाई और गहरी कर दी। शाहजहाँ को सब बातें साफ़-साफ़ दिख रही थीं।

—तो अब क्या होगा? हमारा क़ब्ज़ा बेजा और ग़ैरआयीन माना जायेगा। मुमकिन है, इस क़ब्ज़े को हटाने के लिए फ़ौजी कार्रवाई हो। एक नई मुसीबत बरपा हो गयी। अर्जुमंद का मुख म्लान हो गया था, जैसे कमल पर कुहासे की पारदर्शी परत जमा हो गयी हो।

—सब कुछ हो सकता है। वह औरत सब कुछ कर सकती है। ताक़त के नशे ने उसे ग़ैरज़रूरी हदों तक ख़ुदग़र्ज़ और ख़ुदपरस्त बना दिया है। उधर फ़र्मान निकलवाया और इधर शहरयार से क़ब्ज़ा करवा दिया।

—अब आगे कौन सी राह पकड़नी है? अर्जुमंद अनिश्चय की आँच का अनुभव कर रही थी।

—राह क्या पकड़ना है! जो हुआ, सो ठीक हुआ। धौलपुर राजधानी के नज़दीक है। फ़ौजी नज़रिए से अहम है। इसीलिए उसे मैंने माँगा था। अब मेरे हक़ में आ गया है, तो उसे मैं छोड़ भी नहीं सकता। शाहजहाँ ने अपना संकल्प प्रकट कर दिया।

—पर बादशाह की नाराज़ी!

—अब्बाहुज़ूर पर ही थोड़ा भरोसा है। वे नाराज़ ज़रूर होंगे, पर बाद में नरम भी पड़ सकते हैं। मुझसे किये गये वादे का यादकर। शाहजहाँ गहरी सोच में पड़ गया था।

—कहीं शाही फ़ौज का क़हर टूटा, तो...! हमारी फ़ौज का बहुत बड़ा हिस्सा शाही फ़ौज के दायरे में ही तो आता है। वह सब टूट कर अलग हो गया तो? बहुत से सिपाहियों, बेग़ों और ओहदेदारों की वफ़ादारी बादशाह के साथ हो सकती है...मुझे तो बड़ा डर लग रहा है। अर्जुमंद ने सिर झुकाकर दोनों हथेलियों से मुँह को ढँक लिया।

—तुम किसी सोच में मत पड़ो। अगर कोई उलझन आयेगी, तो उम्मीद करें वह अपने साथ निकलने का रास्ता भी लेकर भी आयेगी।

दरवाज़े पर दस्तक देकर सतीउननिसा भीतर आयी। उसने सूचना दी कि शाही फ़र्मान लेकर एक एलची आया है और शाहज़ादा हुजूर की क़दमबोसी का ख़्वाहिशमंद है।

—उसे यहीं बैठक में हाज़िर करो। शाहजहाँ ने निर्देश दिया। अर्जुमंद और सतीउननिसा बैठक छोड़कर भीतर शयनकक्ष में चले गये।

बैठक में आकर संदेशवाहक ने शाहज़ादा का रस्मी अभिवादन किया और उसे शाही फ़र्मान भेंट किया। एक साँस में शाहजहाँ ने पूरा फ़र्मान पढ़ लिया। उसका चेहरा गम्भीर हो गया। पेशानी पर बल पड़ गये। एक बार सूनी निगाहें क़ासिद पर डालीं। फिर उसे जाने का इशारा कर स्वयं शयनकक्ष में आ गया।

शयनकक्ष में अर्जुमंद जहाँआरा से बतिया रही थी। शाहजहाँ को गम्भीर देखकर वह विचलित हो उठी। जहाँआरा को दूसरे कक्ष में भेजकर बोली—क्या हुआ? कुछ ख़ास बात है!

—वही, जिसका मुझे अंदेशा था। बादशाह ने मेरी सारी माँगें नामंजूर कर दी हैं और मुझे हुक्म दिया है कि मैं सारी फ़ौज लेकर कंदहार की जानिब कूच करूँ। रास्ते में पंजाब में रुककर परवेज़ से मिलकर शाह अब्बास यकुम के ख़िलाफ़ जंग का ख़ाका तैयार करूँ। शाहजहाँ ने बादशाह के आदेश को संक्षेप में रखा।

—और धौलपुर की बाबत?

—इस बाबत मुझे ताक़ीद दी गयी है कि मैं अपनी हदों में रहूँ तथा नेकचलनी और फ़र्माबदारी का सबूत दूँ। शाहजहाँ सोच में डूब गया। धीरे-धीरे कक्ष का चक्कर लगाने लगा। कुछ देर बाद बोला—कंदहार तो कभी नहीं जा सकता। उन्होंने अभी तय नहीं किया है कि किसकी सरपरस्ती में यह जंग लड़ी जायेगी। उन्हें अच्छी तरह से मालूम है कि अगर किसी और को मौक़ा दिया गया, तो खुर्रम शामिल नहीं होगा। इसलिए यह बात पोशीदा रखी गयी है। मलिका की पहली पसंद शहरयार है। वे मौक़ा ढूँढ रही हैं कि कम-से-कम एक फ़तह का सेहरा उस कमजात के सर पर बाँधकर अपने दामाद और बेटी का मर्तबा बढ़ा सकें।

—यह सब तो ठीक है, पर अपनी ओर से कुछ तो करना होगा न! असल सवाल यह है कि बादशाह के हुक्म की तामील की जाय या नहीं!

—मुझे तुरंत तो यह नहीं सूझ रहा है कि क्या किया जाय। कुछ वक़्त मिल जाता, तो शायद हम रास्ता निकाल पाते। शाहजहाँ अपने को व्यूह में फँसा अनुभव कर रहा था।

—इसके लिए तो वही पुराना तरीक़ा ठीक रहेगा कि अब्बाहुजूर को ख़त लिखा जाय और कुछ जानकारी तफ़सील से माँग ली जाय। अर्जुमंद ने सुझाव दिया।

—फ़िलहाल तो यही रास्ता ठीक लगता है। पर वे समझ जायेंगे कि मैं हीलाहवाली कर रहा हूँ। शाहजहाँ अर्जुमंद के सुझाव से सहमत दिखा।

—तो समझने दीजिये। सोचने-समझने के लिए कुछ तो वक़्त मिल जायेगा। अर्जुमंद शाहजहाँ की चिन्ता में शामिल थी और अपने भीतर उद्विग्नता का अनुभव कर रही थी।

दूसरे दिन ख़ुर्रम ने बादशाह के नाम पत्र लिखा कि वह उनके हुक्म का पालन करना चाहता है। यह बताया जाय कि शाह अब्बास के ख़िलाफ़ किसे प्रधान सेनापति बनाया जायेगा। कंदहार जाते समय उसे पंजाब में रुकना है, तो क्या फ़ौज को भी तब तक वहाँ मुकाम करना होगा। बहरहाल इन सारी ग़ैरज़रूरी बातों को शामिल कर उसने एक ख़त तैयार किया और उसे अपने संदेशवाहक अब्दुस्सलाम के हाथों बादशाह तक भिजवा दिया।

अभी जवाब आने में देर थी। इस अवधि में ख़ुर्रम ने सेना की अपने प्रति निष्ठा को दृढ़ करने का प्रयत्न किया। जिनकी निष्ठा डाँवाडोल थी, उन्हें इनाम और तरक़्क़ी देकर अपने पक्ष में मिलाने की चेष्टा की। उसने फ़ौज की छोटी-छोटी टुकड़ियाँ बना डालीं, ताकि उनमें आपसी समन्वय और तालमेल न बैठ सके। उसने सिपहसालारों और दीग़र बड़े ओहदेदारों की रोज़ बैठक लेनी शुरू की, जिससे उनके साथ सतत जुड़ाव बना रहे। इस सब बातों के बावजूद उसकी चिन्ता कम नहीं हुई, क्योंकि वह अनुभव कर रहा था कि अनिश्चिय की तलवार बारीक धागे में बँधी उसके सिर पर लटक रही है। संतुलन बहुत नाज़ुक है और हवा का हलका सा झोंका क़यामत की राह दिखा सकता है।

मुश्क़िल से दो पखवाड़े बीते होंगे कि आसफ़ख़ाँ का पत्र प्राप्त हुआ। उसमें विस्तार से सारी घटनाओं का वर्णन किया गया था—

धौलपुर के वाक़ये को लेकर बादशाह सलामत बहुत नाराज़ हैं। इस नाराज़ी और परवेज़ की ग़ैरहाज़िरी का फ़ायदा उठाकर मलिका ने शहरयार के सिर पर मुख्य सिपहसालार का सेहरा बँधवा कर उसका मनसब 12000 जात और 8000 सवार करवा दिया है। उसे कंदहार की मुहिम की बागडोर सौंप दी गयी है। आपके नाम फ़र्मान ज़ारी हुआ है कि जहाँ हैं, वहीं रुके रहें। आपकी दोआब और हिसार फ़ीरोज़ा की जागीरें जब्त कर ली गयी हैं। फ़ौज की वापसी के लिए आपको नज़रअंदाज़ कर सीधे सिपहसालारों के नाम फ़र्मान ज़ारी किये गये हैं। फ़र्मान में यह भी कहा गया है कि आपकी फ़ौज धौलपुर को फ़ौरन खाली कर दे, बगरना नाफ़र्मानी के बरसबील सख़्त सज़ा के लिए तैयार रहें। आपने कोई ख़त बादशाह तक पहुँचाना चाहा था। उस ख़त के पैग़ामरसाँ अब्दुस्सलाम के लिए दरबार के दरवाज़े बंद कर दिये गये हैं।

शाहजहाँ ने पूरा पत्र ध्यान से पढ़ा। पुनः पढ़ा। सारी घटनाएँ उसके विपरीत थीं। उसका दाँव ख़ाली गया था। दक्खन की विजय को भुनाने के सारे प्रयास विफल हो गये थे। उसकी आँखों के सामने अँधेरा-सा छा गया। वह बदहवास-सा दीवान पर बैठ गया। किसी तरह अर्जुमंद से बोला—इस ख़त में तुम्हारे लिए भी कुछ लिखा है।

शाहजहाँ के शिकस्तारंग को देखकर अर्जुमंद बेचैन हो गयी। उसने ख़त हाथ में लिया। पत्र के प्रारंभिक अंश में उन हालात और घटनाओं का ब्योरा था, जो शाहजहाँ के विपरीत जा रही थीं।

उत्तरार्द्ध अंश में आसफ़ख़ाँ ने अपनी प्रिय पुत्री को सम्बोधित किया था—

• ***प्यारी बेटी,*** *पूरा ख़त पढ़कर तुम्हें नाउम्मीदी ही हाथ लगेगी। यहाँ का पूरा माहौल शाहज़ादा हुज़ूर के ख़िलाफ़ है। मलिका हावी होती जा रही हैं। बादशाह की फ़ैसलाक़ुन ताक़त कम हो गयी हैं। बहुत सब्र से काम लेना है। बादशाह का फ़र्मान बहुत मानीख़ेज़ है। यदि शाहज़ादा हुज़ूर हुक्म की तामीली में मांडू में ही बने रहते हैं, तो यह एक तरह से क़ैद हुई और अगर मांडू छोड़ते हैं, तो हुक्म की नाफ़र्मानी हुई, जिसके लिए सज़ा मुक़र्रर हो सकती है और उन्हें बाग़ी भी क़रार दिया जा सकता है। इसलिए सब्र और दानिशमंदी से काम लेना है। देखना, शाहज़ादा हुज़ूर जोश और ग़ुस्से में कोई ऐसा क़दम न उठा बैठें, जिससे मलिका को उनके ख़िलाफ़ बादशाह को भड़काने के लिए कोई सनद मिल जाय।*

• बेटी, यह तुम्हारे इम्तिहान का वक़्त है। हवाएँ तेज़ हैं और चिराग़ को अपने दामन की ओट में रखना ज़रूरी है। दरख़्त की तरह पत्ता-पत्ता अपने परिवार के काम आओ। अल्लाह अज़ीम है। उसकी रहमत पर भरोसा रखो। परवरदिगार तुम्हें हमेशा ख़ुश रखे। लाख मुसीबतों के बीच तुम्हारे ओठों पर मुस्कान हमेशा की तरह क़ायम रहे।

• *मैं हमेशा तुम्हारे साथ हूँ। लेकिन यहाँ मुझ पर भी पहरेदारी शुरू हो गयी है। दायरा-दर-दायरा मेरी हद सिमटती जा रही है। मुझे हमेशा सावधान और चौकन्ना रहता पड़ता है और गाहे ब गाहे मलिका की सिम्त वफ़ादारी का सबूत देना पड़ता है ताकि कोई मुझ पर यह इल्ज़ाम न लगा सके कि मैं शाहज़ादा हुज़ूर का तरफ़दार हूँ।*

• तुम सबकी सलामती के मद्देनज़र तुम्हारी अम्मी के हाथ हमेशा दुआओं के लिए उठे रहते हैं। हमेशा ख़ुश रहो और सबको ख़ुश रखो।

पत्र पढ़ते-पढ़ते अर्जुमंद की आँखों से आँसुओं की धार बह निकली। सिसकियों को किसी तरह रोके रख सकी, किन्तु पत्र के पूरा होते ही धैर्य का बाँध टूट गया और वह फफक-फफक कर रो पड़ी।

शाहजहाँ का ध्यान उधर खिंचा। वह तत्काल उसके पास पहुँचा और पत्र के उस निचले हिस्से को पढ़ गया, जो आसफ़ख़ाँ ने अपनी पुत्री के लिए लिखा था। स्थिति की गम्भीरता अब उसे स्पष्ट हो गयी। चिन्ता ने आवेश का रूप ले लिया। मांडू में ही बने रहने का अर्थ क़ैद होता है। आसफ़ख़ाँ की व्याख्या ने उसे तिलमिला दिया। कचोट इतनी तीखी थी कि उसने पैर पटक कर अपनी असह्य मनःस्थिति का इज़हार किया और कक्ष के चक्कर काटने लगा।

अर्जुमंद ने अपने को संयत किया। आँसुओं को उसने दामन से पोंछा और

बोली—या ख़ुदा! इस इम्तिहान के लिए हमें सब्र और ताक़त अता फ़र्मा। जिस आज़माइश में अब हम पड़ने जा रहे हैं, उससे जल्द ही निजात दिलाना। हम पर रहम करना। हम तेरे नाचीज़ बंदे हैं। हमारी हम्दसराई क़ुबूल कर।

शाहजहाँ अभी भी बदहवास-सा कक्ष में चक्कर लगा रहा था। अर्जुमंद उठी। उसकी बाँह पकड़कर दीवान पर बिठाया और ख़ुद कालीन पर बैठ गयी। बोली—क्या सोच रहे हैं?

—यह तो तय है कि जंगल का राजा पिंजड़े में क़ैद नहीं रह सकता...हम मांडू छोड़ देंगे। शाहजहाँ ने अपना इरादा प्रकट किया।

—फिर कहाँ जायेंगे?

—अकबराबाद!...लेकिन एक बार फिर बादशाह को ख़त लिखकर अपनी बातें साफ़-साफ़ रख देना मुनासिब होगा।

—ठीक है। हो सकता है, अपने बच्चों की बातें उनके दिल में घर कर जायें। समझौते और मेल की बातें अर्जुमंद को पसंद आती थीं।

शाहजहाँ ने बादशाह को ख़त लिखा। मज़मून का सार यह था कि मैं आपका बेटा ही नहीं, ख़िदमतगार भी हूँ। जनम से लेकर आज तक आपके हर हुक्म का मूबमू पालन करता रहा हूँ। अब कोई कारन नहीं कि नाफ़र्मानी की राह पर चलूँ। ज़रूर कहीं कुछ ग़लतफ़हमी हुई है। कई बार यह पता लगाना मुश्क़िल होता है कि ग़लती कहाँ हुई है। आप मुझ पर ऐतबार करें। मैं ऐसा कोई काम कर ही नहीं सकता, जिससे आपके दिल को ठेस पहुँचे। मैं पहले ही अर्ज़ कर चुका था कि मुझे मांडवगढ़ में सिर्फ़ चौमासा बिताना था। अब बरसात बीत चुकी है। आप इजाज़त दें,तो हम अपना अगला मुकाम अकबराबाद रख लें। आपसे भेंट के लिए अवसर निकालने में यहाँ सुविधा होगी। इंशाअल्लाह आपकी क़दमबोसी का वक़्त जल्द आये।

उक्त आशय का पत्र लिखकर शाहजहाँ ने दीवान अफ़ज़लख़ाँ को रवाना किया। दीवान ने सम्राट् को पत्र दिया और प्रकरण की मौखिक अनुशंसा भी की। बादशाह ने आख़िर में मौन तोड़कर इतना ही कहा कि ख़ुर्रम अगर चाहे, तो गुजरात, मालवा, दक्खन या खानदेश में से कहीं भी निवास कर सकता है। फिर उसने अफ़ज़लख़ाँ को सरोपा भेंट किया। इसका आशय था उसकी सीधी वापसी।

मांडू आकर अफ़ज़लख़ाँ ने विस्तार से वहाँ की परिस्थिति, वातावरण और लोगों के विचारों से शाहजहाँ को अवगत किया। बादशाह ने अकबराबाद आने के लिए स्पष्ट मनाही कर दी थी।

ख़ुर्रम असमंजस में था। मांडू में रुकने का कोई औचित्य नहीं था। बिना किसी प्रयोजन के मालवा, गुजरात या पंजाब जाने का सवाल नहीं उठता था। वापस दक्खन पहुँचने से राजधानी से दूरी बढ़ जाती। इस समय घटनाचक्र तेज़ी से घूम रहा था। नूरजहाँ कोई नया शिगूफ़ा छोड़ सकती थी। लिहाज़ा ख़ुर्रम ने दिल कड़ा करके संकल्प

किया। उसने अपनी योजना के बारे में अपने निकटस्थ सैन्य अधिकारियों, शुभेच्छु रावराजाओं और सियासतदारों से बातचीत की। अधिकांश ने योजना का विरोध किया। ख़ुर्रम ज़िद पर अड़ा रहा।

—मैंने फ़ैसला कर लिया है। हम अकबराबाद चलेंगे। महल में आकर ख़ुर्रम ने अर्जुमंद से कहा।

—अकबराबाद? धौलपुर नहीं, जहाँ हमारा क़ब्ज़ा है! अर्जुमंद अचरज में थी।

—नहीं। अकबराबाद ही। राजधानी सारी सियासी चालों का मरक़ज होती है। सभी मस्लहतआमेज़ वाक़ये वहीं होते हैं। इसमें अपना भी कुछ किरदार यक़ीनन होगा। चलें, देखें किस तरह का किरदार हम निभा सकते हैं। शाहजहाँ एक कुटिल मुस्कान के साथ बोला।

—हाँ, ख़ास बात है। और ख़ास बात यह है कि आप अकबराबाद नहीं जायेंगे। अर्जुमंद ने अब तक की ज़िन्दगी में शायद पहली बार जिद की।

—यह क्या? यह भी कोई बात हुई! ख़ुर्रम किंचित् तुनक गया।

—धौलपुर के वाक़ये को लेकर अब्बाहुज़ूर पहले से नाराज़ हैं। कंदहार का हुक्मनामा मंसूख़ कर दिया और वहाँ की मुहिम के लिए शाहज़ादा परवेज़ और शाहज़ादा शहरयार को तर्जीह दी। आपको मांडवगढ़ में महदूद कर दिया। आपकी फ़ौज वापस बुला रहे हैं। उनकी नाराज़ी की मिक़्दार का अंदाज़ अभी भी आपको नहीं हुआ, जो आप अकबराबाद जाने का मंसूबा बना रहे हैं! अर्जुमंद ने अपना विरोध जताया। वैसे उसमें हर विरोध को स्वभावतः टालने की आदत थी।

—यदि बाप नाराज़ी दिखा सकता है, तो बेटा क्यों नहीं! ख़ुर्रम ने अपनी बात को तौले बिना ही कहा।

—ऐसा नहीं कहते। अब्बाहुज़ूर शाहंशाह हैं। उन्हें सल्तनत की फ़िक्र है। इस फ़िक्र में वे कुछ ऐसे काम भी कर बैठते हैं, जिनसे हमारी नाइत्तिफ़ाक़ी हो सकती है। पर हमें इस बात को सही ज़मीन पर देखना चाहिए। अर्जुमंद ने समझाने की कोशिश की।

—इस फ़लसफ़े में मेरी कोई दिलचस्पी नहीं है। मैं तो सिर्फ़ इतना जानता हूँ कि सबसे कामयाब शाहज़ादा होने के बावजूद मुझे उसका सिला नहीं मिल रहा है। हालात मेरे ख़िलाफ़ होते जा रहे हैं। तुम समझने की कोशिश करो।

अर्जुमंद के विचारों ने वास्तव में इतनी दूर तक यात्रा नहीं की थी। भोलेपन में बोली—मैं तो इतना ही जानती हूँ कि बादशाह से तनाज़ो रखना मुनासिब नहीं है। वे हमारे वालिद हैं और वालिदैन हमेशा अपने बच्चों के अमन और ऐमन के ख़्वाहिशमंद होते हैं।

—तुम इसी ख़याल में डूबी रहो। दुनिया इससे नहीं चलती। यहाँ हर आदमी सिर्फ़ अपने बारे में सोचता है। तो क्यों न मैं भी अपने बारे में सोचूँ। और अगर

सोचता हूँ,तो क्या गुनाह करता हूँ,जबकि बारीक धागे से बँधी एक तलवार मेरे सर पर लटक रही है और हवाएँ तेज़ चल रही हैं।

—यह आप कैसी बातें कर रहे हैं! मुझे अच्छा नहीं लगता। अच्छा सच-सच बताइये, आपके इरादे क्या हैं? अर्जुमंद पति के अमंगल से जुड़ी कोई भी बात नहीं सह सकती थी।

—तो सुनो...मुझे अकबराबाद पर हमला करना है। धौलपुर के बाद यह मेरा दूसरा आमाजगाह है। शाहजहाँ के स्वर उसके इरादों की मज़बूती झलक रही थी।

अर्जुमंद की आँखें फैल गयीं। चेहरे पर अविश्वसनीयता की झाईं पड़ गयी। वह सन्न रह गयी कि क्या सुन रही है।

—मैं क्या सुन रही हूँ! उसके मुँह से बेसाख़्ता निकल पड़ा।

—तुम ठीक सुन रही हो।

—यह ग़ैरमुनासिब है। अब्बाहुज़ूर, मलिका और उनके वज़ीर इसका क्या मतलब निकालेंगे!

—वही, जिसका तुम्हें इम्कान है।

—यानी कि आप...यानी कि...आप मुग़लों की राजधानी अकबराबाद पर हमला करेंगे?...यह तो दुश्मनी हुई...यह तो सरासर बग़ावत है।...आप ऐसा कैसे कर सकते हैं! नहीं-नहीं, मेरे आक़ा, नहीं। अब्बाहुज़ूर के ख़िलाफ़...तलवार...नहीं आक़ा! यह हरगिज़ मुनासिब नहीं। एक ऐसा ही वाक़या तब सरज़द हुआ था, जब आपके अब्बाहुज़ूर ने फ़लकताज़ अकबरे आज़म के ख़िलाफ़ बग़ावत का झंडा खड़ा किया था। मुग़ल तारीख़ के सुनहरे सफ़े पर वह एक बदनुमा दाग़ था, जिस पर वक़्त की ख़ाक पड़ चुकी है। आप अपने फ़ौजी घोड़ों की टाप से ख़ाक की उस परत को क्यों उधेड़ना चाहते हैं!! नहीं, मेरे आक़ा, नहीं। यह नादानी हमें बहुत महँगी पड़ेगी। अर्जुमंद चिन्तित थी। एक दुरन्त स्वप्न आँखों के सामने तैर गया था, जिसने उस चिन्ता को घबराहट में बदल दिया था।

—लेकिन आरज़ू, हम इस तरह का फ़ैसला लेने को मज़बूर हो गये हैं। इस राह पर चलने के सिवाय हमारे पास दूसरा कोई चारा भी नहीं है।

—फ़रिश्ते भी जहाँ क़दम रखने से इंकार कर देते हैं, बेवक़ूफ़ लोग वहाँ दौड़ पड़ते हैं। हम एक बार फिर गहराई से सोच लें। शाहज़ादों को आक़िबतअंदेश होना चाहिए, क्योंकि उनके जोखिम बहुत हैं, और जहाँ जोखिमों का बारूद बिछा हो, वहाँ सावधानी ही पहरेदार हुआ करती है। अर्जुमंद का कदापि इरादा नहीं था कि ख़ुर्रम बादशाह का विरोध करे। वह युद्ध के परिणाम को लेकर चिन्तित थी।

—तुम्हारी सोच अपनी जगह ठीक है, लेकिन हम ऐसी जगह खड़े हैं, जहाँ से न आगे जा सकते हैं और न पीछे ही। अब अगर कोई नया रास्ता बनाना हो, तो क़दम आगे ही बढ़ाना होगा, क्योंकि क़दम आगे बढ़ाकर ही नये रास्ते बनाये जाते हैं। ख़ुर्रम

ने चयित विकल्प के औचित्य को सिद्ध करने का प्रयास किया।

—मैं तो सिर्फ़ नतीज़े को लेकर फ़िक्रमंद हूँ। शाही फ़ौज से टकराना आसान नहीं है। एक अकेले अकबराबाद पर क़ब्ज़ा कर लेने से ही क्या होगा। अपनी पूरी फ़ौजी ताक़त से गर उन्होंने हमें घेर लिया, तो हमारा हश्र क्या होगा, यह कभी सोचा है। उनके आदमी जंगली कुत्तों की तरह हमारा पीछा करेंगे। फिर हमारा सिर्फ़ इतना ही काम रहा जायेगा कि जान बचाकर एक जगह से दूसरी जगह भागते फिरें। वे बरसात में बादलों की तरह आ धमकेंगे। जाड़ों में बर्फीली हवाओं की तरह वे हमें जमा डालेंगे। गरमी में दोपहर की क़हर बरसाती धूप की मानिंद हर जगह नौतपा लेकर मौजूद होंगे। रात-दिन हर वक़्त भय का भूत हमें डराता रहेगा। हमारे बच्चे हारे, थके, डरे, सहमे, काँपते, सिमटते दरख़्त के तनों से चिपके खड़े रहेंगे। हमारी आँखें उनके इन अक्सों को कैसे झेल सकेंगी। उन्हें तो अपनी नज़र के दामन में हमारी मुस्कानों को ही सहेज कर रखने की आदत है। अर्जुमंद का मुख करुणार्द्र हो उठा। स्वर सहमा-सा लग रहा था। आँखों में भय की छाया साफ़ झलक रही थी।

—हाँ,यह सब तो होगा। यह सब तो सहना पड़ेगा। तख़्तोताज़ का रास्ता जोखिमों की कँटीली झाड़ियों से ही होकर जाता है और मज़बूरी हमें इन रास्तों पर ढकेल भी सकती है। आरज़ू, तुम जो यह ख़ौफ़नाक मंज़र दिखला रही हो, वह सब मेरी नज़र में भी है, लेकिन मेरी ख़ुद्दारी को यह गवारा नहीं कि जंगल के राजा को पिंजड़े में बंद देखे। मैं अपनी बीबी और अपने बच्चों को उनके रहमो-करम पर नहीं छोड़ सकता। ख़ुर्रम की वैचारिक दृढ़ता उसके स्वर से प्रकट हो रही थी।

—आप यह भी देखिये कि आपके ख़त के जवाब में अब्बाहुज़ूर ने रहमदिली का इज़हार किया है। उन्होंने पहले फ़र्मान निकाला था कि आप मांडू में रुके रहें, लेकिन अब आपको छूट दे दी है कि आप चाहे तो मालवा, गुजरात, खानदेश या दक्खन में से कहीं भी अपना मुकाम बना सकते हैं। क्या इससे यह पता नहीं चलता कि बादशाह कुछ नरम पड़ गये हैं। अर्जुमंद ने बादशाह के प्रति ख़ुर्रम के रुख़ को नरम करने के उद्देश्य से कहा।

—फ़क़त वक़्त बिताने के लिए यहाँ-वहाँ जाना बेसूद है। फिर अभी मेरी शोहरत दोपहर के सूरज की मानिंद नूरफ़िशाँ है। बड़े-बड़े ओहदेदार, अमीर और सरदार मेरे तरफ़दार बने हुए हैं। दक्खन से मुझे अकूत धन मिला है। वह अभी मेरे क़ब्ज़े में है। मेरी भरती के तीस हज़ार से अधिक सिपाही हमारी फ़ौज में हैं। ये सब मेरे तईं वफ़ादार हैं। इस धन और इन सिपाहियों के बल पर मैं कम-से-कम चार साल तक शाही फ़ौज से टक्कर ले सकता हूँ। इसलिए मेरे लिए फ़िलहाल डरने का कोई कारण नहीं है। यदि तक़दीर ने साथ नहीं भी दिया, तो भी भागते-भागते जाने कितने सूबों और इलाक़ों को जीतता और लूटता हुआ आगे बढ़ूँगा कि धन की कमी तो कभी नहीं पड़ेगी। ख़ुर्रम की बातों से लग रहा था कि उसने सारी सम्भावनाओं पर विचार

कर रखा है।

—क्या आपको कामिलन एतमाद है कि शाही फ़ौज का वह हिस्सा, जो आपके मातहत है, आपके तईं वफ़ादार बना रहेगा। हमारा शाह के साथ होना और शाह के ख़िलाफ़ होना दो अलग-अलग चीज़ें हैं। जो बरसों से बादशाह के नमकख़्वार रहे हैं, उनकी आजमाइश कर लेना ज़रूरी नहीं समझते आप? अर्जुमंद ने एक दूसरे तथ्य की ओर संकेत किया।

—अब उसका वक़्त नहीं रहा। हमें जल्द फ़ैसला लेना था। जो हालात बादशाह के गिर्द पैदा किये जा रहे हैं, उनका नतीज़ा यक़ीनन हमारे ख़िलाफ़ जायेगा। मलिका ख़तरनाक साज़िश को अंजाम दे रही है। उसने बादशाह को पूरी तरह हमारे ख़िलाफ़ कर दिया है और मुझे उनके क़रीब फटकने भी नहीं दे रही है। मुझे पक्का यक़ीन है कि तख़्तोताज़ के लिए मेरी उम्मीदवारी पूरी तरह ख़ारिज कर दी गयी है। अब जंग ही एक ज़रिया बचा है, फिर नतीज़ा चाहे जो हो। ख़ुर्रम की बातों से लग रहा था कि सभी सम्भव कोणों से विचार कर उसने यह फ़ैसला लिया था।

अर्जुमंद को भी लगा कि वास्तव में समस्या का सैनिक समाधान ही एकमात्र विकल्प रह गया है। अतएव उसने ख़ुर्रम को अनारक्षित वैचारिक समर्थन देते हुए कहा—अगर आपने आख़िरकार यह तय कर ही लिया है, तो यही सही। हम क़दम ब क़दम आपके हमसफ़र हैं। अल्लाह आपको फ़तहयाब करे। आप अपने मक़सद में कामयाब हों। आप बच्चों की फ़िक्र न करें। मैं उन्हें सँभाल लूँगी। जब कभी आपको पैसों की ज़रूरत दरकार हो, मेरे सारे बेशक़ीमती गहने आपकी नज़र हैं। अर्जुमंद ने कुछ इस ढंग से मदद का हाथ बढ़ाया, जैसे शाहज़ादे को अभी ही ज़रूरतों का पहाड़ चढ़ना हो।

—ख़ुदा न करे, मुझे कभी इनकी ज़रूरत पड़े। पर मुझे ख़ुशी है कि तुमने मेरे मक़सद को तस्लीम किया। इससे मेरा हौसला कई गुना बढ़ गया है और मुझे सब चीज़ें आसान सी लगने लगी हैं।

—ख़ुदा मुझसे वही काम करवाये, जिससे आपको ख़ुशी मिलती हो और वही कारकर्दगी अता करे, जिसकी आपको ज़रूरत हो। अर्जुमंद इरादों की मज़बूत ज़मीन पर खड़ी दिख रही थी। उसका मुखमंडल संकल्प से ज्योतिर्मय था।

इक्कीस

अर्जुमंद को हमख़याल बनाकर शाहजहाँ सेना के प्रस्थान हेतु अंतिम तैयारी में लग गया।

पूरी तैयारी के बाद शाहजहाँ ने सेना की कूच का डंका बजा दिया। एक सुदृढ़

व्यवस्था के अंतर्गत लश्कर धौलपुर की तरफ़ बढ़ा। दिगढान, देपालपुर, फतेहाबाद में पड़ाव करते हुए लश्कर नियत समय पर उज्जैन पहुँचा। उज्जैन में उसने कुछ अधिक समय तक पड़ाव किया। एक तो उसे रसद और अस्लाह की परिपूर्ति करनी थी, दूसरे सेना में कुछ हज़ार सैनिकों की नई भरती भी। नियत समय पर उज्जैन को पीछे छोड़ता हुआ लश्कर कैथ और फिर सारंगपुर पहुँचा। कुछ ही दिनों में सेना दोराहा पर आ पहुँची।

शाहजहाँ का भाग्य अच्छा था कि उसकी अब तक की यात्रा में कोई व्यवधान नहीं आया था। उसने यहाँ एक बार पुनः लश्कर की ज़रूरतों का जायज़ा लिया और फिर दिल्लोद, बर्रई, पामरिया, सिरोंज होते हुए मुग़लसराय आ धमका। उसने अभी तक सेना को कानोकान ख़बर नहीं होने दी थी कि वह अकबराबाद पर आक्रमण करने का इरादा रखता है, क्योंकि इससे सेना में अफ़रातफ़री मच जाती तथा उसके और बादशाह के वफ़ादार सिपाहियों के बीच फूट पड़ने की सम्भावना थी।

यहीं शाहजहाँ ने पहली बार सेना को अपने उद्देश्य से अवगत कराया कि उसने अकबराबाद पर आक्रमण के इरादे से पेशक़दमी की है। और जैसी की आशंका थी, फ़ौज में कुछ दिन गहमागहमी रही, क्योंकि कुछ पुराने सिपाही और ओहदेदार बादशाह के प्रति निष्ठावान थे और उसके विरुद्ध किसी भी हालत में युद्ध नहीं करना चाहते थे। कुछ चुपचाप और कुछ घोषित रूप से शाहजहाँ की फ़ौज से अलग हो गये। इससे उसकी सैनिक शक्ति क्षीण हो गयी।

शाहजहाँ की फ़ौजी कार्रवाई की ख़बर जंगल की आग की तरह फैल गयी। बादशाह इस सूचना से अवगत हुआ। नूरजहाँ तो तिलमिला उठी। तीर की तरह बादशाह के पास आयी और अपना पूरा भड़ास निकालने लगी—सुना आपने अपने सपूत का कारनामा! आप उसकी बहादुरी और वफ़ादारी की बड़ी डींग हाँकते थे। पेश कर दिया न उसने अपनी वफ़ादारी नमूना! देखा आपने किस तरह उसकी नाफ़र्मानियाँ बढ़ती जा रही हैं! आपने मांडू आने की मनाही की थी, वह मांडू आ गया। आपने मांडू में रुकने का हुक्म दिया था, उसने मांडू छोड़ दिया। आपने धौलपुर की जागीर उसे नामंजूर की, उसने जबर्दस्ती धौलपुर पर क़ब्ज़ा जमा लिया। आपने धौलपुर ख़ाली करने को कहा, वह अकबराबाद की तरफ़ बढ़ चला। उसका हौसला तो देखिये। आख़िर वह कहाँ जाकर रुकेगा!

—सबसे पहले उसकी फ़ौजी पेशक़दमी को रोकना होगा। मैंने महाबत ख़ाँ को बुला भेजा है। जहाँगीर ने अपनी योजना के एक हिस्से का संकेत दिया।

—पर वह मुझे बेहद नापसंद है। वह वालाहिम्मत ज़रूर है, लेकिन ख़ुदग़र्ज़ है और हर फ़तह का सेहरा अपने सर पर बाँधना पसंद करता है। नूरजहाँ ने महाबत ख़ाँ के प्रति अपनी तिरस्कृति को नहीं छिपाया।

—अपने पास अब कोई रास्ता भी नहीं है। शाहजहाँ के ख़िलाफ़ जंग में वही ठहर सकता है। बादशाह ने अपनी लाचारी प्रदर्शित की।

—बेहतर हो, आप उसके साथ किसी शाहज़ादे को नत्थी कर देते, ताकि फ़तह का सिला उसे देने का सुभीता हो। शाहज़ादे से नूरजहाँ की मुराद शहरयार से थी।

—ठीक है। मैं परवेज़ के नाम हुक्मनामा ज़ारी करवाता हूँ। वह ख़ुर्रम के ख़िलाफ़ मुहिम में महाबत ख़ाँ को साथ लेकर आगे बढ़े। बादशाह ने तत्काल अपना निर्णय दिया।

शाहजहाँ ने अकबराबाद के क़िले पर आक्रमण कर दिया। क़िलेदार एतबार ख़ाँ बहुत बहादुर और दक्ष योद्धा था। लिहाजा शाहजहाँ को प्रबल का विरोध का सामना करना पड़ा। पूरी ताक़त झोंक देने के बावजूद एतबार ख़ाँ ने उसकी एक न चलने दी। क़िले की अभेद्य दीवारों को तोड़ने में उसकी फ़ौज नाकाम रही। उसे विपुल जनहानि सहनी पड़ी। इस बात को दृष्टि में रखकर उसने आगरे के क़िले को फ़तह करने का इरादा त्याग दिया और फ़तहपुर सीकरी की तरफ़ मुँह किया। सीकरी की तरफ़ क़दम बढ़ाने के पहले उसके सैनिकों ने राजा विक्रमाजीत के नेतृत्व में आगरे में जबर्दस्त लूटपाट की और एक तरह से जंग के ख़र्च की भरपायी कर ली। शाहजहाँ ने सीकरी में सैनिक पड़ाव स्थापित किया।

पड़ाव के लाल ख़ेमे में अर्जुमंद सामने पड़ी, तो उसने यही लक्ष्य किया। बोली—यह क्या! किस फ़िक्र में डूबे हैं?

—कुछ नहीं। यूँ ही।

—मैं समझ गयी। आगरे के क़िले को न जीत पाने का रंज है। पर इसमें दुखी होने की क्या बात है! लड़ाई का पलड़ा किसी भी तरफ़ झुक सकता है। इस बार हमारी तरफ़ नहीं झुका, तो नहीं झुका। बस! अर्जुमंद ने उसे सांत्वना दी।

—यही सब नहीं है। शाही फ़ौज हमें यहाँ टिकने नहीं देगी। वह हमारा पीछा करेगी। इससे फिर जंग छिड़ेगी। अब तो जीत में भी जंग होगी और हार में भी जंग होगी। लड़ाइयों का एक लम्बा सिलसिला चलेगा—तब तक, जब तक कि कोई एक पक्ष पूरी तरह पस्पा नहीं हो जाता। अब मुझे तुम्हारी और बच्चों की फ़िक्र भी लग गयी है। शाहजहाँ इतना संजीदा पहले कभी नहीं हुआ था।

—बच्चों की फ़िक्र आप मुझ पर छोड़ें। उनकी देखरेख के लिए मैं और सतीउननिसा काफ़ी हैं। अर्जुमंद के चेहरे से भोलापन गायब हो गया था। उसकी जगह गम्भीरता ने लिया था। उसने कह तो दिया कि बच्चों की फ़िक्र न की जाय, लेकिन उनकी तर्बियत को लेकर वह लगातार चिन्तित थी।

शाहजहाँ चुपचाप सुनता रहा, जैसे मन-ही-मन परिस्थितियों का आकलन कर रहा हो।

—अब आपने क़दम आगे बढ़ा ही दिये हैं, तो बढ़ते ही जाइये। अब अंजाम की

फ़िक्र नहीं करनी है। अब न पीछे देखना है, न आगे। अब तो सिर्फ़ जंग के मोर्चे को देखना है। अर्जुमंद ने प्रेरक स्वर में कहा।

—वैसे बादशाह ने एलची भेजा है मूसवी ख़ाँ। समझाइश भरे ख़त के साथ। लेकिन यह एक दिखावा है। उनका असली इरादा मुझे भुलावे में डालना है। ख़बरें इशारा करती हैं कि उन्होंने महाबत ख़ाँ को तलब किया है। मलिका उसे नापसंद करती है। ज़ाहिर है, वे इस नापसंदीदगी का जोखिम उठाकर भी एक लम्बा मोर्चा खोलने का इरादा रखते हैं। वैसे मैंने एक सफ़ीर भेज दिया है। अपनी ओर से एक बार फिर सफाई पेश कर दी है...पर मुझे नहीं लगता कि इसका कोई असर होने वाला है। शाहजहाँ सम्भावनाओं को टटोल रहा था।

और वास्तव में बादशाह पर उसका कोई असर नहीं हुआ। उसने शाहजहाँ के इरादे को भाँप लिया कि उसका अगला निशाना दिल्ली है। उसने महाबत ख़ाँ को इस बग़ावत से सख़्ती से निपटने का आदेश दिया। कुछ दिनों बाद शाहज़ादा परवेज़ भी आ मिला और शाही फ़ौज दोनों के नेतृत्व में अकबराबाद की तरफ़ बढ़ी। उधर से शाहजहाँ की फ़ौज आगे बढ़ रही थी। बिलोचपुर में दोनो फ़ौजों का आमना-सामना हुआ। शाही फ़ौज आँधी के समान आयी और शाहजहाँ की फ़ौज पर टूट पड़ी। उसे बचाव पर आना पड़ा और जो सेना बचाव पर आ जाती है, उसे अक्सर बेंत की झाड़ियों की तरह झुकना पड़ता है। शाही फ़ौज की वह टुकड़ी, जो आगरे के क़िले में थी, वह निकलकर बाहर आयी और उसने शाहजहाँ की सेना को एक तरफ़ से अपनी ज़द में ले लिया। चक्की के दो पाटों के बीच फँसकर शाहजहाँ का सैन्य दल कराह उठा।

शाहजहाँ शौर्य के उन्माद में बिजली के समान लहराता हुआ युद्धक्षेत्र में घूम रहा था। वह कभी पूरी निर्भीकता से शत्रु दल को चीरता हुआ निकल जाता, तो कभी अपने पक्ष के सैनिकों का उत्साह-वर्द्धन करता, तो कभी उनके बिखराव को समेटने की चेष्टा करता। उसके सारे प्रयत्नों के बीच कहीं से नहीं लग रहा था कि विजय की बेला निकट है।

तभी शाकुल्ला ख़ाँ अपने घोड़े को तेज़ दौड़ाते हुए शाहजहाँ के क़रीब आया और बोला—हुज़ूर,मौक़े की नजशकत को समझिये। बेहतर है, अपनी बची-खुची फ़ौज को लेकर सीकरी वापस पहुँचें और आगे की सोचें।

शाहजहाँ ने हैरत से उसे देखा। एक प्रकार से वह युद्ध में पीठ दिखाने की बात कर रहा था। तभी तीन घुड़सवार दुश्मनों ने झपट्टा मारा। विद्युतीय गति से तमक कर शाहजहाँ ने दो और शाकुल्ला ख़ाँ ने तीसरे का काम तमाम कर दिया। सवारों से रहित घोड़े थोड़ी देर तक वहीं उचकते रहे और फिर यादृच्छिक दिशाओं में भाग खड़े हुए। तभी शाकुल्ला ख़ाँ ने देखा कि दूर पूर्वी छोर से आसमान को धूल से ढाँकता हुआ घुड़सवार दुश्मनों का एक बड़ा दल उनकी तरफ़ सरपट दौड़ता चला आ रहा है।

—बेअदबी माफ़ हो, हुज़ूर, अब वक़्त नहीं रहा। यह कहते हुए शाकुल्ला ख़ाँ ने सामने बढ़कर झुकते हुए अश्व के मुख से लगे बाग के हिस्से को हाथ में लेकर मज़बूती से खींचते हुए अपने घोड़े की एड़ लगा दी और उस घोड़े को सवार समेत खींचता हुआ पश्चिम दिशा की ओर भाग चला। थोड़ी दूर पहुँच कर हतोत्साहित शाहजहाँ ने अश्व-संचालन अपने हाथ में ले लिया। दोनों को युद्ध-क्षेत्र से भागते देखकर उनके शेष सैनिक भी पीछे हो लिये।

झंझा की तरह आती उस शाही फ़ौज का नेतृत्व महाबत ख़ाँ और परवेज़ के हाथों में था। दोनों ने डूबते सूरज की तरफ़ निगाह डाली और एक-दूसरे को देखकर मुस्करा दिये।

उधर अर्जुमंद महल में सुबह से ही अपने को असहज अनुभव कर रही थी। किसी अनहोनी की कल्पना से उसका हृदय काँप उठता था। उसे अपने पति के पराक्रम, उसकी रणनीति और सूझबूझ पर विश्वास तो था, पर निष्ठाओं के विनिमय और शाही सेना की विशालता से आशंकित होकर वह सिहर-सिहर उठती थी। आज उसने बच्चों को देखरेख के लिए पूरी तरह दासियों को सिपुर्द कर दिया था। भोजन भी नहीं के बराबर लिया। बार-बार अल्लाह का नाम स्मरण करती थी। पश्चिम की ओर उम्मीद से देखती और जब-तब दुआ के लिए हाथ उठा देती।

सनीउननिसा ने उसकी व्याकुलता को लक्ष्य किया। व्यग्रता से बोली-यह क्या? न बच्चों की फ़िक्र, न अपनी सुध! ऐसा कब तक चलेगा! अपने को सँभालो बानो!

—मुझे कुछ भी अच्छा नहीं लग रहा है। अर्जुमंद की बेचैनी उसके चेहरे का हिस्सा बनी हुई थी।

—तुम बहुत ज़्यादा सोचती हो। अल्लाह की रहमत पर भरोसा करो। उसके करम के साया में शाहज़ादा हुज़ूर हमेशा महफ़ूज़ रहेंगे। सती ने सांत्वना दी।

—अब तो एक उसी ज़ुलमिनन का सहारा है। तू नहीं जानती, जंग का हाथ से जाने का क्या मतलब होता है -ऐसी ज़ुल्मत का तारी होना, जहाँ सूरज की एक किरन भी दाख़िल होने से इंकार कर देती है। मुझे अपनी फ़िक्र नहीं है। मुझे शाहज़ादा हुज़ूर की फ़िक्र है। उन्होंने अब तक बहारों की सुरीली तान ही सुनी है, ख़िज़्र का बेसुरा खटराग नहीं। मैं कैसे उनका सामना कर सकूँगी, जब वे तारीकियों की तरफ़ क़दम बढ़ाते हुए डूबते सूरज की धुँधवाती धूप में मेरे रूबरू आ खड़े होंगे। अर्जुमंद रुँआसी थी। आँखें डबडबा आयी थीं।

—अभी तो जंग जारी है। नतीजा कुछ भी हो सकता है। तुम नाहक ही उम्मीद छोड़ बैठी हो।

—न छोड़ती, लेकिन क्या करूँ! सुना है, दरबार में मौजूद हमारे ख़ास आदमियों के ख़िलाफ़ सख़्त कार्रवाई की जा रही है। महाबत ख़ाँ की शिकायत पर तो बादशाह ने मोहतरिम ख़ाँ और ख़लील बेग को सज़ाए मौत दी। ग़नीमत हुई कि मोतमिद ख़ाँ

किसी तरह बच गया। यह भी सुना है कि हमारे कुछ ख़ास लोगों ने शाहज़ादा हुज़ूर का साथ छोड़ दिया है और वे बादशाह के ख़ेमे में चले गये हैं। महाबत ख़ाँ जल्लाद क़िस्म का आदमी है-हैवानियत का पुतला। उसके ख़ौफ़ से हमारे बहुत से सिपाही भाग कर जंगलों में जा छिपे हैं। रोज़ सुबह जंगराह होते वक़्त यही अंदाज़ नहीं होता कि हम कितने सिपाहियों के साथ मैदान में उतरेंगे। अर्जुमंद अपनी आशंकाओं को अवसाद की ज़बान में बयान कर रही थी।

—ऐसे ग़द्दारों और कायरों का साथ न होना ही बेहतर है, लेकिन अभी भी शाहज़ादा हुज़ूर के मुबारक क़दमों की क़सम खाने वाले सैकड़ों सिपाही हमारे साथ हैं और उनके साथ होते नाउम्मीदी का कोई बाइस नहीं है। सतीउननिसा अर्जुमंद के मुख पर छाई अवसाद की घटाओं को विरल करना चाहती थी।

अर्जुमंद मौन रही आयी, मानो मन-ही-मन परिस्थितियों का आकलन कर रही हो और उस संदर्भ में अपनी सम्भावित भूमिका पर विचार भी।

—आयीना उठाओ। ज़रा अपने चेहरे को देखो। अपनी आँखों पर नज़र डालो। शाहज़ादा हुज़ूर ने हमेशा तुम्हारी आँखों में पुरनूर नरगिसों को देखा है। निगाहे यास से वे कितना परेशान हो उठेंगे! नहीं, यह क़तई मुनासिब नहीं है। सतीउननिसा ने सखी-धर्म का पालन करते हुए सीख दी।

अर्जुमंद पर इसका अनुकूल प्रभाव पड़ा। वह सँभल गयी। पानी से मुँह धोकर आयी। हलका सा शृंगार किया। सान्ध्य स्वागत के अनुकूल परिधान पहने। अब उसके चेहरे के ताज़े गुलाब पर पूर्व-जैसी उजास छा गयी।

इस बीच सतीउननिसा दूसरे कक्ष में चली गयी। थोड़ी देर में वापस आयीं। इस बार उसके हाथ में चाँदी की छोटी सी सुराही थी। उसने वह सुराही बढ़ाते हुए कहा—लो सँभालो इस सुराही को। मेरे चचाजान मक्का शरीफ़ गये थे। हाजी बनकर लौटे हैं। उन्हीं के हाथों मैंने तुम्हारी ख़ातिर आबे जमजम बुलवाया है।

—आबे जमजम!! या खुदा!! अर्जुमंद उल्लसित हो उठी। आगे बढ़कर बहुत अदब से सुराही ग्रहण की, उसे माथे से लगाया और आसंदी पर रख दिया। फिर दोनों हाथ दुआ के लिए उठाकर बोली—परवरदिगार, तू कितना क़रीम है! सूरज डूब जाता है, तो तू चाँद-सितारों की रोशनी से धरती को जगमगा देता है। मेरे सरताज को जो मर्तबा हासिल है, वह तेरी बेपनाह रहमत का नतीज़ा है। आबे जमजम की शक़्ल में जो तबर्रुक तूने भिजवाया है, उससे मेरे मालिक को सारी मुसीबतों से निजात मिल सकेगी। ऐ दोनों जहान के मालिक! हम नाचीज़ बंदों की आन और मरजाद क़ायम रखना।

अर्जुमंद ने अभी इबादत से अपना ध्यान खींचा ही था कि बाहर घोड़ों की टापों की आवाज़ सुन पड़ी। अपवाद रूप में वह इतनी धीमी थी कि मानो घोड़ों की टापों पर नाल न चढ़ी हो, बल्कि उन्हें कपड़ों के जूतों से मढ़ दिया गया हो।' अल्लाहो

अकबर' और' या अली' के गगनभेदी नारे भी सुनाई नहीं पड़े, जैसे कि अमूमन सुनाई पड़ते थे, जब शाहज़ादे आलम का अरबी नस्ल का कुमैत घोड़ा दुरिकाबे पर पैर पड़ने के साथ ही रुकते-रुकते अपने सामने के दोनों पैरों को उछाल कर अपनी कलगी को आसमान पर लहरा देता था।

शाहजहाँ ने निजी कक्ष में प्रवेश किया। उसकी सैनिक वेशभूषा अस्तव्यस्त थी। दिन भर के युद्ध के बाद हुलिया इस क़िस्म की हो गयी थी, जैसे वह इस सज्जा को कई दिनों से धारण किये हुए हो। सैनिक वर्दी ख़ून और पसीने से लथपथ थी। चेहरे पर तेजस्विता ज़रूर थी, किन्तु कुहासी चादर के साथ। सिर पर सजा लोहे का शिरस्राण धूमिल हो गया था। गर्दन के गिर्द झूलती हुई ज़ंजीरें-आहन धूल से अटी थीं।

अर्जुमंद ने शीघ्रता से आगे बढ़कर कमरपट्ट और तलवार हाथों में ली। फिर तलवार को माथे से लगाकर सतीउननिसा के सिपुर्द किया।

—ख़बर कुछ अच्छी नहीं है, आरजू। शाहजहाँ ने दीवान पर पसरते हुए कहा।

—आप पहले ज़रा आराम तो फ़र्मा लें। अर्जुमंद ने शाहज़ादे का शिरस्राण हाथ में लेते हुए कहा।

—आराम! मुझे नहीं लगता कि अब आराम के लिए कभी हमारे पास वक़्त भी होगा!

—आप भला ऐसा क्यों कह रहे हैं!...अच्छा, क्या जंग ख़त्म हो चुकी है? अर्जुमंद ने सहज भाव से जिज्ञासा की।

—हाँ, हमारे हिसाब से ख़त्म हो चुकी है, लेकिन शाही नज़रिये से नहीं। शाहजहाँ ने अपनी निगाह छत पर टिका रखी थी।

—यह भी कोई बात हुई। ताली तो दोनों हाथों से बजती है।

—शाही फ़ौज का आयीन कहता है कि जब तक बाग़ी ज़िंदा या मुर्दा गिरफ़्तार न हो, तब तक जंग ख़त्म नहीं होती। शाहजहाँ ने बहुत बेबाकी से यह बात कही।

अर्जुमंद के शरीर में कँपकँपी की लहर दौड़ गयी, जिसे उसने बाह्यतः व्यक्त नहीं होने दिया। बल्कि प्रतिक्रिया को छिपाने की ग़रज़ से बोली—हमें क्या करना होगा?

—कूच! फ़िलवक़्त! हमारे पास वक़्त बहुत कम है...शायद आगे भी हमारे पास वक़्त कम रहे। शाहजहाँ की अभिव्यक्ति में दार्शनिक स्पर्श था।

—आप मुझे जितना वक़्त देंगे, उससे कम वक़्त में हमारी तैयारी मुक़म्मल हो जायेगी। अर्जुमंद ने तत्परता प्रदर्शित की।

—आधी फ़ौज परिवार की हिफ़ाज़त में रहेगी और बाकी आधी हमारे मुस्तक़बिल के लिए रास्ता तैयार करेगी।

अर्जुमंद इसका आशय नहीं समझ पायी। कुछ हैरान सी पति को देखने लगी।

हैरानी को भाँपते हुए शाहजहाँ ने कहा—आज से हमारे लिए जैसे कुछ भी

तयशुदा नहीं रहा। जाने किधर के लिए निकलें और किधर को जा पहुँचें। कहीं मुकाम करना हो, और कहीं और के मुकीम बन जायें। अब परिवार की जिम्मेदारी पूरी तरह तुम पर आयद होती है, आरजू! शायद मेरे पास इन बातों के लिए बिल्कुल वक़्त न रहे।

—आप बेफ़िक्र रहें। आख़िर यह कनीज़ है किस काम के लिए। बच्चों की तर्बियत मेरी जिम्मेदारी है। इस बाबत आपको कोई शिकायत का मौक़ा नहीं दूँगी। अर्जुमंद ने आगामी भविष्य के एक पक्ष की चिन्ता से शाहजहाँ को मुक्त करना चाहा।

शाहजहाँ के चेहरे पर आश्वस्ति के भाव एक क्षण के लिए प्रकट हुए। उदासीनता का स्थायी भाव यथावत था। अर्जुमंद ने अनुभव किया कि जंग का नतीजा उनका बुरी तरह पीछा कर रहा है। विषयान्तर के उद्‌देश्य से बोली—हाथ-मुँह धो लें और कपड़े बदल लें, तो अच्छा लगेगा। फिर हम सब एक साथ बैठकर खाना खाएँगे।

—ठीक है। यह कहता हुआ शाहजहाँ दूसरे कक्ष चला गया।

फिर थोड़ी देर बाद तरोताज़ा होकर वापस आया। अर्जुमंद उसे लेकर भोजकक्ष में पहुँची, जहाँ आयताकर बिछे दस्तरख़्वान के गिर्द बैठे बच्चे उन दोनों की प्रतीक्षा कर रहे थे।

—तो क्या चल रहा है?

—बस आपका इंतज़ार हो रहा है, अब्बाहुजूर। जहाँनारा हुलस कर बोली।

—लो मैं आ गया। मुस्काराते हुए शाहजहाँ बच्चों की क़तार के बीचोंबीच बैठ गया।

—अम्मीजान, आप यहाँ बैठें। मेरे क़रीब। नन्हा औरंगज़ेब भोलेपन के साथ बोला। उसने तनिक किनारे हटकर जगह बनायी।

—नहीं,मैं परोसती हूँ। आप लोग खायें। अर्जुमंद बर्तनों के ढक्कन खोलने लगी।

—मैंने कितनी बार कहा है कि ख़ुद काम मत करो। पचीसों कनीज़ें यहाँ-से-वहाँ डोलती हुई तुम्हारे इशारे का इंतज़ार कर रही हैं और एक तुम हो कि सारे कामों का बोझ अपने सर पर उठाये हुए हो। शाहजहाँ ने तुनक कर कहा।

—यह न सियासत का मामला है और न मैदाने-जंग का। यह मेरे छोटे-से घर-संसार का मामला है। यहाँ मेरी चलेगी। हलकी सी हँसी ने वातावरण को खनका दिया। थोड़ी देर बाद जिज्ञासा की—खाने के वक़्त यह पूछना मुनासिब तो नहीं होगा, फिर भी अगर आप बताना चाहें, तो पूछूँ।

—पूछो। लेकिन अब हम लोगों के साथ दस्तरख़ान पर शरीक भी हो।

—यह जंग क्या हमको भारी पड़ेगी? अर्जुमंद भोजन में शरीक हुई।

—भारी पड़ चुकी है। सचाई तो यह कि हमें जल्द ही यहाँ से भाग निकलना होगा। शाहजहाँ ने उसे कडुवी दवा पिला ही दी।

—भाग निकलना! अर्जुमंद का मुँह कड़ुआहट से भर गया। वह इस जुमले को पचा नहीं पायी। बेहतर विकल्प का प्रयोग करके बोली—क्या हमें इस जगह को छोड़ना होगा।

—हाँ, और जितनी जल्दी हो सके, उतना ही अच्छा। हमें घेरने की कोशिश की जायेगी। अभी उन्हें फ़ौज को समेटने और मुहिम का मंसूबा बनाने में वक़्त लग सकता है। इसी वक़्त का फ़ायदा उठाकर हमें भाग निकलना चाहिए। मैं अपने सिपहसालारों को इस बाबत हुक्म दे आया हूँ कि हुक्म होते ही कूच के लिए तैयार रहें। शाहजहाँ ने योजना तैयार कर ली थी।

—किस जानिब कूच का इरादा है?

—कई बातें ज़ेहन में आ रही हैं। कौन हमारी मदद कर सकता है। किसे हमारी फ़िक्र है। कौन सी जगह सबसे महफ़ूज़ है। कौन हमारे ख़ज़ाने की भरपायी कर सकता है। और भी ढेर सी बातें हैं, लेकिन उनमें से अहम है हिफ़ाज़त। शाहजहाँ कुछ गम्भीर हो चला था। भोजन में उसका हाथ धीमा चलने लगा था।

—आप इतने परेशान हैं! मुझे अच्छा नहीं लग रहा है। हम सबका बोझ भी आपकी परेशानी में इज़ाफ़ा कर रहा होगा! अर्जुमंद के चेहरे पर व्यथा के चिह्न थे।

—यह क्या कह रही हो! बल्कि मुसीबत के वक़्त परिवार से ही दिलासा मिलती है और दुश्वारियों से पार पाने के लिए हौसला हासिल होता है। शाहजहाँ ने उसे आश्वस्त अवश्य किया, किन्तु मुख पर चिन्ता का आवरण बराबर पड़ा हुआ था।

—अब जो भी हो, हमें साथ ही रहना है। अल्लाह मेरी क़ुर्बानी लेकर सबको महफ़ूज़ कर दे, तो वह भी मुझे ख़ुशी-ख़ुशी मंजूर है। अर्जुमंद में कहे को कर गुज़रने का विश्वास था।

भोजन के उपरान्त दोनों शयनकक्ष में आ गये। शाहजहाँ बिस्तर पर लेट गया। नींद उससे कोसों दूर थी। अर्जुमंद उसके पैर दबाने लगी। कमरे की मद्धिम रोशनी में उसे साफ़ दिख रहा था कि शाहजहाँ खुली आँखों से छत को निहार रहा था।

—बस करो। सो भी जाओ। शाहजहाँ ने करवट लेते हुए कहा।

—आपको नींद आ जाती, फिर तो मुझे सोना ही है।

—ठीक है। मैं सोता हूँ। शाहजहाँ ने आँखें बंद कर लीं।

अर्जुमंद लेट गयी। थोड़ी देर बाद उसे अनुभव हुआ कि वह अभी भी जाग रहा है और दीवार पर अपनी सूनी दृष्टि जमाये है।

—यह क्या! आप अब भी जाग रहे हैं! अर्जुमंद उठकर बैठ गयी।

—हाँ, कुछ ऐसे ही। नींद नहीं आ रही है।

—क्या सोच रहे हैं?

—कल हर हालत में यह जगह छोड़नी होगी। हमें दुश्मन को छोटा नहीं समझना चाहिए और न कोई रियायत ही देनी चाहिए। शाहजहाँ पलंग पर बैठ गया था।

—फिर? अर्जुमंद ने अनिश्चितता को सामने ला खड़ा किया।

—यही सोच रहा हूँ। मुश्क़िल तो यह है कि वफ़ादारी दलालों की मंडी में रंडी बनकर सौदा कर रही है। हार के बाद तो सौदे में और तेज़ी आयेगी। इसलिए यहाँ किसी पर एकदम यक़ीन कर लेने से धोखा हो सकता है। बेहतर होता, कोई नया सूबा हाथ आ जाता। नया सूबा मिलने से वहाँ का ख़ज़ाना भी हमारा हाथ लगता और कुछ तर्बियतयाफ़्ता सिपाहियों को लोभ और लालच देकर अपनी फ़ौज में शामिल कर ताक़त भी बढ़ाई जा सकती! उधेड़-बुन में डूबे शाहजहाँ को जलावर्त से मुक्ति की राह दिखाई देने लगी थी।

—आप मुनासिब समझें, तो अपने ख़ास सरदारों से मशविरा कर लें।

—नहीं, अब उसका वक़्त नहीं रहा। मुझे एक सूबा नज़र आ रहा है...आंबेर! इस वक़्त वहाँ कोई हाकिम नहीं है। बादशाह ने पुराने हाकिम की सरकशी से तंग आकर उसकी हाज़िरी अकबराबाद में मुक़र्रर कर दी है। इस वक़्त वह वहीं है। हाकिम से सूना सूबा आंबेर आसान निशाना होगा। थोड़ा सा फ़ौजी दबाव पड़ा नहीं कि उसकी दीवारें भरभरा कर गिर पड़ेगीं। शाहजहाँ की सोच एक मुक़ाम पर पहुँच रही थी।

—आप अच्छी तरह सोच लें। ब क़द्रे ज़र्फ़...अपनी फ़ौजी ताक़त को नज़र में रखें। अर्जुमंद नहीं चाहती थी कि शाहजहाँ को कोई दूसरा झटका लगे।

—यही ठीक होगा। अब ज़्यादा सोच-विचार की गुंजाइश नहीं है। चलो, अब सो जाओ। नयी सुबह नयी सरगर्मी को जनम देगी। शाहजहाँ ने लेटकर आँखें बंद कर लीं।

अर्जुमंद ने गहरी साँस ली। वह भी लेट गयी। उसके निकटतर सुवासित उच्छ्वासों ने शाहजहाँ की नींद को गहरा दिया।

पौ फटी। सूरज की किरनें निकलते-निकलते शिविर-शिविर आज्ञा पहुँच गयी कि मध्याह्न के भोजन के बाद लश्कर आक्रमण की भरपूर तैयारी के साथ आंबेर की ओर कूच करेगा। एक छोटी सी सैनिक टुकड़ी आंबेर की सुरक्षा-व्यवस्था की टोह लेने तत्काल रवाना कर दी गयी। हरावल की रचना हुई। पैदल और घुड़सवार सेनाओं को परिपूरक व्यवस्था में लेकर कूच की योजना बनायी गयी। ख़ज़ाना, अस्लाह का ज़ख़ीरा, रसद का भांडार और अंतःपुर को मध्य में रखा गया। हाथियों के नवाड़े को पीछे रखा गया, ताकि शाही यदि पीछे से आक्रमण करती है, तो नवाड़े को पलटकर एक अभेद्य फ़ौलादी दीवार खड़ी की जा सके।

इसके पहले कि भुवनभास्कर रश्मियों को समेट कर क्षितिज के पार अपना रथ ले जाते, शाहजहाँ का लश्कर सीकरी को छोड़ चुका था।

कुछ ही दिनों में शाहजहाँ की फ़ौज ने आंबेर के दरवाज़े पर धमाकेदार दस्तक दी। इस तरह की दस्तकें दरवाज़े को खुलवाने के लिए नहीं, बल्कि तोड़ने के लिए दी

जाती हैं। आंबेर की हुकूमत में अफ़रातफ़री मच गयी। हाकिम की अनुपस्थिति में सैनिकों के बीच निष्ठा को लेकर दरार पड़ गयी। हाकिम ही सम्राट् से मदद की गुहार कर सकता है, और उस हाकिम तक आक्रमण की सूचना पहुँचानी मुश्क़िल थी। विपत्ति इतनी आकस्मिक थी कि वहाँ मौजूद सिपहसालारों और सैनिकों से कुछ न बन पड़ा। नतीज़ा यह निकला कि कुछ ने लड़ते हुए प्राण दे दिये और कुछ ने आत्मसमर्पण कर दिया। उम्मीद से कहीं पहले आंबेर का सूबा शाहजहाँ के अधीन हो गया।

अगले कुछ दिन सेना के विभिन्न विभागों को जहाँ-तहाँ व्यवस्थित करने में लगे। रनिवास को ठहराने का उचित प्रबन्ध किया गया।

अन्तःपुर में पहुँचकर स्वयं शाहजहाँ ने व्यवस्था का जायज़ा लिया। अपने निजी कक्ष में आकर अर्जुमंद से सारी जानकारियाँ प्राप्त कीं।

—इस सूबे में तो अपनी ख़ुदमुख़्तारी है न? अब तो यहीं रहना होगा न? अर्जुमंद ने जिज्ञासा से सिर उठाया।

—अरे नहीं। यह जगह भी जल्द छोड़नी होगी। शाही फ़ौज की रसाई यहाँ तक बहुत आसान है। दूसरे, यहाँ का क़िला उतना मज़बूत नहीं है कि हमारी माक़ूल हिफ़ाज़त कर सके। शाहजहाँ ने उसे वस्तुस्थिति से अवगत कराकर मानसिक रूप से आकस्मिकताओं के लिए तैयार करना चाहा।

—क्या इसकी उम्मीद है कि वे हमारा पीछा करेंगे?

—सौ फ़ीसदी। यह जंग का क़ायदा है कि दुश्मन को पूरी तरह ख़त्म किया जाय, ताकि वह दोबारा सर न उठा सके। जब भी उन्हें मेरे मुक़ाम की भनक लगेगी, मुझे घेरने आ धमकेंगे और यह भनक या तो उन्हें लग चुकी होगी या जल्द लग जायेगी। शाहजहाँ व्यवहार की ठोस ज़मीन पर खड़ी था।

—भला क्यों?

—इस सूबे के हारे हुए सिपाही भागकर अकबराबाद पहुँचेंगे और अपने हाक़िम को ख़बर करेंगे। शाही फ़ौज तो ख़ोजख़बर ले ही रही होगी। शाहजहाँ व्यग्र अवश्य था, किन्तु इत्मीनान से बात कर रहा था।

अर्जुमंद अवश्य व्यग्र हो उठी। उसी व्यग्रता में बोली—तब तो यहाँ रहने का इंतज़ाम कुछ इस तरह करना होगा कि जब ज़रूरत हो, तो उठकर चल पड़ें।

—यक़ीनन।

—क्या अगली लड़ाई आर-पार की होगी?

—नहीं, यह मुममिन नहीं। हमारी फ़ौजी ताक़त कम हो चुकी है। अगर महाबत ख़ाँ से एक लड़ाई जीत भी गये, तो शाही फ़ौज के दूसरे दस्ते रज़्मगाह में कूद पड़ेंगे, जिनसे फिर पार पाना मुमकिन न होगा। शाहजहाँ को अपनी कमज़ोरी का एहसास था। उसने उसे छिपाया भी नहीं।

—तब तो हमें...।

—बचाव ही एक रास्ता है। मुसल्सल बचाव। शाहजहाँ के पास एक ही समाधान था।

—यहाँ से कहाँ जाना होगा? अर्जुमंद आज प्रश्न पर प्रश्न किये जा रही थी।

—मांडवगढ़!

—अरे मांडू! अर्जुमंद चकित हो गयी। चेहरे पर हैरानी के साथ हर्ष की भाव-भंगिमा छा गयी थी।

—हाँ, मांडू! पिछली बार मांडू छोड़ते वक़्त अपने सबसे विश्वस्त सिपहसालारों और फ़ौजी दस्तों को वहाँ की हुकूमत सौंपकर आया था। इसलिए आज की तारीख़ में वही हमारे लिए सबसे महफ़ूज़ जगह हो सकती है। शाहजहाँ के मुख पर सन्तोष की आभा थी।

—सबसे बड़ी बात तो यह कि लम्बी मुहिम और जंग के बाद आपको आराम की सख़्त ज़रूरत है। वहाँ मुझे आपकी मुनासिब देखभाल और सेवा का मौक़ा मिल सकेगा। बच्चों को भी ख़ुशनुमा माहौल मिलेगा और तफ़रीह के लिए उम्दा जगहें मिलेंगी। अर्जुमंद के दिल में उमंग की शाखाएँ फूट पड़ीं कि वह पति और बच्चों के लिए कुछ विशेष कर सकेगी।

शाम गहरा चली थी। श्वेत चादर श्याम होती हुई धरती को ढँकने लगी थी। दूर किसी मसजिद से मग़रिब की नमाज़ के लिए अजान की लरजती हुई आवाज़ आ रही थी।

—बहुत जल्द हमें मांडवगढ़ के लिए उड़ चलता है। तैयार रहना। शाहजहाँ ने निश्चयात्मक स्वर में कहा।

—आपका हुक्म बसरोचश्म!...आइये चलें। मग़रिब की नमाज़ का वक़्त हो गया है। अर्जुमंद ने विचार-विमर्श को विराम देते हुए कहा।

दोनों उठकर आहिस्ता-आहिस्ता क़दम बढ़ाते हुए महल में नियत इबादतगाह की तरफ़ बढ़े।

मांडवगढ़ की सैनिक यात्रा में शाहजहाँ को विशेष परेशानी नहीं उठानी पड़ी। सीकरी से आंबेर के लिए लश्कर की यात्रा जैसा ही इंतज़ाम किया गया था। अन्तर इतना था कि नयी भरती के कारण सैनिकों और घुड़सवारों की संख्या अधिक हो गयी थी। उसी अनुपात में भांडार का लदान कुछ अधिक हो गया था। ख़ज़ाना अधिक समृद्ध हो जाने के कारण उसकी चौकसी ज़्यादा कड़ी कर दी गयी थी। क़ाफ़िले में वह किस क्रम में है, इसे गुप्त रखा गया था। धन की पर्याप्तता को लेकर फ़ौज का बख़्शी सन्तुष्ट था।

बाईस

17 अगस्त, 1623 को शाहजहाँ लाव-लश्कर के साथ मांडवगढ़ आ पहुँचा। वहाँ उसका धूमधाम से स्वागत हुआ। स्वागतकर्ता उसी के आदमी थे। ठहरने का इंतज़ाम पहले से कर लिया गया था। लश्कर के लिए नितान्त अस्थायी व्यवस्था की गयी थी, ताकि अत्यन्त संक्षिप्त सूचना पर वह किसी अन्य सुनिश्चित गंतव्य की दिशा में प्रयाण कर सके। शाहजहाँ के लिए जहाज़ महल ही निर्दिष्ट था। तीन दिनों में सारे ठिकाने तय हो गये और पाकशाला काम करने लगी।

अर्जुमंद चाहती थी कि मांडवगढ़ में परिवार को लम्बे समय के लिए निवास का अवसर मिले। यहाँ का वातावरण सबकी सेहत के लिए अनुकूल था। बच्चों की शिक्षा भी गति पकड़ रही थी। उसने सतीउननिसा के साथ परामर्श कर पारिवारिक गतिविधियों के लिए समय-सारिणी भी बना ली थी और सभी कार्यों के लिए समय-सीमा निर्धारित की दी थी। कुछ दिनों में ऐसा दिखने लगा, जैसे वे राजधानी में हों और स्थायी निवास कर रहे हों।

परिवार की चर्या को अनुशासित शैली में ढालने का श्रम उठाते देखकर शाहजहाँ ने कहा—तुम ज़िन्दगी के हर काम को क़रीने से निपटा रही हो। क्या सोचती हो, हमारा मुक़ाम यहाँ तवील होगा!

—चाहती ज़रूर ऐसा ही हूँ। हर शै वक़्त का मोहताज़ है।

—तुम हालात से वाक़िफ़ हो। मुस्तक़बिल हमारे ख़िलाफ़ साज़िश रच रहा है। कभी भी कोई ज़लज़ला आ सकता है। शाहजहाँ ने अर्जुमंद को सावधान करना चाहा कि निवास को अस्थायी मानकर तदनुसार कार्य-अवस्था को तरल बनाये रखे।

—क्यों, हालात बदल भी तो सकते हैं!

—सूरज डूब चुका है और तुम उम्मीद लगाये बैठी हो कि उफ़ुक़ के इस पार फिर उजास फैलेगी। शाहजहाँ ने हक़ीक़त की ठोस भूमि पर खड़े होकर प्रतिवाद किया।

—मुमकिन है, सूरज अभी डूबा न हो, सिर्फ़ बादलों में छिपा हो और हम समझ बैठे हों कि डूब गया है।

—तुम्हारी उम्मीद की शहद मेरे मुँह का ज़ायका नहीं बदल सकती, आरज़ू। इसमें अब्बा हुज़ूर के बर्ताव की जो कड़ुवाहट भर गयी है, उसे दूर करने के लिए शायद चाशनी का चश्मा भी कम पड़े। शाहजहाँ को असलियत का जो कड़वा घूँट पीना पड़ा था, उससे उसकी आवाज़ में कड़ुवाहट की महक आ गयी थी।

शाहजहाँ प्रसंग को यहीं समाप्त कर देना चाहता था। उसके सामने कुछ दूसरे काम भी पड़े थे। उसे फ़ौज को सम्भावित घटना-क्रम के लिए सतर्क करना था। साथ ही नयी भरती किये गये युवकों के सैनिक प्रशिक्षण की जानकारी भी लेनी थी।

अतएव संवाद के सूत्र को तोड़ते हुए बोला—अब मुझे जल्द निकलना होगा। फ़ौज के लोग मेरा इंतज़ार कर रहे होंगे।

प्रसंग को पीछे छोड़ते हुए शाहजहाँ क़िले के मैदान में आया। वहाँ फ़ौज की कुछ टुकड़ियाँ क़तार में खड़ी थीं। उसने संक्षिप्त सम्बोधन में उन्हें आकस्मिक युद्ध के लिए सदैव तैयार रहने का निर्देश दिया। वहाँ से थोड़ी दूरी पर नयी भरती वाले सैनिक थे। वहाँ पहुँच कर उसने हरएक से व्यक्तिगत परिचय प्राप्त किया और उन्हें वफ़ादारी की क़सम दिलायी।

अभी वह इस प्रक्रिया को अंजाम दे ही रहा था कि घोड़े की क्रमशः निकट आती टापों ने उसका ध्यान खींचा। सैनिक सज्जा में एक घुड़सवार तेज़ गति से आया। पहुँचते-पहुँचते घोड़ा हाँफते हुए ज़मीन पर लोटपोट हो गया। बमुश्क़िल घुड़सवार सैनिक ने सँभल कर अपने पैर धरती पर टिकाये और शाहजादे को कोर्निश की। उसकी साँस धौंकनी की भाँति चल रही थी।

—सरदार दिलावर ख़ाँ ने भेजा है। शाही फ़ौज की दबिश से वो जख़्मी हो गये हैं। उन्होंने ख़बर भेजी है कि शाहजादा परवेज़ और महाबत ख़ाँ ने आँबेर पर चढ़ाई कर उसे हमारे क़ब्ज़े से छुड़ा लिया है और उनकी फ़ौज आपका पीछा करने के मक़सद से मांडू के लिए बस कूच किया ही चाहती है। सैनिक ने आँबेर के क़िलेदार का संदेश दिया। वह बुरी तरह से हाँफ रहा था। थकावट के साथ घबराहट के चिह्न भी चेहरे पर झलक रहे थे।

शाहजहाँ गम्भीर हो गया। पर उसने निर्णय लेने में विलम्ब नहीं किया। उसने तत्काल सरदारों और सिपहसालारों को तलब कर हुक्म दिया कि अगली सुबह सूरज निकलने के पहले लश्कर असीरगढ़ की दिशा में कूच करे।

फिर वह तुरन्त घोड़े पर सवार होकर पूरी गति से जहाज़ महल में आया। निजी बैठक में अर्जुमंद के सामने पड़ते ही बोला—एक ज़रूरी ख़बर है, आरजू।

—हाँ, हाँ...रुकिये ज़रा। अभी-अभी आये हैं। थोड़ा आराम करें। नाश्ता करें। फिर इत्मीनान से अपनी बात रखें। अर्जुमंद ने अपनी सहज मुस्कान के साथ क़दम बढ़ाये और उसकी तलवार अपने हाथ में ली।

—जब तक नाश्ता करूँगा, महाबत ख़ाँ यहाँ तक आ धमकेगा। शाहजहाँ मुस्करा उठा।

—अच्छा! तो यह बात है। कहिये, क्या हुक्म है। जिज्ञासा का भार लेकर अर्जुमंद की पलकें ऊपर उठीं।

—इस बार तो वक़्त बहुत ही कम है। अभी-अभी ख़बर मिली है कि शाही फ़ौज हमारा पीछा करने के लिए आँबेर छोड़ चुकी है। हमें कल सुबह तक मांडू छोड़ देना होगा। शाहजहाँ ने योजना बताई।

—आप फ़िक्र न करें। आज रात सोने से पहले मैं हरम को सुबह की सफ़र के

लिए पूरी तरह तैयार कर दूँगी। अर्जुमंद ने सहज भाव से कहा। इस प्रकार की त्रासद सूचना उसे विचलित नहीं कर सकी।

—तुम्हें ज़रा भी नहीं लग रहा है कि चंद घंटों में यह सब तुम कैसे कर पाओगी। फिर बच्चों को सँभालना एक अलग काम होगा!

—अपना मन बना लिया है मैंने। आपने एक बार कहा था न कि कहीं से, कहीं के लिए, कभी भी कूच करना पड़ सकता है। बस, तब से पैर एक तरह से सफ़र में ही रहते हैं। अर्जुमंद के ओठों पर एक हलकी सी मुस्कान थी।

—मैं खाना थोड़ी देर बाद खाऊँगा। इस बीच कुछ ज़रूरी काग़जात देख लेता हूँ। तुम अपनी तैयारियों का सिलसिला शुरू कर दो। शाहजहाँ दीवान पर बैठ गया। उसने चमड़े के एक बड़े थैले से ढेर सारे दस्तावेज़ निकाले और उन्हें सामने फैला दिया।

अगला सबेरा कुछ पहले ही प्रारम्भ हो गया। पक्षियों की चहचह और मुर्गों की बाँग के पहले ही लश्कर की रवानगी की चहल-पहल शुरू हो गयी। उजास पूरी तरह फैलते-फैलते शाहजहाँ का लश्कर दक्षिण की ओर रवाना हो चुका था। नियत रास्ते पर फ़ौज इतनी तेज़ गति से बढ़ रही थी कि तीन दिनों के भीतर उसने नर्मदा नदी पार कर ली। सम्राट् की सेना के शिकंजे से अपने को बचाये रखने में अब तक वह सफल रही थी। इसके बाद उसका पहला बड़ा पड़ाव अकबरपुर में हुआ।

लश्कर के ठहराव की पूरी व्यवस्था का निरीक्षण कर शाहजहाँ अपने शिविर में आया। अर्जुमंद के आग्रह पर वह दीवान पर विश्राम की मुद्रा में लेट गया।

—बहुत थकान है! अर्जुमंद ने चाँदी के पात्र में पानी आगे बढ़ाया।

—हाँ, कुछ ऐसा ही। शाहजहाँ ने एक ही साँस में पात्र खाली कर दिया।

—आपकी पेशानी पर कितना बल है! कोई चीज़ है, जो आपको परेशान कर रही है। अर्जुमंद उसके क़रीब बैठ गयी। सुकून पहुँचाने के उद्‌देश्य से उसने शाहजहाँ के माथे पर हथेली फेरी।

—आजकल ख़बरें भी हमारे ख़िलाफ़ साज़िश कर रही हैं। ख़ौफ़ और लालच का सहारा लेकर महाबत ख़ाँ ने हमारे बहुत से सरदारों को अपनी तरफ़ मिला लिया है। जिस बर्कंदाज़ पर हमें बड़ा भरोसा था, वह तोपख़ाने समेत उससे जा मिला। हमारी फ़ौज के एक अहम हिस्से को लेकर मुराद ख़ाँ और बदबख़्शी ख़ाँ महाबत ख़ाँ की तरफ़ होकर हमारे ही ख़िलाफ़ लामबंद हो गये हैं। शाहजहाँ ने अपनी बढ़ती हुई मुश्क़िलों का ख़ाका खींचा।

—आपको इसका पता कब चला?

—नर्मदा पार करके हमारी फ़ौज जब दक्खिनी किनारे पर पहुँची, तो वे सब नदारद थे। उनका कहीं अता-पता नहीं था। ज़ाहिर है, वे सुमाली किनारे पर ही रुके रह गये और शाही फ़ौज का इंतज़ार करते रहे। अब उन सरकशों को मज़ा चखाने का

मौक़ा भी नहीं रहा। उनकी सरकोबी के लिए हम अपनी फ़ौज लेकर तो फिर उस किनारे पर जाने से रहे! हम वक़्त रहते उनकी चाल को समझ नहीं पाये। हमें इसका ख़मियाज़ा भुगतना पड़ सकता है। हमारी ताक़त कमज़ोर हो गयी है। इसकी भरपायी में वक़्त लगेगा। शाहजहाँ की निराशा उसके चेहरे से उतर कर वाणी में आ गयी थी।

—आप परेशान न हों। फ़ौज में घटी-बढ़ी तो होती ही रहती है। वे सब बिलोचपुर के जंग में ही हलाक हो गये होते तो? हमारा समूचा तोपख़ाना तभी ग़ारत हो गया होता तो? हम इतनी बड़ी फ़ौज को लेकर चल रहे हैं, हमें तो यह मानकर ही चलना पड़ेगा कि इस तरह के नफ़े और नुक़सान तो मुसल्सल होते ही रहेंगे। अर्जुमंद दीवान पर लेटे शाहजहाँ के सिर के बालों पर अभी भी सुकून पहुँचाने के अंदाज़ में हाथ फेर रही थी।

शाहजहाँ ने कान्तासम्मित नसीहत को सुनकर कोई प्रतिक्रिया व्यक्त नहीं की। उसके चेहरे पर संतोष ज़रूर दिख रहा था। यह शायद उसकी बातों से हो, या शायद उसकी निकटता के कारण।

—कब तक यहाँ मुकाम करना होगा?

—क्यों, क्या थक गयी हो!

—नहीं, यह जगह अच्छी है। नर्मदा नदी नज़दीक है। मौसम सेहतमंद है। फ़िज़ा भी दिलकश है। अर्जुमंद ने स्थान के प्रति रुचि प्रदर्शित की।

—ख़्वाहिश तो मेरी भी है कि चंद रोज़ यहाँ आराम करते। ऐसी कोशिश की है कि शाही फ़ौज यहाँ न पहुँच सके। इसलिए नर्मदा के किनारे की सारी नावों को डुबाने का हुक्म दिया है। इस वक़्त दरिया उफान पर है। नावों के बिना उसी पार रुकने को मज़बूर हो जायेंगे। शाहजहाँ ने अपनी सैनिक योजना के एक अंश की जानकारी दी।

—वे नये सिरे से नावों का इंतज़ाम कर लेंगे तब?

—इसमें वक़्त लगेगा। तब तक हम उनकी पकड़ से बहुत दूर जा चुके होंगे। शाहजहाँ पर अपनी योजना का विश्वास झलक रहा था।

—इसके बाद किस जानिब चलने का इरादा है?

—पहले असीरगढ़। फिर वहाँ से बुरहानपुर। शाहजहाँ ने भविष्य की योजना बताई।

अचानक सतीउननिसा ने दस्तक देकर निजी कक्ष में प्रवेश किया।

—क्या बात है? अर्जुमंद ने जिज्ञासा की।

—फ़ौज का कोई एक नायब आया है। वह अपना नाम मोहम्मद ग़ौस बताता है। शाहजादे आलम से कोई ख़ास बात अर्ज़ करने की इजाज़त चाहता है। सती ने अपने एकाएक प्रवेश का उद्देश्य प्रकट किया।

—ठीक है। उसे बैठक में हाज़िर करो। फ़ौरन! शाहजहाँ दीवान छोड़कर उठ

खड़ा हुआ।

—यह क्या! कुछ आराम तो करते! अर्जुमंद बेचैन हो उठी।

—ख़ास जासूस है। कोई खोज-ख़बर लेकर आया होगा। अभी मिलकर लौटता हूँ। यह कहते हुए शाहजहाँ तेज़ क़दमों से बाहर निकल गया।

बैठक में मोहम्मद ग़ौस हाथ बाँधे खड़ा था। शाहजहाँ को देखते ही उसने बदस्तूर कोर्निश की।

—क्या ख़बर है?

—सिपहसालार ख़ानख़ाना की बाबत अर्ज़ करना है। ग़ौस ने निवेदन किया।

—क्या हुआ ख़ानख़ाना को? शाहजहाँ की भौंहे तन गयीं।

—महाबत ख़ाँ के नाम एक ख़त है। ख़ानख़ाना का लिखा है। उनके क़ासिद से बरामद किया गया है। यह ख़त आँबेर के रास्ते शाही फ़ौज की जानिब ले जाया जा रहा था। ग़ौस ने ख़त शाहजहाँ को सौंपा।

शाहजहाँ ने ख़त की लपेट को खोला और पूरे पत्र को शीघ्रता से पढ़ डाला। ख़ानख़ाना ने लिखा था—*मैं तो दिल से आपके साथ हूँ, पर क्या करूँ, दिमाग़ शाहजादे के पास गिरवी रखा है। चाहता हूँ कि किसी तरह से निकल भागूँ। पर सब तरफ़ से घिरा हूँ। मज़बूर हूँ। मैं और दाराब ख़ाँ मौक़े की तलाश में हैं। आप ही कोई रास्ता निकालें, तो काम बने।* तहरीर को पढ़कर शाहजहाँ का चेहरा तमतमा उठा। आँखें अंगारों की भाँति लाल हो गयीं।

—गद्दार कहीं का! मक्कार! धोखेबाज़! इतना फ़रेब! मुझसे! मेरे ससुर का बाप है और मुझी से दग़ा करना चाहता है। मोहम्मद ग़ौस!! शाहजहाँ चीख पड़ा।

—हुक्म हुजूर! ग़ौस ने सिर झुका दिया। उसने शाहजादे का ऐसा रौद्र रूप पहली बार देखा था।

—शाकुल्ला ख़ाँ को हमारा हुक्म सुनाओ। ख़ानख़ाना और दाराब ख़ाँ को फ़ौरन नज़रबंद किया जाय। फ़ौज की बाबत उनके सारे इख़्तियारात फ़िलफ़ौर ख़त्म किये जाते हैं। आज शाम उन दोनों को मेरे सामने पेश किया जाय। शाहजहाँ ने आदेश दिया।

—जी बहुत अच्छा। मोहम्मद ग़ौस कोर्निश करके शीघ्रता से निकल गया।

शाहजहाँ निजी कक्ष में आया। चेहरे पर तनाव बराबर बना हुआ था। तमतमाहट शेष थी। अर्जुमंद प्रतीक्षा में थी।

—हालात बिगड़ते जा रहे हैं, आरजू। ख़ानख़ाना और दाराब ख़ाँ दोनों महाबत ख़ाँ से हाथ मिलाने की तैयारी में हैं। मैंने उन्हें नज़रबंद तो कर दिया है, लेकिन इतने से काम नहीं बनने का।

—क्यों भला?

—ज़्यादा दिनों तक नज़रबंद रखने से उनकी अपनी वफ़ादार फ़ौजी टुकड़ियों में

और उनके तरफ़दारों में बदगुमानी और बेचैनी फैल सकती है। बग़ावत की सुगबुगाहट भी शुरू हो सकती है। इससे नये मसले पैदा हो जायेंगे। फ़ौज को सँभालना मुश्क़िल होता जायेगा। महाबत ख़ाँ और शाही फ़ौज का इतना ख़ौफ़ है कि दूसरे सिपाही और सरदार भी उनकी राह पकड़ सकते हैं। शाहजहाँ को जैसे भविष्य के पटल पर लिखा सब कुछ साफ़-साफ़ दिख रहा था।

—एक बार जनाब ख़ानख़ाना से मिल लें। उनसे बात करके देखें। शायद इससे उनकी बदगुमानी दूर करने में मदद मिल सके।

—ख़ानख़ाना को ज़रूर कैफ़ियत जानने के लिए बुलाया है। पर मुझे नहीं लगता कि उन पर कोई असर होने वाला है।

—फिर भी बात करने में क्या हर्ज है! आप उनके बेटे के दामाद हैं। ज़ेहनी तौर पर आप उनके क़रीब हैं। ज़रूर वे आपसे स्नेह रखते होंगे। अर्जुमंद ख़ानख़ाना के प्रति शाहजहाँ के रवैये को न केवल नरम करना चाहती थी, अपितु किसी सम्भावित द्वन्द्व को टालना भी चाहती थी।

—वे मुझे बख़्शें। अपना फ़र्ज़ निभा लें, यही बहुत है। अपनी काहिली और निकम्मेपन से उन्होंने शाही फ़ौज को बरसों से दक्खन में उलझा रखा है और लाखों रुपये पानी में बहाकर उसकी नींव को खोखला कर दिया है। शाहजहाँ का रुख़ अभी भी वैसा ही बना हुआ था।

—ठीक है। वे बिल्कुल वैसे ही होंगे, जैसा आप कह रहे हैं। लेकिन अभी हालात ऐसे नहीं हैं कि उनसे दुश्मनी मोल ली जा सके। अभी उन्हें समझाकर साथ लेकर चलने में ही अक़्लमंदी है। इस वक़्त अगर नसीम बानो हमारे साथ होती, तो कितना अच्छा होता। वह अपने दादाजान को समझा लेती। मैंने आपसे कितना इसरार किया था। पर आप मेरी सुनते कहाँ हैं! अर्जुमंद में हलका ग़ुस्सा था। कहें कि तुनक थी, जो उसकी वाणी में पंख पसारे थी।

—हाँ, यह बात तो ज़रूर नहीं मानूँगा। मेरे ज़ेहन में दिलकश ख़यालों का एक बागीचा है, जिसमें बहार हमेशा अठखेलियाँ किया करती है। उस बागीचे में अपने साथ मैं एक ही हसीन और ज़हीन लड़की के साथ रहना पसंद करता हूँ। और वह लड़की है आरज़ू। बस! कुछ समझीं तुम!! शाहजहाँ ने अर्जुमंद के कंधों को हौले से झकझोर दिया।

अर्जुमंद के दिल में गुदगुदी हुई। पति का ऐसा प्यार, उन्माद की हद को छूता हुआ प्यार, लाखों में किसी एक लड़की को नसीब होता है। और वह भी ऐसा पति जो मुल्क की तरुणाई का सरताज हो।

—आप जनाब ख़ानख़ाना से ही बात करके देख लें। अर्जुमंद सकुचाकर बोली। प्रसंग को मोड़ देने का इरादा भी था।

—ज़रूर करूँगा। पर अपने ढंग से। अब तुम बातचीत की तर्ज़ मत समझाने

लगना।

फिर वह दीवान पर बैठकर दस्तावेज़ों को उलट-पुलटकर देखने लगा। अर्जुमंद उसके निकट कालीन पर बैठ गयी।

तीसरे दिन शाम को सूर्य के अस्तंगत होने के समय ख़ानख़ाना और दाराब ख़ाँ बैठक में हाज़िर हुए। शाहजहाँ के आने पर दोनों ने कोर्निश की और अदब से सामने हाथ-बँधी मुद्रा में खड़े हो गये। शाहज़ादा दीवान पर बैठ गया।

—आपने याद किया, शाहज़ादा हुज़ूर। ख़ानख़ाना ने बात शुरू की।

—यह ख़त आपका है और आप इसे महाबत ख़ाँ को भेज रहे थे! शाहजहाँ ने अपने व्यवहार के रूखेपन को क़ायम रखते हुए वह पत्र उसे थमाया।

ख़ानख़ाना ने पत्र हाथ में लेकर उसकी इबारत देखी। चेहरे पर घबराहट के लक्षण प्रकट हुए। उसका चेहरा फक् हो गया था, जैसे एकाएक रक्ताल्पता का शिकार हो गया हो।

—जवाब दीजिये। ख़ानख़ाना को चुप देख कर शाहजहाँ ने आवाज़ तेज़ की।

—जी...जी हाँ। ख़ानख़ाना के कंठ में जैसे कुछ अटक गया था।

—इसे मैं आपकी वफ़ादारी का सबूत मानूँ कि गद्दारी का? शाहजहाँ की आवाज़ और ज़्यादा कड़क हो गयी थी।

—आपको ग़लतफ़हमी हो गयी है। इसमें ऐसा कुछ भी नहीं है। ख़ानख़ाना ने बचाव किया। उसका स्वर काफ़ी लचर था।

—मान लूँ कैसे कि कुछ भी नहीं है। लाइये यह ख़त मुझे दीजिये। शाहजहाँ ने वह ख़त उससे लगभग छीन लिया। फिर पत्र को उतावलेपन के साथ पढ़ते हुए कहा—क्या मतलब है इसका कि शाही फ़ौज में शरीक होना चाहता हूँ!

ख़ानख़ाना हिचकिचाया। फिर बोला—देखिये, मेरी नीयत पर शक न करें। जनम से मुग़लों का नमकख़्वार हूँ। बरसों से दक्खन में पड़ा हूँ। आबहवा भी रास नहीं आ रही है। अब सेहत की ग़रज़ से सुमाली हिन्दुस्तान जाना चाहता हूँ।

—और जो यह लिखा है कि मौक़ा मिलते ही दाराब ख़ाँ के साथ निकल भागूँगा। उसके बारे में आपकी क्या कैफ़ियत है! शाहजहाँ को उसकी दलील खोखली लग रही थी।

—मुझ पर यक़ीन करें। मेरे एक अज़ीज़ दोस्त हैं गोसाईं तुलसीदास। हिन्दी के मशहूर कवि हैं, भक्त और सन्त हैं। बनारस और आसपास उनके नाम की बड़ी धूम है। ख़बर है कि वे सख़्त बीमार हैं। उनके दीदार की तमन्ना थी। यह सबब भी है कि दक्खन से निज़ात मिले, तो निकलूँ। दाराब ख़ाँ साथ रहेगा, तो बुढ़ापे के सफ़र में सहारा रहेगा। ख़ानख़ाना ने सफ़ाई दी।

—आप कुछ भी कहें, मुझे आपकी बातों पर यक़ीन नहीं आता। शाहजहाँ के चेहरे पर संदेह की छाया विद्यमान थी।

—देखिये, आप मेरे बेटे के मुअज़्ज़ज़ दामाद हैं। बड़ी हसरतों के साथ हम आपके रिश्ते के अंजाम तक पहुँचे थे। मैं कोई ऐसा काम कैसे कर सकता हूँ जो आपके ख़िलाफ़ जाये। फिर मेरा बेटा शाहनवाज़ अभी दक्खन में ही है। आप उसे मेरी ज़मानत समझें। ख़ानख़ाना अपनी ओर से पूरी कोशिश कर रहा था कि शाहजहाँ को विश्वास में ले, क्योंकि उसके बेटे शाहनवाज़ का गिरीबान शाहज़ादे की पहुँच में था और ब्याहता पोती उसके हरम में।

शाहजहाँ पर उसकी बातों का कोई प्रभाव नहीं पड़ा। उन्हें एक सिरे से ख़ारिज़ करते हुए उसने कहा—मुझे अभी भी आपकी बातों पर कोई यक़ीन नहीं आ रहा है। इसलिए मैं आप और दाराब ख़ाँ पर क़ोई ढिलायी नहीं बरत सकता।

—शाहज़ादा हुज़ूर! मुझ पर रहम करें। मैंने तो ऐसा कुछ नहीं किया, जो आपके ख़िलाफ़ हो। मैं आपका ताबेदार हूँ और कई बार अपनी वफ़ादारी का सबूत दे चुका हूँ। आप चाहे तो मेरा इम्तिहान ले सकते हैं। दाराब ख़ाँ गिड़गिड़ाया। उसे अच्छी तरह से मालूम था कि फ़ौज के हर आयीन में गद्दारी की सज़ा मौत हुआ करती है।

—मैं तुम लोगों पर क़तई एतमाद नहीं रखता। लिहाज़ा नज़रबंदी क़ायम रहेगी। शाहजहाँ का रोष अपनी जगह मौजूद था। यह उसका अंतिम निर्णय था।

इस पर अब आगे बहस की ग़ुंजाइश नहीं थी। उन दोनों ने सिर झुका लिया। दाराब ख़ाँ के चेहरे पर अधिक घबराहट दिख रही थी।

थोड़ी देर बाद जब शाहजहाँ लौटा, तो उसने अर्जुमंद को सारी बातें बता दीं। शाहजहाँ कुछ ज़्यादा ही गम्भीर नज़र आ रहा था। भीतर जैसे कोई चीज़ उसे मथ रही थी।

—क्या बात है? कोई नयी परेशानी आ गयी क्या? अर्जुमंद ने व्यग्रता से पूछा।

—असल में बुरहानपुर के पड़ाव को लेकर ही कुछ फ़िक्र पैदा हो चली है।

—लेकिन उसे तो आप बहुत महफ़ूज़ जगह मानते थे।

—हाँ, इसलिए कि वहाँ की हुकूमत में हमारे सिपाही और सरदार मौजूद हैं। पर उधर एक हक़ीकत पर नज़र गयी, तो फ़िक्र हुई। मलिक अम्बर और आदिलशाह आसपास ही कहीं टिके हुए हैं। वे हमारे पुराने दुश्मन हैं। अगर हमने बुरहानपुर को अपना मुकाम बनाया, तो वे हमें घेरने की कोशिश कर सकते हैं। शाहजहाँ ने सम्भावित ख़तरे की ओर इशारा किया।

—अरे, तब तो एक नयी मुसीबत खड़ी हो जायेगी। एक ओर वे दुश्मन और दूसरी तरफ़ शाही फ़ौज। हम तो दो पाटों के बीच फँस जायेंगे। अर्जुमंद को अब वास्तविकता का अनुभव हुआ।

—फँस नहीं जायेंगे, पिस जायेंगे।

—तब?

—इसी की फ़िक्र है।

—अच्छा, तो ऐसा क्यों नहीं करते कि मलिक अम्बर और आदिलशाह की तरफ़ सुलह का हाथ बढ़ायें। अर्जुमंद ने बहुत सहज भाव से कहा।

—क्या एक बार फिर कहना! शाहजहाँ एकाएक उत्तेजित हो गया था।

—अर्जुमंद ने इसे लक्ष्य किया। वह चुप रही। सिर झुका लिया।

—तुम जानती हो वे हमारे जानी दुश्मन हैं। दक्खन की पिछली लड़ाई में हमने उन्हें करारी शिकस्त दी थी। उन दुश्मनों के सामने हाथ फैलाऊँ कि मेरी मदद करो। मैं पस्त हो गया हूँ,, मुझे सहारा दो। शाहजहाँ के स्वर में तीखी झल्लाहट थी। तुम्हें मेरी इज़्ज़त और एहतिराम का ज़रा भी ख़याल नहीं है! शाहजहाँ बिफर पड़ा था।

—देखिये, नाराज़ न हों। अर्जुमंद ने उसे मनाने की कोशिश की।

—दुनिया कहेगी कि कभी ख़ुर्शीद की मानिंद दमकते शाहजहाँ का आज यह हाल हो गया है कि वह टिमटिमाते हुए सितारों से माँग रहा है। कभी वे सामने पड़ गये तो कैसे मैं अपना सिर उठा पाऊँगा। शाहजहाँ का सिर तमतमा गया था। कुछ लालिमा आँखों ने चुरा ली थी।

—गुस्ताख़ी माफ़ हो। मैं आपका सिर हमेशा बुलंद ही देखना चाहती हूँ। मैं तो सुलह की बात कर रही हूँ और हुकूमत की दुनिया में सुलह-सफ़ाई तो होती ही रहती है। देखिये, मलिक अम्बर की शाही हुकूमत से दुश्मनी थी, आपसे नहीं। उस वक़्त आप तो उसके नुमांइदे थे। अब हुकूमत से अलहदा हो गये हैं। मुमकिन है, मलिक अम्बर यह सोचे कि आपके साथ मिलकर वह एक बार फिर से दक्खन में अपनी खोई हुई हैसियत पा सकता है। अर्जुमंद ने अपनी तरफ़ से उसे समझाने की कोशिश की।

—तुम्हारी बात मेरे गले नहीं उतर रही है। शाहजहाँ ने विचिकित्सा प्रकट की।

—शायद मैं ही ठीक से आपको नहीं समझा पा रही हूँ। आपसे ज़्यादा इस बात को और कौन समझ सकता है कि हुकूमत के हालात बर्क़ख़िराम बदलते रहते हैं। आज कुछ है और कल कुछ और। यही कारन है कि सियासत में न तो कभी आख़िरी 'हाँ' होता है और न कभी आख़िरी 'न'। सियासत के फ़ैसले 'हाँ' और 'न' के बीच मुसल्सल झूलते रहते हैं। तब की बात और थी, जब आप शाही फ़ौज के सरपरस्त थे। आज तो शाही फ़ौज से टक्कर लेने के कारण आप मलिक अम्बर और आदिलशाह के क़रीब आ गये हैं। इस नज़रिये से अगर आप हालात को देखें, तो शायद आपको मेरी बातों में वज़न लगे। अर्जुमंद ने विस्तार से अपने प्रस्ताव की व्याख्या की।

—मेरी ख़ुद्दारी को यह ग़वारा नहीं है कि दुश्मनों के सामने घुटनों के बल चल कर जाऊँ। शाहजहाँ का दर्प चेहरे पर चमकने लगा था।

—वो दुश्मन तब थे, जब आपकी उनसे लड़ाई चल रही थी। लड़ाई के बाद आपकी शर्तों पर उनसे सुलह हुई और इस सुलह के साथ दुश्मनी भी ख़त्म हो गयी, तब से आज तक हमारे ख़िलाफ़ न उन्होंने तलवार उठाई और न आपको जंग की ज़रूरत महसूस हुई। ऐसे में उनसे हाथ मिलाने में कोई हर्ज़ नहीं है। इससे अपनी हेठी

भी नहीं होती। हम हाथ नहीं फैला रहे हैं, हम तो हाथ मिलाना चाहते हैं।

शाहजहाँ एकाएक गम्भीर हो गया। उसे अर्जुमंद की बातों में कुछ सार दिखाई दिया।

—देखिये, मुझे ग़लत न समझिये। आप मेरे सरताज हैं। आपके साथ हमारा सिर उठता और गिरता है। आपका इक़बाल हमेशा बुलंद रहे। मैं तो सिर्फ़ इतना कह रही हूँ, कभी-कभी बेहतर हालात पर पहुँचने के लिए मोर्चे को पीछे भी ले जाना पड़ता है। शतरंज की बिसात पर बेहतर पकड़ के लिए मोहरों को पीछे भी खींच लेना पड़ता है और कभी-कभी किसी मोहरे की क़ुरबानी भी देनी पड़ती है। आप ही कहा करते थे। अर्जुमंद ने विनम्रता का दामन पकड़ रखा था। उसकी गुलरेज़ बातों का शाहजहाँ पर अनुकूल असर पड़ा।

—मैं समझ गया। मैं जल्द ही उन दोनों तक अपनी पेशकश भेजता हूँ। शाहजहाँ ने उसकी युक्ति को अंततः स्वीकार कर लिया।

—पर याद रखें, कहीं भी अपनी दीनता नहीं दिखलायेंगे। आप शाहज़ादा हैं और शाहज़ादे की हैसियत से ही ख़त लिखें। अर्जुमंद ने पास ही रखी शाहजहाँ की तलवार उठा ली और उसकी मूठ पर हाथ फेरने लगी। फिर कहा—शेर हमेशा शेर ही रहता है!

शाहजहाँ आसंदी के पास आया। उसने एक ही मज़्मून के दो ख़त लिखे। उनका आशय यह था कि हमारी आपसे दुश्मनी नहीं है। जाँनशीनी को लेकर हालात ने कुछ ऐसा मोड़ ले लिया है कि हुकूमत से हमारी नाइत्तिफ़ाक़ी हो गयी है। हमें कुछ अलग रास्ता इख़्तियार करने को लाचार होना पड़ा है और हमें अपनी अलग पहचान बनाने की कोशिश करनी पड़ रही है। इस नाजुक वक़्त में हम अपने को कहीं आपके बहुत क़रीब पाते हैं। मौक़ा आपके लिए भी है कि आप चाहे, तो अपना खोया हुआ एहतिराम हासिल कर सकते हैं। अगर हम मिलकर काम करें, तो बहुत मुमकिन है, हम अपने मक़सद में कामयाब हो सकते हैं। मुझे आपके ख़त का इंतज़ार रहेगा।

ख़त पूरा करके शाहजहाँ ने उसे अर्जुमंद को दिखाया। शुरू से आख़िर तक पढ़ने के बाद अर्जुमंद ने मुस्करा कहा—बहुत अच्छा बन पड़ा है। कहीं से नहीं लगता कि हम कोई मदद के लिए हाथ फैला रहे हैं। तज्वीज़ तो यह है कि हम सब मिलकर दक्खन में अपना-अपना मक़सद हासिल करना चाहते हैं।

उसी रात शाहजहाँ ने फ़िदाई ख़ाँ और दौलत बेग़ को तलब किया और उन्हें आदेश दिया कि वे तत्काल मलिक अम्बर और आदिलशाह तक पहुँचकर उन्हें ख़त दें और साथ ही उनसे इसका जवाब लेकर आयें।

दूसरे दिन मध्याह्न भोज के बाद लश्कर असीरगढ़ के लिए रवाना हुआ। शाहजहाँ ने अपने एक विश्वस्त नायब मोहम्मद अकरम को सैनिकों के एक छोटे से दल के साथ पहले ही रवाना कर दिया था, ताकि वह असीरगढ़ के सूबेदार जमालुद्दीन

को लश्कर के आगमन की सूचना दे और ठहरने की उचित व्यवस्था करने का आग्रह करे।

यही कारण है था कि लश्कर के पहुँचते ही सूबेदार के पुत्र हिसामुद्दीन ने दुर्ग के द्वार खोल दिये और लश्कर को अपने संरक्षण में ले लिया। क़िला सुदृढ़ था और सुरक्षा के हिसाब से बहुत विश्वसनीय था। पहले शाहजहाँ ने कुछ दिन यहीं मुकाम करना का इरादा किया था, लेकिन शाही फ़ौज से दूरी बनाने के उद्देश्य से विश्राम का इरादा त्याग दिया और अपने लश्कर का रुख़ बुरहानपुर की ओर मोड़ दिया।

बुरहानपुर के रास्ते पर दूसरा पड़ाव दो दिनों के बाद रखा गया। लम्बे सफ़र से लोग थक गये थे। वैसे शाहजहाँ ने स्पष्ट आदेश दे रखा था कि आराम का इरादा छोड़ दें, क्योंकि किसी भी दिन, कभी भी कूच का हुक्म दिया जा सकता है।

पड़ाव की व्यवस्था का आकलन कर शाहजहाँ अपने लाल शामियाने में लौटा। रात्रि का दूसरा प्रहर समाप्ति पर था। बच्चे सो गये थे। अर्जुमंद प्रतीक्षारत थी।

—आपकी बहुत मेहनत हो जाती है। बीच-बीच में कुछ आराम कर लिया करें। अर्जुमंद ने शाहजहाँ का कमरपट्‌ट, तलवार और शिरस्राण एक तरफ़ आसंदी पर रखते हुए कहा।

—आराम! हाँ, आराम भी कर लूँगा। पर अभी काम है। परेशान करने वाले वाक़्ये लगातार हो रहे हैं। ख़बर है कि बड़े पैमाने पर नाव बनाने का काम शुरू हो गया है। हमारी उम्मीद से पहले कहीं शाही फ़ौज नर्मदा नदी पार न कर ले! शाहजहाँ की पेशानी पर बल पड़ गये थे।

—अच्छा! अर्जुमंद के माथे पर भी चिन्ता की रेखाएँ खिंच आयी थीं।

—सोच रहा हूँ कि महाबत ख़ाँ को एक सुलहकुन ख़त लिख डालूँ।

—पर इसका कुछ नतीज़ा निकलेगा क्या! अर्जुमंद को इस उपाय की सफलता पर संदेह हो रहा था।

—नतीज़ा तो क्या निकलेगा। एक छोटी सी उम्मीद है कि शायद इस मुहिम को कुछ दिनों के लिए धीमा कर दिया जाय। इससे दूर भाग निकलने के लिए थोड़ा वक़्त और मिल सकेगा। शाहजहाँ की दृष्टि शाही फ़ौज से संघर्ष को टालने पर थी।

—आप जैसा मुनासिब समझें...ठहरिये, मैं गुलाब का शर्बत लेकर आती हूँ। यह कहती हुई अर्जुमंद दूसरे कक्ष में चली गयी।

शाहजहाँ ख़त लिखने बैठ गया। जब तक अर्जुमंद शर्बत लेकर आयी, वह ख़त पूरा कर चुका था।

—लीजिये शर्बत। बताइये कि ख़त में क्या लिखा है। अर्जुमन्द ने पात्र उसके हाथ में दिया।

शाहजहाँ ने शर्बत एक ही घूँट में गले के नीचे उतार लिया। फिर बोला—कुछ ख़ास नहीं। बस यही कि महाबत ख़ाँ तुम क़ाबिल और वफ़ादार सिपहसालार हो।

तुम्हारे लिए मुनासिब है कि तुम मेरे और परवेज़ भाईजान के बीच फ़र्क मत करो। हम भी सल्तनत की तरक़्क़ी और हुकूमत की पाएदारी के लिए बराबर फ़िक्रमंद हैं। इसलिए जंग के मैदान में हमारा एक-दूसरे के ख़िलाफ़ उतरना न तो लाजिमी है और न अक़्लमंदी। यह दुश्मनी हमें भी कमज़ोर करेगी और सल्तनत को भी। इसलिए बेहतर है कि हमख़याली और हमक़दमी के साथ हम सल्तनत को तरक़्क़ी की राह पर ले चलें। मुझे भरोसा है कि यह बात तुम्हें पसंद आयेगी और तुम आलमपनाह को भी यक़ीन दिला सकोगे।

—ठीक तो लिखा है। आपको यक़ीन है कि इसका माफ़िक असर पड़ेगा। अर्जुमंद कुछ हैरान दिखी।

—बिल्कुल नहीं। तुम्हारी हैरानी वाजिब है। मैं तो चाहता था कि कुछ वक़्त मिल जाता, तो हम और दूर निकल जाते। हमारे ख़त की बाबत वे ज़रूर बादशाह और मलिका से मंजूरी चाहेंगे।

—यह भी तो हो सकता है कि वे ख़त बादशाह सलामत को भेज दें और दबाव हम पर बनाये रखें। अर्जुमंद को लगा कि शायद यह वे करेंगे।

—हाँ, यह भी हो सकता है। इन हालात में कुछ भी हो सकता है। हम तो सिर्फ़ मौक़े की तलाश में हैं।

और बिल्कुल वही हुआ, जो अर्जुमंद ने सोच रखा था। महाबत ख़ाँ ने पत्र बादशाह के पास भेज दिया और इधर नर्मदा नदी के तट पर आकर पार जाने की जुगत में लग गया।

असीरगढ़ से आगे लश्कर अभी तीसरे पड़ाव पर ही था कि दोनों दिशाओं में भेजे गये संदेशों के जवाब आ गये। फ़िदाई ख़ाँ और दौलत बेग़ ने लौटकर जो ख़त दिये, उनमें मलिक अम्बर और आदिलशाह ने शाहज़ादे से हाथ मिलाने से साफ़ इंकार कर दिया था। फ़िदाई ख़ाँ ने जुबानी बताया कि मलिक अम्बर को भनक लग गयी है कि महाबत ख़ाँ के साथ शाही फ़ौज नर्मदा नदी के किनारे तक आ गयी है और वे शाहज़ादे का साथ देकर महाबत ख़ाँ से दुश्मनी मोल नहीं ले सकते।

हलका सा मानसिक आघात तो तब लगा, जब महाबत ख़ाँ का पत्र मिला, जिसमें उसने शाहजहाँ के सामने शर्त रखी थी कि वह अब्दुर्रहीम ख़ानख़ाना को उसे सौंप दे तो उनके ख़िलाफ़ मुहिम को रोकने पर ग़ौर किया जा सकता है।

शाहजहाँ के मन में उथल-पुथल मची हुई थी। उद्विग्नता के साथ वह फर्श पर चक्कर लगा रहा था।

—क्यों, क्या बात है। परेशान दिख रहे हैं। अर्जुमंद ने भाँप लिया कि कुछ समस्या आ गयी है। वह नन्हें औरंगज़ेब के लिए टोपी सिल रही थी।

—ग़जब हो गया। उस मक्कार महाबत ख़ाँ ने चाल चल ही दी। मुझसे सौदा करना चाहता है। ख़बर भेजी है कि ख़ानख़ाना को रिहा कर दो, तो मुहिम रोकने के

बारे में सोच सकता हूँ। रोकेगा नहीं, रोकने की सोचेगा। ख़ूब! मुझे बेवक़ूफ़ समझता है। शाहजहाँ शब्द चबा-चबा कर बोल रहा था। वह दाँत पीसता जा रहा था।

—आप ज़रा ठंडे दिमाग़ से सोचें। अभी वक़्त है। आख़िर जनाब ख़ानख़ाना हमारे किस काम के रहे! आपने उनकी वफ़ादारी पर शक करके उन्हें गिरफ़्तार कर रखा है, इससे क्या हुआ! उनकी देखरेख की जवाबदारी अलग से हमारे ऊपर आ ही गयी। अर्जुमंद अपना पक्ष सही ढंग से रखने की कोशिश कर रही थी।

—तो क्या किया जाय! उसे छोड़ दें।

—रिहा करने में कोई नुक़सान नहीं है। लाभ ही है। एक तो उसकी देखरेख की जिम्मेदारी से फ़ारिग़ हो गये। दूसरे, उसका बेटा शाहनवाज ख़ुश जायेगा। वह अभी भी शाही फ़ौज के एक बड़े हिस्से का सदर है। उसके कारण कम-से-कम दक्खिनी जानिब से हम पर आँच नहीं आने वाली। तीसरे, यह कहने को हो जायेगा कि हमने शर्त पूरी कर दी। अब महाबत ख़ाँ अपने पैर पीछे खींच ले। अर्जुमंद ने बहुत अच्छी तरह से वस्तु-स्थिति का विश्लेषण किया।

शाहजहाँ ने ख़ानख़ाना को मुक्त कर दिया।

बुरहानपुर से काफ़ी दूरी बनाकर शाहजहाँ ने अगला पड़ाव स्थापित कर रखा था। इस बीच उसे त्रासद ख़बर मिली कि शाही फ़ौज नर्मदा नदी पार कर गयी है और तेज़ी से बुरहानपुर की तरफ़ बढ़ रही है।

शाहजहाँ सन्न रह गया। शाहजहाँ के होश फ़ाख़्ता हो गये। उसने बुरहानपुर जाने का इरादा त्याग दिया, क्योंकि वहाँ मुकाम करने पर उसे दक्षिण और पश्चिम से आदिलशाह और मलिक अम्बर का दबाव सहने की आशंका थी। उत्तर से वह मुसीबत का पुतला तूफ़ान के वेग से बढ़ रहा था। अतएव बिना और समय गँवाये, शाहजहाँ ने अपने विश्वस्त नायब मीर अब्दुस्सलाम को गोलकुंडा रवाना किया ताकि वह वहाँ के सूबेदार कुतुबशाह को सहयोग के लिए राज़ी कर सके। कुतुबशाह पर महाबत ख़ाँ का आतंक हावी था। इसलिए उसने इतनी ही उदारता दिखाई कि शाहजहाँ को अपने राज्य से लश्कर को शीघ्र निकाल ले जाने की अनुमति प्रदान कर दी।

शाहजहाँ वहाँ रुकना भी नहीं चाहता था, क्योंकि उसे मालूम था कि शाही फ़ौज नर्मदा नदी पार करके बरसात की बाढ़ की तरह उसका पीछा कर रही है। उसने अपने लश्कर को इतनी गति से आगे बढ़ाया कि शाही फ़ौज उसे न पा सकी। आख़िर चालीस कोस पीछा करके परवेज़ की हिम्मत ने जवाब दे दिया। अंततः उसने बुरहानपुर को अपना सैनिक मुख्यालय बना लिया। शाहजहाँ को जब इसका पता चला, तो उसने चैन की साँस ली। फिर भी वह आशंकित था। उसने बुरहानपुर से बहुत दूर निकल जाने का निश्चय किया। तदनुसार वह अल्पावधि के पड़ाव-पर-पड़ाव पर डालता हुआ लश्कर सहित पूर्वी समुद्र तट पर जा पहुँचा और उसने मसुलीपट्टम में अपना डेरा डाल दिया।

तेईस

मसुलीपट्टम बंदरगाह था। शाहजहाँ ने यहीं अपनी सैनिक छावनी स्थापित की।

उसका लाल तम्बू समुद्र को आमुख करके खड़ा किया गया था। अर्जुमंद और बच्चों को यहाँ का वातावरण बहुत रास आया। समशीतोष्ण मौसम, लहराती ठंडी हवा और ठाठें मारती लहरों का संगीत—कुल मिलाकर ऐसा वातावरण परिवार को पहली बार नसीब हुआ था।

—अम्मीजान, हम लोग कुछ दिन तो यहाँ ठहरेंगे न! जहाँआरा ने सहमी आवाज़ में कहा। लगातार स्थान बदलते रहने के कारण उसके मन में भय समा गया था।

—अभी कुछ नहीं कह सकते, जहाँ। सब कुछ हालात पर मुनहसर है...ज़रा क़रीब आना। देखूँ यह कुरता तेरे बदन पर माफ़िक आया कि नहीं। अर्जुमंद ने जहाँआरा के शरीर पर कुरते का नाप लेते हुए कहा।

—अम्मीजान, तुम्हारे हाथ के कुरते मुझे बहुत अच्छे लगते हैं। पता नहीं दरज़ी कैसा तो बना देता है! जहाँआरा ने नापसंदीदगी दर्शाने के लिए मुँह बिचकाया।

—लो इसकी सुनो। अभी बित्ता भर की है और पसंदीदगी-नापसंदीदगी की तमीज़ दिखला रही है। अर्जुमंद ने हँसते हुए उसके गाल थपथपाये।

—भई, क्या काम की बातें हो रही हैं बेगम और हमारी बड़ी शाहज़ादी में। कुछ हमें भी तो पता चले। शाहजहाँ ने कक्ष में प्रवेश किया और उन दोनों के निकट चला आया।

—कुछ नहीं। कुछ यूँ ही। अर्जुमंद कढ़ाई की सामग्री हाथ में लिये खड़ी हो गयी।

जहाँआरा दौड़कर पिता से लिपट गयी।

—अब तू कोई छोटी नहीं। अदब-क़ायदे से रह। सामने पड़ते ही पहले बड़ों को आदाब करना सीख। अर्जुमंद ने हलका सा गुस्सा जताया, जिसमें रोष कम, स्नेह अधिक था।

—अभी से आरजू, बच्चों को बड़ा मत बनाओ। अभी उनके खेलने का वक़्त है और तुम उनके हाथ में गृहस्थी की चाबी पकड़ा रही हो। लगातार जगह बदलने से बच्चों की पढ़ाई और तर्बियत में मुश्क़िल आ रही होगी। देखता हूँ, तुम किसी-न-किसी तरह वक़्त निकाल लेती हो, पर क्या बताऊँ मैं बिल्कुल वक़्त नहीं दे पाता। मेरा सारा वक़्त छावनी को उठाने, ले जाने और बनाने में गुज़र जाता है। शाहजहाँ ने स्नेह से जहाँआरा के सिर पर हाथ फेरा। उसके चेहरे पर उदासी की छाया थी।

—आपका काम कितना जबर्दस्त, जोख़िम-भरा और वक़्त लेने वाला है! मैं समझती हूँ। आप फ़िक्र न करें। बच्चे कोई इतने बड़े भी नहीं हुए कि मान लें कि वक़्त हाथ से निकल चुका है। उस्ताद लोग पूरी पाबंदी के साथ जब भी वक़्त मिलता

है, पढ़ाते हैं। मैं चिलमन के पीछे से कान लगाये रहती हूँ कि क्या कुछ चल रहा है। अर्जुमंद ने शाहजहाँ के चेहरे पर पड़ी उदासी की छाया को पढ़ते हुए कहा।

—तुम काफ़ी कुछ कर लेती हो। एक तरह से बच्चों की जिम्मेदारी तुमने अपने ऊपर ओढ़ ली है। शाहजहाँ की परेशानी अभी अपनी जगह क़ायम थी क्योंकि वह अर्जुमंद को फ़िक्र के बोझ-तले दबा हुआ लाचार देख रहा था।

—एक बात कहनी थी। अपनी एक कनीज़ है। उसका शौहर था अपनी फ़ौज का एक सिपाही बहराम ख़ाँ। शायद आपको याद आये...।

—बहराम...ख़ाँ...। हाँ याद आया। शाहजहाँ ने स्मृति को कुरेदने की कोशिश की।

—जी बहराम ख़ाँ। पिछले दिनों उसका इंतकाल हो गया था।

—हाँ, याद आया। तो...?

—आपसे गुज़ारिश है कि उसकी बेवा के लिए कुछ वज़ीफ़ा मुक़र्रर कर दें। हरम की मामूली आमद से उसका गुज़ारा नहीं हो पा रहा है। उसके चार बच्चे हैं। उसकी आँखों में आँसू छलछला आये। अर्जुमंद ने दयार्द्र होकर पैरवी की।

—ठीक है। कुछ वज़ीफ़ा मुक़र्रर कर दूँगा।

—बस! उसका बेटा कुछ बड़ा हो, तो फ़ौज में रख लीजियेगा।

—यह भी हो जायेगा। तुम मौज़ूँ वक़्त पर याद दिला देना। और कुछ? शाहजहाँ अपनी आश्वस्ति के लिए उसकी दामन-दराज़ी का ख़्वाहिशमंद था।

अर्जुमंद ने सकुचाकर सिर झुका लिया। थोड़ी देर चुप रही। फिर जहाँआरा के सिर पर प्यार से हाथ फेरती हुई बोली—जहाँ पूछ रही थी कि यहाँ मुकाम कब तक रहेगा।

—ज़्यादा दिन नहीं रुक सकेंगे। अपनी फ़ौज की हालत ठीक नहीं है। हाथियों का नवाड़ा बिखर गया है। कई तोपची अपनी तोपें छोड़कर कहीं चले गये हैं। तोपों को भी दुरुस्त कराने की ज़रूरत है। बहुत सारे तर्बियतयाफ्ता सिपाहियों और घुड़सवारों ने नौकरी छोड़ दी है। ज़ाहिर है, उन्हें हमारे साथ अपना मुस्तक़बिल डावाँडोल लगा होगा। सबसे बड़ी बात ख़ज़ाना काफ़ी कुछ खाली हो गया है। शाहजहाँ ने सेना की दयनीय स्थिति का वर्णन किया।

—चलिये एक फ़िक्र तो नहीं है। शाही फ़ौज पीछे नहीं है। अर्जुमंद ने पति की चिन्ता कम करने की चेष्टा की।

—हाँ, अभी तो उसका ख़ौफ़ नहीं है। पर सावधान तो रहना होगा।

—वो तो है।

—इसलिए सोच रहा हूँ कि छोटे-मोटे सूबों को जीतता चलूँ। इन फ़तहों से उनका ख़ज़ाना भी लूट सकूँगा। दुश्मनों के घोड़ों और हाथियों पर भी क़ब्ज़ा हो सकेगा। फ़ौज में नयी भरती भी कर सकूँगा। इसलिए मंसूबा बना रहा हूँ कि उड़ीसा

पर चढ़ाई कर दूँ। वहाँ से बर्दबान और बंगाल को भी जीत लूँ। ये कमज़ोर सूबे हैं। मदद के लिए शाही फ़ौज को आने में बहुत वक़्त लगेगा। फिर मग़रिब की तरफ़ रुख़ करूँ। शाहजहाँ ने आगामी सैनिक कार्रवाई की रूपरेखा बताई।

—मग़रिब की तरफ़! तौबा तौबा! क्या फिर अकबराबाद निशाना है? या ख़ुदा! अर्जुमंद घबरा सी गयी।

—तुम्हारी हैरानी वाज़िब है, आरजू! इन सब के पीछे आख़िरी मक़सद तो तख़्तोताज ही है न! और उसे हासिल करने के दो ही रास्ते हैं। एक, अब्बाहुजूर मेरी जाँनशीनी क़ुबूल कर लें। या दो, हम उसे तलवार की नोक पर हासिल करें। पहला तो होने से रहा, क्योंकि मलिका रास्ते में हैं। रहा दूसरे का सवाल, तो उसका रास्ता अकबराबाद होकर ही जाता है। क्या मैं कुछ ग़लत कह रहा हूँ। शाहजहाँ अपने प्रयोजन में स्पष्ट था।

अपने जंगी इरादों को अमली जामा पहनाने के लिए शाहजहाँ ने जम कर तैयारियाँ शुरू कर दीं। सेना के सभी अवयवों में उचित समन्वय स्थापित किया। अस्त्र-शस्त्रों का एक बड़ा जख़ीरा तैयार किया। घुड़सवारों और फ़ीलबानों को संक्षिप्त प्रशिक्षण देकर आक्रमण में उनकी भूमिका रेखांकित की। एक बार पुनः सबको अपने प्रति निष्ठा की शपथ दिलायी। नियत तिथि पर उसकी सेना ने उड़ीसा पर आक्रमण कर दिया। वहाँ के सूबेदार अहमद बेग़ को जब तक शाहज़ादे की पहल का चलता, तब तक बहुत देर हो चुकी थी। उसकी छोटी सी फ़ौज शाहज़ादे के घुड़सवारों के द्वारा रौंद दी गयी। सूबेदार को भाग कर जान बचानी पड़ी। वहाँ लूटमार से शाहजहाँ को काफ़ी धन मिला।

महत्वाकांक्षा के घोड़े पर सवार होकर शाहजहाँ पवन-वेग से आगे बढ़ा। उसकी सेना बर्दबान में सालेह को परास्त करती हुई बंगाल में प्रवेश कर गयी। वहाँ शाहजहाँ ने सूबेदार इब्राहिम ख़ाँ को ताक़ीद की कि वह बंगाल का सूबा उसके हक़ में छोड़कर अपनी जान बचा ले। पर वह नहीं माना। उसने मज़बूत क़िलेबंदी कर ली और दुर्ग के भीतर से ही युद्ध करने की ठानी। शाहजहाँ ने सैयद क़ासिम, सैयद ज़ाफ़र, सफ़दर ख़ाँ और शुज़ाअत ख़ाँ को हुक्म दिया कि वे दुर्ग के बाहर रह गये सेना के परिवारों को ग़िरफ़्तार कर लें और क़िले को ध्वस्त कर दें। इससे इब्राहिम ख़ाँ की फ़ौज में बड़ी हाय-तौबा मची और उसके सैनिक बाहर आने के लिए मचलने लगे। विवशतः इब्राहिम ख़ाँ को दुर्ग को छोड़कर बाहर आना पड़ा और खुले मैदान में युद्ध करना पड़ा। उसका प्रतिरोध अधिक नहीं चल पाया और वह युद्ध में खेत रहा।

इन विजयों से शाहजहाँ का मनोबल बहुत बढ़ गया। इसके बाद वह सेना लेकर ढाका की ओर बढ़ा। वहाँ युद्ध एक औपचारिकता मात्र थी। सूबेदार इब्राहिम बेग़ ने पराजय स्वीकार करते हुए उसे चालीस लाख रुपये दिये। लगभग इतनी ही राशि उसे लूटपाट से प्राप्त हो गयी थी। पाँच सौ हाथियों का नवाड़ा भी उसके हाथ लगा। उसने

कुछ दिन ढाका में रुकने का निश्चय किया ताकि अपनी सेना को सुदृढ़ कर सके और कुछ दिन विश्राम भी कर लें।

यही सूचना देने के उद्देश्य से शाहजहाँ शयनकक्ष में आया। उसे देखते ही पलंग पर लेटी हुई अर्जुमंद उठकर बैठ गयी।

—न न, बैठी रहो। क्या बात है? तबीयत नासाज़ लग रही है क्या! शाहजहाँ ने उस तरफ़ बढ़ते हुए कहा।

अर्जुमंद के ओठों पर सहज मुस्कान थी। उसने पलंग से उतर कर फ़र्श पर खड़े होने का उपक्रम किया। उसके प्रयत्न से लगा कि खड़े होने के लिए उस श्रम करना पड़ रहा है।

—नहीं नहीं। पलंग से मत उतरो। ख़ुदा के वास्ते। बैठो रहो...बल्कि मैं कहता हूँ लेटी रहो। शाहजहाँ उसके निकट पहुँच गया और पलंग पर उसे भी सहारा देकर अपने निकट बिठा लिया।

—हाँ, अब बताओ क्या बात है? शाहजहाँ ने उसके कंधे पर हाथ रखकर कहा।

—शर्मिन्दा हूँ कि आस्ताने तक पहुँचकर आपका इस्तक़बाल न कर सकी। शर्मिन्दा हूँ कि आपकी नज़रों के सामने इस बेतरतीब हाल में हाज़िर हूँ। अर्जुमंद की वाणी में अतिरिक्त विनम्रता थी। उसका सिर झुका हुआ था।

—देखो, मेरे साथ तक़ल्लुफ़ न किया करो। हाँ बताओ, कैसा लग रहा है?

—ठीक हूँ। कुछ कमज़ोरी लगी। सो लेट गयी। अर्जुमंद ने अपनी तबीयत को महत्व नहीं दिया।

—हकीम को बताया?

—जी। उन्होंने कहा कि फ़िक्र की कोई बात नहीं। इन हालात में कभी-कभी बदन को नाज़ुक दौर से गुज़रता पड़ता है। अर्जुमंद ने हकीम की बात संक्षेप में रखी।

—इन हालात में! इसका क्या मतलब?

अर्जुमन्द सिर झुकाये चुप रही।

—किन हालात में आरज़ू? मुझसे कुछ छिपा रही हो तुम! शाहजहाँ को यह चुप्पी रहस्यमय लगी।

—या अल्लाह! असल में...मैं यानी कि...आप...अपने घर में एक नन्हा खिलौना आने वाला है। अर्जुमंद पूर्ववत् सकुचाई हुई थी। सिर झुका हुआ था। उसे और झुकाने का यत्न किया।

—या ख़ुदा! या रहमतुल्लाह! तेरी मेहरबानी! सच आरज़ू! यह तो ख़ुशी की बात है। पर तुमने यह बात मुझसे छिपा कर रखी! यह तो ठीक नहीं। शाहजहाँ के स्वर में उपालम्भ था।

—माफ़ कीजिये। बताती। सबसे पहले आपको ही बताती। लेकिन इस बीच मांडू से असीरगढ़ और गोलकुंडा, और फिर मसुलीपट्टम से उड़ीसा होते हुए बर्दवान

और बंगाल का इतना लम्बा थकाकर चूर-चूर कर देने वाला सफ़र पूरा किया। फिर या रब, ये लड़ाइयाँ! आप पर कितना दिमाग़ी बोझ था। इस तरह की ख़बर से आपकी परेशानी में इज़ाफ़ा ही होता। आपका ख़याल वहाँ से हटकर मेरी सेहत की तरफ़ चला जाता और मक़सद की जानिब आपकी क़दमरंज़गी पर उलटा असर पड़ता। इसीलिए ...बस इसीलिए...माफ़ी की ख़्वास्तगार हूँ। अर्जुमंद के स्वर में पश्चाताप की अनुगूँज थी।

—नहीं नहीं, इसमें माफ़ी माँगने लायक कोई बात नहीं। मुझे तुम्हारी दानिशमंदी पर नाज़ है। पर इतना ज़रूर जान लो कि अपनी सारी जद्दोजहद के बीच मुझे तुम्हारा ख़याल हमेशा बना रहता है। इसलिए अपनी तबीयत को लेकर कोई बात आगे मुझसे छिपाना नहीं, जिससे कभी मुझे पछताना पड़े। शाहजहाँ ने अर्जुमंद की दोनों हथेलियों को अपनी हथेलियों में समेट लिया था।

—ख़ुदा न करे कि कभी बीमार पड़ूँ। तब आपकी सेवा में क़सर रह जाती है। अर्जुमंद का शाहजहाँ का इसरार अच्छा लगा था। उसके रुख़सारों पर मोतियों की लड़ चमकने लगी।

—मुझे सचाई का पता लग गया है। अब मैं तुम्हारी सेहत का ख़ास ख़याल रखूँगा और तुम्हारे लिए कुछ वक़्त निकालने की कोशिश करूँगा। पर तुम भी गृहस्थी की जिम्मेदारियाँ ओढ़ना बंद करो। शाहजहाँ ने उसे सावधान किया।

—अब लश्कर का अगला कूच कब होगा?

—फ़ौज को तरतीब से एक बार ठीक कर लें। ख़ुशी की बात है कि ख़ज़ाना लबालब भर गया है। पाँच सौ हाथियों का नवाड़ा भी हाथ आ गया है। कुछ दिनों में और घुड़सवारों, फ़ीलबानों और सिपाहियों की भरती कर लेंगे। तोपों को ज़रूर ठीक कराना है। कुछ तोपचियों की भरती भी करनी है। ढंग से तैयारी हो ज़ाय, तो जंग के नगाड़े बजवा दिये जायें। शाहजहाँ बहुत उत्साहित दिख रहा था। सेना में नयी जान फूँकने की उसकी कोशिश काम आती दिख रही थी।

—पूरब में हम पूरी तरह क़ाबिज़ हो गये हैं। उड़ीसा और बंगाल पूरी तरह हमारे क़ब्ज़े में हैं। क्या ऐसा नहीं हो सकता कि हम अपने को इन्हीं दो सूबों तक महदूद रख चैन से रहें और अपने बच्चों के साथ ख़ुशहाल ज़िन्दगी बसर करें। अर्जुमंद के भीतर से एक सद्गृहस्थ स्त्री ने पुकार लगाई।

—तुम क्या समझती हो, वे लोग तुम्हें चैन से बैठने देंगे। उनके तीन सूबे हमने झटक लिये हैं। इसे वो पचा सकेंगे। वो तो परवेज़ बड़ा निकम्मा और काहिल है, जो बुरहानपुर में आराम फ़र्मा रहा है, वरना अब तक महाबत ख़ाँ पीछे से आकर कब का हमें घेर चुका होता। फिर अब्बाहुज़ूर एक बार मुझे माफ़ भी कर दें, लेकिन मलिका तो दुश्मनी से तौबा करने से रहीं। देखना, देर-सबेर शाही फ़ौज हमारे शिकार के लिए ज़रूर रवाना होगी। शाहजहाँ दूरदर्शी था। उसे हुकूमत की चालों का पूरा अंदाज़ था।

—अभी भले वे चुप रहें, लेकिन हम आगे मग़रिब की जानिब बढ़ते हुए बिहार, जौनपुर, इलाहाबाद वगैरह को हाथ लगायेंगे, तो यक़ीनन वे भड़क उठेंगे। तब वे ज़रूर समझ जायेंगे कि हमारी आँखें अकबराबाद पर गड़ी हैं। अर्जुमंद चिन्तित थी। भविष्य की अनिश्चितता के साथ उसकी चिन्ता गहराती जा रही थी।

—देखो आरज़ू, हमारा असली मक़सद तो यही है। हम जाँनशीनी की दौड़ से पीछे नहीं हट सकते। इन दिनों तीन सूबे हमारे क़ब्ज़े में हैं। अगर इन्हें अब्बाहुज़ूर से माँगू, तो वे बख़ुशी मुझे मौहूब कर देंगे। पहले ऐसे कितने ही बड़े-बड़े सूबे मुझे अता करने की पेशकश कर चुके हैं और मैं मना कर चुका हूँ। ये सब बेमायने हैं। इसलिए कि जब भी कोई शाहज़ादा ताजदार होता है, वह अपने को महफ़ूज़ करने के लिए बाकी सबका ख़ात्मा करने की कोशिश करता है। तब तो शाही फ़ौज भी उसके इख़्तियार में होती है। इन सब बातों को मैंने पहले ही सोच रखा है। इसलिए यह मन बना लिया है कि अपने को ताक़तवर बनाओ और जाँनशीनी की दौड़ में शामिल हो जाओ। शाहजहाँ ने जैसे भविष्य के लिए सारी योजनाएँ बना रखी थीं। उसे सब बातें ऐसी लग रही थीं, जैसे सरोवर के उथले निर्मल पानी में सतह की सारी चीज़ें साफ़-साफ़ नज़र आती हैं।

अर्जुमंद सारी बातें सुनती रही। उसे लगा कि शाहजहाँ पानी में कितना गहरा उतरा हुआ है। वह तो तट पर खड़ी सिर्फ़ पानी को निहार रही है। अब उसके पास कहने को कुछ भी नहीं है।

बंगाल का सूबा दाराब ख़ाँ के भरोसे छोड़कर शाहजहाँ सेना लेकर पश्चिम की तरफ़ बढ़ा। उसने अपनी सेना का नये सिरे से संगठन किया था। सेना के सभी अंगों का अच्छा समन्वय किया और उन्हें परस्पर परिपूरक प्रणाली के अन्तर्गत व्यवस्थित किया। रणनीति में हाथियों की भूमिका को अधिक प्रभावी बनाया। केवल उत्तम घुड़सवारों को शामिल किया। शेष उसने बंगाल में छोड़ दिये। तोपचियों और बंदूकचियों की संख्या में पर्याप्त वृद्धि की। पैदल सिपाहियों की संख्या की बढ़ा दी। इस प्रकार आलाते जंग से अच्छी तरह से लैस होकर शाहजहाँ ने बिहार की दिशा में प्रयाण किया। लश्कर के साथ उसका हरम भी चल रहा था।

उसने बिहार के क्षेत्र में प्रवेश किया। उसने सेना की एक टुकड़ी राजा भीम के नेतृत्व में पटना भेजी और उसे अपने अधिकार में ले लिया। पटना के पतन के साथ पूरा बिहार उसके आधिपत्य में आ गया। शाहजहाँ आगे बढ़ा। रोहतास प्रदेश उस वक़्त सूबेदार सैयद मुबारक के अधीन था। उसने प्रतिरोध किया, किन्तु आँधी की तरह जिस तीव्र गति से शाहजहाँ अपनी सेना लेकर आ धमका था, उससे प्रतिरोध मात्र औपचारिक प्रतीत हुआ। इससे शाहजहाँ का हौसला बढ़ गया। उसने अपनी सेना की एक टुकड़ी अब्दुल्ला ख़ाँ के नेतृत्व में इलाहाबाद पर आक्रमण हेतु भेजी और दूसरी टुकड़ी दरिया ख़ाँ के अधीन अवध सूबे के लिए रवाना की। सिपहसालार अब्दुल्ला ख़ाँ

की सैन्य टुकड़ी पहले झूँसी पहुँची और फिर गंगा पार करके इलाहाबाद आयी। उसने दुर्गबद्ध शाही ठिकाने को घेर लिया। यह एक बहुत बड़ा सैनिक अभियान था। शाहजहाँ को लगा कि अब्दुल्ला ख़ाँ को सैनिक सहायता की ज़रूरत है। अतः वह हाथियों का नवाड़ा लेकर उसकी सहायता के लिए बढ़ा और जौनपुर तक आ पहुँचा।

शाहजहाँ के विद्रोही तेवर और सैन्य अभियान की सूचना सम्राट् जहाँगीर तक बराबर पहुँच रही थी। सम्राट् ने परवेज़ और महाबत ख़ाँ को आदेश भेजा कि वे फ़ौज लेकर इलाहाबाद आयें और शाहजहाँ का मुक़ाबला करें।

उधर अब्दुल्ला ख़ाँ ने इलाहाबाद पहुँचकर क़िले की घेराबंदी की ही थी कि दक्खन से परवेज़ और महाबत ख़ाँ शाही फ़ौज लेकर आ धमके और उन्होंने जबर्दस्त मारकाट मचा दी। सारी घेराबंदी तहस-नहस हो गयी। अब्दुल्ला ख़ाँ बची-खुची सेना लेकर भाग खड़ा हुआ और उसने जौनपुर जाकर पनाह ली, जहाँ शाहजहाँ अपना डेरा डाले पड़ा था।

महाबत ख़ाँ यहीं नहीं रुका। उसने जौनपुर पहुँचकर शाहजहाँ की फ़ौज को तीन तरफ़ से घेरकर दबाव बढ़ाना शुरू कर दिया। उसकी दाना-पानी की पूर्ति बंद कर दी गयी। अब शाहजहाँ के पास सिवाय इसके कोई चारा नहीं बचा था कि वह जंग के मैदान पर उतर आये और आमने-सामने होकर युद्ध करे। भयंकर युद्ध हुआ। शाही फ़ौज की संख्या काफ़ी अधिक थी। महाबत ख़ाँ का सैन्य संगठन और संचालन मज़बूत साबित हुआ। शाहजहाँ की सेना अधिक दबाव नहीं झेल सकी और विच्छिन्न हो गयी। उसके बहुत से योद्धा खेत रहे। अंततः उसे अपनी अवशिष्ट सेना के साथ रोहतास के दुर्ग में शरण लेने को बाध्य होना पड़ा।

हरम पहले से ही रोहतास में था। अब वह स्वयं भी आ गया। वहाँ पहुँचते ही उसे शुभसूचना मिली कि उसकी प्रिय बेगम ने पुत्ररत्न को जन्म दिया है। कुछ समय के लिए ही सही, वह पराजय के कड़वे स्वाद को भूल गया और तेज़ी के साथ अर्जुमंद के कक्ष में पहुँचा।

—मुबारक आरज़ू! बहुत-बहुत मुबारक! शाहजहाँ पलंग पर लेटी अर्जुमंद के पास बैठ गया और हर्ष-विभोर हो उसे बाँहों से पकड़कर हलके से झकझोर दिया। फिर उसने नवजात शिशु की ओर देखा, जो कपड़ों में लिपटा हुआ अर्जुमंद के पार्श्व में लेटा हुआ था। उसकी आँखें बन्द थीं।

—आपको भी मुबारक हो। माफ़ कीजिये। समझ में नहीं आ रहा कि हँसूँ कि रोऊँ। अर्जुमंद को शाहजहाँ के पराजय की सूचना मिल गयी थी।

—हाँ, वक़्त भी कुछ अजब सा है। सोच रखा था कि बच्चे का जन्म बहुत धूमधाम से मनायेंगे, पर खुदा को कुछ और ही मंजूर था। शाहजहाँ का मुख म्लान था। हताशा चेहरे पर साफ़ झलक रही थी।

—यह हमारे इम्तिहान का वक़्त है। अभी तो हमारे सामने अपनी हिफ़ाजत का

सवाल खड़ा है। इसे ही नज़र में रखकर आगे की कार्रवाई करनी चाहिए। जन्मदिन तो फिर कभी धूमधाम से मना लेंगे। दिल छोटा न करें। मुझे यक़ीन है, आपका जलाल फिर लौट कर आयेगा। गोकि अर्जुमंद का स्वर उदास था, वह शाहजहाँ के रास्ते पर चिराग़ लेकर खड़ी थी।

शाहजहाँ ने कोई जवाब नहीं दिया। वह सोच में डूबा हुआ था।

—अरे, आप कहाँ खो गये! अपने मन के किसी कोने में मुझ अकेला छोड़कर कहाँ चले गये! इतनी फ़िक्र की ज़रूरत नहीं है।

—कहीं शाही फ़ौज ने पीछा किया, तो उसके ख़िलाफ़ मज़बूती से टिके रहने में मुश्क़िल होगी। शाहजहाँ की चिन्ता अभी शेष थी।

—अभी-अभी तीन फ़तहों के नक़्क़ारे बजाते हुए आप यहाँ आये हैं। इनकी गूँज महाबत ख़ाँ के कानों में अभी तक पहुँच रही होगी। वह अच्छी तरह जानता है कि फ़ौज चाहे जितनी बड़ी क्यों न हो, जंग का नतीज़ा हमेशा ग़ैरमुअय्यन हुआ करता है। इसलिए उसे जो बेशक़ीमत फ़तह हासिल हुई है, उसे खोने का जोखिम वह नहीं उठाना चाहेगा। अर्जुमंद ने शिशु को गोद में उठा लिया था।

अर्जुमंद की बातों को शाहजहाँ जैसे तौलने लगा। कुछ देर विचार करने के बाद कहा—तुम्हारी तसल्लीबख़्श बातों से मुझे बहुत सुकून मिलता है। पर सच तो यह है कि महाबत ख़ाँ चाहे पीछा करे, न करे, हमें तो यहाँ से जल्द निकल जाना चाहिए। इसलिए मैंने तय किया है कि हम तीन दिनों के भीतर रोहतास छोड़ देंगे। अफ़सोस तो यह है कि इस हाल में जबकि आराम की सख़्त ज़रूरत है, तुम्हें सफ़र में शरीक रहना होगा। तुम्हारी तक़लीफ़ों के सामने मेरी मुसीबतें कुछ भी नहीं हैं। शाहजहाँ के चेहरे पर दुःख की गहरी छाया थी। जच्चा-बच्चा की ऐसी यात्रा, जिसे जान बचाकर भागने की संज्ञा दी जा सकती है, का स्मरण कर वह कंटकित हो उठा।

—आप क़तई फ़िक्र न करें। मैं सब सँभाल लूँगी। आप सफ़र की तैयारी करें। अर्जुमंद ने कुनमुनाते शिशु को पुचकारा और फिर सतीउननिसा को बुलाकर उसे सौंप दिया।

—अच्छी बात है। याद रखना, तीन दिनों के अन्दर हमें कूच करना है। शाहजहाँ उठने को हुआ।

—एक बात और। ढाका से चलते वक़्त मैंने इस बच्चे के नाम के बारे कुछ सोचा था...लेकिन, ख़ैर...अब जाने दें। अर्जुमंद ने जैसे अपने को पीछे खींच लिया।

—नहीं नहीं, कहो भी। क्या सोचा था?

—सोचा कि इसका नाम मुराद बख़्श कितना मौज़ूँ रहेगा! आपके ताजदार बनने की मेरी मुराद को पूरा कराने के लिए ही मानो यह जनम ले रहा है...पर अब तो हालात कुछ ऐसे हैं कि...। अर्जुमंद हाँफने लगी। कमज़ोरी के कारण अधिक बोलने की थकान साफ़ झलक रही थी।

—हालात जो भी हो गये हों, पर तुमने गर यह नाम सोच रखा है, क्या कहा. ..मुराद बख़्श...तो इसका नाम मुराद बख़्श ही रखा जाता है। शाहजहाँ ने बच्चे के नामकरण को स्वीकृति दे दी।

—तो आज से इस नन्हें, प्यारे, राजदुलारे का नाम मुराद बख़्श हुआ न! अर्जुमंद के चेहरे पर ख़ुशी झलकने लगी।

—आमीन! शाहजहाँ मुस्करा उठा, यद्यपि उसकी मुस्कान में कुछ कृत्रिमता झलक रही थी।

शाहजहाँ को नये सिरे से आगामी योजना की रूपरेखा तैयार करनी पड़ी। पहले उसने इरादा किया था कि बंगाल लौट चले। वह दूर और सुरक्षित है। तभी अगले दिन ही उसे सूचना मिली कि दाराब ख़ाँ ने विश्वासघात किया है और बादशाह के प्रति निष्ठा प्रदर्शित कर दी है। उसे मानसिक आघात लगा। मन मार कर शाहजहाँ को अपना इरादा बदलना पड़ा और उसने तय किया कि वह अकबरपुर के रास्ते उड़ीसा और तिलंगाना होता हुआ बुरहानपुर पहुँचेगा। बुरहानपुर पर उसने फिर ध्यान केन्द्रित किया, क्योंकि परवेज़ और महाबत ख़ाँ इस समय इलाहाबाद के आसपास थे। लिहाजा उसने लश्कर को इसी रास्ते दक्खन के प्रयाण का आदेश दे दिया।

उसे शिद्दत से महसूस हो रहा था कि किसी बड़ी मदद के बिना उसका संघर्ष लम्बे समय तक टिका रहना मुमकिन नहीं हो सकेगा। इसलिए उसने अपने एक अमीर ख़्वाजा हाजी के द्वारा एक संदेश ईरान के शाह अब्बास तक पहुँचाकर सहायता की याचना की।

अब शाहजहाँ का लश्कर बड़ी तीव्र गति से आगे बढ़ रहा था। अधिक विराम और विश्राम लेने का अवकाश नहीं था। शाहजहाँ को संकोच था, तो सिर्फ़ इतना कि अर्जुमंद को जच्चा की हालत में यह कठिन यात्रा करनी पड़ रही है। पूरी यात्रा में उसने अपना घोड़ा अर्जुमंद की पालकी के निकट ही रखा था और बीच-बीच में उसका हाल-चाल पूछता रहता था।

पन्द्रह दिनों की थका देने वाली यात्रा के बाद लश्कर मसुलीपट्टम पहुँचा। समुद्र के किनारे उसी स्थान पर शाहजहाँ का लाल तम्बू लगा।

दिन ढलने को था। शाहजहाँ तबीयत की ख़बर लेने अर्जुमंद के कक्ष में पहुँचा। उसने पलंग से उठकर स्वागत किया।

—अफसोस कि तुम्हें सख़्त इम्तिहान देना पड़ रहा है। शाहजहाँ ने अर्जुमंद के कष्टमय समय की ओर संकेत किया।

—नहीं, अब तो सब ठीक है। कनीज़ हैं। काफ़ी आराम देती हैं। अर्जुमंद ने शाहजहाँ का हाथ पकड़कर छोटे से सिंहासन पर बिठाया।

—अपनी तबीयत के बारे में कुछ छिपा तो नहीं रही हो। शाहज़ादे ने शंका की।

—तौबा तौबा! या ख़ुदा!! बिल्कुल नहीं। अब एकदम ठीक हूँ। अर्जुमंद ने

कालीन पर बैठते हुए कहा।

—अरे, फिर वही बात। बीमारी पर भला किसका बस है! अफ़सोस ज़रूर मुझे होता है कि अपने परिवार को लम्बे, थकानभरे, उबाऊ और बेचैन सफ़र के सिवा और कुछ नहीं दे पा रहा हूँ। शाहजहाँ के स्वर में पछतावा था।

—ऐसा न कहें। हम दोनों साथ हैं। बच्चे हमारे साथ हैं। फिर हम कहीं भी रहें, क्या फ़र्क़ पड़ता है। तब अकबराबाद हो या बुरहानपुर, मांडू हो या ढाका, सब हमारे लिए समान हैं। फ़र्क़ तो तब पड़ता, जब हममें से कोई हमारे पास न होता। अर्जुमंद ने शाहजहाँ को आश्वस्त करना चाहा।

—तुम्हारी बातें तसल्लीबख़्श ज़रूर हैं, लेकिन मेरा मन नहीं मानता। कहीं-न-कहीं मैं अपने को गुनहगार मानता हूँ। हम सारा मालोमाल खो चुके हैं। हमारी फ़ौज चौथाई भी नहीं रह गयी है कि हमला कर कोई सूबा जीत सकें और अपने को महफ़ूज़ रख सकें। हम ख़ानाबदोशों की तरह यहाँ-से-वहाँ भटक रहे हैं, बल्कि कहें कि भगाये और दौड़ाये जा रहे हैं। क़ूतबसरी के लिए दामन फैलाना पड़ सकता है। हमारे बच्चे दहशत में रहते हैं। उनकी आँखों में झाँकने से डर लगता है कि वहाँ जो ख़ौफ़ समाया हुआ है, वहाँ से उतर कर वह मेरे दिल में न समा जाये। कभी-कभी उनसे नज़रें चुरा लेता हूँ कि कहीं पूछ न बैठें कि अब्बा हुज़ूर हम कब तक इस तरह भागते रहेंगे! हाय इस बरगश्ता ऐयाम के माथे पर यही सब लिखा है! शाहजहाँ रुँआसा हो आया था। आवाज़ नम हो गयी थी। पत्नी के सामने मुँह करके बात नहीं कर पा रहा था।

शाहजहाँ की विकलता को देखकर अर्जुमंद का कलेजा मुँह को आ गया। विचलित होकर बोली—मेहरबानी करके ऐसा न बोलें। ख़ुदा के वास्ते ऐसा न कहें। अल्लाह बहुत करीम है। हमारी हालात पर उसकी नज़र है। वो ज़रूर हमें इन पुरमिहन हालात से बाहर निकालेगा। उस पर भरोसा करें और सब्र के दामनगीर रहें। कोई यदुल्लाह ज़रूर हमारी जानिब उठेगा।

—तुम्हारी इन बातों से सुकून तो मिलता है, बेगम, लेकिन हक़ीक़त आख़िर हक़ीक़त ही है। हम उधर से मुँह नहीं फेर सकते। वह ख़ुद भी घूम-फिर कर हमारे रूबरू आ जाती है। अब यही देखो। ईरान के शाह अब्बास ने हमारे क़ासिद ख़्वाज़ा हाजी को बैरंग लौटा दिया। ऊपर से नसीहत दे डाली कि अपने बाप के वफ़ादार रहो। शाहजहाँ की आवाज़ में निराशा ने खीझ भर दी थी।

—पर हालात उतने बुरे भी नहीं हैं, जितने राना परताप के थे। जब आप मेवाड़ फ़तह करके लौटे थे, तब आपने उन राजपूत राजा के बारे में बताया था कि कैसे वो सालों-साल अरावली की पहाड़ियों में छिपते-भटकते रहे। वे घास-फूस की झोंपड़ी में रहते थे। पूरा परिवार घास की रोटी खाता था। फिर भी उन्होंने हौसला नहीं छोड़ा और एक पुराने वफ़ादार वज़ीर की मदद से एक बड़ी फ़ौज खड़ी की और महाज़े जंग में मेवाड़ का परचम लहराया। अभी मेरे ज़रोजवाहिरात महफ़ूज हैं, जो आपके क़दमों पर

निछावर हैं। इनसे फ़ौजी ताक़त बढ़ाने में मदद मिल सकती है। आप यहीं से शुरुआत करें। अर्जुमंद की उद्विग्नता बनी हुई थी। वह मन-ही-मन अल्लाह से दुआ माँग रही थी कि उसके सरताज की पख़्मानी और परेशानी दूर हो और उनका खोया हुआ आत्मविश्वास लौट आये।

—इतना काफ़ी नहीं है। निजामुलमुल्क और तिलंगाना की राह आगे बढ़ना है और बुरहानपुर पहुँचना...।

—क्या आप फिर बुरहानपुर फ़तह करने का इरादा रखते हैं?

—हाँ। वह दक्खन का सबसे मज़बूत फ़ौजी मरक़ज़ है। एक बार वह हासिल हो जाय, तो दक्खन में पैर जमाना मुश्किल न होगा। शाहजहाँ की किसी मंसूबे पर निगाह थी।

इसी मंसूबे को दृष्टि में रखकर उसने दूसरे दिन दो पत्र रवाना किये—एक निजामशाह को और दूसरा मलिक अंबर को। लेकिन वह उनके जवाब के लिए नहीं रुका। सिपहसालार अब्दुल्ला ख़ाँ ने बची-खुची फ़ौज को किसी प्रकार व्यवस्थित किया। फिर उसका लश्कर पश्चिम दिशा को कूच कर गया और कुछ ही दिनों में तिलंगाना में प्रवेश कर गया। यहाँ उसे दोनों ओर से जवाब मिल गया। उसकी ख़ुशी का ठिकाना न रहा, जब दोनों ने उसे सहायता देना स्वीकार कर लिया। निजामशाह ने तो तीन लाख रुपये भी देने का वादा किया था। अब शाहजहाँ की सेना बेरोकटोक बढ़ती गयी। आगे चलकर निजामशाह की सेना भी सम्मिलित हो गयी। दोनों फ़ौजों ने मिलकर बुरहानपुर पर घेरा डाल दिया। इस घेरे को तब और मज़बूती मिल गयी, जब कुछ दिनों के बाद मलिक अंबर की सेना का सहयोग भी मिल गया।

शाहजहाँ ने घेरा तो डाल दिया था, पर उसे अपने अभियान की सफलता पर सन्देह था। एक तो मलिक अंबर की सैनिक सहायता अपर्याप्त थी, दूसरे वह महाबत ख़ाँ से डरा हुआ था। फिर निजामशाह के सिपाहियों का सैनिक प्रशिक्षण भी अपरिपक्व था। एक झटका यह भी लगा कि उसके विश्वसनीय बहादुर योद्धा अब्दुल्ला ख़ाँ ने विश्वासघात किया।

शाही फ़ौज के कभी भी आ धमकने का ख़ौफ़ अपनी जगह था।

शाहजहाँ की चिन्ता सही भी थी। सम्राट् के आदेश से परवेज़ और महाबत ख़ाँ शाही सेना को लेकर बुरहानपुर आ धमके। इससे शाहजहाँ की सेना में अफ़रा-तफ़री मच गयी। हालात काबू से बाहर हो गये। उसके सिपहसालारों ने घेरा शीघ्र उठा लेने की सलाह दी।

शाहज़ादे ने फ़ैसला लेने में देर नहीं की। उसने हुक्म दिया—घेरा उठा लिया जाय और फ़ौज रोहनखेड़ा की तरफ़ कूच करे।

चौबीस

रोहनखेड़ा में शाहजहाँ ने पड़ाव तो स्थापित किया, किन्तु वहाँ वह अपने को बहुत असुरक्षित अनुभव कर रहा था। एक तो यह स्थान बुरहानपुर से दूर नहीं था और शाही फ़ौज की पकड़ में था, दूसरे वह इस कदर साधनहीन और विपन्न हो चुका था कि न तो अपना बचाव ही कर सकता था और न भाग ही सकता था। परिश्रम से पस्त और थकान से चूर होकर वह बीमार हो गया था। पलंग पर निढाल पड़ा वह इसी सोच में डूबा हुआ था कि अब आगे उसका क्या हश्र होने वाला है।

उसे बेचैन देखकर अर्जुमंद उसके पास आकर बैठ गयी और उसके सिर पर हाथ फेरने लगी।

—इस तरह से बेहाल होने की तो कोई बात नहीं है। देखिये बच्चे हर तरह से ख़ुश हैं। कुछ ही देर पहले जहाँआरा उन्हें क़ुराने पाक की कुछ आयतों को पढ़ कर सुना रही थी। अब वे हँसी-ख़ुशी खेलने में मगन हैं। प्रसंग को बदल कर अर्जुमंद शाहजहाँ के तनाव को कम करने की कोशिश कर रही थी।

—तुम समझ नहीं रही हो, आरजू, मामला कितना संजीदा है। आज हम बचाव की हालत में भी नहीं हैं। ताज़्जुब है कि शाही फ़ौज पीछा क्यों नहीं कर रही है। अब तक तो उसने हम लोगों को दबोच लिया होता। तब न जाने हमारा क्या हाल होता! शाहजहाँ का शब्द-शब्द अवसाद में डूबा हुआ था।

—ऐसा इसलिए नहीं हो पाया क्योंकि वे लोग आपके जलाल से ख़ौफ़ खाते हैं। महाबत ख़ाँ यह अच्छी तरह जानता है कि अगरचे आपके घोड़े की अगली दो टापें उस पर उठीं, तो उसका तो ख़ुदा हाफ़िज़! और परवेज़ भाई जान का तो यह हाल है कि वे फ़ौज को आगे ठेलते हैं और ख़ुद पीछे हटते हैं। अर्जुमंद रुकी। वह शाहजहाँ की प्रतिक्रिया को पढ़ रही थी।

ख़ुर्रम ख़ामोश रहा, जैसे ये बातें उसके कानों में पड़ ही नहीं रहीं। वह सिर झुका कर सोच में डूबा हुआ था।

—यह भी तो मुमकिन है कि अब्बाहुज़ूर की मुराद इतनी ही हो कि मुग़ल इलाके ख़ाली भर करा लिये जायें और न चाहते रहे हों कि आपका पीछा किया जाय। अर्जुमंद ने अपने अनुमान को नयी दिशा दी।

—क्यों? क्योंकि तुम मेरे साथ हो!

—हाँ, वे मुझ पर बेटी जैसा स्नेह रखते हैं।

—लेकिन मलिका? वो तो कभी मुरव्वत नहीं करती। सियासत के आस्ताने पर सारे रिश्ते-नातों को ख़ारिज़ करके वो शाही महल में दाख़िल हुई है। इसलिए ऐसी किसी उम्मीद को चिराग़ दिखाना बेमायने होगा। शाहजहाँ को अपने ख़िलाफ़ सारी साज़िशों में चिलमन के पीछे मलिका का छाया झलकती नज़र आती थी।

—यह आपका ख़याल है। मैं इसे ग़लत नहीं ठहराती। लेकिन मुझे तो लगता है कि अब्बा हुज़ूर के दिल में कहीं-न-कहीं आपके लिए स्नेह ज़रूर है। उस सनेह को पुकारने और जगाने भर की ज़रूरत है। अर्जुमंद उस शरारे की तलाश में थी, जो बाप-बेटे के रिश्तों की राख के नीचे कहीं दबा पड़ा था।

—और उस स्नेह को जगाने की तरकीब क्या है?

—माफ़ीनामा। हम उनसे अपनी ख़ता के लिए माफ़ी माँग लें। अर्जुमंद ने सहज ही एक उपाय सामने रखा।

—और अगर वे न माने तो!

—बच्चों के सर पर वालिदैन के हाथ हमेशा ही रखे होते हैं। हम उन्हें देख नहीं पाते, क्योंकि हमारी आँखें नीचे होती हैं। अर्जुमंद ने पिता तक राह बनाकर बेटे को उस पर चलाने के लिए पहल की।

—इसमें तब भी ख़तरा तो बना ही हुआ है। उधर हमने माफ़ीनामा भेजा और इधर महाबत ख़ाँ आ धमका।

—हम यह माफ़ीनामा महाबत ख़ाँ के मार्फ़त ही भेजें, ताकि उसे मालूम हो कि शाहज़ादा हुज़ूर बादशाह से आपसी तज़ाद और ख़िलाफ़त को ख़त्म करने की पहल कर रहे हैं। तब वह ज़रूर बादशाह के किसी-न-किसी तरह के हुक्म या इशारे का इंतज़ार करेगा। अर्जुमंद बड़े विश्वास के साथ बोल रही थी।

—ठीक है। जैसा तुम कहो। शाहजहाँ ने स्वीकृति दी।

दोनों ने मिल-बैठकर सादा सा पत्र तैयार किया, जो अब्बा हुज़ूर को संबोधित था और जिसका आशय था—*मैं अपनी गुस्ताख़ी के लिए शर्मिन्दा हूँ। मुझे दक्खन की दूसरी फ़तह के बाद तुरंत क़दमबोसी में हाज़िर होना था, लेकिन एक बार जो ग़लती शुरू हुई, तो फिर होती चली गयी। आपसे अदावत को तो मैं तसव्वुर भी नहीं कर सकता, क्योंकि आपके पाक दामन को पकड़कर ही मैंने ज़मीन पर चलना सीखा है। अपनी गुस्ताख़ियों और ग़लतियों के लिए माफ़ी का ख़्वास्तगार हूँ। आइंदा कभी आपको शिकायत का मौक़ा नहीं दूँगा। आपकी बहूबेगम भी ग़लतियों के लिए शर्मिन्दगी महसूस करती है और इस माफ़ीनामें में अपने को शरीक करती है। बच्चे उन दिनों के इंतज़ार में हैं, जब उन्हें आपके मुक़द्दस क़दमों पर बैठना नसीब होगा।*

अपने निजी सहायक और दो सैनिकों के माध्यम से उसने यह पत्र महाबत ख़ाँ तक पहुँचाया। पत्र को मुहरबंद नहीं किया गया था, ताकि यदि चाहे तो महाबत ख़ाँ इसे पढ़ सके। इसकी अनुकूल प्रतिक्रिया हुई। मुहरविहीन पत्र को देखकर महाबत ख़ाँ पसीज गया कि शाहजहाँ ने उसे अपने निकट समझा और उस पर विश्वास प्रकट किया। मुग़ल सिपहसालार ने तुरंत द्रुतगामी अश्वरोही सैनिकों के द्वारा इस माफ़ीनामे को अपने पत्र के साथ संलग्न कर बादशाह तक पहुँचाया। अपने पत्र में उसने आगामी सैनिक कार्रवाई के लिए निर्देश देने की माँग की।

महाबत ख़ाँ का पत्र और शाहजहाँ का माफ़ीनामा मलिका नूरजहाँ के हाथ पड़ा। उसने माफ़ीनामे को बायें हाथ में लेकर बार-बार पढ़ा और कुटिलता से मुस्कराती रही। उसे लगा तीन विजयों की तीन कलगियों को सुनहरी पगड़ी पर लहराता हुआ ख़ुर्रम दीन और दयनीय दशा में घुटनों के बल घिसटता हुआ चला आ रहा है।

तभी शहरयार और लाडली बेगम ने कक्ष में प्रवेश किया। उन्होंने आदाब में हाथ उठाये और निकट आकर खड़े हो गये। मलिका ने उन्हें याद किया था। वह उन्हें शाहजहाँ की दुर्गति की सूचना देने के लिए व्याकुल थी।

—क्या बात है, अम्मीजान, आज आप बेहद ख़ुश नज़र आ रही हैं। मैं बहुत दिनों बाद आपके चेहरे पर बहार देख रही हूँ। लाडली बेगम ने चहकते हुए कहा। वह मलिका की दुलारी गुड़िया थी।

—हाँ मलिका-ए-आली, कुछ लग तो ऐसा ही रहा है कि शिगुफ़्ता फूलों के जमाल और महक के साथ एक भरा-पूरा चमन आपके चेहरे में पनाह लेने को बेताब है। शहरयार की प्रशंसा में चापलूसी की गन्ध थी।

—ऐसी ख़बर कि सुनोगे तो बल्लियाँ उछलने लगोगे। हमारी फ़तहयाब फ़ौज ने ख़ुर्रम के हौसले पस्त कर दिये और उसे तनज़्ज़ुल की राह दिखा दी। यह रहा उस ज़मीन पर नाक रगड़ते हुए बदगुमान और बददिमाग़ शाहज़ादे का मुआफ़ीनामा। मलिका खिलखिला उठी। ऐसा कम ही हुआ था कि वह ज़ोर से हँसी हो।

—ख़ुर्रम! वो बदकेश ख़ुर्रम! पस्त हो गया! उसकी फ़ौज पस्पा हो गयी! या ख़ुदा, मैं क्या सुन रहा हूँ। मुझे यक़ीन नहीं होता। शहरयार आश्चर्य से आँखें फाड़े हुए था। उसकी आवाज़ अविश्वसनीयता से बोझिल थी।

—यक़ीन करना सीखो, शहरयार। अभी शायद तुम्हें नूरजहाँ की ताक़त का अंदाज़ नहीं है। मलिका ने पत्र और माफ़ीनामे को खोलते और फिर बंद करते हुए कहा।

—यक़ीन है मलिका-ए-आली, यक़ीन है। आपकी हर बात पर यक़ीन है, लेकिन मुझे अपने पर यक़ीन नहीं है कि मैं ठीक से सुन पाया कि नहीं। शहरयार को लगा कि मलिका कहीं नाराज़ न हो गयी हो।

—अम्मीजान! यह तो करिश्मा हुआ। अभी कहाँ है वो। ग़िरफ्तार हो गया न! लाडली ख़ुशी के अतिरेक से चहचहा रही थी।

—ग़िरफ्तार तो नहीं हुआ, पर जल्द हो जायेगा। मलिका ने अधरदंश के साथ कहा।

—मैं वो नज़ारा देखने को बेताब हूँ जब वह नाशुक्रा ज़ंजीरे आहन से जकड़ा हुआ भरे दरबार में घसीटते हुए लाया जायेगा और ज़मीन पर माथा रगड़ते हुए आलमपनाह से 'रहम—रहम' की रट लगाता हुआ जाँबख़्शी की भीख माँग रहा होगा।

हह् हह् हह् हह्! खूब! ख़ूब!! जबर्दस्त नज़ारा होगा। शाहजहाँ के प्रति शहरयार की हिंसात्मक भावना का उफान उसे उन्मादग्रस्त किये दे रहा था।

—सब्र करो शहरयार! अभी बहुत कुछ होना बाकी है। दो काँटे तो निकल गये। ख़ुसरो गया। ख़ुर्रम गया। अब बचा परवेज़। उस पर भी नशा चढ़ गया होगा—ख़ुर्रम को दो बार पछाड़ने का। यहाँ तो जो भी फ़तह हासिल करता है, नशे में चूर हो जाता है। भूल जाता है कि फ़तह का सबब शाहंशाह का जलाल और शाही फ़ौज की ताक़त है। नूरजहाँ के चेहरे पर कुटिलता छायी थी। आँखें जैसे किसी नये मंसूबे की तलाश में थीं।

—परवेज़ का क्या करेंगी? लाडली ने पूछा।

—वह अपनी मौत आप मरेगा। वह मुग़ालते में है। असल में फ़तह का सेहरा महाबत ख़ाँ के सर पर है और वह पीठ अपनी ठोंक रहा होगा। उसे महाबत ख़ाँ से जुदा कर दिया जाय, तो अपनी औक़ात में आ जायेगा। फिर उससे निपटना आसान होगा। मलिका किसी मंसूबे का आगाज़ कर रही थी।

—मुझे तो लगता है कि महाबत ख़ाँ ज़्यादा ख़तरनाक है। आप पहले से ही उसे नापसंद करती रही हैं। मुश्क़िल तो यह है कि किसी-न-किसी काम से उसकी ज़रूरत बनी रहती है। नूरजहाँ का कन्धा मिलने से शहरयार को सुविधा हो गयी थी।

—अब कोई ज़रूरत नहीं होगी...लेकिन अभी तो यह देखना है कि इस माफ़ीनामे पर जहाँपनाह का क्या रुख़ है। पहले ख़ुर्रम का मामला निपटाया जाय। मैं बादशाह से मिलकर आती हूँ। शाम हो चली है। तुम लोग रुको। रात के दस्तरख़ान में हम साथ-साथ होंगे। शहरयार, तुम आलमपनाह के क़रीब आने की कोशिश करो। उन्हें लगे कि तुम्हीं उनके सबसे क़रीब हो। और सावधान! कोई अनाप-शनाप बात मत कह देना। तुम कभी-कभी बहक जाते हो। नूरजहाँ माफ़ीनामा को हाथ में लिये बादशाह के निजी बैठक की तरफ़ चली गयी।

शहरयार और लाडली बेगम मलिका के कक्ष में रुके रहे। दासियाँ उनके लिए ख़्वान में नाश्ता और शर्बत लेकर आयीं।

मलिका नूरजहाँ सम्राट् के पास पहुँची। वह ज़रूरी दस्तावेज़ों का परीक्षण कर रहा था।

—फ़तह मुबारक हो, आलमपनाह बहुत-बहुत मुबारक हो। बग़ावत का ख़ात्मा हुआ, जिसने महीनों तक हमें हलाकान कर रखा था और जो शाही फ़ौज को उत्तर-दक्खन और दक्खन-उत्तर भागने की मशक़्क़त करवा रही थी। मलिका ख़बर के प्रभाव का आकलन करने को रुकी।

—आगे बयान हो।

—शाही फ़ौज की कार्रवाई से मलिक अंबर भाग खड़ा हुआ और निजाम शाह की फ़ौज अपने सूबे में जाकर दुबक गयी।

—और ख़ुर्रम! उसका क्या हुआ? बादशाह की उत्सुकता में कुछ चिन्ता शामिल थी।

—उसकी फ़ौज ने बुरहानपुर का घेरा उठा लिया और वह भाग खड़ी हुई। मलिका ने पत्र का हवाला दिया।

—और ख़ुर्रम! सम्राट् की सारी जिज्ञासा ख़ुर्रम पर केन्द्रित थी।

मलिका ने लक्ष्य किया कि बादशाह न तो फ़ौज की फ़तह से ख़ुश दिख रहा था और न मलिक अंबर और निजाम शाह के पीछे हटने से। उसका ध्यान एक ही दिशा में था कि ख़ुर्रम का क्या हुआ।

—अपनी फ़ौज के साथ ख़ुर्रम ने भी पीठ दिखा दी और रोहनखेड़ा में जा छिपा। फिर औरतों की तरह आँसू ढारते हुए आपके हुज़ूर में माफ़ीनामा भेजा है। नूरजहाँ ने सम्राट् की ख़ुर्रम-विषयक जिज्ञासा को सन्तुष्ट किया और माफ़ीनामा तथा महाबत ख़ाँ का ख़त उसके हाथों में पकड़ा दिये।

सम्राट् ने तत्परता दिखाई। उसने शीघ्र ही पत्र और माफ़ीनामे को पढ़ा और दोनों को पुनः पढ़ा।

मलिका थोड़ी देर चुपचाप खड़ी रही। वह सम्राट् की प्रतिक्रिया सुनना चाहती थी। बादशाह सोच में डूबा हुआ था। उसे समझ नहीं आ रहा था कि क्या कहे।

—इतने सोच-विचार की क्या ज़रूरत! आपको इतना ही तो फ़ैसला करना है कि आप माफ़ीनामे को मंज़ूर करें या ख़ारिज़ कर महाबत ख़ाँ को हुक्म दें कि वह बाग़ी को ज़िन्दा या मुर्दा दरबार में हाज़िर करे। नूरजहाँ ने अपने तेवर कड़े कर दिये। उसे लगा कि कठोर कार्रवाई करने में बादशाह ढीला न पड़ जाय।

—इस तरह के फ़ैसलों में काफ़ी कुछ आगे-पीछे सोचना पड़ता है। ख़ुसरो के बारे में जब फ़ैसला लेना था, तीन रात नहीं सो सका था। इस सुलहनामे पर भी क़रीने से ग़ौर करना होगा। बादशाह जल्दबाजी में कुछ नहीं करना चाहता था।

—सुलहनामा नहीं, माफ़ीनामा। दोनों में बड़ा फ़र्क है। याद रखें, बाग़ी सज़ावार होता है और उसके लिए रिवायतन एक ही सज़ा मुक़र्रर है-मौत! नूरजहाँ सरकारी वकील की तरह जिरह कर रही थी और मुंसिफ़ के सामने इंसाफ़ के लिए अड़ी थी।

—इंसाफ़ के लिए सब्रतलब होना चाहिए। बहुत सी बातों का ख़याल रखना पड़ता है। बाग़ी को सज़ा ज़रूर मिलना चाहिए, लेकिन यह भी देखना पड़ता है कि उसकी हैसियत क्या है। शाहज़ादे की बात ही अलग होती है। बादशाह ने संजीदगी से कहा।

—मैं जानती थी कि आप इस तरह के फ़र्क को ज़रूर ख़याल में लायेंगे। आपको याद होगा और ज़माने को भी याद है कि आपने शाहज़ादा ख़ुसरो को कितनी बड़ी सज़ा दी थी! उसे दरबार में ज़ंजीरों से बाँध कर लाया गया, सरे आम जलील किया गया और उसकी आँखों में गरम सलाइयाँ डालने का हुक्म हुआ। अब यही ख़ता

ख़ुर्रम ने भी की है। आप हिन्दुस्तान में अदले-जहाँगीर के नाम से मशहूर हैं। आप एक ही क़ुसूर के लिए दो लोगों को अलग-अलग सजाएँ नहीं दे सकते। मलिका ने ख़ुर्रम के ख़िलाफ़ पूरी ताक़त लगा दी। वह हर हाल में उसे कड़ी सज़ा दिलाने पर तुली हुई थी।

जहाँगीर को लगा कि ख़ुर्रम को सज़ा दिलाने के लिए उस पर दबाव डाला जा रहा है और दबाव में काम करना सम्राट् को शोभा नहीं देता। मन की इस गूँज को स्वर देता हुआ बोला—इस बारे में मुझे ही फ़ैसला लेना है। सोच-विचार कर फ़ैसला दूँगा।

दूसरे दिन शाम को अवसर पाकर मलिका ने पूछा—उस बाग़ी के बारे में क्या फ़ैसला किया आपने?

—हाँ, तीन शर्तें रख दी हैं। पहली यह कि वह हमारे जीते हुए इलाके रोहतास गढ़ और असीरगढ़ ख़ाली कर दे। दूसरा, जुर्माने के तौर पर तीन लाख रुपये अदा करे।

—क्या! सिर्फ़ तीन लाख रुपये! इतना तो मेरा चंद माह का ख़र्च-ए-पानदान है, आलीजाह! याद कीजिये, ख़ुर्रम ने दक्खन की पहली फ़तह पर मलिक अंबर से दस लाख पचास हज़ार रुपये वसूल किये थे। मलिका बादशाह की उदारता पर चकित थी।

—ख़ुर्रम शाहज़ादा है।

—तो इससे क्या हुआ। बाग़ी बाग़ी है। बाग़ियों की कोई जात नहीं होती। उनके ख़िलाफ़ यकसाँ कार्रवाई होनी चाहिए। नूरजहाँ ने विरोध ज़ारी रखा।

—और तीसरी शर्त यह है कि ख़ुर्रम यह कौल दे कि आगे वह कभी सल्तनत के ख़िलाफ़ किसी क़िस्म की कार्रवाई नहीं करेगा और न उसमें भाग लेगा। मलिका के विरोध पर ध्यान न देते हुए सम्राट् ने तीसरी शर्त सुनाई।

—या ख़ुदा! यह आप उसे सज़ा दे रहे हैं कि सुलह फ़र्मा रहे हैं। उसने माफ़ी के दो लफ़्ज क्या कह दिये, आपने समझ लिया कि सब ठीक हो गया। मलिका विस्मित थी कि बादशाह को यह क्या सूझा है।

—ख़ुर्रम ज़ुबान का पक्का है। जो कहता है, कर दिखाता है।

—माफ़ कीजिये, आलमपनाह, वह इतना भोला भी नहीं है। वह अच्छी तरह जानता है कि उसके जुर्म को बाप के दुलार के दामन का सहारा है। मैं देख रही हूँ कि बिल्कुल यही हो रहा है। जहाँपनाह, मैं आपको इतना ढीला नहीं पड़ने दूँगी। मलिका का स्वर काफ़ी कर्कश था।

—तो आख़िर तुम चाहती क्या हो?

—कोई ऐसी कड़ी सज़ा कि बग़ावत के ख़याल से भी उसकी रूह काँप उठे। मलिका के चेहरे की नसें ख़िंच आयी थी।

—तो इसके लिए तुमने क्या सोचा है? साफ़-साफ़ कहो। सम्राट् उसके विरोध

के आगे कुछ झुक सा रहा था। उसे भी लग रहा था कि तज्वीज़ की गयी सज़ा नाकाफ़ी है।

—बतौर ज़मानत अपने तीन बेटों दारा, शुजा और औरंगज़ेब को राजधानी भेज दे। मलिका ने शर्त को कठोरतम बनाने की युक्ति सुझाई। वह कुछ हिंसक नज़र आ रही थी।

—क्या कहती हो! बच्चों को क़ैद करोगी। हैरत है, इस तरह की बातें तुम्हारे दिमाग में उपजती कैसे हैं!

—बिल्कुल वैसे ही जैसे ख़ुर्रम के दिमाग़ में रात-दिन यह ख़याल उमड़ता-घुमड़ता रहता है कि तख़्ते-शाही पर कैसे क़ाबिज़ हुआ जाय। नूरजहाँ की द्वेषाग्नि चिनगारियाँ छोड़ रही थी।

—बच्चों को माँ-बाप से महरूम करना उन पर भारी जुल्म ढाना है।

—यह कोई अनोखी बात तो नहीं है।

—फिर भी...।

—नहीं, आलीजाह, यह शर्त तो ख़ुर्रम को पूरी करनी ही होगी।

—तुम समझती क्यों नहीं। इन बच्चों को कितना गहरा सदमा पहुँचेगा।

—हम बच्चों के कोई दुश्मन तो नहीं। वे हमारे नाती-पोते हैं। बच्चे तो अपने दादा-दादी, नाना-नानी के यहाँ जाकर रहते ही हैं। इसमें ऐसी नयी बात क्या है। मलिका अपने निर्णय को सही ठहराने में लगी हुई थी।

—ठीक है।

—ख़ुर्रम इस लायक़ नहीं रहा कि उसे 'शाहेजहाँ' कह कर पुकारा जाय। उसका ख़िताब वापस लिया जाय। मलिका ख़ुर्रम को हर तरह से नीचा दिखाने की कोशिश में लगी थी।

—नहीं। हम इस तरह की कोई नई रिवायत डालना नहीं चाहते। अपनी फ़राख़दिली पर हमें कोई दाग़ मंजूर नहीं. ...शर्तनामा ज़ारी किया जाय। बादशाह ने प्रकरण को समाप्त किया।

सम्राट् के मन, मनन और मंतव्य को पढ़ने का मलिका को अच्छा अभ्यास हो चला था। उसने प्रसंग के सूत्र को वहीं छोड़ दिया। दीवान को सम्राट् के निर्देशानुसार शर्तनामा बनाकर महाबत ख़ाँ को भेजने का आदेश दिया।

सम्राट् का आदेश का पालन करते हुए महाबत ख़ाँ स्वयं रोहनखेड़ा पहुँचा और अनुमति पाकर बैठक में आया। सामने सिंहासन पर बैठे हुए शाहजहाँ को उसने कोर्निश की और बोला—जिल्ले सुब्हानी शाहंशाहे वक़्त ने आपके माफ़ीनामे के जवाब में यह शर्तनामा इर्साल किया है। उसने दस्तावेज़ शाहज़ादे को सौंपा।

शाहजहाँ ने फ़र्मान को खोलकर पढ़ा। पहली दो शर्तों को निर्विकार पढ़ने के उपरान्त जब वह तीसरी शर्त पर आया, तो उसकी त्योरी चढ़ गयी। रोष का बबूला

हृदय में उमड़ा। बादशाह और मलिका की शान के ख़िलाफ़ कुछ कहने की इच्छा जागी, किन्तु किसी प्रकार अपने को नियंत्रित किया। दस्तावेज़ को हथेली में मरोड़ते हुए इतना ही कहा—शर्तनामे पर ग़ौर करने में वक़्त लगेगा। तुम कल शाम इसी वक़्त हाज़िर हो।

महाबत ख़ाँ ने कोर्निश की और कक्ष से बाहर निकल आया।

शाहजहाँ देर तक अपनी जगह पर बैठा रहा। बच्चों की ज़मानत की बात उसके सिर पर हथौड़े के आघात-सी लग रही थी। सुनेगी तो अर्जुमंद का जाने क्या हाल होगा! भला क्या बर्दास्त कर पायेगी! मलिका इस हद तक संगदिल हो सकती है। अपनी सगी भतीजी को उसके बेटों से जुदा करना चाहती है। काफ़ी देर तक शाहजहाँ के मन में रोष के बादल उमड़ते-घुमड़ते रहे। अंततः अर्जुमंद से परामर्श करने के लिए उसके कक्ष में आया।

अर्जुमंद कालीन पर बैठी हुई रोशनआरा के कुरते पर कढ़ाई का काम कर रही थी। शाहजहाँ को देखकर खड़ी हुई।

—क्या बात है? मुँह उतरा हुआ क्यों है? कोई परेशानी आ गयी क्या? शाहजहाँ के चेहरे पर नज़र डालकर अर्जुमंद ने प्रश्नों की झड़ी लगा दी। उसने कढ़ाई का सामान मेज़ पर रख दिया।

—हमने माफ़ीनामा भेजा था। उसका जवाब आ गया है। शाहजहाँ ने फ़र्मान को हाथ में हिलाया।

—अच्छा! मंज़ूर हो गया? अर्जुमंद के मुख पर चमक थी।

शाहजहाँ के चेहरे से जैसे क्रोधाग्नि फूट पड़ी हो—वो क्या मंज़ूर करेंगे। हमें ही मंज़ूर नहीं है। माफ़ीनामे के जवाब में शर्तनामा आया है। हमने फूल भेजा था, उन्होंने तिरसूल भेजा है। शर्तनामा क्या है, सूली पर चढ़ाने का पर्वाना ज़ारी हुआ है।

इस वाचिक विस्फोट से अर्जुमंद सहम गयी। एकाएक उससे कुछ कहते नहीं बना। अपने को सँभाल कर पति के पास आयी और हाथ पकड़कर बोली—क्या कोई बहुत परेशानी की बात है? ख़ुदा के लिए कुछ छिपाइये मत मुझसे।

—यह ऐसी बात नहीं कि छिपायी जा सके। माफ़ीनामे के लिए तीन शर्तें रखी गयी हैं। एक, रोहतास और असीरगढ़ को ख़ाली कर दिया जाय। शाहजहाँ ने शर्तनामे की तरफ़ हिकारत से देखा।

—यह तो कोई ख़ास बात नहीं। हम वैसे भी इन इलाकों से परे हैं। शाही फ़ौज कभी भी उन्हें अपने क़ब्ज़े में ले सकती है। अर्जुमंद ने इस शर्त को कोई महत्व नहीं दिया।

—दूसरी शर्त है कि तीन लाख रुपये बतौर जुर्माना अदा किया जाय।

—यह कुछ नहीं है। बल्कि मुझे तो लगता है कि अब्बा हुज़ूर ने अपनी फ़ैयाज़ी दिखलायी है। इन शर्तों को सुनकर अर्जुमंद के चेहरे पर एक शिकन भी नहीं आयी।

—लेकिन यह तीसरी शर्त...तीसरी...। ख़ुर्रम से जैसे कहते नहीं बन रहा था।

—तीसरी शर्त! क्या है तीसरी शर्त? जो आप...आप इस तरह ख़ामोश से हैं। अर्जुमंद किंचित् चिन्तित दिखी।

—तीसरी शर्त...बतौर ज़मानत दारा, शुजा और औरंगज़ेब को अकबराबाद भेज दिया जाय। एक झटके से शाहजहाँ ने बात पूरी की।

—क्या? या ख़ुदा!! मैंने क्या सुना! अल्लाह! अल्लाह! अर्जुमंद सकते में आ गयी। ज़िन्दगी में पहली बार उसके ख़यालों के ख़िरमन पर बिजली गिरी। विकलता के चरम क्षणों में भी उसे ध्यान रहा कि शाहजहाँ कहीं उसकी पीड़ा को पढ़ न ले। इसलिए उसने झट से उसकी तरफ़ पीठ कर ली। कपोलों पर आँसू भल-भल बह रहे थे, पर मुख में आँचल के सिरे को ठूँसकर उसने रुदन के स्वर को रोक रखा था।

—देखा, किस तरह हाँका लगाकर शेर को घेरा जा रहा है। उसके दाँतों और नाख़ूनों को झड़ाकर उसे निहत्था किया जा रहा है। मुझे लगता है कि पहली दो शर्तें तो अब्बा हुज़ूर की हैं, लेकिन तीसरी शर्त ज़रूर उस मक्कार मलिका की जोड़ी हुई है। उस निकम्मे शहरयार को दामाद क्या बना लिया, उसे ताज पहनाने के लिए जिस पर जैसा चाहती है, जुल्म ढाती जा रही है। उसे अच्छा-बुरा कुछ नहीं दिख रहा है। हमेशा के लिए मलिका बनी रहना चाहती है, इसलिए कमज़ोर, नालायक, ऐय्याश और मयनोश को तख़्त पर बिठाना चाहती है, ताकि उसकी आड़ में ख़ुद हुकूमत कर सके। शाहजहाँ नूरजहाँ के ख़िलाफ़ अपनी पूरी भड़ास निकाल रहा था। उसका क्रोध उसके दुःख पर हावी हो गया था।

वह हृदय-विदारक समय, जो कल आने वाला था और जिसकी भूमिका आज बन गयी थी, उसी भूमिका पर पीठ किये खड़ी अर्जुमंद लगातार रो रही थी। पर वह रो रही है, इसका आभास शाहजहाँ को देकर उसका दुःख बढ़ाना नहीं चाहती थी।

अपने रोष के फूत्कार के बीच शाहजहाँ का ध्यान अर्जुमंद पर गया। उसने उसके कंधे पर हाथ रखा और नरम आवाज़ में कहा—आरज़ू...आरज़ू।

अर्जुमंद चुप रही।

—नहीं आरज़ू, नहीं। हमें यह शर्त मंजूर नहीं। सारी शर्तें मंजूर हैं, पर यह शर्त मंजूर नहीं। हम अपने लाड़लों को उनके रहमोकरम की चौखट पर सिर पटकने के लिए नहीं छोड़ सकते। कल महाबत ख़ाँ को आने दो, मैं उसे बैरंग वापस कर दूँगा। शाहजहाँ ने कंधों को पकड़कर अर्जुमंद का शरीर आमुख किया।

तब तक अर्जुमंद अपने को पूरी तरह सँभाल चुकी थी। आँसुओं का प्रवाह बंद हो गया था। सिसकियाँ थम चुकी थीं। सधे स्वर में बोली—नहीं मेरे आका, यह हरगिज़ मुनासिब नहीं होगा। हमारी नाफ़र्मानी शाही फ़ौज का क़हर लेकर आयेगी और रोते कलपते बच्चों को हमारी बेबस आँखों के सामने छीन कर ले जायेगी। बेहतर हो कि हम ठंडे दिमाग़ से काम लें। अर्जुमंद ने अपने मनस्ताप को छिपा लिया था।

—और जो उन्होंने हमारे मासूम बच्चों के साथ बदसलूकी की, तो! शाहजहाँ की पहली चिन्ता बच्चों के साथ दुर्व्यवहार को लेकर थी।

—आप मानिये, उन्हें कुछ नहीं होगा। वो आपके बच्चे हैं, इसलिए बादशाह उनका कोई नुक़सान नहीं होने देंगे। वो मेरे बच्चे हैं, इसलिए मलिका उन्हें हाथ नहीं लगायेंगी। उन दोनों का इरादा आपकी हरकतों को महदूद रखना भर है। और कुछ नहीं। अर्जुमंद ने शाहजहाँ को मनाने की कोशिश की।

—और अगर उन्होंने कुछ बदसुलूकी की, तो?

—अभी हमें आगे की नहीं सोचना है। हमें तो आज का सामना करना है। सियासी हालात हमेशा बदलते रहते हैं। मुमकिन है, कुछ दिनों बाद ऐसा बदलाव आ जाय, जो हमारे माफ़िक पड़े। अच्छा यही होगा कि दिल कड़ा करके बच्चों को महाबत ख़ाँ के सिपुर्द...। अर्जुमंद का गला रुँध गया था। उसे रोना आ रहा था। अपनी दृढ़ संकल्प-शक्ति के द्वारा उसने अपने रुदन को रोक रखा था क्योंकि इस वक़्त शाहजहाँ को संयत रखना बहुत ज़रूरी था।

—ठीक है। यही सही। मैं सलाहकारों की बैठक बुलाता हूँ और शर्तनामा उनके सामने रखकर आगे का मंसूबा तैयार करता हूँ। शाहजहाँ चुप हो रहा। वह किसी सोच में डूब गया था।

—मैं चलती हूँ। कुछ ज़रूरी काम निपटाने हैं। यह कहकर लगभग दौड़ती सी वह कमरे से बाहर हो गयी, अपने शयनकक्ष में आयी और पलंग पर औंधे मुँह गिरकर फफक-फफक कर रो पड़ी। इस बार रोने की आवाज़ कुछ मुखर थी। पास के कमरे तक पहुँच रही थी, जहाँ सतीउननिसा बच्चों के नाश्ते की तैयारी कर रही थी। रोने की आवाज़ सुन कर भागी-भागी वहाँ पहुँची। देखा कि अर्जुमंद धार-धार रो रही थी।

तेज़ क़दमों से बढ़कर उसके क़रीब पहुँची और उसके सिर पर हाथ फेरते हुए कहा—यह क्या बानो! हुआ क्या है?

अर्जुमंद और ज़ोर से रोने लगी। सतीउननिसा ने उसे बेतरह से रोते पहली बार देखा था। वह घबरा गयी। उसने अर्जुमंद का सिर बलपूर्वक अपनी छाती से लगा लिया और सिर पर लगातार हाथ फेरती हुई बोली—क्या हुआ बानो? आख़िर हुआ क्या है? कुछ तो बता। फिर सतीउननिसा ख़ुद रोने लगी। उसे लगा कि कोई बड़ा हादसा हो गया है। थोड़ी देर तक दोनों रोते रहे। फिर सतीउननिसा ने संयत होकर अर्जुमंद को समझाने का यत्न किया। तब कहीं वह सामान्य हुई। फिर बीच-बीच में भल्ल से आँसू निकल पड़ते।

अर्जुमंद ने संक्षेप में शर्तनामे की बात कही। इसे सुनते ही सतीउननिसा फूट-फूट कर रो पड़ी। उसकी भी वही दशा हुई, जो कुछ देर पूर्व अर्जुमंद की हुई थी।

शीघ्र ही दोनों ने अपने को सँभाला, क्योंकि बच्चों के खेलकर लौटने का समय हो रहा था। औरंगज़ेब सबसे पहले आया और आते ही अर्जुमंद की गोद में जाकर

दुबक गया। माँ ने सिर सूँघकर उसका दुलार किया। पीछे-पीछे दारा और शुजा भी आ पहुँचे। बालकों के क़दमों की आहट सुनकर पास के कमरे से जहाँआरा और रोशनआरा भी आ गयीं। सभी बच्चे माँ और सतीउननिसा को घेर कर बैठ गये और वे अब तक क्या कर रहे थे, इसका ब्योरा देने लगे।

--ठीक है। मैंने सबकी बातें सुन लीं। अब तुम सब मेरी बात सुनो। खेल की बातें खेल तक ही महदूद रहनी चाहिए। खेल की बातें बाहर ही छोड़कर आओ। जो अगर कुछ भीतर लाना ही है, तो खेल का जज़्बा लेकर आओ और उसे दिल में रखो। खेल आपस में मेल और मोहब्बत से रहना सिखाता है।

बच्चे ध्यान से माँ की बात सुन रहे थे।

अर्जुमंद ने आगे कहा—एक ख़ास बात कहनी है। दारा, शुजा और औरंगज़ेब, तुम तीनों को दादाजान के पास आगरा जाना है और उनकी आँखों के साये में रहना है।

—क्यों भला अम्मीजान? जहाँआरा पूछ बैठी।

—इसलिए कि दादाजान और दादीजान ऐसा चाहते हैं।

—क्या वहाँ जाना ज़रूरी है? शुजा ने सवाल दागा।

—हाँ एकदम ज़रूरी है। सतीउननिसा ने तपाक से कहा।

थोड़ी देर चुप्पी छाई रही।

—मुझे कहीं नहीं जाना। मैं अपनी अम्मी के पास रहूँगा। औरंगज़ेब माँ की गोद में चिपट गया।

—अरे, कैसे नहीं चलेगा! दादाजान का हुक्म है। नहीं जानता कि दादाजान शाहंशाह हैं। शाहंशाहों के हुक्म हमेशा बजाये जाते हैं। दारा ने अर्जुमंद का समर्थन किया।

—तुम्हें जाना हो, तो जाओ। क्यों न औरंगज़ेब! शुजा ने औरंगज़ेब को अपने पक्ष में जान उसकी पीठ पर हाथ रख अपनी ओर खींचने का प्रयत्न किया।

अर्जुमंद बेबसी में चुप थी। टुकुर-टुकुर कभी इधर, कभी उधर देख रही थी। उसका सारा ध्यान अपने आँसुओं को रोकने पर केन्द्रित था।

सतीउननिसा को लगा कि मोर्चा उसे ही सँभालना पड़ेगा। उसने समझाने का यत्न किया—ऐसा नहीं कहते प्यारे शुजा! दादाजान और दादीजान को तुम लोगों की बहुत याद आती है। बहुत दिनों से उन्होंने तुम लोगों को नहीं देखा है। बच्चों को अपने बुजुर्गों की क़दमबोसी के लिए जब-तब जाना चाहिए। इससे उन्हें शबाब मिलता है।

—अम्मीजान! आप क्या कहती हैं। रोशनआरा ने जिज्ञासा की। उसके मन में था कि माँ किसी तरह 'न' कर दें, तो भाई लोग यहीं रह जायें।

—सतीउननिसा ठीक कहती है, रोशन। हमें बड़ों का कहना मानना चाहिए।

—कितने दिनों के लिए जाना होगा? दारा ने जैसे जाने का मन बना लिया था।

—हम कब वापस लौटेंगे? शुजा को लौटने की चिन्ता थी।

—मैं अम्मीजान के बिना नहीं रह सकता। औरंगज़ेब ने अपनी नन्हीं बाँहों से अर्जुमंद को जकड़ लिया।

—मैं तो हमेशा अपने औरंग के साथ रहती हूँ। मेरी ममता की छाँव सदा ही तुम्हारे सिर पर रहती है, मेरे बच्चे। पर क्या करें! बादशाह का हुक्म तो मानना ही पड़ता है न! फिर बादशाह हुज़ूर गैर तो नहीं। अपने दादाजान ही तो हैं न! अर्जुमंद द्रवित हो गयी थी। उसका स्वर रुँआसा हो गया। वह बच्चों से बिछड़ने के लिए अपने को तैयार कर रही थी।

—वहाँ उनकी देखरख कौन करेगा। मुझे उनके साथ जाने दीजिये। मुझे हरएक की दिलचस्पी का पता है। जहाँआरा के कपोल पर आँसू झलकने लगे।

—नहीं, मेरी प्यारी बच्ची, नहीं। जितना हुक्म दिया जाता है, उतना ही पालन किया जाता है। फिर तीन बच्चे जा रहे हैं। एक तुम भी चली जाओगी, तो हम कितने अकेले पड़ जायेंगे! फिर तुम्हारे अब्बाहुज़ूर तो तुम्हारे बिना एक लमहा भी नहीं रह सकते। हरम में रहते हैं, तो 'जहाँआरा-जहाँआरा' की रट लगाये रहते हैं। वो तुम्हें भेजने को क़तई तैयार नहीं होंगे।

अर्जुमंद और सती ने वापसी की चर्चा नहीं छेड़ी। छेड़ने से लाभ भी क्या था! उन्हें मालूम भी नहीं था कि बच्चों की वापसी कब होगी। मानो उनके भविष्य पर काला परदा पड़ा था, जिसे उठाकर देखने की सख़्त मनाही थी।

दूसरे दिन शाम का नियत समय पर शाही सेना की छोटी सी टुकड़ी के साथ महाबत ख़ाँ आया। वह बैठक में अकेले हाज़िर हुआ। उसने शाहजहाँ को कोर्निश की।

—महाबत ख़ाँ! क्या माबदौलत तुम पर पूरा यक़ीन कर सकते हैं। शाहजहाँ ने उसके चेहरे पर दृष्टि जमाकर पूछा।

—हुज़ूर का इक़बाल बुलंद हो। अपने इस ख़िदमतगार पर एतमाद करें। ये शाहज़ादे अब मेरी जवाबदारी हैं। आप इनकी हिफ़ाज़त से बेफ़िक्र रहें। मैंने ख़्वाजा अबुल हसन को ख़बरदार कर दिया है। वह मेरा ख़ास आदमी है। शाहज़ादे उसी की निगहबानी में रहेंगे। महाबत ख़ाँ की आवाज़ में उस आत्मीयता की गमक थी, जो अक्सर विश्वासपात्र लोगों की वाणी में अनुभूत होती है।

—ठीक है। तब मैं बच्चों को तुम्हें सौंपता हूँ। शाहजहाँ ने अंतःपुर के ख़्वाजासरा को बुलाया और तीनों बच्चों को लाने का आदेश दिया।

ख़्वाजासरा पास के कमरे से तीनों बच्चों को लेकर आया।

—शाहज़ादो! आप इस ख़िदमतगार के साथ चलें। यह कहते हुए महाबत ख़ाँ ने औरंगज़ेब का हाथ पकड़ लिया और दारा और शुजा को साथ चलने का संकेत दिया।

—ठहरिये! चिलमन के पीछे से मृदुल किंतु गम्भीर आवाज गूँज उठी।

महाबत ख़ाँ ठिठक गया। उसने चिलमन की तरफ़ निगाह उठाई। दूसरे ही क्षण समझ गया कि बेगम अर्जुमंद बानो उससे मुख़ातिब हैं। उसने शालीनता से सिर झुकाकर कोर्निश की।

—आप हमारी मज़बूरी समझते हैं। लेकिन हमारी मज़बूरी को कमज़ोरी न समझा जाय। भले ही बादल छाये हों, सूरज का जलाल अपनी जगह क़ायम रहता है। शेर पिंजड़े में बंद हो, तो भी शेर होता है और उसकी गरज में आदमी के ख़ून को जमाने का माद्दा होता है। मेरे बच्चों को किसी ने कुछ भी नुक़सान पहुँचाने की जुर्रअत की, तो शाह बुलंद इक़बाल की बर्क़ताज़ शमशीर की क़सम! उस आदमी की लाश को कुंजे मज़ार भी लेने से इंकार कर देंगे। चिलमन के पीछे से आयी हुई आवाज़ ने पूरे कमरे को जैसे थर्रा दिया।

शाहजहाँ विस्मित था। महाबत ख़ाँ का संगदिल क़ल्ब जैसे किसी तेज़ आँच से पिघल गया। विचलित होकर बोला—नहीं, बेगम हुज़ूर, नहीं। ख़ुदा न करे, आपको किसी क़िस्म की ज़हमत उठानी पड़े। जब तक आपका यह ताबेदार ज़िंदा है, तब तक इंसान तो इंसान, कोई जिन्न भी इन शाहज़ादों को नुक़सान पहुँचाने की सोच भी नहीं सकता। इनकी हिफ़ाज़त के लिए अगर इस नाचीज़ को मलिका-ए-हिन्दुस्तान के इरादों से भी टकराना पड़े, तो यह ख़ादिम पीछे नहीं हटेगा। आप हर तरह से बेफ़िक्र रहें।

चिलमन के पीछे से कोई प्रतिक्रिया नहीं आयी। यह समझकर कि उसने बेगम साहिबा को आश्वस्त कर दिया है, महाबत ख़ाँ ने कोर्निश की और बच्चों को लेकर बैठक से बाहर आ गया।

निःशब्द शाहजहाँ अपनी जगह खड़ा रहा। उसके कानों में चिलमन के पीछे से दबी हुई सिसकियों की आवाज़ पड़ रही थी। सतीउननिसा का रुदन स्वर साफ़ पहचान में आ रहा था। कुछ यह भी समझ में आया कि जहाँआरा और रोशनआरा भी रो रही हैं। शाहजहाँ धीमे क़दमों से बाहर बरामदे में आया। बच्चों की एक झलक पाने की लालसा मन में थी। वहाँ कहीं कुछ नहीं दिख रहा था। दिख रही थी तो सिर्फ़ धूल, जो ज़मीन और आसमान को एक कर रही थी।

थोड़ी देर बाद शाहजहाँ अर्जुमंद के पास आया। वह पीठ को पलंग से टिकाये कालीन पर गुमसुम-सी बैठी थी। सतीउननिसा ने रुदन को रोक रखा था, ताकि अर्जुमंद पर विपरीत असर न पड़े। जहाँनारा और रोशनआरा रोते-रोते थक गयी थीं। एक निपट सन्नाटा वातावरण से जूझ रहा था। शाहजहाँ अर्जुमंद के पास आकर कालीन पर ही बैठ गया। उसने दोनों बेटियों के सिरों पर हाथ फेरा। फिर अर्जुमंद के कंधे पर हाथ रखकर सहानुभूति दर्शाने की चेष्टा की।

अर्जुमंद निश्चेष्ट बैठी रही।

जब से बच्चे गये थे, किसी को कुछ भी अच्छा नहीं लग रहा था। खेलते, कूदते, शोर मचाते बच्चों के बिना महल उदास और खिन्न दिखाई दे रहे थे। पसरी हुई शान्ति को अनुभव कर ऐसा लगता था, जैसे महल उजाड़ है और रहने वाले इसे छोड़कर चले गये हैं। दिन आता था और जैसे बिना कोई हरकत किये निकल जाता था। आख़िर एक दिन जब कंधों ने उदासी का बोझ उठाने से इंकार कर दिया, तो अर्जुमंद ने शाहजहाँ से कहा—जाने क्या हो गया! मुझे बिल्कुल अच्छा नहीं लग रहा है। घर काटने को दौड़ता है। बच्चियाँ बार-बार रट लगाती रहती हैं—औरंगज़ेब कब आयेगा, शुजा कब आयेगा। मैं चुप्पी साधे रहती हूँ। क्या कहूँ। कुछ जानती भी तो नहीं कि कुछ कहूँ।

—क्या यह मुनासिब नहीं कि हम कहीं और चले जायें। यहाँ की हर चीज़ बच्चों से जुड़ी है और उनकी याद दिलाती रहती है। सतीउननिसा के स्वर में व्याकुलता थी।

—शायद यही ठीक होगा। हम नासिक चले चलते हैं। परवेज़ बुरहानपुर में डेरा डाले पड़ा है और आँख दिखाता रहता है। उससे कुछ दूरी हो भी जायेगी। फिर बादशाह अजमेर को मरक़ज बनाकर इधर-उधर आ-जा रहे हैं। ज़रूरत पड़ने पर गुजरात होकर जल्द वहाँ पहुँचा जा सकेगा। शाहजहाँ ने स्थान-परिवर्तन के पक्ष में निर्णय लिया।

अर्जुमंद ख़ामोश रही। उसने कोई प्रतिक्रिया व्यक्त नहीं की। उसे लगा कि प्राणप्रिय पुत्र नहीं हैं, तो क्या दारे फ़ानी और क्या बहिश्त!

दूसरे दिन शाहजहाँ ने पेशख़ैमा को रवाना किया। उसे नासिक तक की यात्रा के लिए नियत पड़ावों की व्यवस्था का आदेश दिया गया था। लश्कर को समेटने का हुक्म ज़ारी हुआ। हरम में ज़्यादा बिखराव नहीं था। पन्द्रह दिनों के भीतर लश्कर ने रोहनखेड़ा छोड़ दिया।

नासिक में निवास से अर्जुमंद की तबीयत में काफ़ी सुधार हुआ। रोज़ शाम को शाहजहाँ परिवार को लेकर गोदावरी के तट पर पहुँच जाता। वहाँ देर तक वे लोग टहलते रहते। जब-तब बाढ़ के कारण उफनती हुई नदी देखकर जहाँआरा और रोशनआरा हुलस जाती थीं। शाहजहाँ तट के वन्य देश में यहाँ-वहाँ कुलाचें भरते जंगली पशुओं का परिचय देता और वे दोनों उत्साह और जिज्ञासा से उसे सुनतीं। अर्जुमंद तटस्थ दिखाई देती। उसे लगता कि बेटे होते, तो कितना मज़ा आता। वे इसरार करते कि जैसे भी हो नाव के द्वारा नदी की सैर की जाय। उनके इसरार को टालना कितना मुश्क़िल होता! बच्चों की हर भंगिमा उसके दिल पर पत्थर की गहरी लक़ीर बन खुदी हुई थीं। उसका मन कहीं और था, किन्तु परिवार के अन्य सदस्यों की भावना का ख़याल करके उनसे जुड़ी रही। शाहजहाँ ने उसकी अन्यमनस्कता को लक्ष्य कर लिया था।

रात को जब बच्चे सो चुके थे, शाहजहाँ ने कहा—गोदावरी के किनारे सैर में

तुम्हारा मन बिल्कुल नहीं लग रहा था। अभी तक तुम सहज नहीं हो पायी हो।

—नहीं, ऐसी तो कोई बात तो नहीं। अर्जुमंद ने अपह्नुति का सहारा लिया।

—कैसे कोई बात नहीं। अब इतने दिनों में मुझे तुम्हारा चेहरा तो पढ़ना आ गया है। शाहजहाँ ने अपनी दोनों हथेलियों के बीच उसके सिर को दोनों तरफ़ से पकड़कर अपनी ओर घुमाया।

—मुझे बेटों की बहुत याद आती है। वे कहाँ होंगे, कैसे होंगे, क्या कर रहे होंगे। किसने उनकी ज़रूरतों को समझा होगा। मैं हरएक का चेहरा पढ़कर समझ जाती थी कि उन्हें क्या चाहिए। और वह नन्हा औरंग जब खाने बैठता, तो पहला कौर मेरे ही हाथ से लिया करता। पता नहीं, उसे वहाँ कौन प्यार से खिलाता होगा। एक बार उसने कहा था कि अम्मी मुझे मत खिलाओ, सिर्फ़ पास बैठे रहो, तो भी मेरा पेट भर जायेगा। अर्जुमंद एक प्रकार से बिलख रही थी।

—वहाँ भी वे शाही महल में ही हैं, कोई बियाबान या सहरा में नहीं। वहाँ तो यहाँ से भी ज़्यादा ऐशो-इशरत के सामान हैं। शाहजहाँ ने राजसी ऐश्वर्य का हवाला देकर उसे सान्त्वना देने का यत्न किया।

—यह सच है, लेकिन माँ के लिए बच्चों की और बच्चों के लिए माँ की तलब हमेशा बनी रहती है। मेरे बच्चे साथ रहें, तो बियाबान भी मेरे लिए जन्नत है। अर्जुमंद की आँखें डबडबायी हुई थीं।

—मैं तुम्हारा दर्द समझ सकता हूँ, लेकिन हमें तो अभी इतनी से ही तसल्ली कर लेनी चाहिए कि हमारे बच्चे महफ़ूज़ हैं। मुझे भी रात-दिन फ़िक्र बनी रहती है कि कैसे उन्हें आज़ाद कराया जाय। शाहजहाँ के चेहरे पर तनाव था, जैसे भीतर की कशमकश बाहर आ गयी हो।

अर्जुमंद ने देह फिरा ली थी। वह नहीं चाहती थी कि उसके चेहरे की पीड़ा को पढ़कर शाहज़ादा की परेशानी और बढ़े। थोड़ी देर में संयत होकर बोली—उन्हें आज़ाद कराने के लिए कोई मंसूबा तो बनाना होगा।

—अभी न तो पैसा है और न फ़ौजी ताक़त ही। जो थोड़ी बहुत फ़ौज बची है, वह भी इतनी कि अगर किसी जानिब से हमला हो, तो जान बचाई जा सके। शाहज़ादे की हताशा बदहवासी को छूने लगी थी।

—क्या किसी सूबे से मदद की कोई उम्मीद नहीं?

—बिल्कुल नहीं। कोई सूबा हमें मदद देकर हुकूमत का गुस्सा मोल नहीं लेना चाहेगा और कोई उतना ताक़तवर भी नहीं कि शाही फ़ौज से टकराने की जुर्रत कर सके।

—क्या आप ईरान के शाह से भी मदद की उम्मीद छोड़ चुके हैं। आप पहले भी मदद के लिए गुहार लगा चुके हैं। अर्जुमंद को पुराना प्रकरण याद आ गया।

—और जवाब भी तो दो टके का मिल गया था। क्या अब भी उनकी जानिब

उम्मीद का दामन फैला कर रखा जाय!

—उम्मीद कभी नहीं छोड़नी चाहिए। आपने चींटियों को देखा है। उनका अपना फलफसा होता है। एक, उनकी लुगात में नाउम्मीदी का लफ़्ज़ नहीं है। दूसरे, वे पूरी गरमी ठंड के सुहाने मौसम के बारे में सोचती रहती हैं। जब वह सुहाना मौसम आता है, तो इस हक़ीकत से ग़ाफ़िल नहीं होतीं, कि यह मौसम जल्द ही बीत जायेगा। तीसरे, तब वे अपने मुस्तक़बिल की फ़िक्र में खाने का सामान जुटाने के लिए रात-दिन एक कर देती हैं। अर्जुमंद ने चीटियों की कार्यप्रणाली का अन्योक्ति के रूप में प्रयोग करना चाहा।

—यह सब मुझसे क्यों कह रही हो!

—इसलिए कि हमें कोशिश नहीं छोड़नी चाहिए। हालात तो बदलते ही रहते हैं। एक बार फिर शाह अब्बास तक अर्ज़दाश्त पहुँचाने में कोई हर्ज़ नहीं है। अर्जुमंद चाहती थी कि अँधेरे-बन्द कमरे में कहीं किसी सूराख़ से रोशनी की एक किरण तो आये।

—लिखने का क्या! लिख देते हैं। लेकिन फिर कहीं नसीहत की चंद सतरें बाज़दीद के लिए न आ धमकें। अंततः शाहज़ादा ख़त लिखने को तैयार हो गया।

दूसरे दिन अर्जुमंद ने उसे फिर यह बात याद दिलायी। शाहजहाँ ने ख़त तैयार किया, जिसमें उसने अपने उत्तराधिकार की सम्भावना को अधिक दृढ़तापूर्वक रेखांकित किया। उसे नायब इसहाक़ बेग़ के हाथों ईरान रवाना किया।

पच्चीस

शाहजहाँ को पूरी तरह असहाय और अलग-थलग करने के बाद नूरजहाँ ने चैन की साँस ली। वह अपने दामाद शहरयार के उत्थान को दृष्टि-पथ पर रख कर सब योजनाएँ बना रही थी। शाहजहाँ के बाद उसके दूसरे निशाने पर परवेज़ था। यदि किसी प्रकार यह काँटा निकल गया, तो समझो रास्ता साफ़ हो गया। फिर शहरयार को तख़्ते शाही पर बैठने से कोई नहीं रोक सकता।

बाँदी ने आकर सूचना दी कि सिपहसालार आसफ़ ख़ाँ भेंट करने की आज्ञा चाहते हैं।

—अच्छा!...ठीक है, लेकर आओ। नूरजहाँ ने आश्चर्य प्रकट किया। रात नौ का गजर बज चुका था।

आसफ़ ख़ाँ ने कक्ष में प्रवेश किया। अभिवादन करके बोला—ख़बर है कि शाह अब्बास यकुम की फ़ौज कंदहार तक पहुँच गयी है। अब शाही फ़ौज को वहाँ ताक़तवर बनाने के लिए कुछ और कुमुक भेजना ज़रूरी हो गया है।

—ठीक। आप क्या सोचते हैं, यह कुमुक कहाँ से पहुँचाई जाय। मलिका ने समस्या के समाधान के लिए सामग्री की खोज शुरू की।

—अपनी फ़ौज का एक बड़ा हिस्सा बुरहानपुर में पड़ा है। शाहज़ादा परवेज़ और सिपहसालार महाबत ख़ाँ वहीं मुकाम पर हैं। दक्खन में इतनी बड़ी तादाद में मौजूदगी का अब कोई मक़सद भी नहीं रह गया है। क्यों न वहाँ से फ़ौज को हटा कर उसे सुमाली मग़रगी सूबों की तरफ़ रवाना कर दिया जाय। आसफ़ ख़ाँ ने निरपेक्ष भाव से सुझाव रखा।

—आपने जहाँपनाह से ज़िक्र किया।

—जी नहीं। सोचा, पहले आपसे मंजूरी ले ली जाय।

नूरजहाँ भीतर से प्रसन्न हो गयी कि सम्राट् की तुलना में उसे अधिक महत्त्व दिया जा रहा है। प्रकटतः प्रफुल्लता को छिपा कर बोली—यह तो ठीक है, लेकिन उस फ़ौज को लेकर कौन जायेगा। शाहज़ादा परवेज़ या महाबत ख़ाँ!

आसफ़ ख़ाँ सोच में पड़ गया। वह अपनी ओर से किसी का नाम प्रस्तावित कर पक्षधर होने के आरोप से बचना चाहता था।

—देख रही हूँ कि महाबत ख़ाँ और परवेज़ की नज़दीकी बढ़ती जा रही है। अगर यह धुरी मज़बूत हो गयी, तो...। नूरजहाँ ने प्रतिपाद्य को पूरे वाक्य का जामा नहीं पहनाया। शायद वह चाहती थी कि वाच्यार्थ ही कहे और व्यंग्यार्थ ध्वनित हो जाय।

और वाक़ई व्यंग्यार्थ ध्वनित तो हो गया, किन्तु आसफ़ ख़ाँ ने वाच्यार्थ को ही अपनी समझ की देहलीज़ तक आने की इजाज़त दी। वह सोच रहा था कि कूटनीतिक कथन को मलिका ही वाणी प्रदान करे, तो बेहतर होगा।

आसफ़ ख़ाँ को मौन खड़ा देख कर मलिका ने ही कुछ हिचक के साथ कहा—अगर यह धुरी मज़बूत हो गयी, तो बादशाह के ज़िन्दा रहते ही कहीं जाँनशीनी का फ़ैसला न हो जाय।

हालाँकि यह चौंकाने वाली बात थी, क्योंकि ज़ेरे सल्तनत किसी आदमी में इसका तज़किरा उठाने की हिम्मत नहीं थी। आसफ़ ख़ाँ ने कोई वाचिक या आंगिक प्रतिक्रिया व्यक्त नहीं की। सिर्फ़ इतना कहा—मुझे क्या हुक्म है?

—आप क्या सोचते हैं? नूरजहाँ ने पलट कर प्रश्न किया।

—जाँनशीनी का मुद्दा हम लोगों की सोच की सरहदों से बाहर है। इस पर उन्हीं को ग़ौर करना चाहिए, जो शाही घराने से ताल्लुक़ रखते हैं। हाँ, महाबत ख़ाँ के बारे में एक बात ज़रूर कहूँगा। अली कुली के क़त्ल में उसका भी कुछ हाथ था। आसफ़ख़ाँ भावहीन चेहरे के साथ अपने को निरपेक्ष दिखाने का यत्न कर रहा था।

नूरजहाँ चौंक पड़ी। बात सन्दर्भ से हट कर थी, किन्तु सीधे उसके अतीत से जुड़ी थी, उस अतीत से जो किसी जमाने में उसकी सारी मृदुल संवेदनाओं का केन्द्र

था। आवेश में बोली

—तुम कहना क्या चाहते हो, साफ़-साफ़ कहो।

—शाहंशाह ने महाबत ख़ाँ को इस मंसूबे के साथ बर्दबान भेजा था कि वह उनके और आपके बीच बदगुमानी और ग़लतफहमी पैदा कर सके। इस काम के लिए महाबत ख़ाँ ने वहाँ पहुँच कर मंसूर ख़ाँ और कुतुबद्दीन से मिल कर साजिश रची। अली कुली को किसी तरह इस साजिश का पता चला गया। उसने कुतुबद्दीन का क़त्ल कर दिया। बदले में मंसूर ख़ाँ ने उसका काम तमाम कर दिया। आसफ़ ख़ाँ ने पूरी बात एक साँस में कह दी। अब वह चुप रह कर नूरजहाँ की प्रतिक्रिया देखने लगा।

नूरजहाँ का चेहरा उतर गया था। अवसाद साफ़ झलक रहा था। उसके पहले पति अली कुली यानी कि शेर अफ़्गन की हत्या और महाबत ख़ाँ की उसमें भूमिका। उसे लगा कि महाबत ख़ाँ के प्रति उसकी नापसंदीदगी शायद ग़ैब से इसी बुनियाद पर विकसित हुई हो।

—यह बात आपको कैसे मालूम हुई? नूरजहाँ तथ्य की तरफ़ से आश्वस्त हो लेना चाहती थी।

—बंगाल से लौट कर वह मेरे पास आया। नज़र चुरा कर उसने सारी बातें तफ़सील से कहीं। वह अपने को गुनहगार महसूस कर रहा था। उसे मालूम था कि उसने मेरे सगे बहनोई के साथ क्या सुलूक किया था। उसे पछतावा था। आसफ़ ख़ाँ को लग रहा था कि उससे भी शायद कुछ भूल हो गयी थी और उसे इस बात के लिए कैफ़ियत देनी पड़ेगी।

और हुआ भी यही। नूरजहाँ ने तैश में आकर कहा—और क्या आपके तलवार का पानी उतर गया था! आपने उसी वक़्त, उसी लमहे उस नमकहराम का सीना क्यों नहीं चाक कर दिया!

—मुझे उसकी पीठ पर बादशाह सलामत का हाथ दिख रहा था। आसफ़ ख़ाँ ने सीधा सा जवाब दिया।

आसफ़ ख़ाँ मौन खड़ा रहा। थोड़ी देर बाद मलिका बड़बड़ाई—उसने मेरे शौहर को बंगाल में मारा। उसकी भी क़ब्र वहाँ नहीं खुदवा दी, तो मेरा नाम मेहरुन्निसा नहीं।

आसफ़ ख़ाँ ने सुना। मलिका की आवाज़ में हिंसा की झनक थी। उसने धीरे से पूछा—मुझे क्या हुक्म है?

—आप जा सकते हैं। नूरजहाँ ने भेंट की समाप्ति का संकेत दिया।

अभिवादन कर आसफ़ ख़ाँ सीधे अपनी छावनी के कार्यालय में आया। उसने एक विश्वस्त घुड़सवार संदेशवाहक को सारंगपुर रवाना किया, जहाँ परवेज़ और महाबत ख़ाँ अस्थायी पड़ाव डाले हुए पड़े थे। उसने वहाँ पहुँच कर सीधे महाबत ख़ाँ

को यह संदेश दिया कि तुम्हें बंगाल के सूबेदार का किरदार अदा करना है, लेकिन यह न समझना कि परदा गिर गया है।

आसफ़ ख़ाँ को विदा कर नूरजहाँ अपने शयनकक्ष में आयी। वहाँ बादशाह सोने की तैयारी कर रहा था। उसने दासी को फ़ानूस गुल करने का हुक्म दिया।

—ठहरिये, जहाँपनाह! मुझे आपसे कुछ बातें करनी हैं। ख़ुर्रम को दो बार हराने के बाद परवेज़ का दिमाग़ सातवें आसमान पर चढ़ गया है। वह अपने को तीसमारख़ाँ समझने लगा है। महाबत ख़ाँ की शै ने उसका हौसला बुलंद कर रखा है। उनके गठबन्धन में मुझे ताक़त का एक नया मरक़ज़ उभरता दिख रहा है। अगर इस मरक़ज़ को नेस्त नहीं किया गया, तो वह हुकूमत के लिए ख़तरनाक हो सकता है। नूरजहाँ ने हस्तक्षेप किया।

—अच्छा, ऐसा भी हो सकता है। बादशाह सोच में पड़ गया।

—अपने भोलेपन के कारण आप टेढ़ी चालों को भी सीधी समझ लेते हैं। फिर जहाँ आपके बेटों की बात आती है, तो वहाँ आप और ढील दे देते हैं। आपकी इसी ढिलायी से ख़ुसरो का हौसला बढ़ा था और उसने बग़ावत कर दी थी। इसी तरह आपने ख़ुर्रम की गुस्ताख़ियों को नज़रअंदाज़ कर दिया। आख़िर वह भी बाग़ी हो गया। और अब परवेज़ उसी रास्ते पर चल निकला है। महाबत ख़ाँ की संगामित्ती से न जाने वो क्या गुल खिलाये। अगर नकेल जल्दी नहीं डाली गयी, तो मामला हद से गुजर सकता है। नूरजहाँ ने एक चतुर चितेरे के समान बड़ी सफ़ाई से पूरा परिदृश्य सामने खींच कर रख दिया।

—हुँह, तुमने क्या उपाय सोचा है। सम्राट् ने जिज्ञासा की।

—मेरे ख़याल में इस धुरी को फ़ौरन तोड़ना ज़रूरी है। महाबत ख़ाँ को कहीं दूर फेंक दिया जाय। उसे बंगाल का सूबेदार बना दीजिये। वहाँ के सूबेदार दाराब ख़ाँ की वफ़ादारी हमेशा डाँवाडोल रही है। परवेज़ के पास ख़ानेजहाँ लोदी का रखा जा सकता है। नूरजहाँ ने प्रस्ताव किया।

—मुनासिब है। फ़र्मान ज़ारी किया जाय। इस निर्णय के साथ सम्राट् ने विमर्श को विराम दिया।

साम्राज्ञी ने आदेश निकलवाने में देर नहीं की। महाबत ख़ाँ को बंगाल का सूबेदार बनाया गया और ख़ानेजहाँ लोदी को दक्खन की शाही फ़ौज का सिपहसालार बनाकर परवेज़ के पास बुरहानपुर पहुँचने का हुक्म दिया गया।

हुक्म मिलते ही महाबत ख़ाँ तिलमिला गया। वह समझ गया कि राजनैतिक और सैनिक गतिविधियों से अलग रखने के लिए उसे दूर फेंका जा रहा है। कुछ फ़ौजी दस्तों को साथ लेकर वह बिहार के रास्ते बंगाल की ओर चला। जिन सूबों में वह पड़ाव डालता, वहाँ के सूबेदारों से सख़्ती बरतते हुए उपहार के रूप में नकद, सोना-चाँदी और जवाहरात तथा हाथी-घोड़े वसूल करता। इन सबको समेटता हुआ वह

ढाका पहुँचा। वहाँ उसने दाराब ख़ाँ से ख़जाने की कैफ़ियत माँगी और सारा ख़ज़ाना अपने अधिकार में ले लिया।

महाबत ख़ाँ को आसफ़ ख़ाँ का संदेश याद आया कि बंगाल की सूबेदारी के बाद भी परदा गिरेगा नहीं। मलिका उसे क़तई पसंद नहीं करती। मतलब कि उस पर ख़तरे के बादल मँडरा रहे हैं। इसकी काट ज़रूरी था। इसलिए उसने सैनिक शक्ति बढ़ा ली।

मलिका नूरजहाँ ने बदले की भावना से उस झूठे आरोप गढ़े और उसे गिरफ़्तार करने की गरज़ से दरबार में तलब किया। महाबत ख़ाँ को साफ़ लगने लगा था कि यदि वह चुप बैठ जाता है, तो भी मलिका चुप नहीं बैठेगी। वह यक़ीनन उसे बर्ख़ास्त कर देगी और उसे क़ैद करने के लिए फ़ौजी कार्रवाई करेगी। यह समझ कर कि आक्रमण ही सबसे अच्छा बचाव है, उसने हुकूमत के ख़िलाफ़ झंडा उठाने का फ़ैसला किया।

वह अपनी फ़ौज को हमेशा चौकस रखता था, इसलिए हमले की मुहिम के लिए रवाना होने में उसे वक़्त नहीं लगा। सात दिनों की अवधि में पूरी तैयारी के साथ अपनी सारी फ़ौज को लेकर एक व्यवस्था के अन्तर्गत वह बिहार से होते हुए आगरे की तरफ़ बढ़ा। रास्ते के सारे सूबों को लूट कर अपने ख़ज़ाने और फ़ौज में बढ़ोत्तरी करते हुए वह आगरा पहुँचा।

यहीं उसे ख़बर मिली कि बादशाह कश्मीर से लौट कर अजमेर आया है और शीघ्र ही वहाँ से काबुल की ओर रवाना होने वाला है। पहले उसने सोचा कि राजधानी अकबराबाद पर आक्रमण कर उसे हस्तगत कर ले। तभी उसे क़िलेदार कंचुकी एतबार ख़ाँ का स्मरण आया, जो जबर्दस्त जंगजू योद्धा था, जिसने शाहजहाँ के आक्रमण को विफल कर दिया था। फिर उसने सोचा कि उससे युद्ध कर अपनी फ़ौज को कमज़ोर करने और वक़्त गँवाने से अच्छा है कि सीधे अजमेर चला जाय और बादशाह की हिफ़ाज़त करने वाली फ़ौज पर हल्ला बोला जाय। इस इरादे को व्यवहार में लाता हुआ, रास्ते में राजसी सेना की टुकड़ियों के अवरोध को ध्वस्त करता हुआ वह अजमेर पहुँचा।

वहाँ उसे पता चला कि बादशाह काबुल की दिशा में निकल चुका है। महाबत ख़ाँ पीछा करते हुए आगे बढ़ा और झेलम नदी के पास आ पहुँचा। उस समय सम्राट् की आधी से अधिक सेना झेलम पार की चुकी थी। तभी नदी में अचानक पानी चढ़ आया। इसलिए शेष सेना के साथ जहाँगीर को इसी पार रुक कर पानी के उतरने की प्रतीक्षा करनी पड़ी। यह प्रतीक्षा चल ही रही थी कि महाबत ख़ाँ अपनी अश्वारोही सेना के साथ आ धमका। वह इतनी तेज़ गति से आया था कि शाही सेना से कुछ करते-धरते नहीं बना और उसने मामूली प्रतिरोध के बाद हथियार डाल दिये।

सम्राट् और साम्राज्ञी बन्दी बना लिये गये। आसफ़ ख़ाँ अटक की ओर भागा।

महाबत ख़ाँ ने उसका पीछा किया और उसे अपने अधिकार में ले लिया। फिर आत्मीय सम्बन्धों का स्मरण कर उसे छोड़ भी दिया। आसफ़ख़ाँ ने उसे वादा करा लिया कि ज़रूरत पड़ने पर वह शाहजहाँ का तरफ़दार हो जायेगा।

आसफ़ख़ाँ क़ैदख़ाने से निकल कर सीधे अपनी छावनी में आया। उसने सबसे पहले आसपास के सूबों के प्रभारी अधिकारियों के नाम पत्र लिखे कि वे अपने पास की सारी फ़ौज लेकर तत्काल काबुल कूच करें और बादशाह और मलिका को महाबत ख़ाँ के चंगुल से आजाद कराने का यत्न करें।

फिर उसने एक पत्र शाहजहाँ को लिखा, जिसकी इबारत इस प्रकार थी–

शाहज़ादा हुज़ूर को आदाब,

अफ़सोसनाक ख़बर यह है कि महाबत ख़ाँ ने यकायक हमला कर शाही फ़ौज को दरहम बरहम करते हुए शाहंशाह और मलिका को गिरफ़्तार कर लिया है। वह उन्हें अपने साथ काबुल ले जाने की फ़िराक़ में है। वह शाहंशाह का ख़ैरख़्वाह है और उम्मीद है कि उन्हें किसी तरह का नुक़सान नहीं पहुँचायेगा। फिर भी मैं मलिका और बादशाह को जल्द-से-जल्द आजाद कराने की कोशिश में हूँ। इस मुश्किल वक़्त में आप धीरज से काम लें।

एक अच्छी ख़बर यह है कि महाबत ख़ाँ ज़ाती तौर पर आपका ख़ैरअंदेश है। उसने वक़्त पड़ने पर आपकी मदद का वादा किया है।

आपका ख़ैरसिगाल
आसफ़ख़ाँ

पत्र लिखकर उसने एक सबुकरफ़्तार संदेशवाहक के ज़रिये उसे नासिक रवाना कर दिया।

शाहजहाँ को पत्र मिला, तो वह विचलित हो गया। वह सीधे अर्जुमंद के पास आया।

—यह क्या! आपके चेहरे का रंग उड़ा हुआ है। कोई ख़बर है। अर्जुमंद उसके क़रीब आयी। ख़त लेकर पढ़ा और बेचैन हो गयी—या खुदा! यह क्या हो गया! अब्बा हुज़ूर क़ैद हो गये। नामुमकिन! यह सब कैसे हुआ।

—हालात को समझना होगा। अभी तो सामने मसला है कि अब्बा हुज़ूर को कैसे छुड़ाया जाय। हम इतनी दूर यहाँ पड़े हैं। फ़ौजी ताक़त भी नहीं के बराबर है। ख़जाने की हालत भी ख़स्ता है। शाहजहाँ अपनी विवशता पर दुःखी था।

—आप नाउम्मीद न हों। हमारे अब्बाहुज़ूर यानी कि जनाब आसफ़ख़ाँ तो वहाँ हैं ही। कोशिश तो कर ही रहे होंगे। हमें जैसे भी हो, वहाँ पहुँचना चाहिए। अर्जुमंद ने हौसला बढ़ाया।

अधीनस्थों की राय लेकर शाहजहाँ अपने लश्कर के साथ चौथे दिन गुजरात

रवाना हो गया। जून 1626 के दूसरे सप्ताह में वह अजमेर पहुँचा। नगर के कुछ पहले ही उसने पड़ाव डाला। सूचना पाकर आसफ़ख़ाँ भेंट करने आया।

अर्जुमंद आँसू छलकाते हुए 'आलमपनाह कैसे हैं' 'फूफीजान कैसी हैं' कहती हुई पिता के पास आकर खड़ी हो गयी।

-ख़ुदा का शुक्र है। जहाँपनाह और मलिका को क़ैद से छुड़ा लिया है। उन्हें लेकर शाही फ़ौज अजमेर आ रही है। मैं आगे निकल आया, ताकि आप लोगों से भेंट कर सकूँ।

—इतने जल्द कामयाबी मिल गयी। आख़िर हुआ क्या? महाबत ख़ाँ जैसे लासानी सिपहसालार की क़ैद से आजाद होना ग़ैरमामूली वाक़या है। शाहजहाँ ने जैसे गुणा-भाग करके कहा।

—मैं शाही फ़ौज को बटोर कर काबुल पहुँचा। हमने महाबत ख़ाँ के फ़ौजी ठिकानों को घेर लिया। इस डर से कि दुश्मन कहीं बादशाह और मलिका को नुक़सान न पहुँचा दे, हमने धीरज से काम लिया। महाबत ख़ाँ की फ़ौज के कई सिपाही बरसों शाहंशाह के नमकख़्वार रह चुके थे। मलिका को इसकी भनक लगी, तो उन्होंने इनाम-इक्राम की लालच देकर उन्हें अपनी तरफ़ मिला लिया। वे चोरी-चुपके उन्हें शाही फ़ौज के दायरे में ले आये। फिर सब काम आसान हो गया।

—अब्बू आपने अक़्लमंदी से काम लिया। मलिका ने भी ख़ूब दाँव खेला। वे लोग कब तक यहाँ पहुँचेंगे? अर्जुमंद ने अब तक अपने को बहुत संयत कर लिया था।

—उनके यहाँ आने से पहले हमें इस इलाक़े से हट जाना चाहिए। शाहजहाँ गम्भीर हो गया।

—मैं भी यही सोचता हूँ। मलिका को अभी आप लोगों के यहाँ आने की ख़बर नहीं मिली है। बाख़बर होने के बाद वे क्या गुल खिलायें, कहा नहीं जा सकता। अपनी क़ैद से वे सरगश्ता और नाराज़ थीं। आसफ़ ख़ाँ स्वयं अपने को असहज अनुभव कर रहा था। बहुत दिनों बाद वह अपनी प्यारी बेटी से मिला था और विडम्बना यह कि उनकी वापसी का समर्थन कर रहा था।

—आप यहीं ठहरिये। मैं मीर हिसामुद्दीन और मोतमिद ख़ाँ को हिदायत देकर आता हूँ कि वे फ़ौज को इकट्ठा कर अगले हुक्म का इंतज़ार करें। यह कहते हुए शाहजहाँ बैठक से उठकर चला गया।

पिता को अकेला पाकर अर्जुमंद ने कहा—अब्बू! एक गुज़ारिश है। कहूँ कि न कहूँ। अर्जुमंद संकोच कर रही थी।

—बेझिझक कहो। आख़िर तुम अपने अब्बू से मुख़ातिब हो। आसफ़ ख़ाँ उसकी बात सुनने को उत्कंठ था।

—हम अजमेर में हैं। हमारे बेटे दारा, शुजा और औरंगज़ेब भी अजमेर में हैं। क्या यह नहीं हो सकता कि उनसे मुलाकात हो सके। उसके चेहरे पर माँ की पीड़ा थी।

—बेटी यह तूने मुझे मुश्क़िल में डाल दिया। और कुछ नहीं, बस मलिका को पता चल गया, तो वह तूफ़ान मचा देगी। अभी उसने बच्चों को ख़्वाजा अबुल हसन की निगरानी में डाल रखा है। जो कहीं उस पर से भरोसा उठ गया, तो पता नहीं बच्चों को कहाँ भेज दे। ख़्वाजा हमारे एतमाद का आदमी है। मैं चाहता हूँ बच्चे उसी की देखरेख में रहें। आसफ़ ख़ाँ ने परिस्थितियों की तर्कसंगत समीक्षा की।

—क्या मैं उन्हें दूर से देख सकती हूँ! अर्जुमंद ने किसी भिन्न सम्भावना को टटोलने की कोशिश की।

—नहीं बेटी, तुम लोग सितारों की हैसियत रखती हो। हज़ारहा आँखें हरहमेश तुम लोगों पर लगी रहती हैं। तुम्हारे आने-जाने, उठने-बैठने, देखने-सुनने की हर हरकत लोगों की निगाह में बनी रहती है। यह नाज़ुक वक़्त है। मलिका घायल शेरनी की तरह है। इस वक़्त उसे छेड़ना किसी बड़ी आफ़त को दावत देना है। बेटी, बाज़वक़्त हमें जज़्बों के तक़ाज़ों से बचना चाहिए। आसफ़ ख़ाँ अपनी पुत्री के ममत्व को दुनियादारी की सीख दे रहा था।

—शाही घराने भी अजीब होते हैं। वहाँ बच्चों को माँ के दामन से जुदा कर दिया जाता है और माँ अपने ही बच्चों से मिलने के लिए मिन्नतें भी नहीं कर सकती। अर्जुमंद की आँखें छलक आयी थीं।

पुत्रों से भेंट की सारी आशाओं को खोने के बाद अर्जुमंद का अजमेर में मन नहीं लग रहा था। उसने शाहजहाँ से वापस नासिक चलने का आग्रह किया। शाहजहाँ स्वयं भी पुत्रों से न मिल पाने के कारण खिन्न था। उधर शाह अब्बास ने इसहाक़ बेग़ के मार्फ़त उसके तीसरे पत्र का जो जनाब भेजा, वह निराशाजनक था। उसे पहले की तरह ही नसीहत दी गयी थी कि वह पिता की शर्तों का पालन करे और उनसे मेल कर ले। शाहजहाँ का मन पूरी तरह उचाट हो गया था। इसलिए उसने नासिक लौटने की अर्जुमंद के अनुरोध पर हामी भर दी।

कूच की तैयारियाँ पूरी हो चुकी थीं, किन्तु एक अड़चन अभी शेष थी। वह यह कि अर्जुमंद के दिन पूरे हो चुके थे। उसे कभी भी प्रसव हो सकता था। उसे अभी कुछ दिन और रुकना पड़ा। इस अवसर का लाभ उठा कर उसने अपनी सेना के संगठन और प्रशिक्षण पर ज़ोर दिया। कुछ नयी भरती भी की। आसफ़ ख़ाँ ने खुफ़िया तरीक़े से हथियारों का एक बड़ा ज़ख़ीरा ज़ाइद अज़ उम्मीद उपलब्ध करा दिया।

उधर लश्कर को हर तरह से लैस करने की तैयारी चल रही थी, इधर महल में अर्जुमंद ने एक पुत्र को जन्म दिया। उसने और शाहजहाँ ने मिलकर उसका नाम सुल्तान उत्फ़ुल्ला रखा। प्रसव के बाद अर्जुमंद बहुत अशक्त हो गयी थी। उसे दीर्घ अवधि के लिए विश्राम की आवश्यकता थी। यह सम्भव नहीं हो सका। आसफ़ ख़ाँ ने एक शाम सूचना दी कि मलिका और बादशाह के सात दिनों के अंदर अजमेर पहुँचने की सम्भावना है। अब शाहजहाँ साँसत में फँस गया। लम्बी यात्रा अर्जुमंद के

लिए परेशानी का सबब बन सकती थी, किन्तु कोई दूसरा विकल्प नहीं था। बेबस अर्जुमंद ने सहमति दे दी। शाहजहाँ को मन को मार कर लश्कर को कूच का आदेश देना पड़ा। अर्जुमंद को विदा करते समय आसफ़ ख़ाँ की आँखों में आँसू झलक आये।

शाहजहाँ के हुक्म से लश्कर की गति मंद रखी गयी। वह स्वयं घोड़े पर सवार हो अर्जुमंद की पालकी के साथ-साथ, उसकी खोज-ख़बर लेते चल रहा था। शनैः शनैः रास्ते की दूरी मिटाता हुआ लश्कर नासिक के क़रीब आ पहुँचा। शहर से पूर्व कुछ दूरी पर उसने अंतिम पड़ाव किया। यहाँ उसने तीन दिन रुकने का निश्चय किया, ताकि अर्जुमंद को पूरा आराम मिला सके।

शाहजहाँ इस समय था तो नासिक की राह पर, उसकी निगाह मुल्क के पूरे घटनाक्रम पर थी। उसके खोजी सिपाही टोह लेने के लिए सब तरफ़ घूमते रहते थे और जब-तब आकर उसे आवश्यक ख़बरें दिया करते थे। इन्हीं में से एक सिपाही ने उसे ख़बर दी कि शाहज़ादा परवेज़ की किसी बीमारी से मृत्यु हो गयी। शाहजहाँ ने तत्काल भीतर आकर अर्जुमंद को सूचना दी।

—अरे, भाईजान नहीं रहे। अर्जुमंद अवाक् रह गयी। उसने आँचल सिर पर लिया।

—हाँ, ख़बर तो कुछ ऐसी ही आयी है। शाहजहाँ के चेहरे पर न तो दुःख की छाया थी और न हर्ष की कोई भंगिमा।

—आप भाईजान के परिवार के ग़म में शरीक होंगे क्या? अर्जुमंद के स्वर में भोलापन था।

शाहजहाँ सोच में पड़ गया। थोड़ी देर बाद बोला—नहीं। एक तो अभी हम नासिक के रास्ते पर हैं। दूसरे, मेरे ख़िलाफ़ फ़ौजी कार्रवाई करके उसने मेरा मन खट्टा कर दिया है। तीसरे, अभी तुम्हारी सेहत ठीक नहीं है। और चौथे, वहाँ जाना जोखिम से ख़ाली नहीं है। मुझे गिरफ़्तार भी किया जा सकता है। बग़ावत का इल्ज़ाम अभी सर पर बदस्तूर क़ायम है।

—ग़म का मौक़ा है। इस मौक़े पर भी गुस्ताख़ी! भला कैसे मुमकिन है!

—सब कुछ मुमकिन है। हुकूमत के खेल में सब कुछ जाइज़ है। उस मौक़े पर इतना आसान शिकार उन्हें कहाँ मिलेगा। शाहजहाँ के चेहरे पर कुटिल मुसकान तैर गयी।

अर्जुमंद ने लक्ष्य किया। शाहजहाँ उदासीन था। उसने प्रसंग का सूत्र वहीं छोड़ दिया। थोड़ी देर बाद उसकी हथेली पकड़ कर बोली।—देख रही हूँ कि इन दिनों आप कुछ-कुछ थके से रहते हैं। काम का बोझ ज़्यादा पड़ गया है या शायद मेरी सेहत को लेकर आप गैरज़रूरी हदों तक परेशान हो जाते हैं।

—समझ लो, मेरी ज़रूरतों में तुम्हारी सेहत का ख़याल अव्वल अहमियत रखता है।

—ऐसा न कहें। सबसे पहले ज़रूरी है, ऐसे कारनामें, जिनसे आपकी अहमियत में भरपूर इज़ाफ़ा हो। अर्जुमंद ने शाहजहाँ की प्राथमिकता को अपने ढंग से परिभाषित किया।

—उसके तो पासे उलटे पड़ रहे हैं।

—नाउम्मीद होने का तो सवाल ही नहीं है। आपके हरीफ़ लगभग ख़त्म हो चुके हैं। अब सिर्फ़ एक ही बाकी है—शाहज़ादा शहरयार। और उनका आपसे कोई मुक़ाबला नहीं। आप सूरज की मानिंद है और उन्हें जुगनू भी कहा जाय, तो जुगनू की तौहीनी होगी। अगर वे किसी तरह तख़्त पर बैठ भी गये, तो लोग उन्हें ज़्यादा वक़्त तक बैठे नहीं रहने देंगे। अर्जुमंद का चेहरा विश्वास से जगमगा रहा था। अस्वस्थता के कारण मंद हुई चेहरे की कान्ति एकाएक प्रदीप्त हो गयी।

—शहरयार के सर पर मलिका का हाथ है और हाथ में है राजदंड। इसलिए उसकी काट मुश्क़िल तो दिख रही है। शाहजहाँ बस एक चक्राकार ज्वाला से घिरी स्त्री की छाया को देख रहा था, जो उसकी राह को पूरी तरह रोक कर खड़ी थी।

यह वक़्त भी निकल जायेगा, आप देखियेगा। मुझे यक़ीन है कि ग़ैब से कोई-न-कोई सामाँ ज़रूर हो जायेगा। अर्जुमंद पूरी तरह आशान्वित थी। शाहजहाँ उसके आलोकित मुख-मंडल को देखता रह गया।

छब्बीस

नवम्बर 1626 में शाहजहाँ का लश्कर नासिक पहुँच गया। उसे नये सिरे से सेना का गठन करना था। इस काम में वह पूरी शिद्दत से जुड़ गया। लम्बी यात्रा, निरन्तर तनाव और कठोर चर्या, इन तीनों ने मिलकर उस पर प्रहार किया। फलतः वह बीमार पड़ गया। थकावट, अनिद्रा, कमज़ोरी और मानसिक दबाव के लक्षण प्रकट हुए। हकीम ने सलाह दी कि दीर्घ विश्राम ही इसकी एकमात्र दवा है।

अर्जुमंद लम्बी बीमारी से चिन्तित हो गयी। उसने अनुरोध किया—यहाँ मौसम आपके माफ़िक नहीं है। कहीं और मुकाम किया जाय।

शाहजहाँ उसके आग्रह को नहीं टाल सका। उसने निजाम को निवास की व्यवस्था के लिए संदेश भेजा। कुछ ही दिनों में निजाम ने शाहजहाँ के लिए जुन्नार के महल में आवास की व्यवस्था कर दी। शाहजहाँ जुन्नार आ गया। स्वस्थ होते ही उसने सेना के संगठन और प्रशिक्षण में पूरी ताक़त झोंक दी। उसने अस्त्र-शस्त्रों का जख़ीरा तैयार कर लिया। आसपास के कमज़ोर सूबों से चौथ वसूल की और छोटा-मोटा ख़जाना जोड़ लिया। बड़ी संख्या में बंदूकें इकट्ठी कीं। तोप ढलवाये। बंदूकधारियों और तोपचियों का दल तैयार किया और उन्हें प्रशिक्षित किया।

उसकी कड़ी मेहनत और लगन को देख कर एक दिन अर्जुमंद ने कहा—आपकी मेहनत जल्द रंग लायेगी। अब ज़्यादा दिन नहीं कि आप अपना पुराना जाहोजलाल हासिल कर लेंगे। मुझे लगता नहीं कि अब और देर है।

—यह तुम कैसे कह सकती हो? बरबाद हुए ख़िरमन के एक-एक तिनके को इकट्ठा करना और जमाना आसान नहीं होता!

—हाँ आसान तो नहीं होता, पर आसान हो रहा है। अब यही देखिये न, शाही फ़ौज के चुनिंदा सिपाही और बहादुरी के लिए मशहूर सिपहसालार आपकी क़दमबोसी के लिए आपके दरवाज़े पर मुसल्सल दस्तक दे रहे हैं। अर्जुमंद ने उसके हाथ को अपने हाथ में ले कर झकझोर दिया। अर्जुमंद के चेहरे पर मुस्कान थी।

—तुम किसकी बात कर रही हो? शाहजहाँ ने उत्सुकता दिखाई।

—मैं बात कर रही हूँ खिदमत परस्त ख़ाँ और मुज़फ़्फ़र बारहा की। वे शाही फ़ौज को छोड़ कर आपकी देहलीज पर आये हैं। अर्जुमंद के चेहरे पर प्रसन्नता के पौष का आतप दमक रहा था।

—तुमने मुझे बताया नहीं। वे तो बादशाह के बहुत वफ़ादार ओहदेदार थे। बरसों से आलमपनाह के नमकख़्वार रहे हैं। मुझे भरोसा नहीं होता।

—आप बीमार थे। मैंने ज़िक्र करना मुनासिब नहीं समझा। आपकी तबीयत कुछ सँभली, तो चर्चा की। अर्जुमंद ने एक प्रकार से कैफ़ियत दी।

—अब आप उन पर भरोसा कर सकते हैं। मोतमिद ख़ाँ ने आजमाइश कर तसल्ली कर ली है। उन्हें संजीदा पाया है। वे आपकी क़दमबोसी के लिए बेताब हैं। अर्जुमंद को लगा कि इस तरह की ख़बर को सुना कर वह शौहर की उम्मीद की लौ को उद्दीप्त कर सकती है।

—वे दोनों जाँबाज सिपाही हैं। फ़ौजी कार्रवाई का उन्हें अच्छा तजुर्बा है...हाँ, कल शाकुल्ला ख़ाँ आया था। मिजाजपुर्सी के लिए। कह रहा था कि निजाम ने फ़ौज की ताक़त में इज़ाफ़ा करने के लिए बहुत सा धन देने की पेशकश की है। शाहजहाँ पलंग पर बैठ गया। रोगजनित कमज़ोरी उसे ऐसा करने से रोक रही थी, किन्तु आन्तरिक उत्साह जो था, प्रकट होने का ललक रहा था।

—तभी तो न, मैं कह रही थी कि वक़्त जल्द करवट लेने वाला है। अल्लाह से दुआ माँगती हूँ कि वक़्त की हवाओं को आपकी माफ़िक मोड़ दे।

एक सुबह उत्साहवर्द्धक घटना घटी। दो हज़ार अश्वरोहियों के साथ महाबत ख़ाँ आ पहुँचा। इसे अप्रत्याशित तो नहीं कहा जा सकता, क्योंकि इसका पूर्वाभास हो चुका था।

—मुझे उम्मीद नहीं थी कि तुम मदद के लिए हाज़िर होगे। शाहजहाँ ने उसके आगमन पर प्रसन्नता व्यक्त करते हुए कहा।

—मदद न कहें। मुझमें इतनी क़ाबिलियत नहीं है कि आपकी मदद कर सकूँ।

फिर भी आपके लिए कुछ कर सका, तो अपना नसीब समझूँगा। महाबत ख़ाँ ने सौजन्य दिखलाया।

—क्या तुमने हमारे साथ रहने का पक्का इरादा कर लिया है? शाहजहाँ उसे वचनबद्ध कर लेना चाहता था।

—आप जानते हैं कि मलिका से मेरी पटरी कभी नहीं बैठी। और शाहज़ादा शहरयार जैसे नाकारे आदमी के साथ काम करना मैं अपनी तौहीन समझता हूँ। आप जैसे शेरदिल शाहज़ादे के साथ करने में ज़्यादा सुख मिलेगा। आपके दामने दौलत में जगह मिलती, तो मैं अपने को बहुत ख़ुशनसीब समझता।

—ठीक है। तुमको अपने घुड़सवारों के साथ फ़ौज में शामिल किया जाता है। तुम्हें सिपहसालार का मर्तबा हासिल होगा। शाहज़ादे ने प्रकरण का पटाक्षेप किया।

एक संध्या सैन्य पदाधिकारियों की नियमित बैठक चल रही थी। अचानक आकर चोबदार ने सूचित किया कि सुमाली हिन्दुस्तान से एक आदमी आया है और शाहज़ादा हुज़ूर से तुरंत भेंट करना चाहता है। अनुमति पाकर आगन्तुक बैठक में आया। उसने शाहजहाँ को इस अंदाज़ में कोर्निश की, जैसी अमूमन बादशाह को की जाती है।

—कौन हो तुम? किसने तुम्हें भेजा है? राजकुमार कर्ण ने परिचय जानना चाहा।

—मेरा नाम बनारसी हिन्दू है। मुझे सिपहसालार आसफ़ ख़ाँ ने पैग़ाम लेकर भेजा है। आसफ़ ख़ाँ का नाम सुन कर सब सावधान की मुद्रा में आ गये। शाहजहाँ उत्सुकता में कुछ आगे झुक गया।

—इसका क्या सुबूत कि तुम्हें सिपहसालार आसफ़ ख़ाँ ने भेजा है? मीर हिसामुद्दीन ने परीक्षण की मुद्रा में जिज्ञासा की।

—सिपहसालार ने सुबूत के तौर पर यह अँगूठी पेश करने की हिदायत दी थी। यह लीजिये। बनारसी हिन्दू ने अँगूठी आगे बढ़ाई।

मोतमिद ख़ाँ ने अँगूठी ले कर शाहजहाँ को दी। शाहज़ादे ने उसे उलट-पुलट कर देखा और विशेष चिह्न की पहचान कर सिर हिलाया।

—उन्होंने कोई पैग़ाम भेजा है? राजकुमार कर्ण ने जिज्ञासा की।

—उनके पास तहरीर के लिए वक़्त नहीं था, इसलिए ज़ुबानी पैग़ाम देने की हिदायत दी। बनारसी हिन्दू का चेहरा उदास था। वह काफ़ी तटस्थता से व्यवहार कर रहा था, जब कि उसकी दैहिक भाषा यह संकेत दे रही थी कि वह समाचार सुनाने को अधीर है।

—बयान हो। शाहजहाँ ने आदेश दिया।

बनारसी हिन्दू बोलने को हुआ, पर रुक गया। उसका चेहरा गम्भीरता की जिस चादर से ढँका था, वह और गफ़ हो गयी। सबके चेहरों पर हैरानी थी।

—बयान हो। शाहजहाँ का धीरज डोल गया।

—जी...जी...ख़बर है कि...सुल्ताने हिन्द...।

—हाँ हाँ, सुल्ताने हिन्द...तब? राजकुमार कर्ण कुछ ज़्यादा ही व्यग्र था।

—सुल्ताने हिन्द कश्मीर से लाहौर आ रहे थे कि राजौरी में...राजौरी में...उन्होंने इस दारे फ़ानी को अलबिदा कह दिया।

—क्या??? एक साथ बहुत सी आवाज़ें उठीं। वातावरण में सनाका छा गया।

—नऊज़ु बिल्लाह! शाहजहाँ के मुख से अचानक निकल पड़ा। वह भौंचक रह गया और अनायास खड़ा हो गया। सिर की पगड़ी हाथ में आ गयी।

उपस्थित पदाधिकारियों ने पगड़ियाँ उतार कर हाथों में ले लीं। वे कभी बनारसी हिन्दू को देखते, कभी शाहजहाँ को। उनके मुखों से 'हन्नान ख़ुदा','अल्लाह रहीम' 'ख़ुदा मग़फ़िरत करे' जैसे अल्फ़ाज़ निकल रहे थे। राजकुमार कर्ण लपक कर शाहजहाँ के पास पहुँचा और उसे सहारा दे कर सिंहासन पर बिठाया।

शाहजहाँ कुछ संयत हुआ तो मोतमिद ख़ाँ ने पूछा—यह वाक़्या हुआ कैसे?

—महाबत ख़ाँ की क़ैद से छूट कर बादशाह मलिका के साथ कश्मीर आये। वहाँ की तेज़ ठंड से उन पर दमा का दौर पड़ा और बेक़ाबू हो गया। तब मलिका उन्हें लेकर लाहौर की जानिब चलीं। रास्ते में राजौरी में चग़ताई ख़ानदान का सूरज...। बनारसी हिन्दू को वाक्य पूरा करने की ज़रूरत नहीं पड़ी।

—शाहज़ादा शहरयार कहाँ हैं? राजकुमार कर्ण ने यह सवाल जानबूझ कर पूछा। शाहजहाँ समेत सबके लिए यह जानना ज़रूरी था कि इस वक़्त शहरयार को लेकर वहाँ क्या कुछ होने जा रहा है।

—शाहज़ादा शहरयार इस वक़्त लाहौर में हैं और अपने बाल झड़ने के रोग का इलाज करा रहे हैं। मलिका-ए-हिन्दुस्तान ने उन्हें जंग के लिए तैयार रहने की हिदायत भेजी है। मलिका बादशाह हुज़ूर की मय्यत को लेकर जल्द लाहौर पहुँचने को हैं। बनारसी हिन्दू ने जिज्ञासा का समाधान किया।

वातावरण भारी हो गया था। सब एक अजीब मनःस्थिति में थे। दो भावधाराएँ एक साथ बह रही थीं—सम्राट् की मृत्यु की शोक-धारा और उत्तराधिकार की चिन्ता-धारा। ये दो धाराएँ एकमेल होकर बह रही थीं।

—और कुछ कि बस इतना ही? फ़ीरोज़ जंग ने पूछा।

—एक और ज़रूरी ख़बर बाकी है। सिपहसालार आसफ़ ख़ाँ ने यह कहने को कहा है कि उन्होंने मरहूम शाहज़ादा ख़ुसरो के बेटे दावरबख़्श को बादशाह ऐलान कर दिया है। यह सुनकर सब चौंक पड़े। सबको लगा कि जैसे आसमान फट पड़ा हो और बिजली उनके ऊपर गिर पड़ी हो। उन्हें विश्वास नहीं हुआ कि आसफ़ ख़ाँ के दिमाग़ में इस पद के लिए शाहजहाँ के अलावा और किसी का नाम कैसे आ गया!

शाहजहाँ शान्त और संयत रहा आया। यह देख कर उपस्थित सरदारों को भी

आश्चर्य हुआ। उन्हें लगा कि बादशाह की मृत्यु का शोक इतना गहरा है कि उत्तराधिकार की घटना उस पर कोई असर नहीं डाल सकी।

—क्या तुम इन सारी बातों के गवाह भी हो? मीर हिसामुद्दीन को अभी भी लग रहा था कि शायद यह बात सही न हो।

—जी नहीं। सिपहसालार आसफ़ ख़ाँ ने ही ये बातें आप तक पहुँचाने की हिदायत दी थी। उन्होंने यह भी ख़बर भेजी है कि मीर बख़्शी इरादत ख़ाँ अपनी तरफ़ हो गया है तथा उन्होंने भीमंबर पहुँच कर बहुत से अमीरों की वफ़ादारी शाहज़ादा हुज़ूर के तईं हासिल कर ली है। एक ज़रूरी ख़बर यह भी है कि उन्होंने अबुल हसन को अपना तरफ़दार बना कर शाहज़ादा दारा, शुजा और औरंगज़ेब को अपनी हिफ़ाज़त में ले लिया है। वे इस वक़्त अपनी ननिहाल में पूरी तरह महफ़ूज़ हैं। बनारसी हिन्दू ने सारे समाचार सुना कर जैसे राहत की साँस ली। वह चुपचाप खड़ा होकर जवाब की प्रतीक्षा करने लगा।

पैग़ाम का आख़िरी हिस्सा सुनते ही शाहजहाँ के चेहरे पर चमक आ गयी। उसे लगा कि यह ख़बर तुरन्त अर्जुमंद तक पहुँचनी चाहिए। वह उठ खड़ा हुआ। उसने सरदारों पर निगाह डाली, पैग़ामरसाँ को रुकने का संकेत दिया और बैठक छोड़ कर अंतःकक्ष में चला गया।

भीतर अर्जुमंद कक्ष की सजावट के लिए दासियों को कुछ निर्देश दे रही थी। शाहजहाँ को प्रवेश करते देख दासियाँ बाहर चली गयी।

—आप कुछ हैरान दिख रहे हैं! क्या बात है? अर्जुमंद ने निकट आकर शाहजहाँ का हाथ पकड़ कर उसे आसन पर बिठाया।

—हाँ, बात ही कुछ ऐसी है। तुम्हारे अब्बाजान का पैग़ाम आया है।

—आरजू, अब्बाहुज़ूर ने इस दुनिया से परदा कर लिया है। वो हमारे बीच अब नहीं रहे। शाहजहाँ ने रुँआसे कंठ से ख़बर सुनाई।

—क्या? नहीं-नहीं। ऐसा नहीं हो सकता! हमने तो उनकी बीमारी की ख़बर भी नहीं सुनी। फिर यह कैसे हो सकता है। अर्जुमंद एकाएक बिलख पड़ी। उसने आँचल को हथेलियों से दबा कर मुख पर रख लिया था। सिसकी की आवाज़ निरन्तर आ रही थी।

—हैफ़ कि हम यहाँ हैं और वहाँ जनाज़े की तैयारी चल रही होगी। हम न पान-फूल में पहुँच पायेंगे, न दसे में, न बीसे में और न चालीसे में। शाहजहाँ की आँखें डबडबा आयी थीं।

—जाँनशीनी के जिद्दोजहद ने कुछ ऐसे हालात पैदा कर दिये हैं कि बेटा बाप की मय्यत में शामिल होने से भी डरता है। कंठावरोध के कारण अर्जुमंद का स्वर दबा-दबा सा लग रहा था।

—एक अरसा हुआ अब्बाहुज़ूर का दीदार हुए। मैं नज़दीक जाना चाहता था,

लोग मुझे उनसे दूर कर देते थे। उनके दिल में मेरे लिए कितना प्यार था, पर लोग थे कि उस प्यार में ज़हर घोल दिया करते थे। हमारे बीच दीवार हाइल करने में किसी ने कोई क़सर नहीं छोड़ी। ख़ुदा गवाह है कि अब्बाहुज़ूर के रहते मैंने कभी तख़्तोताज नहीं चाहा। फिर भी लोगों ने अब्बाहुज़ूर के सामने मेरी ग़लत तस्वीर पेश की और मुझे उनके बरक्स ख़तावार खड़ा किया। पश्चाताप और शोक ने शाहजहाँ की आवाज़ को नम कर दिया था।

—अब्बाहुज़ूर का मुझ पर बड़ा स्नेह था। उन्होंने हमेशा मेरा मान रखा। मेरी किसी आरजू को ख़ारिज नहीं किया। इस नाचीज़ बहूबेगम की ख़्वाहिशों के लिए उनके मुँह से हमेशा 'आमीन लफ्ज़' निकलता रहता। अफ़सोस कि मैं उनकी कोई ख़िदमत न कर सकी। इसका मुझे हमेशा रंज रहेगा। अर्जुमंद विकल थी। बीच-बीच में गहरा उच्छ्वास निकल पड़ता।

थोड़ी देर तक चुप्पी छाई रही। दोनों अपनी विकलता में अकेले थे। बादशाह को लेकर उनकी सुखद स्मृतियाँ आज उन्हें संतप्त कर रही थीं। फिर अपने शोक-संतप्त मानस पर नियंत्रण करते हुए शाहजहाँ ने कहा—एक अच्छी ख़बर भी है, आरजू। सिपहसालार आसफ़ ख़ाँ ने एक और क़रिश्मा किया। उन्होंने अपने तीनों बेटों को मलिका की क़ैद से आजाद करा लिया है। वे तीनों अपने ननिहाल में महफ़ूज़ हैं।

अर्जुमंद पर इस सूचना का तत्काल असर पड़ा। उसके बदन में बिजली सी दौड़ गयी। आँसू-भरी विस्फीत आँखों से वह शाहजहाँ के चेहरे को टकटकी लगा कर देखने लगी। उसके विश्वास ने अविश्वास को हटाने में समय लिया। थोड़ी देर बाद वह ख़ुशी से फूट-फूट कर रोने लगी। बच्चों को लेकर उसकी जी हलका हो गया था। भीतर-ही-भीतर वह काफ़ी राहत महसूस कर रही थी।

—अब्बू ने पैग़ाम में कुछ और कहा है! अर्जुमंद ने संयत होकर पूछा। शायद उसका आशय बच्चों के बारे में कुछ जानने का था।

—उनका पैग़ाम उम्मीदों से लबरेज़ है। उनकी बातों से लगता है कि बादशाह के इंतकाल के बाद हालात में तेज़ी से बदलाव आ रहे हैं। बादशाह के बहुत से पुराने असरदार सिपाही और अमीर-उलेमा अपनी वफ़ादारी बदल रहे हैं। उनके अपने तरफ़दार होने के इशारे मिले हैं। हाँ, एक और ज़रूरी बात। सिपहसालार आसफ़ ख़ाँ ने मरहूम शाहज़ादा खुसरो के बेटे दावरबख़्श को तख़्त पर बिठा दिया है और उसकी बादशाहत का ऐलान कर दिया गया है।

—यह क्या? जाँनशीनी की दौड़ में कहीं उसका नाम तक नहीं था! यह अब्बू को क्या सूझा! उन्हें आपका नाम तक याद न आया, और एक दूसरे शख़्स को तख़्ते शाही पर बिठा दिया। अर्जुमंद परेशान हो गयी। पुत्रों की आजादी की ख़ुशी क़ाफ़ूर हो गयी। हैरानी के साथ हलका सा आक्रोश चेहरे पर झलक आया।

—उन्होंने बिल्कुल ठीक किया है। एक चालाक सियासतदाँ के लिए यही करना

मुनासिब था। तख़्त को देर तक ख़ाली नहीं रखना चाहिए। इससे कई दावेदार पैदा हो जाते हैं। लोगों की वफ़ादारी बँट जाती है। फ़ौज कई टुकड़ों में तक़सीम हो सकती है। सबसे बड़ी बात तो यह कि इसके पहले कि मलिका लाहौर आकर शहरयार को तख़्तनशीं करे, अपनी ओर से दावरबख़्श को उनके बरक्स मज़बूती से खड़ा कर दिया गया। अब दावरबख़्श की आड़ में असरदार सिपहसालारों, अमीरों और उलेमाओं की वफ़ादारी जीतने की कोशिश की जायेगी। और आख़िरकार उस सारी वफ़ादारी को मेरी जानिब मोड़ दिया जायेगा। शाहजहाँ आसफ़ ख़ाँ की सियासी चाल की बारीकियों को समझ गया था।

—लेकिन अब्बू आपका नाम भी तो आगे बढ़ा सकते थे! अर्जुमंद अभी भी दावरबख़्श की ताजपोशी को पचा नहीं पा रही थी।

—नाम आगे करने से क्या होता है! मैं मरक़ज़ से बहुत दूर हूँ और वहाँ की सियासी और फ़ौजी हरकतों में मेरा कोई किरदार नहीं है। ऐसे में लोगों की तरफ़दारी हासिल करना मुश्क़िल होता। फिर यह भी सोचो, जो किसी को तख़्त पर बिठा सकता है, वह उसे तख़्त से उतार भी सकता है। शाहजहाँ ने सारी बातें स्पष्ट कर दीं।

—इसलिए हमें जल्द वहाँ पहुँचना चाहिए। अर्जुमंद को सारी बातें स्पष्ट हो गयीं।

—मैं अपने सिपहसालारों को इस बाबत हुक्म देकर आता हूँ। यह कहता हुआ शाहजहाँ बाहर बैठक में आ गया।

बैठक में सभी सिपहसालार पूर्ववत विद्यमान थे। उन्हें लग रहा था कि मुसीबत की उस घड़ी में शाहज़ादे के क़रीब होना ज़रूरी है। शाहजहाँ आसन पर बैठ गया।

—यहाँ सब लोग बहुत विचलित और घबराये हुए हैं। दावरबख़्श के सम्राट् घोषित हो जाने की ख़बर से। राजकुमार कर्ण ने सबकी चिन्ता को वाणी दी।

—फ़िक्र की कोई बात नहीं है। दावरबख़्श का तख़्तनशीं होना महज़ एक सियासी चाल है। वक़्त निकालने की कोशिश भर है। शाहजहाँ ने उन्हें आश्वस्त किया।

—तो क्या हम मान लें कि दावरबख़्श तब तक ही सम्राट है, जब तक कि आप वहाँ नहीं पहुँच जाते। राजकुमार ने टिप्पणी की। उसने चैन की साँस ली।

—यक़ीनन!

—तब तो हमें तुरंत अकबराबाद के लिए कूच करना चाहिए। मोतमिद ख़ाँ अतिरिक्त उत्साह दिखाते हुए बोला।

—गोकि यह शोक का समय है, हमें अनुमति दें कि आपके सम्राट् बनने का जो अवसर निकट है, उसके लिए आपको बधाई दें। राजकुमार कर्ण ने हर्ष की मुद्रा में कहा।

शाहजहाँ ने मुस्करा कर सिर झुका दिया। इसका अर्थ अनुमति मान कर सब

एक साथ लगभग चीख पड़े—मुबारक हो! मुबारक हो! शाह बुलंद इकबाल ज़िंदाबाद! नूरे हिन्द शाहेजहाँ ज़िंदाबाद!!

गहमागहमी ख़त्म हुई, तो शाहजहाँ ने आदेश दिया कि परसों लश्कर गुजरात के रास्ते अकबराबाद की जानिब कूच करे।

—एक अर्ज है शाहज़ादा हुज़ूर, मुझे आज ही निकलने की आज्ञा दी जाय, ताकि अकबराबाद के रास्ते पर आपके राजसी स्वागत की तैयारी कर सकूँ। राजकुमार कर्ण ने निवेदन किया।

शाहजहाँ मुस्करा दिया। उसने सिर हिला कर स्वीकृति प्रदान की।

अकबराबाद के लिए कूच करने का आदेश सुन कर पूरी सेना में ख़ुशी की लहर दौड़ गयी। इससे भी ज़्यादा ख़ुशी यह जान कर हुई कि उनका सरपरस्त सिपहसालार शाहज़ादा सम्राट् बनने की दिशा में अग्रसर है। इस बात से भी सब बेहद ख़ुश थे कि अब वे शाही फ़ौज में स्वयंमेव सम्मिलित हो जायेंगे। उन्हें नियमित तनख़्वाह और सुविधाएँ मिलेंगी तथा शासक वर्ग में आ जाने से उन्हें विशेष दर्ज़ा हासिल हो सकेगा। उनकी तरक़्क़ी भी होगी, क्योंकि उन्होंने शाहज़ादे को उस वक़्त मदद की थी, जब वह संकट में था। दूसरे दिन सेना ने बहुत उत्साह के साथ उत्सव मनाया। विशेष भोज का आयोजन हुआ।

नियत समय पर लश्कर ने जुन्नार छोड़ दिया और पड़ाव-पर-पड़ाव पार करता हुआ नासिक पहुँचा और वहाँ से उत्तर की ओर बढ़ा। उत्साह इतना था कि न केवल पड़ावों की संख्या कम कर दी गयी, अपितु प्रत्येक पड़ाव की अवधि भी सीमित कर दी गयी थी। अर्जुमंद बेहद ख़ुश थी। उसके सरताज के सर पर जल्द ताज जो आने वाला था। एक बेचैनी भरी प्रतीक्षा अलग थी कि शीघ्र ही बेटों को अपने ममत्व की छाँव में समेट सकेगी।

लश्कर ने एक लम्बी यात्रा कर ली थी, लिहाजा आराम के लिए गुजरात की सीमा पर कुछ अधिक समय के लिए पड़ाव रखा गया। यहीं गुजरात सूबे के एक पदाधिकारी ने शिकायत की कि यहाँ के सूबेदार सैफ़ ख़ाँ से सावधान रहने की ज़रूरत है, क्योंकि उसकी निष्ठा मलिका के प्रति बनी हुई है। वह शाहज़ादे के इस्तक़बाल के लिए हाज़िर नहीं हुआ है। शाहजहाँ ने आदेश दिया कि उसे बंदी बना कर अहमदाबाद में उसके सामने पेश किया जाय।

दरबार में शाहजहाँ ने सैफ़ ख़ाँ के विरुद्ध जल्दबाजी में कोई निर्णय नहीं लेना चाहता था। अलबत्ता उसने शेर ख़ाँ को गुजरात का सूबेदार नियुक्त कर दिया। और परस्तार ख़ाँ को आदेश दिया कि वह सैफ़ ख़ाँ की गतिविधियों पर नज़र रखे।

तभी अचानक कुछ ख़ुफ़िया सिपाहियों ने आकर जानकारी दी कि ख़ानेजहाँ मलिका का ख़ास आदमी है और बादशाहत के लिए शाहज़ादा शहरयार की उम्मीदवारी का तरफ़दार है। इधर उसका हौसला बढ़ गया है और वह ख़ुदमुख़्तार बनने की

कोशिश में है। एक बार वह मांडवगढ़ जीतने की नाकाम कोशिश कर चुका है।

शाहजहाँ ने उसकी बातें ध्यान से सुनीं। वह मुनासिब कार्रवाई के बारे में सोच रहा था। निश्चय कर कहा—अभी तुरंत इसकी ज़रूरत नहीं। अकबराबाद पहुँचने के बाद ही मामले को देखेंगे। तब तक कोई और वाक़या भी हुआ, तो फ़ैसला लेने में सहूलियत होगी।

—उसके पर तो कतरने होंगे, हुज़ूर! यह हमें क़तई अच्छा नहीं लगेगा, कि इधर आपकी शानदार और बेमिसाल ताजपोशी की तैयारी हो रही हो और उधर वह शोख़चश्म किसी शोरिश को अंज़ाम दे दे। मीर हिसामुद्दीन नहीं चाहता था कि सिंहासनारोहण के समय किसी अप्रिय घटना से दो चार होना पड़े।

—उससे भी निपट लेंगे। अभी तो हुक्म ज़ारी किया जाय कि वह अकबराबाद के दरबार में आकर हाज़िरी दे। उसकी जगह सिपहसालार महाबत ख़ाँ को बुरहानपुर का सूबेदार मुक़र्रर किया जाता है। इसे शाहजहाँ का साहसिक आत्मविश्वास ही कहा जायेगा कि वह सम्राट् बनने के पूर्व ही सम्राट् का-सा आचरण कर रहा था। सूबेदारों की नियुक्ति नियमित सम्राट् के अधिकारों से सम्बन्ध रखती थी।

महाबत ख़ाँ दरबार में ही था। उसके चेहरे पर उत्फुल्लता झलक पड़ी। अपनी वफ़ादारी दिखाने का पुरस्कार इतने शीघ्र मिल जायेगा, उसे इसकी कल्पना भी नहीं थी। वह आगे बढ़ा। आदेश-पालन दर्शाने के लिए उसने शाहजहाँ को फ़र्शी सलाम किया।

इसी क्रम में दूसरे ख़ुफ़िया सिपाही ने आगे आकर कोर्निश की। उसने सूचना दी कि राजा जुझार सिंह अकबराबाद में बराबर हाज़िरी दे रहा है, किन्तु उसका बेटा विक्रमाजीत सिंह प्रजा का शोषण करते हुए ख़जाने में इज़ाफ़ा करता जा रहा है। उसने नाज़ायज तरीक़े से बहुत सा धन इकट्ठा कर लिया है। प्रजा उसके अत्याचारों से त्राहि-त्राहि कर रही है।

शाहजहाँ ने विचार के लिए कुछ समय लिया। फिर उसने आदेश दिया कि जुझार सिंह और विक्रमाजीत सिंह के कारनामों की जाँच हो और ख़जाने की पड़ताल की जाय।

सत्ताईस

शाही दरबार का विराट् आयोजन कर शाहजहाँ ने एक प्रकार से सिद्ध कर दिया कि वह लगभग सम्राट् बन चुका है। आसपास के इलाक़ों में इस आयोजन की गूँज पहुँची। अब शाहजहाँ का लश्कर और ज़्यादा ठाठ-बाट से आगे बढ़ा। रास्ते पर स्थान-स्थान पर उसका भव्य स्वागत हुआ। लश्कर उत्साहपूर्वक आगे बढ़ता गया।

उसने बाबर प्यारा घाट से पवित्र नर्मदा नदी पार की और सिनूर के पास पहुँच कर अगला पड़ाव किया।

नवम्बर 1627 की 28 तारीख़ को पूरे लश्कर ने शाहजहाँ की चन्द्र वर्षगाँठ मनाई। दिन में रागरंग और तमाशे तथा रात्रि में आतिशबाजी की जबर्दस्त धूम रही। अर्जुमंद ने हरम की विशेष सजावट की। चाँदी-सोने के तारों में पिरोये रत्नों की लड़ियों से आकर्षक आयीनाबंदी की गयी। पूरे हरम के लिए भव्य भोज का आयोजन किया। बाहर मैदान में सेना के द्वारा अभिनन्दन समारोह आयोजित हुआ। लोगों ने बढ़चढ़कर उपहार दिये। उसका सम्मान वैसा हुआ, जैसे सम्राट् का किया जाता है। सत्कार में कोई क़सर नहीं थी। यदि कोई क़सर थी, तो यही कि शाही मुकुट अभी हाथ भर दूर था।

सत्कार का कार्यक्रम चल ही रहा था कि गुजरात के नवनियुक्त सूबेदारशेर ख़ाँ का संदेशवाहक आया। उसने शाहज़ादा को रत्नमंजूषा भेंट की और एक पत्र भी दिया। पत्र में तीन बातें लिखी थीं। एक, सम्राट् जहाँगीर केशव को सिपुर्दे ख़ाक कर दिया गया है। दो, सिपहसालार आसफ़ ख़ाँ ने शाहज़ादा शहरयार को एक युद्ध में भारी शिकस्त दी है और वे क़ैद कर लिये गये हैं। तीन, मलिका-ए-हिन्दुस्तान गिरफ़्तार कर ली गयी हैं और उन्हें अकबराबाद लाया जा रहा है।

यह ख़बर फूटते ही पूरा वातावरण हर्ष में डूब गया। पहले से ही लोग चन्द्र वर्षगाँठ की ख़ुशी मना रहे थे। इस ख़बर से उनकी प्रसन्नता कई गुना बढ़ गयी। शाहजहाँ को बधाई-पर बधाई दी जाने लगी। उसकी जयकारे से पूरा माहौल झमझमा उठा।

आयोजन को बीच में ही छोड़ कर शाहजहाँ महलसरा में आया। वह सीधे अर्जुमंद के कक्ष में आया। वह क़ुराने पाक पढ़ने में व्यस्त थी। शाहज़ादे को देख कर उसने पवित्र ग्रंथ को पढ़ कर क़ायदे से बंद कर नियत आसंदी पर रखा।

—बाहर अचानक शोर बढ़ गया। तुम्हें कुछ पता चला। शाहजहाँ ने ख़बर सुनाने के पहले ख़बर के प्रभाव की जानकारी दी।

—मैं तो क़ुराने पाक को पढ़ने में मशगूल थी। कुछ पता ही नहीं चला...। अर्जुमंद का ध्यान अब बाहर के कोलाहल की ओर ख़िंचा।

—ख़बर आयी है कि सिपहसालार आसफ़ ख़ाँ ने शहरयार का साथ दे रही फ़ौज को शिकस्त दे दी है। उसे क़ैद भी कर लिया गया है।

—अरे यह तो वाक़ई अच्छी ख़बर है। इस बुशारत पर हज़ार जन्नत निछावर! अब आपकी मुश्क़िलें आसान हो गयीं। पर यह तो बताइये। फूफीजान कहाँ हैं? वे अब्बाहुज़ूर की मयूयत के साथ लाहौर के रास्ते पर थीं न! अर्जुमंद का ध्यान अचानक मलिका की तरफ़ गया।

—अब्बाहुज़ूर की मयूयत को ब इज़्ज़तो एहतिराम सिपुर्दे ख़ाक कर दिया गया

है। मलिका गिरफ़्तार हो गयी है। उन्हें अकबराबाद लाया जा रहा है। शाहजहाँ ने उपलब्ध जानकारी से अवगत कराया।

मलिका को लेकर अर्जुमंद का मुख कड़ुवाहट से भर गया। विगत आठ-दस वर्षों से वह षड्यंत्र-पर-षड्यंत्र रचती हुई शाहज़ादा हुज़ूर के पीछे पड़ी थी और उनका वश चलता तो उन्हें दुनिया से ही...। उन्हें इस बात की क़तई फ़िक्र नहीं थी कि वे उसकी सबसे प्यारी भतीजी के शौहर हैं। उसकी गिरफ़्तारी से उसने राहत की साँस ली। थोड़ी देर अतीत में विहार करने के बाद वह वर्तमान में लौट कर बोली—हमारे सुनहरे ख़्वाब की ताबीर होने जा रही है। मैं बेहद ख़ुश हूँ मेरे मालिक! मुग़लों की तारीख़ में एक नया सूरज तुलू होने जा रहा है। मैं उस नये सूरज का इस्तक़बाल करती हूँ। अर्जुमंद ने मुस्करा कर उसे तस्लीम किया।

शाहजहाँ का लश्कर आगे बढ़ कर महमूदाबाद पहुँचा। काँकरिया तालाब के किनारे रम्य वादियों में शिविर स्थापित किया गया। शाहज़ादा कुछ दिन यहाँ रुक कर भविष्य की योजनाएँ तैयार कर लेना चाहता था। शेर ख़ाँ ने उसके स्वागत का भव्य आयोजन किया। इससे ख़ुश होकर शाहज़ादे ने उसका मनसब बढ़ा कर 5000 जात और 3000 सवार कर दिया। यहीं उसने आसफ़ ख़ाँ के नाम एक फ़र्मान तैयार किया, जिसमें स्पष्ट आदेश था कि लोकहित और राजनय की दृष्टि से शहरयार, दावरबख़्श, होशंग और तहमूर्स को मौत के घाट उतार दिया जाय। फिर यह मुहरबंद फ़र्मान उसने ख़िदमत परस्त ख़ाँ के हाथों रवाना किया। उसे सख़्त ताक़ीद दी कि इसे पोशीदा रखा जाय और सिर्फ़ सिपहसालार के हाथों में ही सौंपा जाय।

शाहजहाँ के सम्राट् बनने की सम्भावना की सूचना जंगल की आग की तरह दूर-दूर तक पहुँचती जा रही थी। साम्राज्य के भावी स्वरूप और प्रशासन की कार्य-शैली को लेकर तरह-तरह की चेमेगोइयाँ होने लगीं। चारों ओर धूम मची हुई थी और उस धूम के बीच रास्ता बनाते हुए शाहजहाँ का लश्कर तीर की तरह आगे बढ़ता जा रहा था। जनवरी, 1628 में लश्कर गोगूँदा पहुँचा। मेवाड़ के राजकुमार कर्ण ने उसका स्वागत किया और सम्मान-स्वरूप उसे जड़ाऊ तलवार और रत्न-मंजूषा भेंट की।

शाही लश्कर जब अजमेर पहुँचा, तो अर्जुमंद ने याद दिलाया—मेवाड़-मुहिम के वक़्त आपने कौल दिया था कि आप यहाँ एक शानदार मसजिद बनवायेंगे।

—अच्छी तरह याद है। इसीलिए अजमेर होकर अकबराबाद जा रहा हूँ। मैं अभी हुक्म ज़ारी करता हूँ कि यहाँ संगमरमर की एक शानदार मसजिद तामीर की जाय।

दोनों ने ख़्वाजा साहब के दरगाह में हाज़िरी दी, चादर चढ़ाई और सदशुक्र पेश किया।

महल में आ कर अर्जुमंद ने अचानक उसका हाथ पकड़ कर कहा-अब्बाहुज़ूर

ने शाहज़ादा दावरबख़्श को साहिबे तख़्त बना दिया है। उनके बादशाह रहते आप तख़्तनशीं कैसे होंगे!

—मैंने सिपहसालार आसफ़ ख़ाँ के नाम फ़र्मान ज़ारी किया है कि वह तख़्त के सारे दावेदारों को फ़ना कर दे। शाहजहाँ ने कठोर निर्णय की जानकारी बेमन से दी। वह अर्जुमंद को किसी तरह से उद्विग्न नहीं करना चाहता था।

—क्या? या अल्लाह! यह मैं क्या सुन रही हूँ। अर्जुमंद बेचैन हो उठी।

—तुमने ठीक सुना। मैंने बिल्कुल वही कहा है, जो तुमने सुना।

—या ख़ुदा! यह मुनासिब नहीं हुआ। शहरयार को छोड़ दें, तो बाक़ी शाहज़ादों का क्या क़ुसूर! होशंग और तहमूर्स तो भोले-भाले बालक हैं। मैं उनमें दारा और शुजा की तस्वीर देखती हूँ। वो तो क़तई आपके रास्ते पर न थे। जाँनशीनी से उन्हें क्या सरोकार! उन बेचारों को तो भला यह भी नहीं मालूम होगा कि ताज और तख़्त के 'त' को 'ते' से लिखा जाता है कि 'तो' से। अर्जुमंद की व्याकुलता शब्दों से कम, हाव-भाव से ज़्यादा प्रकट हो रही थी।

—बुलंद इरादे कड़े फ़ैसलों के मोहताज़ होते हैं। आज इन्हें रास्ते से नहीं हटाया गया, तो कल ये ही तख़्त पर कीलें ठोंकने से बाज नहीं आयेंगे। कुछ फ़सादअंगेज़ लोग इन्हें इस्तेमाल करेंगे, इन्हें भड़कायेंगे, इन्हें ले कर ताक़त का नया मरक़ज़ तैयार करेंगे। यह सब होने ही क्यों दिया जाय। इसके पहले कि बबूल काँटे छितराये, उसके बीज को कुचल देना चाहिए। शाहजहाँ अपनी महत्त्वाकांक्षा के वृक्ष के तले किसी पौधे को पनपने नहीं देना चाहता था।

—ऐसा न कहें। वे अभी बच्चे हैं और बच्चों की फ़ितरत का पता तो बड़े होने पर ही चलता है। आप उनकी लाशों पर पैर रख कर तख़्त पर क्यों बैठना चाहते हैं। उनकी माताओं को कितना मातम होगा! अल्लाह के लिए इससे बाज आयें। यह गुनाह है। सरतासर गुनाह है। गुनाहों का बोझ ले कर तख़्त पर न बैठें। लोगों के ज़ेहन में आपकी पाक-साफ़ तस्वीर होनी चाहिए। अर्जुमंद सिसक-सिसक कर रोने लगी। वह घुटनों के बल बैठ गयी। उसने अपना सिर शाहज़ादे के पैर पर टिका दिया।

—उठो, आरजू उठो। मैं तुम्हारे जज़्बात की क़द्र करता हूँ। पर क्या करूँ। तुमने बहुत देर कर दी। सिपाही फ़र्मान लेकर कब का निकल चुका है। शाहजहाँ ने अर्जुमंद के अनुरोध को अमल करने में विवशता दिखाई।

—आप नये हुक्म के साथ दूसरा घुड़सवार रवाना करें। शायद बच्चों तक़दीर में तवील जिन्दगी बदी हो। अर्जुमंद ने रास्ता सुझाया।

—ठीक है। कोशिश करता हूँ। यह कह कर शाहजहाँ बैठक में आया। उसने फ़र्मान तैयार किया कि अभी शाहज़ादों को कोई नुक़सान न पहुँचाया जाय। इस बाबत अगले हुक्म का इंतज़ार किया जाय। घुड़सवार फ़र्मान लेकर तत्काल उड़ चला।

अब शाही लश्कर पूर्व की दिशा में बढ़ा। अकबराबाद उसकी मंजिल थी।

शाहजहाँ से पहले उसकी ख़ुशबू पहुँच रही थी। अमीर, उलेमा, ओहदेदार बढ़-चढ़ कर स्वागत कर रहे थे। विभिन्न स्थानों पर पहले से पहुँच कर पूरी तैयारी के साथ मुज़फ़्फ़र ख़ाँ मामूरी, ख़ान आलम, राजा जयसिंह, सैयद बारहा और बहादुर ख़ाँ उज़्बेक ने शाहज़ादा का इस्तक़बाल किया और उपहार भेंट किये।

राजधानी पहुँचने की पूर्वसूचना देना लाजिमी था, इसलिए शाहजहाँ ने अमानुल्ला और बायज़ीद को लाहौर रवाना किया। संदेशवाहकों ने वहाँ पहुँच कर तुरंत आसफ़ ख़ाँ को यह महत्त्वपूर्ण सूचना दी। दावरबख़्श की हत्या हो चुकी थी! सिंहासन ख़ाली पड़ा था। आसफ़ ख़ाँ को अब सीधे-सीधे शाहजहाँ को सम्राट् घोषित करना था। अतएव उसने 19 जनवरी, 1628 को शाहजहाँ को हिन्दुस्तान का सम्राट् घोषित करते हुए उसके नाम का ख़ुतबा पढ़वा दिया। नक्कारों और नगाड़ों की आवाज़ के साथ पूरे शहर में इस राज्यारोहण की मुनादी की गयी।

दो दिनों के बाद ख़िदमत परस्त ख़ाँ लाहौर पहुँचा और उसने शाहजहाँ को दूसरा फ़र्मान सौंपा। इसे पढ़ कर वह हैरान हो गया। आसफ़ ख़ाँ ने चारों शाहज़ादों की पहले ही हत्या करवा दी थी। अब उसके लिए करने को कुछ नहीं बचा था। उसने इतना कहा कि शाहज़ादा हुज़ूर अकबराबाद पहुँच रहे हैं। मैं भी वहाँ के लिए रवाना हो रहा हूँ। इस फ़र्मान की बाबत वहीं बात की जायेगी।

आसफ़ ख़ाँ के पहुँचने के पूर्व शाहजहाँ अकबराबाद आ धमका। ज्योंही उसके लश्कर ने राजधानी में प्रवेश किया, जनता ने क़तारबद्ध होकर उसका स्वागत किया। उसका धुआँधार जयजयकार किया गया। 'शाहजहाँ जिंदाबाद,' 'आलमपनाह जिंदाबाद' के नारों ने आसमान गुँजा दिया। जनमेदिनी के बीच रास्ता बनाता हुआ शाहजहाँ महल में आया। दूसरे रास्ते से हरम पहले ही महल में दाख़िल हो चुका था। अंतःपुर में प्रवेश करते ही महिलाओं ने उसे घेर लिया। उस पर बधाइयों की बौछार होने लगी। इन्हें स्वीकार करता हुआ वह अर्जुमंद के कक्ष में आया।

—जिल्ले सुब्हानी का इक़बाल बुलंद हो। कनीज़ शाहज़ादा हुज़ूर का इस्तक़बाल करती है। अर्जुमंद ने सलाम बजाते हुए कहा।

—तुम्हें भी मुबारक हो, मलिका-ए-हिन्दुस्तान! बहुत-बहुत मुबारक हो। शाहजहाँ ने मुबारक का जवाब मुबारक से दिया। अल्लाह का फ़जल है कि उसने हमें यह मुबारक दिन दिखाया...।

—अब्बू नहीं दिख रहे हैं। उनके साथ अपने बच्चे भी होंगे। अर्जुमंद व्यग्र दिखी।

—वे बहुत पहले लाहौर से निकल चुके हैं। जल्द ही पहुँचने वाले होंगे। शाहजहाँ ने उसकी व्याकुल उत्सुकता को सन्तुष्ट किया।

—मैं बेटों से मिलने को बेक़रार हूँ। जाने कब सामने आयेंगे। या ख़ुदा! मेरी आँखों को ख़ुनुकी अता कर। अर्जुमंद ने दुआ के लिए दोनों हाथ उठा दिये।

—मैं ख़ुद बच्चों को देखने के लिए बेसब्र हूँ। पर सब्र तो करना पड़ेगा। यह क्या कम है कि वे पूरी तरह से महफ़ूज़ हैं। शाहजहाँ बच्चों को लेकर निर्द्वन्द्व था। उसके लिए सारे काम आसान हो गये थे।

शाहजहाँ के नाम से राजधानी में पुनः ख़ुतबा पढ़वा कर उसे शाहंशाहे वक़्त घोषित किया गया। राजधानी के हर गली-कूचे में इस आशय की मुनादी की गयी। चारों तरफ़ शाहजहाँ की जयजयकार होने लगी। लोग स्थान-स्थान पर एकत्र हो कर हर्ष प्रकट कर रहे थे और नयी हुकूमत के विषय में तरह-तरह के अनुमान लगा रहे थे। आतिशबाजी भी हो रही थी। पूरे शहर में उत्सव मनाने के नये-नये तरीक़े ईजाद हो रहे थे।

नये सम्राट् ने दरबार का आयोजन रोक रखा था। वह आसफ़ ख़ाँ के लाहौर से आने की राह देख रहा था। उसके साथ बच्चों को भी आना था। फरवरी के चौथे सप्ताह में आसफ़ ख़ाँ अकबराबाद आया। उसे पता चला कि सम्राट् सिकन्दरा में है। वह तीनों शाहज़ादों को लेकर वहाँ महल में पहुँचा।

राजमहल में क़दम रखते ही तीनों बच्चे धड़ाधड़ अंतःपुर में जा पहुँचे और अर्जुमंद से लिपट गये। एकाएक उन्हें समीप पा कर अर्जुमंद विह्वल हो उठी। उसने बच्चों को चिपटा लिया। माँ की ममता आँसुओं की धार बन कर प्रवाहित होने लगी। मुख से बोल नहीं निकल पा रहे थे। वह नन्हें औरंगज़ेब के सिर पर स्नेह से बार-बार हाथ फेर रही थी। थोड़ी ही देर में जहाँनारा और रोशनआरा भी आ गयीं। भाइयों को देख कर वे फूट-फूट कर रोने लगीं। रोने-धोने की आवाज़ सुनकर सतीउननिसा दौड़ी चली आयी। वहाँ हाल देख कर वह भी रोने लगी। भावावेग में रोती हुई वह भी दारा, शुजा और औरंगज़ेब का दुलार करने लगी। अर्जुमंद अब कालीन पर बैठ गयी। बच्चों से घिरी हुई। वह एक-एक कर सबका हाल पूछने लगी।

आसफ़ ख़ाँ कोने में खड़ा यह सब देख रहा था। इस भावापन्न दृश्य को देखकर उस कठोर हृदय सैनिक का जी भी पसीज गया। उसे वे दिन याद आये, जब यह अर्जुमंद ऐसी ही एक बच्ची थी। बिल्कुल गुड़िया-सी। वह तथा बेगम उसका कितना दुलार करते थे! वह गुड़िया आज मलिका-ए-हिन्दुस्तान की शक़्ल में सामने खड़ी है।

आसफ़ ख़ाँ को याद आया कि उसे सम्राट् के झरोखा-दर्शन के समय वहाँ पहुँच कर हाज़िरी देनी है। उसने अर्जुमंद को ध्यान खींचा—मुझे इन बच्चों को लेकर आलमपनाह तक पहुँचना है। आगरे के क़िले में। इसी वक़्त।

अर्जुमंद को तत्काल बोध हुआ कि बच्चों को सम्राट् के पास पहुँचना चाहिए, ताकि उनकी कुशलता को लेकर वे आश्वस्त हो सकें। उसने बच्चों से कहा—चलो उठो। अब्बाहुज़ूर को तस्लीम करने जाना है। और हाँ देखना, हज़ारों की आँखें तुम पर ज़गी होंगी। अब्बाहुज़ूर से अदब से पेश आना। वे अब बादशाह हैं...अब्बाहुज़ूर! माफ़ कीजिये। मैं बच्चों में ही खो गयी थी। आपसे मुख़ातिब न हो सकी। शर्मिन्दा हूँ।

—कोई बात नहीं बेटी। मुझे भी तुमसे ढेर सी बातें करनी हैं। कुछ फुरसत मिले, तो आलमपनाह से तुम्हें कुछ दिनों के लिए मायके ले जाने की इजाज़त ले लूँ। हमारे साथ कुछ दिन रहोगी, तो तसल्ली मिलेगी। आसफ़ ख़ाँ ने अर्जुमंद की तरफ़ स्नेहभरी निगाहों से देखा। फिर वह दारा, शुजा और औरंगज़ेब को लेकर महल से बाहर आ गया और राजकुमारों को सुसज्जित हाथी के हौदे पर बिठाया। फिर स्वयं घोड़े पर सवार होकर अंगरक्षक अश्वारोहियों के घेरे में आगरे के क़िले की तरफ़ रवाना हो गया।

एक तरह से यह छोटा सा जुलूस था। थोड़ी देर में यह जुलूस क़िले में उस जगह पर पहुँचा, जहाँ सम्राट् शाहजहाँ प्रजा को झरोखा-दर्शन दे रहा था। जुलूस के सभास्थल में प्रवेश से थोड़ी सी भगदड़ मची। शस्त्रधारी सिपाहियों ने जुलूस के लिए रास्ता बनाया, जो कुछ ही क्षणों में झरोखे के नीचे मैदान पर आ पहुँचा। आसफ़ ख़ाँ ने उन बच्चों को हाथी से उतारा और स्वयं उनके साथ एक पंक्ति बनाता हुआ खड़ा गया। चारों ने सम्राट् की तरफ़ मुख करते हुए तीन बार कोर्निश की।

बादशाह की ख़ुशी का ठिकाना न रहा, जब उसने देखा कि वे बच्चे कोई और नहीं, उसके बेटे दारा, शुजा और औरंगज़ेब थे। वह फुर्ती से नीचे उतरा और महल से बाहर निकल कर मैदान में आया। उसे सामने देखते ही बच्चे तेज़ी से दौड़ पड़े और एक दूरी बना कर खड़े हो गये। उन्हें माँ की बात याद थी कि पिता के साथ अदब से पेश आना, क्योंकि वे बादशाह हैं। शाहजहाँ की आँखें स्नेह की बरसात कर रही थीं। उसने उन्हें इशारे से निकट बुलाया और फिर प्रत्येक के सिर पर हाथ फेरते हुए उसकी कुशलता पूछी। अंततः उसने आसफ़ ख़ाँ को निर्देश दिया कि वह बच्चों को हरमसरा में ले कर जाये और दूसरे दिन शाम को चार बजे शाही दरबार का एंहतिमाम करे।

तीनों बेटे उसी महल के अंतःपुर में आ गये। तब तक अर्जुमंद सिकन्दरा से आगरे के क़िले में आ चुकी थी। बच्चे माँ को घेर कर बैठ गये। अर्जुमंद के चेहरे पर जैसे सुबह की उजास ने स्थायी डेरा डाल लिया था, जैसे कई गुलाब एक साथ खिल आये हों। वह हर बच्चे से ख़ूब-ख़ूब बात कर लेना चाहती थी ताकि महीनों की क़सर पूरी हो सके।

—क्यों दारा, तुम्हें वहाँ कोई तक़लीफ़ तो नहीं रही! अर्जुमंद ने दारा शिकोह के सिर पर प्यार से हाथ फेरा।

—नहीं तो। वहाँ ऐशो-इशरत के सब सामान थे। फिर मौलवी साहब मेरी मुराद की किताबें लाकर दिये करते थे। मुझे उन्हीं में मज़ा आता था। दारा की बात और बात कहने के ढंग से लग रहा था कि उसे वहाँ रहना बहुत रास आया था।

—अच्छा शुजा, तुम बताओ, तुम्हें कैसा लग रहा था। सतीउननिसा ने पूछा।

—मुझे हथियार सीखने में मज़ा आता था। वहाँ एक-से-एक हुनरमंद सिपाही थे। या ख़ुदा! क्या हथियार चलाते थे। देखते ही बनता था। एकदम चुस्त, बेख़ौफ़

और फुर्तीले। शुजा ने बहुत स्वाद लेकर शस्त्र-संचालन की कला का वर्णन किया।

—जंग को जीतने का माद्दा रखने वाले सिपाही ऐसे ही तर्बियतयाफ़्ता होते हैं ...अच्छा, औरंगज़ेब तुम बताओ, तुम्हें कैसा लग रहा था। अर्जुमंद ने औरंगज़ेब के गालों का थपथपाया।

—मेरा मन नहीं लगता था। अम्मी, मुझे आपकी बहुत याद आती थी। लगता था कि उड़ कर आपकी गोद में पहुँच जाऊँ। औरंगज़ेब की आँखें छलछला आयीं।

अर्जुमंद ने औरंगज़ेब को अपनी गोद में समेट लिया। वह ममत्व के उद्वेलन से विचलित हो गयी।

—और अम्मीजान, मुझे एक मौलवी साहब क़ुराने पाक पढ़ाया करते थे। वो उसकी ख़ूब सारी बातें समझाते थे। मुझे क़ुराने पाक का पहला पारा याद हो गया। औरंग माँ की गोद में अपने को सुरक्षित अनुभव कर रहा था।

—इसने एक काम और सीखा है, टोपी सिलना। दारा ने हँसते हुए कहा। उसकी हँसी में व्यंग्य पनाह लिये था।

—एक बुढ़िया कनीज़ थी। बढ़िया टोपी सिलती थी। उसने मुझे सिखाया टोपी सिलना। औरंग ने भोलेपन में कहा।

सब हँस दिये। वे सब उसके कहने का मज़ा ले रहे थे।

—कोई भी हुनर बेकार नहीं होता। टोपी सिलना भी एक हुनर है। मज़ा तो तब है, जब अपने हाथों से टोपी सिलो और उसे पहन कर नमाज पढ़ने मसजिद जाओ। अर्जुमंद ने औरंगज़ेब का पक्ष लेकर सीख दी।

—एक बात और अम्मी। यह खाने के बाद भी कहा करता था कि भूखा हूँ। शुजा ने शिकायत के लहजे में कहा। सारे बच्चे एक साथ हँस पड़े।

—क्यों भला औरंग? अर्जुमंद सुनकर गम्भीर हो गयी थी।

—तुम्हारे हाथ से जो नहीं मिलता था अम्मी। औरंगज़ेब ने झट से अपना मुँह अर्जुमंद के दामन में छिपा लिया।

अर्जुमंद की आँखें झर-झर बहने लगीं। उसके चश्मेतर से औरंगज़ेब का कुर्ता तर हो रहा था।

तभी फ़िज़ा में ख़्वाजासरा की आवाज़ उठी—ब अदब होशियार! महलसरा में शाहंशाह की तशरीफ़आवरी! होशियार!!

सब खड़े होकर बादशाह की प्रतीक्षा करने लगे। अर्जुमंद दरवाज़े तक लेने गयी। थोड़ी देर में शाहजहाँ कक्ष में आया। बच्चों ने उसे घेर लिया। शाहजहाँ ने सबकी ख़ैरियत पूछी। फिर प्रसन्नता प्रकट की कि चलो अब सब ठीक हो गया।

—अल्लाह का सदशुक्र कि आज हम सब एक साथ हैं। ख़ुदाया! अब हमारा इम्तिहान न लेना। हम हमेशा तेरी इबादत के पाबंद रहें और तेरी हम्दोसना वैसी ही करें, जैसी कि तू बंदों से उम्मीद रखता है।

आज का पूरा दिन अर्जुमंद ने शाहजहाँ से बच्चों के लिए माँग लिया।

अगले दिन के सूरज के लिए सब उत्सुक थे। सम्राट् के रूप में शाहजहाँ का यह पहला दरबार था। सभाकक्ष की अद्भुत सजावट थी। सोने और चाँदी के पत्तरों से सजी दीवारों और खंभों पर रंग-बिरंगे हज़ारों रत्न जड़े हुए थे, जो नक्षत्रों की भाँति जगमगा रहे थे।

सम्पूर्ण सभाकक्ष के आमुख ऊँचाई पर भव्य स्वर्णसिंहासन रखा था। उसके फ़र्श की सतह पर चाँदी का कटघरा बना था, जिसके चारों ओर सोने की मोटी शृंखला झूल रही थी। कटघरे के बाहर बायीं तरफ़ तीन सुसज्जित सिंहासन रखे थे, जिन पर तीन राजपुत्र दारा, शुजा और औरंगज़ेब बैठे हुए थे। दायीं तरफ़ परस्पर दूरी बनाते हुए अपनी हैसियत के अनुसार सभासद खड़े थे। अलंकृत झालरों से सजे चिलमन के पीछे एक बड़े सिंहासन पर मलिका-ए-हिन्दुस्तान अर्जुमंद बानो बेगम विराजमान थीं। उनके दायें-बायें दो सिंहासनों पर जहाँआरा और रोशनआरा बैठी हुई थीं।

नियत समय पर दरबार की कार्रवाई शुरू हुई। चोबदार ने सम्राट् के आगमन की सूचना देकर सावधान किया। शाहज़ादे अपनी जगह खड़े हो गये। शेष सभासद पहले से ही खड़े थे। वातावरण पूरी तरह शान्त हो गया। सिंहासन के पार्श्वद्वार से सम्राट् ने प्रवेश किया। वह सिंहासन के सामने आकर खड़ा हो गया और सबका अभिवादन स्वीकार कर बैठ गया। शाहजहाँ मुग़ल सम्राट् की पारम्परिक सज्जा में था। उसकी मुकुट की कलगी के मूल में नवरत्नों से जड़ा बड़ा सा हीरा जगमग करता हुआ सब का ध्यान खींच रहा था। उसने बायीं ओर पड़ी चिलमन की ओर देखा, जो नूर से झिलमिला रही थी। वह समझ गया कि अर्जुमंद पसेपर्दा बैठी हुई है।

दीवान ने 'बिस्मिल्लाहअब्दुर्रहमानुर्रहीम' के साथ सभा की कार्रवाई प्रारम्भ की। उसने घोषणा की कि नूरे हिन्द, शाह बुलंद इक़बाल शाहेजहाँ लबुल मुज़फ़्फ़र शिहाबुद्दीन मुहम्मद साहिब क़िराने सानी के लक़ब से सरीरआरा हुए हैं।

'शाहेजहाँ ज़िंदाबाद' 'शाह बुलंद इक़बाल ज़िंदाबाद' के नारों से दरबार गूँज उठा। थोड़ी देर में शान्ति लौटी, तो सम्राट् ने उपाधि-वितरण का कार्य प्रारम्भ किया। सबसे पहले उसने अपनी बेगम अर्जुमंद को 'मुमताज़ महल' की उपाधि से विभूषित किया। पुनः सम्राट् की जयजयकार हुई।

इसके बाद सम्राट् ने सिपहसालार आसफ़ ख़ाँ को उसकी शानदार सेवाओं के लिए मुग़ल सल्तनत का वकील नियुक्त किया और शाही मुहर के लिए मुस्तहक़ किया। साथ ही उसे 8000 जात और 8000 सवार तथा दो सेह अस्पा का मनसब अता किया। बादशाह इतने से ही सन्तुष्ट नहीं हुआ। उसने आसफ़ ख़ाँ को 'चाचा' के ख़िताब से नवाज़ते हुए उसे बादशाह के पैर चूमने का अधिकार भी प्रदान किया। यह सम्राट् की अत्यधिक कृपा-दृष्टि मानी गयी। आसफ़ ख़ाँ ने तीन बार कोर्निश करके आभार प्रकट किया। पुनः 'आलमपनाह ज़िंदाबाद' जहाँपनाह ज़िंदाबाद' के नारों

से सभाकक्ष गूँज उठा।

नवनियुक्त वक़ील आसफ़ ख़ाँ ने सम्राट् का अभिवादन किया और उनके राज्यकाल में साम्राज्य के विस्तार, उसकी समृद्धि और जनता की खुशहाली की कामना की। उसने तीनों शाहज़ादों के उज्ज्वल भविष्य के लिए भी मंगलकामना व्यक्त की। फिर उसने बादशाह के आदेश से निष्ठावान अधिकारियों और सिपाहियों की पदोन्नति की घोषणा की।

ख़ानेजहाँ लोदी दरबार मे हाज़िर था। इस बीच उसने सम्राट् के प्रति अपनी निष्ठा का परिचय दे दिया था, इसलिए उसकी गुस्ताख़ी माफ़ की गयी और उसे पुनः दक्षिण के सूबेदार के रूप में बहाल किया गया। ओरछा का राजा जुझारसिंह भी दरबार में हाज़िर हुआ। बादशाह ने आदेश दिया कि ओरछा की प्रजा का अनुचित शोषण कर ख़जाने में वृद्धि की गयी है। इसकी जाँच की जायेगी और दोष सिद्ध होने पर दण्ड दिया जायेगा। इस व्यवस्था से राजा जुझारसिंह के चेहरे पर असंतोष के लक्षण स्पष्ट दिखाई दिये।

दरबार की समाप्ति पर वक़ील आसफ़ ख़ाँ ने घोषणा की कि पूर्व मलिका नूरजहाँ क़ैद में हैं और उन पर मुक़दमा चलाया जायेगा। बादशाह के आदेश से दीवान ने दरबार की समाप्ति की घोषणा की।

दरबार से उठकर शाहजहाँ सीधे रहम में आया। अर्जुमंद ने बहुत उल्लास के साथ उसका स्वागत किया।

—आज के दरबार के बारे में तुम्हारी क्या राय है? शाहजहाँ हुलसित था।

—बहुत शानदार। हर चीज़ अपनी जगह पर थी। कार्रवाई भी बहुत नपे-तुले अंदाज़ में हुई। मुझे बहुत अच्छा महसूस हो रहा था। अर्जुमंद उल्लसित थी।

—अब मैं तुम्हें मुमताज़ महल ही कहूँगा। बल्कि सिर्फ़ मुमताज़! शाहजहाँ ने उसकी बाँहों को अपने हाथों से दबाते हुए कुछ भावुक अंदाज़ में कहा।

—आप का शुक्रिया, जो आपने मुझे इतने शानदार ख़िताब से नवाज़ा। हरम में मेरे लक़ब की धूम मच गयी।

—बहुत दिनों से मन-ही-मन तुम्हारे लिए कोई शानदार लक़ब की तलाश में था। कोई भी नहीं जम रहा था। आख़िर यहीं जाकर आँखें रुकीं। दुनिया की तमाम ख़ातूनों में से इंतिख़ाब की हुई कोई एक बेमिसाल ख़ातून अगर कोई है तो वह है मेरी आरजू– सरामद और सरताज! इसीलिए तुम्हारे लिए सबसे मौजूँ ख़िताब है मुमताज़ महल! मुमताज़ महल!! मुग़ल तारीख़ के कहकशाँ में यह नाम ताक़ियामत झिलझिलाता रहेगा! शाहजहाँ का चेहरा उल्लास से दिप-दिप कर रहा था। शायद यह अर्जुमंद के मुख-मंडल की प्रतिबिम्बिति आभा का प्रभाव था।

—मैं आपकी मम्नून हूँ। अर्जुमंद की आँखें छलछला आयीं।

दूसरे दिन सल्तनत के वक़ील आसफ़ ख़ाँ ने बादशाह से स्वीकृति लेकर अन्य

अनेक उपहारों और वज़ीफ़ाओं की घोषणा की। मलिका-ए-हिन्दुस्तान मुमताज़ महल को दो लाख अशरफ़ी और छः लाख रुपये भेंट किये गये। उसके लिए दस लाख रुपये सालाना वज़ीफ़ा तय हुआ। दारा, शुजा और औरंगज़ेब के लिए चार लाख पचास हज़ार रुपये वज़ीफ़े तय हुए, जब कि मुराद, लुत्फ़ुल्ला, रोशनआरा और सुरैया बेगम के लिए तीन लाख पचास हज़ार रुपये बतौर वज़ीफ़े स्वीकृत हुए। शाहज़ादी जहाँआरा को एक लाख अशरफ़ी और चार लाख रुपये भेंट किये गये और उसके लिए छः लाख रुपये सालाना वृत्ति निश्चित की गयी।

पारितोषिक और वृत्तियों के वितरण में मुमताज़ महल ने विशेष रुचि दिखलायी। उसने दास-दासियों के वेतन में वृद्धि कराई। शहीद सैनिकों की विधवाओं को हरमसरा में नौकरी दिलायी और उनके लिए सालाना वज़ीफ़े तय कराये। उनकी बच्चियों की शादी के लिए अलग से राशि दिलवाई। विकलांग और निराश्रित लोगों के लिए भी वृत्तियाँ स्वीकृत कराईं। बादशाह का अशरफ़ियों से तुलादान कर उन्हें ग़रीबों में तक़सीम किया गया।

एक शाम दरबार से लौटने पर शाहजहाँ से अर्जुमंद ने पूछा—सुना है, कल फूफीजान का मुक़दमा पेश होने वाला है।

—तुमने ठीक सुना है।

—क्या फ़ैसला देंगे आप?

—यह अजीब सवाल है। क्या मुंसिफ़ मुक़दमा पेश होने के पहले ही फ़ैसले सुना दिया करते हैं! शाहजहाँ का सहज उत्तर था।

—यह तो ठीक है, लेकिन यह तो सभी जानते हैं कि मुक़दमा आइने की मानिंद साफ़ है। मलिका ने जुर्म किया है और वे सज़ा की हक़दार हैं। पर आप इस नज़रिये से देखें कि वे मलिका ही नहीं, आपकी माँ भी हैं। सौतेली ही सही, लेकिन माँ आख़िर माँ ही होती है। कहा गया है कि बेटा भले ही बुरा निकल जाय, लेकिन माँ कभी बुरी नहीं होती। आप मुद्दआअलैहा को इस नज़र से देखें। अर्जुमंद ने शाहजहाँ के हृदय में मलिका के प्रति सहानुभूति विकसित करने का प्रयत्न किया।

—तुमने अभी से पैरवी शुरू कर दी! अभी तो मुक़दमा पेश भी नहीं हुआ। लेकिन यह भी सोचो कि उन्होंने हम लोगों को कितनी तक़लीफ़ें दीं। हमें अब्बाहुज़ूर से हमेशा दूर रखा। अपने दामाद शहरयार को तख़्त पर बिठाने के लिए जो भी साजिशें की जा सकतीं थीं, वे कीं। हमें दर ब दर भटकने को मज़बूर कर दिया। मैं अपनी पत्नी और बच्चों को लेकर मारा-मारा फिरता रहा। और भी क्या-क्या नहीं किया! तुम्हें सब मालूम है। फिर तुम चाहती हो, मैं नरम रुख़ अख़्तियार करूँ। क्या हम ही सब कुछ सहते रहें! कि कभी दूसरे भी आयीने में अपना अक्स देखेंगे। शाहजहाँ ने मलिका के ख़िलाफ़ अपने दिल का गुबार निकाला।

—फिर भी मैं चाहती हूँ कि माँ के मर्तबे की क़द्र की जाय। वे ख़ूबियों की

मिसाल हैं। इंसानियत के वास्ते उस मिसाल को क़ायम रखा जाय। अर्जुमंद मलिका की घोषित पक्षधर लग रही थी।

—मुझे हैरत होती है तुम्हारे नज़रिये पर...।

—मैं चाहती हूँ कि आप भी इसी नज़रिये से मामले को देखें। एक, वे माँ हैं। दो, उन्होंने अपनी बेटी-दामाद का भला चाहा। कौन नहीं चाहता! उन्होंने हमारे बेटों को कोई नुक़सान नहीं पहुँचाया। बताइये, यह भला कम है! अर्जुमंद मलिका की तरफ़दारी में कोई क़सर नहीं छोड़ रही थी।

—मैं तुम्हारे जज़्बे की क़द्र करता हूँ।

—आप मेरे जज़्बे का मान रखें, तो मुझे ख़ुशी होगी। अर्जुमंद ने विनम्रता से कहा।

—यह क्या कहती हो, आरज़ू। तुम जो चाहोगी, वही होगा। बस एक ही शुबहा है। कहीं मलिका फिर मेरे ख़िलाफ़ ताक़त का एक नया मरक़ज़ लेकर न उभरें। इससे हुकूमत की परेशानियाँ बढ़ सकती हैं। शाहजहाँ व्यावहारिक दृष्टि से सम्भावित परिस्थिति का आकलन कर रहा था।

—यह आप मुझ पर छोड़ें। अर्जुमंद के स्वर में आत्मविश्वास था।

दूसरे दिन दरबार में मुक़दमा पेश हुआ। मलिका बंदी के रूप में लायी गयी। वक़ील आसफ़ ख़ाँ ने उस पर सीधे-सीधे आरोप जड़े।

—आपने अपनी बेटी के मुस्तक़बिल को सँवारने के लिए तख़्तनशीं शाहज़ादों के ख़िलाफ़ साजिशों को अंजाम दिया। आसफ़ ख़ाँ ने पहला आरोप लगाया।

—इसमें ऐसी क्या अनोखी बात है! वालिदैन हमेशा आपने बच्चों के ख़ैरख़्वाह होते हैं। नूरजहाँ ने निर्भीक होकर जवाब दिया।

—आपने बादशाह से मंजूरी लिये बगैर तरक़्क़ियाँ बाँटी और वज़ीफ़े तक़सीम किये। इस तरह सल्तनत में ताक़त का एक अलग मरक़ज़ तैयार किया, जो हुकूमत के ख़िलाफ़ परेशानी का बाइस बन सकता था। आसफ़ ख़ाँ ने दूसरा आरोप लगाया।

—मुझे शाहंशाह ने सारे हक़ूक दे रखे थे। उन्हीं के बरबिना मैंने सारे फ़ैसले लिये। इन बातों के लिए जब शाहंशाहे वक़्त ने मुझसे कुछ नहीं कहा, तो आपका इलज़ाम लगाना कहाँ तक लाजिमी है! मलिका पहले की तरह निडर होकर उत्तर दे रही थी।

—आपने तब के शाहज़ादे साहिबे आलम के ख़िलाफ़ साजिश रच कर उन्हें दर-दर भटकने पर मज़बूर कर दिया। फ़ौजी कार्रवाई से उनकी जान को संकट में डाला और उन्हें जाँनशीनी के हक़ से महरूम किया। हुकूमत के वक़ील आसफ़ ख़ाँ ने अगला आरोप लगाया।

—शाहज़ादा ख़ुर्रम के ख़िलाफ़ सारी कार्रवाई बादशाह के हुक्म से की गयी थी। और बादशाह को ग़लत मानने का रिवाज़ नहीं है। मलिका इस प्रकार उत्तर दे रही थी,

जैसे उसे समस्त आरोपों की पूर्व जानकारी हो।

—आपने आलीक़द्र शाहेजहाँ के बेटों को माँ-बाप से दूर रख कर न केवल संगदिली दिखलायी, बल्कि उनके जज़्बातों से खेलने की कोशिश की। यह एक निहायत संगीन जुर्म था। आसफ़ ख़ाँ ने आख़िरी आरोप लगाया।

—बागी से अच्छे चाल-चलन के लिए ज़मानत लेना कोई जुर्म नहीं है। इस बाबत भी बादशाह से मंजूरी ले ली गयी थी। मलिका ने तपाक से जवाब दिया।

वक़ील ने सम्राट् से निर्णय देने का अनुरोध किया। सम्राट् ने निर्णय सुनाने में देर नहीं की—मलिका नूरजहाँ, माबदौलत आपके जवाबों से इत्तिफ़ाक नहीं रखते और उनसे मुतमइन नहीं हैं। फिर भी सल्तनत के तईं आपकी सेवाओं के ब नज़र आपको आज़ाद किया जाता है। आपको सख़्त ताक़ीद की जाती है कि हुकूमत के ख़िलाफ़ किसी भी क़िस्म की कार्रवाई को न तो अंजाम दिया जाय और न ही उसमें भाग लिया जाय। सम्राट् ने निर्णय सुनाया।

बादशाह की उदारता का अच्छा असर पड़ा। दरबार में देर तक 'आलमपनाह ज़िंदाबाद' 'आलीजाह ज़िंदाबाद' के नारों की गूँज छायी रही।

वातावरण के शान्त होने पर मलिका नूरजहाँ ने सधे स्वर में कहा—हम बहुत ग़मज़दा हैं। हमारे सरताज ने दारे फ़ानी से नज़र फेर ली। मेरी आँखों के सामने मेरी बेटी बेवा हो गयी। हम सारे शान-शौकत और ऐशो-इशरत से महरूम हो गये। अब हमारी कोई ख़्वाहिश भी नहीं रही। अगर हमें सज़ाए मौत भी मिलती, तो हमें अफ़सोस न होता। फिर भी हमें आलीक़द्र के फ़ैसले से सुकून मिला है। हम उनकी फ़ैयाज़ी की तारीफ़ करते हैं और उन्हें शुक्रिया अदा करते हैं। मलिका ने सिर झुकाया। फिर तीन बार कोर्निश कर यह संकेत दिया कि वे शाहजहाँ को सम्राट् स्वीकार करती हैं।

दरबार में सनाका खिंचा हुआ था। लोग नूरजहाँ को हैरत से देख रहे थे। उसके चेहरे की कान्ति कुछ मन्द पड़ गयी थी।

—मैं अपनी बाकी ज़िन्दगी अल्लाह की इबादत में चैनोसुकून से गुजारना चाहती हूँ, इसलिए आलीजाह से गुजारिश है कि मुझे अपनी बेटी के साथ लाहौर में रहने की इजाज़त दी जाय। नूरजहाँ ने विनम्र स्वर में प्रार्थना की।

—हमें कोई एतराज़ नहीं है। इजाज़त है। शाहजहाँ ने उसका अनुरोध स्वीकार कर लिया।

बादशाह की उदारता पर दरबारी उत्साहपूर्वक चर्चा करने लगे। दरबार बर्ख़ास्त हुआ। सभासद कक्ष से बाहर जाने लगे। तभी आसफ़ ख़ाँ को संदेश मिला कि मलिका-ए-हिन्दुस्तान पूर्व मलिका नूरजहाँ से मिलना चाहती हैं। निर्देश मिलते ही आसफ़ ख़ाँ ने एक विश्वस्त नायब के साथ मलिका को उनके निवास की तरफ़ रवाना किया।

नूरजहाँ ने कक्ष में प्रवेश किया। अर्जुमंद ने अभिवादन की पहल की। नूरजहाँ

ने तस्लीम किया। उसका चेहरा बुझा-बुझा सा था। यह शायद राजसी ऐश्वर्य की छाया हटने का परिणाम था।

—आइये यहाँ बैठें। मुमताज़ महल ने नूरजहाँ को स्वर्णिम सिंहासन पर बिठाते हुए कहा।

—तुम भी बैठो। नूरजहाँ ने आग्रह किया।

मुमताज़ महल कुछ दूर रखी आसंदी पर बैठ गयी। थोड़ी देर तक दोनों ख़ामोश रहे। फिर मुमताज़ ने ही ख़ामोशी तोड़ी—आपने लाहौर में रहने की ख़्वाहिश की है। आप यहीं रहें, हमारे साथ, तो सबको बहुत ख़ुशी होगी।

—क्या ख़ुर्रम...मेरा मतलब आलमपनाह को भी। ख़ुर्रम नाम लेकर नूरजहाँ को तुरन्त अपनी ग़लती का एहसास हुआ। उसने हड़बड़ी में अपनी ग़लती ठीक की।

—आप बड़ी हैं। आप शाहज़ादा हुज़ूर को नाम से पुकारती आयी हैं। आपके मुँह से यह नाम अच्छा लगता है। मुमताज़ महल ने नूरजहाँ का मान रखा।

—बड़े और छोटे का फ़ैसला तो हो चुका है। आज हमें महसूस हुआ कि बड़े और छोटे तो अल्लाह की मरज़ी से बनते हैं। परवरदिगार ने उन पर रहमोकरम की बरसात की और उन्हें बादशाह बना दिया। नूरजहाँ के स्वर में हताशा थी। वह चाह कर भी इस शुभसमाचार को स्वरीय उत्फुल्लता प्रदान नहीं कर सकी।

—मेहरबानी करके आप मायूस न हों। हमारे लिए आप पहले जैसी मलिका ही हैं, ऐशो-इशरत की महारानी। ख़ुदा आपके जलाल और वक़ार को बरक़रार रखे। आप हमारे साथ रहें। आपसे इल्तिज़ा है। मुमताज़ महल उसके प्रति पूर्ववत विनय-भाव दर्शा रही थी।

नूरजहाँ ने सिर उठा कर उसे देखा।

—माता जगतगुसाईं हमारे बीच नहीं रहीं, लिहाजा राजमाता का ओहदा ख़ाली पड़ा है। आप यहीं रुक जायें, तो हम लोग राजमाता की तरह आपका एहतिराम करेंगे। हम हमेशा चाहेंगे, आप की शान बनी रहे। मुमताज़ महल का विनय-भाव बढ़ता जा रहा था। वह न केवल अपने प्रस्ताव से, अपितु प्रस्ताव को प्रस्तुत करने के ढंग से मलिका का दिल जीतना चाहती थी।

—नहीं अर्जुमंद, नहीं। बिल्कुल नहीं। अब इन चीज़ों से जी उचाट हो गया है। अब तो अकेले रहने को मन करता है। ख़ुदा की इबादत और अपने आक़ा के साथ बिताये दिनों की याद। बस इतनी ही ख़्वाहिश है।

—मेरी बात सुनें, फूफीजान।

—बस अर्जुमंद, बस। इस बात को यहीं बंद कर दो। मैंने तुम लोगों के साथ जो सुलूक किया है, वह नाक़ाबिले माफ़ी है। ताज की यही तासीर है कि वह अक़्ल को ढँक लेता है। मैं ताज की उसी तासीर का शिकार हुई। अफ़सोस कि ताज के उस खेल को मैं आज समझ पायी। तुममें बड़प्पन है। इतना बड़प्पन और दिखाओ कि मुझे

माफ़ कर दो। नूरजहाँ की बात दिल से निकल रही थी।

—आप मुझे शर्मिंदा कर रही हैं। आपने ऐसा कुछ नहीं किया।

—ख़ैर छोड़ो इन बातों को। तुम हमेशा ख़ुश रहो और अपने शौहर की मनपसंद बीबी बन कर रहो। नूरजहाँ ने अर्जुमंद के सिर पर आशीर्वाद का हाथ रखा और मुड़ने को हुई।

—अब्बू का पैगाम है। आप अपने मुबारक क़दम मायके में रखती जायें। अर्जुमंद ने पिता के अनुरोध को स्वर दिया।

नूरजहाँ सोच में पड़ गयीं। थोड़ी देर बाद बोली—ठीक है, चलते हैं। मैंने उन लोगों को बड़ा दुख पहुँचाया है। माफ़ी माँग लूँ, तो कुछ बोझ हलका हो जाय।

अर्जुमंद ने छलकती आँखों से 'ख़ुदा हाफ़िज़' कहा। नूरजहाँ ने सलाम के लिए हाथ उठाया और मुड़ कर शाहाना चाल से दरवाज़े की तरफ़ बढ़ी।

बाहर शाही पालकी तैयार थी, जो उसे लेकर आसफ़ ख़ाँ की कोठी तक पहुँची। शानदार हवेली थी। आसफ़ ख़ाँ सल्तनत का वक़ील था। बादशाह के बाद उसी की प्रतिष्ठा थी। सिपाहियों ने पहले पहुँच कर उसे ख़बर कर दी।

पालकी पहुँची, तो गहमागहमी मच गयी। नौकर-चाकर एक झलक पाने के लिए किसी-न-किसी बहाने यहाँ-वहाँ डोलने लगे। आसफ़ ख़ाँ उसे लेकर कोठी के अंदर आया और एक भव्य आसन पर बिठाया। अब्करी बेगम भीतर आयी। उन्होंने उसे सलाम किया और आसंदी पर बैठ गयी।

थोड़ी देर चुप्पी छाई रही। तीनों जैसे मन-ही-मन बातचीत का विषय तलाश कर रहे हों। शायद पहल करने में संकोच भी हो रहा हो।

—अब मुझे बुलाया है, तो बात तो करनी होगी न! नूरजहाँ ने ही पहल कर फ़िज़ा के भारीपन को दूर करने की कोशिश की।

वातावरण वैसा ही भारी बना रहा।

—मलिका...नूरजहाँ...मलिका...। आसफ़ ख़ाँ असमंजस में था कि क्या सम्बोधन करे।

—अब संकोच किस बात का! आप बेशक मुझे नूरजहाँ के नाम से पुकार सकते हैं...बल्कि कहूँ कि आप मेहरुन्निसा के नाम से पुकारें, तो बेहतर होगा। अब मैंने सारे लबादे उतार का फेंक दिये हैं। अब मैं आपकी सिर्फ़ छोटी बहन हूँ, मेहरुन्निसा। अपनी भाभीजान के लिए...मेहर! नूरजहाँ ने पहले आसफ़ ख़ाँ की तरफ़, फिर अब्करी बेगम की तरफ़ देखा।

—आप मलिका हैं और मलिका की तरह रहेंगी हमेशा। हम आपके उसी अंदाज़ के आदी हो चुके हैं। हमें वही अच्छा लगता है। अब्करी बेगम ने उसकी गरिमा को बनाये रखा।

—भाभीजान, अब इन बातों में क्या रखा है। मेरे सरताज चले गये, तो मेरे सर

से मलिका का ताज भी चला गया। इसमें किसी को और क्या गुमाँ हो सकता है! जो सच है, वह सबके सामने है। अब मैं एक मामूली औरत हूँ। अर्श से फ़र्श पर आ गयी हूँ। नूरजहाँ उदास थी। अवसाद उसका पीछा कर रहा था।

—यह मायूसी तुमको ज़ेब नहीं देती। तुम्हारा मर्तबा फ़र्श पर नहीं अर्श पर है। तुम्हारा भाई मुग़ल सल्तनत का वक़ील है। तुम्हारी भतीजी मलिका-ए-हिन्दुस्तान है। यह क्या कम है कि तुम अपनी विरासत अपनी अज़ीज़ भतीजी को देकर जा रही हो। तुम यहीं रहो। हमें अच्छा लगेगा। आसफ़ ख़ाँ ने उसके अवसाद को कम करना चाहा।

—मैं आगरे में रहूँ और वह भी अपने इब्रतख़ेज़ फ़साने के साथ। भला इससे बड़ी यातना और क्या हो सकती है। गर्दिशे ऐयाम ने मुझे हालात के उस मुकाम पर खड़ा कर दिया है, जहाँ से सिर्फ़ आँसुओं का दरिया ही निकल सकता है। नहीं, भाभीजान नहीं। अब तो इतनी ही ख़्वाहिश रह गयी है कि लाहौर के किसी कोने में सब्रोशुक्र के साथ ज़िन्दगी गुज़ार दूँ। नूरजहाँ पश्चाताप की आग में जल रही थी। भाई और भाभी ने उसके तपन को महसूस किया।

—अब इन बातों को याद करने से क्या फ़ायदा! इससे दुख ही पहुँचता है। अब्करी बेगम प्रसंग को मोड़ना चाहती थी।

—आदमी दुनिया से मुँह छिपा सकता है, लेकिन अपने से नहीं। पछतावे की जो आग छाती में जल रही है, उस आग के साथ अब ताउम्र जीना होगा। निज़ात की कोई उम्मीद नज़र नहीं आ रही है। अब मुझे इजाज़त दें। लाडली बेगम को महल में अकेली छोड़ कर आयी हूँ। नूरजहाँ उठी और उसने दरवाज़े की तरफ़ क़दम बढ़ाये।

अब न तो आसफ़ ख़ाँ और न उसकी पत्नी की हिम्मत पड़ी कि उसे रोकते। वे दोनों उसके पीछे-पीछे मुख्य द्वार तक आये, जहाँ पालकी खड़ी थी।

—लड़की के लिए उसके मायके के दरवाज़े हमेशा खुले रहते हैं। अब्करी बेगम ने अपने दामन को गीली आँखों पर रखा।

—नहीं भाभीजान, मेरे पीछे दरवाज़े को इस तरह बंद कीजिये कि उन पर फिर कभी मेरी दस्तक का असर न पड़े। नूरजहाँ पालकी में बैठ गयी। चिलमन गिराने से पूर्व उसने बड़ी हसरत भरी निगाहों से भाई को देखा, भाभी को देखा और हवेली को देखा। फिर परदा गिरा दिया।

अट्ठाईस

शाहजहाँ महल में लौटा, तो मुमताज़ महल ने नूरजहाँ के साथ हुई बातचीत का पूरा ब्यौरा दिया।

—ख़ुदा ख़ैर करे। मुग़ल रंगमंच पर उनकी अदाकारी अल्कतरसा हुई। अब उन्हें

हमेशा ही नेपथ्य में रहना है। शाहजहाँ की चर्चा में उदासीनता बरत रहा था।

—एक ख़ूबसूरत दास्तान कर इतना दर्दनाक अंजाम! या अल्लाह!! मुमताज़ के हृदय में नूरजहाँ के लिए कटुता नहीं रह गयी थी। उसका स्थान सहानुभूति ने ले लिया था।

—हमें सीकरी चलना होगा। वहाँ अमीरों ने ताजपोशी की ख़ुशी में दावते समरक़ंद का एहतिमाम किया है। शाहजहाँ ने प्रसंग बदल कर भावी कार्यक्रम की जानकारी दी।

—मैं तो आपका साया हूँ। साथ-साथ ही चलना है। मुमताज़ महल ने मुस्करा कर सहमति प्रकट की।

कुछ ही दिनों में शाहजहाँ हरम को साथ लेकर फतहपुर सीकरी आ गया। वहाँ सम्राट् के स्वागत में नित्यप्रति कुछ न कुछ आयोजन होते रहे। मुमताज़ महल और बच्चों ने उत्साह और उल्लास के साथ सभी कार्यक्रमों में भाग लिया। खेल-तमाशे और आतिशबाजी ने सबका मन मोह लिया था। उपहार देने का सिलसिला भी चल रहा था।

इस सिलसिले को तोड़ते हुए शाहजहाँ ने महलसरा के साथ अकबराबाद लौटने का निश्चय किया। मई का माह था। ग्रीष्मऋतु अपने पूरे प्रकोप पर थी। पूरा क्षेत्र भीषण गरमी की चपेट में था। लू के तेज़ झक्कड़ चल रहे थे। दुर्योग से मुमताज़ महल की छोटी बेटी सुरैया बानो लू की चपेट में आ गयी। उसका पूरा शरीर अंगारे-सा तप रहा था। बच्ची बेहोश हो गयी। जब तक शाही हकीम आकर उपचार शुरू करता, बच्ची ने दुनिया से आँखें फेर लीं। किसी के कुछ समझ न आया कि कब बिजली गिरी और कब नशेमन ख़ाक हो गया।

उल्लास के वातावरण पर शोक की चादर छा गयी। मुमताज़ महल बेहाल थी। जहाँआरा और रोशनआरा उस खिलौने के खो जाने से बेतरह रो रही थीं। बादशाह ने सात दिनों के लिए अपने सारे कार्यक्रम स्थगित कर दिये और पूरे परिवार के साथ महल में सीमित हो गया।

मुमताज़ महल को यह शोक महँगा पड़ा। उसके पैर भारी थे। सात वर्ष की बच्ची की मृत्यु ने उसे भीतर तक हिला कर रख दिया। वह गहरे सदमे में थी। फिर भी किसी तरह उसने अपने को सँभाला।

कुछ दिन इसी तरह बीत गये। बदली छाती ज़रूर है, किन्तु उसे चीर कर रोशनी फिर प्रकट हो जाती है। सुरैया की कमी को पूरा करने के लिए एक नया मेहमान आ गया। मुमताज़ महल ने एक पुत्र को जन्म दिया। शाहजहाँ ने उसका नाम सुल्तान दौलत अफ़्ज़ा रखा। पुत्र-जन्म की ख़ुशी की लहर अभी सब तरफ़ फैल भी नहीं पायी थी कि सप्ताह भर के अंदर बालक लुत्फ़ुल्ला का देहावसान हो गया। अभी वह मात्र दो बरस का ही था। तेज़ बुख़ार था। शाही हकीम मर्ज़ का निदान भी नहीं

कर पाया कि मरीज़ हाथों से फिसल गया। एक माह के भीतर मृत्यु, जन्म और मृत्यु का घटना-चक्र इतनी तीव्रता से घूमा कि नियति भी नहीं समझ पायी कि मुमताज़ के ओठों पर हँसी रख दे कि विषाद् की परत बिछा दे।

हताशा के दौर में शाहजहाँ बराबर मुमताज़ महल के क़रीब बने रहना चाहता था, किन्तु उसने प्रेरित किया कि बादशाह को राजकाज से ज़्यादा दिन विमुख नहीं रहना चाहिए। उन्हें मुल्क के मसलों पर ध्यान केन्द्रित करना चाहिए ताकि वे विकराल रूप न ले पायें।

पहली बड़ी समस्या जुझार सिंह को ले कर पैदा हुई। उसे राजदरबार में नित्य उपस्थित होने का आदेश हुआ था। ख़जाने के हिसाब-किताब की पड़ताल और पुत्र के कारनामों की जाँच के राजकीय आदेश से वह खिन्न हो गया था। एक दिन मौक़ा देख कर भाग खड़ा हुआ। दरबार में उसकी अनुपस्थिति को देख कर वक़ील आसफ़ ख़ाँ ने सम्राट् का ध्यान खींचा। शाहजहाँ क्रुद्ध हो गया। उसने दो सेनाएँ घटित कीं। एक महाबत ख़ाँ के नेतृत्व में पूर्व से और दूसरी ख़ानेजहाँ के नेतृत्व में दक्षिण से रवाना की गयीं। जुझार सिंह के एक प्रभावशाली सम्बन्धी भरत सिंह को अपने पक्ष में तोड़ लिया गया। सम्राट् ने कुछ दिनों तक परिणाम की प्रतीक्षा की, लेकिन उसे सन्तोष नहीं हुआ। तब शाहजहाँ ने निश्चय किया कि वह स्वयं ग्वालियर जाकर उत्तर दिशा से ओरछा पर दबाव बनायेगा।

मुमताज़ महल ने बादशाह से आज्ञा लेकर मायके में रहने का मन बनाया। बादशाह के ग्वालियर रवाना होते ही मुमताज़ महल अपने बच्चों के साथ आसफ़ ख़ाँ की हवेली में आ गयी। माँ और पिता ने आँखों में आँसू भर कर उसका स्वागत किया। बरसों पहले जिस देहलीज से वह एक शाहजादे की बीबी बनकर बिदा हुई थी, आज उसी देहलीज पर वह मलिका-ए-हिन्दुस्तान के रूप में क़दम रख रही थी।

पूरी हवेली गुलज़ार हो उठी। मुमताज के आगमन को सुन कर बहुत से रिश्तेदार भी वहाँ आ गये। बच्चों को अपने नाना-नानी का घर बहुत रास आया। उन्हें पूरी आज़ादी के साथ हर तरफ़ घूमने-फिरने की इजाज़त थी। लोग उन्हें हाथों-हाथ लिये रहते थे। उनके लिए जैसे रोज़ ही उत्सव था।

मुमताज़ को मायके की ज़िन्दगी रास आ रही थी। यहाँ का जीवन सहज और सुखद था। एक प्रकार की रसमयता थी। कहीं कोई बनावट नहीं थी। कहीं कोई दुराव नहीं था। सीधी-सरल राहोरविश थी।

तभी एक दिन आसफ़ ख़ाँ ने घर में प्रवेश करते ही कहा -मुबारक हो, मुमताज़! एक अच्छी ख़बर आयी है। बादशाह सलामत अपने मुहिम में कामयाब हुए।

—अच्छा! फ़तह आपको भी मुबारक हो। भला हुआ क्या? मुमताज़ ख़ुशी से चहक उठी।

—शाहज़ादा हुज़ूर कब लौट रहे हैं? मुमताज़ को इस प्रसंग में राजप्रासाद को

सजाने-धजाने की चिन्ता थी।

—उनकी वापसी शुरू हो गयी है। हफ़्ते भर में यहाँ पहुँच सकते हैं।

—तब तो मुझे शाही महल पहुँच जाना चाहिए।

माता-पिता ने विरोध नहीं किया। दूसरे दिन बच्चों को लेकर मुमताज़ शाही महल में आ गयी और आते ही महल की सजावट में लग गयी।

आठवें दिन बादशाह अकबराबाद लौट आया। पूरे शहर में विजय-पर्व मनाया गया। राजमहल रोशनी से जगमगा रहा था। अंतःपुर में सजावट की हर चीज़ नयी लग रही थी। साज-सज्जा के लिए गहरे हरे रंग का चुनाव किया गया था।

सम्राट् के राजमहल में प्रवेश करते ही मुमताज़ महल बच्चों को लेकर सामने आयी। सबने एक साथ अदब के साथ सलाम किया। फिर सब एक साथ बोल उठे—मुबारक हो, आलमपनाह! मुबारक हो!!

शाहजहाँ ने आगे बढ़कर बच्चों का दुलार किया।

—फ़तह तो हुई, लेकिन वैसा मज़ा नहीं आया। शाहजहाँ अन्यमनस्क दिखा।

—क्यों? भला ऐसी भी क्या बात हुई! मुमताज़ ने चिन्तित उत्सुकता से पूछा।

—तुम जो साथ न थी। शाहजहाँ ने बहुत सहजता से कहा।

बच्चों की उपस्थिति में कही गयी बात से मुमताज़ एकाएक शरमा गयी। हिश्श्श्! माफ़ करें ग़लती हुई। आगे ख़याल रखूँगी कि हर सफ़र में आपके साथ रहूँ।

—सफ़र में होता हूँ, तो पड़ाव पर अपने को काफ़ी अकेला महसूस करता हूँ। चाहता हूँ कि तुम व बच्चे हमेशा साथ रहें। शाहजहाँ ने घरेलू ज़िन्दगी के प्रति अपनी चाह प्रकट की।

—अब आगे हम सब सदा साथ रहेंगे...पर अब कुछ दिनों के लिए आप आराम करें। अभी-अभी जंग और सफ़र से लौटे हैं। मुमताज़ ने शाहजहाँ को आसंदी पर बिठाया।

सतीउननिसा ने आकर सलाम किया और शर्बत देकर चली गयी। बहुत से काम बाकी रह गये हैं। सबसे बड़ा काम तो मलिका नूरजहाँ के वफ़ादार आदमियों की जगह उन ओहदों पर अपने आदमियों को बिठाना है। ऐसे मौक़ों पर लोग झूठी-मूठी वफ़ादारी की नुमाइश करते हैं। उनसे सावधान रहने की ज़रूरत होती है। शाहजहाँ के माथे पर चिन्ता की एक रेखा उभर आयी थी।

—यह तो होशियारी का काम है। आपने जिन्हें वक़ील बनाया है, उनसे मशिवरा ले लें। मुमताज़ महल ने आगाह किया।

—ऐसा ही होगा। सल्तनत में वकील की सिफ़ारिश के बिना तो काम चल ही नहीं सकता। फिर वह वक़ील, जो आसफ़ ख़ाँ के नाम से मशहूरोमारूफ़ है! शाहजहाँ ने समर्थन किया।

अगले कुछ दिनों तक वकील से सलाह-मशविरा होता रहा। सम्राट् ने विभिन्न

प्रदेशों में अपने विश्वासपात्र लोगों को सूबेदार तथा अन्य पदाधिकारियों के रूप में पदस्थ किया।

अभी मशविरे का क्रम चल ही रहा था कि एक रात ख़्वाजासरा ने अनुमति माँगी—आलमपनाह! वकीले सल्तनत चाचा आसफ़ ख़ाँ आपका दीदार करना चाहते हैं।

—अब्बाजान और इस वक़्त! दस बजने को हैं। मुमताज आश्चर्य में पड़ गयी।

—कोई बहुत ज़रूरी काम होगा...ठीक है। बैठक में हाज़िर करो। सम्राट् ने आदेश दिया।

शाहजहाँ बैठक में आया। आसफ़ ख़ाँ वहाँ पहले से मौजूद था। उसने सम्राट् को कोर्निश की।

—आप और इस वक़्त! कहिये। शाहजहाँ ने आसंदी पर बैठते हुए कहा।

—अभी-अभी ख़बर मिली है कि ख़ानेजहाँ लोदी राजधानी से भाग निकला है। उसकी आवाज में चिन्ता के साथ घबराहट का मिश्रण था।

—मैंने एक बार पूछा था कि वह दरबार में बराबर हाज़िरी दे रहा है या नहीं।

—वह बहुत मक्कार था। वह आपकी तरफ़दारी की नुमाइश करता रहा, जबकि उसकी वफ़ादारी कसौटी की मोहताज थी। शुबहा तो हुआ था कि वह नाटक कर रहा है, लेकिन गुमान नहीं था कि इतनी जल्द पलट जायेगा। जब से आपने उसकी सूबेदारी छीनी है, उसका चाल-चलन शकआफ़्रीं रहा है।

—दक्खन पहुँच कर वह न जाने क्या संकट पैदा कर दे। शाहजहाँ ने आशंका व्यक्त की।

—आपने उसे बालाघाट पर हमला करने का हुक्म दिया था। ख़ारिजन ख़बर मिली थी कि वह निजामशाह से तीन लाख रुपये लेकर चुपचाप बैठ गया और हमें भरम में डालता रहा। उन दोनों के बीच कोई खिचड़ी ज़रूर पकी है। दक्खन के बहुत से ओहदेदार उसके मातहत काम कर चुके हैं। वहाँ वह उन सबको साथ लेकर अपनी ख़ुदमुख़्तारी का ऐलान भी कर सकता है। आसफ़ ख़ाँ ने एक दूरदर्शी वकील की भूमिका निभाते हुए सम्राट् को सारी आशंकाओं से अवगत कराया।

—दक्खन की हालत ठीक नहीं है। वहाँ कोई भरोसेमंद आदमी नहीं, जो मुग़लों के पैर जमाने में मददगार हो। बहुत ज़रूरी है कि ख़ानेजहाँ लोदी को जल्द काबू में लिया जाय। मुज़फ़्फ़र ख़ाँ, मोतमिद ख़ाँ, राजा जयसिंह, ख़ानेजमाँ, अल्लहा वर्दी ख़ाँ, पृथ्वीराज राठौर, राजा बिट्ठल दास, फ़िदाई ख़ाँ, ख़्वाजा अबुल हसन और ख़िदमतपरस्त ख़ाँ को फ़ौरन ख़ानेजहाँ लोदी का पीछा करके उसे जिंदा या मुर्दा पेश करने का हुक्म दिया जाय। सम्राट् ने रोष में हुक्म दिया।

—मुनासिब है। मैं अभी यह हुक्म उन तक पहुँचाता हूँ। आसफ़ ख़ाँ ने कोर्निश की और तीव्रता से बाहर निकल गया।

शाहजहाँ बराबर दक्खन की ख़बर लेता रहा। एक दिन आसफ़ख़ाँ से पूछ बैठा—क्या ख़बर है दक्खन की?

—कुछ अच्छी नहीं। सिपहसालारों ने अपनी फ़ौजी टुकड़ियों के साथ उसका पीछा किया। धौलपुर में मुठभेड़ भी हुई। भारी मारकाट मची। ख़ानेजहाँ के फ़र्ज़न्द अज़मत और हुसैन तथा दामाद शम्स ख़ाँ मारे गये। मगर अफ़सोस कि हमारी फ़ौज के दिलेर सिपहसालार राजा बिट्ठल दास, पृथ्वीराज राठौर और सैयद मुज़फ़्फ़र बुरी तरह घायल हुए।

—ख़ानेजहाँ का क्या हुआ? शाहजहाँ का ध्यान मुख्य दुश्मन पर था।

—उसका पीछा किया गया। चम्बल नदी में बाढ़ आयी हुई थी। ख़ानेजहाँ अपनी औरतों को, ख़ज़ाना और साजसामान को छोड़कर भाग खड़ा हुआ। उसने अपने अफ़गान सिपाहियों के साथ किसी तरह चम्बल पार कर लिया। हमारी फ़ौज इधर ही रुकी रही, क्योंकि भारी-भरकम फ़ौजी लवाज़िम के साथ चम्बल पार करना मुमकिन नहीं था। आसफ़ ख़ाँ ने फ़ौजी कार्रवाई की विषमताओं की ओर संकेत किया।

—मैं इन तौरतरीक़ों को एक सिरे से ख़ारिज़ करता हूँ। हैरत है, दुश्मन चम्बल पार कर गया और हमारी फ़ौज बाढ़ उतरने का इंतज़ार करती रही! लगता है एक बार फिर मुझे दक्खन की मुहिम ख़ुद ही सँभालनी होगी। आप लश्कर तैयार करें और कूच के हुक्म का इंतज़ार करें।

अंतःपुर में पहुँचकर उसने मुमताज़ महल को पूरी कैफ़ियत बयान की और कहा तुम्हें साथ ले जाना चाहता हूँ। तुम्हारी सेहत ठीक नहीं है और सफ़र तवील है। इसका तुम्हारी सेहत पर नुक़सानदेह असर पड़ सकता है।

—हरगिज नहीं। मुझे कोई तक़लीफ़ नहीं होगी। आप मुझे लेकर क़तई परेशान न हों। आप बेफ़िक्र रहें। बच्चों की ओर से भी। मुमताज़ जैसे सफ़र के लिए तैयार ही बैठी थी।

शाहजहाँ ने अंतिम निर्णय लेने में देर नहीं की। उसने दस दिनों के अंदर शाही लश्कर कूच करने का आदेश दिया।

उनतीस

दिसम्बर का महीना प्रारम्भ हो गया था। शीत ऋतु उफान पर आने की तैयारी कर रही थी। तेज़ ठंडी हवाएँ अपने त्रासद प्रभाव को लेकर मानव और मानवेतर प्राणियों में भेद नहीं कर रही थीं। इस वातावरण में शाहजहाँ के लश्कर ने दक्खन की ओर कूच किया। लश्कर में हरम भी सम्मिलित था। साम्राज्ञी की हैसियत से मुमताज़ महल

पहली बार शाही लश्कर में शामिल होकर यात्रा कर रही थीं। मुमताज़ महल के पैर भारी थे। उसकी सेहत को देखते हुए लश्कर की गति को नियंत्रित करने की आवश्यकता पड़ी। सतीउननिसा और बच्चे साथ थे। इस बार दारा, शुजा और औरंगज़ेब को दक्ष अश्वारोहियों की देखरेख में घोड़ों पर सवार होकर यात्रा करने की अनुमति दी गयी थी।

शाहजहाँ घोड़े पर सवार था। वह हरम की सवारियों के क़रीब ही चल रहा था, ताकि बीच-बीच में मुमताज़ महल की सेहत के विषय में जानकारी लेता रहे। अनावश्यक पड़ावों से बचता हुआ लश्कर मालवा पहुँचा। फिर अकबरपुर घाट से पवित्र नर्मदा नदी पार की और खानदेश की सरहदों में पहुँच कर पड़ाव डाला।

आगामी सैनिक अभियान के लिए यहीं अस्थायी तौर पर छावनी स्थापित की गयी। यहीं सेनानायकों से विचार-विमर्श कर भावी युद्ध की रूपरेखा तैयार की गयी। दक्षिण के सूबेदार इरादत ख़ाँ ने लश्कर के ठहरने के इंतज़ाम से लेकर छावनी की स्थापना तक भारी मदद की। इससे प्रसन्न होकर सम्राट् ने उसे 'आज़म ख़ाँ' की उपाधि से विभूषित किया। इससे उसका हौसला और बुलंद हो गया। बादशाह ने तीन रिसाले देकर उसे निर्देशित किया कि वह तीन कामों को अंजाम दे। एक, निजामशाह पर आक्रमण, दो, मुग़लों के खोये इलाकों की पुनर्प्राप्ति, और तीन, ख़ानेजहाँ के दमन में सहयोग।

आज़म ख़ाँ सेना की एक टुकड़ी लेकर तेज़ गति से निज़ाम के प्रदेश में घुस गया और उसने वहाँ गदर मचा दी। दूर-दूर तक बिखरे हुए क्षेत्रों में मुग़ल सैन्य टुकड़ियों की दक्खिनियों से जबर्दस्त मुठभेड़ हुई। दक्खिनियों के पैर उखड़ गये, किन्तु ख़ानेजहाँ हाथ नहीं आ सका। बाद में पता चला कि उसने बीड़ के वन्य प्रदेश में शरण ले रखी है।

इस बीच चौमासा प्रारम्भ हो गया था। वर्षा से चारों तरफ़ के रास्ते बंद होने शुरू हो गये थे। फलतः सैनिक अभियान को विराम देना पड़ा। अवसर का लाभ उठा कर शाहजहाँ, अपने लश्कर के एक भाग की अभिरक्षा में, महलसरा को बुरहानपुर ले आया।

दूसरी शाम को शाहजहाँ ने शाही हकीम को बुला भेजा। मुमताज़ के दिन पूरे होने को थे। उसकी सेहत की जाँच होनी ज़रूरी थी। जाँच के समय सतीउननिसा पास थी। नब्ज़ का परीक्षण करने के उपरान्त हकीम गम्भीर हो गया। सतीउननिसा ने उसे कक्ष के कोने में चलकर बात करने का संकेत दिया।

—क्या बात है? आप अचानक इतने संजीदा क्यों हो गये! सतीउननिसा ने व्यग्रता से पूछा।

—जिगर कमज़ोर हो गया है। ख़ून की कमी है। नब्ज़ धीरे चल रही है। जचकी के वक़्त कोई मसला न खड़ा हो जाय। शाही हकीम हर शब्द तौल-तौल कर बोल रहा

था।

—तो? सतीउननिसा मुश्क़िल से अपने को घबराहट से रोक रही थी। वह एक प्रकार से साँस को रोककर खड़ी थी।

—मैंने पहले ही मना कर दिया था कि अब आगे बच्चा नहीं होना चाहिए। जच्चा की जान का ख़तरा हो सकता है। हकीम की गम्भीरता बढ़ती जा रही थी।

—जचकी में कितना वक़्त है? सतीउननिसा के हृदय की विकलता हकीम की गम्भीरता के अनुपात में बढ़ती जा रही थी।

—क़रीब एक माह का वक़्त लग सकता है। कुछ कम-ज़्यादा भी। साफ़-साफ़ कुछ नहीं कहा जा सकता। हकीम ने अपने असमंजस को नहीं छिपाया।

—तो अभी वक़्त है। क्या इस बीच इलाज़ करने से उन्हें फ़ायदा नहीं पहुँचेगा? सतीउननिसा सकार सम्भावना की तलाश में थी।

—दवाइयाँ तो वे ले ही रही हैं, लेकिन उन दवाओं का जैसा असर दिखना चाहिए, वैसा असर दिख नहीं रहा है। हकीम की संजीदगी अपनी जगह क़ायम थी।

—खाने-पीने का तौर-तरीक़ा बदलना हो, तो वह भी तज्वीज़ करें। सतीउननिसा हर उस अस्त्र के इस्तेमाल की हामी थी, जो युद्ध को जीतने में कारगर हो सकता था।

—नहीं, वही सब चलने दीजिये...मेरा ख़याल है आलमपनाह से इनकी सेहत के बारे में बात करना मुनासिब होगा। हकीम को डर था कि बादशाह बाद में नाराज़ न हो कि उसे यह बात पहले क्यों नहीं बताई गयी।

हकीम के इस कथन का स्वर ऊँचा था। वह मुमताज़ के कानों तक पहुँच गया। वह हस्तक्षेप करती हुई बोली—आप आलीक़द्र से कुछ न कहें। मैं उनसे बात कर लूँगी।

सनीउननिसा ने प्रतिवाद करना चाहा, लेकिन मुमताज़ ने उसे विरोध न करने का संकेत दिया। शाही हकीम ने सिर झुका कर उनकी बात मान लेने की सूचना दी। सतीउननिसा का कलेजा क़लक़ उठा। विकलता का ज्वार भीतर समेट रखना उसके लिए कठिन हो रहा था। उसने परिदृश्य को बदलने की ग़रज़ से कहा—और कुछ?

—नहीं। मैं चलता हूँ। दवा जल्द ही भिजवाता हूँ। शाही हकीम ने कहते हुए कक्ष के बाहर क़दम बढ़ा दिये।

शाही हकीम के कक्ष से बाहर होते ही सतीउननिसा झपट कर पलंग के पास आयी और मुमताज़ के हाथों को झकझोरती हुई बोली—यह तुम अच्छा नहीं कर रही हो, बानो। शाहज़ादा हुज़ूर को असलियत का पता लगना चाहिए। तुमको लेकर हर चीज़ पर उनकी बारीक नज़र रहती है। हमने उन्हें नहीं बताया, और गो तुम्हारी सेहत बिगड़ी, तो समझो कि ज़लज़ला आ जायेगा।

—मुझे कुछ नहीं होगा।

—सब कुछ तो हो रहा है। शाही हकीम ने पहले ही चेतावनी दे रखी थी। तुमने

उसे नज़रअंदाज़ किया। लेकिन शाहज़ादा हुज़ूर को वाक़ये की असलियत से वाक़िफ़ करने में क्या हर्ज़ है, बल्कि वे तो बेहतर इलाज़ के लिए पुरज़ोर कोशिश भी करेंगे। सतीउननिसा उसे किसी-न-किसी तरह अपने विश्वास में लेना चाहती थी।

—देख सती मुझसे ज़्यादा बहस न कर। इस मामले में मैं तुम्हारी क़तई नहीं सुनूँगी। मुझे देख कर शाहज़ादा हुज़ूर परेशान हों और हुकूमत के मसलों से बरतरफ़ हो जायें, यह मैं कभी पसंद नहीं करूँगी। मैं उनके चेहरे पर उदासी की छाया कभी नहीं देख सकती। फिर भले ही वह मेरी बीमारी से क्यों न जुड़ी हो। मुमताज़ ने अपना पक्ष दृढ़ता से पकड़ रखा था।

—फिर भले ही तेरी हालत बदतर होती रहे...।

—अच्छा शाहंशाह से तो कोई बहस करने की जुर्रत नहीं कर सकता, लेकिन मलिका से तो कोई भी कर सकता है न! मुमताज़ ने पहली बार अपनी मलिका होने का एहसास कराया।

—ओए...हाँ...। सतीउननिसा से एकाएक कुछ कहते न बना। यह अनुभूति उसमें कौंध गयी कि वह मुमताज़ से नहीं, मलिका-ए-हिन्दुस्तान से मुख़ातिब थी।

मुमताज़ को लगा कि सतीउननिसा को कहीं बुरा न लग गया हो, प्यार से बोली—मेरी प्यारी सखी, मुझे लिहाफ़ तो ओढ़ा दे।

सतीउननिसा ने उसे अच्छी तरह से लिहाफ़ ओढ़ा दिया। फिर पास ही कालीन पर बैठती हुई बोली—चाहे तू मुझे सूली पर चढ़ा दे, मैं तेरी हालत बदतर होते हुए नहीं देख सकती।

बाहर कुछ चहल-पहल हुई। लगा कि सम्राट् वापस आ गया है। थोड़ी देर बाद उसने शयनकक्ष में प्रवेश किया। पलंग पर बैठ कर पूछा—कैसी तबीयत है? हकीम ने क्या कुछ कहा?

—वही जो वे हमेशा कहते रहते हैं कि आपको आराम की ज़रूरत है, कि दवा मुसल्सल लेते रहें, कि हलका खाना खायें, कि ज़्यादा बात न करें। अब हकीम को बुलाओ, तो वह यही समझता है कि मरीज़ बहुत बीमार है, उसे दवा भी पिलाओ और नसीहत भी। मुमताज़ संवाद को विनोद की दिशा में ले गयी।

—हकीम हमारे भले के लिए ही कहते हैं। उनकी बात माननी चाहिए।

—या ख़ुदा, ठीक तो हूँ। फिर भी, आपका हुक्म सर आँखों पर। मुमताज़ ने सिर झुका कर आज्ञा मानने का संकेत दिया।

—अभी माह डेढ़ माह मैं महल में रहूँगा। मुझे तुम्हारी फ़िक्र बराबर लगी रहती है। बरसात का मौसम है। पानी ज़रूर बहुत कम गिर रहा है, लेकिन फ़ौजी कार्रवाई में अड़चन तो आती ही है। इसलिए कहीं दूर जाने का मंसूबा नहीं बना रहा हूँ। तुम्हारी देखभाल भी ठीक से हो सकेगी। ठीक है न! शाहजहाँ अपनी इस व्यवस्था से ख़ुश लग रहा था।

—बहुत अच्छा। मैं बहुत ख़ुश हूँ। आप साथ रहेंगे, इससे बड़ी बात तो कुछ हो भी नहीं सकती। यदि मेरी बीमारी आपको मेरे क़रीब बनाये रखती हो, तो उस बीमारी को हज़ार बार ख़ुशामदीद! मुमताज़ चहक उठी। उसकी मुखमुद्रा से कहीं नहीं लग रहा था कि अभी कुछ ही घड़ी पहले शाही हकीम उसकी बीमारी से फ़िक्रमंद होकर गया था।

शाहजहाँ खिलखिला कर हँस पड़ा। उसकी हास्यधारा में मुमताज़ की हँसी घुल रही थी।

शाहजहाँ और बच्चों से घिरी मुमताज़ के लिए उसकी ज़िन्दगी के ये बहुत अच्छे दिन थे। एक आम गृहस्थ नारी की भाँति वह दिन भर घरेलू कामों में व्यस्त रहती। पति और बच्चे उसके पास बने रहते। उसके जीवन का दामन ख़ुशियों के मनभावन हरसिंगार से भर गया था। एक माह कब बीत गया, पता ही नहीं चला। पता तब चला, जब अचानक उसे पेट में भीषण वेदना की अनुभूति हुई।

सतीउननिसा समझ गयी कि दिन पूरे हो गये हैं। जचकी का वक़्त आ गया है।

तैयारी तो पहले से ही थी। उसने प्रशिक्षित दाइयों को बुला कर प्रसव की व्यवस्था की। शाही हकीम को भी उपस्थित रहने का निर्देश था। जैसी कि आशंका थी, प्रसव में व्यवधान आया। हकीम ने दवाएँ भेज कर मौक़े को किसी तरह सँभाला। नवजात शिशु कन्या थी। वह कमज़ोर पैदा हुई थी, किन्तु सामान्य तौर पर स्वस्थ थी। उसे लेकर कोई समस्या नहीं थी। समस्या तो मुमताज़ के साथ थी। ख़ून की कमी और कमज़ोरी ने उसे लस्त कर दिया था। पहली बार प्रसव में उसे बुख़ार हो आया था।

शाहजहाँ मुमताज़ की हालत को लेकर बहुत चिन्तित था। उसने हकीम को राजमहल में ही रोक रखा था। सात दिनों की शुश्रूषा के बाद मुमताज़ की हालत में सुधार हुआ। उसकी मुसकान को देख कर शाहजहाँ ने हकीम को अपने घर जाने की अनुमति दे दी।

बालिका का नाम शाहजहाँ ने हुस्नआरा बेगम रखा। वह अपने नाम के अनुरूप ही थी। भविष्य में उसका रूपरंग कैसा होगा, इसका अभी से अनुमान लगाया जा सकता था। सबको जैसे एक खिलौना मिल गया था। इस खिलौने के साथ दो माह कब बीत गये, पता भी नहीं चला।

चौमासा समाप्त हो गया था। शाहजहाँ इसी की प्रतीक्षा कर रहा था। उसने बड़ी तत्परता से सैनिक अभियान को पुनर्जीवित कर उसके नेतृत्व का निश्चय किया। तदनुसार वह शाही सेना को लेकर बीड़ के निकट आया। उसकी योजना के अनुसार एक तरफ़ से आज़म ख़ाँ ने और दूसरी तरफ़ से सफ़शिकन ख़ाँ ने ख़ानेजहाँ पर धावा बोल दिया। ख़ानेजहाँ विचलित होकर जान बचाने के लिए पहाड़ी की तरफ़ बढ़ा। शाही फ़ौज की टुकड़ी ने बहादुर ख़ाँ रुहेला, एहतिमाम ख़ाँ और नरहरदास झाला के साथ उसका पीछा किया। ख़ानेजहाँ और उसके अफ़गान सिपाहियों के साथ भीषण

मुठभेड़ हुई, जिसमें झाला सरदार मारा गया और रुहेला बुरी तरह घायल हो गया। ख़ानेजहाँ को फिर भागने का अवसर मिला। वह शिवगाँव होते हुए दौलताबाद जा पहुँचा। उसे नये सिरे से घेरने के लिए शाहजहाँ को नयी योजना की आवश्यकता थी।

उधर बुरहानपुर के राजमहल में शाही हकीम नियमित रूप से मुमताज़ की सेहत की ख़बर लिया करता था। मुमताज़ प्रायः मौन रहती, किन्तु सतीउननिसा कुछ ज़्यादा ही पूछताछ करती। हकीम उसे ही दवाएँ सौंपता, उनकी प्रयोग-विधि बतलाता और परहेज़ के लिए नसीहतें देता।

—नन्हीं हुस्नआरा अब तीन माह की हो गयी है। दवाओं का आप क्या असर देख रहे हैं? आपके हिसाब से मलिका की तबीयत में कितना सुधार हुआ है? सतीउननिसा ने चिन्तित जिज्ञासा की।

—वे शिफ़ायाब तो हुई हैं, लेकिन इसे शिफ़ाए कामिल नहीं कहा जा सकता। मैं मुतमइन नहीं हूँ। तबीयत में सुधार की चाल बहुत धीमी है। हकीम ने अपने जवाब में व्यावसायिक वृत्ति का प्रयोग किया।

—फिर? सतीउननिसा ने अतिरिक्त उपचार की अपेक्षा में कहा।

—देखिये, एक बार मैंने पहले भी सावधान किया था और अब फिर सावधान कर रहा हूँ। अब आगे इन्हें कोई बच्चा नहीं होना चाहिए। हकीम के चेहरे पर तनाव प्रकट हो गया था।

—आप समझने की कोशिश कीजिये। सतीउननिसा ने उसे रोकने का यत्न किया।

—आप मुझे बोलने दीजिये। इसे एक संजीदा चेतावनी समझिये। अब जो बच्चा होने की नौबत आयी, तो दुनिया के सारे हकीम मिलकर भी मलिका को नहीं बचा सकेंगे। हकीम की आवाज तुर्श हो आयी थी। मा'नन वह वही कहना चाहता था, जो उसने कहा।

—आप ऐसा क्यों कह रहे हैं! जितने स्पष्ट ढंग से हकीम ने बात कही, उससे सतीउननिसा विचलित हो गयी थी।

—अब मुझे यकीनन आलमपनाह से बात करनी होगी। इतनी बड़ी बात मैं उनसे नहीं छिपा सकता। कुछ उलटा-सीधा हो गया, तो मैं जहाँपनाह को क्या जवाब दूँगा! शाही हकीम को अब अपने बचाव की चिन्ता भी हो आयी थी।

हकीम के जाने के बाद मुमताज़ ने इशारे से सतीउननिसा को बुलाया और कहा—यह तुम हकीम से क्या बात करती रहती हो। देखती हूँ मेरी जाँच के बाद उन्हें दूर ले जाकर तुम गुफ़्तगू करती हो।

—मैं तुम्हारी सेहत के बारे में दरयाफ़्त करना चाहती थी। देखो बानो, इस बार शाही हकीम ने सख़्त ताक़ीद की है कि तुम्हें अब आगे किसी हालत में माँ नहीं बनना है। यदि यह नौबत आयी, तो दुनिया के सारे हकीम मिलकर भी तुम्हें...। सतीउननिसा

वाक्य पूरा करने की हिम्मत नहीं जुटा पायी।

—नहीं बचा पायेंगे। यही कहना चाहती थीं न! देख, इन बातों की फ़िक्र भी किसे है! हुकूमत की झंझटों और उलझनों को भूलने को कुछ क्षणों के लिए वे मेरे पास आते हैं, और मैं भागकर दूर बैठ जाऊँ, यह मुमकिन नहीं। यह मुझसे नहीं होगा। उनके क़रीब होने पर मुझे भी रस मिलता है। मैं सतह से उठ जाती हूँ। तब न बीता हुआ कल पीछा करता है और न आने वाले कल के रंजोग़म। तब तो सिर्फ़ आज होता है और आज की मनुहार। वे रंगीनए हयात में डूबे रहना चाहते हैं, तो मैं क्यों उदास होऊँ। मुमताज़ ने अपना नज़रिया स्पष्ट किया।

—तुम जोखिम को नहीं समझ पा रही...।

—मैं नहीं चाहती कोई हुस्न और इश्क़ के बीच दीवार बन कर खड़ा हो। समझी या कुछ और समझाना पड़ेगा। मुमताज़ की आवाज़ में दृढ़ता थी, जो इस प्रसंग को समाप्त करने का संकेत दे रही थी।

सतीउननिसा अपने आग्रह को और उम्र देने का साहस नहीं जुटा पायी। इस विषय को लेकर शाहजहाँ के सामने मज़बूती से खड़े होने के लिए ज़मीन तलाशना भी कठिन हो रहा था। मुमताज़ को लेकर शाहजहाँ बेहद संवेदनशील था।

अभियान में बुरहानपुर को छोड़े शाहजहाँ को काफ़ी समय व्यतीत हो चुका था। उसे मुमताज़ की चिन्ता सताने लगी। उसने बुरहानपुर लौटने का निर्णय किया। राजप्रासाद में पहुँचते ही उसने सबसे पहले मुमताज़ की सेहत की जानकारी ली।

—अब कैसा लग रहा है? हरम में पहुँचते ही उसने सवाल दाग़ा।

—बिल्कुल ठीक हूँ। आप देख ही रहे हैं। मुहिम का क्या नतीज़ा निकला? मुमताज़ ने उसके अभियान के प्रति चिन्ता जताई।

—अभी मक़सद तो पूरा नहीं हो पाया। यह ज़रूर हुआ कि ख़ानेजहाँ बीड़ से भाग कर दौलताबाद पहुँच गया। अब वह अलग-थलग पड़ गया है। यह सूचना देते समय शाहजहाँ के चेहरे पर चमक आ गयी थी।

—यह तो अच्छी ख़बर है। अब उम्मीद करें कि बाग़ी को पकड़ लिया जायेगा। मुमताज़ को अभियान की समाप्ति की चिन्ता थी। इससे शाहजहाँ की यात्राओं पर अन्तिम विराम लग जाता।

—आपने दौलताबाद का नाम लिया, तो मुझे ख़याल आया। क़नीजें बता रही थीं कि उसके आसपास जबर्दस्त अकाल आया हुआ है। पानी नहीं गिरने से खेती चौपट हो गयी है। लोग दाने-दाने को मोहताज़ हैं। अपनी संतानों को बेच रहे हैं। घर-बार को बेचकर यहाँ-वहाँ पनाह लेने को मज़बूर हो रहे हैं। कूतबसरी के भी लाले पड़ गये हैं। कंदमूल भी नसीब नहीं हो रहा है। चारों तरफ़ लोग 'अल्जूअ' 'अल्जूअ' चिल्ला रहे हैं। हाहाकार मचा हुआ है। मुमताज़ महल विकल होकर अकालग्रस्त इलाक़ों का भयावह चित्र खींच रही थी।

—हाँ, सुना तो यही।

—मुझे अच्छा नहीं लग रहा है। कि हमारी रिआया भूख से तड़प रही है। हमारा फ़र्ज़ है कि रिआया की भलाई के लिए कुछ करें। अनाज के भंडार खुलवा दें। लंगर शुरू करवायें। कपड़े बाँटें। पानी का इंतज़ाम करें। जमाख़ोरी पर बंदिश लगायें। मालगुजारी माफ़ कर दें। वह सब करें जिससे रिआया को राहत मिल सके। मुमताज़ विकल थी। यह सब कहते-कहते उसकी आँखें नम हो आयी थीं।

—इस वक़्त हुकूमत जंगआलूदा है। वह अपनी सरहदों को बचाने में लगी है। फिर भी कोशिश होगी कि क़हतज़दगी से रिआया को निजात दिलायी जाये। फ़िलहाल तो फ़ौज के भंडार में से कुछ अनाज तक़सीम करवाता हूँ। मालगुजारी माफ़ करने और जमाख़ोरों के ख़िलाफ़ सख़्ती करने का हुक्म तुरन्त ज़ारी करता हूँ। शाहजहाँ ने मुमताज़ की इच्छा पूरी करने का संकल्प किया।

मुमताज़ ने संतोष की साँस ली। उसका जी कुछ हलका हो गया, जैसे कुछ बोझ सिर से उतर गया हो। थोड़ी देर रुककर बोली—इजाज़त दें, तो एक बात कहूँ।

—कहो।

—दारा, शुजा, और औरंगज़ेब की तर्बियत का बेहतर और पुख़्ता इंतिज़ाम कर दीजिये, अस्लाह और हुकूमत दोनों का। इसके बाद उन्हें सूबेदारी का ज़िम्मा भी सौंपे। अब वे बड़े हो गये हैं। उनके बीच अपनी ज़िम्मेदारी तक़सीम करें। आपका बोझ भी कुछ कम होगा। इस बहाने हुकूमत पर आपकी पकड़ भी मज़बूत हो सकेगी। मुमताज़ को पुत्रों की शख़्सियत में ताब लाने की चिन्ता थी।

—बहुत मुनासिब है। मैं इसका जल्द इंतिज़ाम करता हूँ। शाहजहाँ ने उत्साह से हामी भरी।

उसने तीनों पुत्रों के कठोर शारीरिक व्यायाम कराने की व्यवस्था की। फिर जिस हथियार के संचालन में जो सिपाही निष्णात था, उसे उस हथियार के अभ्यास के लिए नियुक्त किया। पुत्रों के सैनिक प्रशिक्षण को गति देने के लिए उसने बुरहानपुर में अपने मुक़ाम की अवधि में वृद्धि कर दी। अकाल के दुःखों के निवारण के लिए किये उपायों की व्यक्तिगत देखरेख की।

इन सब कामों को अंजाम देने में तीन माह से अधिक समय लग गया। उसका सैनिक संगठन फिर से मज़बूत हो गया था। उसने ख़ानेजहाँ के दमन की मुहिम पुनः प्रारम्भ करने का निश्चय किया और युद्ध के मोर्चे पर जाने के लिए मुमताज़ से बिदा लेना चाहा।

—मुमताज़ अब वक़्त आ गया है कि दक्खन आने के मक़सद को पूरा किया जाय। उसका इशारा ख़ानेजहाँ के दमन की ओर था।

—कितने दिन लगेंगे?

—यह तो बताना मुश्क़िल है। पाँच दिन भी लग सकते हैं और पचास दिन।

ख़ानेजहाँ का पीछा करना है और वह कहाँ जा छिपेगा या किसकी पनाह लेगा, इसके बारे में अभी से इम्कान नहीं लगाया ज़ा सकता। शाहजहाँ ने कठिनाई की ओर संकेत किया।

—आप जा रहे हैं। मेरा दिल बैठा जा रहा है। पता नहीं क्यों मुझे अच्छा नहीं लग रहा है। मुमताज़ की बेबसी जबान पर ही नहीं, चेहरे पर भी दिखाई दे रही थी।

—कुछ दिनों की तो बात है। मुझे उस नमकखोर ख़ानेजहाँ से इस बात का भी मलाल है कि उसने हमारे-तुम्हारे बीच वक़्त की दीवार खड़ी की। इस बार मैं उसके वजूद को नेस्त करके ही लौटना चाहूँगा। शाहजहाँ ने संकल्प लिया।

—चलिये, ठीक है। आपका जाना यक़ीनी है। आप जल्द फ़तहयाब होकर लौटें। अल्लाह ताला आपकी सारी बलाओं को दूर करे। खुदा हाफ़िज़। मुमताज़ ने सलाम के लिए हाथ उठा दिये।

—ख़ुदा हाफ़िज़। अभी मुझे मुस्करा कर बिदा दो और तब मुस्करा कर ख़ुशामदीद कहना। शाहजहाँ कक्ष छोड़ने को हुआ। तभी बच्चे वहीं आ गये। उसने उन्हें जंग में जाने की बात कही और सबको 'ख़ुदा हाफ़िज़' कहते हुए बाहर चला गया।

शाहजहाँ ख़ानेजहाँ से अंतिम युद्ध कर लेना चाहता था। ख़ानेजहाँ अब शूरमा सिपाही न रहकर भगोड़ा बाग़ी बन गया था। उसने उज्जैन पहुँच कर वहाँ के मुफ़्ती का वध कर दिया। इस ख़बर से शाहजहाँ को बहुत दुःख पहुँचा। ज्यों-ज्यों ख़ानेजहाँ दूर भागता जा रहा था, शाहजहाँ अपनी सैनिक छावनी को आगे ले जा रहा था। फिर भी मुमताज़ की सेहत को देखते हुए वह बुरहानपुर से बहुत दूर नहीं जाना चाहता था। वह प्रतीक्षा कर रहा था कि कब ख़ानेजहाँ के क़त्ल की ख़बर मिले और वह वापस बुरहानपुर लौटे।

बुरहानपुर में मुमताज़ के हरम में हर दूसरे-तीसरे दिन शाहजहाँ का संदेशवाहक पहुँचता और युद्ध के मोर्चे के समाचार देता। वह किसी न किसी तरह अपने को व्यस्त रखने का प्रयत्न करती, ताकि मर्मभेदी प्रतीक्षा को भुलावे में रख सके। इसी संदर्भ में एक दिन वह शाहजहाँ के अस्त्र-शस्त्रों और अलंकरणों की सफ़ाई में लगी थी। सतीउननिसा उसके काम में हाथ बँटा रही थी। दोनों के बीच शाहजहाँ के लौटने की सम्भावनाओं पर चर्चा हुई। फिर बातचीत बच्चों की शिक्षा की प्रगति से होती हुई मुमताज़ की सेहत पर केन्द्रित हुई।

—तुम्हें शाही हकीम की हिदायतों का ख़याल है न! सती ने स्वास्थ्य से सम्बन्धित चेतावनी की याद दिलायी।

—किधर इशारा कर रही हो? मुमताज़ की एकाग्र व्यस्तता ज़ारी थी।

—वही। भूल गयीं! हकीम को बुलाऊँ कि आकर दोहराएँ।

—अच्छा! वो बात! मुमताज़ मुस्करा दी। फिर नवरत्नों के बने हार को गले पर

डाल कर सामने लगे विशाल दर्पण पर अपनी छवि का आकलन किया।

—सवाल तो समझ गयीं, पर जवाब अभी बाक़ी है। सतीउननिसा प्रकरण को नहीं छोड़ना चाहती थी।

—अच्छा, बता भला। मेरे सरताज मुझसे कहते हैं कि मुमताज़, हर रोज़ मुझे तुममें एक नयी मुमताज़ के दीदार होते हैं। यह कौन सा नैरंगिए हुस्न है, जो मुझे रोज़ तुममें नये जमाल का दीदार कराता है। अपने इस अंदाज़े बयाँ के साथ जब शाहज़ादा हुज़ूर सामने बैठे हों, तो बता, दुनिया की वो कौन सी हसीन चीज़ है, जिस तरफ़ ख़याल जा सके! तब मैं अपने को उनके क़दमों पर बिना शर्त निछावर कर दूँ, तो क्या गुनाह करती हूँ? मुमताज़ ने सवाल का जवाब सवाल से देते हुए सतीउननिसा पर उड़ती हुई नज़र डाली।

सतीउननिसा असमंजस में पड़ गयी। शाही हकीम की चेतावनी उसके दिमाग़ को बुरी तरह मथ रही थी। अपनी बेचैनी को प्रकट करती हुई बोली—बानो, हकीम की बात को हलके से मत लो।

—देखो सती, जंग और सियासत के हज़ारहा पचड़ों से दिन भर मेरे मालिक जूझते रहते हैं। उनका जी दिन भर हलाकान रहता है। मेरे पास बैठकर सारी पंचायत को वे कुछ पलों के लिए भूलने की कोशिश करते हैं। मैं भी चाहती हूँ कि दुनिया की ग़लीज़ से उठकर कुछ वक़्त के लिए ही सही वे खुली फ़िज़ा में साँस लें और दूसरे दिन के लिए अपने को तरोताज़ा बनायें। यदि मैं ऐसा चाहूँ, तो यह कहाँ ग़लत है! नहीं सती, नहीं। जो होना हो, हो जाय, मैं अपने और शाहज़ादा हुज़ूर के बीच हकीम को नहीं आने दूँगी।

मुमताज़ की बातों से सतीउननिसा की घबराहट और बढ़ गयी। उसने फिर आग्रह किया—अपने क़दमों को रोको, बानो। मुझे बहुत डर लग रहा है।

—तुम नाहक ही ख़ौफ़ खा रही हो। जो होना था, सो हो चुका। अब तो हमारे हाथ में सिर्फ़ दिन गिनना बाक़ी रहा गया है। मुमताज़ की आवाज़ में हलकी सी चुलबुलाहट थी। वह उतनी दूर खड़ी थी, जहाँ तक न तो हकीम की चेतावनी ही पहुँच थी और न सतीउननिसा की घबराहट भरी मनुहार!

—तो! तो!!

—यह 'तो तो' क्या कर रही है। बस यही समझ कि अब जो होगा, मंज़ूरे ख़ुदा होगा। अपने जाने जाँ की एक और यादगार निशानी लेकर जी रही हूँ। मुमताज़ ने सचाई का स्पष्ट संकेत दे दिया।

—उफ़्! या अल्लाह! या ख़ुदा!! रहम कर! रहम कर!! मेरी बानो पर रहम कर!! सतीउननिसा ने दुआ के लिए दोनों हाथ उठा दिये। उसकी आँखों से झर-झर आँसू बह रहे थे। उसे समझते देर नहीं लगी कि मुमताज़ एक बार फिर माँ बनने की राह पर है। उसे लगा कि बाजी हाथ से जा चुकी है। अब शाहज़ादा हुज़ूर के आने

के बाद भी किसमें हिम्मत है, जो यह सब उनसे कह सके।

शाहजहाँ को गये माह भर से अधिक हो गया था। दूर एक छावनी को केन्द्र बनाकर वह वहीं से सैन्य संचालन कर रहा था। उसने ख़ानेजहाँ का पीछा करने के लिए पुनः आदेश भेजा। वहीं ख़बर मिली कि वह बुंदेलखंड भागा है और वहाँ से कालिंजर में शरण लेने की फ़िराक में है। उसके पुत्र महमूद और हसन मारे गये हैं। फिर ख़बर मिली कि सिंध नदी पार करते समय एक निर्णायक युद्ध में उसकी मृत्यु हो गयी। शाहजहाँ ने चैन की साँस ली। वह अब शीघ्र ही बुरहानपुर पहुँच कर मुमताज़ को यह ख़ुशख़बरी सुनाना चाहता था।

बुरहानपुर पहुँचकर वह अभी राजमहल की सीढ़ियाँ चढ़ ही रहा था कि सामने से शाही हकीम सीढ़ियाँ उतरते सामने पड़ गया। हकीम ने कोर्निश की।

—आप मलिका की देखभाल तो ठीक से कह रहे हैं न! शाहजहाँ ने सीधा सवाल किया।

—जी अभी उनकी सेहत की जाँच करके ही चला आ रहा हूँ। शाही हकीम की आवाज़ काफ़ी धीमी थी।

—कैसी है उनकी सेहत? शाहजहाँ ने जिज्ञासा की।

शाही हकीम चुप रहा। वह सिर झुकाये खड़ा था।

—आपने जवाब नहीं दिया। क्या आपने मेरा सवाल नहीं सुना! सम्राट् के स्वर में इस बार कुछ रूखापन आ गया था।

—आलमपनाह, मलिका की सेहत ठीक नहीं है। सच कहूँ, तो संजीदा है। शाही हकीम ने अपनी जाँच का सार बताया।

—ऐसी क्या बात हो गयी! मैं तो उन्हें ठीक हालत में छोड़कर गया था। शाहजहाँ ने खीझकर कहा।

—गुस्ताख़ी माफ़ हो। हालत तब भी ठीक नहीं थी। मलिका माँ बनने की राह पर हैं। उनके बदन में ख़ून की काफ़ी कमी है। ख़ून का दबाव बहुत कम है। शरीर के सब हिस्सों में ज़रूरत के हिसाब से ख़ून नहीं पहुँच रहा है। इस सबब से जिगर और गुर्दों की कारफ़र्माई पर असर पड़ा है। दिमाग़ में भी ख़ून कम पहुँच रहा है। इसलिए चक्कर आने की शिकायत भी है। हकीम ने जाँच का विवरण दिया।

शाहजहाँ सन्न रह गया। उसे क़तई इसका इलहाम नहीं था।

—कब से उनका यह हाल है?

—काफ़ी दिनों से। मैं दवाइयाँ दे रहा हूँ और बदल-बदल कर दे रहा हूँ। लेकिन अफ़सोस कि उतनी कारगर नहीं हो रही हैं। शाही हकीम के चेहरे पर नाउम्मीदी जैसे स्थायी घर किये थी।

—आप एक बार फिर बदल कर देखें। शाहजहाँ ने निर्देश दिया।

—जी ज़रूर। अब मुझे इजाज़त दीजिये। शाही हकीम ने कोर्निश की, वह तीन

क़दम पीछे हटा और फिर पलट कर चला गया।

महलसरा का ख़्वाजासरा बादशाह को अंतःपुर में ले गया। शाहजहाँ अपने शयनकक्ष में प्रविष्ट हुआ। मुमताज़ को सम्मुख पाकर बोल उठा—तुम्हारी दुआ काम आयी। अल्लाह का शुक्र है, हमें कामयाबी हासिल हुई। ख़ानेजहाँ का ख़ात्मा हो गया। उस तर्सनाक भगोड़े की दास्तान हमेशा के लिए ख़त्म हो गयी।

उपद्रव के दमन का समचार जानकर मुमताज़ खिल उठी। उसने लहलहाती फ़सल की मानिंद झूम कर शाहजहाँ को बधाई दी—मुबारक आलमपनाह! मुबारक हो! इस फ़तह से फ़लकजनाब की शोहरत अर्श तक जा पहुँची है। मुग़ल तारीख़ में अब तक किसी ने दक्खन में तीन बार फ़तह नहीं हासिल की है।

—यह फ़तह तुम्हें भी मुबारक हो, मुमताज़! न जाने क्यों तुम्हारे साथ होने से सब चीजें आसान हो जाती हैं। तुम्हारे हाथों में दुआ का शबाब है। यही सबब है कि मुझे हर जगह कामयाबी हासिल हो जाती है। फ़तह का सेहरा शाहजहाँ ने मुमताज़ के सिर पर बाँधा।

—तब तो आपको मुझे कुछ इनाम देना चाहिए।

—ज़रूर। फ़रमाइश करो और समझो कि वह पूरी हुई।

—आप आँखों से ओझल हो जाते हैं, तो मेरी जान पर बन आती है। आप क़सम खायें कि मेरी आख़िरी साँस तक मेरे क़रीब बने रहेंगे। मुमताज़ ने उसके हाथ को अपने हाथ में लेकर कहा।

—लो यह भी कोई बात हुई। मैं हमेशा तो क़रीब बना रहता हूँ। शाहजहाँ ने संजीदगी से कहा।

—नहीं, ऐसे काम नहीं चलेगा। आप कहें।

—चलो, ठीक है। कहा कि हमेशा तुम्हारे क़रीब ही रहूँगा।

—यह नहीं कहा 'तुम्हारी आख़िरी साँस तक'। मुमताज़ ने जिद की।

—क्या मतलब! यह सब मुझे पसंद नहीं। इस तरह की बातें मत कहा करो। शाहजहाँ ने किंचित् रोष प्रकट किया।

—आप परेशान न हों। और मुझे लेकर तो क़तई नहीं। मैं बिल्कुल ठीक हूँ। मुमताज़ उसकी चिन्ता को दूर कर देना चाहती थी।

—मुमताज़, तुम मुझसे कुछ छिपा तो नहीं रही हो। मेरी मुराद सेहत को लेकर तुम्हारे हाल से है। शाहजहाँ ने मुमताज़ का सरापा मूल्यांकन किया।

—बिल्कुल नहीं। भला मैं आपसे ऐसी गुस्ताख़ी कर सकती हूँ। आप लम्बा सफ़र पूरा करके आये हैं। आराम फ़र्मायें। मुमताज़ ने उसकी शंका का निवारण करने का यत्न किया।

शाहजहाँ दूसरे कक्ष में जाने को बढ़ा, तो मुमताज़ ने उसे रोक कर कहा—आप फ़तहयाब हुए हैं। आपकी बादशाहत की कलगी में एक सुनहरा पंख और जुड़ गया

है। धूमधाम से ख़ुशी मनाई जाये। नक्कारे बजवाये जायें। परचम लहराये जायें। रोशनी और आतिशबाजी की जाय। तमाशों का इंतिज़ाम हो। मेहरबानी करके देखें कि कोई क़सर बाक़ी न रहे।

अगले कुछ दिनों तक उत्सव का माहौल रहा। विजय की ख़ुशी में विविध आयोजन किये गये। प्रत्येक की कुछ-न-कुछ भूमिका रही। अंतःपुर की सज्जा की गयी। उसे विशेष रूप से रोशन किया गया। सब तरफ़ चहल-पहल और धूमधाम थी। लोग ख़ुश थे। केवल दो लोग ऐसे थे, जिनके चेहरों पर उदासी की हलकी-सी परत छाई हुई थी—शाहजहाँ और सतीउननिसा।

युद्ध के पश्चात् तत्सम्बन्धी समस्त कार्यकलाप सम्पन्न हो गये। अब मुग़ल हुकूमत को अपनी दक्षिण-नीति का पुनर्निधारण करना था। शाहजहाँ का ध्यान उधर गया। उसने सिपहसालारों से विचार-विमर्श के लिए कई बैठकें आयोजित कीं।

ऐसी ही किसी एक बैठक के उपरान्त जब वह अपने निजी कक्ष की ओर जा रहा था, तभी सतीउननिसा सामने पड़ गयी।

—कहाँ से आ रही हो? शाहजहाँ ने औपचारिक ढंग से पूछ लिया।

—बानो के पास से। शाही हकीम देखने आये थे, सो क़रीब खड़ी रही। सतीउननिसा ने नपा-तुला जवाब दिया।

—अब मुमताज़ की तबीयत कैसी है? हकीम ने क्या बताया?

सतीउननिसा चुप रही। उसने सिर झुका लिया।

—मैंने कुछ पूछा, सतीउननिसा! तुमने जवाब नहीं दिया। शाहजहाँ ने आग्रह किया।

सतीउननिसा एकाएक फफक-फफक कर रो पड़ी। शाहजहाँ विचलित हो गया। उसने व्यग्रता से पूछा—अरे क्या हुआ? ख़ैरियत तो है!

—आरजू की तबीयत ठीक नहीं है, शाहज़ादा हुज़ूर! ठीक नहीं है। सतीउननिसा ने रोते हुए कहा।

—क्या कह रही हो? अभी सुबह तो ठीक थी। मैंने उसके साथ नाश्ता किया था। इन चार-पाँच घंटों में क्या-कुछ हो गया! शाहजहाँ की बेचैनी अपनी जगह क़ायम थी।

—वे अपनी कमज़ोरी को आपसे छिपाती हैं। वे नहीं चाहतीं कि उन्हें बीमार देखकर आप उदास और पशेमान हो जायें। उनका मक़सद आपको हमेशा ख़ुश देखना है। सतीउननिसा ने अपने को किसी तरह संयत करके कहा।

शाहजहाँ भीतर से हिल गया। शाही हकीम ने उसकी हालत के बारे में जो बयान दिया था, उसके कोई लच्छन उसमें नहीं मिले थे। बीमारी की कहीं कोई निशानी नहीं थी।

उसने मुमताज़ को सदैव प्रफुल्ल देखा है। शिगुफ़्ता गुलाब की मानिंद तरोताज़ा।

गुज़श्ता कई बरसों से जैसा वह उसे देखता आ रहा था। कहीं कोई बदलाव नहीं। बल्कि पहले से कहीं ज़्यादा ख़ुशदिल और ख़ुशमिज़ाज। वही खनखनाती हुई गुलरेज़ हँसी। गुलबर्ग पर बैठी हुई रंगीन तितली सी मुसकान। कहीं तो कुछ नहीं बदला है। सब कुछ वैसा ही है।

—उसके बारे में तुम्हें कोई ग़लतफ़हमी तो नहीं हो गयी है! शाहजहाँ ने अपनी दिलजोई के लिए पूछा।

—नहीं, हरगिज़ नहीं। मैंने बचपन से उसे देखा है। बहुत नज़दीक से। उसमें जबर्दस्त ज़ेहनी ताक़त है। बड़ी-से-बड़ी तक़लीफ़ को पी लेने की आदत है। अपने को सहीहुलमिज़ाज दिखाते रहने का माद्दा है। सोलह बरस के सिन की तस्वीर को अपने बदन के फ़लक पर हरहमेश उतार रखने की ताब है। आप गुलबदन के मंज़र पर न जायें शाहज़ादा हुज़ूर, आप मेरी बात पर यक़ीन करें। और चाहे तो शाही हकीम से तस्दीक़ करा लें। सतीउननिसा ने हर तरह से शाहजहाँ को विश्वास दिलाना चाहा।

शाहजहाँ को हकीम की बात याद आयी। वह पहले ही उसे ताईद कर चुका था। उसके चेहरे का रंग उतर गया। थोड़ी देर सोच की मुद्रा में खड़ा रहा, फिर उसने शयनकक्ष की तरफ़ क़दम बढ़ा दिये।

विशाल स्वर्णिम पर्यंक के रेशमी फेनिल आस्तरण पर मुमताज़ सो रही थी। शाहजहाँ थोड़ी देर द्वार पर ही खड़ा-खड़ा उसे निहारता रहा। फिर पदचापविहीन क़दमों से उसके निकट पहुँचा। वहाँ खड़े-खड़े कुछ देर देखने के बाद मुमताज़ के पैताने बैठ गया। उसकी अपलक दृष्टि मुमताज़ के चेहरे पर जमी हुई थी। ऐसा बहुत कम हुआ कि वह कक्ष तक आया हो और मुमताज़ राजहंसिनी-सी लहराती हुई उसके स्वागत पर द्वार तक न पहुँची हो। पहली बार ऐसा हुआ कि न वह हिली, न उठी, न बोली। पहली बार हुआ कि उसने नींद की गहराई में उतर कर अपने को बाहरी फ़िज़ा से अलग कर लिया था।

शाहजहाँ बहुत देर बैठ रहा। फिर बर्फ़ सी जमी हुई ख़ामोशी के बीच आहिस्ते से उठा और कक्ष से बाहर निकल गया। पहली बार हुआ कि उन दोनों ने न आँखों से बात की और न ज़ुबान से। उसने गहरी साँस ली—या ख़ुदा! अब और क्या नया होने को है!

मुमताज़ की नींद खुली, तो सतीउननिसा को पास कालीन पर बैठे हुए पाया। आहिस्ता से उठती हुई बोली—आज कुछ ज़्यादा ही सो गयी।

—शाहज़ादा हुज़ूर आये थे। थोड़ी देर बैठे रहे। फिर चले गये। सतीउननिसा ने निकट अतीत की घटना का विवरण दिया।

—या अल्लाह! ज़िन्दगी में मैंने आज तक कभी भी गुस्ताख़ी को अपना निकाब उठाने की इजाज़त नहीं दी। निगोड़ी नींद ने आज मुझे पानी-पानी कर दिया। शाहज़ादा हुज़ूर ने मेरे बारे में जाने क्या सोचा होगा! सती, मुझे तुझसे शिकायत है।

तूने मुझे जगाया क्यों नहीं! क्या नींद की तरह तू भी मेरी दुश्मन बन गयी थी। एक अनचाही चूक ने मुमताज़ के गुलाबी चेहरे को रक्ताभ कर दिया था।

—शाहज़ादा हुज़ूर पहले ही तुम्हारे कमरे में क़दम रख चुके थे। फिर भीतर आने की गुस्ताख़ी कैसे कर सकती थी ताज बीबी! सतीउननिसा ने सफ़ाई दी।

—अब तूने भी ताज़ बीबी कहना शुरू कर दिया! मुमताज़ ने उलाहना दिया।

—महलसरा की जुबान में मलिका-ए-जमानी का यही नाम चढ़ गया है। जो कोई और नाम लूँ, तो शायद ही कोई समझे कि किसका नाम ले रही हूँ! सतीउननिसा ने हास का सूत्र हाथ में लेकर कहा।

—तुझ पर भी हरम का रंग चढ़ गया है। देख, अब दिन पूरे होने को हैं। बहुत कम दिन रह गये हैं। मुमताज़ के चेहरे की कान्ति मन्द पड़ गयी। वह रुककर सोचने लगी कि कथ्य के लिए किन शब्दों का प्रयोग उचित होगा।

सतीउननिसा के मुख पर अवसाद की बदली घिर आयी।

—शाही हकीम की चेतावनी सही होती लग रही है। शायद यह मेरी कोख की आख़िरी संतान हो। मुमताज़ पर पलंग पर लेट गयी।

—हकीम लोग तो यह सब कहते ही रहते हैं। दवाई और परहेज़गारी तो उनकी फ़ितरत में है। सतीउननिसा ने उसे बहुत क़रीने से लिहाफ़ ओढ़ाया। तक़िया ठीक की और कालीन पर बैठ गयी।

—इस बार कुछ ज़्यादा ही कमज़ोरी लग रही है। इसके पहले तो आख़िरी दिन तक दौड़-धूप कर लिया करती थी, लेकिन इस बार बहुत पहले से बिस्तर पर लग गयी हूँ। मुमताज़ का स्वर उसके सामान्य सुर के काफ़ी नीचे था।

—इन बातों को लेकर फ़िक्रमंद होने की ज़रूरत नहीं है। तबीयत ख़राब होती है, तो ठीक भी हो जाती है। सभी के साथ ऐसा होता है। तुम्हारे साथ कुछ अनोखा नहीं हो रहा है। सतीउननिसा उसे सांत्वना अवश्य दे रही थी, किन्तु भीतर घबराहट थी, जिसे उसने बमुश्क़िल प्रकट होने से रोक रखा था।

—मेरे साथ अनोखा ही हो रहा है। जो चीज़ कभी मेरी फ़ितरत में नहीं थी, वह पैदा हो गयी...मुमताज़ रुकी। फिर ताक़त बटोर कर बोली—अब तो बोलने के लिए भी हिम्मत जुटानी पड़ती है। मुझे आराम करने दे। मुमताज़ ने दुःश्रव्य स्वर में कहा।

सतीउननिसा उठी। मुमताज़ पर लिहाफ़ ठीक किया। अपने सिर पर ओढ़नी ठीक की। फिर पीछे हटी और जैसे मद्धिम होती देहाकर रोशनी का आकलन करती हुई कक्ष से बाहर निकल गयी।

तीस

जिस ताज़ बीबी के चरण-चापों से हरम में रौनक़ थी, जिस ताज़ बीबी की मुस्कान से राज्योद्यान में बहार थी, उसके असहज स्वास्थ्य की ख़बर दीवारों के रंग-रोग़न की तरह सब तरफ़ फैल गयी। पूरा माहौल दबा-दबा सा था। बोलते समय लोग हाथ को मुँह पर रख लेते थे। आँखों-आँखों से एक-दूसरे को सहमते हुए देखते थे। हर गतिविधि को ग़िरफ़्त में लेकर चलते थे। उदासी ने उत्साह को ढँक लिया था।

महल की इस उदासी का शिद्दत से अनुभव करते हुए एक दिन शाहजहाँ ने सतीउननिसा से बात की।

—देख रहा हूँ कि क्या कुछ बदल गया है। सब कुछ अजीब सा लग रहा है। सूरज डूबने से पहले ही शाम हो जाती है। सुबह पूरब की लाली भी कुछ देर से आने लगी है। लोग बात करने से कतराते हैं। यह सब क्या हो रहा है, सतीउननिसा? शाहजहाँ ने परिदृश्य के बदलाव की चर्चा की।

सतीउननिसा सिर झुकाये खड़ी रही। सिर उठाती, तो सम्राट् को उसकी डबडबाई आँखें नज़र आतीं।

—क्यों सतीउननिसा, क्या मेरा सवाल क़ाबिले जवाब नहीं है! इस बार शाहजहाँ का स्वर कुछ कड़ा था।

सतीउननिसा एकाएक फूट-फूटकर रो पड़ी। रोते हुए बोली—शाहज़ादा हुज़ूर कुछ कीजिये। कुछ कीजिये शाहज़ादा हुज़ूर! आरजू की हालत बहुत नाजुक है।

—मैंने तो आज सुबह ही बात की थी। तब तो वह ठीक थी। इस बीच क्या कुछ हो गया। शाहजहाँ ने विस्मयजनक चिन्ता प्रकट की।

—वे बिल्कुल ठीक नहीं हैं, शाहज़ादा हुज़ूर! आप से मुख़ातिब होते वक़्त वे तन और मन की पूरी ताक़त समेट लेती हैं। यह क़ुव्वत सिर्फ़ उन्हीं में है कि वे अपने को इस तरह सेहतमंद झलका देती हैं। आप किसी भरम में न रहें, आलमपनाह। सतीउननिसा कहती जाती थी और रोती जाती थी।

शाहजहाँ सोच में पड़ गया। उसके माथे पर बल पड़ गये। कुछ-कुछ घबराहट झलकने लगी।

—मुझे नहीं लगता कि यह इस हकीम के बस की बात है। आप आदमी दौड़ाइये आगरा, दिल्ली, कंधार और ईरान। वहाँ से हकीम बुलवाइये, शाहज़ादा हुज़ूर। लेकिन ख़ुदा के वास्ते जल्दी कीजिये। सतीउननिसा बदहवास-सी थी। उसके स्वर में लड़खड़ाहट आ चली थी।

—कंधार और ईरान क्या, अपनी मुमताज़ के लिए मैं तुर्किस्तान और बुख़ारा से भी हकीम बुलवा सकता हूँ, लेकिन वक़्त की दूरी हमारे घोड़ों को परवाज़ के लिए क्या इतनी गुंजाइश देगी!! शाहजहाँ की बेचैनी छटपटाहट का रूप ले रही थी।

—नहीं शाहज़ादा हुज़ूर, वक़्त बिल्कुल नहीं है। दो-चार दिन! हद-से-हद पाँच दिन। ख़ुदा न करे, कहीं कमज़ोरी ने अनहोनी का साथ दिया, तो फिर...तो फिर...। सतीउननिसा का रुदन ज़ारी था।

—शाही हकीम को निजी बैठक में हाज़िर करो। तब तक मैं मुमताज़ से मिलकर आता हूँ। यह कहता हुआ शाहजहाँ तेज़ क़दमों से चल दिया।

शयनकक्ष में पहुँचकर देखा, तो मुमताज़ महल सो रही थी। जहाँआरा कालीन पर बैठी थी। उसके हाथ पलंग पर थे। शाहजहाँ निकट गया और पलंग पर बैठ गया। आहट पर मुमताज़ जग गयी। शाहजहाँ पर नज़र पड़ते ही उठकर बैठने की कोशिश की, किन्तु दोनों कोहनियों ने जवाब दे दिया।

—लेटी रहो। शाहजहाँ ने पत्नी के सिर पर हाथ रखा।

—माफ़ करें, मैं उठकर आपको तस्लीम नहीं कर पा रही हूँ। मुमताज़ ने पुनः उठकर बैठने का असफल प्रयत्न किया।

—लेटी रहो। कैसा लग रहा है? शाहजहाँ ने उसकी निष्क्रियता को लक्ष्य कर लिया था।

मुमताज़ चुप रही। अपलक नेत्रों से पति को देखती रही।

—अब्बा हुज़ूर...अम्मीजान की...। जहाँआरा रो पड़ी। उसने आँसुओं से धुले मुख को पलंग पर रख दिया। चेहरे के भाव तो नहीं दिख रहे थे, किन्तु सिसकियों की आवाज़ शाहजहाँ तक पहुँच रही थी।

—मुमताज़...मुमताज़! कैसा लग रहा है? कैसी हो तुम? शाहजहाँ ने उसके हाथ को हिलाया।

—ठीक हूँ। मद्धिम स्वर का एक टुकड़ा किसी तरह तैरता हुआ शाहजहाँ के कानों से टकराया।

—नहीं अब्बा हुज़ूर, नहीं। अम्मीजान बिल्कुल ठीक नहीं हैं। आप कुछ कीजिये, अब्बा हुज़ूर! जहाँआरा के व्याकुल अनुरोध ने शाहजहाँ को जैसे भीतर से मथ दिया।

—आरज़ू, हौसला बनाये रखो। तुम्हें कुछ नहीं होगा। जाने कितनी बार तुमने मेरी हौसलाअफ़्जाई की। जाने कितनी बार मैं ज़िन्दगी से पस्त हुआ और तुमने मेरा हाथ पकड़कर उठाया। अब तुम्हीं...। नहीं आरज़ू! बीच रास्ते में हमसफ़र का हाथ नहीं छोड़ा करते। शाहजहाँ आकुल था।

—मेरे सरताज, वो ताक़त कहाँ से लाऊँ कि आपका हाथ थाम सकूँ। अपनी बेबसी पर शर्मिन्दा हूँ। मुमताज़ की आवाज़ धीमी थी, किन्तु शाहजहाँ को अर्थ की पहचान करा रही थी।

—इस तरह हिम्मत हारने से काम नहीं चलेगा, मुमताज़। एक बार फिर अपनी ज़ेहनी कुव्वत का मुज़ाहिरा करो। हाँ, तुम बिल्कुल ऐसा कर सकती हो, आरज़ू! बिल्कुल ऐसा कर सकती हो! शाहजहाँ ने उसकी बाँह को धीरे से झकझोरा।

मुमताज़ शान्त रही आयी। आँसू कनपटी से होकर बहने लगे थे।

—तुम मेरी बात सुन रही हो न आरजू! शाहजहाँ ने फिर उसकी बाँह को झकझोरा। इस बार बाँह के साथ शरीर भी हिल गया।

मुमताज़ ने कुछ कहने का यत्न किया, किन्तु दुर्बलता ने जैसे उच्चारण-अवयवों को हिलने-डुलने से मना कर दिया था।

—अम्मीजान! कुछ बोलिये न अम्मीजान!! जहाँआरा की रुँआसी आवाज़ शाहजहाँ के अवसाद को और गहरा दिया।

मुमताज़ महल ने अपने को सँभाला। शक्ति का कुछ संवरण किया। धीमे स्वर में बोली—सुनिये...मेरे बेटे आज तो ठीक हैं, लेकिन आगे ज़िंदगी की ऊँची-नीची राहों पर आपसे न जाने क्या गुस्ताख़ियाँ कर बैठें...गुज़ारिश है कि आप उनकी गुस्ताख़ियों को माफ़ कर देंगे...मुझसे वादा करें, उनकी गुस्ताख़ियों के लिए अपनी माफ़ी को मेरे दामन में डाल दें मेरे आक़ा। मुमताज़ ने दोनों हाथों को हिलाया, जैसे अपना दामन फैलाना चाहती हो।

—यह भी कोई कहने की बात है।

—नहीं, आप वादा करें।

—ठीक है। वादा रहा। आख़िर वे हमारे बेटे हैं और उनके सर पर तुम्हें अपना हाथ अभी बहुत दिनों तक रखना है। शाहजहाँ ने आतुरता से कहा।

मुमताज़ की आँखों में चमक सी आयी। चेहरे पर सन्तोष झलका। उसने गहरी साँस ली और आहिस्ता से पलकें बन्द कर लीं। लगा कि वह थक गयी थी और अब आराम करना चाहती थी।

शाहजहाँ ने जहाँआरा को वहीं बैठे रहने का इशारा किया और वह कक्ष से बाहर आ गया। शयनकक्ष से वह सीधे अपनी बैठक में आया। शाही हकीम और सतीउननिसा उसकी प्रतीक्षा कर रहे थे।

शाही हकीम ने सलाम की रस्म पूरी भी नहीं की थी कि शाहजहाँ फट पड़ा—देख रहा हूँ कि मलिका की हालत ज्यों-की-त्यों बनी हुई है। बल्कि कहें कि बदतर हो गयी है।

—ख़ाकसार मुसल्सल कोशिश में है कि मलिका-ए-जमानी की तबीयत में सुधार आये। शाही हकीम ने अतिरिक्त विनम्रता दिखाई।

—आपकी कोशिश का नतीज़ा नहीं दिख रहा है। उनकी सेहत लगातार गिरती जा रही है। अगरचे यह हाल रहा तो...। आगे की अभिव्यक्ति अमंगलसूचक होती, यह जान कर शाहजहाँ रुक गया।

—कोशिश तो पूरी हो रही है।

—ख़ाक कोशिश हो रही है! कोशिश होती तो नतीज़ा सामने आता कि नहीं। आप इल्मुल इलाज़ का हर सफ़ा पलट कर देखिये और तलाशिये कोई दवा!

वरना...। शाहजहाँ स्वभाव के विपरीत काफ़ी उत्तेजित था।

—जी...जी. ...। शाही हकीम काँप उठा।

—समझ लीजिये। मलिका की जान पर आयी, तो इसी बुरहानपुर के बाज़ार में सरे आम सूली पर चढ़ा दूँगा। शाहजहाँ की आँखों से अंगारे बरस रहे थे।

शाही हकीमं थरथर काँप रहा था।

—अब जाइये यहाँ से। शाहजहाँ ने चीख कर निकल जाने का संकेत दिया।

जल्दी-जल्दी कोर्निश करके शाही हकीम बैठक से बाहर हो गया। शाहजहाँ बैठक में चक्कर लगाने लगा। बीच-बीच में सजावट के लिए क़रीने से रखी चीज़ों पर ठोकर भी लगा देता।

—आलीजाह, धीरज रखें। मैं आपकी परेशानी समझती हूँ। मुमताज़ जैसी गुले सर सबद बेगम के लिए आपकी परेशानी जा़इज भी है। इस तरह के मसले ज़िंदगी को दुश्वार बना देते हैं ज़रूर, लेकिन इन्हें झेलना तो पड़ेगा न! सतीउननिसा ने दबी जबान से शाहजहाँ को समझाने की कोशिश की।

—हैफ़ कि मेरी बादशाहत कोई काम आती! कोई मेरी सल्तनत ले ले और मेरी मुमताज़ को ठीक कर दे! काश कि कोई मुझे उन रास्तों की जानकारी देता, जिन रास्तों से होकर जुलक़र्नेन सिकन्दर आबे हयात के चश्मे तक पहुँचा था! काश कि कोई मुझे नख़्शब के मशहूर हकीम इब्ने मुक़न्ना का पता देता, जिसने ज़मीन पर चाँद पैदा करने का क़रिश्मा किया था! काश कि मेरे पास वक़्त होता, तो मैं कोहे-तूर तक जा पहुँचता, जहाँ हज़रत मूसा की हथेलियों में अल्लाह का नूर नाज़िल हुआ था! ज़रूर वहाँ आबेहयात का चश्मा पिनहाँ होगा! क्या करूँ! कहाँ जाऊँ! किससे कहूँ! या ख़ुदा!! इस बदनसीब बादशाह को फ़कीर मान कर मुमताज़ की जान बख़्श दे। शाहजहाँ की व्याकुलता उन सीमाओं में प्रविष्ट हो गयी थी, जहाँ औचित्य के प्रतिमान क्षुब्ध होने लगते हैं।

—कोई क़रिश्मा भी हो सकता है। पिछली दफ़े आरजू की क़ुव्वते इरादी ने कमाल कर दिखाया था। मुमकिन है इस बार भी कुछ ऐसा ही कमाल देखने को मिल जाय। सतीउननिसा ने शाहजहाँ की उबलती बेचैनी पर गुलाब जल की चंद बूँदें छिड़कीं।

—काश कि ऐसा हो सके! काश कि कोई ऐसी दवा ईजाद हो पाती, जो मुमताज़ को अपने पैरों पर खड़ा कर देती! काश कि कोई मोज़िज़ा होता और हकीम लुक़मान की रूह शाही हकीम के जिस्म में पनाह ले पाती। उफ़् हमारी बेक़रारी कितने काशों में साँस ले रही है! शाहजहाँ आसंदी पर बैठ गया। उसकी आँखें सब तरफ़ शून्यता में कुछ तलाश रही थीं।

—मैं मुमताज़ के पास जाकर बैठती हूँ। सतीउननिसा को शाहजहाँ की वह हालत देखी नहीं जा रही थी। पता नहीं शाहजहाँ ने उसकी आवाज़ सुनी भी कि नहीं।

वह प्रतिक्रिया जानने के लिए रुकी भी नहीं।

शाहजहाँ का मनस्ताप प्रतिदिन बढ़ता जा रहा था। उसने आसफ़ ख़ाँ को आगरा से यहाँ तुरन्त चले आने का संदेश भेजा। उसकी मौजूदगी शायद मुमताज़ के सेहत पर अनुकूल असर डाल सके। उसने सारे राजकाज स्थगित कर दिये थे। रोज़ घंटों बैठा मुमताज़ को निहारता रहता। जब-तब शाही हकीम को हुड़का भी देता। बार-बार अल्लाह को याद करते हुए दुआ के लिए हाथ उठाता रहता।

आख़िरकार शाही हकीम के द्वारा निर्दिष्ट तिथि आ गयी। महल के चारों ओर दौड़-धूप हो रही थी। सब तरफ़ ख़बर फैल गयी थी कि ताज़ बीबी का प्रसव निकट है। मुख से कान और कान से मुख लग रहे थे। लेकिन कहीं कोई उल्लास नहीं था। सबके चेहरों पर खिन्नता और अवसाद की बदली थी, जिसे कोई रश्मि भेद नहीं पा रही थी।

महल का माहौल भारी था। आख़िर अनिश्चितता का आवरण उठा। मुमताज़ की प्रसव-पीड़ा प्रारम्भ हो गयी। प्रशिक्षित और अनुभवी परिचारिकाएँ परिचर्यात्मक कर्म में जुट गयीं। शाही हकीम को ख़बर दे दी गयी। वह अपने चिकित्सा-कक्ष में तात्कालिक सलाह और उपचार के लिए उपलब्ध था।

सतीउननिसा शाहजहाँ के कक्ष की ओर भागी।

—क्या हाल है? शाहजहाँ ने उसे देखते ही सवाल दाग़ा।

—ठीक नहीं है। दर्द शुरू हो गया है। तड़प रही हैं। जल्द फ़ारिग़ होने की उम्मीद नहीं दिख रही है। सतीउननिसा ने एक साँस में बात रखी।

—या ख़ुदा! रहम कर। मुमताज़ पर रहम कर। शाहजहाँ ने दुआ के लिए दोनों हाथ उठा दिये और आसमान की तरफ़ देखा।

सतीउननिसा मुमताज़ के कक्ष में आयी। परिचारिकाएँ शुश्रूषा में लगी थीं। उस सेवा का लाभ नहीं दिख रहा था। उन्होंने शाही हकीम की कोई दवा भी खिलायी। उसका भी कोई लाभ नहीं हुआ। मुमताज़ की कराह पूर्ववत ज़ारी थी।

—अब सहा नहीं जा रहा है, सती। लगता है यह दर्द मेरी जान को लेकर ही जायेगा। मुमताज़ ने कराह छोड़ी।

—ऐसा नहीं कहते। हिम्मत रखो, आरजू। तुमने पहले भी कितनी बार हिम्मत से काम लिया था और शाहज़ादा हुजूर को नायाब तोहफ़े दिये थे। सतीउननिसा ने पूर्व प्रसवों की ओर इशारा किया।

—मेरी ताक़त जवाब दे चुकी है। इन मामलों में अमूमन बच्चे पेट से बाहर आकर ही रोते हैं, लेकिन यह बच्चा तो पेट के भीतर ही रो रहा है। यह इशारा ठीक नहीं है...उफ़्...या ख़ुदा!! यह तक़लीफ़ कहाँ जाकर ख़त्म होगी! मुमताज़ की वेदना बराबर बनी हुई थी। परिचारिकाएँ उसके पैरों को सहलाकर आराम देने की नाकाम कोशिश कर रही थीं।

—देखो आरजू! तुम्हें हिम्मत से काम लेना होगा। अब तक करती आयी हो और इस बार भी करोगी। शाहज़ादा हुज़ूर बहुत परेशान हैं। अपनी निजी बैठक में बेचैन हैं। क़भी उठते हैं। कभी बैठते हैं। कभी चलते हैं। कभी रुकते हैं। मुँह से 'अल्लाह अल्लाह' की रट लगाते हैं और बीच-बीच में दुआ के लिए दोनों हाथ उठा देते हैं। उनकी हालात पर मुझे तरस आ रहा है। क्या बताऊँ! क्या कर लूँ! सतीउननिसा को लगा कि शाहजहाँ की विकलता को जानकर मुमताज़ हिम्मत दिखा जाय।

मुमताज़ के चेहरे पर एकाएक गहरी पीड़ा का भाव उभरा और वह बेहोश हो गयी।

सतीउननिसा ने तत्काल एक परिचारिका को शाही हकीम के पास भेजा। थोड़ी देर में वह परिचारिका दवा की दो ख़ुराकें लेकर आयी। सतीउननिसा ने किसी तरह दवा की एक ख़ुराक मुमताज़ के मुँह में डाला।

तीन घंटे बाद मुमताज़ होश में आयी। सतीउननिसा ने उसे दवा की दूसरी ख़ुराक दी। दवा ने असर दिखाया। अन्ततः आधी रात बीतते-बीतते मुमताज़ ने कन्या को जन्म दिया। परिचारिकाएँ उपचार में लगी थीं कि मुमताज़ कराहते-कराहते बेहोश हो गयी।

सतीउननिसा बुरी तरह घबरा गयी। उसकी समझ में नहीं आ रहा था कि क्या करे। वहीं रहे कि शाही हकीम के पास जाये कि शाहजहाँ को ख़बर करे।

—शाही हकीम को बुलायें, आपा! देर न करें। मुख्य परिचारिका ने उसे झकझोर कर कहा।

सतीउननिसा भागी। शाही हकीम को लेकर आयी। मुमताज़ अभी भी बेहोश थी। हकीम ने नब्ज़ टटोली। उसके होश उड़ गये। चेहरा पीला पड़ गया। शरीर काँपने लगा।

—क्यों, क्या हुआ? सतीउननिसा उसकी हालत को देखकर विचलित हो गयी।

—कुछ समझ में नहीं आ रहा है। नब्ज़ कभी मिलती है, कभी नहीं। शाही हकीम कभी एक हाथ की नब्ज़ टटोलता, कभी दूसरे हाथ की। फिर उसने पलक उलट कर आँख का परीक्षण किया।

—कैसी हैं मलिका? सतीउननिसा की व्याकुलता क़ायम थी।

—नब्ज़ इतनी धीमी हैं कि गायब हुई सी लगती है। दिल की धड़कन बेतरतीब हो गयी है। साँस लेने में भी तक़लीफ़ है। या ख़ुदा! शाही हकीम मरीज को छोड़कर खड़ा हो गया।

—तो चुपचाप खड़े क्यों हैं! दवा दीजिये न! सतीउननिसा ने शाही हकीम की आस्तीन को जकड़कर कहा।

शाही हकीम कुछ झिझका। फिर बोला—इन्हें दवा की नहीं, दुआ की ज़रूरत है।

उसकी दशा अजीब थी। उसके रुकने का कोई मतलब नहीं था, लेकिन वह मलिका को छोड़कर जा भी नहीं सकता था।

सतीउननिसा बदहवासी की हालत में बाहर भागी और हाँफती-हाँफती शाहजहाँ की बैठक में पहुँची और रोती-कलपती बादशाह के क़दमों पर गिर पड़ी।

—क्या हुआ, क्या हुआ? शाहजहाँ पीछे हटते हुए चीखा।

—शाहज़ादा हुज़ूर सब कुछ ख़त्म होने को है। सूरज डूबने को है। आप पहुँचें आरज़ू के पास। आपकी आहट शायद उसमें जान फूँक सके। सतीउननिसा फ़र्श पर औंधी पड़ी थी।

शाहजहाँ मुमताज के शयनकक्ष की दिशा में भागा। उसके पहुँचते ही शाही हकीम का झुका हुआ सिर जैसे सीने में घुसने को हुआ। परिचारिकाएँ आँचल को मुँह में दबाकर रुदन को रोकने का प्रयास कर रही थीं।

शाहजहाँ पलंग पर बैठ गया। उसने मुमताज़ की हथेली को हाथ में लेकर दबाते हुए पुकारा—मुमताज़!...आरज़ू!!...आरज़ू!!! शाहजहाँ सम्बोधन की तान को क्रमशः ऊँचा करता गया।

मुमताज़ निश्चेष्ट थी।

—मुमताज़!...मुमताज़!! शाहजहाँ ने अपने स्वर की पहचान कराकर उसे होश में लाने की कोशिश की।

तभी सतीउननिसा कक्ष में आयी। अब तक वह कुछ संयत हो चुकी थी। उसने इशारा किया। फिर वह शाही हकीम और परिचारिकाओं के साथ कक्ष से बाहर आ गयी। कक्ष के एक कोने में एक वृद्ध स्त्री आसंदी के सामने बैठी पवित्र क़ुरान का सूर-ए-यासीन पढ़ रही थी।

—आरज़ू...! आरज़ू!! शाहजहाँ ने मुमताज़ को जगाने का यत्न किया।

मुमताज़ ने आँखें खोलीं। उसने पलकें धीरे से उठाईं। शाहजहाँ को सामने देख कर सिहरी।

—आरज़ू, कैसा लग रहा है। मुमताज़ की पलकों के झपकने से शाहजहाँ की सूखती उम्मीदों को पानी मिला। उसके चेहरे में चमक आयी।

मुमताज़ ने फिर पलकें उठाईं। उसके ओंठ फड़फड़ाये। कुछ कहने की कोशिश की, लेकिन कह न सकी।

—हिम्मत से काम लो, मुमताज़! अब सब ठीक हो गया है। इस नन्हीं बच्ची को देखो। तुमने मुझे कितना शानदार तोहफ़ा दिया है। शाहजहाँ ने वस्त्रों में लिपटे नवजात शिशु की ओर संकेत किया।

मुमताज़ ने उधर देखने की चेष्टा की, किन्तु ठीक से सिर घुमा नहीं पायी।

—मुमताज़, जो मैं कह रहा हूँ उसे तुम समझ पा रही हो न! शाहजहाँ ने यह जानना चाहा कि मुमताज़ सही होशोहवास में है कि नहीं।

—शाह...ज़ादा...हुज़ूर! मुमताज़ की जवान लड़खड़ाईं।

—हाँ-हाँ, मुमताज़ कहो न!

—वक़्त का तेल...चुक गया है।...मेरी ज़िन्दगी के चिराग़ की बाती...दोनों छोरों से जल रही है। मुमताज़ ने जैसे शरीर की पूरी ताक़त ज़बान पर लाकर कहा हो।

—नहीं मुमताज़, नहीं। अभी तुम्हें मेरे साथ लम्बा सफ़र तय करना है। शाहजहाँ विचलित हो गया था।

—नहीं मेरे सरताज...अब तो साँस लेने के लिए भी...पूरी ताक़त लगानी पड़ रही है...अब अलबिदा कहें। मुमताज़ हाँफने लगी।

—होश में आओ मुमताज़! यह तुम क्या कह रही हो! शाहजहाँ रुँआसा हो आया था।

—ख़ुशनसीब हूँ...मेरे जनाज़े को...मेरे सरताज का काँधा नसीब होगा। अपने बाबुल की देहलीज छोड़ी थी, तो चार मामूली कहारों की पालकी पर सवार थी...आज पिया का घर छोड़ रही हूँ...तो हिन्दुस्तान के शाहंशाह और शाहज़ादों के कंधों पर सवार होकर...। मुझसे मेरी ख़ुशनसीबी न छीनिये मेरे मालिक। मुमताज़ थक गयी थी। हाँफ के साथ रह-रहकर कूँखने की ध्वनि भी निकल रही थी।

शाहजहाँ समझ गया। यह बुझने से पहले लौ की आख़िरी भभक है। उसकी आँखों से आँसू छलक पड़े।

—नहीं मेरे आक़ा...शाहंशाहों को आँसू...ज़ेब नहीं देते...मुझे देख कर...आपके ओठों पर...बरबस मुस्कान आ जाती थी...उसी मुस्कान के साथ...मुझे 'ख़ुदा हाफ़िज़' कहें। मुमताज़ ने यह कहने के लिए अपनी सारी बची-खुची ताक़त लगा दी थी।

शाहजहाँ ने सुना। वह बड़ी कठिनता से एक बनावटी फीकी मुस्कान ओठों पर ला पाया।

—बस! या ख़ुदा...मुझे अपनी पनाहों में जगह दे...ख़ुदा हाफ़िज़! मुमताज़ के ओठों पर एक शैशव मुस्कान छा गयी। उसका सिर तिरछा हो गया। उसकी पलकें बन्द हो गयीं और जैसे वह गहरी नींद में चली गयी।

शाहजहाँ समझ गया। हिन्दुस्तान की सरजमीं पर मुमताज़ का किरदार ख़त्म हो गया। आँसू भल्ल-भल्ल निकल पड़े। उसने अपना सिर मुमताज़ के माथे पर टिका दिया।

कमरे में सन्नाटा खिंचा हुआ था। हर चीज़ शान्त, निस्पन्द और निश्चल थी। सिर्फ़ पवित्र क़ुरान के तर्तील की मद्धिम आवाज़ हवा में तैर रही थी। देर तक रहे निपट सन्नाटे का एहसास सतीउननिसा को मथने लगा। जाने किस अंतर्प्रेरणा से भागती हुई वह भीतर आयी। देखा कि शाहजहाँ का सिर निश्चेष्ट मुमताज़ के माथे पर झुका हुआ है। आँसू उसके कपोलों से होकर मुमताज़ के माथे और बालों का भिगो रहे हैं। वह पलंग के पास आयी। कालीन पर बैठ गयी।

—अपने को सँभालिये, शाहज़ादा हुजूर। ताजदारों को रोने की इजाज़त नहीं है। अल्लाह ने आपको दूसरों के आँसुओं को पोंछने के लिए बादशाहत बख़्शी है। आपको इस तरह ग़मगीन देखकर ताज़ बीबी की रूह बेचैन हो उठेगी। सतीउननिसा को बोलने के लिए विशेष यत्न करना पड़ रहा था। उसे रुदन के साथ अपने को संयत जो करना था।

शाहजहाँ ने अपने को संयत किया। वह पलंग पर ठीक से बैठ गया। उसकी आँखें मुमताज़ के चेहरे पर जमी थीं। तभी धड़धड़ाते हुए शाहज़ादे आये। उनके पीछे-पीछे शाहज़ादियाँ भी आयीं। सब पलंग को घेर कर फ़र्श पर बैठ गये। दारा बहुत संज़ीदा था। उसके कपोलों पर आँसुओं की लक़ीरें बन-बिगड़ रही थीं। औरंगज़ेब और मुराद बिलख रहे थे। जहाँआरा और रोशनआरा माँ के पैरों पर सिर रखकर रो रही थीं।

बच्चों के क्रन्दन से शाहजहाँ का दिल पसीज गया। उसने जहाँआरा के सिर पर हाथ फेरा।

—शाहज़ादा हुज़ूर! महलसरा की औरतें अपनी अज़ीज़ मलिका का, ताज़ बीबी का आख़िरी दीदार चाहती हैं। सतीउननिसा ने द्वार पर औरतों की भीड़ को देखकर कहा।

शाहजहाँ आहिस्ते से खड़ा हुआ। उसने भरपूर नज़रों से मुमताज़ को देखा। दरवाज़े तक आया। पलटकर मुमताज़ को देखा। उसके चेहरे पर कहीं क्लेश का निशान तक नहीं था। सुबह के गुलाब की ताज़गी बदस्तूर क़ायम थी। कोई चित्रकार शायद ही बता सके कि वह जीवित है या मृत! कौन कहता है कि वह दुनिया को छोड़ चुकी है! अभी वह बालहंसिनी-सी चलकर उसके पास आयेगी और ग्रीवा को किंचित् तिरछा कर नेत्रों का नचाते हुए अधरामृत स्वर में कहेगी—क़दमरंजगी के लिए यह क़नीज आपकी शुक्रगुजार है, शाहज़ादा हुज़ूर! शाहजहाँ के हृदय में टीस सी उठी। आँसुओं ने दृष्टि को धुँधला कर दिया। मन को वहीं छोड़ता हुआ वह अपने शयनकक्ष की ओर चला।

बाहर बरामदे में भीड़ जुटी थी। वह मुमताज़ महल की ताज़ा हालत को जानने के लिए व्याकुल थी। तभी सरदार बेबदलख़ाँ जिलानी ने उस भीड़ को सम्बोधित करते हुए मद्धिम स्वर में सम्मानपूर्वक घोषणा की—'जा-ए मुमताज़ जन्नताबाद'। यह सुनकर कि मुमताज़ का घर स्वर्ग में है, भीड़ में कोहराम मच गया। तत्काल रोना-पीटना शुरू हो गया।

थोड़ी ही देर में वह कक्ष हरम की औरतों से भर गया। सभी रो रही थीं। कोई मुखर, तो कोई मौन। करुणा अपना रास्ता ख़ुद खोज लेती है। कोई सहमी थी, कोई ठिठकी थी। कोई सिसक रही थी। कोई खुलकर रो रही थी। कोई आँचल को मुँह में देकर क्रन्दन को रोक रही थी। एक चीज़ ज़रूर सबमें समान थी। सबके कपोलों पर आँसुओं का सैलाब उमड़ रहा था।

उस करुणार्द्र कक्ष में एक दासी ने आकर सूचना दी कि सल्तनत के वक़ील आसफ़ ख़ाँ ने भीतर आने की मंशा ज़ाहिर की है। यह सुनकर सभी औरतें कक्ष से बाहर चली गयीं। सिर्फ़ सतीउननिसा, शाहज़ादों और शाहज़ादियों के साथ रुकी रही।

आसफ़ ख़ाँ भीतर आया और पलंग से कुछ दूरी बनाकर खड़ा हो गया। उसकी डबडबाई आँखें बेटी के मुख पर टिकी हुई थीं। थोड़ी ही देर में मन ने उसके अपने अतीत की लम्बी यात्रा पूरी कर ली। अभी हाल ही उसकी बेटी नन्हीं परी सी आँगन में खेल रही थी। अभी हाल ही उसने कैशोर्य का दामन पकड़ा और फिर उसे छोड़ भी दिया। अभी हाल ही दुलहिन बनी और मुग़ल आस्ताने पर क़दम रखे। अभी हाल तक बग़ावत की तेज़ धूप से झुलसते शौहर के सिर पर अपने दामन की बदली रखे क़दम-दर-क़दम यहाँ-से-वहाँ भागती रही। अभी हाल ही मलिका-ए-हिन्दुस्तान बनी और अभी हाल ही...। मेरी पाकसिरिश्त बेटी! तुमने दोनों ख़ानदानों को सरबलंद कर दिया। चाँद और सूरज ताक़यामत तुम पर फ़ख़्र करते रहेंगे।

सुबह हो चुकी थी। आसफ़ ख़ाँ ने रिश्तेदारों, अमीरों और सिपहसालारों से मशविरा किया। सबने एकमतेन अपराह्न में अंतिम संस्कार करने का निर्णय लिया।

तदनुसार अंतिम संस्कार की व्यापक तैयारियाँ की गयीं। सतीउननिसा की देखरेख में महलसरा में मुमताज़ की अंतिम यात्रा का विधि-विधान से प्रबन्ध किया गया। लगभग दो बजे आसफ़ ख़ाँ शाहजहाँ के महल में पहुँचा। द्वारपाल से दरवाज़ा खुलवाकर वह भीतर आया। शयनकक्ष में शाहजहाँ मसनद लगाये बैठा था। न सोने में था, न जागने में। चेहरा रात भर के जागरण की गवाही दे रहा था। सदमे के लक्षण साफ़ दिख रहे थे। सूर्य-सा दमकता मुख निस्तेज हो गया था। आसफ़ ख़ाँ के अभिवादन पर उसने कोई प्रतिक्रिया न की।

—आलमपनाह, जनाज़ा तैयार है। दरिया ताप्ती के क़रीब जैनाबाद के बाग़ में सिपुर्दे ख़ाक की तैयारी पूरी हो चुकी है। आसफ़ ख़ाँ ने शोक-संविग्न स्वर में कहा।

शाहजहाँ शिला-सा निश्चल बैठा रहा। उसने गहरी साँस ली। फिर बेनूर फ़ानूस पर दृष्टि जमा दी।

—मलिका-ए-हिन्दुस्तान सफ़रे आख़िरत के लिए आपका इंतज़ार कर रही हैं, आलीजाह! आसफ़ ख़ाँ ने स्वर में नमी लाकर अनुरोध किया।

शाहजहाँ अभी भी बुत बना बैठा था। उस तक जैसे कोई आवाज़ नहीं पहुँच रही हो।

—इस ख़ाकसार की बेटी पर रहमफ़र्मा हों, जहाँपनाह। क्या उस बदनसीब को दो गज़ ज़मीन भी हासिल न हो सकेगी! कहते-कहते आसफ़ ख़ाँ का गला रुँध गया था।

शाहजहाँ पर इस जुमले का असर पड़ा। उसने भारी स्वर में कहा—चलो।

आसफ़ ख़ाँ बाहर निकल आया। महल के बाहर बड़े मंच पर ताबूत रखा था।

सिपाहियों का घेरा बना हुआ था। रिश्तेदार, ओहदेदार, अमीर और मौलाना लोग पंक्तबद्ध खड़े थे। दारा, शुजा, मुराद और औरंगज़ेब ताबूत के निकट थे।

थोड़ी देर बाद शाहजहाँ वहाँ आया। चारों ओर अजीब शान्ति थी। मुफ़्ति-ए-आज़म ने जनाज़ा उठाने का अनुरोध किया। शाहजहाँ ताबूत के सामने आया। बग़ल में दारा और पीछे शुजा और औरंगज़ेब खड़े हो गये। मुराद बादशाह के निकट खड़ा हो गया। मातमी जुलूस चल पड़ा। आगे-पीछे सैनिकों की क़तारें थीं। जनाज़े के ठीक पीछे ख़ास रिश्तेदार, अमीर और सिपहसालार चल रहे थे। लगभग एक मील लम्बा जुलूस बुरहानपुर की मुख्य सड़क से होकर जैनाबाद की तरफ़ चला। पूरा शहर मार्ग के दोनों ओर भीगी आँखों से मलिका की अंतिम यात्रा को देख रहा था। छज्जों पर खड़ी होकर औरतें डबडबाई आँखों से जनाज़े को आख़िरी सलाम कह रही थीं। कुछ औरतें छाती पीट रही थीं। कुछ लटपटाते स्वर में 'अल्लाह अल्लाह' की रट लगा रही थीं। कुछ हाथ उठाकर मुमताज़ के लिए ख़ुदा से दुआ माँग रही थीं।

—आलमपनाह, इस ख़ाकसार को भी इज़्ज़त बख़्शे। आसफ़ ख़ाँ ने जनाज़े का कंधा बदलने की ग़रज से बादशाह के पास आकर कहा।

शाहजहाँ ने पता नहीं, बात सुनी कि नहीं। वह लटपट क़दमों से बढ़ता रहा।

आसफ़ ख़ाँ विह्वल हो उठा। उसने अवरुद्ध कंठ से कहा—शादी से पहले बेटी का बोझ बाप के कंधों पर होता है। क्या मालूम था कि शादी के बाद भी उसका बोझ कंधे पर लेना पड़ेगा। लेकिन मौक़ा आन पड़ा है, तो इस बदनसीब बाप को यह फ़र्ज़ भी निभा लेने दें। आपका बड़ा करम होगा।

शाहजहाँ ने स्वर के गीलेपन का अनुभव किया। उसने आँखों-आँखों में स्वीकृति दी। आसफ़ ख़ाँ ने आगे बढ़कर ताबूत के उस छोर को अपने कंधे पर लेकर शाहजहाँ को मुक्त किया। कुछ रिश्तेदारों ने शाहज़ादों की जगह लेकर जनाज़े को आगे बढ़ाया।

शाहजहाँ ताबूत के साथ-साथ पैदल ही चलता रहा। पता नहीं, उसे होश था भी कि नहीं। उसके पैर यंत्रवत् रास्ता नाप रहे थे।

सफ़र का आख़िरी पड़ाव आ पहुँचा। इससे आगे की यात्रा के लिए ख़ुदा ही निगहबान था। जुलूस ताप्ती नदी के पार जैनाबाद के उद्यान में आकर रुका। क़ब्र पहले ही तैयार कर ली गयी थी। मय्यत को गोर में उतारते समय आसफ़ ख़ाँ और चारों शाहज़ादों ने हाथ लगाये। शाहजहाँ ने भी हाथ बढ़ाया। यह मुमताज़ का आख़िरी स्पर्श था। अब वह सदैव के लिए दरस-परस से दूर होने जा रही थी। बहुत कठिनाई से शाहजहाँ आँसुओं के उबाल को रोक पाया।

इस्लामी विधान के अनुसार मुमताज़ महल का अंतिम संस्कार किया गया। सिपुर्दे ख़ाक के तत्काल बाद मज़ार तैयार कर दी गयी। हवाएँ तेज़ चल रही थीं। निकट खड़े हुए हरसिंगार वृक्ष से पुष्प झर रहे थे। शीघ्र ही ढेर सारे फूल मज़ार पर छा गये। ऐसा लग रहा था, जैसे मज़ार पर फूलों की चादर चढ़ी हो।

फ़ातिहा पढ़ा जा चुका था। अब जुलूस को लौटना था। शाहजहाँ ने मज़ार की ओर देखा और काफ़ी देर तक आँखें जमाये देखता रहा। फिर पलटा, लेकिन जैसे ख़ाके जिगरगीर ने उसके पैर बाँध दिये हों, वह देर तक खड़ा रहा। तभी दारा ने क़रीब आकर उसका हाथ खींचा। जनाज़े में शामिल लोग महल तक आये और सम्राट् को सलाम कर अपने घरों को चले गये। शाहजहाँ अपने शयनकक्ष में आया। उसने ख़्वाजासरा को आदेश दिया कि अगले हुक्म तक किसी को उससे मिलने की इजाज़त नहीं है।

और दरवाज़ा बंद हो गया।

इकतीस

एक माह से ऊपर समय बीत गया। शाहजहाँ ने एक तरह से अपने को क़ैद कर लिया था। उसने राजकाज से हाथ खींच लिये थे। राजसी वेशभूषा का परित्याग कर दिया था। भोजन के नाम पर कुछ कौर ही काफ़ी थे। किसी को मिलने की इजाज़त नहीं थी।

आख़िर ऐसा कब तक चलता! आसफ़ ख़ाँ के माथे पर चिन्ता की लक़ीरें गहराने लगीं। मुमताज़ उसकी लाडली बेटी थी। उसकी मृत्यु का उसे भी भारी सदमा था, किन्तु सल्तनत का वक़ील होने के नाते उसे अपनी जिम्मेदारियों का एहसास बराबर बना हुआ था। उसने सम्राट् से मिलने का निश्चय किया, किन्तु उनसे मिलना आसान नहीं था। दरवाज़ा भीतर से बन्द था। उसे सन्देह था कि वह उसके लिए खुलेगा भी कि नहीं। अतः वह जहाँआरा को साथ लेकर बादशाह के महल में आया।

जहाँआरा ने हठपूर्वक भेंट की अनुमति प्राप्त की। दोनों निजी बैठक में पहुँचे। अभिवादन पूरा करते कि स्तब्ध रह गये। यह क्या बादशाह ही थे! वक़्त ने कोई जादू की छड़ी फेर दी क्या! सारे बाल सफेद हो गये थे। चेहरे और गर्दन पर झुरियाँ पड़ गयी थीं। कमर कुछ आगे को झुक आयी थी। पतझड़ समय से पहले आ गया लगता था। ऊपर से अस्तव्यस्त लिबास ने उन्हें उम्र की कुछ सीढ़ियाँ जबरन और चढ़ा दी थीं।

—यह क्या अब्बा हुज़ूर! जहाँआरा दौड़कर उससे लिपट गयी।

—क्यों क्या हुआ? शाहजहाँ ने उसे अपने से अलग करते हुए कहा।

—आयीना कब से नहीं देखा आपने! जहाँआरा भयमिश्रित विस्मय से आँखें फाड़े पिता की देहयष्टि को देख रही थी।

—मुझे अपनी ख़बर नहीं, आयीने का ख़याल कहाँ से आये! शाहजहाँ वैराग्य की भूमिका पर दिखा। पूरी तरह अपने से उदासीन।

—चलिये, इधर आइये। जहाँआरा हाथ पकड़कर शाहजहाँ को दीवार पर जड़े आयीने के सामने ले गए। फिर बोली—लीजिये। देखिये अपने को।

शाहजहाँ ने सहज रूप से आयीने पर नज़र डाली। बेसाख़्ता बोल उठा-यह क्या! यह क्या मैं हूँ?

—हाँ-हाँ, अब्बा हुज़ूर आप ही हैं...शाह बुलंद इक़बाल शाहजहाँ। अभी कुछ ही दिन पहले, अम्मीजान ने कहा कि तुम्हारे अब्बा हुज़ूर एक अजीमुश्शान शख़्सियत के मालिक हैं। दुनिया में उन जैसे शख़्स सिर्फ़ क़िस्से-कहानियों में ही मिलते हैं। और आपने अपनी यह हालत बना रखी है! आप अम्मीजान की बात को क्यों झुठलाना चाहते हैं। जहाँआरा ने हैरानी में हलके से क्रोध का मिश्रण किया।

—क्या करूँ। मुझे कुछ ख़याल नहीं रहता। शाहजहाँ पूर्ववत अन्यमनस्क था।

—इसीलिए तो कहती हूँ कि अपना ख़याल कीजिये। कमरे से बाहर निकलिये। आपके कंधों पर तैमूरे सल्तनत की जिम्मेदारी है। अपना राज-काज देखिये।

—उसमें मेरा मन नहीं लगता।

—मन लगाने से लगता है। फिर ज़िस दिलावेज़ बेगम की फ़ुरकत की वज़ह से आपका यह हाल हुआ है, उस बेचारी का कुछ ख़याल कीजिये। वह सोच रही होगी कि मेरा मालिक मुझे इस कुंजे मज़ार में छोड़कर जो गया, तो फिर देखने भी नहीं आया। आम आदमी भी ऐसे मौक़ों पर कुछ दिनों तक रोज़ हाज़िरी देते हैं। मज़ार को झाड़ते-बुहारते हैं। अगरबत्ती जलाते हैं और कुछ देर बैठकर अपनी बेचैनी को सुकून की राह पर ले जाने की कोशिश करते हैं। जहाँआरा अपने पिता को एक तरह से नसीहत दे रही थी। शाहजहाँ चुपचाप सुनता रहा। आसफ़ ख़ाँ को अपनी नातिन की यह बात अच्छी लगी।

—ठीक है। चलते हैं। शाहजहाँ ने जैसे नसीहत को गले उतार लिया था।

शाहजहाँ अपने निजी कक्ष में चला गया। सेवकों ने उसे तैयार किया। आधा घंटे बाद वह बाहर आया। वेशभूषा, अलंकरण आदि अपनी जगह ठीक थे, किन्तु अवसाद और खिन्नता ने साथ नहीं छोड़ा था। उसका मुख पूर्ववत् निस्तेज था।

बाहर शिविकाएँ तैयार थी। बादशाह और शाहज़ादी अलग-अगल पालकी में सवार हुए। आसफ़ ख़ाँ घोड़े पर सवार हो सैन्य दल के साथ आगे निकल गया। उसे जैनाबाद में बादशाह की सुरक्षा की व्यवस्था देखनी थी।

शाहजहाँ, जहाँआरा और आसफ़ ख़ाँ मुमताज़ महल की मज़ार पर पहुँचे। मज़ार ताज़ा फूलों से ढँकी थी। अगरबत्तियों की सुगन्ध सब तरफ़ फैल रही थी। शाहजहाँ एकाएक भावुक हो पड़ा। लगा कि रो पड़ेगा। जहाँआरा ने निकट आकर सहारा दिया।

—अब्बा हुज़ूर, अपने को जज़्ब कीजिये। हज़ारहा सिपाहियों की नज़रें आपको तौल रही हैं। जहाँआरा ने बादशाह की हथेली को भींजते हुए कहा।

—क्या करूँ जहाँआरा! न जाने मुझे कैसा लग रहा है। इतने बड़े जहान में एक

आदमी के न होने से कितना फ़र्क़ पड़ जाता है! सब कुछ बेसूद और बेस्वाद हो जाता है। शाहजहाँ ने मज़ार पर पड़े बेतरतीब फूलों को सहारते हुए कहा।

—अम्मीजान की शख़्सियत ही ऐसी थी। उनकी मौजूदगी माहौल को भर देती थी। जहाँआरा ने अपनी उदासी को शाहजहाँ की नज़रों से बचाने की चेष्टा की।

—शादी के बाद अर्जुमंद के बिदा होते ही हमारा पूरा घर सूना हो गया था। वह सूनापन आज भी वहाँ अटका हुआ है। आज की तारीख़ में वह सन्नाटा और न जाने कितना गहरा हो गया होगा! आसफ़ ख़ाँ ने अपने ख़यालों की ज़रीब से बेटी की बिदा से अलबिदा तक के सफ़र को नाप लिया था।

—मुमताज़ जहाँ भी होती, वहाँ रहने को जी चाहता। यहाँ कितना सुकून है। लगता है, यहीं कहीं कोई ठौर बना लूँ...क्यों आसफ़ ख़ाँ, एक बात कहो। क्या सल्तनत की जिम्मेदारी अपने कंधों पर उठा सकते हो। शाहजहाँ ने मज़ार पर पड़े फूलों में से कुछ को हाथ में लेकर कहा।

—मैं समझा नहीं आलमपनाह! आसफ़ ख़ाँ अचकचा गया था।

—मेरे किसी बेटे के हाथों में इनाने हुकूमत आने तक तुम इस सल्तनत का बोझ उठा लो, तो मैं राजकाज छोड़ दूँ और यहीं मुमताज़ की मज़ार पर अपनी ज़िंदगी गुज़ार दूँ। शाहजहाँ ने अपनी बात कहने में संजीदा दिख रहा था।

—आप यह क्या कह रहे हैं, अब्बाजान! आप हुक्मरानी से बरतरफ़ होंगे! यह क्या आपकी अज़्मत के मुनासिब होगा! क्या इससे आप अम्मीजान की रूह को सुकून पहुँचा सकते हैं। कितनी तक़लीफ़ें उठाकर, मुसीबतों में शाना-बशाना आपका साथ देकर जिस मुकाम तक आपको पहुँचाया है, क्या उस मुकाम को आप ठोकर मार देना चाहते हैं। अल्लाह ने आम्मतुन्नास की भलायी और बेहतरी के लिए आपको बादशाहत बख़्शी है, उसे आप तर्क करना चाहते हैं। यह कहाँ तक जाइज़ है! जहाँआरा की कातर वाणी में मनुहार से अधिक क्षुब्धता थी।

—आलीक़द्र! शाहज़ादी की बात पर ग़ौर फ़र्माएँ।

—क्या करूँ। दिल नहीं लगता। घूम-फिर कर मन मुमताज़ की यादों के साये आ बैठता है। मुमताज़ गयी, तो जैसे मेरी शख़्सियत के पैरहन से सब कुछ निकाल कर ले गयी। शाहजहाँ का अवसाद अपनी जगह बना हुआ था।

—चलिये, अब लौट चलें। जहाँआरा को लगा कि यहाँ और रुकने से अब्बा हुज़ूर की आसक्ति और बढ़ सकती है।

—रुको, कुछ देर और रुको। यहाँ थोड़ा सुकून है। शाहजहाँ ने देर तक रुकने का मन बनाया।

—मेरी तबीयत...मुझे अच्छा नहीं लग रहा है। मेहरबानी करके चलिये न अब्बा हुज़ूर। जहाँआरा ने शाहजहाँ का हाथ पकड़ कर अनुरोध को अधिक ममत्वमय किया।

—ठीक है। चलो। शाहजहाँ ने बेमन स्वीकृति दी।

महल में पहुँचकर शाहजहाँ ने अपने को कमरे में बन्द करना चाहा, तो जहाँआरा ने एतराज़ जताया—ऐसे काम नहीं चलेगा, अब्बा हुज़ूर! हुकूमत के ढेर सारे काम बकाया हैं, जो आपकी नज़रे इनायत की राह देख रहे हैं।

—लेकिन मैं अभी इस काम के लिए बिल्कुल तैयार नहीं हूँ।

—नहीं अब्बा हुज़ूर! आपको तैयार होना पड़ेगा।

—तुम्हारी बात तो माननी ही होगी। कैसे न मानूँ। तुम्हारी माँ का दुलार जो तुममें झाँक रहा है...वक़ीले सल्तनत! कल सुबह शाही दरबार का एहतिमाम किया जाय। इस बार शाहजहाँ की आवाज़ कुछ कड़क थी।

—हुक्म आलमपनाह! आसफ़ ख़ाँ ने आदेश मानने की सैनिक भंगिमा प्रकट की। उसका सीना तन गया।

—लेकिन उससे पहले झरोखा दीदार का एहतिमाम करें। रिआया अपने शाहंशाह से रूबरू हो और उन्हें अपने मसलों और तक़लीफ़ों से बाख़बर करे। जहाँआरा ने बादशाह के कार्यक्रम में संशोधन किया।

—ऐसा ही किया जाय। शाहजहाँ ने इसे भी स्वीकृति दी और फिर शीघ्रता से अपने निजी कक्ष में प्रवेश कर गया। ख़्वाजासरा ने दरवाजा बंद कर लिया।

शाहजहाँ का मन एकदम उचाट था और वह बहुत मुश्क़िल से भेंट की अनुमति देता। जहाँआरा और आसफ़ ख़ाँ को बहुधा जैनाबाद में ही भेंट के अवसर तलाशने पड़ते। कारण कि शाहजहाँ ने अपनी दिनचर्या बदल ली थी। वह दिन भर अपने शयनकक्ष में बन्द रहता और शाम को जैनाबाद जाकर घंटों मुमताज़ की मज़ार पर बैठा रहता। देर रात गये वहाँ से लौटता और अपने कक्ष में बन्द हो जाता।

शाहजहाँ की इस दीवानगी को लेकर जहाँआरा परेशान थी। पिता की मनःस्थिति वैसी ही बनी हुई थी। अभी भी वह मुमताज़ की यादों में डूबे रहते। वे किसी से अपनी घुटन को कह भी नहीं सकते थे। अपने को कमरे में बन्द रखते। बच्चों तक के लिए उनसे मिलना दुश्वार था। माँ का साया उठ जाने से भाई-बहन वैसे भी चुपचाप बिसूरते रहते। ऊपर से पिता से भेंट न होने के कारण उनकी बेचैनी बदस्तूर क़ायम रहती।

रास्ता जहाँआरा को ही निकालना था। एक दिन उसने सतीउननिसा से चर्चा की।

—कुछ समझ नहीं आ रहा कि क्या किया जाय। अब्बा हुज़ूर को कौन समझाये और कैसे समझाये! जहाँआरा ने खीझ प्रकट की।

—ताज़ बीबी शाहज़ादा हुज़ूर के ज़ेहन का एक हिस्सा थी। वक़्त ने उस हिस्से को बड़ी बेरहमी से काट कर अलग कर दिया, तो शाहज़ादा हुज़ूर का इस तरह रंजीदा होना लाजिमी था। सतीउननिसा ने जैसे शाहजहाँ के दिल में उतर कर उसके दुःख का अनुमान लगाया था।

—लेकिन हमारे सामने अहम मसला यह है कि कैसे उन्हें अम्मीजान की यादों

की क़ैद से बाहर निकाला जाय। जहाँआरा ने समस्या के बुनियादी पहलू का सामने रखा।

—देख जहाँआरा, अगर तुम यह समझती हो कि शाहज़ादा हुज़ूर को ताज़ बीबी की याद से जुदा कर सकती हो, तो यह सिर्फ़ ख़ुशफ़हमी होगी। इसका एक ही तरीक़ा हो सकता है कि वे मुमताज़ बेगम को याद भी करते रहें और किसी मंसूबे पर काम भी करते रहें। सतीउननिसा ने व्यावहारिक धरातल पर खड़े होकर बात कही।

—किसी काम में भला उनका मन लग सकेगा! जहाँआरा ने संदेह प्रकट किया।

—ज़रूर लगेगा, बशर्ते उस काम से मुमताज़ बेगम का नाम जुड़ा हो। सतीउननिसा अपने विचार पर दृढ़ थी।

—भला ऐसा कौन सा काम हो सकता है! जहाँआरा जैसे अपने आप से ही प्रश्न कर रही हो।

—तुमने एक बार कहा था कि मांडू में मुमताज़ बेगम ने शाहज़ादा हुज़ूर से कोई वादा कराया था...यही किसी महल की बाबत। सतीउननिसा ने जहाँआरा को कोई भूली-बिसरी बात याद दिलानी चाही।

—हाँ, याद आया। अम्मीजान ने अपने लिए एक शानदार महल बनवाने का वादा लिया था। मैं गवाह हूँ। अब्बा हुज़ूर ने कहा था कि वे एक ऐसा महल तामीर करेंगे कि कोई मुसव्विर उसकी तस्वीर हूबहू नहीं बना सकेगा। जहाँआरा ने अपनी याद को कुरेदा।

—यही तरक़ीब कारगर हो सकती है। तुम आलमपनाह को उस वाक़या की याद दिला दो। ज़रूरत पड़े, तो कुछ जिद भी करना। सतीउननिसा ने योजना के क्रियान्वयन की राह दिखाई।

दूसरे दिन शाम को जहाँआरा जैनाबाद पहुँची। शाहजहाँ से भेंट करने का यही सबसे सुगम उपाय था। वह रोज़ की तरह मुमताज़ की मज़ार पर आया हुआ था।

—सलाम वाले कुम, अब्बा हुज़ूर! जहाँआरा ने पिता के एकदम निकट आकर कहा।

—वाले कुम सलाम, बेटी! तुम्हें यहाँ देखकर अच्छा लगा। शाहजहाँ ने दुलार से उसके सिर पर हाथ फेरते हुए कहा।

—आज अम्मीजान की बहुत याद आयी, सो यहाँ चली आयी। जहाँआरा मुमताज़ की मज़ार के निकट आयी और ज़मीन पर बैठ गयी।

—यही तो एक जगह है, जहाँ मुझे सुकून मिलता है। शाहजहाँ जहाँआरा के निकट आकर बैठ गया। उसने मज़ार पर चढ़े फूलों में से कुछ फूलों को अपने हाथ में लिया।

—नहीं अब्बा हुज़ूर, पूरा सुकून आपको तब मिलेगा, जब आप अपना वादा पूरा करेंगे। जहाँआरा ने पिता के हाथ में रखे फूलों को अपने हाथ में ले लिया।

—कैसा वादा? मैंने कौन सा वादा किया था? शाहजहाँ ने हैरानी जताई।

—देखिये आलमपनाह, आप पर वादा-ख़िलाफ़ी और यादफ़रामोशी का इलज़ाम आयद हो जायेगा। जहाँआरा ने किंचित् भ्रूभंग के साथ कहा।

—ऐ लड़की, जबान सँभाल! तुझे पता है। तू किससे मुख़ातिब है! शाहजहाँ की स्वरलहरी ऊँची उठी, किन्तु उसके रोष में बनावट थी।

—मैं तो अपने प्यारे अब्बा हुज़ूर से मुख़ातिब हूँ। हँसती हुई जहाँआरा शाहजहाँ के सीने से लिपट गयी।

शाहजहाँ खिलखिलाकर हँस दिया। थोड़ी देर हँसता रहा।

—आपको इस तरह हँसते हुए देख मुझे बहुत अच्छा लगा अब्बा हुज़ूर। कितने दिनों बाद मैं आपकी हँसी देख सकी हूँ। जहाँआरा ने दूरी बनाते हुए कहा।

—तू किसी वादे की बात कर रही थी! शाहजहाँ ने छूटी हुई कड़ी को जोड़ा।

—भूल गये। बहुत पहले जब आप दक्खन को दूसरी बार फ़तह कर राजधानी लौट रहे थे और हम सब ने कुछ दिनों के लिए मांडवगढ़ में मुकाम किया था। वहाँ रानी रूपमती के महल में आपने अम्मीजान से कोई वादा किया था। जहाँआरा ने पिता की आँखों में झाँकते हुए कहा।

—वादा और मुमताज़ से! ऐसा हो नहीं सकता कि मुमताज़ ने कोई फ़रमाइश की हो और मैंने पूरी न की हो. ...फिर भी तू याद तो दिला। शाहजहाँ ने उत्कंठा व्यक्त की।

—यही कि आप उनके लिए ऐसा शानदार महल तामीर करेंगे, जिसकी जोड़ की दूसरी इमारत पूरी कायनात में नहीं होगी। जहाँआरा ने शाहजहाँ के चेहरे पर नज़रें गड़ा दीं।

—मआज़ल्लाह! ओ हो हो!! या ख़ुदा!! मुझे वादाशिकनी से बचा! हाँ याद आया। याद आया। हाय मुमताज़! तुम्हारे जीते-जी मैं अपना वादा पूरा न कर सका। शाहजहाँ एकदम रुँआसा हो आया। विलाप-सा करने लगा।

—नहीं-नहीं, अब्बा हुज़ूर, इसमें आपका कोई क़ुसूर नहीं। आपको वक़्त ही कहाँ मिला! तख़्तनशीं होते ही सियासी पचड़े आन पड़े और फिर अम्मीजान...। जहाँआरा ने उसके पश्चाताप को विगलित करने का यत्न किया।

—हैफ़ कि मुमताज़! मैं तेरी अदना सी ख़्वाहिश भी पूरी न कर सका। अब महल बनाकर क्या होगा! कौन उसमें रहना चाहेगा! अफ़सोस! या अल्लाह! शाहजहाँ का विलाप ज़ारी था।

—अब्बा हुज़ूर! महल नहीं बन सकता, तो क्या हुआ, मक़बरा तो बन सकता है। आज की हालात में मक़बरा ही सबसे मौज़ूँ होगा। जहाँआरा के मन में अचानक यह बात आयी।

—मक़बरा! मक़बरा!!

—हाँ अब्बा हुज़ूर मक़बरा!!

—तूने ठीक कहा। उसके लिए मक़बरा बनेगा! ऐसा मक़बरा, जो मुमताज़ महल की मरमरी ख़ूबसूरती और फ़रिश्तासिरिश्त ख़ूबियों को फ़न्ने तामीर की क़िरिश्मासाज कलाओं में झलका सके और दुनिया की इमारतों में अपनी मिसाल आप हो। आज से मेरी ज़िन्दगी का एक ही मक़सद होगा कि ऐसा मक़बरा तामीर करूँ, जो मुमताज़ की निस्वानी शान को ज़माने की नज़रों में सदियों तक ज़िंदा रख सके और उसे देखने वाले हर प्रेमी-जोड़े को हमारे बोस्ताने-मोहब्बत की सैर करा सके। लोग इसे देखने आयें, बहुत हसरत से देखें, इसकी ख़ूबसूरती को आँखों के रास्ते दिल में उतारें और एक बार फिर देखने की ख़्वाहिश लेकर घर लौटें।

—मरहबा अब्बा हुज़ूर! काश कि ऐसा हो कि अम्मीजान की सीरते पाक को ज़माना सदियों तक याद रख सके। जहाँआरा के ह्रदय में मुमताज़ महल की याद कौंध गयी।

—यकीनन! ऐसा ही होगा। वह बुलंद इमारत रहती दुनिया तक मुमताज़ महल की याद को ज़िंदा रखेगी। शाहजहाँ का अवसाद घुल गया था। अदम्य उत्साह ने उसकी जगह ले ली थी।

शाहजहाँ के उत्साह को देखकर जहाँआरा बहुत ख़ुश हो गयी। बहुत दिनों से वह इस परिवर्तन के लिए प्रयत्नशील थी। आज सफल हुई। मुस्कराते हुए बोली—तो अब्बा हुज़ूर,महल चलें। अब आपको जीने का तरीक़ा बदलना होगा।

—हाँ, शायद! रोज़ कुछ-न-कुछ वक़्त इमारत के लिए निकालना होगा. ...तो चलो, लौट चलें।

उस दिन शाहजहाँ घोड़े पर सवार होकर महल लौटा। उसकी दिनचर्या में बदलाव आ गयी थी। अब वह मक़बरा के नक़्शे को तैयार करने में लगा था। उसने पचीसों नक़्शे बनाये और फाड़ डाले। कोई नक़्शा उसे पसंद नहीं आ रहा था। आख़िर उसने सोचा कि इस काम के लिए मशहूर नक़्शानिगारों को बुलाया जाय और परामर्श कर उनसे नक़्शा तैयार कराया जाय। लिहाजा उसने एक दिन आसफ़ ख़ाँ और जहाँआरा को तलब किया।

दोनों उसकी निजी बैठक में उपस्थित हुए।

—नक़्शे को आख़िरी शक़्ल देना चाहता हूँ, लेकिन कोई नक़्शा नहीं जम रहा है। हैरान हूँ कि काम छोटा-सा है, किन्तु परेशानी बड़ी है। शाहजहाँ ने अपना असमंजस सामने रखा।

—अब्बा हुज़ूर नक़्शा तो आप तैयार कर रहे हैं, लेकिन पहले तो यह तय कीजिये कि उसे बनावायेंगे कहाँ! जहाँआरा ने एक नया सवाल खड़ा कर दिया।

—अरे हाँ, पहले तो यही देखना होगा। शाहजहाँ को यह पहल ठीक लगी।

—मेरा तो ख़याल है कि अकबराबाद मुनासिब होगा। इमारत की बनावट को

जाँचते-परखते रहेंगे और राजकाज भी देखते रहेंगे। वहाँ यमुना के किनारे की ज़मीन इस काम को अंजाम देने के लिए मुक़र्रर की जाय। आसफ़ ख़ाँ पता लगाओ कि आगरे के क़िले के ठीक सामने यमुना के किनारे की ज़मीन किसके हक़ में है। उसे तत्काल दस्तयाब किया जाय। शाहजहाँ ने स्थान भी चुन लिया। उसे लगा कि आगरे के क़िले से मक़बरे को साफ़ नज़र आना चाहिए।

—फिर यहाँ की क़ब्र? जहाँआरा ने बुरहानपुर में दफ़्न मुमताज़ की ओर ध्यान खींचा।

—हम मुमताज़ के दफ़्न ताबूत को अकबराबाद ले चलेंगे और ज़मीन के उसे हिस्से में दफ़न करेंगे, जिसके ऊपर वह यादगार इमारत बनेगी। शाहजहाँ स्मारक के निर्माण की व्यूह-रचना में संलग्न हो गया।

—जहाँ तक मुझे याद है, उस गाटे का मालिकाना हक़ राजा मानसिंह के पोते जयसिंह के पास है। वह आपका ख़ैरख़्वाह है। उससे ज़िक्र भर करना है। वह ज़मीन सौंपने को तुरन्त तैयार हो जायेगा। आसफ़ ख़ाँ ने भूमि के अधिग्रहण की राह आसान की।

—नहीं-नहीं। हमें वह ज़मीन मुफ़्त में नहीं हासिल करनी है। हम नहीं चाहते कि मुमताज़ पर किसी का क़र्ज़ चढ़े। तुम तुरन्त अकबराबाद कूच करो और जयसिंह को बतौर क़ीमत 'ख़ाना-ए-आला' नामक हवेली के साथ चार और हवेलियाँ अता कर उस ज़मीन का क़ब्जा हासिल करो। फिर हमें ख़बर करो, ताकि हम मुमताज़ के ताबूत को अकबराबाद भेजने का इंतज़ाम करें। वहाँ उसे उसी गाटे में दफ़नाया जायेगा, जिसके ऊपर मक़बरा तामीर करने का हमारा ख़याल है।

—हुकुम आलमपनाह! लेकिन यहाँ निजामशाह और फ़तेह ख़ाँ को लेकर जो मसाइल सामने आये हैं, उनका हल होना बाकी है। आसफ़ ख़ाँ ने चतुर राजनीतिज्ञ के रूप में अपनी चिन्ता से सम्राट् को अवगत कराया।

—इसकी फ़िक्र मैं करूँगा। आप फ़ौरन अकबराबाद कूच करें। शाहजहाँ ने आदेश दिया।

आसफ़ ख़ाँ दूसरे दिन ही बुरहानपुर से रवाना हो गया। आगरा पहुँचकर उसने जयसिंह से ज़मीन के बारे में बात की। वह सहर्ष देने को तैयार हो गया। बदले में पैसा भी लेने से इंकार किया, किन्तु आसफ़ ख़ाँ ने सम्राट् द्वारा निर्देशित पाँच हवेलियों के एवज़ में ज़मीन अधिगृहीत कर ली। फिर उसने ज़मीन को भवन-निर्माण हेतु समतल बनवाया। इसके बाद एक अश्वारोही सन्देशवाहक के हाथों बादशाह को भूमि-अधिग्रहण की सूचना भेज दी।

बुरहानपुर में सूचना पाकर बादशाह ने तत्काल अगला क़दम उठाने का निर्णय लिया। यह क़दम था मुमताज़ महल के ताबूत को अकबराबाद भेजने का। काम था तो आसान, किन्तु शाहजहाँ के लिए कठिन सिद्ध हो रहा था, क्योंकि मामला मुमताज़

से सम्बन्धित था। उसने जहाँआरा और सतीउननिसा को बुला भेजा।

—सलाम वाले कुम अब्बा हुज़ूर! कैसे याद किया? जहाँआरा ने बैठक में प्रवेश करते ही पूछा। सतीउननिसा ने कोर्निश की।

—वाले कुम सलाम। जहाँआरा, वक़ील आसफ़ ख़ाँ ने आगरा में ज़मीन मिल जाने की ख़बर भेजी है। अब मुमताज़ को...। शाहजहाँ कहते-कहते भावुक हो उठा।

—अम्मीजान को...ताबूत को आगरा भेजना होगा। जहाँआरा ने बादशाह के चेहरे पर नज़रें जमा दीं।

शाहजहाँ मौन रहा। दिल में एक बेचैनी हलचल मचा रही थी कि मुमताज़ को ...उसके ताबूत को ही सही, दूर भेजना होगा। अभी तक मज़ार पर पहुँचकर उसे सुकून मिल जाया करता था। अब उसे इससे भी वंचित रहना होगा।

—नहीं अब्बा हुज़ूर ज़्यादा न सोचें। आख़िर अम्मीजान की क़ब्र पर एक शानदार मक़बरा जो आप तामीर करेंगे। उससे हमें ज़्यादा सुकून हासिल होगा। जहाँआरा ताड़ गयी थी कि शाहजहाँ कुछ असहज हो चला है।

शाहजहाँ चुप रहा। गलदश्रु भावुकता उसे कहने से रोक रही थी।

—अच्छा, यह तो बतायें कि साथ कौन जायेगा।...आप ख़ुद चलें, तो बेहतर होगा। जहाँआरा ने प्रसंग को मोड़ देने की ग़रज़ से कहा।

—काश कि मैं साथ जा पाता। लेकिन क्या करूँ, यहाँ के सियासी हालात इजाज़त नहीं देते। मैं यहाँ के फ़साद और शोरिशअंगेज़ी को ख़त्म करके ही यह जगह छोड़ूँगा।

शाहजहाँ के इरादे में मज़बूती झलक रही थी। जहाँआरा को यह अच्छा लगा। उत्साह जताते बोली—आप इज़ाजत दें, तो मैं सफ़र में साथ हो लूँ।

—नहीं-नहीं! मैं अकेला पड़ जाऊँगा। ऐसा करते हैं, शुजा को भेज देते हैं। साथ में वज़ीर ख़ाँ को भी, जो सफ़र से लेकर गोरकनी और क़ब्रपरस्ती तक के सारे कामों को अंजाम देगा। आसफ़ ख़ाँ वहाँ मौजूद है ही। शाहजहाँ ने विकल्प दिया।

—आपसे अर्ज़ है। सतीउननिसा ने सिर झुकाकर कहा।

—बयान हो। शाहजहाँ की नज़रों में उत्सुकता थी।

—मैंने ताज़ बीबी का साथ कभी न छोड़ने की क़सम खाई थी। उसके मायके में उसके साथ रही। वह ससुराल आयी, तो साया की तरह मैं भी यहाँ चली आयी। अफ़सोस कि वह ही हाथ छुड़ाकर चली गयी। पर अब इस सफ़र में तो मुझे उसके साथ जाने की इजाज़त दे दें। सतीउननिसा का स्वर अवसाद में डूबा हुआ था।

—ठीक है। तुम भी साथ चली जाओ। अफ़सोस कि हम लोग यहीं रहेंगे। तुम्हीं मुमताज़ को आख़िरी बार परदा करते हुए देख सकोगी। शाहजहाँ ने अनुमति दी। उसकी आवाज़ में हद दरज़े की ग़मनाकी थी।

—एक बात और पूछनी थी। इस ताबूत के वहाँ दफ़्न होने के बाद मक़बरे का

काम कितने दिनों बाद शुरू हो सकेगा? जहाँआरा इस प्रश्न के बहाने शाहजहाँ को मक़बरा की याद दिलाना चाहती थी।

—अभी एकदम बता पाना कैसे मुमकिन है! अभी तो नक़्शा भी तैयार नहीं हुआ है। मैंने कुछ मशहूर कारीगरों का इंतख़ाब किया है। मसलन तुर्की से उस्ताद ईसा और इस्माइल आफ़िंदी, बलोचिस्तान से अमीर अली, फ़ारस के सिराज शहर से अमानत ख़ाँ, लाहौर से क़ाज़िम ख़ाँ और दिल्ली से चिरंजी लाल। इन्हें बुलाने के लिए ख़त तैयार कर रहा हूँ। इनके अकबराबाद पहुँचने के बाद इनसे मशविरा कर नक़्शे को आख़िरी शक्ल दिया जायेगा और तामीरी पर अमल शुरू होगा। शाहजहाँ ने जैसे निर्माण की प्रक्रिया पर पहले ही विचार कर लिया था।

जहाँआरा और सतीउननिसा के मुखों पर आश्वस्ति के निशान प्रकट हुए। वे स्मारक को शीघ्र आकार लेते देखना चाहती थीं।

तीसरे दिन रवानगी थी। पूर्व में पौ फट रही थी। दिसम्बर माह ख़त्म होने को था। वातावरण में तेज़ ठंडक थी। शाहजहाँ, समस्त शाहज़ादों और शाहज़ादियों के साथ ताप्ती नदी के पार जैनाबाद के बगीचे में पहुँच गया। क़ब्र खोदी गयी और मुमताज़ का ताबूत निकाला गया। शाहज़ादे सहमे हुए थे। शाहज़ादियों की आँखें आँसुओं का झरना बनी हुई थीं। सतीउननिसा बेहाल थी। शाहजहाँ बड़ी कठिनाई से अपने को संयमित कर पा रहा था। जहाँआरा उसकी बाँह पकड़े खड़ी सिसक रही थी।

दो सौ सैनिक जुलूस की शक्ल में यात्रा के लिए तैयार हुए। बीचों-बीच दो पालकियाँ थी। एक शाही पालकी थी, जो सोने-चाँदी से बनी थी और जो सैकड़ों रत्नों के बंदनवारों से झिलमिला रही थी। उस शिविका में मुमताज़ का ताबूत रखा गया। ज़रनिगार परदा गिरा दिया गया था। दूसरी पालकी में सतीउननिसा बैठी थी।

शाहजहाँ ने वज़ीर ख़ाँ को बुलाकर एक ख़रीता दिया और कहा—इसमें दस्तकारों के नाम बहुत से ख़त हैं। आसफ़ ख़ाँ से कहना कि इनकी तामीली जल्द हो। ये जब आगरे में आ जायें, तो मुझे तुरंत ख़बर की जाय। और हाँ, तुम्हारे लिए हुक्म। इस कारवाँ के आगरा पहुँचने और ताबूत के सिपुर्दे ख़ाक होने की ख़बर मुझ तक तुरंत पहुँचाई जाय।

—हुक्म आलमपनाह। वज़ीर ख़ाँ ने कोर्निश की।

फिर वज़ीर ख़ाँ कारवाँ के मध्य में पहुँचा और उसने रवानगी का आदेश दिया। कारवाँ मंथर गति से उत्तर दिशा की ओर बढ़ा। शाहज़ादा शुजा विशेष सैनिक अभिरक्षा में था।

शाहजहाँ कारवाँ में शरीक शाही पालकी को एकटक देखता रहा। तब तक देखता रहा, जब तक पालकी का स्वर्णिम प्रभा-मंडल सूर्य की सुनहरी झिलमिल रोशनी से एकाकार हो विलीन नहीं हो गया। फिर वह सब शाहज़ादों और शाहज़ादियों के साथ बुरहानपुर की ओर बढ़ा।

माह भर बाद आसफ़ ख़ाँ और वज़ीर ख़ाँ बुरहानपुर आये। आते ही वे सम्राट् के समक्ष पेश हुए। वज़ीर ख़ाँ ने सूचना दी कि मलिका-ए-जमानी का ताबूत यमुना के किनारे स्थित गाटे में सुनिश्चित स्थान पर सिपुर्दे ख़ाक कर दिया गया है। आसफ़ ख़ाँ ने सूचित किया कि दस्तकारों के नाम लिखे ख़तों की तामीली के लिए अश्वारोही संदेशवाहक भेज दिये गये हैं। आगरे का क़िलेदार उनके वहाँ पहुँचते ही हमें सूचित करेगा।

मुमताज़ महल का ताबूत बुरहानपुर से रुख़सत क्या हुआ, शाहजहाँ का जैसे चैन चला गया। उसका जी यहाँ पूरी तरह उचाट हो गया था। उसका बस चलता तो अलान छुड़ाकर आगरा भाग खड़ा होता, किन्तु सम्राट् के कर्त्तव्यों की रस्सी ने उसे जकड़ रखा था। वह शीघ्र ही दक्षिण की समस्याओं से मुक्ति पाने का इच्छुक था। उसने समस्याओं के त्वरित निदान के लिए आसफ़ ख़ाँ से चर्चा की।

—दक्खन से मैं बाज आया। बरसों से यहाँ के हालात बदतर बने हुए हैं। हुकूमत की बेइंतहा दौलत ज़ाये हो चुकी है। हमारा वक़्त भी बरबाद हो रहा है। आख़िर हम कब तक यहाँ पड़े रहेंगे! शाहजहाँ की परेशानी झल्लाहट की हद तक पहुँच गयी थी।

—हालात पहले से बेहतर हुए हैं। बस थोड़ी सी क़सर बाकी है। आसफ़ ख़ाँ ने स्थिति को सँभालने का यत्न किया।

—तो यह क़सर पूरी कीजिये। चाहे तो पूरी फ़ौज झोंक दीजिये। बादशाह का क्रोध देखकर आसफ ख़ाँ ने सिर झुका कर अपने संकल्प का इज़हार किया।

सम्राट् के आदेश से सशक्त होकर आसफ़ ख़ाँ ने सैनिक योजना तैयार की। सबसे पहले तो उसने शाहजी भोंसले को दूत के माध्यम से कठोर चेतावनी भेजी। फिर मुक़र्रब ख़ाँ को पद और प्रतिष्ठा का लोभ दिखाकर अपने पक्ष में कर लिया और तत्काल उसे सम्राट् से 'रुस्तम ख़ाँ' की उपाधि भी दिलवा दी। इसके बाद उसने वज़ीर ख़ाँ के नेतृत्व में एक बड़ी सेना भेजी, जिसने निजामशाह को सब तरफ़ से घेर लिया। आख़िरकार फ़तेह ख़ाँ मज़बूर हो गया। उसने मुग़लों की अधीनता स्वीकार करते हुए शाहजहाँ के नाम पर न केवल ख़ुतबा पढ़वाया, उसके नाम के सिक्के भी ढलवाये।

तत्काल तो दक्खन की समस्याओं का समाधान हो चुका था। उसने तात्कालिक स्थानापन्न के रूप में महाबत ख़ाँ के पुत्र ख़ानेजमाँ को दक्खन का प्रभार सौंपा गया। शाहजहाँ ने अब बिल्कुल देर नहीं की। उसने हरम समेत अपने लश्कर को आगरा कूच करने का आदेश दिया। सप्ताह भर की तैयारी के बाद लश्कर ने बुरहानपुर छोड़ दिया।

शाही लश्कर नियत पड़ावों पर रुकता हुआ उत्तर दिशा की ओर चल पड़ा। रास्ते में ज़्यादा रुकने की न तो रुचि थी और न आवश्यकता। लश्कर तेज़ गति से बढ़ रहा था। उधर ग्रीष्म ऋतु ने प्रकृति के द्वार पर दस्तक दी और इधर शाहजहाँ ने

अकबराबाद पर क़दम रखे।

दूसरे दिन शाहजहाँ समस्त पुत्र-पुत्रियों के साथ यमुना के किनारे पहुँचा, जिस जगह पर मुमताज़ महल के ताबूत को दफ़नाया गया था। उस स्थान पर एक छोटी, किन्तु भव्य मज़ार बना दी गयी थी। सभी ने अक़ीदत के फूल चढ़ाये। जहाँआरा ने दीपक जलाया। फिर सबने फ़ातिहा पढ़ा। शाहजहाँ बहुत देर तक वहाँ रुका रहा। वह यहाँ-वहाँ टहलता जाता था और फिर लौटकर उस मज़ार पर आ खड़ा होता था। अधिकांश समय वह मौन रहा।

यहीं आसफ़ ख़ाँ ने सूचित किया कि आमंत्रित नक़्शानिगार और दस्तकार आगरा आ गये हैं। शाहजहाँ ने उन्हें शाम को दरबारे ख़ास में उपस्थित करने का आदेश दिया।

बत्तीस

शाम को नियत समय पर नक़्शानिगार और दस्तकार दरबारे ख़ास में उपस्थित हुए। बाद में आसफ़ ख़ाँ ने बादशाह की स्वीकृति लेकर कुछ और नक़्शानिगारों के नाम आमंत्रितों की सूची में जोड़ दिये थे, जैसे उस्ताद मोहम्मद हनीफ़, मुहम्मद ख़ाँ खुसनवीस, मोहनलाल, मनोहर सिंह पच्चीकार और शीराजी तुग़रा। नक़्शानिगारों ने अपने बनाये मक़बरे के नक़्शे पेश किये। शाहजहाँ ने उन पर सरसरी निगाह डाली। उसे कोई भी नक़्शा पसंद नहीं आया। दरबार में जेरेनिमो वेरोनिओ नामक एक इतालवी कलाकार मौजूद था। वह पेशे से तो जौहरी था, किन्तु भवन-निर्माण-कला में पारंगत था। उसने मक़बरे का स्वनिर्मित मानचित्र प्रस्तुत किया। शाहजहाँ ने उसे देखा, उसकी सराहना भी की किन्तु कहा कि वे मग़रबी क़लम का मक़बरा बनाने में रुचि नहीं रखते।

शाहजहाँ ने सभी कलाकारों को अशर्फ़ियों की थैली भेंट की और उन्हें आगामी आदेश तक आगरा में ही रुकने का निर्देश दिया। सभी कलाकार बिदा होने लगे, तो शाहजहाँ ने तुर्की के नक़्शानिगार उस्ताद ईसा को रोक लिया।

—तुम्हारी शोहरत से माबदौलत वाक़िफ़ हैं। हमें तुम पर पूरा एतमाद है। तुम्हीं इस मक़बरे के लिए क़ाबिले इंतख़ाब नक़्शा तैयार कर सकते हो और उस नक़्शे को शानदार ढंग से ज़मीन पर उतरवा सकते हो। शाहजहाँ ने उसके चेहरे पर नज़रें गड़ाकर कहा।

—आलमपनाह, ख़ाकसार आपकी ख़िदमत में है। उस्ताद ईसा ने विनम्रता दिखाई।

—मलिका हिन्दुस्तान की सरज़मीं पर पैदा हुई थीं, इसलिए उनके मक़बरे में भी

इसी सरज़मीं की खुशबू होनी चाहिए। नक़्शा बनाते वक़्त इस बात का विशेष ख़याल रखा जाय।

—जहाँपनाह। उस्ताद ईसा ने सुझाव को आत्मसात करने का संकेत दिया।

—एक बात और। हम ऐसा नक़्शा पसंद करेंगे, जिसमें फ़ारसी और हिन्दुस्तानी क़लम का मेल हो। मुग़लों ने इसी क़िस्म की क़लम को तरह दी है। इस क़िस्म की दो इमारतें मेरी नज़र में हैं। एक है, हुमायूँ का मक़बरा और दूसरा, अब्दुर्रहीम ख़ानख़ाना का मक़बरा। दोनों दिल्ली में हैं। तुम जाकर इन्हें देख आओ और फिर उनकी ख़सूसियत को अपने नक़्शे में शामिल करो। शाहजहाँ ने अपना मंतव्य प्रकट किया।

—हुक्म आलमपनाह। उस्ताद ईसा ने आज्ञानुवर्त्तन में सिर झुकाया।

—आसफ़ ख़ाँ, उस्ताद ईसा के लिए दिल्ली जाने का एहतिमाम किया जाय।

—जो हुक्म आलीजाह! आसफ़ ख़ाँ ने उस्ताद ईसा को अपने साथ चलने का संकेत दिया। दोनों ने कोर्निश की और दरबार से बाहर चले गये।

इस समय शाहजहाँ का सारा ध्यान मक़बरे के निर्माण की योजना पर केन्द्रित था। वह नित्य यमुना के किनारे जाकर मुमताज़ की मज़ार पर कुछ समय व्यतीत करता और शेष समय आसपास की ज़मीन का निरीक्षण और उसको विकसित करने की योजना तैयार करने में लगा देता। वह बार-बार इस निर्माण-स्थल के चयन के औचित्य पर भी विचार करता कि आगरा में ही मुमताज़ का जन्म हुआ था, कि सम्राट् के रूप में वह यहीं सिंहासनासीन हुआ था, कि आगरा के क़िले से यहाँ निर्मित मक़बरा साफ़ दिखाई पड़ेगा, कि यमुना के किनारे होने से जल-मार्ग से भी यहाँ पहुँचा जा सकेगा।

कुछ दिनों के बाद आसफ़ ख़ाँ अनेक कलाकारों और कारीगरों के साथ वहाँ आया। उस्ताद ईसा उस समूह में शामिल था। सबने कोर्निश की। बादशाह उस समय सोने के साँकलों से घिरे एक चाँदी के कटघरे में रखे सोने के सिंहासन पर बैठा था।

—कहो उस्ताद ईसा, दिल्ली जाकर मक़बरों को देखने से कुछ हासिल हुआ। शाहजहाँ मक़बरे के विषय में चर्चा करने को उत्सुक था।

—मैंने दिल्ली में बने दोनों मक़बरों को बहुत बारीकी से देखा। हुमायूँ के मक़बरे का क्या कहने! एकदम बेमिसाल। बदीउज़्ज़मा!! ख़ानख़ाने के मक़बरे में ताज़गी है। इमारत के हिस्सों का आपसी तालमेल अच्छा बन पड़ा है। मैंने उन दोनों इमारतों की ख़सूसियत को शामिल करते हुए नक़्शा तैयार किया है। गुज़ारिश है कि अपनी नज़रें इस नक़्शे पर इनायत फ़र्माएँ। उस्ताद ईसा ने उन इमारतों के सम्बन्ध में अपना आकलन प्रस्तुत करते हुए अपने बनाये नक़्शे को बादशाह की तरफ़ बढ़ाया।

आसफ़ ख़ाँ ने तत्परता से आगे बढ़कर उस नक़्शे को अपने हाथ में लेकर बादशाह की तरफ़ बढ़ाया। बादशाह ने उस एक नज़र डाली।

—पहले से कुछ बेहतर तो हुआ है। फिर भी मैं मुतमइन नहीं हूँ। कुछ बातें अच्छी तरह से समझ लो कि मैं चाहता क्या हूँ। मलिका एक अजीमुश्शान शख़्सियत थी। इसलिए मक़बरा इतना बुलंद और विराट होना चाहिए कि देखने वाले को लगे कि वह आसमान का एक हिस्सा है। वह फ़न्ने तामीर की मिसाल ज़रूर हो, लेकिन उसमें दूसरे फ़नों के सिफ़तों का ख़ूबसूरत मेल भी हो। ऐसा लगे कि वह इमारत नहीं, बल्कि आसमान के फलक पर बनी कोई उम्दा तस्वीर है। उसका हर टुकड़ा ऐसा तराशा गया हो, जैसे वह किसी बुततराश के फ़न का तिलिस्मी कमाल हो। उसके मुख़्तलिफ़ हिस्सों में आपसी मेल इस क़िस्म का हो, जैसे मूसीकी की किसी बंदिश के सुरों में हुआ करती है। यह इमारत एक दलील हो कि फ़न्ने तामीर संगीत के सरगम की पनाह है। इसे देखकर दिल में ख़यालों का दरिया उमड़ पड़े और लोगों को लगे कि यह मक़बरा नहीं, बल्कि किसी अज़ीम शायर का मानीख़ेज कलाम है।

—इंशाअल्लाह! कोशिश ऐसी ही होगी। उस्ताद ईसा समर्थन में सिर हिलाकर कहा।

—दूसरी चीज़ जो मैं चाहता हूँ वह भी सुनो। यह बेगम साहिबा का मक़बरा है। औरतों में एक तरह की नजशकत होती है, मुलायमत होती है। इसलिए इस मक़बरे की तासीर ऐसी हो कि इससे निस्वानी नजशकत झलकती हो। निगाह डालते ही लोग समझ लें कि यह किसी औरत का मक़बरा है। यह बात कहकर शाहजहाँ कुछ क्षणों के लिए कहीं खो सा गया।

—ख़ाकसार आपके इस तख़य्युल को इमारत में उतारने की पूरी कोशिश करेगा। उस्ताद ईसा ने सिर झुकाकर आज्ञापालन का संकेत दिया।

—एक बात और। मलिका पाकीज़ासिरिश्त थी। इस क़िस्म के इंसान यक़ीनन जन्नतनशीं हुआ करते हैं। इस मक़बरे के सामने एक ख़ूबसूरत बाग़ीचा बनाया जाय, और मक़बरा समेत यह बाग़ीचा देखने वालों में यह एहसास पैदा कर सके कि जैसे वे अर्श आज़म और जन्नतुलफ़िरदौस को देख रहे हों। शाहजहाँ आसमान को देखने लगा। ख़ुदा के सिंहासन का ख़याल आते ही जैसे वह भावुक हो उठा। उसने 'या ख़ुदा' कहा और गहरी साँस ली।

—मरहबा, आलमपनाह, मरहबा! मैंने जाने कितनी अजीमुश्शान इमारतें तामीर की हैं, लेकिन न तो मेरे दिमाग़ में इस तरह की बातें आयी और न बनवाने वालों ने कभी इस तरह का तसव्वुर पेश किया। आपको हज़ारहा मरहबा। उस्ताद ईसा ने खुले दिल से शाहजहाँ के कला-सम्बन्धी विचारों की प्रशंसा की।

—आख़िरी बात! इस मक़बरे को बनवाने के पीछे मेरा एक निहायत ख़ास ख़याल, एक रूहानी एहसास काम कर रहा है। मक़बरा बनने के बाद देखने वाले, पत्थरों के इस तामीर तक ही महदूद न रहें, बल्कि आगे बढ़कर उस ख़ास ख़याल, उस रूहानी एहसास को अपने भीतर महसूस करें। मेरा ज़ाती एहसास दुनिया का एहसास

बन जाये और दुनियावाले उस मताए एहसास से मालामाल होकर घर लौटें।

—उम्दा, बहुत उम्दा! इस जज़्बे पर दोनों जहान निछावर किये जा सकते हैं। इंशाअल्लाह, जो यह मक़बरा बने, तो आपके जज़्बएकामिल को दुनिया के दिल में उतार दे और सही मायने में आपको शाहेजहाँ साबित कर दे। उस्ताद ईसा के स्वर में ओजस्विता थी, जो किसी संकल्प के पीछे विद्यमान रहती है।

—एक अर्ज़ है। इजाज़त दें, तो रखूँ। मनोहर सिंह पच्चीकार ने डरते-डरते कहा।

—कहो।

—मक़बरे के लिए संगमरमर मकराना से बुलाएँ, तो बेहतर होगा। वहाँ संगमरमर की ख़ासियत है कि दिन और रात की रोशनी के हिसाब से वे अपनी रंगत बदलते रहते हैं। मनोहर सिंह पच्चीकार ने अपनी बात रखी।

—माशाअल्लाह! माबदौलत तुम्हारी तज्वीज़ की क़द्र करते हैं। आसफ़ ख़ाँ, मकराना पर पहरा बिठा दो। संगमरमर की आम खुदाई पर पाबंदी लगा दी जाय। वहाँ का सारा संगमरमर सिर्फ़ इस मक़बरे में इस्तेमाल किया जा सकेगा। शाहजहाँ ने तत्काल आदेश पारित किया।

आसफ़ ख़ाँ ने आज्ञा के पालन में सिर झुकाया।

—उस्ताद ईसा, मैंने जिन बातों की ओर इशारा किया है, उन्हें शामिल करते हुए तुम आख़िरी तौर पर नक़्शा बना कर लाओ। मंज़ूरी के पहले माबदौलत उस पर नज़र डालना चाहेंगे। तुम्हें एक माह की मोहलत दी जाती है। शाहजहाँ ने आदेश दिया और बैठक की समाप्ति का संकेत किया।

एक माह बाद दरबारे ख़ास में उस्ताद ईसा ने पहले ही पहुँचकर मक़बरे का आदमक़द नमूना तैयार कर रखा था। वह गत्ते का बना हुआ था, जो बहुत ही हलके गुलाबी रंग में रँगा गया था। नियत समय पर बादशाह दरबार में आया। उसकी नज़र मक़बरे के उस नमूने पर पड़ी। वह देखता ही रह गया। अद्भुत कारीगरी थी। कमाल की फ़नकारी थी। शाहजहाँ सिंहासन पर बैठना भूल गया। थोड़ी देर बाद धीरे-धीरे क़दम रखता हुआ वह चाँदी के कटघरे से बाहर आया। सभाकक्ष के बीचोंबीच आकर वह खड़ा हो गया और विमुग्ध होकर उस नमूने को देखने लगा। उसने उस नमूने के कई चक्कर लगाये। जितना वह उसे देखता जाता था, उतना ही चमत्कृत होता जाता था। नमूना सब तरफ़ से उस इमारत को, समस्त ख़ूबियों के साथ, उसकी सम्पूर्णता में भलीभाँति दर्शा रहा था। चाहे जिस दिशा से देखें, वह समान रूप से ख़ूबसूरत नज़र आ रहा था।

—मरहबा! मरहबा!! मक़बरे के नमूने को लेकर सब तरह से सन्तुष्ट शाहजहाँ के मुख से अनायास साधुवाद का उच्चार प्रकट हुआ।

तभी उस्ताद ईसा ने आसफ़ ख़ाँ की मार्फ़त काग़ज का नक़्शा शाहजहाँ तक

पहुँचाया। उसे देखकर शाहजहाँ दंग रह गया। इस नक़्शे की हूबहू नक़ल की शक़्ल में सामने गत्ते का मक़बरा खड़ा था। शाहजहाँ कभी नक़्शे क़ो देखता, तो कभी नमूने को। वह यह तय नहीं कर पा रहा था कि नक़्शे की नक़ल पर वह नमूना बना है या उस नमूने से यह नक़्शा तैयार किया गया है।

—यह रहा तुम्हारा इनाम! शाहजहाँ ने अपने गले से रत्नों की बहुमूल्य माला उतार कर उसकी तरफ़ बढ़ाया।

—नाचीज़ शुक्रगुज़ार हुआ आलमपनाह। उस्ताद ईसा ने सिर झुकाया।

—यह नक़्शा मंजूर किया जाता है। अगले जुमा से तामीर का काम शुरू किया जाय। इस तामीर की देखरेख और सारे इंतज़ामात के लिए आगहर ख़ाँ को कारपर्दाज़ मुक़र्रर किया जाता है। तामीर के वास्ते ज़रूरत के हिसाब से चाहे जितना पैसा शाही ख़जाने से बेहिचक ख़र्च किया जाय। शाहजहाँ ने मक़बरे के निर्माण के लिए अंतिम आदेश पारित किये।

दरबारे ख़ास से उठकर शाहजहाँ महलसरा में आया, तो जहाँआरा ख़ुशी में उससे लिपट गयी।

—उफ् अब्बाहुज़ूर! मक़बरा का नमूना क्या ग़जब का था! कितना आलीशान था! मैंने दरबार की जालियों से उसे देखा, तो मेरे होश उड़ गये, कि कोई इस क़िस्म का मक़बरा भी हो सकता है! जहाँआरा जैसे अभी भी उस नमूने के मंज़र में खोई हुई थी।

—वाक़ई उस्ताद ईसा ने क़माल का काम किया है। मुझे उम्मीद नहीं थी कि कोई नक़्शानिगार फ़न्ने तामीर के पैमाने पर हर तरह से पूरा उतरते इस तरह के नायाब और ख़ूबसूरत नमूने को पेश कर सकेगा। शाहजहाँ के चेहरे पर सन्तोष की चमक थी।

—तब तो लगे हाथ एक काम और कर लीजिये। जहाँआरा ने कुछ झिझक के साथ कहा।

—कौन सा?

—इसका नाम रख दीजिये।

—अभी से! शाहजहाँ ने विस्मय प्रकट किया।

—जी हाँ अभी से। लोगों की ज़ुबान को क्या कहिये! जाने इसे किस-किस नाम से पुकारने लगें! कुछ नहीं तो 'ताज़ बीबी का मक़बरा' ही कहने लगेंगे। आख़िर अम्मीजान महलसरा में ताज़ बीबी के नाम से मशहूर जो थीं। जहाँआरा ने तत्काल नामकरण का औचित्य प्रमाणित किया।

—तुम्हारी तज्वीज़ क़ाबिले क़बूल है। मैं इस पर ग़ौर करूँगा। शाहजहाँ ध्यान में डूब गया। शायद वह नाम के बारे में सोच रहा हो! या शायद उस नमूने को ज़मीन पर उतारने की कल्पना में खोया हो।

जुमा का मुबारक दिन आ गया। यमुना के किनारे सुबह से ही क़ाफ़ी भीड़ इकट्ठी हो गयी थी। नगरवासियों को पहले से ही सूचना थी कि आज के दिन बेगम मुमताज़ महल के भव्य स्मारक की नींव डाली जायेगी। निश्चित समय पर सम्राट् अपने राजकुमारों के साथ वहाँ पहुँचा। शाहज़ादियों के लिए परदे का इंतज़ाम था।

नक़्शानिगार उस्ताद ईसा को नियत स्थान पर पहली कुदाली चलानी थी। शाहजहाँ ने दोनों हाथ उठाकर ख़ुदा की इबादत की और धीमे स्वर में कहा—बिस्मिल्लाहअब्दुर्रहमानुर्रहीम। उस्ताद ईसा की कुदाली ज़मीन पर पड़ी और इसके साथ ही चारों ओर 'अल्लाहो अकबर' की तक्बीर से आसमान गूँज उठा। ख़ुशी की लहर यहाँ-से-वहाँ तक छा गयी। लोग तरह-तरह से अपना हर्ष प्रकट करने लगे।

शाहजहाँ ने वहीं लाखों रुपये ख़ैरात में दिये। ज़रूरतमंदों को कपड़े बाँटे। लंगर का इंतज़ाम किया। उसने आसफ़ ख़ाँ को आदेश दिया कि समुचित राशि तत्काल पवित्र मक्का और मदीना के लिए रवाना की जाय।

और उसी दिन से मक़बरे के निर्माण का काम शुरू हो गया। काम तीव्र गति से हो रहा था, क्योंकि योजना महत्त्वाकांक्षी थी। शाहजहाँ ने कह रखा था कि रोज़ दिखना चाहिए कि इतना काम हो गया है। एक दिन जब कि वह निर्माण-कार्य का निरीक्षण कर रहा था, उसका ध्यान नदी पर गया। बरसात के दिन थे। यमुना पूरे उफान पर थी।

—उस्ताद ईसा! यमुना को देखो। उसकी उमड़ती-घुमड़ती धाराएँ कगारों को पाएमाल करती हुई किस तरह आगे बढ़ रही हैं! और मक़बरा यमुना के किनारे लगभग सटकर बन रहा है। शाहजहाँ ने हाथ से उधर संकेत कर अपनी चिन्ता प्रकट की।

—देख रहा हूँ आलीजाह! मक़बरे की बुनियाद को मज़बूत रखना होगा। उस्ताद ईसा ने प्लावन की उत्ताल तरंगों पर दृष्टि-निक्षेप किया।

—मज़बूत नहीं, बहुत मज़बूत रखना होगा। उसे बुनयाने-मर्सूस की शक़्ल में बनाना होगा, ताकि सदियों तक यमुना की धारा उस पर बेअसर साबित हो। शाहजहाँ ने सुझाव दिया।

—ऐसा ही होगा, जहाँपनाह! आप इत्मीनान रखें। उस्ताद ईसा ने बादशाह को आश्वस्त किया।

शाहजहाँ की जीवन-धारा दो भागों में बँट गयी थी—राजकाज और स्मारक का निर्माण। वह दोनों कार्यों को समान समय और महत्त्व दे रहा था। आगरे में होता, तो निर्माण की प्रगति का आकलन करने अवश्य आता। इस विषय पर वह शाहज़ादों और शाहज़ादियों से चर्चा भी करता।

एक दिन जब वह निरीक्षण करके लौटा, तो उसने जहाँआरा से इस विषय पर चर्चा की। दोनों मुसम्मन बुर्ज़ में खड़े थे, जहाँ से यमुना के किनारे का वह हिस्सा

दिखाई पड़ता था, जिस पर मक़बरे का काम चल रहा था। मुमताज़ महल के बाद जहाँआरा को 'बेगम साहिबा' का रुतबा मिला था और वह इसी नाम से पुकारी जाती थी।

—एक बार फिर आपका तवज्जोह उस ओर ले जाना चाहती हूँ। वही...मक़बरे के नाम की ओर। जहाँआरा ने उसे याद दिलाया।

—हाँ, वह बात मुझे लगातार याद रही है। मैंने काफ़ी सोच-विचार किया और आख़िरकार मक़बरे के लिए एक नाम चुन भी लिया। शाहजहाँ ने बेटी के मुख पर दृष्टि डाली।

—अच्छा! क्या नाम रखा है! जहाँआरा अपनी जिज्ञासा में अस्थिर और चंचल हो उठी। वह उत्कर्ण मुद्रा मे पिता के एकदम निकट चली आयी।

—ताजमहल! शाहजहाँ ने तत्काल कहा।

—ताजमहल! ताजमहल!! बहुत ख़ूब! माशाअल्लाह!! कितना ख़ूबसूरत नाम है। जहाँआरा ने लगभग चहकते हुए कहा।

—कई तरह से सोच-विचार के बाद दिमाग़ में यही नाम ठहरा। शाहजहाँ का धुनी मन 'ताजमहल' नाम के गिर्द घूम रहा था।

—मसलन?

—मलिका का नाम मुमताज़ महल था। इसी नाम को छोटा कर 'ताजमहल' कर दिया। आख़िर मक़बरे के साथ उसका नाम जुड़ा रहना चाहिए न! शाहजहाँ ने नाम की प्रथम व्याख्या की।

—यह तो कुदरती तौर से सही हुआ। और भी कुछ सोचा था आपने? जहाँआरा की जिज्ञासा ने पंख पसारे।

—तुम्हें याद होगा, मांडू में मलिका ने हमसे वादा लिया था कि मैं उनके लिए एक शानदार महल तामीर करूँ। महल तो न बन सका, मक़बरा ज़रूर बना जा रहा है। कम-से-कम इसे 'महल' का नाम देकर ही सही, अपना कौल कुछ मायने में तो पूरा कर दूँ। यही सोचकर मैंने इसे 'मक़बरा' नहीं, बल्कि 'महल' नाम दिया। फिर पूरे महलसरा में मलिका ताज बीबी के नाम से मशहूर थी। इसलिए 'महल' के साथ 'ताज बीबी' के 'ताज' को जोड़ दिया। इस तरह इसका नाम पड़ा 'ताजमहल'! भले ही यह ख़ुशफ़हमी हो, लेकिन मुझमें यह एहसास बना रहेगा कि मेरी मुमताज़ अभी जिंदा है और अपने महल में रह रही है। शाहजहाँ भावुक हो उठा। यादों की बदली उसके चेहरे पर छा गयी थी।

—यक़ीनन नामकरन के लिए आपने काफ़ी मशक़्क़त की होगी। जहाँआरा पिता की व्याख्या से चमत्कृत थी।

—एक बात और। यह इमारत इतनी आलीशान होगी, कि दुनिया भर की इमारतों के ताज की शक़्ल में लोग इसे याद रखेंगे। मानन 'ताजमहल' नाम इस

नज़रिये से भी रखा गया है। शाहजहाँ ने नामकरण की तीसरी व्याख्या प्रस्तुत की।

—नाम के साथ आपने काफ़ी क़वायद की है। तभी तो यह इतना सुन्दर, इतना मुनासिब और इतना दिलफ़रोज़ बन पड़ा है। अब हम इसे 'मक़बरा' नहीं कहेंगे, बल्कि 'ताजमहल' के नाम से ही पुकारा करेंगे।

वक़्त सबसे असरदार मलहम होता है। मुमताज़ महल के निधन से जो घाव पैदा हुआ था, वह धीरे-धीरे भर रहा था। ताजमहल का निर्माण-कार्य मुमताज़ के अभाव को आंशिक रूप से पूरा कर रहा था। इस अभाव को दूर करने का जहाँआरा ने एक और रास्ता निकाला।

—आप शायद भूल गये हैं। अम्मीजान के वक़्त के कुछ काम अभी अधूरे ही रह गये हैं। जहाँआरा पिता का ध्यान अन्यत्र ले जाना चाहती थी।

—अच्छा! मुमताज़ ने कोई काम शुरू किया था और वह अधूरा ही रहा गया! भला तुम्हारा इशारा किधर है? शाहजहाँ चकित था।

—अम्मीजान ने दारा भाईजान की सगाई करा दी थी, लेकिन वह सगाई निकाह की राह ही देखती रही गयी। जहाँआरा ने याद दिलायी।

—ओफ़्फोह! मुमताज़ के चले जाने से जो मायूसी पैदा हुई, उसने बहुत सी बातों को यादों के दायरे से बाहर कर दिया। हैरत तो यह कि परवेज़ की बेगम ने याद नहीं दिलाया। आख़िर उनकी दुख़्तर से ही तो निकाह होना है। ख़ैर यह निकाह तो करना ही होगा। चलो तैयारी करो। शाहजहाँ ने तैयारी का दायित्व जहाँआरा पर ही डाल दिया।

—एक अर्ज़ और थी। लगे हाथ शुजा भाईजान की शादी भी करा दें। दो बहुओं के आने से महल में रौनक़ दोगुनी हो जायेगी। जहाँआरा का इरादा महल में उल्लास का ऐसा वातावरण बनाना था, जिसमें शाहजहाँ का शोक और अवसाद धुल जाय।

—ठीक है, पहले दारा का निकाह करा देते हैं। उसके कुछ माह बाद शुजा का निकाह पढ़वा देंगे। शाहजहाँ ने स्वीकृति दी।

—शुक्रिया अब्बाहुज़ूर, बहुत-बहुत शुक्रिया! अब महल में बहार-ही-बहार छा जायेगी। जहाँआरा ने उमंग से नाचते हुए कहा।

शाहज़ादा दारा के विवाह की तैयारियाँ धूमधाम से शुरू हो गयी। आगरा और लाहौर के शाही कारख़ानों से सोने और चाँदी के आभूषण और पात्र तैयार करवाये गये। गुजरात, बनारस, मालदा, पाटन आदि से दुर्लभ वस्तुएँ संगृहीत की गयी। मेंहदी की रस्म हुई और फिर कुछ दिनों बाद शाहबुर्ज़ में काज़ी मुहम्मद असलम ने पाँच लाख रुपये मेहर तय करते हुए निकाह पढ़ दिया। शादी का अधिकांश ख़र्च जहाँआरा ने उठाया।

दारा की शादी के कुछ दिनों बाद ही ऐसे ही धूमधाम से शाहज़ादा शुजा का निकाह भी सम्पन्न हुआ। उसकी दुलहन मिर्ज़ा रुस्तम सफ़वी की पुत्री थी। चार लाख

का मेहर तय हुआ था। इन उल्लासपूर्ण उत्सवों ने शाहजहाँ का दुःख काफ़ी कुछ कम कर दिया।

ताजमहल के निर्माण ने गति पकड़ ली थी। शाहजहाँ को उस्ताद ईसा के स्थापत्य-कौशल पर पूरा विश्वास भी था। इसलिए अब रोज़-रोज़ वहाँ आकर निरीक्षण की आवश्यकता नहीं थी। लिहाजा उसने राज-कार्य पर अधिक ध्यान देने का मन बनाया और शासन की समस्याओं के लिए अग्रसर हुआ। इसी सिलसिले में एक बार जब वह यमुना के किनारे विचरण कर रहा था, उसने आसफ़ ख़ाँ से प्रशासनिक विषयों पर चर्चा की।

तब उसे लगा की तीनों सरहदों पर फ़ौजी कार्रवाई की ज़रूरत है। उसने आदेश दिया कि पुर्तगालियों का पूरी तरह दमन कर दिया जाय। पश्चिमोत्तर में कन्धार पर पुनः अधिकार जमाने की कार्रवाई की जाय। दक्खन की समस्या अधिक जटिल थी।

इसलिए वह स्वयं एक बड़ी फ़ौज लेकर बुरहानपुर पहुँचा। उसने आनन-फ़ानन में जबर्दस्त सैनिक अभियान छेड़ दिया। इसका नतीज़ा शीघ्र निकला। बीजापुर और गोलकुंडा पर पुनः मुग़लों का अधिकार हो गया तथा शाहजी भोंसले ने अधीनता स्वीकार कर ली।

इस प्रकार दक्षिण की समस्याओं का निदान हो गया था। शाहजहाँ ने औरंगज़ेब को दक्खन का सूबेदार नियुक्त किया और स्वयं अजमेर आ गया। वहाँ उसने ख़्वाजा साहब की दरगाह पर ज़ियारत की और विपुल धन ख़ैरात में दिया। वह ताजमहल के निर्माण की प्रगति देखना चाहता था। अतः उसने आगरा के लिए कूच किया और कुछ दिनों की यात्रा के उपरान्त कड़कती सर्दी में राजधानी में प्रवेश किया।

ताजमहल के निर्माण को प्रारम्भ हुए पाँच वर्ष व्यतीत हो चुके थे। बुनियाद के बाद सात गज़ ऊँचे विशाल चबूतरे का निर्माण पूरा हो चुका था। चबूतरे के ऊपर इमारत के मुख्य भाग का काम शुरू हो चुका था। निर्माण की गुणवत्ता से वह प्रसन्न था। इसी दौरान जब शाहनवाज़ ख़ाँ सफ़वी ने अपनी पुत्री दिलरस बानो बेगम से औरंगज़ेब के विवाह का प्रस्ताव किया, तो उसने सहर्ष स्वीकृति दे दी। औरंगज़ेब को दक्षिण से बुलाया गया। विवाह के उपरान्त शाहजहाँ उसे मुमताज़ महल के मक़बरे पर ले गया, जो अब तहख़ाने के भीतर आ गया था। वह भावुक हो उठा। घर में तीन बहुएँ आ चुकी थीं, लेकिन उनके स्वागत के लिए मुमताज़ महल वहाँ नहीं थी। उस दिन शाहजहाँ बहुत उदास होकर लौटा।

बादशाह को कन्धार हासिल करने की चिन्ता थी। उसने लाहौर जाकर सैनिक योजना को प्रभावी ढंग से लागू करने का निश्चय किया। फलतः उसने प्रशासन का भार सैफ़ ख़ाँ तथा क़िले का प्रभार राजा बिट्ठलदास को सौंपकर दिल्ली और लाहौर होते हुए काबुल की यात्रा की। उसकी योजना का असर दिखा। अली मरदान ख़ाँ पद और प्रतिष्ठा के लोभ में आ गया। उसने कन्धार का दुर्ग मुग़लों को सौंप दिया।

बादशाह ने प्रसन्न होकर अली मरदान को मालामाल कर दिया और उसे कश्मीर की सूबेदारी प्रदान दी।

शीघ्र ही वह वापस आगरा लौट आया। आते ही उसे सुखद सूचनाएँ मिलीं कि पुर्तगालियों को डमन और ड्यू से भगा दिया गया है, नासिक में बगलाना का इलाक़ा जीत लिया गया है तथा तिब्बत में मुग़लों के पैर जम चुके हैं।

अब छोटी-मोटी समस्याएँ और रह गयी थीं। शाहजहाँ उन पर ध्यान केन्द्रित किया। उसने कांगड़ा में विद्रोह के सरगना सूबेदार जगतसिंह का दमन करने के लिए फ़ौज भेजी। तभी उसे सूचना मिली कि बुंदेलखण्ड में चम्पतराय ने विद्रोह कर दिया है। शाहजहाँ ने अब्दुल्ला ख़ाँ के नेतृत्व में एक बड़ी सेना भेजी, जिसने झाँसी और ओरछा के बीच भीषण युद्ध छेड़कर चम्पतराय को आत्मसमर्पण के लिए विवश कर दिया। इसके तुरन्त बाद गोंड़ और मालवा के भीलों के दमन में भी शाही फ़ौज को सफलता मिल गयी।

लाहौर में ही उसे एक दुःखद सूचना मिल गयी थी कि वक़ील आसफ़ ख़ाँ का निधन हो गया है। यह ख़बर उसने जहाँआरा को दी। नाना की मौत पर वह रो पड़ी। वर्षों तक आसफ़ ख़ाँ उनके सिर पर छाया की तरह रहा और सब तरह के संकटों में साथ देता रहा। फिर दोनों मिलकर यमुना के किनारे मुमताज़ महल की मज़ार पर आये। जहाँआरा के कपोल आँसुओं से गीले थे। उसे लगा, जैसा यह गीलापन देखकर अम्मीजान समझ जायेंगी कि उनके पिता अब दुनिया में नहीं रहे और यह कि नातियों पर से उनका साया उठ गया है।

फिर शाहजहाँ ने उस्ताद ईसा से बात की।

—ताज़ बीबी की क़ब्र पर सोने के कटहरे के स्थान पर संगमरमर का कटहरा लगाया जाय।

—जी बहुत अच्छा। इसकी तैयारी शुरू करवाता हूँ।

—एक काम और। इस मक़बरे की शान तब बढ़ेगी, जब इस पर अल्लाह के निन्नानबे नाम लिखे होंगे और इमारत के मेहराबों पर क़ुराने पाक की आयतें लिखी होंगी। शाहजहाँ ने एक और सुझाव दिया।

—आलमपनाह का ख़याल बेहतर है। उस्ताद ईसा ने सहमति जताई।

—सही और दुरुस्त ढब से इन्हें ख़ुशख़त में लिखा जावे। याद रहे खुदाई और लिखाई में कोई ग़लती नहीं होनी चाहिए, क्योंकि ये क़ुराने पाक की आयतें हैं। शाहजहाँ को इन आयतों के शुद्ध और त्रुटिहीन लेखन की चिन्ता थी।

—आप बेफ़िक्र रहें। यह काम मेरी निगहबानी में होगा। उस्ताद ईसा ने सम्राट् को आश्वस्त किया।

—इस तामीर को शुरू हुए नौ-दस साल हो गये हैं। अभी तक मक़बरे का सिर्फ़ ढाँचा ही तैयार हो सका है। पच्चीकारी और सजावट का पूरा काम बाकी है। मीनारें

भी नहीं खड़ी हो सकी हैं। फिर बगीचा जाने कब तैयार होगा! क्यों मियाँ, यह मेरे ज़िंदगी में तो बन जायेगा न! शाहजहाँ ने व्यंग्य किया।

—तौबा तौबा! ख़ुदा ख़ैर करे। अल्लाह हुज़ूर को हज़ार साल की ज़िन्दगी अता फ़र्माए। ख़ाकसार इस काम को और तेज़ करेगा। उस्ताद ईसा ने बादशाह को संतुष्ट करने का यत्न किया।

—मैं सोच रहा हूँ कि एक और मक़बरा यमुना के उस पार तामीर कराया जाय। जो संगमूसा का बना हो और इस मक़बरे के जवाब की शक़्ल में हो। शाहजहाँ किसी ख़याल में खोया हुआ था।

—वह मक़बरा किसके वास्ते होगा?

—क्यों मेरे वास्ते! शाहजहाँ ने बेझिझक जवाब दिया।

—अल्लाह, अल्लाह!! यह क्या कह रहे हैं आलीक़द्र! ख़ुदा आपको हज़ार साल की तवील ज़िन्दगी अता करे। उस्ताद ईसा घबरा गया था।

—दोनों मक़बरों को एक पुल से जोड़ा जायेगा। जोड़े आयें, जोड़े से इस जोड़े को देखें। शाहजहाँ जैसे अपने से बेख़बर था।

उस्ताद ईसा मौन रहा आया।

—चलो देखें, मुस्तक़बिल में क्या लिखा है! शाहजहाँ ने भेद-भरी नज़रों से उस्ताद ईसा को देखा और जहाँआरा के साथ उस जगह से निकल गया।

एक ही स्थान पर बहुत दिन रहने से शाहजहाँ का मन उचाट हो जाता था। उसने ज़ियारत करने का मन बनाया। वह अजमेर आ गया। उसने ख़्वाजा साहब की दरगाह पर चादर चढ़ाई और मुमताज़ महल के शबाब के लिए ख़ादिमों और ग़रीबों में दस हज़ार रुपये तक़सीम किये। तीन माह बाद जब वह वापस आया, तो आगरे में हैजे का प्रकोप था। तब उसने कुछ दिन सूकर क्षेत्र में शिकार में व्यतीत किये।

अभी उसे राजधानी आये सात सप्ताह ही हुए थे कि एक रात जाने कैसे जहाँआरा के वस्त्रों में आग लग गयी। वह बुरी तरह से झुलस गयी। ख़बर सुनकर शाहजहाँ भागा-भागा आया। शाही हकीमों से उपचार की व्यवस्था की। जल्द स्वस्थ होने की मन्नत के साथ उसने तीन दिनों तक प्रतिदिन पाँच हज़ार रुपये ग़रीबों को ख़ैरात में दिये और पाँच हज़ार मोहरे फ़कीरों को अक़ीदत में भेंट किये। फिर उसके बाद एक माह तक दो हज़ार रुपये प्रतिदिन और उसके बाद फिर एक हज़ार रुपये प्रतिदिन ख़ैरात बाँटने का आदेश दिया। जहाँआरा को वह जल्द ही स्वस्थ देखने को व्याकुल था, इसलिए उसने शबाब के लिए बहुत से दीवानी क़ैदियों को कारागार से मुक्त कर दिया।

उसी ग्रीष्म ऋतु में औरंगज़ेब दक्षिण से और मुराद बख़्श मुलतान से अपनी बहिन को देखने आया। जहाँआरा को बड़ा कष्ट था। वह माँ को याद कर-कर रोती रहती थी। आज माँ जीवित होती, तो अपने दामन से हवा करती। वह अपना शीतल

हाथ उसके माथे पर रख देती, तो सारी जलन छिन में काफ़ूर हो जाती। तब उसे कितना सुकून मिलता! हाय अम्मी! हाय अम्मी!! जहाँआरा के विलाप से शाहजहाँ व्यथित हो गया।

हकीम दाऊ और हकीम मोमिना शीराज़ी का इलाज़ बेअसर साबित हो रहा था। फ़तहउल्लाह शीराज़ी का औषधीय ज्ञान भी काम नहीं आ रहा था। जब किसी का कोई उपचार कारगर नहीं हुआ, तो शाहजहाँ फ़क़ीरों की शरण में गया। जो जैसा कहता, उसकी वैसी मानता। किसी ने कहा कि मथुरा में एक हामूँ फ़क़ीर है, जो अपनी धूनी से सब तरह के मर्ज़ दूर भगा देता है। शाहजहाँ उसके पास दौड़ा गया। उसने धूनी की राख दी। इससे आश्चर्यजनक ढंग से जहाँआरा को लाभ मिलने लगा। उसके स्वास्थ्य में तीव्रता से सुधार हुआ। शाहजहाँ को चैन मिला।

औरंगज़ेब को आये लगभग एक माह बीत चुका था। वह अभी तक आगरे में ही बना हुआ था। दक्खन की स्थिति नाज़ुक थी। सूबेदार की लम्बी अनुपस्थिति उसे और नाज़ुक बना सकती थी। शाहजी भोंसले ऐसे ही मौक़ों की तलाश में रहता। शाहजहाँ ने एक दिन औरंगज़ेब को तलब किया और उसे तुरन्त दक्खन जाने का आदेश दिया। औरंगज़ेब ने हीलाहवाली की। क्रोध में आकर शाहजहाँ ने उसे सूबेदारी से मुअत्तल कर दिया और मालवा के सूबेदार ख़ानेदौराँ का मर्तबा दक्खन में नियुक्त कर दिया। शाहज़ादा मुराद बख़्श भी मुलतान छोड़कर अभी तक वहीं बना हुआ था। उसे तुरन्त मुलतान कूच करने का आदेश दिया गया।

तीन सप्ताह और बीत गये। अब जहाँआरा पूर्ण स्वस्थ हो गयी थी। उसने स्नान कर राजसी परिधान और आभूषण धारण किये। शाहजहाँ बहुत ख़ुश था और अपनी ख़ुशी में पूरी सल्तनत को शरीक करना चाहता था। आठ दिनों तक उत्सव मनाया गया। रोशनी की गयी। आतिशबाजी का तमाशा हुआ। सोने के आभूषण और जवाहर लुटाये गये। सम्राट् ने बेटे, बेटियों और बेगमों को बहुमूल्य उपहार दिये। दो लाख रुपये ख़ैरात में दिये गये। कुल बीस लाख रुपये ख़र्च हुए।

—अब्बा हुज़ूर, क्या बताऊँ कि आपको ख़ुश देखकर मुझे कितनी ख़ुशी होती है। जहाँआरा ने चहक कर कहा।

—क्यों न ख़ुश होऊँ। मेरी प्यारी बिटिया शिफ़ायाब होकर अब पहले की तरह तरोताज़ा दिख रही है। शाहजहाँ ने उसके सिर पर हाथ रखा।

—इस ख़ुशी में मैं आपसे एक इनाम चाहती हूँ। आप औरंगज़ेब को माफ़ कर दें। वह नादान है। जहाँआरा ने कुछ गम्भीर होकर कहा।

—वो माफ़ी के लायक़ तो नहीं, लेकिन ख़ैर...तुम कहती हो तो...मान जाते हैं। शाहजहाँ ने बेमन से कहा।

—मेरे अच्छे अब्बाहुज़ूर! जहाँआरा ख़ुशी से झूम उठी।

जहाँआरा की अनुशंसा पर शाहजहाँ ने औरंगज़ेब को क्षमा कर दिया। उन्होंने

उसे गुजरात का सूबेदार नियुक्त कर दिया और उसका 15 हज़ार जात और 10 हज़ार सवार का पूर्व मनसब भी बहाल कर दिया। साथ ही उसे बेशक़ीमती ख़िलअत से विभूषित भी किया।

सम्राट् महत्त्वाकांक्षी हुआ ही करते हैं। शाहजहाँ कोई अपवाद नहीं था। घरेलू समस्याओं का सामयिक निदान कर उसने साम्राज्य-विस्तार का इरादा किया। उसके पूर्वज समरकंद के शासक थे। वहाँ से अपदस्थ होकर वे एक बाद हिन्दुस्तान आये, तो यहीं के हो लिये, किन्तु समरकंद को भूले नहीं। बाबर और हुमायूँ ने तो समरकंद को वापस लेने का प्रयत्न भी किया, पर सफल नहीं हुए। अकबर और जहाँगीर में समरकंद का मोह तो बना रहा, किन्तु उसे प्राप्त करने की चेष्टा नहीं की। शाहजहाँ में यह मोह जागा। उसने इस मोह को साकार करने के लिए समरकंद, बलख और बदख़्शाँ को अधिकार में लेने का संकल्प किया।

आगरा से पश्चिमोत्तर प्रदेश की दिशा में कूच करने के पहले उसने ताजमहल की प्रगति का आकलन किया। अब तक चबूतरे के ऊपर बीचोबीच मुख्य ढाँचा तैयार हो चुका था। मेहराब बन चुके थे। दोनों गुंबदों का निर्माण भी हो चुका था। चारों मीनारों को उठाने का कार्य शुरू हो गया था। उसने दीवान को उस्ताद ईसा के सामने बुलाकर निर्देश दिया कि ताजमहल में जड़ने के लिए माँगने पर हिसाब से सोना और रत्न मुहैया कराये जायें। उसने उस्ताद ईसा को आदेश दिया कि अब बागीचे का काम भी शुरू कराया जाय, क्योंकि पेड़-पौधों को बढ़ने में वक़्त लगता ही है।

नियत तिथि पर शाहजहाँ ने आगरा को राजा जसवन्तसिंह की देखरेख में छोड़ते हुए दिल्ली की ओर कूच किया। रास्ते में मथुरा में वह हामूँ फ़क़ीर के आस्ताने पर गया और उसे अपार धन दिया। फिर दिल्ली से होते हुए लाहौर पहुँचा। उसने भारी फ़ौज और ख़जाने के साथ बलख़ पर आक्रमण की बागडोर मुराद बख़्श को सौंपी। वह सफल हुआ। समरकंद का बादशाह नज़र मोहम्मद भाग खड़ा हुआ। बलख़ उसके हाथ लग गया। लेकिन मुराद बख़्श नाज़ों में पला था। मौसम की गुस्ताख़ियाँ उसे मुँह चिढ़ा रही थीं। उसने शाहजहाँ से वापस बुलाने की जिद की। बादशाह नाराज़ तो हुआ, पर उसने उसे वापस बुला लिया।

बलख़ पर मुग़लों के अधिकार से फ़ारस का बादशाह शाह अब्बास द्वितीय भड़क गया। वह अपनी सल्तनत के क़रीब किसी विदेशी फ़ौज की मौजूदगी बर्दास्त न कर सका। उसने अपने सिपहसालार अब्दुल अज़ीज़ को बलख़ पर आक्रमण करने का आदेश दिया। उधर शाहजहाँ ने औरंगज़ेब को प्रतिकार के लिए निर्देश दिया। आक्सस नदी के किनारे दोनों सेनाओं के मध्य भीषण लड़ाई हुई। हार-जीत का पलड़ा कभी इधर, कभी उधर झुकता रहा। भयंकर मार-काट के बीच एक क़रिश्माई घटना हुई।

चारों तरफ़ घमासान मचा था। मार-काट का ख़ौफ़नाक मंज़र था। औरंगज़ेब

घोड़े पर सवार होकर दूर-दूर तक मार कर रहा था। शाम का समय था। तभी पास की मसजिद से अजान की आवाज़ फ़िजा में लहराई। वह असर के नमाज की पुकार थी। औरंगज़ेब ने सुना। उसके हाथ ठिठके। दो क्षण रुककर औरंगज़ेब पुनः युद्ध के लिए तत्पर हुआ। तभी जैसे उसके ज़ेहन में ममतामयी माँ मुमताज़ की छवि प्रकट हुई, जो कह रही थी, तुम भूल गये, मैंने कहा था न कि रिसालतपनाह ने जो फ़र्ज़ तय किये हैं, उन्हें पूरा करना चाहिए।

और दूसरे ही क्षण औरंगज़ेब घोड़े से कूदकर नीचे आया। उसने तलवार और कवच ज़मीन पर रखे। फिर घोड़े की जीन के नीचे से मुसल्ला खींचा और उसे ख़ाली ज़मीन पर बिछा दिया। फिर जंग के उस खूनी माहौल को अनदेखा कर उसने नमाज अदा करनी शुरू की। उसका चेहरा एकदम शान्त और सौम्य था। मुख पर जैसे नूर बरस रहा था।

शत्रुओं के सेनापति अब्दुल अज़ीज़ ने यह दृश्य देखा। यह अविश्वसनीय घटना थी। कोई भला ऐसा भी कर सकता है! हाँ, शायद वह, जो युद्धवीर से बड़ा धर्मवीर हो, ग़ाजी हो, उसने चिल्लाकर कहा—मैं पूरी दुनिया से लड़ सकता हूँ, लेकिन इस आदमी से नहीं। फिर वह अपनी फ़ौज को समेटकर युद्धभूमि से बाहर हो गया।

इस बार तो मुग़लों ने बलख़ की रक्षा कर ली, किन्तु वे इसे देर तक बचाकर नहीं रख सके। फ़ारस की सेना चुप बैठने वाली नहीं थी। एक दिन वह आँधी की तरह आयी और उसने मुग़लों के ख़ेमे उखाड़ फेंके। बलख़ को वापस पाकर भी शाह अब्बास द्वितीय संतुष्ट नहीं हुआ। उसकी नज़र तो कंधार पर गड़ी थी। उसने फ़ौज का रुख़ उधर किया और जब तक क़िलेदार दौलत ख़ाँ सँभलता, कंधार पर शाह अब्बास द्वितीय का परचम लहराने लगा था। बचाव के लिए पहुँचने में औरंगज़ेब को एक माह लग गये, लेकिन तब तक बहुत देर हो चुकी थी। मुग़ल फ़ौज लड़ी, लेकिन हार गयी।

लगातार तीसरी हार से मुग़ल फ़ौज की हालत पस्त हो गयी। हज़ारों सैनिक खेत रहे। बारह करोड़ रुपये धूल में मिल गये। शाहजहाँ के पास सिवाय इसके कोई और चारा नहीं था कि वापस आगरा चले। उसने औरंगज़ेब को दक्खन का सूबेदार नियुक्त कर बुरहानपुर के लिए रवाना किया और वह स्वयं आगरा की तरफ़ कूच कर गया।

शाहजहाँ के साम्राज्य-विस्तार का संकल्प एक स्वप्न था और स्वप्न को एक दिन भंग होना ही था। इसी हताशा को लेकर उसने आगरे के क़िले में प्रवेश किया। कहते हैं कि शाम होती है, तो सुबह भी आती है। क़िले में प्रवेश करते ही उसे सूचना मिली कि ताजमहल का निर्माण पूरा हो चुका है और उसके साक्षात्कार के लिए प्रतीक्षारत है। वह हर्षविभोर हो उठा। उसकी विमुग्धता को लक्ष्य कर स्वागत करती जहाँआरा लता की भाँति लहलहा उठी। वह हाथ पकड़कर शाहजहाँ को मुसम्मन बुर्ज़

ले गयी, जहाँ से ताजमहल साफ़ दिखाई पड़ता था।

पूर्णिमा की रात थी। पूरा चाँद निकल आया था। उसकी दूधिया रोशनी ताजमहल पर पड़ रही थी। शाहजहाँ मुसम्मन बुर्ज़ के बाहरी बरामदे पर खड़ा मंत्रमुग्ध-सा ताजमहल को अपलक निहार रहा था। उसका शिशु मन उस खिलौने में खोया हुआ था, जो तश्तरी पर रखी हाथीदाँत की इमारत की शक़्ल में दिख रहा था। शाहजहाँ सुधबुध खोकर उसे देखता रहा। आसपास की कोई हलचल उस तक नहीं पहुँच पा रही थी।

उसके ज़ेहन में मुमताज़ थी और सारी क़ायनात को अपने ऐश्वर्य का साक्षी बनाकर दूर सामने खड़ा था अपने ही प्रभा-मंडल में आवृत्त मुमताज़ महल का जीवन्त स्मारक! ताजमहल के जादू ने शाहजहाँ को देर रात तक वहीं बाँधकर खड़ा रखा।

तैंतीस

दूसरे दिन सुबह शाहजहाँ मोती मसजिद गया। उसकी इमारत अभी हाल ही में पूरी हुई थी। उसने वहाँ बाज़माअत फ़ज़र की नमाज पढ़ी और पश्मिोत्तर प्रान्तों से अपनी सकुशल वापसी और ताजमहल की पूर्णता के लिए अल्लाह ताला के प्रति कृतज्ञता प्रकट की।

उसी दिन शाम को वह अपने हरम के साथ यमुना के किनारे पहुँचा। औरतों के लिए परदे का अलग से इंतज़ाम था। आमंत्रित ख़ास सभासद, कवि, कलाकार, विद्वान और सैनिक अधिकारी वहाँ पहले से मौजूद थे। वह मुख्य द्वार से भीतर आया था। बग़ीचे के इस छोर पर वह खड़ा था, उधर दूसरी छोर पर सामने पुरशौकत ताजमहल अपने ऐश्वर्य को आप प्रमाणित करता हुआ खड़ा था। वह उस भव्य इमारत के विराट् रूप को देखता ही रह गया। दूसरे उपस्थित लोग भी मंत्रमुग्ध-से खड़े देखते रह गये।

शाहजहाँ ने उपस्थित समूह को देखा। उस्ताद ईसा को संकेत से निकट बुलाया और अपने गले से बेशक़ीमती रत्नों का हार उसे भेंट दिया।

—तुमने और तुम्हारे साथी कारीगरों ने फ़नकारी की जो अज़ीम शान पेश की है, मुग़ल तारीख़ में वह हमेशा याद की जाती रहेगी। शाहजहाँ प्रशंसा में उदार था।

—अलप अर्सलाँ, आपने हमारी फ़नकारी को क़ाबिले-तारीफ़ समझा, यही सबसे बड़ा इनाम है। आप हुज़ूर ने इस ख़ाकसार को इसकी तामीर के पहले जो हिदायतें दी थीं, उनका यकसर पालन किया गया है। एक, आकाश को दूर तक छूती उसकी बुलंदी। दो, उसकी निस्वानियत कि दीदावरों को निगाह डालते ही पता चले कि यह किसी औरत का मक़बरा है। तीन, इसे देखकर देखने वाले उन्हीं ख़यालों में खो जायें,

जिन ख़यालों में डूबकर आपने इस मक़बरे का तसव्वुर किया था। यह सबकी दिलाराई का सामाँ हो। देखने वाला हर शख़्स यह समझे कि यह अजीमुश्शान ताजमहल उसी की दिलजमई के लिए बना है। चार, खुदा देखने वाले को वह निगाह बख़्शे, जिससे वह ताजमहल में पाँचों कलाओं का मेल देख सके। उस्ताद ईसा ताजमहल की तरफ़ देखता भी जाता था, और सम्राट् को झुक-झुककर सलाम भी करता जाता था।

—यकीनन। यह ऐसी ही बेमिसाल फ़नकारी है। फ़न्ने तामीर का बेजोड़ नमूना। हमने जिन मायनों को लेकर इसे गढ़ा है, उनसे बहुत आगे बढ़कर न जाने और कितने मायनों के रंगों को यह परगट करेगा। फिर शाहजहाँ ने उस्ताद ईसा को सोने के अशर्फ़ियों की थैली और ख़ासा ख़िलअत भेंट किया।

—कवि सुन्दरदास, आप इसे किस नज़रिये से देखते हैं? शाहजहाँ ने उस ज़माने के मशहूर कवि पर दृष्टि डाली।

—कला अपनी यात्रा में कभी-कभी सम्पूर्णता के ऐसे क्षण पर ठहर जाती है, जहाँ उसके उस उत्कर्ष के आगे किसी और उत्कर्ष की कल्पना नहीं हो सकती, यह ताजमहल कला की सम्पूर्णता के उसी बिन्दु पर ठहरा हुआ क्षण है। कवि सुन्दरदास ने कला के औदात्य के संदर्भ में ताजमहल की व्याख्या की।

—ख़ूब! हम मुतास्सिर हुए। यह रहा तुम्हारा इनाम। बादशाह ने अपने गले से रत्नों की माला उतार कर उसे भेंट दी।

—धन्यवाद राजन्। सुन्दरदास ने भेंट स्वीकार कर अभिवादन किया।

—अच्छा मीर सालेह, तुम्हें क्या लगता है! बादशाह ने नज़र घुमाकर पूछा।

—अगर वक़्त एक किताब है, तो यह ताजमहल उस किताब की ज़ेबोज़ीनत बढ़ाने के लिए उसकी जिल्द पर छपी तस्वीर है। मीर सालेह ने ताजमहल के प्रभाव को नपे-तुले अंदाज़ में प्रकट किया। वह हिन्दी और फ़ारसी, दोनों भाषाओं में कविता लिखता था।

—उम्दा! शाहजहाँ ने जड़ाऊ आभूषणों से भरा चाँदी का थाल उसे भेंट किया।

—अच्छा वज़ीर सादुल्ला ख़ाँ तुम इस इमारत को किस तरह से देखते हो? शाहजहाँ को इस वज़ीर की योग्यता पर अखंड विश्वास था। इसीलिए आसफ़ ख़ाँ की मृत्यु के बाद उसने इसे वज़ीर बनाया था।

—हिमालय जैसी किसी बुलंद बर्फ़ की चट्टान को तराश कर यह ताजमहल तामीर किया गया है। इसमें चट्टानी मज़बूती के साथ बर्फ़ की नाज़ुकमिज़ाजी है। इसीलिए इसकी ख़ूबसूरती एक झिलमिलाहट की शक़्ल में नज़र आती है। इसमें सूरज की रोशनी को कई रंगों की किरनों में ढाल कर लौटाने की ख़ासियत दिख रही है। सादुल्ला ख़ाँ ने अपनी समझ से ताजमहल की विशेषता का निरूपण किया।

—तुम्हारी तज्वीज़ अच्छी लगी। शाहजहाँ ने सोने की जड़ाऊ तलवार उसे भेंट की।

—मूसीक़ार लाल गुणसमुद्र की राय आप नहीं लेंगे, अब्बाहुजूर! शाहज़ादा दारा शुकोह ने बादशाह का ध्यान उसकी तरफ़ खींचा, जो पीछे कुछ छिपा-सा था।

—ज़रूर जानेंगे उनकी राय भी। हाँ लाल गुणसमुद्र! कुछ कह सकते हो! बादशाह ने दरबारी संगीतकार से उसका मत जानना चाहा।

—आलीजाह! मैं तो मूसीक़ार हूँ। मुझे तो हर जगह संगीत ही दिखाई पड़ता है। यह ताजमहल भी एक संगीत की रचना है। मुझे तो यह ताजमहल राग दरबारी जैसे किसी गम्भीर और उदात्त राग का प्रतिरूप लगता है। इस राग में गहराई होती है। उसकी बड़ी व्याप्ति होती है और उसमें व्यंजना के फैलाव की बड़ी गुंजाइश होती है। अब ताजमहल को ही लें। तो वह देखने में तो सुन्दर लगता है, देख लेने के बाद उससे भी अच्छा लगता है, क्योंकि उसका रूप और उस रूप की व्यंजनाएँ दर्शकों का पीछा करती हैं और देर तक उसे आस्वाद के धरातल पर बनाये रखती हैं। ताजमहल को एक बार देख लेने के बाद उसकी लोकोत्तर छवि देर तक हृदय में छाई रहती है। यही कारण है कि यह सब तरफ़ से एक-सा ख़ूबसूरत लगता है। संगीतज्ञ लाल गुणसमुद्र ने ताजमहल पर संगीतपरक टिप्पणी दी।

—बेहतर है। तुम्हारी तश्रीह पसंद आयी। शाहजहाँ ने लाल गुणसमुद्र को माणिक्य की माला उपहार में दी।

—दारा, देख रहा हूँ कि तुम ताजमहल पर लगातार नज़र जमाये हो। क्या कुछ देख रहे हो इसमें? शाहजहाँ ने बड़े शाहज़ादे दारा से जिज्ञासा की।

—मुझे तो सब कुछ अजीब-सा लग रहा है। लगता है मैं ज़मीं पर नहीं हूँ, बहिश्त के किसी कोने में हूँ। ताजमहल तो मुझमें अल्लाह ताला के दिव्य सिंहासन का ख़याल पैदा करता है। यह बग़ीचा जन्नत का मंज़र पेश करता है। इसकी नहरें जैसे बहिश्त की नहर तस्नीम का भरम पैदा करती हैं। नहर की चार धाराओं में जैसे जल, दूध, शहद और शराब भरा हुआ हो। ये धाराएँ एक छोटे से ताल में मिल जाती हैं। इस ताल में ताजमहल का अक्स देखकर ऐसा लगता है, जैसे फ़िरदौस में कोई नूरअफ़ूशाँ जलमहल झिलमिला रहा हो। यहाँ आकर जैसे हम किसी दूसरी दुनिया में पहुँच जाते हैं। दारा ताजमहल में दिव्य सौन्दर्य की झलक देख रहा था।

—मरहबा! मरहबा!! दारा तुमने मुझसे कभी कुछ माँगा नहीं। आज माँग लो। शाहजहाँ ने उदारता का द्वार खोलते हुए कहा।

—आपने मुझे बिना माँगे ही इतना दे दिया है कि अब कुछ माँगने को नहीं रहा। चलिये, ताजमहल का नज़दीक से दीदार करें। दारा ने शाहजहाँ को आगे बढ़ने का संकेत दिया।

शाहजहाँ दारा के साथ बाग़ीचे के बीचोबीच से आगे बढ़ा। वह ताल में ताजमहल के मनोज्ञ प्रतिबिम्ब को देखने के लिए कुछ क्षण रुका। फिर आगे बढ़ा। चबूतरे पर चढ़ा। केन्द्रीय भाग का चक्कर लगाया। फिर मुख्य द्वार से भीतर प्रविष्ट

हुआ। मुमताज़ की क़ब्र के सामने देर तक खड़ा रहा। उसने क़ब्र पर खुदे अल्लाह के निन्नानबे नाम पढ़े और इबादत में दोनों हाथ उठा दिये। फिर वह बाहर आया। चारों मीनारों के निकट जाकर उन कोणों से गुंबदी ढाँचे का निरीक्षण किया। फिर वह दारा के साथ धीमी गति से चलता हुआ लौट चला।

मुसम्मन बुर्ज में जब वह पहुँचा रात के सात बज चुके थे। जहाँआरा निकट आकर खड़ी हो गयी। दोनों देर तक जाने किन भावों से भरे चुपचाप ताजमहल को देखते रहे। दोनों का आलम्बन एक था-मुमताज़ महल, किन्तु दोनों भिन्न भाव-भूमियों पर खड़े थे अपनी-अपनी यादों की क्यारियों में।

रोज़ ताजमहल को देखना शाहजहाँ की दिनचर्या में शुमार हो गया था। वह प्रायः वहाँ जलमार्ग से पहुँचता। रात को मुसम्मन बुर्ज में कभी बैठकर, कभी खड़े रहकर उस अद्‌भुत रचना को देखता और किसी भाव-लोक में खो जाता।

एक दिन वह अपनी निजी बैठक में सरकारी कागजात पर नज़र डाल रहा था। तभी जहाँआरा आयी।

—ख़्वाजा साहब की दरगाह पर हाज़िरी देने का इरादा था। इसलिए सारे सरकारी कागजात रवानगी के पहले निपटा रहा था। तुम्हें भी साथ चलना है। शाहजहाँ ने लेखनी को क़लमदान में रखा।

—मैं तो चलूँगी ही। अपने अब्बाजान को अकेला थोड़े ही छोड़ूँगी। लेकिन यह ताजमहल...अब इसे रोज़ देखने की आदत पड़ गयी है। इसके दीदार से महरूम होना पड़ेगा। जहाँआरा की आवाज़ संजीदा थी।

—मैं ताजमहल में मुमताज़ की छवि तलाशता हूँ। जिस दिन ताजमहल न देखूँ, वह दिन मेरी ज़िन्दगी में शुमार न माना जाय। शाहजहाँ ने गहरी साँस ली।

जहाँआरा चुप हो ली। वह पिता को स्मृतियों के प्रवाह से खींचकर तट पर नहीं लाना चाहती थी। थोड़ी देर बाद बोली—अजमेर कब चलना होगा?

—आज से पाँचवे दिन। सुबह के वक़्त। शाहज़ड़ाँ ने जानकारी दी।

नियत तिथि पर प्रातः आठ बजे सम्राट्‌ के लश्कर ने आगरा से कूच किया। तेइस दिनों में वह लश्कर अजमेर पहुँचा। वहाँ अपने निवास की अवधि में उसने ख़्वाजा साहब की दरगाह में दो बार हाज़िरी दी। फिर वापस आगरा की ओर चला। रास्ते में औरंगज़ेब का बेटा मुहम्मद सुल्तान पेशवाई के लिए भेंट लेकर हाज़िर हुआ। उसने बताया कि जल्द ही गोलकुंडा के ख़िलाफ़ जंग की कार्रवाई होने वाली है। शाहजहाँ उसे लेकर आगरा पहुँचा और पोते को अपनी दादी के मक़बरे पर ले गया। दूसरे दिन मुहम्मद सुल्तान वापस बुरहानपुर रवाना हुआ। जिद करके रोशनआरा भी बुरहानपुर चली गयी।

इस बीच शाहजहाँ राजकाज से शाहजहानाबाद हो आया। इस बीच चन्द्र वर्षगाँठ के उपलक्ष्य में तुलादान का उत्सव हुआ। बादशाह ने दारा को बहुमूल्य उपहार

दिये। इसके कुछ दिनों बाद ही सौर वर्षगाँठ मनाई गयी। तुलादान के उत्सव पर दारा को बादशाह ने बहुमुल्य भेंट दी। उसे 'शाह बुलंद इक़बाल' की उपाधि प्रदान की। उसके मनसब में भी वृद्धि की। जहाँआरा को बादशाह की यह उदारता कुछ ज़्यादा ही लग रही थी।

महल में आकर मध्याह्न भोज के समय उसने इस विषय पर चर्चा की—फ़ैयाज़ी अच्छी चीज़ है, लेकिन उसकी भी एक हद होती है।

—किधर इशारा कर रही हो? शाहजहाँ ने कौर रोकते हुए कहा।

—देख रही हूँ आप दारा भाईजान पर कुछ ज़्यादा ही मेहरबान हैं। पिछले साल चाँद बरसगाँठ पर तुलादान के मौक़े पर आपने उन्हें ख़ासा ख़िलअत और जड़ाऊ गहनों के अलावा तीस लाख रुपये भी दिये थे। उन्हें 'शाह बुलंद इक़बाल' के ख़िताब से भी नवाज़ा था। उसके बाद सौर बरसगाँठ आयी, तो आपने उनका मनसब बढ़ाकर 40 हज़ार जात और 20 हज़ार सवार कर दिया। आख़िर इतनी इनायत क्यों? जहाँआरा ने अपनी आपत्ति दर्ज़ कराई।

—तुम्हें तो ख़ुश होना चाहिए कि तुम्हारे बड़े भाई के लिए इतना कुछ किया गया। शाहजहाँ को इस इनायत में कुछ भी अनोखा नहीं लग रहा था।

—ज़रूर ख़ुश होती, लेकिन तब जब आप बाक़ी तीन भाइयों पर भी मेहरबानी की ऐसी ही बरसात करते। इनमें से किसी का भी मनसब 15 हज़ार जात और 12 हज़ार सवार से ज़्यादा नहीं है। इस भेदभाव की ख़बर होने पर क्या औरंगज़ेब, मुराद और शुजा को अच्छा लगेगा! और कान भरने वालों की यहाँ क्या कमी है! जहाँआरा सभी भाइयों के साथ समान व्यवहार की हिमायती थी।

—दारा मेरा बड़ा बेटा है। उसे कुछ ज़्यादा मिल गया, तो इसमें क्या कुछ अनोखा हो गया! शाहजहाँ अपने फ़ैसलों को उचित ठहरा रहा था।

—बहुत कुछ हो गया। आपने उन्हें 'शाह बुलंद इक़बाल' के ख़िताब से नवाज़ा है। बताइये, क्या आप उन्हें शाही तख़्त का जाँनशीं समझते हैं? पिता के स्नेहाधिक्य में पगी जहाँआरा ही ऐसे सवाल पूछ सकती थी।

—मेरे जिंदा रहते यह सवाल कैसे उठ सकता है! तुमने सोच कैसे लिया! शाहजहाँ ने एतराज़ जताया।

—सवाल उठेगा और ज़रूर उठेगा। बाक़ी भाई यही समझेंगे कि आप दारा भाईजान को वली अहद बनाना चाहते हैं। और जिस दिन इस ख़याल ने ज़ोर पकड़ा, भाइयों के बीच शमशीरें खिंच जायेंगी। आपने सोचा है इसका नतीज़ा क्या होगा! जहाँआरा ने अपनी आशंका व्यक्त की।

—आज तुमने तज़किरा उठा ही दिया है, तो तुम्हें अपने नज़रिये से वाक़िफ़ करा दूँ। दारा भाइयों में बड़ा है। उसमें इल्मीयत, सलाहियत और बहादुरी है। वह सबको साथ लेकर चलना जानता है। उसमें एक तरह का मज़हबी खुलापन है, जो हिन्दुस्तान

में हुकूमत के लिए ज़रूरी है। उसमें वे सब गुन हैं, जो बादशाह में होना चाहिए। वह मुग़ल हुकूमत को ज़्यादा पाएदार बना सकेगा...।

—लेकिन यह भी...।

—ठहरो। मुझे पूरी बात कह लेने दो। मैंने बाक़ी भाइयों को मुतमइन रखने की पूरी कोशिश की है। औरंगज़ेब को दक्खन की, मुराद बख़्श को गुजरात की और शुजा को बंगाल की सूबेदारी अता की है। उनके पास भरपूर ख़जाना है, फ़ौजी ताक़त है, हक़ूक हैं और एक तरह से काफ़ी कुछ खुदमुख़्तारी भी है। दारा बादशाह बनकर मरक़ज़ की जिम्मेदारी सँभाले, बाक़ी भाई सब सिम्त से सल्तनत की हिफ़ाजत करें। इसमें बुराई क्या है! शाहजहाँ ने अपनी पूर्वविचारित योजना का विवरण दिया।

—सूबेदार और शाहंशाह में बहुत फ़र्क़ होता है। इस फ़र्क़ को महसूस कर तीनों भाइयों ने जो तलवारें उठाईं, तो कहाँ जाकर गिरेंगी, कहा नही जा सकता। आपकी नाक के सामने यह सब होगा और आप कुछ नहीं कर सकेंगे। हर एक ने अपनी फ़ौजी ताक़त बढ़ा रखी है। हर के पास शाही फ़ौज की टुकड़ियाँ हैं। वे आपस में कट-पिट मरेंगी। अच्छा बताइये, गर भाइयों के बीच जाँनशीनी के लिए जंग जुड़ी, तो आप किसका साथ देंगे? जहाँआरा ने शाहजहाँ को हक़ीकत की राह पर दूर तक ले जाने का यत्न किया।

—ज़ाहिर है दारा के साथ!

—गर दारा हार गया तो! फिर तो यह आपकी भी हार मानी जायेगी। और आपके हारने का मतलब होगा, तख़्त से बरतरफ़ होना। आप इस सचाई से रूबरू हों, अब्बाहुज़ूर रूबरू हों। जहाँआरा सम्राट् को उत्तराधिकार के लिए होने वाले संघर्ष की आँच से दूर ही रखना चाहती थी।

—आज नहीं तो कल, जाँनशीनी के लिए लड़ाई तो होनी ही है।

—पर उसे दावत क्यों दी जाय! जहाँआरा इस संघर्ष को टालना चाहती थी। उसने उत्तराधिकार के लिए पिता का संर्घा देखा था और नहीं चाहती थी कि यह ख़ौफ़नाक नाटक फिर दोहराया जाय।

—ठीक है। मैं मुनासिब मौक़ा देखकर बाक़ी शाहज़ादों का मनसब भी बढ़ा दूँगा। शाहजहाँ ने अपने दृष्टिकोण में थोड़े परिवर्तन का संकेत दिया।

यह मौक़ा भी जल्दी आता दिखा। दक्षिण से समाचार आने शुरू हुए। औरंगज़ेब ने गोलकुंडा के सुल्तान अब्दुल्ला कुतुबशाह पर दबाव बढ़ाने के लिए उसके क़िले पर घेरा डाल दिया था। आख़िरकार भयभीत सुल्तान ने घुटने टेक दिये। उसने पन्द्रह लाख रुपये हर्ज़ाना दिये और मुग़लों की अधीनता स्वीकार की। यह नहीं, उसने अपनी लड़की का निकाह औरंगज़ेब के पुत्र मुहम्मद सुल्तान से भी कर दिया।

कुछ समय पश्चात् दक्षिण से पुनः समाचार मिला कि औरंगज़ेब ने बीजापुर पर आक्रमण कर दिया है। बीजापुर एक स्वतंत्र रियासत के रूप में अस्तित्वमान था।

उसका सुल्तान अठारह वर्ष का युवा अली आदिलशाह द्वितीय था। उसके उत्तराधिकार के औचित्य का बहाना लेकर औरंगज़ेब ने बीजापुर पर हमला कर उसे अपनी अधीन करने में सफलता प्राप्त की।

अभी एक काँटा और शेष था। शाहजी भोंसले के पुत्र शिवाजी भोंसले ने स्वतंत्र मराठा राज्य के लिए संघर्ष शुरू कर दिया था। औरंगज़ेब को उससे भी दो-दो हाथ कर लेना था। तभी आगरे से सूचना पहुँची की बादशाह शाहजहाँ बीमार हैं और उनकी बीमारी काफ़ी गम्भीर है।

औरंगज़ेब को यह सूचना रोशनआरा से मिली। उसने लड़ाई के मैदान से लौट कर महल में क़दम रखे ही थे कि बहिन ने आगे बढ़कर कहा—आगरा से बुरी ख़बर आयी है। अब्बाहुज़ूर सख़्त बीमार हैं।

ख़बर सुनकर औरंगज़ेब हतप्रभ हो गया।

—इशारा यह भी है कि उनके बचने की उम्मीद...। रोशनआरा वाक्य पूरा नहीं कर सकी, यद्यपि अधूरे वाक्य ने अर्थ पूरा ध्वनित कर दिया था।

—तब तो हमें जल्द ही आगरा चलना चाहिए। औरंगज़ेब पिता की बीमारी के समाचार से विचलित हो गया था।

—आगरा भी चले चलेंगे, पर पहले एक बात सोच लो। ख़ुदा पनाह, हम रास्ते में रहे और बादशाह सलामत...बादशाह सलामत. ...अल्लाह को प्यारे हो गये। तब क्या होगा। रोशनआरा प्रसंग को एक नया मोड़ देने पर तुली थी।

—आपा, यह क्या! यह सब हम अभी से कैसे सोच लें। और क्या ऐसा सोचना मुनासिब होगा! औरंगज़ेब को बहिन का यह अपशकुनी संकेत अच्छा नहीं लगा।

—कई बातें सुनने में अच्छी नहीं लगतीं, लेकिन सुननी पड़ती हैं। अगर बादशाह सलामत को कुछ हो गया, और दारा भाईजान ने अपने नाम का ख़ुत्बा पढ़वा दिया, तो क्या होगा। एक बार तख़्त पर बैठ जाने के बाद फ़ौज और रिआया उन्हीं के साथ हो लेगी। रोशनआरा ने अपने आशय को स्पष्ट किया।

—आप क्या कहना चाहती हैं? औरंगज़ेब कुछ हैरान था, समझी-नासमझी के बीच झूलता हुआ।

—मैं कहना नहीं चाहती, मैं तुमसे पूछना चाहती हूँ। तुम सूबेदार बनना चाहते हो कि शाहंशाह? रोशनआरा ने अपने पत्ते खोल दिये।

—ओह समझा। साफ़ क्यों नहीं कहतीं कि आप मुझे जाँनशीनी के जद्दोजहद में उतरने के लिए ललकार रही हैं। जहाँ तक आपका सवाल है, हर शाहज़ादे को बादशाह ही बनने की कोशिश करनी चाहिऐ। औरंगज़ेब को सारी बातें साफ़ हो गयीं।

—तब तो तुझे अपनी राह मालूम हो ही गयी, अब देखना यह है कि राह के काँटों को दूर कैसे किया जाय। तुझे क्या लगता है, तेरी राह का सबसे बड़ा काँटा कौन है? रोशनआरा ने उत्तराधिकार के संघर्ष को दिशा देने की कोशिश की।

—दारा भाईजान। औरंगज़ेब ने जवाब दिया, जैसे इस सवाल का यही एक उत्तर हो सकता था।

—तुम अच्छी तरह समझ लो कि वे बादशाह की पहली पसंद हैं। इसलिए अब्बाहुज़ूर उन्हें हर तरह से मदद करेंगे, फ़ौज से भी और ख़जाने से भी। वो हर तबक़े के मंज़ूरे नज़र हैं। इसलिए दूसरे भाइयों से मिलकर उनके ख़िलाफ़ लड़ो। तुम अपनी मंशा को पोशीदा रखो और उन भाइयों पर भी अपना राज़ ज़ाहिर मत होने दो। रोशनआरा ने भेद की नज़र से औरंगज़ेब की ओर देखा।

—मैं समझ गया। इंशाअल्लाह हम अपने मंसूबे में कामयाब हों। औरंगज़ेब ने दुआ के लिए दोनों हाथ उठा दिये।

—अल्लाह ताला तुम पर करमफ़र्मा हों। मैं रहमते आलम से तुम्हारी कामयाबी के लिए दुआ माँगती हूँ। रोशनआरा ने सिर पर आँचल को ठीक से रखा और दुआ के लिए दोनों हाथ उठा दिये।

उत्तराधिकार के लिए संघर्ष का शंखनाद हो गया। शुजा ने बादशाह की बीमारी की ख़बर सुनते ही बंगाल में अपने को सम्राट् घोषित कर दिया। वह भारी सेना लेकर आगरे पर अधिकार जमाने की दृष्टि से बनारस तक आ धमका, किन्तु दारा ने उसे परास्त कर बंगाल की तरफ़ भगा दिया।

औरंगज़ेब और मुराद ने मिलकर दारा के विरुद्ध युद्ध की योजना बनायी। दोनों की सम्मिलित सेना ने दारा की सेना का मुक़ाबला किया, जिसका नेतृत्व राजा जसवन्तसिंह के हाथों में था। धरमट में जबर्दस्त लड़ाई हुई। औरंगज़ेब की सूझबूझ और बहादुरी से उसकी सेना को विजय प्राप्त हुई। उसने दारा के पक्ष के बहुत से सैन्य अधिकारियों को अपने पक्ष में फोड़ लिया था।

आगरा पर अधिकार करने की योजना बनाकर औरंगज़ेब चम्बल पार कर सामूगढ़ आ धमका। उसकी फ़ौज को आक्रमण के लिए इतने निकट आया देखकर दारा के होश उड़ गये। दोनों में भीषण युद्ध हुआ। दारा का सैन्यकौशल शिथिल था। वह परास्त होकर दिल्ली की तरफ़ भागा।

औरंगज़ेब और मुराद आगरा आये। मुराद को भ्रम में रखने के लिए औरंगज़ेब ने उसे सम्राट् घोषित कर दिया। उन दोनों ने नगर की दीवार के बाहर डेरा डाला और आगरे के क़िले पर अधिकार करने की योजना बनायी। इस सिलसिले में पहले क़दम के रूप में उन्होंने आगरा के क़िले में यमुना के पानी की पहुँच को रोक दिया।

क़िले में हड़कंप मच गया। चारों ओर कोहराम हो रहा था। सब कुछ अनिश्चित हो गया था। क़िले के सिपाहियों में भयानक असंतोष छा गया। औरतों ने जहाँआरा से पुकार लगाई। वह पिता के पास आयी। शाहजहाँ अवसाद में डूबा हुआ बैठा था।

—अब क्या होगा अब्बाहुज़ूर! यमुना के पानी की रसाई बंद हो गयी है। कुओं का पानी कब तक चल पायेगा! मुझे नहीं मालूम था कि औरंगज़ेब इस हद तक

संगदिल हो सकता है। जहाँआरा के स्वर में कसक थी।

—तख़्त की कशिश आदमी से कुछ भी करवा सकती है। जाने नामुराद दारा किस हाल में होगा! मुराद और शुजा अभी ज़िंदा हैं, लेकिन कब तक ख़ैर मनायेंगे! यह बेहिस औरंगज़ेब किसी को ज़िंदा छोड़ने वाला नहीं है। शाहजहाँ हताशा के उस दौर से गुज़र रहा था, जहाँ केवल दुःख ही प्रकट किया जा सकता है।

—अभी सभी भाई ज़िंदा हैं। क्यों न एक कोशिश की जाय। औरंगज़ेब को समझाया जाय कि सल्तनत को चारों भाइयों में बाँट दिया जाय और हर भाई अपनी हद में चैनोसुकून से रहें। जहाँआरा ने पुरउम्मीद आँखों से बादशाह को देखा।

—ठीक है। लिखे देते हैं। शाहजहाँ ने सहमति व्यक्त की।

फिर शाहजहाँ ने एक भावाविल पत्र लिखा। जहाँआरा ने उसे औरंगज़ेब तक पहुँचाने की व्यवस्था की।

पत्र औरंगज़ेब के हाथ में पहुँचा, तब रोशनआरा पास ही बैठी थी।

—क्या है? किसका ख़त है? रोशनआरा ने जिज्ञासा की।

—अब्बाहुज़ूर का। औरंगज़ेब ने सहज रूप से कहा।

—अरे! अच्छा! क्या लिखा है? रोशनआरा पत्र के विषय के प्रति जिज्ञासु हो उठी।

—लीजिये। आप ही पढ़िये। ज़ोर से पढ़िये ताकि मैं भी सुन सकूँ। औरंगज़ेब ने पत्र रोशनआरा की तरफ़ बढ़ाया।

रोशनआरा ने पत्र हाथ में लेकर पढ़ा—*चश्मोचराग़ औरंगज़ेब, तुम्हारी तलवार क़िले के दरवाज़े पर दस्तक दे रही है, जबकि उम्मीद थी कि वह मेरी हिफ़ाजत में साया की मानिंद उठेगी। आज तुम्हारी अम्मीजान होतीं, तो क्या तुम उन्हें भी अपनी शमशीर का जौहर दिखलाते? कितनी सलाहियत से, कितनी हसरत से उन्होंने तुम्हारी तर्बियत की थी, तुम्हारे सर पर प्यार का दामन रखा था, क्या वह सब बेमायने हो गया! तुमने क़िले के अंदर यमुना के पानी को आने से रोक दिया। सुना है, हिंदुओं में रिवायत है कि वे मरने के बाद भी अपने बाप को पानी देते हैं, अरे, तुम तो ज़िंदा बाप को प्यासा मार देना चाहते हो।*

मैंने तुम्हें दक्खन का सूबेदार बनाया। तुम्हें बड़ा मनसब दिया। बड़ी फ़ौज मुहैया कराई। भरपूर ख़जाना दिया। खुदमुतख़्तारी अता की। इतने पर भी तुम्हारी ताक़त की भूख शान्त नहीं हुई, जो तुम तख़्त को हड़पने आ धमके। काश कि मैं बीमारी से मर गया होता। कम-से-कम आँखों से यह अलमनाक मंज़र तो देखने को नहीं मिलता।

अभी भी वक़्त है। यह ख़ूनख़राबा बंद करो। अपनी माँ को याद करो। उसकी ममतामयी छवि को अपने ज़ेहन में देखने की कोशिश करो। उसकी रूह को तभी सुकून मिलेगा, जब तुम चारों भाई आपस में हिलमिलकर मोहब्बत से रहोगे।

तुम मुझसे आकर मिलो। मिलकर बातें करो कि कैसे इस मसले को हल किया जा सकता है। अभी भी वक़्त है। पानी सर तक नहीं पहुँचा है। उम्मीद है कि तुम इस ख़त का जवाब जल्द अपनी पेशवाई से दोगे. ...तुम्हारा बदनसीब बाप।

—सुना तुमने! रोशनआरा ने पत्र पढ़कर औरंगज़ेब की तरफ़ देखा।

—मैं उनसे मिलूँगा। औरंगज़ेब ने अपना निर्णय सुनाया।

—मैं तुम्हें ख़बरदार करती हूँ। यह उनकी चाल हो सकती है। कहीं उन्होंने तुम्हें गिरफ़्तार कर लिया तो! सारा बना-बनाया खेल मिट्टी में मिल जायेगा। रोशनआरा ने उसे सावधान किया।

—आज अगर अम्मीजान क़िले में होती, तो क्या मैं उनसे मिलने नहीं जाता! हमें एक बार तो अब्बाहुज़ूर से ज़रूर मिलना चाहिए। बड़ी आपा भी मुझे माँ की मानिंद अजीज़ रही हैं। औरंगज़ेब पर पिता के पत्र का यथोचित प्रभाव दिख रहा था।

—तुम चाहे कुछ कर लो। अब्बाहुज़ूर पर दारा का नशा चढ़ा है। यह नशा कभी नहीं उतर सकता। कोई ताज़्जुब नहीं, वो इधर तुम पर स्नेह जता रहे हों और उधर दारा भाईजान को तुम्हारे ख़िलाफ़ उकसा रहे हों। रोशनआरा औरंगज़ेब को हर हाल में पिता से मिलने से रोक रही थी।

—नहीं, एक बार उनसे मिलूँगा। अगर शाही तख़्त पर वो मेरा दावा मंज़ूर कर लेते हैं, तो बात बन सकती है। औरंगज़ेब ने अंतिम निर्णय किया।

तदनुसार दूसरे दिन शाम को वह क़िले के मुख्य द्वार पर पहुँचा। तभी उसकी फ़ौज का नायब सुल्तान मुहम्मद दौड़कर उसके पास आया और उसे एक मुहरबंद ख़त दिया। औरंगज़ेब ने ख़त को खोलकर पढ़ा। यह ख़त शाहजहाँ ने दारा को लिखा था, जिसका आशय था कि वह जल्द ही फ़ौज को समेटकर यहाँ आये और हर क़ीमत पर उन्हें औरंगज़ेब के चंगुल से आजाद कराये।

पत्र पढ़कर औरंगज़ेब क्रुद्ध हो गया और बादशाह से मिलने का इरादा छोड़कर अपने शिविर में आ गया। बादशाह की दुरंगी चाल ने आग में घी का काम किया। औरंगज़ेब ने अपनी पूरी ताक़त झोंककर क़िले पर अधिकार कर लिया। बादशाह के सारे सिपाही हटाकर अपने सिपाही तैनात कर दिये और बादशाह को मुसम्मन बुर्ज में क़ैद कर दिया। अब उसे किसी से भी मिलने की इजाज़त नहीं थी। उसके पास सतीउननिसा को साथ लेकर सिर्फ़ जहाँआरा ही रह सकती थी।

आगरे को अपने पुत्र मुहम्मद सुलतान की निगहबानी में छोड़कर औरंगज़ेब ने दारा का पीछा किया। इस बीच उसने मुराद बख़्श को ग्वालियर के क़िले में क़ैद कर दिया। दारा भागकर लाहौर आया और फिर वहाँ से गुजरात पहुँचा। दादर में उसकी प्रिय बेगम नादिरा का निधन हो गया। दारा अब पूरी तरह टूट गया था। यहीं बलूची सरदार मलिक ने उससे विश्वासघात कर उसे औरंगज़ेब के हवाले कर दिया। उसे हाथी पर बिठाकर मैले-कुचैले कपड़ों में चाँदनी चौक में घुमाया गया। औरंगज़ेब ने

शुजा को खजुआ के युद्ध में परास्त कर अराकान के जंगलों की तरफ़ खदेड़ दिया। बाद में सुना गया कि रहस्यमय परिस्थितियों में उसकी मृत्यु हो गयी।

उत्तराधिकार का संघर्ष समाप्त हुआ। औरंगज़ेब अब पूरी तरह से निष्कंटक हो गया था। शाहजहानाबाद में उसके नाम का ख़ुत्बा पढ़ा गया। वह 'लबुल मुजफ़्फ़र मुहीउद्दीन औरंगज़ेब बहादुर आलमगीर बादशाह ग़ाजी' की उपाधि धारण कर मुग़ल सल्तनत के शाहंशाह के रूप में तख़्त-ए-ताऊस पर जल्वाफ़रोश हुआ।

चौंतीस

बेटा तो बादशाह बनकर मयूरासन पर बैठ गया, लेकिन बाप को बैठने के लिए मिली महल की फ़र्श। आगरे के क़िले का मुसम्मन बुर्ज। शाहजहाँ का क़ैदख़ाना। एक समय का शाहंशाह आज क़ैदी था। मध्याह्न का सूर्य जैसे सुबह के टिमटिमाते सितारे में तबदील हो गया था। सान्त्वना के दो शब्द कहने के लिए भी लोग नहीं आ पाते थे। उस पर सख़्त पहरा था। औरंगज़ेब की अनुमति के बिना किसी को मिलने की इजाज़त नहीं थी। जो मुलाकात भी होती थी, वह भी कारपर्दाज़ सुलतान मुहम्मद की उपस्थिति में। उसकी हर गतिविधि पर निगाह रखी जाती थी। बाहर की कोई ख़बर वहाँ बहुत कठिनाई से और बहुत देर-सबेर ही पहुँच पाती थी। वह भी तब जब कोई दासी अपने किसी ख़ास काम के लिए इजाज़त लेकर मुसम्मन बुर्ज के बाहर निकलती।

शाहजहाँ को दो लोगों का ही सहारा था। जहाँआरा और सतीउननिसा का। जहाँआरा रात-दिन उस के पास बनी रहती। वही उसकी सुख-सुविधाओं का ध्यान रखती। सतीउननिसा यहाँ-वहाँ से ख़बरें बटोरकर उसे सुनाती। एक दिन जब उसने जी कड़ा कर शाहज़ादा दारा के वध की ख़बर दी, तो जहाँआरा फूट-फूट कर रो पड़ी। शाहजहाँ सक़ते में आ गया। दो क्षण वह विमूढ़ सा बैठा रहा। फिर धाड़ें मारकर रोने लगा।

शाहजहाँ रोता जाता था और विलाप करता जाता था—हाय दारा! तू भी गया। हमेशा के लिए गया। तू जब तक ज़िंदा था, उम्मीद बँधी थी कि इस जहन्नुम से छुटकारा मिल जायेगा। पर अब इसी दोजख़ में रोज़-रोज़ मरना होगा। तू तो बेमौत ही मारा गया। तूने कभी किसी का कुछ नहीं बिगाड़ा। दोनों हाथों से सबकी मदद ही की। तेरी सलाहियत, नेकदिली और फ़ैयाज़ी के किस्से हर गली-कूचे में कहे-सुने जाते थे। तू हरदिल अज़ीज था। आगरा और दिल्ली के साकिन तुझपर जान छिड़कते थे। शाह बनने के लिए तू रिआया की पहली पसंद था, लेकिन हाय गर्दिशे ऐयाम, तूने दारा को कहाँ ले जाकर मारा। तेरी कारफ़र्माई का राज़ किसी को नहीं मालूम!

अफ़सोस कि दारा! आज मुमताज़ होती, तो उसका क्या हाल होता! उसे इस

बात का सदमा कम होता कि तेरा इंतकाल हो गया, इस बात का सदमा ज़्यादा होता कि तुझे औरंगज़ेब ने हलाक किया है। अच्छा हुआ मुमताज़, तूने पहले ही परदा कर लिया। अपने बच्चों की ऐसी काली और घिनौनी हरकतों को देखने से बाज आयी। तू तब न मरती, तो अब मर जाती अपनी कोख पर शरमा कर!

विलाप करते-करते शाहजहाँ का गला रुँध गया। कंठ घरघराने लगा। जीभ लटपटाने लगी। जहाँआरा ने किसी तरह अपने को संयमित किया। उसने पिता को सहारा देकर पलंग पर लिटा दिया और सिर पर हाथ फेरते हुए कहा—बस अब्बाहुज़ूर, बस। बहुत हुआ। रो-रोकर जी हलाकान न करें। इससे तो उस संगदिल कल्ब औरंग़ज़ेब को ही ख़ुशी होगी कि देखो इन्हें किस तरह रुलाया! जाने वाला तो चला गया।

—हाँ चला गया। हमारी आँखों के सामने चला गया और हम बादशाह होकर भी कुछ न कर सके। कभी-कभी बादशाहत भी कितनी मज़बूर हो जाती है! हमारे नसीब में न जाने और क्या-क्या सुनना बदा है। या ख़ुदा रहम कर! शाहजहाँ दहाड़ें मार कर रोता जा रहा था।

—अब्बाहुज़ूर अब आप आराम करें। अपनी तबीयत का ख़याल करें। जहाँआरा ने गहरी साँस छोड़ी और पिता को पुनः पलंग पर लिटा दिया।

इस दुःखद प्रसंग का असर बहुत दिनों तक रहा। दोनों कई दिनों तक दारा को याद कर-करके रोते रहते। मुमताज़ का बिछोह इस शोक को गहरा देता। लेकिन इस शोक को अभी और गहरा होना था। एक दिन किसी कनीज़ ने ख़बर दी कि मुराद और शुजा का भी क़त्ल हो गया है। इस हृदयविदारक सूचना से दोनों का दिल बैठ गया। थोड़ी उम्मीद थी कि शायद शुजा इन हालात से उन्हें निजात दिला सके, लेकिन यह आशा भी जाती रही। अपने सामने तीन जवान पुत्रों की मौत! ख़ुदा कभी दुश्मन को भी यह नज़ारा न दिखलाये! शाहजहाँ बदहवास-सा हो गया था। जहाँआरा ने बहुत समझदारी से अपने को संयमित रखकर पिता को ढाढस बँधाया और कहा—हमें अब हालात से समझौता करना होगा और इन्हीं हालात में जीने की आदत डालनी होगी। उस दिन उन दोनों ने भोजन नहीं किया।

हालात बद से बदतर होते जा रहे थे। सम्भव है औरंगज़ेब ने सख़्ती बरतने को कहा हो, किन्तु कर्मचारी आदेश-पालन में कुछ ज़्यादा ही सख़्ती बरतने लगे थे। एक सुबह उन्होंने शयनकक्ष और बैठक को छोड़कर उन सभी कमरों में ताले जड़ दिये, जिनमें रत्न-आभूषण, वस्त्र, सोने-चाँदी के बरतन तथा अन्य क़ीमती सामान रखे थे। दैनिक निस्तार के लिए बहुत थोड़ा-सा सामान बच रहा था। कौन किसकी सुनता, जब हाकिम ही दुश्मन हो। जहाँआरा और सतीउननिसा ने सामान निकालने का यत्न किया, तो उन्हें दुत्कार दिया गया। शाहजहाँ ने कहा कि उसके लिए कुछ और कपड़े निकाल दिये जायें, तो जवाब मिला कि क़ैदी को दो कपड़े ही देने का रिवाज़ है।

शाहजहाँ को अब तक गुमान था कि उसे नज़रबंद किया गया है। आज उसे हक़ीकत का पता चला कि असल में वह क़ैद है और उसकी हैसियत एक क़ैदी से अधिक नहीं है। यह बात तब और पुष्ट हो गयी, जब दोपहर का भोजन उसे पीतल और काँसे के बरतनों में परोसा गया। शैशव काल से आज तक उसे जो चीज़ खाने को मिलती, चाँदी और सोने के पात्रों में ही मिला करती। शाहजहाँ का जी मचला गया। जहाँआरा अवाक रही। किसी तरह दोनों ने भोजन किया, किन्तु दोनों को लग रहा था कि खाना कहीं पेट से बाहर न आ जाय।

यह शाहजहाँ का इब्रतख़ेज़ फ़साना था। इसके एक छोर पर राजसी ऐश्वर्य था, तो दूसरे छोर पर कारागार के हैबतनाक दर्दोग़म, और इस दर्दोग़म का कोई अंत नहीं था। बात-बात में अवज्ञा और तिरस्कार। एक दिन शाहजहाँ ने कारपर्दाज़ सुल्तान मुहम्मद से कहा—जूतियाँ फट गयी हैं। नयी लायी जायें।

—अभी इन्हीं से काम चलाओ।

—बिल्कुल बेकार हो गयी हैं। शाहजहाँ ने आग्रह किया।

—ज़्यादा नखरे मत दिखाओ। नंगे पैर भी चलना सीखो। सुल्तान मुहम्मद ने टका-सा जवाब दिया।

कुछ दिनों बाद एक कारकुन नयी जूतियाँ दे गया। इन्हें देखकर शाहजहाँ के मुँह से नागहाँ निकला—न चार के, न तीन के। न एक रुपये के, न आठ आने के। शायद चार आने के हैं।

कारकुन अनसुना कर चला गया। विवश होकर शाहजहाँ को इन्हीं जूतियों का उपयोग करना पड़ा। तीसरे दिन पैरों पर छाले उभर आये। शाहजहाँ लँगड़ा कर चलने लगा।

—यह क्या! आप इस तरह लँगड़ा क्यों रहे हैं! जहाँआरा चिन्तित थी।

—पता नहीं क्यों, कुछ दर्द-सा हो रहा है। शाहजहाँ पलंग पर बैठ गया। उसने एक पैर को दूसरे पैर के घुटने पर रख लिया था।

—ठहरिये देखती हूँ...आबले लग रहे हैं। जहाँआरा ने फ़र्श पर बैठकर ध्यान से उन्हें देखते हुए कहा। फिर उसने अपनी चुनरी के एक सिरे को फाड़कर उसके दो टुकड़े किये और उन टुकड़ों को पिता के दोनों पैरों पर बाँध दिये। फिर बोली—अब आप इन कपड़ों के साथ जूतियाँ पहना कीजिये।

शाहजहाँ की आँखों से आँसू झर-झर बहने लगे। उसने जहाँआरा के सिर को अपने सीना से लगा लिया। फिर वह ज़ोर-ज़ोर से रोने लगा।

—अब्बाहुज़ूर यह क्या! आप तो रोने लगे। जहाँआरा ने अपने को अलग किया और अपने दामन से पिता के आँसू पोंछे।

—एक वह बेटा है औरंगज़ेब, जिसने जान लेने में कोई क़सर नहीं छोड़ी और एक तू बेटी है, जिसने जान बचाने में कोई क़सर नहीं छोड़ी। औरंगज़ेब जैसे बेहिस

और बेदर्द इंसान की बादशाहत किस काम की! उससे तो सेवा और सलाहियत वाली मेरी यह जहाँआरा लाख गुनी अच्छी है। लोग नाहक ही बेटों के लिए दुआ करते हैं, जबकि बेटियाँ माँ-बाप की ज़्यादा हमदर्द होती हैं। बेटी, तू न होती, तो न जाने मेरा क्या हाल होता! अभी हमें और न जाने क्या देखना बाक़ी रह गया है! शाहजहाँ लगभग रो रहा था।

—पाँव के छाले तो यातना की इब्तदा हैं। आप अभी से मायूस होने लगे। खुदा जाने, आगे यातना की कितनी सुरंगों से होकर हमें सफ़र करना पड़े। जहाँआरा पिता को भविष्य की तक़लीफ़ों को सहने के लिए तैयार करना चाहती थी।

और शाहजहाँ वाक़ई यातना के उस सुरंग में सफ़र कर रहा था, जिसके दूसरे छोर पर रोशनी नहीं थी। शाहजहाँ के लिए जो खाना आता था, वह स्वास्थ्य के न्यूनतम मानदंडों पर भी खरा नहीं उतर सकता था। यमुना का पानी उसे प्रिय था। वह पहले ही बन्द किया जा चुका था। अब उसे कुएँ का जो पानी दिया जा रहा था, वह स्पष्ट रूप से प्रदूषित दिखता था। आज खाने के साथ सुल्तान मुहम्मद जो पानी लेकर आया था, वह बेहद मटमैला था।

—यह कैसा पानी है! कितना गँदला है! शाहजहाँ ने आपत्ति उठाई।

—तुम्हें जो खाना-पानी मिल रहा है, उसे हमारी मेहरबानी समझो। कारपर्दाज़ सुल्तान मुहम्मद गरजा।

—आख़िर क़ैदियों के लिए एक आयीन होता है। उन्हें उस आयीन के तहत खान-पान और कपड़े मिला करते हैं। जहाँआरा ने ऊँची आवाज़ में कहा। जवाब सुनकर उसे रोष हो आया था।

—तुम ठीक कहती हो। क़ैदियों के लिए भी एक आयीन होता है, लेकिन यह शख़्स क़ैदी भी कहाँ है! इस पर न कोई जुर्म आयद हुआ है, न मुक़दमा चला है, न सज़ा तज्वीज़ की गयी है। यह क़ैदी नहीं है, क़ैदी से भी बदतर है। इसलिए अपनी जुबान बंद रखो और चुपचाप खाना खाओ। सुल्तान मुहम्मद कड़वी जुबान में बोला और पैर पटकते हुए चला गया।

—यह आदमी ठीक ही कहता है, जहाँआरा। न हमने कोई जुर्म किया, न हम पर मुक़दमा चला, न सज़ा मिली। फिर हम क़ैदी कैसे हुए, जहाँआरा! शाहजहाँ रुँआसा हो आया।

—ज़्यादा मत सोचिये, अब्बाहुज़ूर। कुछ खा लीजिये।

—नहीं, मेरा मन नहीं कर रहा है। शाहजहाँ ने थाली दूर खिसका कर अनिच्छा प्रकट की।

—ऐसा कैसे काम चलेगा। आप वैसे भी कमज़ोर हो गये हैं। थोड़ा सा ले लीजिये। मेरी ख़ातिर ही सही। जहाँआरा ने थाली खींचकर रोटी का एक टुकड़ा शोरबे में डुबाकर पिता के मुँह में डाला।

प्रदूषित भोजन, हताशा, चिन्ता, त्रास, चिकित्सा का अभाव और ऊपर से बुढ़ापा—शाहजहाँ का स्वास्थ्य बुरी तरह गिरने लगा। खाने की इच्छा ख़त्म हो चली थी। बुख़ार रहने लगा। खाँसी पीछे लग गयी थी। जब एक रोग देर तक लगा रहता है, तो दूसरे रोग भी घेरने लगते हैं। जहाँआरा बहुत चिन्तित हो गयी। तत्काल उपचार बहुत आवश्यक था। सतीउननिसा से चर्चा की। सतीउननिसा ने सुल्तान मुहम्मद को बादशाह की तबीयत के बारे में बताया और हकीम का इंतजाम करने का आग्रह किया। सुल्तान मुहम्मद ने टके-सा जवाब दे दिया।

ठण्ड के दिन थे। वातावरण में सर्दी थी। तेज़ सर्द हवाएँ चल रही थीं। खाँसी ने एक तरह से दमे का रूप ले लिया था और उखड़-उखड़ पड़ता था। फिर भी जिद करके शाहजहाँ ने अपना बिस्तर बाहर बरामदे में लगवा रखा था। वह कभी खड़े होकर तो कभी बिस्तर पर बैठ ताजमहल की ओर अनवरत निहारता रहता और न जाने क्या सोचता रहता, जबकि सोचने के लिए कुछ ख़ास बचा नहीं था। यादें ज़रूर थीं और उनका नुकीलापन अभी क़ायम था, जो उसे ताजमहल के बरक्स खड़ा रखता।

बीमारी तत्काल चिकित्सा की माँग कर रही थी। मन मार कर जहाँआरा ने औरंगज़ेब को मदद के लिए पत्र लिखने का निश्चय किया। उसने क़लम उठाई—

प्यारे औरंगज़ेब, ख़त न लिखती, लेकिन हालात ने मज़बूर किया कि तुम्हें बाख़बर करूँ। अब्बाहुज़ूर बहुत बीमार हैं। उन्हें फ़िलवक्त इलाज़ की ज़रूरत है। जिसके तीन बेटों का क़त्ल उसकी आँखों के सामने कर दिया गया हो और चौथा बेटा तलवार ताने सिर पर खड़ा हो, उसकी बेचारगी का केवल इम्कान लगाया जा सकता है। तुमने बाप के तईं अपने फ़र्ज़ की धज्जियाँ उड़ा दीं। इंसानियत के नाते, शबाब के लिए ही सही, उनके इलाज़ का तुरंत एहतिमाम करो। कौन जाने उनकी ज़िन्दगी के और कितने दिन बाक़ी हैं। बेहतर है, तुम आगरा आकर मुकाम करो। ख़ुदा न करे, अब्बाहुज़ूर को कुछ हो गया, तो बदनसीब को मरने के बाद ही सही, उसके बेटे का कंधा तो नसीब हो जाय। और हाँ, अब्बाहुज़ूर की आख़िरी ख़्वाहिश है कि उन्हें यमुना के किनारे सिपुर्दे ख़ाक किया जाय और बेगम मुमताज़ महल की बग़ल में उनकी मज़ार बनायी जाय। अपनी आपा के लिए तुम्हारे दिल में अगर थोड़ा भी एहतिराम बाक़ी है, तो इस ख़त पर अमल करो

—तुम्हारी आपा जहाँआरा

पत्र लिखकर एक कनीज़ की मार्फ़त जहाँआरा ने ख़्वाजासरा मोतमिद ख़ाँ को तलब किया। वह एहसान जताते हुए आया—कहो क्या काम है।

—यह ख़त औरंगज़ेब के नाम है। उस तक पहुँचा दो। जहाँआरा ने ख़त बढ़ाते हुए कहा।

—न तो मेरे पास वक़्त है और न बादशाह सलामत से कोई इस क़िस्म का हुक्म

ही है कि इस काम के लिए आगरा छोड़कर शाहजहानाबाद जाऊँ। ख़्वाजासरा मोतमिद ख़ाँ ने साफ़ मना कर दिया।

—मोतमिद ख़ाँ! तुम देख नहीं रहे हो कि अब्बाहुज़ूर किस कदर बीमार हैं और उन्हें तुरंत इलाज़ की सख़्त ज़रूरत है। जहाँआरा ने आवाज़ कुछ ऊँची करते हुए कहा।

—मैंने कहा न, मेरे पास वक़्त नहीं है इन फ़ालतू कामों के लिए। ख़्वाजासरा ने झल्लाकर कहा।

—अगर अब्बाहुज़ूर को कुछ हो गया, तो...।

—वो मर जाय मेरी बला से, मुझे क्या! मोतमिद ख़ाँ ने लगातार बेरुख़ी दिखाई।

—ख़बरदार, बेहया कहीं का। अब आगे एक लफ़्ज़ भी निकाला, तो जूतियों से तेरा सर गंजा कर दूँगी। तू अपने को समझता क्या है? दो कौड़ी का गुलाम! जहाँआरा की बुलंद आवाज़ से कमरा थर्रा उठा।

ख़्वाजासरा काँप गया। उसे एकाएक कोई जवाब नहीं सूझा। उसने बढ़कर जहाँआरा के हाथ से पत्र लिया और उलटे पैर भागा।

दूसरे दिन शाहजहानाबाद पहुँचकर उसने वह पत्र औरंगज़ेब के हाथों में सौंपा और जहाँआरा की बदसलूकी की शिकायत की।

—बेगम जहाँआरा शाहंशाह की आपा हैं। उनसे अदब से पेश आओ। अम्मीजान के इंतकाल के बाद से मैं उन्हें माँ का दरजा देता रहा हूँ। औरंगज़ेब ने सौम्य स्वर में कहा।

मोतमिद ख़ाँ सिटपिटा गया। उसने उम्मीद लगा रखी थी कि बादशाह जहाँआरा को सबक सिखाने के लिए कोई कड़ा कदम उठायेंगे।

औरंगज़ेब ने धैर्यपूर्वक पूरा पत्र पढ़ा। फिर उत्तर लिखने लगा। जवाब को लिफ़ाफ़े में बन्द करवाकर मोतमिद ख़ाँ को देते हुए बोला—इस ख़त को बेगम जहाँआरा के हाथों में दिया जाय।

मोतमिद ख़ाँ ने तीसरे दिन आगरा पहुँचकर वह पत्र जहाँआरा के हाथों में रखते हुए कहा—आलमपनाह ने यह ख़त आप तक पहुँचाने का हुक्म दिया है। आज उसका व्यवहार कुछ नरम था। पत्र देकर वह लौट गया।

—क्या है? शाहजहाँ ने जिज्ञासा की।

—औरंगज़ेब ने मेरे ख़त का जवाब भेजा है। जहाँआरा ने लिफ़ाफ़ा खोलते हुए कहा।

—अच्छा, क्या लिखा है, ज़रा ज़ोर से पढ़ना तो। शाहजहाँ सुनने की मुद्रा में थोड़ा आगे झुक आया था।

जहाँआरा ने ख़त को पढ़ा—

मुहतरमा आपा, सलामुन अलैकुम, बर्ख़ास्त बादशाह ने अपनी हुकूमत के दौरान इमारतों को बनाने में और सुमाली-मग़रबी इलाक़ों की गैरज़रूरी लड़ाइयों में बेहिसाब फ़िज़ूलख़र्ची कर ख़जाना ख़ाली कर दिया था। अब उनके इलाज़ के लिए पैसा कहाँ से आये! जहाँ तक मेरे आगरा पहुँचने का सवाल है, बादशाहों का क़ैदियों के जनाज़े में शामिल होने का रिवाज़ नहीं है। उन्हें ताजमहल देखने की इजाज़त ज़रूर दी जायेगी, लेकिन उनकी मौत के बाद। आपकी सिफ़ारिश पर उनकी आख़िरी ख़्वाहिश ज़रूर पूरी की जायेगी। माबदौलत इतने तंगदिल भी नहीं हैं। मरने के बाद उन्हें यमुना के किनारे बने तहख़ाने में दफ़नाने की और ताजमहल के भीतर मलिका-ए-हिन्दुस्तान मुमताज़ महल के बग़ल में उनकी मज़ार बनाने की इजाज़त दी जाती है। और हाँ, आपा! आप आजाद हैं। आप चाहें तो आज ही, आगरा या शाहजहानाबाद, जहाँ आप चाहें, शाही महल में मुकाम कर सकती हैं। आपका सारा ख़जाना वापस कर दिया जायेगा। आपका वज़ीफ़ा क़ायम रहेगा।

—आपका छोटा भाई औरंगज़ेब

पत्र पढ़कर जहाँआरा ने क्रोध में उसे एक तरफ़ फेंक दिया। विफर कर बोली—हुँह, मुझे लालच देता है। मक्कार कहीं का! जो अपने बाप का न हुआ, वो अपनी बहिन का क्या होगा!

—और उसकी मंशा भी जानो। उसने मेरे इलाज़ के लिए इंकार किया है, लेकिन मेरी लाश को सिपुर्दे ख़ाक करने की इजाज़त दे दी है। क्या मतलब? यही न कि वह मेरी मौत का इंतज़ार कर रहा है। उफ़्! बेटा ऐसा भी हो सकता है, जो बाप की मौत का इंतज़ार करे! ओहोहो...। शाहजहाँ रो पड़ा।

—नहीं अब्बाहुज़ूर, नहीं। ऐसा नहीं करते। जहाँआरा पास बैठ गयी और पिता के सिर और पीठ पर हाथ फेरने लगी।

—बेटी, अब जी कर क्या करूँ! कब तक तेरी सेवा पर बोझ डालकर ज़िंदा रहूँ! तू न होती, तो कब का मर चुका होता! तेरी सबब से ही साँसें आ-जा रही हैं। शाहजहाँ तकिये पर निढाल हो गया। उसका सिर एक तरफ़ लुढ़क गया।

जहाँआरा घबरा गयी। उसके सिर को सीधा किया और चीखी—अब्बाहुज़ूर! अब्बाहुज़ूर!!

जहाँआरा की चीख सुनकर सतीउननिसा दौड़ी आयी।

—देखो ख़ाला, अब्बाहुज़ूर को क्या हो गया! जहाँआरा ने बहुत व्याकुल होकर कहा। वह शाहजहाँ की हथेलियों को मल रही थी, गरमी पहुँचाने के लिए।

—हलकी सी बेहोशी लगती है। कमज़ोरी की सबब से। या शायद ज़्यादा बोलने और थकान की वज़ह से। तुम धीरज रखो। सतीउननिसा शाहजहाँ के तलवे सहलाने लगी।

शाहजहाँ बहुत देर तक बेहोशी की हालत में रहा। कभी उसके सिर में हलचल होती। कभी शरीर में सिहरन-सी होती। कभी हथेलियाँ इधर-उधर होतीं। दोपहर बीत रही थी। किसी ने भोजन नहीं किया। खाना ज्यों-का-त्यों रखा रह गया।

काफ़ी देर बाद शाहजहाँ को होश आया। जहाँआरा ने चम्मच से पानी की कुछ बूँदें मुँह में डाली। सिर के नीचे तकिये को ठीक किया। लिहाफ़ क़रीने से ओढ़ा दिया। सतीउननिसा पैताने गुमसुम बैठी। शायद शाहजहाँ और मुमताज़ महल की ज़िंदगी का लेखा-जोखा ले रही थी।

तभी शाहजहाँ चैतन्य हुआ। मुँह से स्पष्ट आवाज़ निकल रही थी—मुमताज़... मुमताज़...।

—अब्बाहुज़ूर! अब्बाहुज़ूर, कैसा लग रहा है। जहाँआरा ने सिर पर हाथ फेरते हुए कहा।

—मुमताज़ दिखी थी...कह रही थी...शाहज़ादा हुज़ूर मैं कब से आपका इंतज़ार कर रही हूँ!...मुझे भूल गये क्या!...वही मासूम मुस्कान...वही अंदाज़े बयाँ! शाहजहाँ रुककर बोल रहा था। आवाज़ धीमी थी, पर साफ़ समझ में आ रही थी।

—अब्बाहुज़ूर! आप ठीक तो हैं न! जहाँआरा ने विकलता से पूछा। उसने बादशाह के सिर पर हाथ फेरा। आँखों में आँसू थे।

—क्या ख़ूब मंज़र था...पीछे मुनव्वर ताजमहल...और उसके सामने आरजू की वो जगमगाती छवि...नूरुन अलानूर! शाहजहाँ आत्मविमुग्ध होकर कहे जा रहा था, जैसे वह दृश्य सामने हो और वह उसे देख रहा हो।

—लगता है आलीक़द्र ने कोई सपना देखा है। सतीउननिसा ने शाहजहाँ के चेहरे को पढ़ते हुए कहा।

जहाँआरा व्यग्र होकर पिता के चेहरे को लगातार देखे जा रही थी। शाहजहाँ को फिर मूर्च्छा आ गयी। उसकी आँखें बन्द हो गयीं। सिर तिरछा हो गया।

जहाँआरा और सतीउननिसा पास में चुपचाप बैठे रहे। बीच-बीच में जहाँआरा पिता के सिर पर हाथ फेरती और सतीउननिसा पैरों को सहलाती।

शाम उतर रही थी। अजान की आवाज़ हवा में लहराई। असर की नमाज का वक़्त हो गया था। दोनों ने दोनों हाथ उठाकर अल्लाह का स्मरण किया। शाहजहाँ के शरीर में हरकत हुई। जहाँआरा ने गीले कपड़े से पिता के मुँह को पोंछा। फिर आहिस्ते से पुकारा—अब्बाहुज़ूर!

शाहजहाँ ने आँखें खोलीं। धीमी आवाज़ में कहा—पानी।

जहाँआरा ने चम्मच से दो-तीन घूँट पानी पिलाया। पानी पीने से शाहजहाँ में जैसे कुछ स्फूर्ति जागी। मद्धिम स्वर में बोला—जहाँआरा! सतीउननिसा! तुम दोनों सेवा की मूरत हो। सतीउननिसा, मुमताज़ तुम्हारा रिन लेकर गयी और जहाँआरा मैं तेरा रिन लिये जा रहा हूँ।

दोनों स्त्रियाँ रोने लगीं।

—जहाँआरा, तूने मेरे लिए अपनी ज़िन्दगी क़ुर्बान कर दी...सारी सुख-सुविधाओं से मुँह मोड़ लिया...मेरे लिए अपने को क़ैद में डाल लिया...या ख़ुदा! दुनिया में ऐसी मिसाल कहाँ मिलेगी...लोग नाहक ही बेटे की चाह रखते हैं...तुझ पर निगाह उठाकर अब लोग बेटी की चाह करेंगे। शाहजहाँ बोलने के कारण बेतरह थक गया था। वह बुरी तरह हाँफ रहा था। साँस धोंकनी-सी चल रही थी। कुछ ही क्षणों में वह फिर मूर्च्छित हो गया।

—आसार अच्छे नहीं हैं। शमा बुझने के पहले अपनी चमक दिखा रही है। दिल को कड़ा करना होगा, बेटी। सतीउननिसा ने जहाँआरा के सिर पर हाथ फेरते हुए कहा। उसने पहली बार बेटी कहकर उसे ममत्व की शीतल छाया में समेटना चाहा।

संकेत समझकर जहाँआरा ज़ोर से रो दी। वह रोती रही। कभी ज़ोर से। कभी धीमे। आज उठकर कहीं भी जाने की इच्छा नहीं हो रही थी। चाह थी कि अब्बाहुज़ूर के पास ही बैठी रहे और उनके हाथ को अपने हाथ में लेकर उनके स्नेह को सँजोती रहे।

रोज़ की तरह उन्होंने शाहजहाँ का बिस्तर बाहर बरामदे में लगाया, जहाँ से ताजमहल साफ़ दिखाई पडता था और जो शाहजहाँ की सबसे प्रिय जगह थी। फिर कुछ और कनीज़ों को बुलाया। सबने मिलकर शाहजहाँ को बरामदे के बिस्तर पर लिटा दिया।

सूरज कब का डूब चुका था। अँधेरा छाने लगा था। क़रीब की मसजिद से अजान की आवाज़ वातावरण में गूँज उठी। मगरिब की नमाज के लिए पुकार थी। जहाँआरा और सतीउननिसा ने इबादत के लिए हाथ उठा दिये। दोनों बहुत देर तक ध्यान में डूबी अल्लाह की इबादत करती रहीं। शाहजहाँ की आवाज़ से उनका ध्यान भंग हुआ।

—जहाँ...! शाहजहाँ की आवाज़ बहुत धीमी थी।

—अब्बाहुज़ूर! जहाँआरा को बादशाह मुँह के निकट कान को लगाना पड़ा।

—बेटी...मुमताज़ फिर आयी थी...फिर वही कहा...शाहज़ादा हुज़ूर, मैं कब से आपका इंतज़ार कर रही हूँ...मेरी आवाज़ आप तक नहीं पहुँचती क्या...क्या वाक़ई आप मुझे भूल गये...मैंने कहा...जहाँआरा ने मुझे रोक रखा है...वह बोली. ...उसे भी मेरी याद दिलाना...। शाहजहाँ बहुत थक गया था। देह में बिल्कुल ताक़त नहीं रह गयी थी। कुछ देर चुपचाप पड़ा रहा।

—बेटी...देर हो रही है...अब मुझे रुख़सत करो...पूरी ज़िन्दगी वह कभी मुझसे नाराज़ नहीं हुई...डर लगता है अब नाराज़ न हो जाय...बेटी!

शाहजहाँ के अनुरोध में बेचैनी थी।

—हम एकदम अकेले पड़ जायेंगे अब्बाहुज़ूर। आपके साया से हटकर मैं कभी

नहीं रही। अपना साया मुझसे दूर न करें, अब्बाहुजूर!! जहाँआरा बादशाह के शरीर से लिपटकर ज़ोर-ज़ोर रोने लगी।

—यह बुढ़ापा...यह बीमारी...यह ज़िल्लतआमेज़ ज़िन्दगी...अब बहुत हुआ... इनसे छुटकारा मिले...वो ताजमहल...वहीं कहीं मुमताज़ मेरा इंतज़ार कर रही है... जहाँआरा! शाहजहाँ की साँसें तेज़ चलने लगीं। मुँह की आवाज़ से साँसों की आवाज़ ज़्यादा तेज़ थी।

'अब्बाहुज़ूर' कहती हुई जहाँआरा ने ज़ोर से रोते हुए अपना सिर बादशाह के सीने पर डाल दिया।

—ख़ुदा हाफ़िज कहो, बेटी...कहो...अपने अब्बा का कहा नहीं मानोगी! शाहजहाँ अपना हाथ बेटी के सिर पर रखना चाहता था, किन्तु ताक़त ने जवाब दे दिया।

—ख़ुदा हाफ़िज़, अब्बाहुजूर! जहाँआरा ने एक क्षण सिर उठाकर कहा।

—सतीउननिसा!

—ख़ुदा हाफ़िज़ ज़िल्ले सुब्हानी! इशारा समझकर सतीउननिसा ने कहा।

—ख़ुदा हाफ़िज़...सबका ख़ुदा हाफ़िज़...अल्लाह...अल्लाह...मुमताज़...मेरी आरजू! टुकड़े-टुकड़े में सम्बोधन के बाद शाहजहाँ का सिर एक ओर लुढ़क गया।

इसके साथ ही जहाँआरा और सतीउननिसा की चीत्कारें वातावरण में गूँज उठीं। महल की कनीज़ें एकत्र हो गयीं। सब घेरा डाल कर बैठी हुई देर तक रोती रहीं।

किसी कनीज़ ने बाहर जाकर ख़बर दी। थोड़ी देर बाद ख़्वाजासरा मोतमिद ख़ाँ बरामदे में आया। उसने सिर से पगड़ी उतारी और अदब के साथ झुककर बोला—कल सुबह आख़िरी सफ़र के लिए तैयारी रहे। फिर वह पलटकर चला गया।

अगली सुबह ख़्वाजासरा मोतमिद ख़ाँ कुछ कर्मचारियों और हिजड़ों को लेकर आया। वे अपने साथ एक निहायत पुराना ताबूत लेकर आये थे। उन्होंने शाहजहाँ की मय्यत को खींचकर उस ताबूत में बन्द किया और उठाकर चल दिये।

जहाँआरा चुपचाप इस क्रियाकलाप को देखती रही। उसने गहरी साँस ली। फिर आकाश की तरफ़ ताकते हुए धीरे से कहा—लबुल मुज़फ़्फ़र शिहाबुद्दीन मुहम्मद साहब क़िराने सानी, तुम्हारा ये हश्र!

गुमसुम-से दोनों दिन भर फ़र्श पर बैठी रहीं। न खाना लिया, न पानी पिया। साँसों की गहराई ज़ेहन के द्वन्द्व का संकेत दे रही थी।

—दुश्मनी आदमी से रहती है, उसकी मिट्टी से नहीं। ग़रीब लोग भी दुश्मनों की मिट्टी की क़द्र करते हैं। बादशाह की मय्यत के साथ यह सलूक बहुत नागवार था। कम-से-कम सिपाहियों की एक टुकड़ी ही साथ कर देते। सतीउननिसा को जनाज़ा निकालने का वह तरीक़ा नाक़ाबिले बरदा लगा।

—कौन जाने मय्यत के साथ क्या सुलूक किया। गुस्ल कराया कि नहीं। नये

कपड़े पहनाये भी कि नहीं। क्या जाने सिपुर्दे ख़ाक के बाद किसी ने फ़ातिहा पढ़ा कि नहीं। ये सवाल मेरे ज़ेहन को बार-बार घेर कर परेशान कर रहे हैं। ये सब चीज़ें जहाँआरा की उदासी और वेदना को गहरा कर रहे थे।

—जिन बातों पर अपना बस नहीं है, उन्हें वैसा ही मंजूर कर लेना मज़बूरी होती है। हम तो इतनी ही दुआ कर सकते हैं कि अल्लाह अब्बाहुजूर को मग़फ़िरत करे।

—परवरदिगार मेरे अब्बाहुज़ूर को मग़फ़िरत कर। तेरा बड़ा करम होगा। जहाँआरा ने दुआ के लिए दोनों हाथ उठा दिये।

अपराह्न ख़बर मिली कि शाहजहाँ को ताजमहल के तहख़ाने में सिपुर्दे ख़ाक कर दिया गया है और उसके लिए मज़ार बनाने की तैयारी शुरू हो गयी है।

दूसरे दिन सुबह से ही मुसम्मन बुर्ज में चहल-पहल शुरू हो गयी। विगत साढ़े सात साल से रची-बसी श्मशानी जड़ता भंग होने को हुई। जहाँआरा पर जैसे इस कोलाहल का कोई असर नहीं हो रहा था। सतीउननिसा ने ही बताया कि नये सिरे से महल में सजावट की जा रही है। सभी कमरों के ताले खोल दिये गये हैं। रंगरोग़न हो रहा है। परदे बदले जा रहे हैं। आयीनाबंदी की जा रही है।

जहाँआरा इन सबसे बेपरवाह थी। उसने इच्छाओं के परित्याग का अभ्यास प्रारम्भ कर दिया था। उसकी दिनचर्या में आमूलचूल परिवर्तन हो गया था। वह नियमित रूप से पाँचों वक़्त की नमाज पढ़ती। क़ुराने पाक की तिलावत को अधिक-से-अधिक समय देने का प्रयत्न करती। अल्लाह की इबादत के लिए समय नियत कर दिया था। अपने लिए सादे परिधानों का चुनाव कर लिया था। रात को ईशा की नमाज के बाद मुसम्मन बुर्ज के उसी बरामदे पर आकर खड़ी हो जाती, जहाँ से पिता शाहजहाँ नित्य ही घंटों ताजमहल का दीदार करते। वह भी घंटों ताजमहल को निहारा करती। पैर थक जाते, तो वहीं बैठ जाती और कभी सो भी जाती।

सातवें दिन मुसम्मन बुर्ज में कुछ ज़्यादा ही चहल-पहल थी। ऐसा लग रहा था, जैसी कोई बड़ी तैयारी हो रही है। विशेष आयीनाबंदी की जा रही है। सुरक्षा में चौकसी बढ़ा दी गयी है। क़िले के इस हिस्से को छावनी में तबदील कर दिया गया है।

शाम को लगभग छः बजे होंगे। जहाँआरा ने मग़रिब की नमाज पूरी की। अब वह क़ुराने पाक की तर्तील की तैयारी में थी। तभी कारपर्दाज़ सुल्तान मुहम्मद ने आकर बहुत अदब से तीन बार कोर्निश की और सूचना दी कि साबिक़ बादशाह की मज़ार बनकर तैयार हो गयी है और यह मज़ार मलिका-ए-हिन्दुस्तान जमानी बेगम मुमताज़ महल की मज़ार की बग़ल में बनी है।

जहाँआरा ने सुना। उसके गम्भीर और सौम्य चेहरे पर कोई भाव नहीं उभरा। वह इन सब चीज़ों से बेनियाज़ हो चुकी थी। सुल्तान मुहम्मद जैसे आया, वैसे चला गया। जहाँआरा क़ुराने पाक के अध्ययन में व्यस्त हो गयीं।

रात के नौ बज गये थे। जहाँआरा इशा की नमाज पढ़कर उठी थी। अभी वह मुसल्ला उठा ही रही थी कि ख़्वाजासरा मोतमिद ख़ाँ ने प्रवेश किया। उसने तीन बार फ़र्शी सलाम किया और ऐलान की भंगिमा में कहा—शाहंशाहे वक़्त ज़िल्लुलाह औरंगज़ेब आलमगीर आपसे भेंट करने के ख़्वाहिशमंद हैं।

जहाँआरा ने सोचने के लिए वक़्त लिया। फिर बहुत ऊँचे और कठोर स्वर में बोली—शाह को बाख़बर किया जाय कि लबुल मुज़फ़्फ़र मुहीउद्दीन औरंगज़ेब बहादुर आलमगीर बादशाह ग़ाजी की आपा अपने कमज़र्फ़ भाई के रूबरू होने से इंकार करती है।

यह सुनते ही ख़्वाजासरा मोतमिद ख़ाँ काँप उठा। उसके पैर ज़मीन पर जैसे गड़ गये थे। बमुश्क़िल उसने तीन बार फ़र्शी सलाम किया और कक्ष से बाहर हो लिया।

फिर जहाँआरा मुसम्मन बुर्ज के बरामदे पर आयी। दीवार से लगकर खड़ी हो गयी। उसने गहरी साँस ली। सामने चाँद की दूधिया रोशनी में ताजमहल झिलमिला रहा था। ताजमहल की उस झिलमिली आभा में वह अपने अब्बा हुज़ूर और अम्मीजान की छवि को तलाश करने लगी।

●●●